GRANT R. OSBORNE

로마서

Verse by Verse

로마서: Verse by Verse
오스본 신약 주석 시리즈

초판 1쇄 발행 2020년 12월 31일

지은이 그랜트 R. 오스본
옮긴이 주상현
발행인 이요섭
기획 박찬익
편집 이지혜
디자인 박지혜
제작 이인애
영업 김승훈, 정준용, 이대성

펴낸곳 도서출판 디사이플
등록 2018. 2. 6. 2018-000010호
주소 07238) 서울특별시 영등포구 국회대로76길 10
기획 문의 (02)2643-9155
영업 문의 (02)2643-7290 Fax (02)2643-1877

값 35,000원
ISBN 979-11-90964-09-8 04230
979-11-90964-08-1 (세트)

GRANT R. OSBORNE

로마서

Verse by Verse

그랜트 R. 오스본 지음
주상현 옮김

OSBORNE · NEW TESTAMENT · COMMENTARIES ·

디사이플
도서출판

추천사

그랜트 오스본은 트리니티에서 박사 과정을 하는 중 강의를 직접 접할 수 있었던 나의 스승이다. 그는 학문적 엄밀성과 인간적 감수성을 겸비한 학자였다. 그가 쓴 로마서는 이런 그의 특성을 그대로 드러낸 수작이다. 학문적 정확성을 놓치지 않으려는 수고가 보이면서도 나 같은 목회자들의 참고를 배려한 따뜻한 요약과 적용을 간과하지 않았다. 이제 로마서 주석은 그 수를 헤아릴 수 없이 많지만, 진정한 성경 해석의 달인에 의한 이 주석을 빼는 것은 너무나 큰 손실이다. 오스본 교수가 강조하는 것처럼 성경 탐구는 보물 탐구이다. 그 중 로마서는 보물 중의 보물이다. 이 보물로 더욱 풍성해질 한국 교회의 강단을 그려 보며 이 책을 성경 연구의 필독서로 추천한다.

지구촌 목회리더십센터 대표 **이동원** 목사

탁월한 주석가로 널리 알려진 그랜트 오스본이 다시 한 번 독자들에게 반가운 선물을 들고 왔다. 이번에는 기독교 교리의 근간을 형성한 로마서를 주석하여 펴낸 것이다. 오스본의 로마서 주석은 "Verse by Verse" 라는 부제가 암시하듯 본문을 한 절씩 꼼꼼하게 살펴 주석한다. 특정 구절과 관련하여 해석학적 논쟁점이 있으면 여러 학자들의 다양한 견해를 인용하여 세심하게 소개하는 탁월한 주석가의 면모를 잃지 않는다. 그렇지만 동시에 논쟁의 바다에 빠져 표류하지 않도록 로마서가 독자들에게 주는 본래의 메시지를 시종일관 굳게 붙잡는다. 로마서를 깊이 이해하여 설교하고자 하는 모든 설교자들의 서재에 반드시 비치되어야 할 책이다.

새누리2교회 담임목사 **안진섭**

트리니티 신학교의 탁월한 성경 신학자인 그랜트 오스본의 로마서 주석이 번역됨을 매우 기쁘게 생각합니다. 그랜트 오스본의 저작을 처음 접한 것은 성서유니온 선교회에서 번역한 "LAB 신약 주석 시리즈"였습니다. 오스본은 이 주석 시리즈의 편집 역할을 감당했는데, 신학적 난제들을 명쾌하고 이해하기 쉽게 풀이하는 달란트를 유감없이 보여 주었습니다.

이번 로마서 주석은 편집이 아니라, 그로부터 20여년이 지난 2017년에 오스본이 단독으로 주석한 책으로서 보다 완숙한 그의 성경 지식과 신앙적 경험이 더 구체적으로 담겨 있는 작품입니다. 로마서는 성경 속의 보석과 같은 책입니다. 초대 교회 교부들부터 종교 개혁가들과 현대에 이르기까지 로마서는 위기의 순간마다 모든 그리스도인들에게 복음의 정의를 명확하게 가르쳐 주었습니다. 로마서를 사랑하는 모든 이들에게 이 시대의 탁월한 성경 연구가 오스본의 로마서를 강력하게 추천합니다.

지구촌교회 담임목사 **최성은**

로마서는 평신도들에게 보낸 바울의 편지임에도 불구하고 함의하고 있는 내용의 깊이와 넓이의 방대함으로 어려운 서신으로 간주되어 왔다.

로마서를 주석하는 주석서들이 오히려 더 어려워 점점 평신도들의 손에서 멀어지는 경향이 없지 않았다. 이런 안타까움 속에서 오스본 신약성서 시리즈 로마서 주석은 매우 반갑다. 목회자, 신학자, 평신도 모두에게 유익한 내용을 담고 있으면서도 전형적인 주석서의 경직성을 극복하고 우리에게 바울이 현대적 언어로 다시 보낸 편지를 읽는 듯하다. 로마서와 친해지고 싶은 모든 분들에게 기쁘게 추천한다.

강남중앙침례교회 담임목사 **최병락**

로마서를 설교할 때, 구할 수 있는 주석들은 전부 다 구해서 읽었습니다. 스무 권 정도가 되더군요. 그런 과정을 통해 많은 유익을 얻었지만, 이런 식으로 주석을 활용하는 것이 썩 좋은 방법이 아님을 깨닫게 되었습니다. 시간이 흐를수록 가장 신뢰하고 의지하는 주석이 특정한 책으로 좁혀지더군요. 결국, 계속해서 참조하고 도움을 얻는 책은 한두 권 정도밖에 되지 않았습니다. 그렇습니다. 많은 주석을 보는 것보다 설교자 자신에게 꼭 필요한 한 권의 주석을 만나는 일이 훨씬 중요한 일입니다. 이런 차원에서 그랜트 오스본의 로마서 주석을 강력하게 추천합니다. 배경 설명, 각 구절에 대한 주해와 설명, 강해와 적용점 찾기, 논쟁이 되는 구절에 대한 명확한 해설, 읽기 쉬운 문체 등등, 오스본의 이 주석은 거의 모든 부분에 있어 탁월합니다. 좋은 주석을 찾아 이리저리 방황하지 마시고 이 책을 길잡이로 삼아 로마서를 연구하시고 말씀을 전하십시오. 그 메시지를 듣는 청중의 심장에 복음의 능력과 영광이 깊이 각인될 것이라 확신합니다.

행신교회 담임목사 **김관성** 목사

성경은 삶의 여정을 주님께로 인도하는 지도입니다. 이런 귀한 영적 지도가 있다 할지라도 유한한 인간에게는 큰 도전이 있습니다. 지도를 바로 이해할 수 있는 건전한 '독도법'이 필요하다는 것이지요. 그랜트 오스본 박사님은 성경을 균형 있게 해석하는 방법을 소개하는 신뢰할 수 있는 성경해석학자입니다. 오스본 박사님과 함께 칭의, 성화, 영화의 길이 담겨 있는 로마서를 탐구한다는 것은 흥미 있고 값진 일입니다. 현세를 넘어 영원한 생명의 길을 갈망하는 모든 이에게 본 도서를 기꺼이 추천합니다.

한국침례신학대학교 설교학 교수 **임도균** 박사

그랜트 오스본의 로마서 주석…. 설명이 필요 없는 책이다. 인류의 역사를 바꾼 로마서를 시대의 대학자 오스본이 학문적 깊이와 목회적 열정으로 풀어 낸다. 내용이 깊지만 명료하고 세밀하게 설명한다. 이 주석서를 읽으면서 말씀이 꿈틀거리는 경험을 할 것이다. 영적인 거대 산 로마서에 올라 은혜의 지평을 보고 생생한 메시지를 외치고 싶은 신학생과 목회자라면 주저 없이 이 책을 탐독하기를 권한다.

합동신학대학원대학교 설교학 교수 **권호** 박사

시리즈 서문

SERIES PREFACE

모든 성경에는 두 명의 저자가 있다. 글을 쓴 사람과 모든 글을 나타내고 영감을 주신 하나님이시다. 하나님이 성경을 쓰는 이들에게 낱말 하나하나 지시하지는 않으셨지만 성령의 인도하심 가운데 자신들의 언어로 쓸 수 있도록 저자들의 마음을 지도하셨다. 그리스도인들이 성경을 "하나님의 말씀"이라고 말하는 대로 믿는다면, 성경을 공부하는 데 좀 더 심혈을 기울일 것이다. 성경은 하나님의 계시이기에 더 깊은 연구가 필요하다.

이는 우리가 성경을 공부할 때 본문을 짤막하게 읽으며 우리 생각을 집어넣는 식의 성경 읽기에 만족해서는 안 된다는 것이다. 대신 모든 본문에서 하나님이 말씀하시려는 것이 무엇인지 연구해야 한다. 하지만 성경 공부가 할 수 없이 해야 하는 지루한 의무가 되어서는 안 된다. 성경 공부는 거룩한 특권이고 기쁨이다. 성경의 깊은 의미는 숨겨진 보물 즉 표면 밑에 감추어진 보화와 같다. 집 뒤뜰에 금괴가 숨겨져 있음을 안다면 그 금괴를 캐내기 위해 수단을 가리지 않을 것이다. 이와 같이 하나님 보화의 고귀함도 성경을 신중히 공부하는 가운데 발견되도록 우리를 기다리고 있다.

본 신약 주석 시리즈는 성경의 보화를 캐내는 도구들을 제공하여 성경에서 하나님이 전하시려는 말씀을 더 깊이 이해하도록 돕고자 쓰였다. 각 권마다 하나님께서 마태, 바울, 요한을 통해 말씀하시는 것을 이해하도록 구절별로 소개한다. 이 시리즈를 통하여 고대 문서의 역사적 문학적 배경을 이해하여 성경 저자들이 1세기 청중에게 전달하고자 했던 내용을 현대 독자들도 이해할 수 있도록 돕는 정보를 제공하고자 한다. 또한 대다수 주석서들이 보이는 복잡함을 없애고 성경 본문을 쉽게 읽을 수 있도록 설명할 것이다. 그러기 위해 대부분의 최근 문서들을 읽고 성경 각 권마다 의미와 배경을 이해하는 지식을 총괄하는 주석을 쓰고자 노력했다.

하지만 당시 신약성경이 어떤 의미를 가졌는지 아는 것만으로는 충분하지 않다. 각 성경 본문들을 오늘을 사는 우리들의 삶에 어떻게 적용할지 결정하는 데는 도움이 필요하다. 바울이 로마와 빌립보의 독자들에게 말했던 것을 아는 것도 있지만, 그의 말이 우리에게 어떤 중요성을 지니는지도 보아야 한다. 따라서 이 주석의 핵심 내용으로 독자들이 성경 본문에서 현대의 삶에 적용되는 영역을 발견할 수 있도록 도울 것이다.

이 시리즈를 사용하는 세 가지 방법을 제시하고자 한다.

1. 성경 묵상 읽기

많은 그리스도인들이 1년 성경 통독 계획 등을 통하여 성경을 빨리 읽으려 한다. 이는 성경의 전체적 관점을 얻는 데는 큰 도움이 된다. 하지만 나는 조금 다른 종류의 묵상 읽기를 권하고 싶다. 그것은 성경 본문의 한 부분을 정해서 깊게 공부하고 이해하는 것이다. 본 주석은 본문을 깊게 연구할 수 있도록 제작되었다. 본 주석은 영어 성경New International Version을 토대로 하고 있으며, 각 구절별 설명을 통해 본문을 읽으며 주어진 말씀을 가지고 기도할 수 있도록 기록되었다.

II. 교회 성경 공부

본 주석은 성경 공부 모임을 위한 안내자 역할을 하도록 쓰였다. 요즘 많은 성경 공부들은 대부분 서로 모여 성경 본문에 대한 각자의 생각들을 나누는 방식으로 진행된다. 이런 방법에는 장점이 있지만 단점도 있다. 문제는 하나님의 영감으로 성경 말씀들이 기록되었고, 따라서 교회는 하나님이 의도하신 대로 말씀을 이해하고 순종해야 한다는 것이다. 성경 본문에 대한 가이드가 없으면 쉽게 이단적인 해석으로 빠질 수 있는 위험성이 있다. 최소한 성경 공부 지도자들은 하나님이 의도하신 방향으로 함께 토의를 이끌어 갈 수 있도록 하는 주석이 필요할 것이다. 저자가 섬기는 교회 성경 공부도 종종 본문을 간단히 강해하며 서로 하나님이 주시는 말씀을 나눈다. 나는 이 주석이 그렇게 쓰이기를 소망한다.

III. 설교 도우미

또한 본 주석은 목사들이 설교할 때 본문을 신실하게 주해할 수 있도록 돕기 위하여 작성되었다. 바쁜 목사들은 엄청난 분량의 주석을 연구할 만한 시간이 없다. 따라서 성경을 연구하는 데 시간을 덜 할애하게 되고 그 결과 주일에 깊이가 없는 설교를 하게 된다. 나는 이 주석을 쓰면서 목사로서 임시 목사로서의 나의 경험을 살려 내가 설교에 넣고자 하는 내용들을 담았다.

간단히 말해서 이 주석의 목표는 신약성경으로 향하는 재미있고 신나는 모험이 되는 것이다. 내 소망은 독자들이 성경 모든 본문에 숨겨진 하나님의 보화를 발견하는 것이다. 나는 모든 독자들이 내가 그랬듯이 하나님 말씀과 사랑에 빠지고 전 인생에 걸쳐 이 영원한 진리의 말씀에 매료되기를 원한다.

목차

CONTENTS

로마서 소개

INTRODUCTION TO ROMANS

우리가 천국에 가서도 다음 사실은 확실하리라 믿는다. 바로 주후 57년 고린도에서 사도 바울이 로마 교회를 향해 쓴 편지가 인류 역사상 가장 위대한 책이라는 사실이다. 마틴 루터가 이 로마서를 읽고 종교개혁의 불을 지폈고, 그 이후에도 1540년에 칼빈John Calvin, 1895년에 샌데이W.W. Sanday와 헤드렘A.C. Headlam, 1919년에 칼 바르트Karl Barth, 1975년에 크랜필드C.E.B. Cranfield와 1996년에 더글라스 무Douglas Moo 등에 의해 수많은 로마서 주석들이 역사에 획을 긋는 초석처럼 쓰였다. 이 주석들은 신학적 성찰과 성경의 이해에 전반적으로 지대한 영향을 끼쳐 왔다.

로마서의 핵심적인 논제는 "그리스도인이 된다는 것은 과연 무엇인가?"라는 질문이다. 나는 지난 수개월 동안 로마서에 있는 엄청난 진리들을 파헤치면서 누린 놀라움들을 이 책을 읽는 독자들과 나누고, 또한 수많은 곳에서 이루어질 성경 공부 현장에서 나누어지기를 소망한다. 이 과정을 마무리하면서 칼빈의 말을 빌리고자 한다. "나는 나의 이 로마서 추천이 충분하지 못하여 이 서신의 가치를 흐리게 할까 두렵다 … 누구든지 이 로마서의 지식을 얻으면 성경에 숨겨진 보물들을 알 수 있는 길이 열린 것이다."[1]

저자와 저작 연대

로마서의 저자는 바울이라고 학계에서 널리 받아들여지고 있다. 로마서의 형식, 주제 및 근원이 바울의 것이 확실하다. 기록된 연도는 주후 57년경으로 보고 있다.

저작 연대를 이렇게 추정하는 이유는 다음과 같다. 신약성서의 연대기를 추정하는 중요한 역사적 기점의 하나로 갈리오Gallio의 아가야Achaia: 로마 중앙 지방과 고린도를 수도로 하는 남부 그리스 지방 총독 임명을 두고 있다. 고고학자들에 의하면 갈리오 지방 총독 임명 시기는 51-52년경이다. 바울은 고린도에서 시간을 보낸 후에행 18:18 갈리오가 총독이 된 그해 8월에 총독 앞에서 재판을 받았다행 18:12. 그곳에서 예루살렘으로 갔고 그 후에 안디옥을 포함한 제3차 선교 여행이 시작되었다행 18:22-23. 이 여행에서 바울은 2년 반을 에베소에서 보내고 그리스로 가서 3개월을 머물렀다행 20:1-3. 바울은 고린도에 머무는 동안 로마서를 썼다.

이 모든 역사적 사실들을 종합해 볼 때 로마서를 기록한 해는 57-58년 정도로 추정해 볼 수 있다. 로마서를 쓰기까지의 이 시기는 바울이 가장 창조적으로 활발하게 집필했던 때가 틀림없다. 에베소에서 머물던 마지막 무렵에행 19장 바울은 고린도 교회에게서 자신을 향해 반대하는 실망스런 소식을 접하고 세 편의 편지를 썼다. "전에 쓴 편지"고전 5:9-11인 고린도전서를 쓰고, "엄중한 편지"고후 2:6-9, 7:12를 썼으며, 고린도를 또한 방문했

1 Calvin, *Romans*, xxix.

다“고통스러운 방문”, 고후 2:1; 12:14, 21; 13:1-2. 그리고 고린도를 방문하고 로마서를 쓰기 한두 달쯤 전에 고린도후서를 썼다.

로마서 16장은 긴 시간 후에 처음으로 안정된 고린도의 모습을 보여 주는 듯하다. 이것은 고린도후서 10-13장에 나오는 바울의 강력한 권고가 작용한 것이라 할 수 있다. 이 시기에 바울은 기쁜 마음으로 미래를 준비할 수 있었다. 그는 고린도에 머물 때 첫 방문 때 침례세례를 주었던 고전 1:14 가이오Gaius의 집에 머무르고 있었다롬 16:21-23. 바울은 시력이 좋지 않은 관계로 자기 손으로 서신을 쓸 수 없어갈 4:15; 6:11 받아쓰기 형태로 로마서를 집필했다. 바울의 말을 받아 쓴 **서기**amanuensis[2] 혹은 비서는 동역자 더디오Tertius였다롬 16:22.

로마서를 쓰고 있던 중에 바울은 가난한 사람들에게 줄 연보를 가지고 예루살렘으로 가고 있었다고전 16:1-4 참조. 로마서 15:23-33을 보면 그 선물들을 전달하고 서바나로 가는 길에 로마에 들를 바울의 계획들이 나온다. 그는 선교 여행 중에 세운 이방인 교회들이 극심한 가난으로 고통 받고 있던 팔레스타인 지역 유대 그리스도인들을 돕고자 한 마음을 그 선물들을 통해 보여 주고자 했다. 이를 위하여 여러 교회들에서 서로 다른 지체들과 함께 선물을 가지고 바울과 함께 갔다행 20:4. 그들은 갈라디아첫 선교 여행지, 마게도냐두 번째 선교 여행지 그리고 아시아세 번째 선교 여행지에서 온 이들이다. 바울은 유대인과 이방인이 그리스도의 한 몸으로 연합하고 이렇게 모인 선물을 통해 그 연합을 확고하게 하기를 원했다.

비교적 안정된 시기에 썼지만 로마서 15:31의 기도 제목에서 바울을 걱정하게 하는 두 가지 요소들을 볼 수 있다. 그것은 그가 예루살렘에 이르렀을 때 경험한 유대인들의 심각한 반대와 이방인 교회가 보낸 연보를

2 굵은 글씨는 579쪽 용어 해설 참고.

예루살렘 유대인 성도들이 어떻게 받아들일지 몰랐다는 점이다.

두 번째 요소는 잘 해결되었다. 예루살렘 성도들이 헌신적으로 보낸 선물들에 대해 기뻐하고 깊이 감사했다. 하지만 첫 번째 요소유대인들로부터의 보호는 인간적 관점에서 볼 때 별로 좋지 않았다. 바울은 죽음의 위협에서는 보호받았으나 로마인들에 의해 죄수가 되어예루살렘 선동자들로부터 보호될 목적으로 가이사랴에 있는 감옥에 2년간 갇혀 있다가 로마에서 또 다른 2년 동안 네로 황제 앞에서 사법 재판을 받았다.

그러나 바울이 기대했던 방법이 아닌 하나님의 인도하심으로 15:31의 기도가 모두 응답되었음을 볼 수 있다. 하나님은 우리의 방법이 아닌 하나님의 방법으로, 가장 선한 길로 응답하신다8:28.

수신자들

바울 서신과 사도행전은 로마 교회보다 바울에 관한 정보를 더 많이 담고 있다. 따라서 우리는 로마 교회가 어떻게 시작되었는지, 어떤 역사를 지니고 있는지 아는 것이 거의 없다. 어떤 이는 베드로가 개척했다고 주장하지만 베드로는 교회가 처음 생성될 무렵에 예루살렘 주변에 주로 있었기에 그 주장은 별로 설득력이 없다. 베드로가 바울과 함께 로마 교회를 개척했다는 주장은 더욱 설득력이 없다.[3]

가장 설득력 있는 가정은 사도행전 2장의 오순절 역사 후에 로마로 돌아오던 순례자들 혹은 로마에 사업 차 들른 유대 그리스도인들에 의해 로마 교회가 세워진 것이다. 그들은 선교 여행 때 바울이 했던 것처럼 예수가 유대인들이 기다리던 메시아였기에 자연스럽게 지역마다 있던 유대

3 Irenaeus, 「이단 논박」 3.1.1. 베드로와 바울이 사역을 다하고 로마에서 순교한 것은 거의 확실하지만 이것도 이미 로마 교회가 세워진 한참 후의 일이다.

교 회당에 기독교를 가져왔다. 로마에는 유대인 인구가 많았는데, 4만에서 5만 명 정도로 추정된다거의 예루살렘에 있던 유대인 인구에 가깝다. 그래서 수많은 유대인 회당이 로마에 있었을 것이다.

로마에 있던 유대인 회당에서 그리스도를 전하는 것은 바울의 유대인들을 향한 사역과 같은 결과를 가져왔을 것이다. 즉 그리스도인 설교자/전파자들을 향한 분란과 반대가 있었을 것이다행 13:50; 14:4-7, 19; 17:5-8, 13; 18:6; 19:9, 23-24. 교회 구성원들이 초반에는 주로 유대인들이었지만, 다른 유대인들의 교회를 향한 증오가 폭동으로 이어지고 49년에는 글라우디오Claudius 황제가 유대인들과 유대 그리스도인들을 폭동을 빌미로 로마에서 쫓아냈다행 18:2.[4]

그 결과 로마 교회에 남아 있던 이방인 집단들이 독자적인 지도 체계를 만들어야 했다. 독자적 정체와 방식도 함께 개발했는데, 여기에는 율법을 수행하는 것이 새로운 기독교 시대에 적합하지 않다는 견해가 포함된다. 많은 이방인들이 원래 유대 회당에 참여했으나 할례를 받고 유대교로 개종하기는 원하지 않았다. 사도행전은 그들을 "하나님을 경외"하는 자들이라고 부른다행 10:2, 22; 13:16, 26. 많은 이방인 성도들이 이 배경을 가졌고 자신들의 친구들과 이웃들을 전도했다. 이와 같이 주후 49년 이후에 로마 교회는 이방인들의 지도하에 이방인 교회로서 발전했다.

54년에 글라우디오 황제가 죽고 브리스길라와 아굴라처럼 쫓겨났던 유대 그리스도인들이 로마로 돌아왔다롬 16:3. 그들은 이방인들이 대다수인 교회로 돌아온 것이다. 이후 바울이 로마서 14:1-15:13에서 언급하듯이 음식과 절기에 관한 법들을 지키는 것에 대해 갈등이 생기기 시작했다. 이것이 바울이 로마서를 쓴 이유 중 하나이다. 유대 그리스도인들이 돌아온 후 3년밖에 지나지 않았지만 이런 긴장 상태가 해결되었어야만 했다.

4 Suetonius, 「클라우디우스의 생애」, 25.4도 참고하라.

목적

로마서에는 바울이 로마 교회를 처음으로 방문하고자 로마서를 쓴 취지가 나타나고 있다. 바울의 계획은 예루살렘 교회에 연보를 전달하고 서바나와 로마 사이에 있는 곳들에15:23-29 복음을 전하는 4차 선교 여행길에서 가장 첫 도착지로 로마에 가는 것이었다.

바울은 자신의 사명이 "그리스도의 이름을 부르는 곳에는 복음을 전하지 않기"로 하는 것, 곧 다른 사람의 "터" 위에서 사역을 하지 않는 것이다 15:20. 그는 아라비아갈 1:17-18에 의하면 이 지역일 가능성이 많은, 길리기아다소, 바울의 고향; 행 11:25-26, 갈라디아비시디아 안디옥, 이고니온, 루스드라와 더베; 행 13:13-14:20, 무시아드로아; 행 16:8, 마게도냐빌립보, 데살로니가, 베뢰아; 행 16:11-17:15, 그리고 아가야고린도와 아덴; 행 17:16-18:17에 교회들을 세웠다. 그는 로마 제국의 반, 동쪽 지역에서 하나님의 뜻을 수행하고롬 15:23 아볼로와 같은 지역 목회자에게 교회를 넘겨주고 자신이 세운 교회들에게 "물을 주는"고전 3:6 시기가 왔음을 느꼈다.

나는 바울이 로마인들에게 편지를 쓴 가장 궁극적인 목적은 하나님께서 자신을 로마 제국의 서쪽 반에서 인생의 두 번째 장을 시작하도록 인도하심을 믿었기 때문이라고 생각한다. 그는 동쪽으로 향하는 3차 선교 여행에서 안디옥 교회가 파송 교회가 된 것처럼행 13:1-3 로마 교회가 서쪽 선교 사역에 파송 교회가 되기를 원했다. 따라서 부분적으로 로마서는 로마 교회가 바울과 그의 복음에 익숙해지도록 안내하는 편지라고 볼 수 있다.

이런 목적으로 바울은 교회를 더욱 단단하게 하고1:11-12 복음을 선포함으로 영혼들의 '수확'을 위해1:13, 15 로마에 꽤 오래 머물 계획을 세운다. 바울의 지원자가 되기 위해서 로마 교회는 바울뿐 아니라 그의 신학도 잘 알 필요가 있었다. 그들은 바울이 정통파이고 그들이 가지고 있던 복음과 같은 복음을 가지고 있었음을 알아야 했다. 그의 선교 전략과 복음의 내용을 모두 신뢰할 수 있어야 했다. 간단히 말해 교회가 그와 그의 선교조를 서바나스페인로 보낼 수 있도록 바울은 그들 중 하나, 교회의 한 지체가 되어야 했다.

두 번째 바울의 목적은 예루살렘으로 연보를 가지고 가는 것에 대한 기도 부탁이다. 적들에게서 안전하게 보호를 받아야 했고, 팔레스타인에 있던 교회들이 이방인 교회들로부터 오는 연보를 받아들일 수 있도록 기도해야 했다15:31. 바울에게 가난한 이들을 위해 구제하는 것은 단순히 극심한 가난으로 고통받는 유다의 유대인 교회들을 이방 교회들이 금전적으로 도와주는 것 그 이상이었다. 전 지역적으로 유대인들과 이방인 교회들이 함께 연합하는 것이 더 큰 목적이었다.

바울의 세 번째 목적은 분쟁 가운데 있던 교회에 하나 됨을 가져오는 것이었다. 로마에 한 번도 방문한 적이 없었지만, 지인들이 로마 교회의 상황을 잘 알려주었음을 알 수 있다16:3-15의 목록을 보라. 유대인과 이방인들이 신앙생활에서 율법이 차지하는 위치에 대해 서로 다투고 있었다14:1-15:13. 이방인 그리스도인들은 그리스도께서 율법을 완성하셨기에 율법의 요구에 대해 그들이 자유했음을 믿었다. 유대 그리스도인들은 음식 관련 법과 절기를 지키는 것은 여전히 유효하다고 믿었다.

이 유대 그리스도인들은 구원을 위한 십자가의 복음을 율법으로 바꾼 유대 율법주의자들이 아니었음을 아는 것이 중요하다. 14:1-15:13의 문체에서 알 수 있듯 바울은 갈라디아인, 빌립보인, 고린도인들 중에 있던 유대 그리스도인들에게 규제보다는 관용의 태도로 편지를 썼고, 이들을 이단으로 문제삼지 않았다. 이들은 정통 신자들이었다. 바울 자신도 때로는 유대식 제사를 드리고행 21:24-26 서원을 갚았지만행 18:18, 유대 그리스도인들이 율법을 지키라고 요구하는 것은 믿음이 약한 것을 보여 주는 것이라는 이방인들의 말에 동의했다롬 14:1-2.

이방인들은 "연약한" 유대 그리스도인들을 용납하고 그들이 거리끼는 고기를 억지로 먹으라고 강요함으로 "거칠 것을 형제 앞에" 두지 않아 믿음이 연약한 형제를 완전히 망하게 하지 않도록 해야 했다롬 14:13-15. 이방인들과 유대인들은 하나님께서 그 둘 다 있는 그대로 받아들이신다는 것을 이해해야 했다. 서로 다른 가운데 하나 됨을 이끌어내고, 한 몸인 교회로서 평화를 가져와야 한다14:17, 19; 15:5-7. 화평은 아주 중요한 주제로, 첫째는 그리스도의 속죄 제사1:18-3:20; 3:21-4:25를 통해 죄 용서와 칭의를 통한 하나님과의 평화이고, 둘째는 교회 안에서 서로 분쟁 중인 지체들끼리의 평화이다14:1-15:13.

이러한 화해의 말씀은 로마서 집필의 네 번째 목적을 보여 준다. 로마서는 구원의 교리를 더 깊이 연구하고 복음을 더 깊이 설명하기 위한 목적으로 기록된 하나의 논설과도 같다. 로마에 있던 유대인과 이방인의 문제는 독특했고 바울은 이 로마서가 로마뿐 아니라 모든 곳에서 읽히기를 바랐다. 그는 모든 교회들이 그가 율법을 반대하는 것이 아니었음을7:7, 12-14, 16; 8:4 알기 원했고, 유대 그리스도인들이 믿음의 분량에 따라14:23 행하며 사는 것14:5-7은 인정해도 된다고 믿었다. 하나님은 율법이 아닌 십자가 복음에 구원의 뿌리를 두고 있는 한 사람들의 양심을 존중하신다. 음식과 절기 등에 관한 법을 지키는 것은 그리스도 안에 참 믿음을 가지고 있고 그 행위가 그리스도를 경배하는 행위라면 인정될 수 있다.

로마서는 현대의 서로 다른 신학적 견해를 가진 이들개혁주의, 아르미니우스주의, 오순절, 세대주의, 평화주의과 다른 예배 방식격식을 차린, 자유로운, 경건한, 오순절 계통의 그리스도인들이 정통 교리의 핵심을 건드리지 않는 한 어떻게 조화될 수 있는지 중요한 모범을 제시한다. 이런 하나 됨과 서로를 향한 이해가 바울 시대뿐 아니라 오늘날 교회에도 동일하게 필요하다.

장르

위에서 논의한 로마서를 쓴 바울의 목적을 두고 어떤 이들은 로마서를 로마 교회만을 위한 편지가 아닌, 구원 혹은 복음의 교리에 관한 일반적 논고 즉 모든 교회를 위한 기독교 교육 총서로 보아 왔다. 곧 로마서의 개요와 마지막 인사말 등이 나중에 더해져 편지가 되었다는 견해이다.

그러나 로마서 본문의 모든 부분은 로마 교회의 문제에 대해서 언급하고 있는 것으로 볼 수 있다. 그리고 로마서를 복음이나 구원에 관한 일반적 논고그가 다른 곳에서 사용하는 "그리스도 안에서"라는 주제나, 교회를 몸이나 성전으로 보는라고 보기에는 너무 많은 로마 교회의 문제들이 로마서에서 다루어지고 있다. 더욱이 구원에 관한 부분만 다루었다면 로마 정부나 크고 작은 기관들에 복종하라는 권면은 등장하지 않았을 것이다.

하지만 동시에 3:21-8:39을 보면 구원의 의미를 설명한 부분들이 있다. 곧 바울이 로마 교회의 필요를 뛰어넘어 복음을 자세히 들여다보고 로마에 있던 독자들을 영혼 구원과 참 그리스도인의 삶과 사명에 대한 비전으로 이끄는 이 부분을 대부분의 학자들은 구원에 관한 논고로 본다.

일관성과 통일성

거의 모든 학자들이 로마서의 일관성에 대해 동의하지만 어떤 이들은 각 부분의 통일성을 의심한다. 1:7의 "로마에서"와 1:15의 "로마에 있는 너희에게도"가 어떤 사본에는 없고 대부분의 사본에는 나온다. 로마서를 일반 교회들을 위한 서신으로 바꾸기 위해 뺀 것일지도 모른다.

어떤 학자들은 15-16장 혹은 16장은 나중에 추가된 것이라고 생각한다. 15:1-16:23이 많은 고대 사본들에서 빠져 있기 때문이다.[5] 이 주장에

5 마르시온, 테르툴리아누스, 이레나에우스, 키프리아누스와 라틴어 성경(the Latin Vulgate, 1648, 1792, 2089)

의하면, 로마서는 바울이 세우지 않은 교회를 향한 일반적 편지였기에 1:7, 15과 15:1-16:23이 후에 더해져 로마에 보내는 편지가 되었다. 하지만 1:8-13은 로마 어딘가를 향해 쓰였고, 14:23로 끝맺기에는 부적절하다.

또한 브리스길라와 아굴라가 디모데후서 4:19에 나오듯이 에베소로 돌아갔고, 바울이 로마에 그렇게 아는 사람이 많지 않다는 것을 가정했을 때 16장이 원래는 에베소 교회를 향한 것으로 보기도 한다. 하지만 위에서 언급했듯이, 16장이 없으면 첫 1-5장이 있을 수 없으며 교회 개척의 주 인물인 바울이 로마를 방문하지 않았다는 이유만으로 그곳 사람들을 알지 못한다고 단정할 이유가 없다. 로마 시대는 믿기 어려울 정도로 이동이 많았으며, 그리스도인들은 더욱이 서로를 향한 돌봄과 관심을 가지고 있었다. 이런 관심은 드로아의 교회가 밤이 지새도록 다른 교회에 대한 소식을 접하려고 귀를 기울이고 있었던 것을 보면 알 수 있다행 20:7-12.

간단히 말해 로마서는 현재 우리가 신약성경에 가지고 있듯이 전체적으로 잘 짜인 문서임을 확신할 수 있다.

개요

I. 바울의 자기소개 및 복음 소개 (1:1-17)

A. 인사와 사역 설명 (1:1-7)

1. 바울의 사명 1:1
2. 그리스도에 관한 복음 1:2-4
3. 바울의 사역: 이방인 전도 1:5-6
4. 수신자와 인사 1:7

B. 감사와 로마 방문에 관한 기도 (1:8-15)

1. 성도의 신앙에 관한 감사 1:8
2. 성도를 위한 기도와 방문 1:9-10
3. 방문을 위한 소망 1:11-13

4. 복음 전파의 의무 1:14-15

C. 편지의 주제: 하나님에게서 오는 의로움 (1:16-17)

II. 범우주적 인간의 죄성 (1:18-3:20)

A. 이방인을 향한 하나님의 진노 (1:18-32)

1. 하나님의 자기 계시에 대한 거절 1:18-20
2. 중한 죄에 대한 신적 보응 1:21-31
3. 결론: 죄를 지음과 동시에 죄인을 인정 1:32

B. 유대인들을 향한 하나님의 진노 (2:1-3:8)

1. 유대인을 향한 하나님의 심판의 진실 2:1-16
2. 율법 준수에 실패한 유대인 2:17-29
3. 하나님의 신실함과 이스라엘의 실패 3:1-8

C. 모든 인류의 죄악 (3:9-20)

1. 죄의 일반적 특성 3:9
2. 인류 타락의 총체적 범위 3:10-18
3. 죄의 보편성 3:19-20

III. 칭의에 나타난 하나님의 공의 (3:21-4:25)

A. 논지: 하나님의 공의와 칭의 (3:21-26)

1. 나타난 하나님의 공의 3:21
2. 받아들인 하나님의 공의 3:22-23
3. 이루어진 하나님의 공의 3:24-26

B. 믿음으로 받는 칭의 (3:27-31)

1. 자랑할 수 없음 3:27
2. 율법이 아닌 믿음으로 받는 칭의 3:28
3. 유대인과 이방인의 하나님 3:29-30
4. 믿음으로 율법을 굳게 세움 3:31

C. 오직 믿음으로 받는 칭의: 아브라함의 모범 (4:1-25)

1. 아브라함과 다윗의 행위가 아닌 믿음 4:1-8

2. 믿음과 할례 4:9-12

3. 믿음과 아브라함을 향한 약속 4:13-17

4. 이삭 탄생 때의 아브라함의 믿음 4:18-22

5. 결론: 아브라함이 우리의 모범이 됨 4:23-25

IV. 공의와 성화: 그리스도 안에 새 생명 (5:1-8:39)

A. 칭의의 축복: 그리스도 안에 있는 새 평화와 소망 (5:1-11)

1. 그리스도 안의 평화와 소망 5:1-5

2. 그리스도와의 화해 5:6-11

B. 아담의 죄를 이기는 그리스도 안의 새 삶 (5:12-21)

1. 아담을 통해 죄가 들어옴 5:12

2. 죄와 사망의 다스림에 관한 정리 5:13-14

3. 아담과 그리스도 비교 5:15-19

4. 결론: 죄와 은혜 대조 5:20-21

C. 성화: 죄의 권세에서 해방 (6:1-23)

1. 그리스도 안의 새 생명으로 죄에 대해 죽음 6:1-14

2. 죄의 억압에서 자유 6:15-23

D. 율법 아래 정죄에서 자유 (7:1-25)

1. 그리스도와 연합하기 위해 율법에서 자유함 7:1-6

2. 불신자와 율법: 죄와 사망 7:7-12

3. 신자와 율법: 곤고함 7:13-25

E. 성령 안에 있는 새 생명 (8:1-39)

1. 성령 안에서 승리의 삶 8:1-11

2. 하나님의 상속자로서 신자의 양자됨 8:12-17

3. 성령 안에서 새로운 영광의 희망 8:18-30

4. 힘든 삶 속에서 보호함과 승리함 8:31-39

V. 하나님의 언약의 변증: 유대인들의 거부와 이방인들의 받아들여짐 (9:1-11:36)

A. 이스라엘의 실패에 대한 바울의 슬픔 (9:1-5)

1. 바울의 깊은 고뇌 9:1-2
2. 유대인들을 위해 저주받기를 자처함 9:3
3. 이스라엘의 특권 9:4-5

B. 선택하시는 하나님의 주권 (9:6-29)

1. 국가적 이스라엘과 참 이스라엘 9:6-13
2. 선택하시는 하나님의 자유 9:14-23
3. 새로운 공동체: 남은 자와 이방인들 9:24-29

C. 하나님의 베푸심을 거절한 이스라엘의 책임 (9:30-10:21)

1. 행위가 아닌 믿음으로 얻는 의로움 9:30-10:4
2. 율법이 아닌 믿음으로 받는 구원 10:5-13
3. 복음을 거부한 이스라엘의 죄 10:14-21

D. 하나님의 신실하심: 이스라엘의 국가적 미래 (11:1-36)

1. 선택된 이스라엘의 남은 자 11:1-10
2. 유대인과 이방인을 위해 하나님이 예비하신 곳 11:11-24
3. 미래 이스라엘의 구원 11:25-32
4. 송영: 하나님 은혜의 깊이 11:33-36

VI. 성령 안에서 사는 삶 (12:1-15:13)

A. 그리스도인으로 살기를 권유 (12:1-13:14)

1. 완전히 변화된 그리스도인의 삶 12:1-2
2. 교회에서 서로를 향한 섬김 12:3-8
3. 사랑하라는 권유 12:9-21
4. 세속 정부에 순복 13:1-7
5. 율법의 완성인 사랑 13:8-10
6. 그리스도 재림을 준비하는 빛으로 향하는 삶 13:11-14

B. 공동체의 사랑과 연합 (14:1-15:13)

1. 싸우지 말라는 명령 14:1-12
2. 강한 자는 약한 자가 실족하지 않게 해야 함 14:13-23
3. 믿음이 연약한 자의 약점을 담당 15:1-6

4. 서로 받아들임 15:7-13

VII. 서신의 맺는말 (15:14-16:27)

A. 바울의 사역 계획 (15:14-33)

1. 바울의 이방인을 향한 과거 사역 15:14-21
2. 미래 계획: 예루살렘, 로마, 서바나 15:22-29
3. 기도 제목 15:30-33

B. 끝맺는 인사 (16:1-27)

1. 로마 지도자들을 향한 인사 16:1-16
2. 거짓 교사들에 대한 경고 16:17-20a
3. 축도 16:20b
4. 고린도에 있는 바울의 동역자에게서 인사 16:21-23
5. 끝맺는 송영 16:25-27

로마서의 신학

조직 신학은 아니지만 로마서는 방대한 양의 신학적 가르침을 담고 있다. 성경의 그 어떤 책보다도 더 깊은 구원론을 가지고 있다. 바울의 두 가지 서로 연결된 목적이 있기 때문이다. 하나는 로마 교회가 가지고 있던 문제들을 다루기 위함이고, 다른 하나는 그들에게 복음을 전하고 바울 자신의 정통성을 확인시키기 위해서이다.

루터 이후로 신교도들은 로마서의 중심 주제가 '믿음으로 말미암는 칭의'라고 공통적으로 생각해 왔다. 하지만 이 견해는 좀 더 자세히 분석되어 왔고 그 결과 학자들은 이 견해가 1:18-4:25을 주로 한 것이고, 다른 주제들은 간과한 견해라고 의견을 모으고 있다. 5-8장의 성령 충만한 삶에 대한 새로운 고찰, 9-11장에 등장하는 예정, 12-13장에 나오는 윤리와 그리스도인의 삶, 14-15장에 언급되는 유대인과 이방인의 연합 등 다양한 주제들이 오래된 관념을 다시 뒤집고 있다.

죄와 구원, 칭의, 성령, 예정, 교회, 연합 등의 주제들이 로마서의 중심 내용이지만 하나로 아우르는 주제들은 아니다. 모든 것을 하나로 묶는 주제 중에 가장 가까운 것은 복음이겠지만, 나는 개인적으로 바울이 한 가지 생각으로 모든 것을 다 묶으려 했다고 생각하지는 않는다. 오히려 그것은 편지보다는 논문 같은 글에 가까울 것이다. 복음을 가장 중요한 주제로 보고 로마 교회의 필요를 그 중심에 두는 것이 가장 타당할 것이다.

성부론

바울은 1:1에서 "하나님의 복음을 위하여 택정함을 입었으니"라고 자신을 소개하고 있다. 하나님은 모든 것을 주관하시고 모든 진리, 특히 가장 중심이 되는 진리인 복음의 근원이 되신다. 로마서에서 바울은 하나님을 이 세상의 창조자로서 창조물을 다스리는 능력의 하나님으로 표현한다. 하나님은 세상이 죄로 빠질 수 있음을 아심에도 불구하고 이 세상을 창조하기로 결심하셨다. 창조 전에 세상을 회복시키기 위해 그 아들을 보내 죄의 문제를 해결하기로 하셨다. 인간에게 구원을 가져다주는 분, 영생을 가능하게 하신 분이 하나님이시기에 그의 은혜와 긍휼이 가장 중심에 있다.

하나님은 구속자이실 뿐만 아니라 심판자이시다. 그는 의롭게 하시는 분이시다. 그는 심판대에 앉으셔서 믿음으로 그에게 나오는 회개한 신자들을 살펴보시고 그들의 죄에 예수님의 보혈을 뿌리시고 그들의 죄가 용서받고 하나님 앞에서 의롭게 되었음을 선포하신다3:21-26. 동시에 그는 죄를 선택하고 하나님을 거부하는 자들을 향한 심판의 자리에 앉으신다1:18-32. 그는 그들의 회개를 거부함과 죄로 돌아가는 행위들을 보신다. 심판의 날에 하나님은 그들을 영벌에 처하신다. 그는 만유의 주이시다.

기독론

로마서 첫 세 장은 이방인의 죄1:18-32, 유대인의 죄2:1-3:8, 그것들을 요약하는 모든 인류의 확실한 죄성3:9-20에 중점을 두고 있다. "한 사람" 아담을 통해 모든 사람들이 '죄인이 되고' 정죄, 심판과 죽음을 겪어야 한다5:12-14. "모든 사람이 죄를 범하였으매 하나님의 영광에 이르지 못하더니"3:23. 하나님이 구원을 가능하게 만들지 않으시면 아무런 희망이 없다. 우리는 죄의 삯을 지불하거나 우리의 구원을 살 수 없기 때문에 우리 스스로 구원할 수 없다. 오직 그리스도, 완전하신 그분만이 우리를 구원하실 수 있다.

그 "한 사람" 예수 그리스도의 오심으로 은혜, 의로움, 믿음으로 그분을 받아들이는 자들5:12-21에 대한 통치가 함께 왔다. 3:24-26에서 바울은 그리스도가 "화목제물"이 되셔서 우리 죄를 위해 흘리신 피로 우리 죄를 사하여 구속함을 가져오신 것을 설명하고 있다. 하나님은 이 속죄함을 토대로 우리를 용서하시고 그분이 보시기에 의롭다고 칭해 주셨다.

우리의 구원을 확실히 하시고 그리스도가 모든 것의 주, 인류의 구주가 되셨다. 그 의미는 침례세례가 상징적으로 보여 준다6:3-4. 물에 들어갈 때 우리는 그리스도와 함께 장사되어 "함께 장사되었고", 물에서 나올 때 그와 함께 "새 생명"으로 일어나는 것이다. 그 결과 우리는 "그리스도 안에서"혹은 그와 연합하여 살게 되고 그리스도의 몸의 한 부분교회이 된다.

성령론

성부께서 성자를 보내신 것처럼 성부와 성자께서 성령을 보내셨다. 로마서에 의하면 성령은 중생할 때 들어오신다. 성령은 믿고 회개하는 죄인들에게 들어오셔서 그들을 하나님 자녀로 입양되게 하시고 "아빠 아버지"라 부르며 새로운 가족에 영원히 한 부분이 되는 기쁨을 누리게 하신다8:14-17. 그리스도인의 삶은 그리스도 안에서 성령과 함께 걸음으로 성령께서 우리 안에 하나님의 강한 임재를 통해 승리하게 하시는 삶이다.

로마서 7-8장에 '성령-육신'의 이중 구조가 등장하는데, 7장에 육신의 갈등이 소개된다. "내가 원하는 것은 행하지 아니하고 도리어 미워하는 것을 행함이라"7:15. 해결책은 '육신'육체적 몸이 아니라 죄를 지으려는 성향을 의미에서 돌아서서 성령의 내주하심을 받는 것이다8:1-13. 육신이 주도권을 잡고 있는 한 영적으로 패배할 수밖에 없다. 이를 막을 방법은 육신을 거부하고 성령 안에서 새로운 삶으로 들어가는 것이다. 성령께서 우리의 선택을 인도하시도록 한다면 그분 안에서 사는 방법을 배우게 될 것이다. 성령께서 우리가 후사이며 "그와 함께 영광을" 받을 것을 "증언"하시므로 우리는 구원의 확신을 가질 것이다8:16-17.

신자의 예정

로마서 9-11장에서 바울은 다음 질문들에 답한다. 이스라엘을 향한 하나님 언약이 실패했는가?9:6 그래서 하나님은 불의하신가?9:14 바울의 대답은 세 가지다. 1) 하나님은 모든 것을 주관하시고 자신이 원하시는 대로 선택하거나 거부할 수 있으시고, 그의 주권적 선택은 항상 옳다9:6-29. 2) 이스라엘이 하나님께 불순종하기로 선택하여 하나님의 심판을 자신들의 머리에 돌렸다9:30-10:21. 3) 하나님은 자신의 언약 백성을 버리지 않으시니 이는 그의 선택이 남은 자들-믿는 유대인들-을 포함하기 때문이다.

하나님은 이 세상이 창조되기 전부터 새로운 이스라엘을 구원하기로 선택하셨고 그것은 전적으로 하나님의 선택이다. 하지만 동시에 하나님의 미리 아심이 중요한 역할을 하고 있다. 신학자들은 하나님의 선택과 미리 아심 사이에서 첨예하게 논쟁하고 있고, 아직 완전한 답은 없다. 그러나 나의 소견은 성령께서 모든 사람들에게 죄를 확인시키고 믿음의 결정을 하도록 기회를 주신다는 것이다. 하나님은 이 믿음의 결정을 아시고, 이 결정이 그들을 택하시는 하나님의 선택에 하나의 역할을 한다.

이 본문의 해석에 있어서 동등하게 중요한 또 다른 견해는 바로 '거부할 수 없는 은혜'라는 해석이다. 하나님이 택하신 사람들을 은혜와 긍휼로 감싸시고 그들을 구원하기 위해 택하신 하나님의 사랑으로 무릎을 꿇게 만드시는 은혜다. 믿음의 결정이 성령에 의해 가능해진 인간의 결정인지 선택받은 자들 안에서의 전적인 하나님의 역사인지 판가름하기는 어렵다. 8:28과 10장 끝에서 이 문제를 다시 언급할 것이고, 독자들이 어떤 견해를 가질지는 스스로 결정해야 할 것이다.

그리스도인의 삶

마지막 부분12-16장은 개인으로 공동체로 어떻게 그리스도인의 삶을 살 것인지를 중점적으로 다루고 있다. 우리는 개별적으로 성령께서 우리를 변화시켜 그분의 완전한 뜻을 살아낼 수 있도록 우리 전부를 하나님께 제물로 드려야 한다12:1-2. 공동체로서는 그리스도의 몸 된 지체로서 살고, 서로를 섬기기 위해 우리의 은사들을 사용해야 한다12:4-8. 성공적인 그리스도인의 삶은 그리스도와 연합하여 살고 성령의 지시하심에 따라 사는 것이다. 이런 삶은 죄와 싸우는 삶이고6장, 성령의 강권적인 임재하심에 의존할 때 승리하는 삶이라는 특징을 가지고 있다8장.

사랑은 그리스도인 삶에서 중심이다. 우리가 아직 죄인일 때 부어 주신 하나님 사랑의 경험이5:8 그분의 은혜와 자비를 경험할 수 있게 한다. 주변 사람들이 믿는 자들이건12:9-13; 13:8-10 불신자들이건12:14-21 우리가 그들과 소통할 때 하나님 사랑이 우리를 채운다. 더 나아가 우리는 예수님 재림을 바라보는 삶을 살아야 한다. 이러한 삶은 우리가 이 땅에서 압박을 느낄 때 그리스도로 옷 입고13:11-14 빛의 갑옷을 입을 수 있도록 해 준다.

GRANT R. OSBORNE

로마서

I

바울의 자기소개 및 복음 소개 1:1-17

바울은 고대 헬라인들과 유대인들의 편지 쓰기 방식을 따라 저자와 수신자를 언급하며 서신을 시작한다. 보통은 그가 누구인지를 밝히고 곧바로 수신자를 밝힌다. 하지만 로마서에서는 다른 서신들과 확연하게 달리 6절에 걸쳐서 저자가 누구인지를 소개한다. 그 이유는 자신이 모르는 교회에게 자기를 소개하기 때문이다. 15:23-33에서 밝히듯이 바울은 안디옥 교회가 이전에 동로마 지역 선교에 후원한 것처럼[6] 로마 교회가 훗날 있을 로마 제국 서쪽의 선교 사역을 위한 후원 교회가 되기를 원했다. 그러나 로마 그리스도인들은 바울을 몰랐고, 따라서 이 서신은 바울 자신과 그의 복음을 알릴 수 있는 기회였다.

6 로마서 소개에서 "목적"을 참고하라.

1. 바울의 인사와 사역 설명 1:1-7

첫 일곱 구절에서 바울은 자신의 사명을 설명하고1:1, 복음에 대해 말하며1:2-4, 자기 사역의 직분을 말하고1:5-6, 수신자들에게 인사를 전한다1:7.

1) 인사 및 바울의 사명 1:1

바울은 자신의 직분이 직분, 사명, 복음 세 가지를 목적으로 한다고 설명하고 있다. 첫째, 영어 성경 NIV에서는 "그리스도 예수의 종"이라고 표현하는데 "그리스도 예수의 노예"NLT, NET, LEB라고 표현하는 것이 더 낫겠다. 바울은 출애굽 사건 후에 이스라엘 스스로가 여호와께 속함을 나타내는레 25:55 영광스러운 이름으로서 "하나님의 종이 됨이라"고 한 구약의 선례를 따르고 있는 것이다. 모세수 14:7, 여호수아수 24:29, 엘리야왕하 10:10, 다윗시 89:3, 20 같은 이스라엘 지도자들이 이와 같이 자신들을 하나님께 속한 종노예으로 칭하고는 했다.

1세기에 노예들은 주인 가족의 구성원이 되어 주인에게 보호받으며 종종 주인의 높은 계급을 공유하기도 했다. 바울은 자신의 권위의 근원을 보이고 있는 것이다. 즉, 자기 자신에게서 온 것이 아니라 자신이 속한 하나님께 그 권위가 있음을 나타내는 것이다.

둘째로, 바울은 "사도로 부르심"을 받았는데, 이는 사도행전 9장에 나오는 그의 회심과 이방인의 사도로 부름 받음행 9:15; 22:21; 26:16-18; 롬 11:13을 언급하는 것이다. "사도"아포스톨로스, ἀπόστολος는 '아포스텔로'ἀποστέλλω; 보내다에서 유래한 단어로, '권위를 부여받고 공식적인 소식을 전달하는 사람들'을 가리킨다. 이 단어는 '교회의 사자'나 '선교사'를 뜻할 수 있다. NIV는 고린도후서 8:23에서 "사자"로 표현하고, 빌립보서 2:25에서는 '사신'"사자"으로 표현한다. 하지만 로마서 1장에서는 그리스도에게서 부름 받아 하나님의 특별한 일꾼으로서 열두 제자막 3:14, 바나바행 14:4, 야고보고전 15:7와 동등한 교회 지도자로 부름 받은 것을 의미한다. 사도행전 1:21-22은 예수님과 함께 살고 그분의 부활하심을 목격해야만 사도의 자격이 있다고 말한다. 바울은 자신의 다메섹 도상에서 부활하신 주님을 보았기에고전 9:1; 15:8 사도로서 자격이 있다고 말한다. 이것이 로마 교회를 방문할 바울의 권위에 대해 언급한 내용이다.

마지막으로 바울은 "하나님의 복음을 위하여 택정함"을 받았다고 하면서 자신의 부르심에 대한 선언을 확장한다. 부름 받는 것은 하나님을 위해 택정함을 입은 것이고 할 일을 부여받는 것이다. 바울은 갈라디아서 1:15에서 예레미야 1:5을 암시하며 "어머니의 태로부터 나를 택정하시고 그의 은혜로 나를 부르신" 이라고 선언하고 있다. 바울은 부르심 받고, 택정함을 받고, 그리스도와 그의 복음 사역을 위해 종이 된 것이다.

2) 그리스도에 관한 복음 1:2-4

바울이 자신에 관하여 세 가지로 로마 교회에게 말한 후에 자신이 선포하도록 부름 받은 복음 혹은 좋은 소식에 관하여 또 세 가지로 말하고 있다. 복음은 로마서를 여는1, 9, 15, 16 절의 명사와 동사 핵심 개념이다. 바울은 그 소식이 담고 있는 내용과 그 소식을 만들어 낸 사건 즉 그리스도의 죽으심과 부활 사건을 언급하기 위해 "복음"이라는 단어를 사용하고 있다.

성경에서 예언됨 1:2

하나님은 "선지자들을 통하여 … 성경에 미리" 복음을 약속하셨다. 로마서를 통해 바울은 구약의 거의 모든 쟁점들을 다루고 있다. 그는 구약의 사건들과 내용들이 앞으로 다가올 것을 예표하며, 신약에서 실제적으로 이루어지는 것을 **예표론**typology으로 표현하고 있다. 하나님은 과거 사건유형: types 들을 사용하여 그리스도와 교회라는 더 큰 사건실체 들을 약속하거나 바라보도록 인도하셨다. 예수께서 새 언약을 통해 이루신 큰 역사들은 아브라함과 출애굽 등 구약의 구속 사건을 통해 예표된 것이다.

모세행 3:22 및 다윗행 2:30을 포함한 선지자들은 바벨론 유수에서 돌아올 이스라엘과 새로운 출애굽 사건을 통해 성취될 약속들을 수립하면서 복음의 초기 형태를 선포했다. 바울은 로마서를 쓸 때 구원의 축복고후 7:1; 갈 3:22과 구약과 신약을 아우르는, 계속되는 하나님의 구속사를 강조하면서 "약속"이라는 단어를 22번이나 사용하고 있다. 신약뿐 아니라 성경 전체가 복음을 가리키고 있다.

다윗의 혈통이신 메시아 1:3

3절은 두 가지 강력한 요소를 내포하고 있다. 하나는 "그의 아들에 관하여 말하면 육신으로는 … 나셨고"투 게노메누 τοῦ γενομένου; '존재가 됨' 혹은 '탄생'에서 볼 수 있듯이 예수님의 선재에 대해 가르친다. 예수님은 성육신을 통해 하나님이 이 땅에 보내신 그분의 아들이다. 빌립보서 2:6을 보면 예수님은 "하나님의 본체"이시고 육신을 입으셨음을 알 수 있다. 요한복음 1:14에서는 "말씀이 육신이 되어 우리 가운데 거하시매"라고 말하고 있다. 예수님은니케아 신경에서 말하듯 "하나님에게서 나신 하나님"으로서 육신을 입고 우리와 함께 사셨다. 이 사실만 해도 우리에게는 엄청난 것이다!

다른 하나는 이전부터 계신 아들이신 예수께서 "다윗의 혈통"이라는 것이다. 이것은 사무엘하 7:12-16에 나오는 영원한 보좌를 약속 받은 다윗의 약속에 기인한다. 다윗 이후에 이스라엘을 구원하고 왕좌를 지키는 메시아가 그에게서 나오게 될 것이라는 개념이 발전되어 왔다.[7] 예수님을 다윗의 자손이라고 부르면서 바울은 예수님을 다윗의 왕좌를 이어받는 선재하시는 하나님의 아들로 표현하고 있는 것이다.

부활을 통해 하나님의 아들로 선포됨 1:4

예수님의 세 가지 특성은 시간을 따라서 나타난다. 구약에서 예수님은 예언되셨고, 다윗의 자손으로 나셨으며, 부활하실 때 하나님 아들로 임명되셨다.

"선포하다"호리조, ὁρίζω는 '할당하다' 혹은 '결정하다'라는 뜻이다. 이는 이 땅에서 하나님이 결정하신 곳으로 예수님을 임명하셨음을 보여 준다. 어떤 이들은 이 구절을 예수께서 부활하셔서 하나님 아들로 '받아들여지기 전까지는 하나님 아들이 아니었다'고 해석하기도 하지만 그렇지 않다. 예수님은 이미 침례세례받으실 때도 '사랑하는 아들'로 불리셨고막 1:11, 이 땅에서의 전 생애에 걸쳐 하나님 아들이셨다. 예수님은 미리 계시던 아들이시고 영원 동안 하나님 아들이 아닌 적이 없으시다. 어떤 이들은 이것을 "육신"3절에서 하나님의 영광4절으로 바뀌는 사건이라고 말한다. 이것도 이 구절이 의미하는 바가 아니다. 왜냐하면 예수님의 선재하심이 3절에서 중요한 부분으로 나오기 때문이다. 요점은 예수께서 부활을 통해 하나님 아들로 완전히 계시되셨다는 점이다. 그의 근본적인 존재는 결코 바뀌지 않지만 인간을 향한 그분의 계시는 단계적으로 진행된 것이다.

이 구절은 메시아적 왕이시자 만유의 주로 예수님이 왕좌에 오르시는 것을 묘사한다. 사도행전 13:33에서 바울은 예수님의 부활이 시편 2:7의

7 이 생각은 구약(시 89:3-4; 사 11:1; 렘 23:5-6; 겔 34:23-24), 신구약 중간기 유대주의(솔로몬의 시편 17-18; 쿰란 4Q174 1:11-14), 그리고 신약의 중요 강조점 중 하나이다(마 1:1; 20:30-31; 22:42; 막 12:35-37; 눅 1:27, 32; 20:41-44; 행 2:30; 13:22-23; 딤후 2:8).

"너는 내 아들이라 오늘 내가 너를 낳았도다" 하신 말씀을 이룬 것이라 말한다. 다시 말하지만 이것은 예수님이 전에는 하나님 아들이 아니셨다는 것이 아니라 그의 영광스러운 천상의 군림이 새롭게 시작되었다는 것이다. 새 시대의 시작점은 성육신과 부활을 통해 온다. 예수님은 구약 시대의 끝에 성육신의 삶을 사셨다. 부활로 새 언약의 시대가 도래했다.

예수님은 "능력"으로도 하나님 아들이시다. 이 표현은 동사보다는 명사를 보조한다. 즉 "능력"은 '선포되었다'라는 동사보다 '선포된 능력의 하나님 아들'이라는 명사를 보조한다. 예수님의 이 땅에서의 삶은 낮은 곳에 임한 왕의 삶이었지만, 부활하실 때 그는 하나님 오른편에 앉으시고 그의 신적 능력이 모두에게 나타났다. 그는 이제 만물의 주인이시며 "하늘과 땅의 모든 권세"를 가지신다마 28:18. 5절에서 바울은 이방인을 향한 자신의 사도적 사명에 있어서 바로 이 예수 그리스도의 권세에 참여하고, 16절에서 복음은 "모든 믿는 자에게 구원을 주시는 하나님의 능력"이 된다고 선언하면서 예수님의 권세에 대하여 더욱 확장하여 설명한다.

이러한 예수님의 선포에 "성결의 영"이신 성령께서 매개 역할을 하시는데, 그는 예수님의 이 땅에서의 사역 즉 메시아 사역에서 하늘 하나님의 아들로서 주관자로 바뀌시는 데 구심점이 되신다. 부활 후 50일 후에 오순절에서 상징되듯이, 부활은 예수님 시대에서 성령 시대눅 24:49; 행 1:8로 바뀌는 기점이다. 거룩한 영이신 성령은 예수님을 온 우주의 주인으로 구별거룩함의 의미하신다.

"우리 주 예수 그리스도"라는 명칭은 깊은 의미로 가득 찬 이 구절에 걸맞게 마무리를 하고 있다. 3-4절에서 바울은 예수님에 대한 표현을 "다윗의 자손"에서 "메시아", "하나님의 아들", "주"로 옮겨 간다. 바울이 선포하는 복음은 모두 예수님에 관한 것이고, 그분의 놀라운 존재와 우리를 위해 행하신 일들에 대한 것이다. 예수님은 성육신하시고 온 우주의 주님으로 보좌에 앉으셔서, 죄로부터의 구원과 하나님의 가족이 되어 누리는 영생을 주셨다. "주"퀴리오스, κύριος는 예수님이 누구이신지오직 한 분이신 만유의 주 그리고 그분의 역할우리를 위해 주권을 행사하시는이 무엇인지 통틀어서 나타내고 있다. 이것이 복음을 복음 되게 만드는 것이다.

3) 바울의 사역: 이방인 전도 1:5-6

복음의 핵심은 그리스도이고, 복음의 수행은 선교다. 바울의 선교는 그리스도를 매개로"그로 말미암아" 또한 사역의 수신자로"그의 이름을 위하여" 설정함으로써 **기독론적** 색채를 이 구절에 입히고 있다. 주 되신 그리스도가 바울의 복음 선포 수단이자 초점이 되시는 것이다. 바울은 주님에게서 "은혜와 사도의 직분" 두 가지를 부여받았는데, 이는 바울이 사도직을 받을 자격이 없지만 그리스도에게서 선물로 주어진 것을 말한다. 바울은 항상 그리스도께서 죄인 중에 괴수인 자신딤전 1:15-16을 이방인을 향한 도구로 부르신 것에 대해 놀라워했다.

바울이 사도로 임명된 것의 핵심은 "모든 이방인들을 그리스도께로 부르는 것"이다. 이는 1:16에 "먼저는 유대인에게요 그리고 헬라인에게"라고 말한 것처럼 자기 동료 유대인들을 건너뛴다는 의미가 아니다. 오히려 주께 받은 그의 사명은 아브라함에게 주신 하나님의 언약창 12:3 "땅의 모든 족속이 너로 말미암아 복을 얻을 것이라"을 이루기 위한 새로운 사역에 초점을 두고 있다.

그의 사역의 목적은 모든 이방인들이 "믿어 순종"헬라어 문자적으로을 하도록 부르는 것이다. 믿음의 순종은 여러 각도로 이해될 수 있는데, 대부분의 해석자들은 믿음을 출처믿음에서 나오는 순종와 평행적 의미믿음이 순종로 이해하고 있다. 전도는 바울 복음에서 심장과도 같은 데, 전도는 반드시 제자의 삶, 하나님을 닮은 삶의 모습으로 연결된다. 참된 신약 교회는 그리스도를 위해 불신자들을 전도하는 것과 그리스도와 더 깊은 교제의 삶에서 자라나도록 하는 두 분야를 모두 중시한다.

6절에서 바울이 선교하는 이방인들 중에 로마 그리스도인들이 포함되었다"너희도 그들 중에서". 바울은 그들의 교회를 개척하거나 교회 부흥에 도구로 쓰인 적은 없었겠지만 자신을 그들과 함께 있는 사람 중 하나로 간주했다. 그들도 이방 세상의 한 부분이며 "예수 그리스도의 것으로 부르심을 받은" 것이다. 나아가 바울은 이방인의 사도이며 이방인들은 바울의 사역 범위 안에 있고, 이 사실만으로도 바울이 그들에게 편지를 쓰고 그들을 방문할 수 있는 자격이 충분히 부여된다.

"이방인 중에"라는 표현을 둘러싸고 의견이 분분하다. 바울은 로마 교회가 대부분 이방인들이라고 말하는 것인가, 그들이 이방인 나라에 있다 것인가에 대한 질문이다.[8] 전자가 거의 확실하지만아래 1:13 참조 바울이 이 구절에서 어느 정도의 구성원을 말하고 있는지는 알기 어렵다. 로마서 그 어디에서도 로마 교회 구성원이 어떻게 되는지 강조하지 않고 있는 것으로 볼 때 로마 교회가 하나님이 바울이 섬기도록 부르신 지체들 중 하나임을 말하고 있는 것일 가능성이 크다.

4) 수신자와 인사 1:7

이 장 초반에서 언급하였듯이, 바울 서신의 거의 모든 부분에서 그는 자신을 저자로 밝힌 후에 바로 수신자를 언급한다. 로마서에서는 그가 한 번도 연락해 보지 못한 교회에 대해 서신을 쓰는 자신의 권리와 함께 자신의 마음을 담은 글을 저자와 수신자 사이에 쓴 것을 볼 수 있다. 7절

8 로마서 소개에서 "저자와 저작 연대"를 참고하라.

에서 그는 수신자인 교회를 언급한다. 그는 통상적으로 수신자를 "…의 교회에게"라고 밝힌다. 하지만 예외적으로 "로마에서 … 모든 자에게"라고 말하면서 도시와 그 반경에 있는 모든 가정 교회들을 지칭한다.

바울은 그들을 "하나님의 사랑하심을 받고 성도로 부르심을 받은" 자로 부르고 있고 그리스도인의 특권과 책임에 대해 설명하고 있다. 이러한 표현은 구약에서 이스라엘을 지칭하는 것인데, 바울은 로마 교인들에게 그들이 이방인으로서 하나님의 사람들이고, 새롭고 참된 이스라엘이라고 확인시켜 주고 있다. 그들은 삶의 문제를 뛰어넘게 하시고 인간 존재의 고통의 문제 가운데도 기쁨을 주시는 하나님의 사랑을 이미 받았고, 또한 경험할 수 있다. 세상이 그들을 외면할 수 있지만 하나님은 그들을 결코 버리지 않으시고 실망시키지 않으신다신 31:6; 수 1:5. 그때 그들은 하나님의 '거룩한 자'들로서 구별되는 사명을 감당할 책임이 있다. 그 사명은 이 땅에서 나와 하나님께 속하고 그분을 섬기는 것이다.

바울의 인사는 항상 "은혜와 평강", 즉 헬라식 인사인 '카리스'χάρις; 은혜와 유대식 인사인 '샬롬'שלום; 평화을 합친 것이다. 이 조합은 **종말론적** 약속을 만들어 내는데 이는 '너희가 인사할 때마다 바라던 그것들이 그리스도 안에서 현실이 되어 너희에게 주어졌다'고 말하는 것이다. 이 약속의 주체는 하나님으로서 성부의 밀접한 사랑과 그리스도의 권위의 능력을 강조한다.

2. 바울이 감사하며 로마 방문에 대해 기도하다 1:8-15

다른 고대 서신의 시작 부분에는 인사 후에 간단한 감사와 기도가 이어진다. 바울도 이렇게 시작하면서 로마서에서 다룰 주요 주제들을 소개한다. 하지만 그의 주된 목적은 독자들과 유대 관계를 형성하는 것이다. 바울은 로마 교인들에게 자신이 얼마나 그들을 깊이 생각하는지 보여 주고 싶어했다. 하지만 또한 그리스도의 공적인 대사로서 방문하는 것을 선언하는 것이다. 마지막으로 이 장에서 바울의 머뭇거리는 어조를 볼 수 있는데, 이는 아마도 로마에 있던 많은 유대 그리스도인들이 바울이 자신들을 버리고 이방인들만 좋아한다고 생각했기 때문일 수도 있다.

1) 성도의 신앙에 관한 감사 1:8

바울은 "먼저"로 이 구절을 시작하면서 두 번째로 가지 않는다. 아마도 '무엇보다도' 혹은 '가장 중요하게'를 의미했을 것이다. 이어서 "내 하나님께" 로마의 모든 성도들에 관하여 "예수 그리스도로 말미암아" 감사를 드린다. 바울은 2-4절을예수님이 모든 것을 가능하게 하셨다 기반으로 이 부분을 첨가했을 것이다. 바울처럼 우리도 예수께서 우리를 구원하시고 하나님의 임재로 인도하셨기에 서로를 위해 기도할 수 있다.

바울은 특별히 "너희 믿음이 온 세상에 전파됨"으로 인해 감사했다. 어떤 이들은 이 구절을 보면서 로마 그리스도인들의 믿음이 특출했다고 생각하지만, 사실 이것은 그들이 복음이 세상으로 뻗어 나가는 중심 도시에 길을 내었다는 것으로 볼 수 있을 것이다. 로마인들에게는 그들의 제국이 세계였다. 따라서 로마 교회는 세상의 축소판이었고 복음은 그곳에서 자라고 있었다. 곳곳에 퍼진 그리스도인들이 다 그것을 말하고 있었다.

2) 성도를 위한 기도와 방문 1:9-10

바울의 독자들을 위한 통상적인 기도는 로마서에서 그의 방문 계획에 관한 기도로 형성되어 간다. 이 방문에는 두 가지의 요인이 있는데 15:23-29에서 더 자세히 다룰 것이다. 첫째, 로마 상황이 그의 주의가 필요한 상태였기 때문이다. 로마 교회에서 유대인들과 이방인들 사이에 긴장 상태가 있었다. 둘째, 그는 로마 제국 서쪽 지역에 있는 미전도 종족들에게 복음을 전해야 하는 하나님의 사명을 느꼈다. 개요에서 언급했듯이 그는 선구자적인 선교 사역으로 부름 받았고 로마 동쪽 지역에는 이미 복음이 전파되었다롬 15:24, 28.[9]

바울은 기도 안에서 "하나님이 나의 증인"이시라고 강한 맹세를 하고 있다. 바울이 이런 확신어린 말을 하는 것은 자신이 진실을 말하고 있음을 강조하는 것이다고후 1:23; 갈 1:20; 빌 1:8 참조. 그는 자신이 그들을 위해 계속하여 기도하고 있음을 로마 교인들이 알기 원했다. 바울은 "그의 아들의 복음 안에서 내 심령으로 섬기는"이라고 표현하고 있다. 그들을 위해 기도하는 것이 하나님을 섬기는 것 중에 큰 부분을 차지했다. 그의 기도는 그들을 위한 사역의 일부였으며 "섬기는"라트류오, λατρεύω은 하나님께 예배드리는 섬김을 말한다. 로마 교회를 위해 기도하는 바울의 기도 사역은 하나님을 향한 예배였다. 사실 바울은 자신의 중보 기도가 복음을 선포하는 것이라고 여겼다. 로마를 위해 사역하는 것은 멀리에서 기도하는 것9절과 활동적으로 함께 나누는 것11-12절 모두를 포함했다. 둘 다 복음을 선포하는 데 있어 중요한 것들이고, 이를 통해 바울이 자신의 복음 사역에 로마 교인들을 참여시키고 있었다.

바울은 하나님께 드리는 자신의 사역이 어떤 것인지 두 가지로 분명하

9 로마서 소개에서 "목적"을 참고하라.

게 말하고 있다. 첫째, "내 심령으로"라고 하면서 자신의 사역에 있어서 자기 전 존재를 사용하고 있음을 말하고 있다. 하나님을 향한 그의 사역은 온 마음을 다한 것으로 바울은 사역 그 자체였고, 그의 모든 것을 다 사용하는 것이었다. 둘째, 그의 사역은 '복음을 선포'하는 것인데, 그 복음은 2-4절에서 본 것처럼 예수 그리스도 하나님 아들에 중심을 두는 것이다. 그가 복음 사역에 있어서 로마 독자들에게 강조하고 싶었던 것은 그가 그들을 위해 지속적으로 기억하며 기도한다는 것이었다. 이것은 바울의 다른 서신들엡 1:16; 빌 1:3; 살전 1:2; 딤후 1:3; 몬 1:4에서도 나타나고 있듯이 바울이 그들을 위해 정기적으로 기도하고 있음을 드러내고 있다. 그가 평상시 기도하는 습관을 과장한 듯한"항상 … 쉬지 않고" 표현은 이상한 것이 아니며 독자들에게도 충분히 이해되었을 것이다.

이 기도의 내용은 10절에 나온다. "이제 하나님의 뜻 안에서 너희에게로 나아갈 좋은 길 얻기를 구하노라." 바울은 하나님의 뜻이어야만 그들에게 갈 수 있음을 알고 있었다. 그가 가고 싶지 않거나 그의 여행 계획을 모르는 것이 아니라 하나님의 뜻을 알고 신뢰한 것이다. 바울이 아니라 하나님께서 "좋은 길"을 여신다.

3) 방문을 위한 소망 1:11-13

바울은 사역의 세 가지 목적을 위해 로마 교인들을 "간절히" 보기 원했다.

신령한 은사를 나눠주기 위하여 1:11

첫째로, 그는 로마 교인들에게 "어떤 신령한 은사를 너희에게 나누어 주어 너희를 견고하게 하려"고 했다. 그가 무엇을 뜻했는지 이 구절만으로는 알기 어렵다. 고린도전서 12장이나 로마서 12:4-8에 나오는 영적 은사들 중 하나를 말하는 것일까? 그 은사들은 성령께서 주시는 것이지 바울이 주는 것이 아니기에 영적 은사들은 아닐 것이다. 아니면 바울의 사도적 은사 즉 그의 복음 사역의 설교나 교리를 가르치는 은사를 말하는 것일까? 혹은 바울이 그들과 나누고 싶은 영적 축복이나 가르침을 가리키는 것일까? 이 구절의 문맥상 복음과 관련한 은사임에는 분명하나 여러 가능성들이 내재되어 있다. 중요한 것은 그 은사가 신령한 것이고 바울은 교회에 유익을 주기 위해 은사를 나누기 원했다는 점이다. 이 은사는 불신자들을 전도하는 것보다 신자들을 향한 내부 사역과 주로 연관되어 있었다. 이런 '영적인 은사를 나누는 것'을 로마서 수신자들에게 말하는 것은 참으로 신나는 일이었을 것이다.

또한 바울의 목적은 논쟁으로 분리되고 약해진 로마 교회를 "견고하게 하려 함"일 수도 있다. 이 경우에 바울은 편지의 가장 중요한 목적으로 로마 교인들이 자신들의 문제를 해결하고 교회를 강하게 하도록 하는 것이라 소개할 것이다. 그는 로마 교회의 강력해진 영적인 근육을 보고 싶었을 것이다.

피차 안위함을 얻기 위하여 1:12

둘째로, 바울은 그와 로마 성도들이 "믿음으로 말미암아 피차 안위함을" 얻기 원했다. 이는 11절을 더 분명하게 설명한다. 바울은 그가 로마 교인들을 섬기는 것처럼 그들도 바울을 섬기기를 원한다. 그가 그들을 군건히 할 때 그들도 그를 군건히 할 것이다. "안위함"은 '간곡히 타이름'파라칼레오, παρακαλέω; 두 가지 의미 모두 포함과 긴밀하게 연결되어 있는데, 바울은 이 구절에서 두 가지 모두 말하고자 했을 것이다. 그들은 서로 군건하게 할 뿐만 아니라 서로를 타이르는 일을 할 것이다.

대부분의 해석가들은 이 구절의 핵심은 "피차 안위함"이라고 보고 있다. 서로의 믿음헬라어의 문자적 해석은 "너희와 나의 믿음"이다이 이런 나눔을 만들어 내고 있다. "믿음"은 서로가 나누는 그리스도인의 믿음으로서 서로 다른 은사와 사역의 장점들을 가지고 서로를 발전시키며 완성하는 것을 뜻한다. 이는 고린도전서 12:12-26 혹은 로마서 12:4-8에 나오는 몸 된 교회의 삶과 같은 맥락이다. 같은 믿음을 공유함으로써 바울과 로마 성도들은 그리스도 몸의 지체들이고 서로 다른 은사들을 사용함으로 서로를 발전시키고, 완성시키고, 안위하는 일을 하게 된다.

열매를 맺기 위하여 1:13

셋째, 많은 로마 성도들이 왜 이방인 사역의 지도자인 바울이 이방 세계 중심에 있던 로마를 한 번도 방문하지 않았을까 의아해했을 것이다. 바울이 그들에게 "내가 여러 번 너희에게 가고자 한 것 … 지금까지 길이 막혔도다"을 말한다. 그는 15:22에서 "또한 내가 너희에게 가려 하던 것이 여러 번 막혔더니"라고 반복하고 있다. 동쪽 "예루살렘으로부터 … 일리루곤"15:19에서의 사역이 로마를 방문할 수 없었던 이유로 보인다. 이 구절과 15:22에 나오는 '막혔다'라는 단어는 영적인 수동태 즉 하나님께서 바울이 오는 것을 막으셨다는 것을 의미한다. 바울은 그들을 방문하지 않은 것이 그들을 생각하지 않는 것으로 오해하지 않기를 원했다.

바울이 오고자 한 목적은 "열매를 맺게 하려 함"이었다. 이는 두 가지를 의미할 수 있는데, 하나는 불신자들을 주께로 인도하는 영적 추수이며 또 다른 하나는 그리스도 안에서 성도들이 자라는 영적 추수이다. 바울은 미전도 종족에게 복음을 들고 가는 선구자적 선교사였다. "내가 그리스도의 이름을 부르는 곳에는 복음을 전하지 않기를 힘썼노니"롬 15:20.

그러나 그의 서신들은 이미 믿고 있던 성도들의 영적 성장에도 동등하게 관심을 표명한다. 바울은 빌립보서 1:22에서 하나님이 만일 로마에서의 고난이 끝난 후에 바울의 생명을 살리신다면 빌립보 교회에서의 사역이 "열매" 맺은칼포스, καρπός; 13절과 같은 단어 것임을 뜻한다고 고백한다. 초대교회는 오늘날 교회들이 불신자 전도와 기존 신자들의 성장을 나누는 것을 이해할 수 없었을 것이다. 지상 명령에서도 "가서 모든 민족을 안 믿는 자만 전도하는 것이 아닌 제자로 삼아"마 28:19라고 말하고 있다.

바울은 "다른 이방인 중에서와 같이"라고 표현하면서 두 가지를 보여주고 있다. 하나는 교회를 성장시키는 것을 중요시하면서도 이방인의 전도를 그의 생각 가운데 우선순위로 두고 있다는 것이다. 다른 하나는 바울이 로마 교회를 전적으로 이방인 교회로 보고 있다는 점이다. 그는 로마 제국 심장부에 있는 이들에게 사역하기 전까지는 자신의 사역이 끝나지 않았음을 느끼고 있었다. 그는 첫 관문을예루살렘에서 로마로, 15:19 통과하지 않고 다음 관문로마에서 서바나로, 15:23-29를 참고하라으로 갈 수 없었다.

4) 복음 전파의 의무 1:14-15

하나님은 큰 이방인 무리에게 사역해야 하는 의무 때문에 바울에게 로마로의 여행길을 열어 주지 않으셨다. 바울은 "헬라인이나 야만인이나 지혜 있는 자나 어리석은 자에게 다 내가 빚진 자라"고 말한다. 그는 이방인들을 두 부류로 나눈다. 헬라인과 야만인, 지혜 있는 자와 어리석은 자로 나눈다. "야만인"바르바로스, βάρβαρος은 우리가 흔히 생각하는 '야만한' 사람들이 아니고 유대인처럼! 헬라어를 모국어로 쓰지 않는 사람들, 헬라 문화의 혜택을 받지 않은 사람들을 가리킨다. "지혜 있는 자나 어리석은 자"는 로마인의 관점에서 볼 때 헬라인과 야만인을 다 지칭하는 것이다. 바울은 복음이 사회적으로 어떤 태생이나 지위를 가지고 있든, 지식층이든 배우지 못한 자들이든 상관없이 모든 사람들의 것임을 말하고 있는 것이다.

이런 이유로 바울은 "할 수 있는 대로 로마에 있는 너희에게도 복음 전하기를" 원했다. 그는 로마에서 사역하기 전까지는 하나님께 대한 자신의 의무를 완수할 수 없었다. 그가 로마에 교회를 개척하지 않은 관계로 너무 공격적인 말을 삼가고 8-15절을 통틀어 말을 가려서 하고 있는 것을 볼 수 있다. 그리고 이미 정착된 교회이므로 복음 선포는 전도를 위한 것뿐만 아니라 교회를 위한 가르침의 사역이었다.

3. 편지의 주제
: 하나님에게서 오는 의로움 1:16-17

네 개의 짧은 접속사로 바울은 서신의 요점을 "구원은 온전히 하나님께로부터 오는 은혜의 선물"로 요약하고 있다. 각각의 요점들이 '가르'γὰρ; 왜냐하면라는 접속사로 그 앞의 요점들을 설명함으로 복음 선포를 가능하게 한 역사들을 실타래처럼 보여 주고 있다.

첫째, 바울은 모든 이방인들을 향해 선포하고 있다. 왜냐하면 그는 "복음을 부끄러워하지 아니"하기 때문이다. '부끄러워하지 않는다'는 말은 부정형이지만 부정으로 긍정적인 면을 더 강조하는 것이다. 바울은 죄 된 인간을 구원하실 하나님 구원의 능력을 복음의 능력이 가지고 있음을 확신했다. 복음을 반대하는 세상에서 교회가 어려운 위치에 있음에도 불구하고 바울은 죄인들에게 복음의 진리를 선포하는 것을 두려워하지 않았다. 피해야 할 '부끄러움'은 그리스도인인 것을 못마땅하게 생각하는 것뿐 아니라 복음을 원하지 않는 세상에 복음을 전할 때 반대에 부딪히는 것에 대한 두려움요 3:18-20도 포함한다. 예수님은 그를 부끄러워하는 것에 대해 경고하셨고막 8:38, 바울은 '십자가의 어리석음'에 대해 말했다고전 1:18, 23, 25. 거짓 선지자들에게 당당히 맞서지 않는 디모데에게 바울은 주님을 부끄러워하지 말고 바울도 부끄러워하지 말라고 권고한다딤후 1:7-8.

둘째, 바울은 "모든 믿는 자에게 구원을 주시는 하나님의 능력"이기 때문에 복음을 부끄러워하지 않는다. 복음이 사람을 의존하지 않기에 자신의 힘없음을 걱정하지 않아도 된다. 복음 선포 뒤에는 하나님의 능력이 있고, 따라서 언제나 효과적이다. 하나님의 구원을 선언할 때 성령의 확신하게 하시는 능력을 거부할 수 있는 능력을 가진 이는 없다. 다른 곳에서 바울은 "하나님의 능력"이신 그리스도에게서 나오는 "구원을 받는 우리에게는 하나님의 능력"이라고 썼다고전 1:18, 24. 삼위일체 하나님께서 구원을 주시는 이 신령한 능력을 사용하고 계신다. 성부 하나님은 구원의 주관자 되시고, 성자 하나님은 십자가의 희생 제물이 되셔서 구원의 기초가 되시며, 성령 하나님은 구원의 순간에 신자 안에 들어가신다롬 8:14-17.

구원에 있어서 현재와 미래적 구분이 있다. 거듭날 때 하나님께서 새로운 성도에게 상주하시면서 우리는 죄와 우주적 어둠의 세력에서 구함을 받는다. 동시에 영생이 시작되고 최후 심판에서 건져져서 하나님과 영원히 화해하게 된다. 이 능력과 구원이 "모든 믿는 자"에게 주어지는데, 그것은 믿음으로 하나님께 나오고 그분이 주시는 구원을 받아들이는 것이다. 우리는 스스로를 구원할 수 없지만 마음을 열고 하나님의 구원을 받을 수 있다엡 2:8-9. 믿음으로 부르심과 구원의 역사는 전적으로 하나님에게서 오는 것이다. 믿음의 헌신은 능동적이며 동시에 수동적이다. 우리가 해야 할 일은 우리의 뜻을 포기하고 하나님이 하신 일을 받아들이는 것이다. 이것은 우리의 "행위"가 아닌데엡 2:9, 하나님 홀로 이 모든 것을 이루실 능력을 지니셨기 때문이다. 우리가 내놓을 것은 믿음의 행위밖에 없다.

바울은 "모든" 이를 "먼저는 유대인에게요 그리고 헬라인"이라고 규정한다. 바울의 선교 여행은 항상 유대교 회당에서 시작한다행 13:5, 14; 14:1; 17:1, 10, 17. 유대인들은 선택된 민족롬 9장을 참조이기에 하나님과의 미래가 아직 존재하고롬 11:26-27, 복음 선포에 있어서 우선권이 주어져야 한다. "먼저"를 시간 개념보다는 정도로 보고, 복음은 유대인과 이방인에게 모두 다 중요하지만 유대인에게는 더욱 특별한 관련이 있다고 보고 있다. "먼저는 유대인"에게 복음 전하는 것을 현대 교회들이 얼마나 수행해야 하는지에 대하여는 의견이 분분하지만 나는 이것이 현재도 유효하다고 믿는다. 그렇다고 모든 그리스도인들이 유대인들을 직접적으로 상대하라는 말은 아니다. 하지만 유대인 전도에 어느 정도 관심을 가지고 모든 그리스도인들이 이 언약의 민족을 위해 기도해야 한다고 생각한다.

셋째, 이방인과 유대인에게 범우주적으로 동일한 구원을 선포하는 이유는 "복음에는 하나님의 의가 나타나기" 때문이고, 이는 모든 사람에게 공통적으로 적용이 될 수 있다. "나타나기"아포칼뤼프토, ἀποκαλύπτω는 중요한 단어로서 말세에 하나님의 숨은 진리가 드러나는 것을 가리킨다. 그동안 숨겨진 하나님의 구원 계획이 나타난 것이고, 이러한 계시는 그저 선지자적 선언에 그치는 것이 아니라 역사적 사건이다.

"하나님의 의"는 로마서에서 중요한 부분을 차지하고 있고 동시에 많이 논의되는 내용이다. 하나님의 의에 관하여 세 가지 중요한 해석이 있다.

1 소유격으로 '하나님의 의'는 신적인 특징을 나타내는데, 그것은 그분의 공의디카이오쉬네, δικαιοσύνη 뜻 중 하나로서 "의"로 번역되는 혹은 그분의 신실함이다.

2 주격으로서 자기 백성을 의롭게 하시는 하나님의 적극적 행위를 강조하는 것일 수 있다. 이는 영적인 혹은 도덕적 차원을 문장에 보태는 것으로서, 사람들을 자신에게 인도하고 의롭게 살도록 그들을 변화시키시는 하나님의 능력을 강조하는 것일 수도 있다.

3 '하나님에게서 오는 의'로 해석하면 하나님을 법적 해결책이나 효력을 가져오시는 근원 혹은 자원이심을 강조하는 것일 수 있다. 이 해석의 쟁점은 십자가에서 우리를 대신하여 희생 제물로 돌아가신 예수님의 희생을 근거로 하나님 앞에서 우리를 의롭다 선언하시는 하나님의 법적 결정이라 볼 수 있다. 신자들은 하나님의 자녀라는 새로운 지위를 얻었다.

위의 세 번째 해석은 마틴 루터 때부터 가장 널리 받아들여진 해석이고 바울의 주된 주장이기도 하다. 동시에 많은 학자들이 다른 해석들을 다 버리고 한 가지만 선택할 필요가 없고 절충해서 이해하는 것이 가장 좋다는 데 동의하고 있다. 따라서 하나님이 주격이고 법적인 이해를 중심으로 하고 성도들이 하나님과의 바른 관계로 들어올 때 도덕적인 면도 함께 나타나는 의미로 해석하면 될 것이다.

바울은 "의로운/의로움"이라는 단어를 이 구절에서 여러 번 사용하고 있다. "의인"에 들어 있는 동사적 강조점은 하나님이 합법적으로 사람들에게 죄로부터 결백하다고 선언하신 것을 강조하는 것이다. '의'라는 명사와 '의로운'이라는 형용사는 도덕적 측면을 더하는데, 하나님께서 '우리를 의롭게 하셔서', '그분 앞에 의롭게 살게' 하신다. 이것은 우리 삶에서 하나님께서 일하시는 세 가지 단계가 있음을 의미한다. 그것은 1) 우리가 믿음으로 그리스도께 향하면, 하나님이 우리를 그분의 눈으로 보실 때 의롭다고 칭하시고 우리 죄를 사하시며 우리를 옳다 여겨'의롭게 하심'이라는 단어의 부분적 의미 주신다. 2) 이것은 성화의 시작이고,[10] 그리스도 안에서 우리가 자라는 가운데 하나님이 우리를 의롭게 만드시기 시작하신다. 3) 마지막으로 우리는 그분 앞에서 의로운 행동을 하며 더욱더 의로운 삶을 살기 시작한다.

---

10 성화는 칭의의 결과로 구분된 행위다. 그러나 하나님 앞에서 성도가 칭의되는 순간에 성화가 시작된다.

이런 의로움이 "믿음으로 믿음에 이르게""처음부터 끝까지 믿음으로", NIV 하는데, 이 표현은 이해하기 복잡하지만 거의 대부분의 성경 번역에 나오듯이 '나타나다'보다는 '의로움'을 꾸미는 표현으로 보인다. 이것은 다양하게 해석되어 왔다. 구약의 믿음율법에서 신약의 믿음복음으로, 혹은 예수님의 신실하심에서 우리의 믿음으로, 설교자의 믿음에서 듣는 자의 믿음으로, 성도의 믿음에서 다른 이의 믿음으로 등 다양한 해석이 존재해 왔다. 가장 좋은 해석은 이것을 비유적 표현으로 가장 높은 수준의 믿음을 요구하면서 믿음을 강조하며 그 믿음만이 의로움의 근거를 만드는 것으로 보는 것이다. 영어 성경 NIV와 NLT"시작부터 끝까지 믿음으로 이루어졌다"가 이것을 올바로 보고 있다.

넷째, 바울은 하박국 2:4을 인용하면서 받은 것에 초점을 맞추고 있다. 히브리어로 된 구약을 **칠십인역**헬라어 구약, LXX으로 살펴보면 이를 이해하는데 도움이 된다. 히브리어 구약은 "의인은 그의 믿음으로 살리라"고 하면서 개인을 강조한다. 칠십인역은 "의인은 나의 신실함으로 살리라"고 표현하며 하나님께 초점을 두고 있다. 로마서 1:17과 갈라디아서 3:11에서 바울은 "의인은 믿음으로 말미암아 살리라"고 하면서 좀 더 일반적 인용을 하고 있다. 바울은 "그의"와 "나의"를 빼면서 히브리어 구약과 칠십인역의 중간적 입장을 굳히고 개인이나 이 세상의 것을 의지하기보다 하나님을 온전히 의지해야 함을 강조하고 있다. 여기에서는 하나님 혹은 그리스도가 주어가 아니라 개개인이 주어로 쓰인다.

"믿음으로"가 가리키는 것이 무엇인가라는 질문이 여전히 남는다. 명사인가"믿음으로 의롭게 된 사람" 동사"의로운 자는 믿음으로 사는"인가? 문맥상으로는 '의로움'과 '믿음'의 연결 고리가 커서 명사를 선호하는 것 같다. 하지만 바울은 일부러 표현을 모호하게 해서 명사와 동사 두 가지 면을 다 부각시켰을 가능성도 있다. 그렇다면 바울은 의로움이 믿음으로전적으로 하나님 신뢰하는 믿음 표현된 자들은 진정으로 생명을 찾아 살리라고 말하고 있는 것이다. "살리라"에도 두 가지 의미가 있다. 현재도 참된 삶을 살고 동시에 영생을 유업으로 받는 삶을 사는 것 즉 현재와 영원의 구원을 말하고 있다.

로마서 1:1-7에 나오는 바울의 자기 표현, 부르심, 선포하는 복음이 오늘날 교회에 모범이 된다. 우리는 바울 같은 사도는 아니지만, 우리도 모두 하나님의 "종"들로서 그분의 진리를 세상에 선포하기 위해 권세를 부여받았다. 우리는 할 수 없을 것 같지만 우리가 하나님을 세상에 나타낼 때 하나님은 자신의 권세를 우리에게 주신다. 바울과 같이 우리 안에 있는 권세는 바로 예수 그리스도이시다. 우리의 세상적인 지위의 격차를 걱정할 필요가 없다. 왜냐하면 우리에게 충분한 능력을 주는 하늘의 지위가 있기 때문이다. 그리고 '능력의 하나님 아들'과 '거룩한 성령'이 우리 삶 속에서 역사하고 계시니 우리는 그저 그분만을 온전히 신뢰하면 된다.

8-15절에서 규정하듯이 바울이 꿈꾸는 사역 범위는 자신이 잘 알고 있는 지역로마 동쪽뿐 아니라 먼 지역서쪽도 포함하고 있었다. 바울은 세계 선교로의 부르심이 바로 그것이라고 생각했다. 열두 제자들도 이런 이상을 가지고 있었는데, 그 예로 도마와 그의 선교를 들 수 있다.[11] 하지만 바울은 선교뿐 아니라 성도들의 영적 성장에도 관심이 있었다. 그는 로마의 불신자들을 전도하는 것뿐 아니라 성도들에게도 사역하기를 원했다. 이는 오늘날 교회에도 중요한 모범이 되는데, 많은 교회들이 어느 한 쪽에 치중하여 사역하는 것에 만족하기 때문이다.

11 열두 제자의 국제 선교 사역에 관해 자세히 설명한 것을 보려면 Eckhard Schnabel, *Early Christian Mission*, vol. 1, *Jesus and the Twelve* (Downers Grove, IL: IVP Academic, 2004), 527–32, 880–93을 참고하라.

마지막으로, 로마서의 첫 부분은 복음의 진리가 어떤 의미를 가지고 있는지 그리고 구원의 약속이 무엇을 말하고 있는지를 알려 주는 도우미 역할을 하고 있다. 하나님의 의는 죄성으로 가득한 인간이 가질 수 없다. 그래서 하나님께서 자기 아들을 보내시어 우리 죄를 짊어지고 우리를 대신하여 죄의 대가를 치르게 하셨다. 우리가 믿음으로 그리스도께서 우리를 위해 죗값을 치르신 것을 받아들이면, 하나님께서 우리를 의롭다 칭하시고 우리는 그분 앞에 온전히 설 수 있다. 그 칭의의 순간에 하나님은 성화의 과정을 시작하시고, 우리는 그분 앞에서 의로운 삶을 살며 성장하기 시작한다. 이것이 복음이고 바울은 로마서 다음 부분에서도 이를 더 확장하여 설명하고 있다.

II

범우주적 인간의 죄성

1:18-3:20

1. 이방인을 향한 하나님의 진노 1:18-32

바울은 복음의 가장 첫 번째 부분, 즉 죄악으로 가득한 인간의 완전한 타락에 관하여 자세히 설명한다. "하나님의 의"가 인간의 죄악과 먼저 만난다. 정치계 권력들이 너무도 쉽게 자신들의 나라들을 전쟁을 통해 수없이 많은 이들을 죽음으로 몰아넣은 것을 보면 무척이나 놀랍다. 하지만 나의 죄 된 습성이나 교만, 자기중심성과 계속해서 싸울 때마다 역시 역겹고 고통스럽다. 이것이 바울이 1:18-3:20에 쓴 내용으로, 바울은 먼저 이방인1:18-32들의 완전한 타락에서 시작해서 유대인들2:1-3:8의 동일한 죄성을 표현하고, 모든 인류의 죄성3:9-20으로 이 부분을 마무리짓는다.

바울은 하나님의 진노를 받아야 하는 이방인들의 죄에 대하여 파헤친다. 하지만 혹자는 이 부분도 이방인뿐 아니라유대인을 포함한 모든 인류의 죄를 말하고 있다고 주장한다. 18절에 이방인이라고 하기보다 "사람들"이라고 하는 것이 창세기 2-3장에 나오는 아담 이야기를 반영하는 표현이라는 것이다. 이 주장이 옳다면 바울은 일반적모든 인류의 죄으로 시작해서 특정인유대인들의 죄으로 대상을 좁혀가며 흐름을 옮기는 것이 된다. 반면바울을 포함한 유대인들은 이런 특정한 대상, 특정한 죄를 이방인에 대한 논쟁거리로 이해할 것이다. 이것이 좀 더 그럴듯한 추측이다.

이 본문은 세 부분으로 나뉘는데, 첫째, 창조물에 나타난 하나님의 자기 계시를 부정한 이방인18-20절, 둘째, 그들의 타락한 행위에 대한 하나님의 세 가지 보복21-31절, 마지막, 그들의 지속되는 죄악이 어떻게 죽어 마땅한지32절이다. 주제는 인류가 하나님의 의를 온전히 이룰 수 없다는 것이다. 그들이 하나님의 의를 이룰 능력이 없음을 깨달을 때에야 하나님께 돌아오고, 믿음으로 하나님 은혜의 선물을 향해 마음을 열고, 그분의 구원하시는 능력을 발견할 수 있다.

1) 이방인이 하나님의 자기 계시를 거절하다 1:18-20

17절에 하나님의 의가 나타났는데, 복음의 부정적 측면인 "하나님의 진노"가 이제 등장한다. 그 둘은 공존하면서 거룩하신 하나님 사랑과 공의를 연결한다. 신적 의로움과 공의는 모두 헬라어 '디카이오오'δικαιόω; 의롭게 하다, 의로움을 보이다에서 파생된 것으로, 하나님의 의는 인간 죄악에 반드시 진노로 대응해야 한다. 구약과 신약에서 하나님의 거룩은 죄인을 향한 진노와 회개한 자를 위한 긍휼을 요구하고 있다.

진노의 이유: 진리를 막음 1:18

이 구절에 쓰인 "나타나나니"는 말세에 있을 하나님의 의의 심판에 대한 것으로 볼 수 있다. 그러나 여기서는 현재형이기에 이 세상 죄에 대한 하나님의 지속되는 진노를 가리키는 것일 수도 있다. 하나님의 의로운 분노는 "하늘로부터" 오는 현실이고 하나님의 보좌로부터 오는 전지적 심판의 선언이다.

하나님 분노의 이유는 "사람들의 모든 경건하지 않음과 불의" 때문이다. 일반적으로 경건하지 않음은 종교적 죄를 가리키고 불의는 도덕적 죄를 가리킨다. 바울은 십계명의 두 돌판에 쓰인 것처럼 하나님에 관한 첫 네 계명과 사람들에 관한 다음 여섯 계명을 가리켰을 수도 있다. 하지만 경건하지 않음과 불의가 하나님께 대한 죄를 표현하는 것으로 같은 뜻으로 쓰였을 가능성도 있다. 나는 첫 번째 해석이 끌리지만 다른 해석들도 충분히 가능하다.

핵심은, 죄인들은 "불의로 진리를 막는 사람들"이라는 것이다. 그들은 하나님에 대한 진리를 알고 있지만19절 일부러 그것을 무시한다. "막는"이라는 동사는 '숨기거나 제거함으로 무언가를 방해하는 것'이다. 하나님의 진리가 무더기로 쏟아져 나오는 인간의 생각들과 악한 행동 아래 묻힌 것이다. 사람들은 죄악된 행위를 거듭하면서도 그것이 그리 나쁘지 않고 그냥 지낼 만하다고 생각한다. 이 얼마나 진리에서 벗어난 생각인가!

핑계할 수 없는 하나님의 지식: 피조물을 통한 계시 1:19-20

이방인의 죄와 그들의 핑계는 무서운 것이다. 이방인들은 항상 진리를 알아 왔고 따라서 영적인 반응에 대한 책임이 있다. 하나님의 진노는 정당하다. "분명히"파네로스, φανερός로 알 수 있듯이 하나님께서 '보이게', '선명하게' 이방인들에게 그분의 지식을 보여 주셨기 때문이다. 모든 이가 하나님을 양심과 피조물을 통하여 올바로 이해할 수 있는 기회를 부여받았는데, 그들은 그 지식을 '막았고'18절 따라서 핑계할 수 없다20절. 이것은 법적 개념이다. 하나님에게서 오는 기소는 기각할 수 없다.

18절의 "나타나나니"특별 계시와 19절의 '분명히'[12]일반 계시는 재미있는 연관성이 있다. 바울은 루스드라와 더베행 14:15-17, 그리고 아덴행 17:22-31의 이방인들을 향한 설교에서 자연 만물을 통한 하나님의 계시를 강조한다. 이방인들에게는 유대인들처럼 성경책에 계시된 진리가 없었기에, 하나님은 그들이 알고 있는 자연을 통해 확신시키셨다.

자연을 통한 일반 계시의 과정은 20절에서 더 자세히 설명된다. 이 계시는 "창세로부터" 시작되었다. 에덴동산에서 하나님은 개인적 임재뿐 아니라 동산 자체를 통해 자신을 아담과 하와에게 드러내셨다. 마찬가지로 이방인들도 성경이 아니고도 "그의 보이지 아니하는 것", 즉 하나님의 신성을 알게 하셨다. 하나님은 보이지 않으시고요 1:18 그의 성령요 4:24도 보이지 않으시기 때문이다골 1:15; 딤전 1:17. 하나님은 보이지 않으시지만, 모든 이들이 창조물에 계시된시 19:1; 사 6:3 그분을 알 수 있게 하셨다. 18-20절에 사용되고 있는 단어들을 보면 "보임이라", "알려졌나니", "보여", "알 만한" 등이다. 이런 단어들은 감정적 지식이 아닌 인지적인 지식을 가리킨다.

피조물은 "그의 영원하신 능력"을 매우 광대한 우주에서도 보인다. 초신성, 충돌하는 별들, 태양 자체의 엄청난 힘을 볼 때 창조주 하나님의 능력을 의심할 여지가 없다. 동시에 피조물은 하나님의 신성을 보여 주는데, 창조물을 자세하게 보면 그것을 뛰어넘는 존재의 필요성을 인정할 수밖에 없다. 광대한 우주와 우리가 살고 있는 이 땅의 아주 작은 것들이 균형을 이루는 것은 그 모든 것을 주관하는 신적 존재가 있을 수밖에 없음을 말해 준다. 이것들을 보며 모두가 하나님의 전능하심과 자신들의 불완전함을 깨닫는다. 이것은 구원받는 지식은 아니지만 하나님과 그분의 말씀으로 인도하도록 되어 있고 따라서 그분과 관계가 회복되도록 한다.

---

12 "plain"(NIV). 개역개정에는 '분명히'라는 표현이 없으나, 새번역에는 "환히"로 표현된다-편주.

완전한 하나님이 창조하셨기에, 그리고 피조물의 질서가 모든 이들에게 나타나고 이해되었기에 인간은 "핑계하지 못할" 것이다. 자신들의 가장 깊은 곳부터 모든 이는 하나님을 알고 있다. 우리가 믿기를 거부하는 것은 우리 깊은 곳에 있는 지식이 우리의 자기중심적 고집을 꺾지 않겠다는 것을 의미하는 것이다. 자연을 통해 드러내시는 하나님의 자기 계시를 의도적으로 거부하는 것은 우리의 죄를 증명하는 것이고 완악한 마음을 표면적으로 보여 주는 것이다.

여기서 우리는 일반 계시 고유의 한계성을 본다. 일반 계시는 하나님께로 향하게 하지만 구원으로 이끌지는 않는다. 대신 사람들은 지속적으로 계시된 증거들을 억누르고 그들의 우상으로 향하고 자기 자신에게로 향한다. 자연 계시를 아는 것만으로는 하나님의 심판대 앞에서 빠져나올 수 없다. 하나님께서 그들의 죄를 선포하실 것과 마지막 심판의 날에 내려질 선고만이 남아 있다.

2) 중한 죄에 대한 신적 보응 1:21-31

세 가지 '바꿈'21-24, 25-26, 27-31절이 나오는 문단들이 왜 인간의 죄가 핑계댈 수 없는 것인지를 설명하고 있다.

첫 번째 바꿈: 우상 숭배에 나타난 마음의 타락 1:21-24

과연 자연은 창조주의 능력과 신성을 드러내지만 구원받지 않은 사람들의 마음은 죄로 인해 어두워졌다. 그렇다. 그들은 하나님을 알고 있었지만 자신들이 선택한 타락의 삶을 정당화하려는 노력이 겹겹이 싸여 하나님을 아는 진리를 가로막고 있다. 진정으로 하나님을 아는 지식은 믿음과 그분께 자신을 맡기는고전 1:21; 갈 4:9; 빌 3:7-10 삶을 살게 할 텐데, 그들은 "하나님을 영화롭게도 아니하며" 하나님께서 주신 것들에 대해 "감사하지도 아니하고" 있다. 따라서 예배도 감사도 없다.

허망하고 어두운 생각 1:21

우리가 어찌 화려한 봄날에 숲을 걷거나 아름다운 숲에서 스키를 타며 이 엄청난 자연을 주신 하나님께 감사하지 않을 수 있겠는가? 우리 삶에 이토록 아름다움과 기쁨을 주신 사랑의 하나님께 빚진 마음을 가진 우리가 할 수 있는 것은 감사와 예배 밖에는 없다. 하지만 문제는 아담에게서 물려받은 타락 때문에롬 5:12-13 우리의 생각이 허망하여지며 미련한 마음이 어두워졌다는 사실이다. 우리가 보는 것들을 분명하게 생각하고 사고하는 것이 죄로 인해 뒤틀리게 되었다. 성경에 나오는 "생각"은 단순한 감정이 아니라 지적 과정을 포함하고 있다. 이것은 우리의 이성이 미련해졌고 이해가 부족해졌다는 것을 말한다막 7:18; 롬 1:31; 10:19.

하나님의 영광을 우상의 형상으로 바꿈 1:22-23

이방인들은 스스로 지혜가 있다고 하는데 왜 그렇게 생각하는지 알 수 있다. 헬라인들은 철학과 의학의 "지혜"에 대해 집중적인 발전을 이루었지만 그들의 삶의 방식과 문화는 믿을 수 없을 만큼 타락했다. 세상의 지혜는 하나님의 지혜와 같지 않아서 지식이 많지만 그들은 "어리석게" 되었다. 그들의 세상 지식에 대한 요구는 첫째로 자기 자신들을 경배하고, 둘째로 헛된 우상들을 경배했기에 스스로 어리석음을 증명했다.

그렇게 함으로 그들은 "썩어지지 아니하는 하나님의 영광을 … 우상으로 바꾸었다"23절. "바꾸어"엘락산, ἤλλαξαν는 '어떤 것을 다른 것으로 대체한다'는 뜻이다. 이는 우상 숭배의 어리석은 면을 보여 주는데, 그것은 진리이신 한 하나님을 거짓 하나님으로 대체하는 행위이기 때문이다.

"썩어지지 아니하는 하나님의 영광"은 이사야 6장과 계시록 4장에 나오는 보좌에 앉으신 하나님의 웅장함과 위대함을 가리킨다. 과거 제국의 황제들은 잠깐 동안 이 땅의 영광을 누렸지만 창조주 하나님은 영원하시고 영존하신다. 그분만이 예배 받으시기에 합당하다. 바울의 이러한 표현은 시편 106:20과 예레미야 2:11을 암시하는데, 두 구절 모두 온 나라가 "그의 영광을 무익한 것과 바꾸었도다"라고 말하고 있다. 여기서 나오는 **세키나** שכינה, 곧 "영광"은 백성 가운데 거하시던 성전에 나타난 하나님의 영광을 말한다출 40:34-35; 왕상 8:10-11; 시 26:8.

영존하시는 하나님을 거부한 타락한 이방인들은 "썩어질 사람과 새와 짐승과 기어다니는 동물 모양의 우상"을 선호했다. 이 구절에서 두 가지가 우상의 약점을 강조하고 있다. 첫째, "모양의"는 이것의 인공성과 이 우상들의 그릇됨을 강조한다. "썩어질 사람"은 "썩어지지 아니하는 하나님"과 대조되고, 둘째, 아울러 이 우상들의 부패하는 성질을 강조한다. 이 구절에 등장하는 피조물의 목록이 천지창조 순서창 1:20, 24 즉 새, 가축, 동물들의 순서로 나열된 것과 일치하는 것으로 볼 때 아담과 하와의 타락을 거울삼는 의도가 있을 수 있다. 하지만 나는 이것이 신명기 4:15-18에 나오는 사람, 동물, 새, 기는 것, 어족의 형상들을 금하는 것과 일치한다고 본다. 중요한 것은 하나님만 경배해야 한다는 것이고 우상 숭배는 하나님을 거부하고 천상의 것보다 이 땅의 것, 영원보다 잠깐의 것을 더 사모하는 인간의 죄성을 나타내는 것이라 할 수 있다.

마음의 정욕대로 내버려 두심 *1:24*

하나님의 보응lex talionis: 고대 사회의 법률학을 지배하던 '동해보복법'이 하나님께서 이방인들을 자신들의 타락의 결과로 넘기게 하신 것에서 나타난다. "내버려 두사"파레도켄, παρέδωκεν는 그들이 스스로 선택한 부정한 삶 때문에 하나님께서 그들을 넘기신 것을 의미한다. 칠십인역에는 군사적 개념이 가끔 등장한다. 이스라엘이 하나님께 범죄하였을 때 그들의 적들에게로 넘기셨다고 표현한다. 특히 사사기에 주로 나오는데, 이스라엘이 죄에 빠지면 하나님께서 다른 나라들이 정복하고 한 세대를 노예화하도록 다른 나라들에게 자기 백성을 넘기시는 유형이 있다. 이스라엘이 회개하면 하나님은 점령하고 있던 나라에서 자기 백성을 해방시키신다. 하지만 다음 세대가 또 죄에 빠지면 그 유형은 다시 반복된다.

하나님은 그들을 정욕 혹은 더러움에 내버려 두시는데, 여기에 사용된 "더러움"아카다르시아, ἀκαθαρσία은 신약에서 성적 범죄고후 2:21; 갈 3:19; 엡 4:19; 5:3에 자주 쓰이는 단어다. 이는 하나님께서 일부러 그들이 비도덕적으로 살게끔 하시는 것이 아니라 도리어 그들의 죄가 작동하여 "마음의 정욕대로" 움직여 "그들의 몸을 서로 욕되게" 하도록 허락하신 것이다. 그들은 마음에서 이미 하나님 경외하기를 거부했기에 하나님은 그들의 몸이 타락하도록 내버려두신 것이다. 하나님 없이는 도덕적 기준이 떨어지고 성은 동물적 행위로 전락한다.

두 번째 바꿈: 하나님의 진리를 거짓으로 바꿈 1:25-26

세 가지 바꿈이 점진적으로 일어난다. 첫째는 죄인 된 이방인들이 하나님의 영광을 우상 숭배로 바꾼 것이다23절. 여기서는 그들이 하나님의 진리를 인간의 거짓으로 바꾸었다. "하나님의 진리"라는 헬라어는 사람들이 선언하는 하나님에 관한 진리가 아니라 하나님이 자신을 사람들에게 계시하신 진리를 뜻한다. 이런 문맥에서 지식은 20-21절에 나오는 하나님의 능력과 신성의 자연 계시를 통해 전달된 것이다. 바울은 우상에서 근본적 문제인 하나님에 관한 거짓된 '진실'로 접근한다.

창조주보다 피조물을 더 섬김 1:25

계시된 하나님의 진리보다도 죄인 된 이방인들은 "거짓 것"을 더 좋아하고 그 결과 "피조물을 조물주보다 더 경배하고" 섬기게 되었다. 창조주보다 창조물을 더 위에 놓는 것이 죄의 근본적 핵심이다. 우리는 우리 자신과 피조물을 경배하고 섬기며 우리 삶의 보좌에서 하나님을 밀어내 왔다. 우상 숭배는 인간, 동물 혹은 사물 등 창조된 것들을 높이는 것으로 하나님만이 계셔야 할 자리에 그것들을 두고 경배하는 행위다.

하나님만이 찬송 받으시기 합당한 자리에 계심을 강조하기 위해 바울은 예배에 쓰이는 문구를 첨가했다. "영원히 찬송할 이시로다 아멘."

이 표현은 신약에서 세 번 등장하는데롬 1:25; 9:5; 고후 11:31 이는 오직 하나님만이 우리의 경배와 찬양을 받으시기에 합당하다는 사실을 강조하기 위함이다. 바울은 우상 숭배에서 하나님의 이름이 모독을 받는 것에 기겁하며 찬양받으실 자격이 있으신 분은 하나님 한 분이심을 다시 확신하며 송영을 덧붙인다. "썩어지지 아니하는 하나님"23절이 계시는데 왜 금방 사라질 것들을 존경하고 예배하겠는가?

하나님이 그들의 욕심에 내버려 두심 1:26

이방인에게 창조주보다 창조물을 더 사랑하게 한 타락은 또한 하나님이 설계하신 성적인 표현이 아닌 타락한 성적 생활을 사랑하도록 했다. 24절의 "더러움"은 "욕심"이 되었는데, 이는 내면의 불법을 행하고자 하는 마음과 그것이 겉으로 드러난 잘못된 성적인 행위 모두를 의미한다. 이러한 정욕은 혼전 성교 및 창조물이 원래대로 행해야 할 남성-여성의 관계를 벗어난 성적 행위 등 하나님께서 설계하신 성적인 관계를 벗어난 것이다. 그 대표적인 예가 동성애인데 여기서는 "그들의 여자들도 순리대로 쓸 것을 바꾸어 역리로 쓰며"라고 표현하고 있다.

주된 단어는 '퓌시켄'φυσικὴν과 '파라 퓌신'παρὰ φύσιν인데, 순서대로 "순리"와 "역리"혹은 '자연의 법칙에 반하여'라는 뜻을 가진다. 바울은 동성연애가 하나님의 창조 섭리에 반하는 것이라고 말한다. 구약과 다른 유대 고대 문서에는 '자연의 순리'가 창조 질서에 쓰이고 있다. 바울은 동성 행위 자체가 성적 관계를 맺는 자연스러운 행위에 반하는 것이라고 말하고 있지 않고, 하나님께서 창조 시 계획하신 뜻을 거스르는 행위라고 말한다. 바울이 여성 동성행위를 이 구절에서 강조하고 있는 것이 흥미로운데, 아마도 이것이 고대 사회에서 충격적인 일이었기 때문일 것이다. 남성 간의 동성연애는 더 흔했고 그리스 로마 시대에 흔히 상상할 수 있었던 일이었지만, 남성 중심 사회였기에 여성 동성연애는 드물었다고 짐작할 수 있다.

"순리"에 대한 나의 해석은 오늘날 공공연히 공격받을 수 있는데, 동성연애가 하나님께 대한 죄이고 그의 창조 질서를 거스르는 것이라고 말하기 때문이다. 많은 이들이 "순리"는 개인의 성적 취향이나 혹은 동시대 문화적 특징을 일컫는 것이라고 해석한다. 그 해석이 올바르다면 개인이 동성애적 성향을 가지고 있지 않다든지 문화적으로 반대하고 있는 상황 가운데 동성애가 잘못된 것이라고 바울이 말하고 있는 것이 된다. 이 논리를 따르면 헬라 문화가 동성애를 받아들였기에 동성애를 거부하는 유대 문화 안에서만 바울이 동성애를 공격하고 있다는 결론이 나온다. 하지만 바울은 온건한 유대인이나 이방인의 관점에서 이 구절을 쓴 것이 아니다. 로마 교회에는 유대인과 이방인이 골고루 있었기 때문이다. 여기서 "순리"는 문화적 성향에만 국한하지 않고 하나님의 창조 질서까지 가리킨다. 성적인 죄는 "역리"인데, 하나님의 뜻을 거역한 것임을 뜻할 수밖에 없고 "부끄러운 욕심"은 하나님의 도덕적 질서를 뒤트는 것이다. 바울은 유대인과 이방인 모두에게 동성애에 관해 질타하고 있는 것이다.

더욱이 동성애는 구약에서 자주 정죄 받고 있는데[13] 후에 유대주의도 마찬가지로 동성애를 배격한다솔로몬 지혜 14:26; 에녹2서 10:1-5; 34:1-3; 납달리서 3:4-5. 그리고 신약고전 6:9; 딤전 1:10; 유 1:7에서도 동성애에 반대하는 내용이 나온다. 요약하자면 바울은 수 세기에 걸쳐 동성애를 거부해 온 전통과 문맥을 토대로 이 구절을 썼고, 그는 그 전통에 동의하고 있는 것이다.

세 번째 바꿈: 순리적 성적 관계를 역리로 씀 1:27-31

남자가 남자와 더불어 부끄러운 일을 행함 1:27

여자가 동성애를 하게 한 "부끄러운 일"을 남자들도 똑같이 하는데, 세 가지의 행동 양상이 보인다. **1)** "순리대로 여인 쓰기를 버리고." 즉 남자와 여자 사이에 있어야 할 하나님이 창조하신 성적 관계를 버린 것이다. 이것은 중요한 문구로서 동성애는 성경적 원리를 거스르고 있음을 그리스도인들이 분명하게 보아야 하는 것이다. **2)** "서로 향하여 음욕이 불 일듯 하매." 이는 그들이 죄를 지으려는 욕구가 불타올랐음을 강한 상징으로 보여 주는 것이다. **3)** 그들은 "남자가 남자와 더불어 부끄러운 일을 행하여." 이는 그런 행동의 불명예스럽고 부끄러운 면을 강조한 것이다.

동성애의 결과는 하나님의 심판이다. "그들의 그릇됨에 상당한 보응을 그들 자신이 받았느니라"고 성경은 말한다. 24절에서 본 것처럼 하나님의 보응lex talionis이 적용되는 것이다. 그들은 하나님이 창조하신 성의 법칙을 어겼기 때문에 그분의 진노를 경험하게 될 것이다. "보응"이 동성애 자체로서 하나님께서 그들을 부끄러움과 전적 타락에 내버려 두신 것인지, 고린도전서 6:8-10에 언급된 영원한 심판을 의미하는 것인지 아직 논의되고 있는 중이다. 이 구절에 특별히 설명되고 있지는 않지만 아마도 그 둘

---

13 창 19:5, 8; 레 18:22; 20:13; 신 23:17-18; 삿 19:22-24; 왕상 14:24; 15:12; 왕하 23:7; 사 1:9; 3:9; 애 4:6.

을 합한 것이 아닐까 생각한다. 하나님은 그들을 타락의 쓰레기 더미에 묻히게 하시고 그들이 행한 대가를 영원히 치르도록 하실 것이다.

전 구절에서 본 것 같이 어떤 이들은 이렇게 해석하려 한다. 바울이 지적하는 것은 어린 소년들과 성관계를 하려고 하는 남자들에 대한 정죄라는 것이다. 하지만 그 어떤 곳에도 문맥상 바울이 지적하고자 하는 범위를 좁힌 증거가 없다. 바울이 정죄하는 것은 한 가지 문제에만 국한된 것이 아니다. 그는 남자끼리 혹은 어린 소년들과의 관계뿐 아니라 모든 형태의 동성애를 지적하고 있다.

다른 해석은 동성애가 도덕적 문제가 아닌 정결함의 문제라고 생각하는 것이다. 즉 바울이 동성애를 죄 된 행동이 아닌 유대인의 관점에서 더러운 행위로 보다는 것이다. 하지만 이 견해는 동의하기 매우 어렵다. 그 이유는 1:18-32 1:18-20의 전체 문맥이 도덕적 타락에 중점을 두고 있지, 어떤 종교 의식에서의 더러움에 관점을 두고 있지 않기 때문이다. 정결함에 초점을 두는 것이 아니라 인간 죄성에 대하여 중점적으로 파헤치고 있는 것이다. 짧게 말해서, 동성애를 용인하고자 하는 사람을 성경은 용납하지 않고 있으며, 동성애는 말씀에 위배되고 전혀 다른 방향으로 가고 있는 것임을 직시해야 할 것이다.

상실한 마음대로 내버려 두심 *1:28*

마지막 심판의 광경이 다른 것들을 요약하고 있다. "그들이 마음에 하나님 두기를 싫어하매"라는 구절은 18-20절을 다시 각인시키는데, 여기에서 바울은 하나님께서 창조물을 통해 자신의 능력과 신성에 대한 지식을 드러내셨고, 이는 창조 질서와 성적인 문제에서도 그대로 드러남을 보여 주고 있다. 이 모든 것들에 죄 된 인간은 하나님의 지식을 가지고 있었지만 그것을 무시하고 하나님보다 피조물자신들을 경배하려 했다. 이는 죄와 그 결과 사이의 관계를 성립시키는 것이다. 인간은 하나님을 시험했고 하나님께 관심을 둘 가치가 없다고 생각했다.

이렇게 그들의 마음이 죄로 향하고 하나님을 의식적으로 외면했기에, 하나님은 그들을 "상실한 마음대로 내버려" 두셨다. 24절과 26절에서 이러한 내버려 두심은 부도덕한 모습으로 나타나서 인간들은 죄를 원하고 하나님은 그들이 이런 죄에 빠지도록 내버려 두셨다. 여기서 하나님의 보응이 더 간단하게 드러난다. "상실한"아도키몬, ἀδόκιμον은 '가치 없는' 혹은 '부적절한'하나님의 기준에이라는 뜻이 있다. 그들은 하나님을 관심조차 둘 필요 없는 분으로 평가 절하하였고, 하나님은 그들을 영생을 가질 가치가 없는 이들로 여기신 것이다. 그들은 죄의 어리석음 때문에 진리나 가치 있는 것들을 구별할 수 없게 되었다. 그들에게 남은 것은 "합당하지 못한 일을 하게" 된 것 뿐이다. 그들은 자신들의 어리석음에 노예가 되고 이것은 다음 세 구절에서 순서대로 증명된다.

타락의 모습: 영적 비행 목록 *1:29-31*

헬라 철학자들, 특히 스토아 철학자들은 '올바른' 행동을 중시했다. 하지만 이런 올바른 행동은 불가능하고 타락한 사람들은 악독이 가득한 죄의 목록을 차지한다. 이 세 구절에서 세 가지 죄의 범주가 다루어진다.

1 첫 네 가지 죄들은 다른 죄들을 소개한다. 죄악 된 사람들은 "모든 불의, 추악, 탐욕, 악의가 가득한 자"들이다. 여기 등장하는 단어들은 오물을 끓이는 솥단지처럼 사람들을 표현하고 있다. 첫 세 가지 죄들은 사실상 비슷한 것들로 사람들의 죄의 심각성을 강조한다. "악의"는 죄의 심장과 같다. 골로새서 3:5과 에베소서 5:5에서 바울은 악의가 "우상 숭배"라고 말하는데, 이것은 더 많이 소유하려는 악의가 하나님보다 자신을 더 경배하게 만드는 것을 기본으로 하기 때문이다.

2 다음 다섯 가지 죄 목록도 비슷하게 "가득한"으로 표현하는데, 이것들은 다른 사람들을 괴롭히는 경향성에서 비롯된 사회적 죄악들이다. 첫 번째 죄는 가장 기본적인 것으로서 다음에 열거된 죄들을 야기하는데, "살인, 분쟁, 사기, 악독"이 모두 "시기"에서 나오는 것이기 때문이다. 시기와 악의는 이 구절에 나오는 두 가지 죄의 목록을 묶는 죄들이다. 악의는 시기를 만든다. 악의는 다른 사람이 가지고 있는 것을 원하고 쉽게 시기심을 갖도록 만들기 때문이다. 남에게 속한 것들을 빼앗고자 하는 욕망이 살인과 분쟁, 폭력적으로 남의 것을 빼앗고자 하는 마음으로 이끈다. 우리는 많은 교회들이 시기심으로 가득한 지도자들 때문에 분열하는 것을 보았다. 많은 교회나 신학교에서 이미 자리를 차지한 사람들이 자신들에게 위협이 될까봐 능력이 출중한 사람들을 채용하지 않는 것을 보면서 많이 놀랐다.

사기와 악독은 기본적인 죄들로서 남의 것을 빼앗거나 거짓을 믿게 하려고 남을 속이는 죄들이다. 갈라디아서, 빌립보서 3장, 목회서신, 요한일서에 등장하는 거짓 선지자들이 이렇게 사람들을 속여서 그리스도에게서 멀어지게 하였다.

3 마지막 열두 가지 죄들은 말로 짓는 죄들**"수군수군하는 자요 비방하는 자"**, 교만의 죄들 **"하나님께서 미워하시는 자요 능욕하는 자요 교만한 자요 자랑하는 자요"**, 요약적 죄들**"악을 도모하는 자요 부모를 거역하는 자요"**, 부정적 죄들**"우매한 자요 배약하는 자요 무정한 자요 무자비한 자"**로 나눌 수 있다. 첫 두 죄들은 긴밀히 연결되어 있다. "수군수군"은 소문을 퍼뜨려서 누군가를 비방하는 것이다. 수군거리는 것은 비방보다 나쁠 수 있는데, 수군거리는 자는 비방을 오락 거리삼아 다른 사람을 함부로 폄하할 수 있기 때문이다.

"하나님께서 미워하는 자"는 하나님께 대항하는 자들이다. 이것은 하나님을 미워하는 자, 하나님께 화를 내는 자로 해석하는 것이 좀 더 정확한데, 그들은 하나님이 사랑하시는 것, 그분을 따르는 사람들까지 다 포함해서 싫어하는 사람들이다. 그 다음에 나오는 세 가지 죄들은 서로 연결되어 있다. "능욕하는 자"는 교만을 극대화한 말로서 다른 이에게 폭력적으로 대하는 것을 말하고, "교만한 자"는 자기 자신에게 붙잡혀 자기 자랑이 너무 쉽게 나오는 사람들을 가리킨다.

두 가지 요약적 죄들은 한 단어가 아닌 문단으로 엮여 있다. "악을 도모하는 자"들은 죄에 너무 취해 있어 근본적 타락의 행위를 추구한다. 그들은 다른 이들을 해치고 훔치려는 방법들을 계획한다. "부모를 거역하는 자"들은 자식들뿐 아니라 반항적인 어른들도 포함한다. 그들은 부모의 조언과 충고를 무시하고 죄악 된 행위를 저지른다. 구약에 의하면 부모를 욕하는 자에게는 죽음의 형벌이 마땅하다레 20:9.

마지막 네 가지 죄들은 헬라어 부정 접두어 'ἀ'로 시작하는 단어들로서 이 부분을 요약하기 위해 쓰이고 있다. "우매한 자"는 18-20절을 다시 가리키는데, 타락한 인간이 피조물에서 드러내는 하나님의 자기 계시를 무시하는 것이다. "배약하는 자"는 하나님 혹은 다른 지체들에게 한 서약들을 파기하거나 자기중심적 삶만 살면서 신뢰받지 못하는렘 3:7-11사람들을 말한다. "무정한 자"는 자기만을 위해 살며 다른 이들은 전혀 돌보지 않는 사람들이다. 가족조차 돌볼 사랑이 없는 것이다. "무자비한 자"는 자기에게 오는 이들을 모두 눌러 버리는 사람들이다.

종합해 볼 때 이런 사람들은 모두 자기만을 위해 살고 자기 주위에 있는 이들의 삶에는 전혀 상관하지 않는 깊은 죄를 보여 준다.

3) 죄를 지음과 동시에 죄인을 옳다 함 1:32

1장의 마지막 구절에서 29-31절에 언급된 죄들을 범하는 자들, 즉 타락한 모든 인류는 죄인으로 선언된다. 18-20절에서처럼 그들은 죄에 대한 의로운 정죄를 포함한 "하나님께서 정하심을 알고도" 죄를 범했기에 핑계 댈 수 없다. 모든 사람의 양심은 자신의 죄를 깨닫게 한다. 자신들이 원했던 죄를 정당화할 수 있겠지만 깊게 속으로는 "이 같은 일을 행하는 자는 사형에 해당한다"는 것을 깨닫고 있다. 바울이 여기서 이방인들에 대해 말하고 있는 것이지 유대법을 말하는 것이 아님을 기억하라. 2:14-15에서 바울은 이방인들이 어떻게 본성으로 율법의 일을 행하는지 묘사하고 있는데, 이것은 그 양심이 증거가 되어 그 생각들이 서로 혹은 고발하거나 변명하기 때문이다.

그러나 그들은 죄를 앎에도 불구하고 "자기들만 행할 뿐 아니라 또한 그런 일을 행하는 자들을 옳다" 한다. 언뜻 보아서 이 구절은 다른 사람의 죄악 된 행동을 인정하거나 기뻐하는 것은 자신이 직접 죄를 짓는 것보다 나쁜 것이라고 말하는 것과 같다. 다른 사람의 죄를 부추기는 것은 스스로 죄를 짓는 것보다 더 넓게 악을 퍼트리는 일이기에 이런 해석은 부분적으로 맞다. 하지만 바울은 죄를 부추기는 것이 더 큰 죄라고 말하고 있지는 않다. 오히려 자기 스스로 죄를 짓는 것과 다른 사람의 죄를 부추기는 것 모두 하나님 앞에서 죄라고 말하고 있다. 죄 된 인류를 묘사할 수 있는 유일한 표현은 완전한 타락, 그것 뿐이다.

로마서 1:18-32은 인간의 죄성만을 다루지 않는다. 죄가 세상에 존재할 뿐 아니라 세상을 지배하고 있음을 증명하고 있다. 동시에 창조의 완전함과 일상의 모든 것 뒤에 보이지 않는 하나님 손길의 증거를 외면하기는 힘들다. 이 두 가지 즉, 창조의 완전함과 그 반대인 이 세상에 있는 악의 공포는 피조 세계 속에 자신을 드러내신 성경의 하나님 존재를 드러낼 수밖에 없다.

바울은 인류의 완전한 타락의 증거로 성적인 부도덕을 특별히 주목한다. 모든 성적인 타락은 하나님보다 우리 자신의 몸과 육신적 즐거움을 경배하는 우상 숭배이다. 오늘날 우리에게는 우상 숭배에 관한 설교가 더 많이 필요한데, 다른 나라들과 마찬가지로 우리 서구 지역에도 우리의 우상들이 있기 때문이다. 우리의 우상은 쾌락에 대한 엄청난 추구와 함께 경제적인 소유욕 등을 포함한다. 우리의 예배 장소는 홍등가, 음란

동영상 및 그 욕구를 충족하려 구매하는 곳들이다. 우리의 쾌락, 소유, 사회적 위치 등이 우리가 진정으로 섬기고 있는 신들이다.

바울은 일반적인 음란죄에서 동성애와 같은 특별한 예를 언급하기 시작한다. 이는 동성애에 관하여 성경에서 가장 중요한 부분인데, 초대교회가 동성애를 분명히 죄라고 인식했음을 확실하게 보여 주는 문단이기 때문이다. 바울이 여기서 말하고 있는 것을 다르게 돌려서 말할 여지가 없다. 동성애가 간음보다 더 큰 죄라고는 볼 수 없지만, 다른 종류의 성적인 죄인 것은 분명하다. 하나님께서 의도하신 성적인 즐거움은 오직 남자와 여자의 결혼에서만 나타날 수 있기 때문이다.

이 문단에서 타락에 관한 유일한 결론은 인류가 죄에 완전히 붙잡혀 하나님 앞에 죄 있음이 드러났다는 것이다. 우리는 29-31절에 언급하는 죄들을 저질렀기 그리스도를 떠나서는 아무런 희망이 없다. 우리의 생각으로 빠져나가려 해도 더욱더 악한 행위를 저지를 수밖에 없는 우리의 어리석은 모습이 바로 복음 한가운데 있다. 이런 죄악 된 세상에서 유일한 해답은 우리 죄와 죄의 책임을 십자가에서 지신 예수 그리스도의 속죄 제사로 우리 죄가 용서 받고 하나님 심판의 보좌 앞에서 의롭다 칭함 받는 것 뿐이다. 이것이 바로 다음에 나오는 로마서 1-8장의 주제다.

2. 유대인을 향한 하나님 심판의 진실 2:1-16

2장에서 바울은 이방인의 죄의 습성에서 유대인의 죄 된 습성으로 시선을 돌린다. 그는 1:18-32에서 이방인들에게 "그들"이라는 3인칭 대명사를 썼는데, 동료 유대인들에게 말할 때는 "너"라는 2인칭 대명사로 바꾸어서 불렀다. 여기서 바울의 논의가 더 무겁게 다가오는데, 그 이유는 이방인이 자신들의 죄를 인식했던 반면 유대인들은 언약의 민족이라는 이유로 자신들의 타락을 변명하려 했기 때문이다. 바울은 2:1-3:8에서 비판조로 유대인들의 가증함을 드러내는 수사학적 질문들을 사용하며 유대인을 대화의 상대방으로 상정하여 그려 나가고 있다. 유대인들이 하나님의 정죄를 피해갈 수 없다는 것이 바울이 전하는 바다. 그들은 "율법이 있고"2:12 같은 죄들을 저질렀기에 이방인보다 더 책임이 크다.

이 문단은 세 부분으로 나뉜다. 첫째, 2:1-16에서 바울은 유대인들도 이방인과 같은 죄를 짓기에 핑계 댈 수 없음을 보이며 유대인을 향한 하나님의 공정한 기소에 대해 가르치고 있다. 그리고 2:17-29에서 바울은 유대인들이 하나님께서 주신 법을 자신들이 깨뜨렸기에 토라תּוֹרָה; '법' 혹은 '가르침'를 가지며 그 법규들을 알고 있는 것만으로는 충분하지 않다는 것을 보여 준다. 법을 어기는 사람은 할례 받지 못한 사람을 세우기에 할례 언약도 법을 어기는 이들을 정죄하고 있다. 마지막으로 3:1-8에서 바울은 하나님의 언약 백성을 향한 그분의 신실하심과 사람들의 신실하지 못함을 비교하면서 그 결과로 그들이 하나님 앞에 죄인들로서 있음을 보여 준다.

유대인들은 자신들이 정죄했던 이방인들과 같은 죄를 지었기에1-5절 이방인들과 동일한 하나님의 진노의 대상이 되었다. 그리고 6-11절에 바울은 3인칭으로 다시 바꾸면서, 하나님은 공평하시고 심판에 있어 공정하신 분이심을 선언하면서 악행하는 자에게 진노를, 선행하는 자에게 생명을 주시는 분이심을 말하고 있다. 마지막으로 12-16절에서 바울은 토라를 가진 것 자체가 더 큰 이익을 주는 것이 아니라고 밝히면서 모세의 법을 듣는 것보다 순종하는 것이 중요하다고 가르친다. 유대인과 이방인 모두 하나님 앞에서 죄인들이고 하나님 은혜가 필요한 자들이다.

1) 다른 이들을 판단하는 이에게 분노하시는 하나님 2:1-5

자신의 정죄 2:1

바울은 "…사람아"로 2장을 시작하고 있다. 여기서 바울은 자기 스스로 의롭다 칭하는 가상의 인물을 만들어 내는데, 이 사람은 이방인의 심판이 자기 스스로 기소한 결과라고 생각한다. 바울은 17절까지 이 가상의 인물에 대해 밝히지 않고 있는데, 이 사람은 유대인임을 어렵지 않게 알 수 있다. 바울은 시작부터 "남을 판단하는", 소위 도덕적으로 바른 사람도 "핑계하지 못할 것"이라고 말하고 있다.

1:20에서처럼 "핑계하지 못할" 것은 하나님의 기소에 관하여 그 어떤 법적 대응을 할 수 없음을 말한다. 자기 자신도 같은 죄를 지으면서 다른 사람을 판단하는 것은 가장 위선적인 행위이며, 어떤 법정에서도 정죄를 받을 수 있는 행위이다. 성경은 죄를 지은 이를 볼 때 타일러야 한다고 말하면서도, 그 사람을 돕기 위해 사랑으로 해야 한다고 가르치고 있다마 18:15-18; 갈 6:1; 히 3:13. 반면 판단하는 것은 교만한 마음으로 다른 사람을 깔보는 것이다. 유대인들은 판단하면서 잘난 체하고 위선 가운데 자기들도 "같은 일을" 범하고 있기에 자기 스스로를 기소하고 있는 것이다. 바울이 1:18-32에 언급한 특정 죄들을 저지른 것은 아니지만 유대인들은 그들만의 죄를 가지고 있었고, 따라서 정죄 받아 마땅하다.

심판의 진정성 2:2

1절에 스스로 정죄 받을 이들에게 하나님의 심판이 더해지는데, 이 심판은 현재뿐 아니라 마지막 심판에도 있을 것이다. "하나님의 심판이 진리대로" 이루어진다는 것이 가장 결정적인 말이다. 하나님이 죄를 심판하실 때는 공정하게, 공평하게 하신다. 더군다나 우리는 이것을 알고 있다. 달리 표현하면 하나님의 공정하심과 공평하심은 사람들 대부분이 알고 있다3:19; 7:14; 8:22, 28. 하나님은 사실을 기반으로 심판하시기에 "이런 일을 행하는 자에게" 참되고 공정한 심판을 내리신다. 이러한 하나님의 공평하신 심판은 다음 6-11절의 주제가 된다.

죄를 드러내는 수사학적 질문 2:3-4

하나님의 공정하고 공평하신 심판을 토대로 유대인들은 이방인들과 같은 죄로 하나님 앞에 서게 된다. 동시에 이들은 이방인들을 정죄한 죄까지 있다. 여기서 **수미상관** 구조를 볼 수 있는데, 1, 3절의 유대인들의 죄는 2절의 공평하신 하나님에 의해 비준된다. 이는 바울의 첫 번째 수사학적 질문으로 이끈다. "네가 하나님의 심판을 피할 줄로 생각하느냐?" 여기에 암시된 대답은 "물론 아니다"이다.

그 다음 구절2:4은 3절의 도전을 더욱 심화한다. 여기서 수사학적 질문은 강한 기소로서 "그의 인자하심과 용납하심과 길이 참으심이 풍성함을 멸시하느냐"라는 말로 정죄하고 있는 것이다. '카타프로네이스'καταφρονεῖς라는 동사는 '멸시하다' 혹은 '경멸하다'를 뜻하는 동사로서 남을 자기 밑에 두고 가치 없게 여기는 행위를 말한다. 따라서 그들은 하나님의 풍성하신바울이 하나님의 놀랍고 넘치는 은혜의 축복을 묘사하기 위해 자주 쓰는 단어, 특히 하나님의 자비와 은혜, 롬 9:23; 11:12, 33; 엡 1:7, 18; 골 1:27; 2:2를 나타낼 때 쓰인다. 은혜를 경멸하고 있는 것이다.

판단하는 사람들이 무시하고 있는 하나님 은혜의 풍성함에는 세 가지 영역이 있다. 1) 그의 "인자하심" 혹은 '선하심'크레스토테스, χρηστότης은 바울이 가장 선호하는 단어로서그의 서신 10개 모두에서 쓰임 하나님의 마음뿐 아니라 사람들이 경험한 하나님의 선하신 행동을 나타낼 때도 쓰이고 있다. 하나님의 인자하신 성품은 그분이 창조하신 사람들, 의인과 의롭지 않은 이들 모두를대상 16:34; 시 25:7; 100:5 향한 그분의 선하신 행위에서 나타난다. 2) 그분의 "용납하심" 혹은 '관용하심'아노케, ἀνοχή은 심판을 미루시고 사람들에게 회개할 기회를 주시는롬 3:26; 벧후 3:9 모습에서 보인다. **3)** 그분의 "길이 참으심" 혹은 '인내하심'마크로뒤미아, μακροθυμία에는 "모든 사람이 구원을 받으며 진리를 아는 데에 이르기를 원하시느니라"딤전 2:4는 마음이 있기에 죄인들의 악행을 길이 참으시는 것을 나타낸다.

죄인들에 대한 하나님의 연민롬 5:8은 이방인을 향한 유대인들의 정죄와 대조된다. 바울은 그들이 하나님의 참된 의도를 '알지 못하는 것'을 무지가 아닌 '진리를 의도적으로 거부하는'1:19, 21과 같이 행위로 보고 있다. 그들은 하나님께서 자신들을 이방인을 축복하는 통로로 선택하셨음을 알고 있다창 12:3; 18:18; 22:18. "하나님의 인자하심이 너를 인도하여 회개하게 하심"은 두 가지 뜻을 가지고 있는데, 하나는 이방인의 회개이고유대인들이 경멸하는, 또 하나는 '너' 즉 유대인들의 회개이다.

회개는 죄에서 돌아서는 것뿐 아니라 하나님께로 돌아서는 것까지를 뜻한다. 이는 죄를 미워하는 것과 하나님께 헌신하는 것을 포함하는데, 이런 과정 없이는 거듭남이 일어나지 않는다. 유대인들은 언약 백성이기에 자신들이 안전하다고 생각하지만, 바울은 이전에 예수께서 말씀하신 것처럼막 1:15; 눅 13:3 유대인들도 마찬가지로 회개해야 함을 보여 준다.

결과: 진노를 쌓음 2:5

하나님의 인내심은 영원히 지속되지 않는다. 하나님은 죄인들에게 오랜 시간을 주어 회개하도록 하시지만 그 기회를 놓치면 반드시 심판이 임하게 되어 있다벧후 3:8-9. 유대인들이 회개해야 할 필요성은 그들의 "고집과 회개하지 아니한 마음" 때문인데, 이것이 하나님의 진노가 그들에게 내릴 근거κατά; 때문에가 된다. 이는 강력한 표현인데, 성경에 자주 등장하는 "완악함"이라는 개념출 7:13; 신 9:27; 10:16; 31:27에서 나온 단어로써, 특히 바로의 완악함에 비례하는 바리새인들막 3:5과 제자들막 6:52; 8:17에게서도 나타난다.

회개하기를 거부하면 유대인들은 자신들을 향해 '진노를 쌓게' 되는데, 이는 그들이 계속하여 타락함으로 하나님의 창고에 하나님의 풍성하심 4절에서 그들이 이미 거부한이 아닌 진노를 더하게 됨을 상징적으로 말하는 것이다. 죄는 인생 가운데 계속 더해지다가 마지막 심판 때, 즉 "진노의 날"까지 시 110:5; 습 1:15; 계 6:17 이어진다.

이는 진노의 날뿐만 아니라 "하나님의 의로우신 심판이 나타나는 그 날"이다. 바울은 1:17에서 하나님의 의가 1:18에서 그분의 진노가 나타난다고 언급하고 있다. 나타나는 시점은 현재였는데, 여기서 심판은 역사의 마지막에 나타나는 것으로 되어 있다. 하나님의 진노는 하나님 의의 한 부분으로서 하나님의 거룩함의 두 가지 속성에 기반을 둔다. 그의 공의 진노와 사랑의, 이 두 가지는 서로 동반하는 하나님의 거룩한 성품의 특성이다. 이는 로마서 9-11장을 준비하는 개념인데, 거기서 바울은 하나님의 의가 유대인들을 언약 백성에서 끌어내고, 대신 믿는 이방인들을 참 가족, 새로운 이스라엘로 채우게 됨을 자세히 언급한다.

2) 하나님의 정의로운 심판 2:6-11

이곳에서 바울은 하나님께서 공평하게 유대인과 이방인을 심판하심을 증명한다. 당시 로마 제국의 **동해보복법**lex talionis처럼 죄를 지은 사람이 죄에 상응하는 벌을 받는다는 개념에 초점을 두고 있지만 이것은 로마법만 언급하려는 것이 아니다. 이는 하나님의 공의로운 심판도 말하려는 것인데, 차이점은 로마인들은 말로 주장하는데 반해 하나님은 실제로 공의로운 심판을 시행하신다는 것이다. 사실 이것은 성경 윤리의 요약이다. 우리가 하나님의 형상으로 지어진 다른 사람에게 하는 행동이 사실상 하나님께 하는 행동이며, 하나님은 우리가 다른 이에게 행하는 대로 우리를 대하신다는 것이다. 우리가 선을 행하면 하나님은 그렇게 갚아 주실 것이고, 우리가 악을 행하면 하나님은 그대로 우리를 심판하실 것이다.

바울은 이 본문에서 핵심 요점들을 **교차 대구법**으로 정렬하고 있다.

A 하나님은 공평하게 심판하심 2:6

B 선을 행하는 자는 영생을 받음 2:7

C 악을 행하는 자는 진노를 받음 2:8

C' 악을 행하는 자는 환난과 곤고가 있음 2:9

B' 선을 행하는 자는 영광을 얻음 2:10

A' 하나님은 차별하지 않으심 2:11

하나님의 온전히 공정하신 심판 2:6-10

선을 행하는 자에게 주어질 영생 2:6-7

바울은 이 부분의 주제를 언급하며 시작하고 있다. “하나님께서 각 사람에게 그 행한 대로 보응하시되.” 이 말은 시편 62:12을 인용한 문구로서 적의 공격에도 하나님 안에서 안식하는 모습을 표현하고 있다. 시편 기자는 하나님의 능력과 사랑이 의인 편에 있음을 강조하고 있다. 바울은 이 구절을 긍정적이면서도 부정적으로 해석되도록 의도하고 있다.

“보응하시되”는 ‘돌려주다’, ‘빌려주다’라는 상업적 의미를 포함하는데 거래에 관하여 정확하게 대가를 치르는 것을 의미한다. 바울이 이렇게 말하고 있는 것은 에베소서 2:8-9의 우리가 행위가 아닌 믿음으로 말미암아 하나님의 은혜로 구원받는 것과 상치하지 않는다. 이 구절은 우리의 구원 절차보다도 그리스도인의 삶과 연관되어 있다. 우리는 은혜로 구원받지만 행위로 심판을 받는다.[14] 모든 사람은 하나님 심판대 앞에 설 것이고 자신들 삶에 대하여 책임을 질 것이다. 우리는 선행에 관한 상급을 받고 야고보서 4:17에 나오듯 선을 행할 줄 알고도 행하지 않은 죄를 포함한 온갖 악행에 대해 심판을 받을 것이다. 이런 신학적 진리가 오늘날 설교에서 많이 다루어지지 않고 있기에 이를 이해하는 그리스도인들이 많지 않다.

이러한 함의는 7절에서 긍정적인, 8절에서 부정적인 결과를 나타내고 있다. "참고 선을 행하는" 자에게 하나님은 "영생으로" 보응하신다. "참고"는 선을 행하는 것은 한 사람의 인생에서 두드러지게 나타나는 성향이고, 따라서 지속적으로 선행이 이루어지는 것을 말한다. 하나님은 간헐적 선행에 만족하지 않으신다.

선을 행하는 사람들은 "영광과 존귀와 썩지 아니함"을 구한다. 이것들은10절에서 보듯이 하나님께서 신실한 종들에게 주실 선물들이다. 표면적으로는 이것이 선물 혹은 상급을 바라보고 하는 것이기에 자기를 섬기는 것처럼 보일 수 있다. 하지만 우리는 그 상급들을 얻을 수 있기에 선을 행하는 것이 아니다. 우리는 하나님을 섬기기 위해 선을 행한다. 여기서 바울은 단순히 하나님이 우리에게 어떤 상급을 주실지만을 말하고 있는 것이다.

6-11절에 나오는 행위에 관한 신학과 다른 곳에 등장하는 행위가 아닌 믿음을 통한 은혜로 구원받는다는 바울 신학의 차이점을 설명하려는 노력들이 많이 있어 왔다. 답은 간단하다. 6-11절에서 바울은 참된 신자들이미 구원받은 자들에 대해 말하고 있다. 바울은 행위가 구원을 가져오는 것

14 구약에서 자주 등장하는 성경의 핵심 주제 중 하나이다(대하 6:23; 욥 34:11; 시 28:4; 62:12; 잠 24:12; 전 12:14; 렘 17:10; 겔 18:20; 호 12:2). 유대문서(에녹전서 41:1-2; 솔로몬 시편 2:16; 17:8; 에스라4서 7:35; 8:33; 바룩후서 14:12), 신약(마 16:27; 롬 2:6; 14:12; 고전 3:12-15; 고후 5:10; 11:15; 딤후 4:14; 벧전 1:17), 신자들을 위한 계시(계 2:23; 11:18; 14:13; 20:12; 22:12) 및 불신자들을 위한 계시(계 18:6; 11:18; 20:13).

이 아니라 구원의 결과로 행위가 있다고 말하는 것이다. 에베소서 2:8-9에서 행위가 아닌 하나님의 은혜로 믿음으로 말미암아 구원받음을 설명한 후에 10절에서 "그리스도 예수 안에서 선한 일을 위하여 지으심을 받은 자니 이 일은 하나님이 전에 예비하사 우리로 그 가운데서 행하게 하려 하심이니라"고 선언하고 있다.

요약하면 우리는 행위로 구원받지는 않으나 선행은 구원의 결과이고, 마지막 심판 때에 그것이 하나님으로부터 받을 보상을 결정할 것이다. 예수님은 신자들에게 이 땅보다 하늘의 보화를 구하라고 하셨고마 6:19-21, 바울은 이 땅의 것이 아닌 하늘의 신령한 것들을 구하고 생각하라고 더하여 말하고 있다골 3:1-2. 하나님의 사람들은 잠깐 있다 사라질 이 땅의 상급보다 영원을 위해 일해야 한다.

당을 짓는 자에 대한 진노 2:8

영생의 반대는 "오직 당을 지어 진리를 따르지 아니하고 불의를 따르는 자"를 기다리고 있는 심판이다. 당을 짓는 것은 빌립보서 2:3과 야고보서 3:14, 16에 나오는 "다툼"에리데이아, ἐριθεία과 같은 말로, 그리스도인 지도자들이 하나님을 섬기기보다 자기 영광을 구하는 것을 의미한다. 이 단어는 세속적 사람의 자기중심적 태도를 강조한다. 이러한 태도는 1:18-20에 진리를 대적하는 것과 1:21-31에 악을 도모하는 행위와 연결되어 있다. 이방인들처럼 하나님의 뜻보다 자기 뜻을 추구하는 삶을 사는 유대인들은 하나님의 "진노와 분노"를 대면하게 될 것이다. 어떤 이들은 "진노"는 내면적 처분을 가리키고 "분노"는 외적 표현을 가리킨다고 설명하고 있으나 여기서 이 두 단어는 같은 의미로 사용되고 있으며 타락한 사람들을 향한 하나님의 진노의 범위를 강조하고 있다.

이러한 심판은 요한계시록 20:11-15에서 죄인들이 영원한 심판으로 던져질 때 받을 거대한 백보좌 심판에서의 진노를 가리킨다. 모든 사람들이 처한 두 가지 궁극적인 운명이 있는데, 그것은 우리 하나님과 그리스도와의 관계에 달려 있다. 다니엘 12:2-3과 마태복음 13:40-43, 49-50에 나오듯이, 지혜 있는 자와 의인은 영생을 얻게 되지만 죄인들은 영원한 고통이 멈추지 않는 불못으로 던져지게 될 것이다.

악을 행하는 자를 향한 환난과 곤고 2:9

"악을 행하는 각 사람의 영에는 환난과 곤고가 있으리니"라는 구절에서 "행하는"카테르가조마이, κατεργάζομαι은 상업적인 '생산'을 의미한다. 악을 행하는 자는 환난과 곤고를 받게 된다. 바울은 모든 사람헬라어로는 문자적으로 "모든 사람의 영혼"이라 해석됨이 6절에서 보았듯이 자신들의 삶의 방식대로 얻은 것을 하나님에게서 받게 될 것을 강조하고 있다. 이 부분에서 바울은 지속적으로 하나님의 공의를 강조하고 있다. "환난은" 현재 이 땅에서의 어려움과 괴로움을 말하는 것이 아니라 마지막 심판을 말하고 있음이 확실하다. "환난과 곤고"는 8절의 하나님의 "진노와 분노"의 결과다. 8절처럼 이런 동의어들이 함께 쓰이는 것은 선보다 악을 선택하는 사람들을 기다리고 있는 심판의 엄중함을 강조하기 위함이다.

1:16에서 바울은 복음이 "먼저는 유대인에게요 그리고 헬라인"을 위해서 쓰였다고 했다. 2:9에서 복음을 거부하고 죄 가운데 사는 사람들에게는 영원한 "환난과 곤고"가 있을 것인데, 이것도 "먼저는 유대인에게요 그리고 헬라인에게"라고 거울 반사처럼 설명하고 있다. 유대인들은 복음을 받는 우선권1:16이 있었는데 심판을 받는 우선권 또한 가지고 있는 것이다. 예수께서 누가복음 12:48에서 말씀하시듯 말이다. "무릇 많이 받은 자에게는 많이 요구할 것이요 많이 맡은 자에게는 많이 달라 할 것이니라."

선을 행하는 자에게 주어질 영광 2:10

선을 행하는 자에게 주어질 세 가지 약속에 대한 내용은 '썩지 아니함'을 "평강"으로 바꾼 것을 제외하고는 7절과 비슷하다. 이 구절에서 평강은 영적인 평온함과 기쁨1:7; 5:1을 참고을 의미한다. 요점은 7-8절과 같다. 인류에게는 두 가지 길만 존재한다. 그리스도를 따르고 선을 행하는 자는 영원한 영광과 평강을 누리게 되지만, 그리스도를 거부하고 악을 행하는 자들은 영원한 고통을 겪을 것이다. 모든 사람은 자신들의 삶의 방식대로 보응을 받을 것인데, 그리스도 중심의 선행을 통한 영생을 얻든지, 그리스도를 거부한 죄의 삶을 통한 영원한 심판을 받게 될 것이다.

기초: 하나님은 편애하지 않으심 2:11

이 구절은 6절의 정서를 반복하면서 중요한 성경적 개념을 제시한다. 베드로전서 1:17은 "외모로 보시지 않고 각 사람의 행위대로 심판하시는 이를 너희가 아버지라 부른즉 너희가 나그네로 있을 때를 두려움으로 지내라"고 권고하고 있다. 바울은 여기서 공평하다는 개념을 흥미로운 단어 곧 '프로소폴렙시아'προσωποληψία; 문자적으로 '얼굴대로 받지 않는다'로 표현하고 있는데, 이는 사람이 외모나 사회적 지위에 따라 대우 받지 않음을 말한다. 모든 사람이 하나님께 동일하게 사랑을 받고 있으며 마지막 심판도 공정하게 이루어질 것이다.

구약의 많은 부분이 편애에 반하는 하나님의 공평하심신 10:17; 대하 19:7; 욥 34:19과 자기 백성에게도 공평함을 요구하심레 19:15; 욥 13:8, 10; 잠 18:5; 말 2:9을 보여 준다. 이는 신약에서도 가르쳐지고 있다행 10:34; 갈 2:6; 엡 6:9; 골 3:25. 사실 공평함은 하나님의 공의에 있어서 아주 중요한 부분인데 하나님은 보상과 심판을 공정하게 베푸실 것이다. 이 개념은 이 부분을 결론지으며 인종, 출신 성분, 사회적 지위에 따라 하나님께서 보응하실 것이라고 착각하는 이들에게 경고를 주고 있다. 현대 법정처럼 억만장자가 집 없는 거지보다 더 특권을 누리는 일은 절대 없을 것이다.

3) 하나님의 심판은 공평하시다 2:12-16

이 부분에서 바울은 유대인법이 있는과 이방인법이 없는들을 공평하게 심판하시는 것을 다루고 있다. 모든 이들이 하나님 공의의 공평하신 기준으로 심판을 받을 것이다. 유대인들은 모세의 법이 있고, 이방인들은 모세의 법은 없지만 자기들 마음에 있는 법, 즉 양심이 있다. 모두가 모세 오경이든 자기 마음에 새겨진 법이든 법에 따라 하나님 앞에서 죄인으로 서게 될 것이다. 하나님께서 자신을 모두에게 보이셨기에 그분의 계시에 대한 자신들의 반응에 관하여 하나님 앞에서 대답해야 한다.

율법을 가진 것보다 순종 여부에 따라 심판을 받는다 2:12-13

바울은 이 서신에서 처음으로 모세의 법을 소개하고 있다. 그는 12절에서 이 부분의 전제를 설명한다. 유대인과 이방인은 "율법 없는" 자와 "율법이 있는 자"로 나뉜다. 이 구절의 처음 반은 유대인이 이방인을 비난하는 근본적인 이유를 반복한다. 즉, 이방인들은 모세의 법을 받지 않았기에 유대인들은 그들을 비난하고 하나님께서 그들을 버리셨다고 믿은 것이다.

이 구절의 나머지 반은 바울의 답변이다. 유대인과 이방인은 하나님 앞에서 동일하게 죄인인데, 이들 모두 하나님께 죄를 지었다는 것이다. 이방인은 율법 밖에서, 유대인은 율법 안에서 죄를 지은 것이다. 이방인들이 율법 없이 죄를 지었기에 그들은 자신들 마음에 새긴 법15절, 양심에 따라 심판을 받을 것이다. 유대인들은 율법 안에서 죄를 지었기에, 이방인들이 율법 없이 심판 받듯이 이들은 율법으로 심판을 받을 것이다.

두 집단은 율법에 관하여 서로 다른 입장에서 죄를 지었지만 하나님께는 똑같이 죄를 지었기에 형벌은 똑같다. 영원한 고통둘째 사망, 계 20:6, 11-15을 받을 것이다. 이는 오늘날 우리에게도 동일한 경고인데, 많은 사람들이 자신들의 선행이 좋은 일을 가져다줄 것이라 생각하지만 그리스도 밖에는 아무런 구원이 없다. 교회나 사회단체에서 활동적인 사람들 중에 많은 이들이 마태복음 7:23에 기록된 것처럼 "내가 너희를 도무지 알지 못하니 … 내게서 떠나가라"는 무서운 말씀을 듣게 될 것이다.

13절에서 바울은 율법이 있는 유대인이 왜 자신들의 죄로 정죄를 받는지 헬라어 '가르'γὰρ; 왜냐하면로 시작하는 문장을 통해 그 이유를 설명한다. "하나님 앞에서는 율법을 듣는 자가 의인이 아니요 오직 율법을 행하는 자라야 의롭다 하심을 얻으리니."

이것을 확실하게 설명하기 위해 1:17에서 사용한 단어 '디카이오스'δίκαιος 단어군의로운, 의, 칭의을 다시 사용하고 있다. 그 구절에서 설명한 것처럼 이 용어는 하나님께서 심판의 보좌에서 우리를 의롭다 칭하시는 것을 뜻한다. 이 구절에서 바울이 말하고자 하는 것은 유대인이 율법을 아는 것만으로는 의롭게 될 수 없다는 사실이다.

의롭다 여김을 받거나 의롭다 칭함을 받으려면 '율법에 순종'율법을 행해야 해야 한다. 이것은 새로운 개념이 아닌데, 이미 구약성경은 듣지만 말고 순종하라고 말했다신 28:58; 수 1:8; 시 119:1, 59, 67, 73. 여기서 바울이 마치 율법에 순종해서 칭의를 받을 수 있다고 말하는 것 같지만 사실 그는 로마서 3:20에서 그런 개념을 거부하는 것을 볼 수 있다. 율법의 행위로는 하나님 앞에서 의롭다 칭함을 받을 자가 없다는 것이다. 그렇다면 구약의 가르침을 언급하면서 율법 아래 있는 유대인들의 입장에서 이 구절을 썼다고 이해하는 것이 가장 좋을 것이다. 요점은 하나님 앞에 설 유대인들이 "율법으로 말미암아 심판을 받으리라"는 것이다12절.

이방인들의 실제 상황 2:14-15

자기가 자기에게 율법이 됨 2:14

바울은 이방인들이 어떻게 심판받을지 설명하고 있다. "율법 없는 이방인"들도 "본성으로 율법의 일을" 행하고 있기에 "자기가 자기에게 율법이" 되었다. 1:18-3:20의 문맥상 이들은 이교도적 이방인들이었음에 틀림없다. 바울은 여기서 그들이 모세의 법을 가지고 있지 않지만 '내면의 법', 옳고 그른 것을 구분할 수 있는 "양심"을 분명히 가지고 있음을 말한다. 그들은 자기도 모르게 하나님의 기본적인 법을 지키고 있는 것이다.

칼빈주의자들은 이것을 "일반 은총"이라 부르고, 플라톤이나 스토아 학파 같은 그리스 철학자들은 모든 사람들이 본성적으로 이해하고 있는 "도덕법"으로 보고 있다. 하나님을 모르는 자들도 '자기에게 율법이 되는 내면적 기준'이 있어서 하나님의 기본적 도덕을 따를 수 있는 것이다. 바울은 유대인들이 율법을 가졌다고 유리하지 않은 것은 이방인들도 나름의 법이 있기 때문이라고 말하는 것이다.

마음에 새긴 율법 2:15

"마음에 새긴 율법"은 바울이 정의하듯 이방인들이 자신들의 마음에 새겨진 율법의 행위대로 사는 것을 의미한다. 바울은 로마서와 갈라디아서 롬 3:27; 4:2-3; 9:32; 11:6; 갈 2:16; 3:2, 5, 10에서 여러 번 율법의 행위로는 의로워질 수 없다고 언급한 것처럼, 이방인들이 모세의 율법을 지킴으로 의로워질 수 없다고 말하고 있다. 여기서 요점은 이방인들도 유대인처럼 하나님의 심판대 앞에 동일하게 설 것이라는 사실이다. 그들의 양심이 하나님이 요구하시는 것을 내면적으로 알게 하기에 그들도 죄가 있다. 그들은 특별 계시를 받지는 않았지만 일반 계시가 있고, 옳고 그름에 관한 내면적 지식이 있다.

바울은 이러한 양심이 이방인들에게 "증거가 되어 그 생각들이 서로 혹은 고발하며 혹은 변명"하고 있다고 덧붙인다. 여기서 그는 다시 법정 개념을 사용하면서 이방인의 양심이 하나님께서 그들의 행위를 어떻게 보실 것인지를 증거하고 있다고 표현하고 있다. 그들이 하나님 앞에서 옳게 행하면 그들의 양심이 자신들의 행동이 받아들여질 수 있을 것이라 대변할 것이다. 하지만 그들의 행동이 그르다면, 그들의 양심이 그들을 고발할 것이다. 이러한 모습은 마지막 심판이 아닌 현재 일어나고 있는 일들이다.

심판의 날 2:16

16절과 12-15절 사이의 관계가 모호하다. 가장 좋은 해석은 양심의 현재적 활동14-15절이 마지막 심판의 절정으로 다다르도록 준비하고 있다고 보는 것이다. 이 문단은 12절과 16절이 모두 하나님께서 마지막 날에 "은밀한 것을 심판"하시는 것을 가리키는 것으로 짜여 있다. 그날에 하나님께서 감추어진 것들을 드러내실 것이다삼상 16:7; 시 139:1-2; 마 6:4, 6, 18; 막 4:22; 눅 12:2-3. 감추어진 것들은 행동해야 할 일을 하지 않은 죄와약 4:17 생각까지도 포함한다. 우리는 우리 자신이나 다른 사람들에게는 이런 것들을 숨길 수 있지만 하나님께는 숨길 수 없다. 하나님은 마지막 심판 때뿐 아니라 현재도 편애하지 않고 심판하신다.

이 심판은 "예수 그리스도로 말미암아" 일어날 것인데, 그것은 예수님의 재림살전 4:13-5:10; 계 19:11-21으로 시작되며 그리스도의 구원 사역이 심판의 근거가 될 것임을 의미하고 있다. "나의 복음에 이른 바와 같이"는 16절 모두를 가리키고 있다. 바울은 마지막 심판이 그리스도 복음의 핵심빌 1:27임을 말하고 있는 것이다.

로마서 2:1-16에서는 유대인들이 한 번도 언급되고 있지 않지만 로마서에서 그들은 로마서 전체를 관통하는 주제다. 그들은 스스로를 이방인보다 낫다고 여겼다. 그러나 그들의 바로 그 스스로 의롭게 여기는 태도는 그들의 죄를 더욱 분명하게 했다. 그들도 같은 죄를 범했기 때문이다 1-5절. 이것은 현재 우리도 기억해야 할 중요한 것이다. 우리도 다른 이들이 본인의 죄를 깨닫지 못할 때 그들을 깔보려는 경향이 있기 때문이다. 우리가 이렇게 할 때 우리는 스스로를 하나님 앞에 고발하는 것이다.

6-11절에 의하면 정의로우신 하나님은 각 사람을 그들이 행한대로 심판하실 것이다. 마지막 심판 때에 유대인과 이방인오늘날 우리를 포함하여은 모두 삶을 어떻게 살았느냐의 판단을 하나님께 받게 될 것이다. 이것은 그리스도를 믿는 믿음에 근거를 둔 구원에 관한 것이 아니라 심판과 상급에 관하여 말하는 것이다. 하나님은 우리 행위에 따라 보상하시고 유대인과 이방인혹은 부자와 가난한 자은 모두 동일하게 하나님 앞에 서게 될 것이다.

12-16절은 유대인들이 왜 이방인보다 유리할 것이 없는지를 설명하고, 왜 부유하고 많은 것을 누리는 서양 세계가 덜 발전한 대부분의 다른 나라들보다 더 나은 것이 없는지를 설명하고 있다. 많은 이들이 유대인처럼 교회를 다니고 있다는 이유만으로 자연히 죄가 없다고 생각한다. 바울은 이런 우리 생각이 잘못되었음을 지적하고 있다. 지식을 가지고 있는 것이 전부가 아니라 실천이 중요함을 말하고 있는 것이다. 우리가 진정 그리스도를 위해 살고 있는가? 마지막 심판을 바라보며 우리는 우리 양심의 소리에 귀를 기울이고 우리 생각과 행동이 하나님 뜻에 따라 움직이는지 확인할 필요가 있다.

3. 율법 준수에 실패한 유대인 2:17-29

이 부분에서 바울은 이방인을 향해 자신들의 잘남을 드러내려 하는 유대인들을 계속해서 비판하고 있다. 2:1-16에서 그는 하나님께서 이방인이 아닌 유대인들에게 율법을 주셨고 그로 인해 하나님 앞에서 이방인과 마찬가지로 죄가 있다는 점을 다루었다. 이 문단에서 바울은 유대인들이 언약의 민족이고 자신들이 더 낫다고 주장하는 점에 대해 다룬다. 그들이 자랑하는 첫 번째는 모세의 율법이고 두 번째는 아브라함이다.

바울은 율법을 어길 때17-24절 율법을 가지고 있는 것은 아무 소용이 없음을 다시 말하면서 이 문단을 시작하고 있다. 유대인들은 자신들이 율법을 가졌기에17-18절 특권이 있다고 생각했고 이 세상에서 눈먼 자들을 인도할 위치에 있다고19-20절 스스로 믿고 있었다. 하지만 그들은 그런 사명을 지키지 못했고21-22절 그렇게 하나님을 불명예스럽게 하고 율법을 어김으로23-24절 언약 백성으로서의 특권을 스스로 차 버렸다.

이어서 바울은 언약과 그것의 표지인 할례로 초점을 옮긴다. 그는 여기서도 유대인들이 율법을 어김으로25-29절 할례의 유익이 무효화되었다고 말한다. 바울은 2:1-5에 쓴 논법으로 "너희 유대인들"에게 하나님과 율법에 대한 사실 관계를 신중하게 조명해 보라고 명하고 있다.

1) 율법을 어긴 유대인 2:17-24

헬라어 본문에서 이 구절은 '만약'이라는 조건절로 시작하고 있다. 사실 17-19절에서는 첫 번째 조건절 이후 조건절들이 이어진다. '그러면'이라고 문장이 이어져야겠지만, 실제로는 "그래서 너희들은 잘못하고 있다"로 문단이 이어지고 있다. 이 문단 전체가 수사학적으로 유대인들의 죄를 기소하고 있다. 17-20절 내용이 표면적으로는 다 맞다. 왜냐하면 구약성경은 유대인들이 언약이 주는 특권을 가지고 있음을 분명히 말하고 있기 때문이다. 하지만 이러한 특권은 하나님을 따르고 그 율법을 지키는 나라를 전제로 하는 것이고, 유대인들은 이에 실패한 것이다.

유대인들이 자신들을 보는 관점 2:17-20

이 본문의 목록은 두 부분으로 나뉘는데, 하나는 17-18절의 유대인으로서의 다섯 가지 자랑과, 19-20절에 유대인들이 이방인을 대하는 네 가지 방식이다. 그러나 21-23절에서 유대 민족의 죄가 실질적으로 폭로된다.

유대인들의 자랑 2:17-18

이 부분은 유대인 자신들이 하나님에게서 받은 특권이라 여기는 유대인의 다섯 가지 자랑으로 시작된다. 이 목록은 유대인에게 있어서 율법의 가치를 긍정적으로 나타난다. 여기서 바울은 독자인 유대인들이 자신의 삶에서 율법 이행의 중요성을 잊어버렸음을 알기를 원한다. 민족적 차원에서 이 목록은 참이지만 유대인들은 개인적으로 율법에 신실했을 때에만 목록에 있는 특권을 가질 수 있었을 것이다.

1 그들은 자신을 유대인으로 부르며 언약의 백성으로서 하나님과 특별한 관계를 가진다고 생각했다. "유대인"이라는 명칭은 원래 지역적인 것으로 '유대 땅에 살고 있던 사람들'을 일컫는 것이었고 그것이 민족의 이름이 된 것이다. 그리고 '여호와를 따르는 이들'을 대표하며 종교적인 정체성이 되었다. 그들이 자신들을 유대인으로 부를 때 그들은 자신들이 '하나님의 법을 따르는 사람'이라고 선언하는 것이다.

2 "율법을 의지"하는 것은 자신들의 종교적 정체성을 위해 율법을 의지하고 율법을 수행하는 이들이라고 선언하는 것을 의미한다. 문제는 그들이 율법을 수행하는

것을 하나의 마법처럼 바꾸어서 고난이나 하나님의 노하심에서 자신들을 지키는 수단으로 전락시켰다는 점이다. 이것이 이 부분에서 바울이 가장 근본적인 문제점으로 지적하는 것이다. 율법은 진노나 어려움에서 자신을 지키는 자동 방패가 아니다. 그들이 의지할 것은 하나님과의 동행이지, 율법에 의지하는 것이 아니다.

3 "하나님을 자랑"하는 것은 표면적으로 좋은 것이고 성경도 분명히 그렇게 말하고 있다시 34:2; 44:8; 렘 9:23, 24; 롬 5:11; 고전 1:31. 하지만 유대인들은 너무도 자주 하나님 자체보다 하나님의 사람인 자신들의 지위를 자랑했다. 어떤 이들은 유대인으로서의 지위를 입어 다른 이들에게 자신들의 거룩함을 뽐내려 했다.

4 유대인들은 자신들을 인도하는 계시된 율법을 가지고 있기에 "하나님의 뜻을 알고" 있다고 자처했다. 하나님께서 그들에게 율법을 주셔서 매일의 삶 속에서 어떻게 행할 것인지를 알게 하셨다시 40:8; 143:10; 히 10:7, 9. 하지만 이것도 그들이 하나님과 관계를 옳게 해 보려는 노력의 일환으로 고등 지식을 의지한 데서 문제가 되었다. 순종 없는 지식은 부족하고 위선과 실패로 이어진다.

5 "지극히 선한 것을 분간하며"는 두 가지를 의미할 수 있다. 첫째, '중요한 것을 분간하다'로 옳고 그른 것을 구분하는 능력을 의미한다. 둘째, '가장 좋은 것을 분간하다' 아니면 '가장 훌륭한 것을 구분하다'는 뜻으로 더욱 숭고한 도덕적 결정을 내릴 수 있는 능력을 의미할 수도 있다. 두 번째가 더 합당한 해석으로 보이는데, 그 이유는 유대인들이 도덕적 선택에 있어서 이방인보다 우월한 위치에 있다고 주장하기 때문이다. 이는 "율법의 교훈을 받아"라는 문구 때문에 더욱 신빙성이 있는데 앞의 네 가지를 포함한 것뿐 아니라 특히 율법의 도덕적인 면과 연관되기 때문이다. 모세의 율법이 도덕적 결정을 내리는 유일한구약 시대에 그러했듯이 기준이었다.

이 목록에서 우리는 일상에서 율법을 지키지 않고 숭상만 하는 것은 하나님 앞에서 위선과 죄로 이어진다는 것을 배울 수 있다. 이것은 오늘날 우리에게도 똑같이 적용된다. 우리는 그리스도인으로 사는 법을 배우기 전에는 결코 그리스도인 됨의 참 가치를 경험할 수 없을 것이다.

이방인과의 관계 2:19-20

바울은 이제 다른 목록으로 시선을 돌리는데 유대인들이 어떻게 이방인과 관계를 맺는지 설명하고 있다. 이 목록도 위의 다섯 가지 목록처럼 긍정적으로 표현된다. 아브라함 언약에서 하나님이 명령하신 것처럼창 12:3 이 목록이 하나님께서 유대인들이 이방인에게 축복이 되기를 원하셨던 원래 목적을 나타낸다고 생각하면 된다. "스스로 믿으니"로 문구를 시작하면서 유대인들이 이것들을 하나님께서 자신들에게 주신 사명이며 자신들의 특권이라고 믿었음을 보여 준다. 율법 안에서 그들은 "지식과 진리의 모본"1:20으로서 하나님의 특별 계시를 받았기에, 일반 계시만 받은 이방인들을 아래 있는 사람들로 여겼다. 바울은 이것이 어떤 면에서는 맞는 말이지만 유대인들에게 더 큰 책임이 요구된다는 점을 말하고 있다.

1 유대인들은 스스로를 "맹인의 길을 인도하는 자"로 믿는데, 이는 이방인을 향한 유대인의 선교 사역을 표현하고 있다. 이사야 42:6-7에 하나님께서 "이방의 빛이 되게 하리니 네가 눈먼 자들의 눈을 밝히는" 사역으로 유대인들을 부르셨고, 이사야 35:5 이하에서 하나님께서 이스라엘을 회복하시고 자기 백성을 그에게로 돌이키실 때 이런 사역들이 일어날 것이라 말씀하셨다. 그러나 마태복음 15:14에서 예수님은 유대인 지도자들이 "맹인이 되어 맹인을 인도하는 자로다"라고 말씀하시며 유대인들이 이 사역에 실패했음을 선언하셨다.

2 마찬가지로 유대인들은 자신들을 "어둠에 있는 자의 빛"이라고 불렀다. 그러나 유대주의 안의 여러 집단이 이에 대해 견해가 서로 달랐다. 사해 사본을 쓰고 보존했던 쿰란 공동체는 이방인들이 하나님의 진노를 받을 운명에 처해 있다고 생각하고 그들을 무시했다. 이들은 에스드라후서 6:26"땅에 머무는 자들의 마음이 바뀔 것이다"

와 에녹전서 48:4"땅의 모든 족속이 엎드려 그를 예배할 것이다"에서 보듯이 흩어진 유대주의자들팔레스타인 밖에서 살던 유대인들 중에서 기독교로 개종시키는 데 관심이 있었다. 그러한 활동은 널리 확장됐다. 바리새인들은 "교인 한 사람을 얻기 위하여 바다와 육지를 두루" 다녔는데마 23:15, 사실상 그들은 유대 회당을 방문하고 하나님을 경외하는 자들유대인처럼 예배하지만 할례받기를 꺼려한 이방인들이 완전한 교인이 되게끔 설득하기만 했다.

3 유대인들은 자신들을 "어리석은 자의 교사"라고 생각했다. 갈라디아서 3:24-4:2을 보면 바울은 율법 자체를 '이스라엘에게 하나님의 길을 가르치는 교사 혹은 인도자'라고 불렀다. 유대인들은 이방인들을 하나님에 대하여 아무것도 모르고 그분과 어떻게 관계해야 할지도 모르는 '어리석은 자'로 대했다.

4 유대인들은 자신들을 "어린 아이의 선생"이라고 생각했다. 이 마지막 둘은 사실 같은 말이다. 유대인들은 자신들이 하나님의 지식을 받고 자신들만이 "어린 아이"인 이방인들에게 하나님의 영원한 진리를 가르칠 수 있는 사람들이라고 믿었다.

이 모든 선언들은 유대인들이 자신들을 "율법에 있는 지식과 진리의 모본을 가진 자"들이라고 믿는 데서 기인한다. 헬라인들과 로마인들은 엄청난 철학사필로와 요세푸스 같은 유대인들이 인정한를 가지고 있었으나 자신들을 인도할 하나님의 법을 가지고 있지 않았기에 궁극적 진리를 가지고 있지 못했다. 이 땅의 철학, 의학, 과학 지식에서도 어느 정도의 진리를 찾을 수 있지만 그 어떤 것도 궁극적인 천상의 가치를 지니고 있지 않다. 따라서 유대인들은 이방인들을 자신들의 인도와 가르침 없이는 진정한 어른으로 성장할 수 없는 영적 아이들이라고 여겼다.

깊은 죄를 드러내는 수사학적 질문 2:21-22

바울은 논의를 위해 반어법을 사용하며 네 가지 수사학적 질문을 던진다. 예수께서 마태복음 23장23:2-3에서 이러한 방식으로 바리새인들에게 자신들이 가르치는 것을 행하지 않는 죄를 들추어내시며 그들에게 닥칠 저주를 선언하셨다.

바울은 "다른 사람을 가르치는 네가 네 자신은 가르치지 아니하느냐" 라는 질문으로 시작한다. 이것은 마태복음 23:15에 예수께서 바리새인들이 산과 바다를 다니며 사람들을 개종시켜 "너희보다 배나 더 지옥 자식이 되게 하는" 것을 정죄하신 것과 같은 맥락이다. 선생들이 자신들이 가르치는 것을 행하지 않는다면 가르칠 권리를 스스로 저버리는 것이다. 다른 세 가지 질문들이 다 이 첫 질문에서 파생한 것이고, 유대인들이 자신들이 가르치는 십계명도 지키지 못하였다는 예시들을 보여 준다. 여기 세 가지 예는 출애굽기 20:3-5, 14-15에 나오는 도둑질8계명, 간음7계명 그리고 우상 숭배첫 2계명다.

다음 두 가지 질문에서 바울은 독자들에게 도둑질과 간음의 죄가 있는지를 묻고 있다. 많은 이들이 실제로 이런 죄들을 저질렀는지는 의문이다. 어떤 해석자들은 마태복음 5:21-48에 화를 내는 것이 살인이고 음욕을 품는 것이 간음이라고 하신 예수님의 말씀을 바탕으로 이 구절을 이해해야 한다고 생각했다. 그렇다면 도둑질과 간음은 모든 사람에게 적용되어야 하는데, 여기서 바울이 그것을 의도했다는 증거가 보이지 않는다. 오히려 그 죄들은 일반적 예시로 보는 것이 더 나을 것이다. 요점은, 유대인들은 자신들이 가르친 것을 어겼다는 점이다. 이러한 그들의 행동은 위선적인 죄로서 가르칠 권리를 스스로 박탈한 것이다.

네 번째 질문은 해석하기가 어렵다. "우상을 가증히 여기는 네가 신전 물건을 도둑질하느냐." 1세기 유대인들은 우상들을 우습게 여겼을 것이다. 그 이전 역사 가운데 이스라엘 백성을 궁지로 몰아넣었던 우상 숭배가 1세기에는 잘 알려지지 않았다. 하지만 "신전 물건을 도둑질"하는 것이 무엇을 의미하는가? 문자적으로 신전 물건 도둑질은 고대 사회에서 이따금씩 일어났던 일인데, 그것은 대부분 신전에 쓰였던 기구들이 황금과 은으로 만들어졌기에 꽤 값이 나갔기 때문이다. 도둑질을 말하는 헬라어 '히에로쉬레이스'ἱεροσυλεῖς는 신성모독이나 성전을 모욕하는 것을 의미하기에 어떤 학자들은 이 구절이 유대인들이 예루살렘 성전을 향해 자신들이 율법 위에 있다고 믿으며 무례한 행동을 저지른 것을 의미한다고 해석한다.

하지만 이는 바울의 질문에 적합한 답은 아니다. 대부분의 견해는 이 구절이 문자 그대로 이교도들의 성전을 도둑질하거나 그런 성전에 들어간 자금을 횡령하는 것을 의미한다고 보는 것이다. 이런 행동이 흔한 것은 아니었으나 위에 나오는 도둑질과 간음처럼 가끔씩 일어났을 것이다. 많은 유대인들이 이런 우상들은 가증한 것이기에 우상이 가득한 이교도들의 성전에서 우상과 기기들을 훔치는 것은 오히려 이 세상에서 우상을 없애는 데 기여한다고 주장했을 것이다. 바울은 그런 행위도 역시 도둑질이며 계명을 어기는 행위라고 분명히 논박했을 것이다.

결과: 하나님의 이름이 모독을 받음 2:23-24

바울은 유대인들이 모든 영역에서 율법을 모독했다고 고발하면서 2:17-24을 마무리짓고 있다. 많은 영문 번역KJV, NASB, NRSV, CSB, LEB, GNT이 NIV처럼 23절이 다섯 번째 수사학적 질문으로서 21-22절에 있는 네 가지 질문들을 결론을 내리고 있다고 본다. 하지만 문법적 변화가 있기 때문에 이 구절은 결론적인 정죄로 보는 것이 낫다. "율법을 자랑하는 네가 율법을 범함으로 하나님을 욕되게" 한다NLT, NET, ESV, NEB, JB. 바울은 헬라어 '파라바시스'παράβασις 즉 '범함' 혹은 '율법 위반'이라는 단어를 쓰고 있다. 법을 어긴 이들로서 유대인들은 율법을 자랑할 권위를 잃어버렸다.

그 결과로 그들은 자신들의 위선으로 "하나님을 욕되게" 했다. '욕되게 함'이라는 단어는 '모욕' 혹은 '불명예'로 번역될 수 있고 그들의 잘못으로 이방인들로 하여금 하나님과 유대주의를 모독할 거리를 만들게 되었다24절. 바울은 이사야 52:5을 인용했다. "하나님의 이름이 너희 때문에 이방인 중에서 모독을 받는도다." 이사야 40-66장의 상황이 이스라엘의 유수는 국가적 죄의 결과로 다른 나라로부터 하나님의 이름이 모욕을 받게 된 것을 보여 준다. 마찬가지로 이 구절에서 이방인들의 경멸도 유대인들의 죄의 결과이다. 유대인들은 하나님으로부터 돌아서고 그분에게 죄를 지었기에 이방인들보다 더 낫지 않다. 게다가 유대인들은 자신들의 죄로 말미암아 이방인들이 하나님의 이름을 모독하게 했기에 더 큰 죄를 지은 것이다.

율법을 지켜야만 할례가 이롭다 2:25-29

시내 산에서 받은 율법이 비준되기 훨씬 이전에 할례 의식이 아브라함 언약을 비준했다창 17:9-14. 하지만 여기서 바울은 유대인들의 불순종이 율법의 행사를 취소하고 있음을 나타내고롬 2:12-24 그들의 불순종이 또한 할례의 가치를 무효화했음을 보여 준다.

참된 할례 2:25-26

25절은 헬라어 '가르'γάρ; 왜냐하면, NIV에는 없음로 시작하는데, 이는 바울이 유대인들의 반응을 기대했음을 나타낸다. 그들은 할례를 행했기에 하나님 언약의 공동체다. 바울은 같은 방식으로 그들의 죄가 그들의 불충을 증명하며 율법을 무효화하고 이에 따라 할례의 효력과 언약의 민족으로서의 지위를 또한 무효화함을 보여 준다.

그 누구도 유대인들에게 있어서 할례의 중요함을 강조할 수 없을 것이다. 신구약 중간기에 앗수르 왕인 안디오쿠스 에피파네스는 팔레스타인에서 유대주의를 없애려는 노력의 일환으로 할례 의식을 없앴다마카비전서 1:48-61. 그 결과 유대인들에게 있어서 할례는 더욱더 유대인 됨을 증명하는 표식이 되었고, 바울 시대에는 이방인들이 완전히 유대인으로 개종하기 위한 가장 마지막 단계로 할례가 사용되었다.

바울은 "율법을 행하면 할례가 유익하나"라고 주장하면서 23절의 율법에 관하여 언급하고 있다. "유익하다"오펠레이, ώφελεῖ는 하나님과의 관계에 있어서 그들에게 '이득이 된다'는 뜻이다. 성실하게 말씀에 순종하는 것은 율법과 할례가 유익한 결과를 만들어 낼 수 있다고 말하는 것이다. 하지만 하나님 말씀에 불순종하는 것은 모든 언약 관계를 깨뜨리고, 하나님께 신실하지 않는 것은 "할례는 무할례가 되는 것"을 의미한다. 이 장의 더 큰 맥락으로 보면 바울은 그들의 불순종이 하나님과의 현재 관계뿐 아니라 다가올 마지막 심판에도 영향을 미치고 있음을 말하고 있다. 그들의 불순종으로 말미암아 할례가 하나님의 진노와 영원한 불의 심판으로부터 그들을 지킬 수 없게 된 것이다.

율법을 '지키라' 혹은 '따르라'는 바울의 권면에 대해 정리해 볼 필요가 있다. 대부분의 유대인들은 율법을 지키는 것이 그것을 성실히 따르는 것을 의미한다고 이해하고 있었지만 누구도 완벽하게 지킬 수 없음을 알고 있었다. 구약의 제사는 사람들이 율법을 어겼을 때 용서를 구할 수 있는 제도로 주어진 것이다. 하지만 메시아이신 예수께서 오셔서 그 제사 제도가 더 이상 충분하지 않게 되었다. 구원을 얻기 위해서는 율법을 온전히 따라야 하는 것이다갈 5:3, "율법 전체를 행할 의무".

바울은 율법이나 할례가 구원을 가져올 수 있다고 말하는 것이 아니다. 아무도 구원을 얻을 만큼 완벽하게 율법을 지킬 수 없기 때문이다. 그리스도를 믿는 믿음만이 구원을 받을 유일하고 충분한 근거가 된다. 할례를 받으려고 돌아서는 자들은 율법을 어기고, 그 결과 할례 받지 않은 자처럼 되어 구원을 얻지 못하게 되는 것이다. 3:20에서 바울은 아무도 율법을 완벽히 지킬 수 없기에 "율법의 행위로 그의 앞에 의롭다 하심을 얻을 육체가 없나니"라고 말한 것이다.

26절에서 바울은 정반대의 문제를 논하고 있다. 만일 이방인할례 받지 않은 자들이 율법을 따르고 그 규례를 지킨다면 그들이할례 받은 것처럼 유대인으로, 또 구원받은 자들로 여겨질 것이라는 점이다. 율법을 어기는 것이 유대인을 이방인처럼 바꾼다면 반대로 율법을 따르는 것이 이방인을 유대인 되게 하는 것이다. 여기서 바울은 행위로 인한 의를 선전하는 것이 아니다. 이방인들도 율법 사항을 따름으로 구원받을 수 없다. 바울이 말하는 것은 이방인들도 유대인들처럼 하나님 앞에서 동일하게 서 있다는 것이다. 이 새로운 구원 역사의 장에서 유대인과 이방인은 같은 선상에서 동일하게, 하나님 앞에서 구원이 필요한 존재인 것이다.

할례 받지 않은 자에게서 정죄 2:27

옛 언약 아래의 유대인들에게 할례와 하나님의 율법은 유대인 됨이 이방인보다 훨씬 더 우월한 위치에 있다고 주장할 수 있게 하는 엄연한 특권이었다. 하지만 새로운 구원 역사의 현장에서 이러한 특권은 사라졌다. 유대인뿐 아니라 이방인들도 하나님 앞에서 동일하게 죄인으로 드러날 뿐 아니라, 이방인들이 마지막 심판 때 유대인들을 정죄할 것이다. 하나님이 최종 심판자이신 것을 고려할 때 이것은 특이한 일인데, 사실 여러 본문에서 성도들이 죄인들을 향한 심판에 참가할 것이라는 내용을 다루고 있다.[15] 다른 점이 있다면, 유대인들이 이교도들을 판단하지 그 반대는 아니라고 생각했다는 것이다. 이것은 마태복음 12:41-42에서 예수께서 니느웨 사

15 이것은 신약과 성서 외 유대 문서들에 나와 있다(마 19:28; 고전 6:2; 계 3:21; 솔로몬 지혜 3:8; 에녹전서 91:12를 참고하라).

람들과 남방 여인왕상 10장의 스바의 여왕이 일어나 메시아를 거부한 유대인들을 심판할 것이라 선포하신 것과 일맥상통한다.

많은 이들이 이 구절이 우연히 율법을 순종하게 된 이방인들이 율법을 불순종한 유대인들을 심판하는 것을 가상적으로 표현하는 것이라 생각한다. 나는 이 구절이 율법을 지키고 하나님을 따르는 그리스도인 이방인들이 마지막 심판 때 믿지 않는 유대인들을 심판할 것이라 보는 견해를 따른다. 이 이방인들이 "율법의 요구"8:4를 이루고 빌립보서 3:3의 새롭고 참된 이스라엘로서 26절에 나오는 참 할례자들이다.

이것은 "율법 조문문자적으로, '글자'과 할례"만으로는 충분하지 않다는 것을 뜻한다. 유대인들은 율법을 충분히 지킬 수 없고 모두 "율법을 범하는" 자가 되었다. 그리스도를 믿는 믿음만이 구원으로 인도한다. 유대인과 이방인은 하나님 앞에서 동일하게 죄인으로서 그리고 그리스도의 구원 사역을 받아야 하는 수혜자로서 서게 된다.

이면적 유대인: 마음의 할례 2:28-29

바울은 이 단락을 마치며 왜 할례가 더 이상 하나님과의 관계를 올바로 하는 데 소용없는지를 보여 주면서 유대인들의 율법 불순종에 관하여 설명하고 있다. 표면적 유대인과 이면적 유대인을 구분하면서 이를 설명하고 있다. 표면적 유대인은 28절에 나오듯이 유대인이 아니다. 겉으로 드러나는 율법과 할례의 언약 표식만으로 하나님 앞에서 올바로 설 수 없다. 표면적 행위로는 충분치 않다. 이 구절에 "표면적/이면적", "몸/마음", "조문/영", "사람에게서/하나님에게서" 등 많은 대조 문구를 눈여겨보라. 각각이 참 구원에 있어서 중요한 것이 무엇인지를 보여 준다. 율법과 할례에 중심을 두었던 구언약 시대가 그리스도와 오시는 성령을 믿음의 중심에 둔 새 언약 시대에 길을 내어 준 것이다.

이면적 유대인29절은 그리스도를 영으로 받아들인 "마음에 할례를 받은" 자들이다. 그리스도께서 오셔서 그와 함께 참된 왕국을 가져오셨기에막 1:15 내면적 현실이 중요하다. 이는 구약에서도 종종 언급되었다신 10:16; 렘 4:4; 9:25-26. 새 언약 시대에 살고 있는 바울에게 있어 이러한 진리는 성령 시대에 그리스도 안에서만 온전히 깨달을 수 있는 것이었다.

이런 새 언약 관계를 경험한 이들이 "사람에게서가 아니요 다만 하나님에게서" 오는 칭찬을 받는 이들이다. 다음에 나오는 장들과 함께 '이미 러나 아직'already/not yet 구조를 유지하면서, 현재도 칭찬을 받지만 마지막 심판 때2:16참고 올 영광 가운데 칭찬이 있을 것을 그리고 있다.

이 부분에는 우리에게도 적용되는 내용이 많다. 우리도 하나님보다는 사람에게서 겉으로 드러나는 칭찬을 받기 원한다. 그리스도께서 오셔서 그분의 참된 왕국이 함께 임하셨기에막 1:15, 이제는 내면적 현실이 중요하다. 나는 내 주변에 있는 이들보다는 하나님을 더 기쁘시게 하는 삶을 살기 원한다. 크게 보면 하나님과 사람 둘 다 기쁘게 하기를 원하지만 최후 심판 때를 고대하며 하나님 앞에서 내 삶에 책임을 가지고 살아야 하기에 궁극적으로 하나님을 기쁘시게 하기를 원한다.

17-20절에 나오는 바울의 목록 중에 이방인과 연관한 유대인들의 특권과 책임에 관하여 두 가지를 고려해 보아야 한다. 첫째로 이러한 특권과 책임들은 이스라엘을 향한 하나님의 뜻을 반영한다. 이것이 그들이 아브라함 언약을 성취하고 그들을 언약 백성으로 선택하신 하나님의 계획을 이룰 수 있는 방법이었다. 하지만 이것은 또한 언약과 율법을 성실하게 순종하고 이방인들에게 기꺼이 축복의 통로가 될 것을 요구했다. 유대인들은 이것을 이루지 못했다. 두 번째로 유대인의 특권과 책임은 불신자와

신자인 우리와의 관계에도 적용된다. 우리도 겸손하고 하나님께서 우리를 세상에 복음을 전하는 데 사용 해 주시기를 희망해야 한다. 바울이 우리를 평가한다면 우리는 유대인들보다 나을까? 우리는 지속적으로 믿지 않는 이들을 향한 우리의 전도와 섬김이 어떠한지 점검할 필요가 있다.

유대인들은 그들의 율법과의 관계, 하나님과의 관계를 자랑했지만 그들은 율법과 언약의 요구를 지키지 못하여 하나님을 욕되게 했다. 따라서 그들은 이방인들이 '자기 백성도 다루지 못하는 하나님'이라고 비난할 구실을 주었다. 오늘날도 이런 현상이 지속되어 소위 기독인들이 교회와 우리가 믿는 하나님 이름에 먹칠하는 소식을 자주 듣는다.

중요한 것은 로마서 모든 장에서 말하듯 신자의 내면의 삶이다. 우리는 기독인처럼 보이도록 치장하는 것에 만족하는 덫에 걸려, 진정한 삶, 내면적으로 진실하게 사는 삶을 도외시하는 잘못에 빠진다. 주변에 많은 이들이 겉치장에 치중하므로 우리는 너무도 쉽게 하나님께서 우리 마음을 보신다는 사실을 잊는다. 우리는 우리가 속한 문화 속에서 힘들지만 항상 우리 자신이 아닌 하나님께 영광을 돌리는 삶을 살아야 한다.

4. 유대인과 모든 인류의 죄 3:1-20

이 문단은 부분으로 나뉜다. 첫째는3:1-8 앞서 유대인의 타락2:1-3:8을 다루는 부분이다. 바울은 2장처럼 비판조를 이어가며, 이스라엘이 불성실함에도 불구하고 성실하신 하나님3:1-4과 그리고 불의하다고 여겨지지만 실은 정의로운 판단을 하시는3:5-8 하나님의 공의에 관한 수사학적 질문을 하고 있다. 이 장은 로마서에서도 바울의 깊은 논리로 인해 가장 어려운 장으로 꼽힌다. 바울의 논점은 유대인으로서의 특권이 없고 하나님께서 자신의 언약 백성을 거부하실 수 있다면, 어떻게 하나님께서 자기 언약에 신실하시다고 말할 수 있겠는가 하는 것이다.

이 질문에 관하여 더 자세한 답은 로마서 9-11장에 있지만 이 장에서 바울은 이 긴 논의를 시작하는 요점을 보여 주고 있다. 바울은 유대인을 향한 하나님의 심판이 사실상 그분의 언약에 충실하신 것이라고 말한다. 언약에는 축복과 저주가 있는데, 이스라엘의 불신은 자신들에게 합당한 하나님의 심판을 야기했다. 유대인들은 스스로 자신들의 죄가 드러나게 행동했고 하나님의 공의는 그때마다 더 드러났다.

이 문단의 두 번째 부분은 1:18-3:8까지를 아우르는 기본 진리를 설명한다. 이방인들이 타락의 노예가 된 것과1:18-32 유대인들도 마찬가지로 죄가 있다는 것2:1-3:8, 따라서 모든 이들이 동일하게 죄가 있음3:9-20으로 결론지을 수 있다. 이 부분은 다시 세 부분으로 나뉜다. 범우주적인 죄의 특성9절, 구약에서 타락이 가지고 있는 힘을 설명하는 부분 인용10-18절, 하나님 앞에서 자신들의 죄의 책임에 대한 선언이다19-20절.

1) 하나님의 신실하심과 유대인의 실패의 대조 3:1-4

2장에서 바울은 율법과 할례가 유대인들을 이방인보다 더 나은 존재로 만든 것이 아님을 논했다. 유대인들에게는 계시된 율법과 그들을 언약 백성으로 만든 할례가 있었지만 불순종으로 인해 그 특권을 박탈당하고 도리어 하나님의 진노가 그들에게 임했다. 여기서 바울은 그들이 물었을 법한 질문을 던지고 있다. “그렇다면 유대인인 것이 무슨 소용인가?”

유대인으로서의 특권 3:1-2

유대인들은 율법과 할례를 가지고 있었고 자신들이 선택받은 민족이라고 믿고 있었지만 바울은 2장에서 그것을 반박하고 그들이 이방인보다 더 나은 것이 없다고 말했다. 이것이 사실이면 "할례의 유익이 무엇이냐"라고 묻는 것이다. 2:25의 주석에서 "유익"이 '이익'을 가리키고 있는 것을 보는데, 따라서 이 질문은 "할례를 받는 것이 무슨 이익이 있는가?"로 바꾸어 말할 수 있다.

2장을 토대로 하면 답은 '아무런 유익이 없다'일 것이다. 하지만 바울은 "범사에 많으니"라고 놀라운 대답을 한다. 할례와 율법이 구원에 있어서 유익은 없지만 유대인들에게 종교적 가치를 가지고 있다. 바울도 2장에서 율법과 할례가 가치 있음을 부인하지 않았다. 그가 말하고자 한 것은, 율법과 할례가 유대인으로 하여금 이방인들보다 나은 특권이 있게 하는 것이 아니라는 점이다. 유대인과 이방인 모두 하나님의 심판대인 '베마'βῆμα에서 율법을 가진 것이 아닌, 지킨 것을 기준으로 심판을 받을 것이다.

2절에서 바울은 "우선은"이라고 하면서 첫 번째 특권 즉 "그들이 하나님의 말씀을 맡았음이니라"고 말하고 있다. 하지만 그것 말고 다른 것은 언급하지 않고 있다. 9:4-5에 더 자세한 목록영광, 언약, 예배, 약속이 등장하지만 여기서는 이것뿐이다. 하나님 말씀을 받은 것이 가장 우선된 특권이고 자기 백성을 향한 하나님의 가장 우선적인 축복이다. 이 "하나님의 말씀"이 **1)** 모세의 율법인지 **2)** 미쁘신 하나님의3절 백성을 향한 언약인지, 아니면 **3)** 구약 전체를 의미하는지에 대한 질문들이 있다. 이 중 구약 전체를 의미하는 것이 가장 타당한 것으로 보이고 이는 바울 서신을 통틀어 가장 많이 구약을 인용한 로마서와 관련하여 가장 적합해 보인다.

헬라어로는 '하나님의 계시'로 번역하여 하나님의 살아 있는 선언이나 말씀을 가리킬 수도 있다. 성경을 읽을 때 우리는 하나님께서 직접 우리에게 말씀하고 계시는 것을 머릿속으로 그려야 한다. 바울은 여기서 특별히 성경의 약속을 강조하고 있는데, 그 약속 안에서 하나님은 자기 백성을 위해 직접 일하셔서 우리를 돌보시고 잘 되게 하시는 언약의 하나님이시기에 우리는 그 약속들을 신뢰할 수 있다. 성경의 주요한 약속 중 한 가지는 하나님은 자기 자녀들을 '결코 떠나지도, 실망시키지도 않으신다'는 것이다신 31:6-8; 수 1:5; 대상 28:20.

이것은 오늘날 우리에게도 중요한 관점을 제공한다. 우리는 성경을 "하나님의 말씀"이라고 부르지만 그것을 믿는 것처럼 행동하지 않는다. 통계에 따르면 매년 성경을 읽는 횟수가 줄어든다고 한다.[16] 개인적으로 매년 교회에서 성경을 가르치는 횟수도 줄어들고 있는 것을 본다. 강해설교성경 중심의 설교를 하는 설교자들의 수는 어느 정도 늘고 있으나 강대상을 제외한 교회에서의 가르침은 점점 줄어들고 있다. 나는 이 주석을 통해 하나님 말씀에 대한 연구가 더욱 활발히 이루어지기를 계속 기도하고 있다. 성경이 하나님 말씀인 것을 진실로 믿는다면 어떻게 우리 삶에서 성경 연구를 소홀히 할 수 있겠는가?

그들의 불성실함이 하나님의 신실함을 없이할 수 없음 3:3

유대인의 특권에 관하여 2절의 약속이 특별히 어려운 것은 그 약속이 그들에게 이루어진 것 같지 않기 때문이다. 이스라엘은 하나님의 약속이 하나님에 대한 그들의 신실함에 별로 영향을 주지 않은 것 같은 모습을 역사 속에서 반복해서 보인다. 여기서 바울은 어조를 높이며 이렇게 반문한다. "어떤 자들이 믿지 아니하였으면 어찌하리요 그 믿지 아니함이 하나님의 미쁘심을 폐하겠느냐." 바울은 여기서 무엇을 말하고 있는 것일

---

16 "The Bible in America: 6-Year Trends," *Barna*, June 15, 2016을 참고하라. https://www.barna.com/research/the-bible-in-america-6-year-trends/.

까? 세 가지 선택지가 있다. 두 질문이 다 바울의 논지를 반박하는 것일 수도 있고, 둘 다 바울에게서 나온 것일 수 있고, 아니면 첫 질문은 반박이고 다음 질문이 바울의 답일 수도 있다.

본문의 문맥상 두 번째두 질문 다 바울에게서 나온 것가 가장 타당해 보인다. 두 질문은 유대인들의 믿지 아니함2:2-3, 5, 12, 16, 25-27에 대하여 하나님의 심판이 있을 것이며, 그렇다면 이스라엘을 향한 하나님의 복2절은 어떻게 바라보아야 하는지에 대한 대답을 담고 있다. 바울은 역사적으로 흐르는 이스라엘의 불성실함이 하나님의 언약 백성을 향한 하나님의 신실하심과 크신 축복을 폐할 수 없음을 말하고 있는 것이다. "폐하다"카타르게세이, καταργήσει는 문자적으로 '힘없게 하다' 혹은 '무언가를 취소하다'를 뜻하는데, 바울이 서신에서 25번이나 쓸 만큼 애용했던 단어이다. 역사 속에서 이스라엘이 자행한 그 어느 것도 그들을 향한 하나님의 신실하신 역사를 없앨 수 없었다.

창세기 15:1-21에는 하나님께서 아브라함이 화로와 횃불을 가지고 제물로 드린 암소, 염소, 숫양 사이로 지나가시는 언약식이 등장한다. 하나님께서 제물 사이로 지나가시는 것은 그분이 직접 저주를 받으실 것이라는 상징이다. 하나님은 "너와의 언약이 지켜지지 않을 경우 이 제사가 나에게 일어날 것이다"라고 말씀하시면서 이스라엘과의 언약을 반드시 이루실 것을 보장하신 것이다. 이스라엘의 악행에 관한 하나님의 심판도 그들을 향한 하나님의 신실한 행동이었음을 깨닫는 것이 중요하다. 사사기에서 이스라엘이 반복적으로 블레셋의 손에 넘어가는 것과 열왕기하와 역대하에 나오는 포로 시절의 목적이 이스라엘의 어리석음을 깨우치고 회개와 회복을 불러오는 것이었다. 사실 그 목적은 이루어져서 이스라엘은 신구약 중간기에 우상 숭배에 빠지지 않았다. 베드로후서 3:9에 나오듯 하나님은 "아무도 멸망하지 아니하고 다 회개하기에 이르기를" 원하신다.

하나님은 실패하지 않으시지만 이스라엘은 거듭 실패한다. 역설적이게도 꽤 긴 시간 동안 이스라엘이 신실했던 기간은 바벨론 유수에서 돌아온 400여 년간으로 그때는 우상 숭배에 빠지지 않고 모세오경을 주의하며 따르고 신실하기 위해 구두로 더 많은 규례들을 만들기도 했다. 하지만 예수께서 오셨을 때 그들은 메시아를 거부했다. 이런 불신의 행위는 그 어느 때보다 더 심각한 것이었고, 그들은 유례없는 불신의 모습을 보여 주었다. 로마서 11:17-21에서 바울은 이러한 불신비신실함으로 가득한 유대인들은 감람나무참 이스라엘에서 꺾이고 더 이상 하나님의 백성이 되지 못하였다고 했다.

하나님은 참되시다 3:4

여전히 이러한 믿지 않는 이스라엘의 배교 행위에도 불구하고 하나님의 신실하심을 부정할 수는 없었다. 그래서 바울은 앞선 두 질문에 "그럴 수 없느니라"메 게노이토, μὴ γένοιτο; 전혀 아니다로 대답하고 있다. 이것은 강한 부정이다. '하나님이 막으신다', '결코 그래서는 안 된다'는 것이다. 할 수 있는 한 가장 강하게 부인하는 표현이다. 유대인의 신실하지 못함이 결코 하나님의 신실하심을 부정할 수 없으며, 3절의 질문은 4절에서 "사람은 다 거짓되되신실하지 않음 오직 하나님은 참되시다신실하시다 할지어다"로 다시 응답된다. 구약의 언약에 있어서 그의 백성은 그러지 못해도 하나님은 자기 약속에 충실하시다. 하나님은 이스라엘을 심판하실 때시 45:4; 느 9:32-33 그리고 모든 이들이 거짓될 때시 116:11 "모든 사람이 거짓말쟁이라" 신실하시고 참되시다. 모든 사람이란 신실하지 못했던 이스라엘을 포함한 모든 인류를 뜻할 것이다.

시편 51:4 "주께서 말씀하실 때에 의로우시다 하고 주께서 심판하실 때에 순전하시다 하리이다"라는 말씀을 인용하면서 바울은 위의 논지를 더 확고하게 하고 있다. 다윗은 밧세바와 간음하여 나단 선지자로부터 책망을 받은 후에 위의 시편을 썼다. 이 구절에서 다윗은 하나님의 공의를 깨닫고 그에게 임할 어떤 하나님의 심판도 다 의로운 것이라고 말했다. 하지만 이스라엘이 다윗과 다른 점은 자신들이 언약을 깨뜨렸다고 생각하지 않았다는 것이다. 바울은 검사처럼 그들의 잘못을 고소하고 있는 것이다. 하나님은 자기 언약에 신실하시기 위하여 이스라엘의 불신과 불신실함을 심판하셔야 했다. 그렇게 하실 때 그분의 심판이 "의롭다 함을 얻으시는" 것이다.

2) 이스라엘을 심판하시는 공의의 하나님 3:5-8

3:1-8의 후반부에 해당하는 이 부분은 이스라엘을 심판하시는 하나님의 신실하심과 진실하심에 관하여 1-4절에 나왔던 질문들에 답하는 내용이다.

하나님이 불의하시냐 3:5

여기서 "불의"로 해석되는 용어는 아디키아ἀδικία; 악함, 1:29; 2:8이다. 그래서 우리는 이 구절을 '만일 이스라엘의 악함이 하나님의 의를 드러나게 하면'이라고 해석할 수 있다. 이것은 바울이 1-4절에서 언급한 유대인들의 악행이 하나님께서 의로우심을 더욱 확연하게 보이실 수 있는 기회를 제공했다는 뜻이다. 그렇다면 바울은 "진노를 내리시는 하나님이 불의하시냐"라고 결론을 짓는 것이다. 바울의 논리는 유대인들의 악함이 하나님의 의를 더욱 확고하게 했다면 하나님은 그 악함에 진노하시는 것이 아니라 오히려 받아들이셔야 한다는 것이다.

이와 같은 말은 '아니다. 하나님은 진노를 우리에게 쏟으시는 공의의 하나님이 분명하시다. 그렇지 않은가?'를 답으로 삼고 있는 것이다. 바울의 답은 2:1-3:4에서 보았듯이 하나님은 자기 백성을 심판하실 때 불의는 심판을 야기한다는 자기 언약에 충실하시다는 것이다. 이 심판에는 자기 백성이 다시 스스로의 행동에 대해 생각해 보고 회개하기를 원하시는 구속적 목적이 있다.

바울은 "내가 사람의 말하는 대로 말하노니"라고 덧붙인다. 하나님의 공의에 대한 질문을 할 때도 바울은 순전히 사람의 관점에서 설명하고 있다고전 9:8; 갈 3:15를 비교해 보라. 하나님의 관점에서도 다른 방법으로 설명할 수 없을 것이다. 악을 정죄하고 심판하시는 하나님의 공의를 증명하는 것이므로 하나님의 관점도 사람의 관점과 같은 결론에 도달할 것이다.

하나님은 세상을 심판하시기에 결코 그렇지 않다 3:6

바울의 두 번째 "결코 그렇지 아니하니라"4절에서 쓰였던 헬라어 단어는 하나님이 유대인의 불신앙에 진노하시는 것이 결코 불의한 일이 아님을 확연하게 보여 준다. 바울은 질문에 반문하면서 자기 입장을 표명한다. "만일 그러하면 하나님께서 어찌 세상을 심판하시리요" 여기서 심판이 현재의 심판현재형 동사를 쓰고 있다을 가리키는 것인지, 미래의 마지막 심판'미래적 현재'로 앞으로 올 것에 대한 확신에 중점을 가리키는지 의문이 생긴다. 신약에 현재의 심판이 마지막 심판으로 향해 진행되고 있다는'이미 그러나 아직', already/not yet 개념이 자주 등장한다. 이것도 충분히 가능한 해석이지만 2장을 통틀어 중점은 마지막 심판에 있는 것으로 볼 때, 여기 언급되는 심판은 미래의 마지막 심판을 의미하는 것으로 보는 것이 더 타당한 것 같다.

창세기 18:25에 아브라함이 하나님께 소돔을 멸망시키지 말아 달라고 요청하면서, "세상을 심판하시는 이가 정의를 행하실 것이 아니니이까"라고 말했다. 공평하고 공의로운 하나님에 관한 질문은 구약에 계속 반복되고 있으며신 32:4; 욥 8:3; 대하 19:7; 겔 18:25, 여기서도 마찬가지다. 공의롭고 의로우신 하나님은 죄에 대하여 심판을 내리셔야 하고 이것은 이방인의 죄뿐 아니라 유대인의 죄에 대하여도 마찬가지다.

선을 이루기 위해 악을 행하면 안 됨 3:7-8

바울은 5절에서 유대인의 불의에 대해 다른 방식으로 반복해서 말하는데, 4절에 언급했던 거짓말을 가지고 "나의 거짓말로 하나님의 참되심이 더 풍성하여 그의 영광이 되었다면 어찌 내가 죄인처럼 심판을 받으리요"라고 말하고 있다. 바울은 인간의 죄가 하나님께 영광이 되었다면 칭찬을 받았어야 한다는 것이다. 하나님 영광이 모든 사람에게 가장 중요한 것이므로 인간의 죄가 하나님 영광을 더 확실하게 보여 준다면 정죄받을 일이 아니라는 것인데, 과연 그러한가?

이런 잘못된 역설8절을 반박할 때 바울은 4절과 6절에 쓴 "결코 그렇지 아니하니라혹은 절대 아니다"라는 표현을 쓰지 않지만 이런 논리의 부조리를 보여 주고자 할 때 효과는 똑같다. 바울은 말한다. "그러면 선을 이루기 위하여 악을 행하자 하지 않겠느냐 어떤 이들이 이렇게 비방하여 우리가 이런 말을 한다고 하니"라고 묻는다. 이런 비논리적 사고는 바울이 굳이 강하게 반문하지 않아도 되는 것이었다. 바울이 생각할 때 이러한 가설 자체가 우스운 것이기 때문에 반문조차 하지 않았던 것이다.

그럼에도 바울에 반대하는 자들은 바울의 의견에 반박한다. 죄가 하나님의 의5절를 불러오고 그분의 영광7절을 더하게 한다면, 우리가 죄를 더 짓고자 하는 것은 자연스러운 일이므로 그로 말미암아 더욱더 선이 이루어지는8절을 적용 것이라는 논리를 펼친다. 바울은 이것을 "비방"헬라어로 또한 '모독'을 뜻함이라고 규정짓고 있다. 그들의 이론은 공의로우신 하나님의 성품과 바울에게 계시하신 복음 모두를 비난하는 것이다. 이러한 모독적인 발언은 철저히 거부되어야 한다.

바울은 이런 생각이 얼마나 잘못되고 위험한지를 독자들이 깨닫기를 원했기에 "그들은 정죄 받는 것이 마땅하니라"고 덧붙인다. 바울이 누구를 말하고 있는지 알기는 쉽지 않다. 어떤 이들은 죄인인 유대인 전부를 가리키고 있다고 생각하면서 이것이 2:1-3의 결론이라고 생각한다. 하지만 3:7-8의 문맥상 이러한 의견은 맞지 않다. 이 구절은 아마도 7-8절에 나오는 복음을 대적하는 사람들을 가리키는 말일 것이다. 이 대적하는 사람들은 자신들이 받고 있는 정죄를 받아 마땅한데 신성 모독이 가장 흉악한 죄이기 때문이다. 하나님의 온전하신 정의가 2:1부터 3:8의 가장 중심이 되는 주제이기에 바울의 언급은 이 부분을 마무리하기에 적합하다. 언약의 하나님은 그분의 공의와 정의의 관점에서 바라보아야 한다.

3) 모든 인류는 죄인임 3:9-20

1:18-8:39에서 바울은 로마 교회에게 복음을 선포하고, 이 서론 부분 1:18-3:20에서 왜 하나님의 구원이 필요한지 설명한다. 이를 위해 바울은 이방인1:18-32과 유대인2:1-3:8의 전적 부패를 보여 주었다. 이제 그는 온 인류가 죄 아래 있음을 강조함으로 이 모든 것을 정리한다. 3:9-20은 세 부분으로 구성되어 있다. 다른 서론적인 수사학적 질문과 죄의 범우주적인 특성9절, 타락의 범위를 언급하는 구약 구절 인용10-18절, 그리고 모든 세상이 불의하고 하나님 앞에서 죄에 대한 책임이 있음을 정리한 내용19-20절.

죄의 범우주적 특징 3:9

이 부분은 3:1처럼 "그러면 어떠하냐"로 시작하는 유대인과 이방인의 완전한 죄에 대한 결론을 요구하는 수사학적인 질문으로 시작한다. 바울은 독자들이 2:1-3:8에서 설명한 인간의 타락에 대하여 스스로 정리하기를 바라고 있다.

두 번째 질문은 한 단어인데, '프로에코메다'προεχόμεθα로 '핑계 대다' 혹은 '더 낫다' 혹은 '이익이 있다' 등을 의미한다. 이는 여러 가지로 해석할 수 있는데 **1)** "우리바울 자신가 유대인들에 대해 핑계 댈 수 있는가?" **2)** "우리 유대인이 스스로에 대해 핑계 댈 수 있는가?" **3)** "이방인이 우리 유대인보다 나은가?"이방인보다 못한가 **4)** "우리 유대인이 그들보다 더 특권을 가지고 있는가?" 등 여러 선택지가 있다. 첫 두 해석은 본문에 나타나지 않는 목적어를 첨가해야 하기에 바람직한 해석은 아니다. 즉 '무언가에 대해 핑계대야 함'이다. 세 번째 해석은 잘 쓰이지 않는 이 용어의 의미에 기초한 것이며, 2:1-3:8의 내용과 어울리지 않는다. 네 번째 해석은 영어성경 NIV가 택한 것으로, 가장 적합한 것 같다. 이는 유대인들이 이방인들보다 나은 것이 없다는 2:1- 3:8을 잘 요약하고 있기 때문이다.

바울은 "결코 아니라"우 판토스, οὐ πάντως라는 용어를 사용하여 4절과 6절의 "그럴 수 없느니라"와 거의 같은 부정 표현을 쓰고 있다. 2절에서 바울은 유대인들에게 한 가지 특전'하나님의 말씀'을 받은 것이 있다고 분명히 말했다. 하지만 2절에서는 종교적 특전을 말한 데 반해, 이 구절에서는 구원의 특전에 대하여 말하고 있다. 유대인과 이방인은 모두 죄가 있으며, 모두 그리스도를 통한 구원이 필요하다.

바울은 이것을 "유대인이나 헬라인이나 다 죄 아래 있다고 우리가 이미 선언하였느니라"라며 강한 어조로 표현하고 있다. 그는 1:18-3:8 전체에서 이 사실을 말하고 있었던 것이다. 우리가 하나님 앞에서 죄인이라는 법적 고소와 죄의 증거는 확실하다. 바울은 이 구절과 6장에서 죄를 일컬어 유대인과 이방인 모두를 공격하여 자기 권세 아래 두는 악한 힘이라고 설명한다. 악의 힘은 인류를 정복하고 노예로 만들었다.

인간 타락의 범위: 전체 3:10-18

이 일련의 인용구들은 소위 랍비들이 말하는 "진주를 꿴 미드라쉬"인데, 이는 성경의 '진주'들을 찾아 엮어서 하나의 주제를 설명하는 설교 기법이다. 바울은 "기록된 바"라는 문구로 시작하면서 하나님께서 인간 저자들로 감동하게 하여 말씀을 기록하게 하셨다는 사실에 대해 말하고 있다. 바울은 10-12절에서 기본 명제를 제시한다. 즉 죄는 온 인류에게 편만하다는 것이다. 그리고 뒤이어 구체적인 죄의 목록들을 언급하는데, 그것은 입술로 하는 죄13-14절, 폭력적인 죄15-17절, 마지막으로 하나님을 두려워하지 않는 죄18절이다.

의인은 하나도 없다 3:10-12

목록이 시편 14:1-3시 53:1-3에서도 찾을 수 있음로 시작한다. 시편 14:1에서 "선을 행하는 자가 없도다"가 로마서 3:10의 "의인은 없나니 하나도 없으며"를 요약하고 있다. 하나님 앞에 올바른 사람은 하나도 없다. 모든 이가 율법의 요구 앞에 벌거벗겨지듯이 서 있다법적인 용어로 씀, 1:17, 32; 2:5, 13, 26; 3:4, 5 참고.

시편 14편은 그 유명한 "어리석은 자는 그의 마음에 이르기를 하나님이 없다"로 시작하는데, 고대에는 이 구절을 현대 무신론적 개념보다는 하나님을 무시하는 인생으로 이해했을 것이다. 시편은 어리석음을 두 가지로 정의한다. 하나님을 온전히 이해할 능력이 없음과 하나님을 찾지 못함롬 3:11이다. 이는 수동적 무지뿐 아니라 능동적 거부를 말한다. 어리석은 자는 어떤 식으로든 하나님과 엮이기를 원하지 않는다롬 1:18-20. 하나님 찾기를 거부한다는 것은 하나님의 것보다 세상 것을 더 사모한다는 것이다마 6:19-21; 막 8:33; 골 3:1-2. 전적 타락은 사람들이 자신을 섬기고 하나님과 그 어떤 교류 없이 이 땅의 한시적 쾌락만을 생각하는 것이다.

바울은 시편 14:3롬 3:12에 나타난 하나님 없는 삶이 어떤 것인지를 그리고 있다. 이런 죄에 파묻힌 사람들은 하나님과 함께하는 어떤 것에서든 벗어나려 하고, 따라서 치우쳐 "무익하게" 되었다. 이들 삶에는 하나님을 모실 만한 공간이 없고, 그분께 시간을 드리지 않아 "선을 행하는 자는 없나니 하나도 없게" 되었다. 시편을 통해 바울은 자기중심적이고 세상적인 사람들, 자기 이익만 추구하고 하나님의 것을 완전히 무시하는 사람들을 묘사하고 있다. 하지만 이것은 모든 인간이 선을 행할 수 있다는 점을 부인하는 것은 아니다. 오히려 모든 인간 마음에 죄의 핵심이 자리 잡고 자기중심성이 군림하고 있음을 의미한다. 이 땅에서 현실적인 황금률은 "다른 사람이 너에게 하기 전에 네가 먼저 다른 사람에게 하라"이다.

말로 하는 죄: 목구멍/혀, 입술, 입 *3:13-14*

구약의 세 구절을 합한 이 인용 문구는 목구멍, 혀, 입술 그리고 입이라는, 음성 기관들을 중심으로 연결된다. 첫 두 가지는 시편 5:9에서 인용되었는데 죄인의 목구멍은 "열린 무덤"으로 묘사된다. 이 흉측한 은유는 사람 입에서 나오는 모든 말이 썩는 시체에서 터져 나오는 더러운 것과 같다는 표현이다. 이 개념은 주고받는 모두를 포함된다. 열린 무덤처럼 그들의 열린 목구멍은 또한 죽음을 토해 낸다. 입술의 죄는 시편에서 항상 악한 행동을 유발하는 것으로 묘사되는 악독한 속임수를 뜻한다.

세 번째 그림은시 140:3 "그 입술에는 독사의 독이 있다"이다. 이것은 수군거림이 유발하는 입술이 짓는 죄의 위험한 영향력을 보여 주는데, 나쁜 거짓말로 다른 사람을 파괴하려는 것을 그리고 있다. 마지막은 시편 10:7에서 인용하여 입을 "저주와 악독이 가득하고"라고 표현한다. 이런 입술의 죄들은 모두 죽음, 속임수, 다른 이들을 해치려는 욕구들과 연결되어 있다. 이는 자신의 뜻이 좌절될 때 소리치고 불평하는 우리 경향을 말하는 것이다. 우리 모두는 자기 뜻을 관철하고 세상이 우리 뜻을 알기 원한다.

폭력적 죄: 피를 흘리고 파멸을 자초함 *3:15-17*

이 부분은 이사야 59:7-8에서 인용하여 국가적 죄의 결과가 어떠한지 보여 준다. 이스라엘의 손은 피로 더럽혀졌기에 하나님께서 보호하심사 59:1-8과 정의사 59:9-15를 그들에게서 거두셨다. 바울은 13-14절에 입과 입술의 죄에서 발과 그것이 향하는 길로 시선을 옮기고 있다. 말과 대화를 초반에 언급하고, 여기서는 그들 삶의 방향을 조명하고 있다. 이사야는 이스라엘의 죄를 언급한 반면, 바울은 이것을 온 인류의 죄로 적용하고 있다.

첫째로, 그들은 "피 흘리는 데 빠르다." 이는 모든 나라가 전쟁이나 다른 나라의 재물을 강압적으로 탈취하여 앞서가는 나라가 되려 하는 경향을 가리킨다. 우리 시대에는 지난 40년 동안 미국이 거의 모든 대륙에서 부유함과 땅을 갈취하려는 인간 욕구 때문에 여러 전쟁을 치렀다. 그 결과 '파멸과 고생'이 좀처럼 나아질 기미를 보이지 않는다. 뉴스와 신문만 보아도 세상이 믿기 어려울 정도로 파멸에 처해 있음을 쉽게 알 수 있다.

마지막으로 언급한 "평강의 길을 알지 못하였고"는 당연한 것이다. 이사야서에서 '길'과 '도로'는 쉽게 볼 수 있는 것인데, '하나님의 길'과 '인간의 길'이 서로 반대가 되고 있다는 것이 이 책의 주제다. 하나님의 길은 평화와 예배사 11:16; 35:8; 40:3-5; 62:10이지만 악한 인간의 길은 파괴와 두려움사 33:8; 36:1-2; 59:8이다. 그리스도를 통한 하나님의 길만이 영원한 평화를 불러올 수 있고, 십자가의 고통이 아니고서 평화가 수립될 수 없다.

요약: 하나님을 두려워함이 없음 *3:18*

이 구절은 시편 36:1을 인용한 것이다. 이 시편에서 죄악 된 인류의 죄가 "하나님의 산들과 같고"시 36:6, 이는 하나님의 의와 반대를 이루는 인간 악의 깊이를 대조해서 보여 준다. 잠언에서 "여호와를 경외하는 것"이 지혜의 근본잠 1:7; 9:10; 15:33인데, 이 "경외함"은 성경에서 무서움과 경배함 모두를 의미하고 있다. 하나님을 두려워한다는 것은 그분의 의로운 심판과 관련이 있다롬 14:12; 고후 5:10; 벧전 1:17. 우리는 하나님께 책임이 있고 그분께 답을 해야 하지만, 죄로 물든 인간은 하나님 앞에서 오히려 그 죄를 교만하게 과시하고 그분의 경고를 일부러 무시한다. 그들은 하나님을 힘없는 존재로 여긴다.

여기서 시편이 다른 몸 기관, 즉 눈을 언급하는데 눈은 죄 아래 있는 인생의 시야를 가리킨다. 이들은 죄의 노예로서 하나님을 무시하고, 자신들을 경배하고, 이러한 생각들이 자신들의 미래아니면 미래를 생각지도 않는에 끼칠 반향에 대해 전혀 두려워하지 않는다. 이들은 현재만 생각하고 우리 시대의 이러한 '어리석은'잠언에서 어리석은 이는 하나님과 그의 길을 무시하는 이들이다. 사람들은 마치 마지막 심판이 없을 것처럼 행동한다. 분명히 닥칠 영원이라는 관점에서 볼 때, 이 땅에서 살며 은퇴는 준비하지만 영원한 삶을 전혀 준비하지 않는 것은 시간을 낭비하는 비논리적인 행동이다. 하나님과 함께 보낼 영원을 생각하지 않는 삶이 가장 어리석다.

죄의 보편성 3:19-20

바울은 여기서 두 가지를 하고 있다. 첫째, 9-18절뿐 아니라 1:18-3:18을 전체적으로 요약하여 결론을 지으며 하나님의 계시가 율법을 통해 유대인에게, 양심의 법을 통해 이방인에게 전해진 것의 결과를 묘사하고 있다. 그 결과 "온 세상으로 하나님의 심판 아래에 있게" 되고 모든 인간의 죄가 분명히 드러난다19절. 두 번째, 바울은 하나님의 경륜에 있어서 율법의 위치를 다시 짚어 보며 율법이 하나님 앞에서 사람을 의롭게 하는 것이 아니라20절 "죄를 깨닫게" 하는 것이라 말하고 있다. 이것들에 대해 한 가지씩 살펴보겠다.

온 세상이 심판 아래 있음 3:19

세상 사람들은 하나님을 모른다3:11. 하지만 그분이 어떻게 세상을 창조하셨는지에 관해서는 어느 정도 알고 있다. 2:2처럼 바울은 "우리가 알거니와"로 시작하며 일반적인 사실을 말하려 하고 있다. 이것은 법이 법을 행하는 자들에게 말하는 것이다. 여기서 "율법"은 모세의 율법만이 아니라 구약 전체를 가리키는 것이다. 바울은 10-18절을 인용할 때 이 점을 염두에 두고 모세오경이 아닌 시편과 이사야를 인용했다. "율법 아래에 있는 자들"은 구약 아래 있는 유대인들이다.

율법이 말하니 이것은 유대인들만이 아니라 온 인류의 "모든 입을 막는" 결과로 이어진다. 그러므로 유대인은 안전하고 이방인에게만 구약의 저주가 임할 것이라는 생각은 잘못된 것이다. 구약이 실제 가르치는 것은 이방인뿐 아니라 유대인 즉 "온 세상으로 하나님의 심판 아래" 있게 된다는 것이다. 바울은 이 본문에서 자주 쓰는 법적인 은유를 통해 온 인류가 세상의 심판 날에 변명할 여지가 없으며 자신들의 죄를 책임져야 함을 피력하고 있다. 요한계시록 20:11-15의 백보좌 심판대에서 떨어질 선고를 기다리며 자신들의 죄에 대해 아무 핑계도 대지 못할 것이다.

선한 이는 하나도 없다 3:20

바울이 "그러므로"로 시작하는 것이 19절에 대한 확증인지, 이유를 설명하는 것인지 묻는 질문들이 있다. 이 구절에서 나오는 내용이 같은 내용을 약간 다른 형식으로 말하는 것이므로, 이 부분을 확증이나 모든 인류의 죄에 관한 진리를 다시 소개하는 것이라고 보는 것이 가장 좋겠다. 이 구절은 시편 143:2 "주의 눈 앞에는 의로운 인생이 하나도 없나이다"를 메아리처럼 반복하고 있다. 법이 요구하는 모든 것들을 지키는 것으로 하나님 앞에서 의롭게 될 수 없다고 말하는 것이다. 로마서 2장에서 말하는 것처럼 아무도 구원을 얻을 만큼 온전히 순종할 수 없다. "율법의 행위"는 유대인들의 상황과 특별히 관련을 가지는 것이지만 이방인에게도 적용되는 것이다.

"율법의 행위"는 갈라디아서와 로마서의 핵심 문구인데, 우리는 그 의미를 신중하게 해석해야 한다. 성서 해석자들은 이 구문에 각기 다른 관점을 가진다. 어떤 이들은 구원은 오직 은혜로만 오는 것이므로, 율법을 지키려는 사람들은 모두 우상 숭배의 죄를 저지른 것이라고 해석한다.[17] 그러나 바울은 율법을 지키는 것 자체가 죄라고 말하지 않으며, 그렇게 보는 것은 지나치다. 사실 진실은 그 반대다. 율법을 어기는 것이 죄다.

소위 "새 관점" 학파가 보이는 접근법을 살필 필요가 있다. 샌더스E.P. Sanders는 자신의 책 「바울과 팔레스타인 유다주의」*Paul and Palestinian Judaism*에서 "언약적 율법주의"covenantal nomism라는 개념을 발전시켰는데, 이는 유대인들이 율법을 지키는 것이 언약 백성이 되는 수단이 아니라 언약 백성으로 남는 수단이었음을 뜻한다. 이 해석에 따르면, '율법의 행위'는 하나님의 언약 백성이 어떻게 하나님과 올바른 관계를 맺는지를 말해 준다.[18] 제임스 던James D.G. Dunn은 이 이론을 살짝 변형하여 이러한 율법을 유대인과 이방인을 구분하는 '구분점'혹은 경계표, boundary markers이라고 불렀다. 하나님 백성은 언약 아래서 이러한 율법의 행위로 자신들을 이방 나라들과 구분하였다. 바울은 이 "율법의 행위"가 이방인을 배제하고 그리스도 안에서 모든 이들을 연합시킬 수 없게 하기 때문에 거부한 것일 수도 있다.[19]

17 Ernst Käsemann, *Commentary on Romans*, tr. Geoffrey W. Bromiley (Grand Rapids: Eerdmans, 1980), 89.

18 E. P. Sanders, 「바울과 팔레스타인 유대교」, 박규태 역 (서울: 알맹e, 2018).

19 J. D. G. Dunn, *Romans 1-8*, *Word Biblical Commentary* (Waco, TX: Word, 1988), 153-154; 로마서 1-8, WBC 성경주석 38하, 김철, 채천석 역 (서울: 솔로몬, 2003)

이 관점의 문제점은 율법의 행위를 구분점으로 볼 만한 증거가 충분하지 않다는 점이다. 로마서 2장과 갈라디아서 3-4장은 하나님 백성이 하나님의 법을 지키지 못하였기 때문에 심판을 받을 것이라고 분명히 가르치고 있다. 바울이 말하는 바는 율법을 지킬 수 없는 인간의 무능력이며, 여기서 문제는 이방인과 유대인을 구분하는 것이 아니라 하나님과의 관계에 초점이 있다는 것이다. 샌더스의 주장은 언약 관계를 유지하는 데 율법이 쓰였다는 점에서는 어느 정도 맞지만 1세기 유대주의에 존재했던 기본적인 율법 변형에 있어서는 그르다. 그는 구약에 있어서는 맞지만 1세기 팔레스타인의 예수님과 바울 시대의 유대주의, 즉 '율법의 행위'가 구원의 근거가 되어 버린 유대주의에 대해서는 그르다.[20]

3:20에 나타난 율법의 중심 목적은 사람들이 죄를 인식하게 하는 것과 이를 통해 율법의 행위가 사람들을 그리스도와의 신앙적 관계로 이어지도록 하는 것이다. 율법이 구원하지는 않지만 율법을 어긴 것이 죄인임을 깨닫게 하여 구원의 필요성을 자각하게 하는 역할은 하고 있다.

로마서 3:1-8에서 바울은 이스라엘을 향한 하나님의 심판이 그분의 의로우심과 언약에 대한 신실하심의 한 측면임을 보여 주고 있다. 하나님은 죄를 심판하셔야 하고, 그분의 진노의 목적은 구속이다. 그분은 열방이 회개하고 그에게로 돌아오기를 바라신다. 하나님은 우리 삶에서도 이와 같이 일하신다. 우리 삶에 종종 어려움을 허락하셔서 영적 어리석음에서 벗어나 하셔서 그분께로 다시 인도하려 하신다. 여호수아 1:5처럼 하나님은 우리를 심판하실 때조차 결코 우리를 '떠나지도 버리지도' 않으

20 Douglas Moo를 참고하라, *The Epistle to the Romans, New International Commentary on the New Testament* (Grand Rapids: Eerdmans, 1996), 211-17.

신다. 여호수아나 바울 때의 이스라엘처럼 우리는 믿음으로 또한 "아무도 멸망하지 아니하기를" 바라시는벧후 3:9 그분께 회개함으로 반응해야 한다. 하나님 진노의 완전하신 정의와 인간의 악을 향한 심판은 이 세상에 악이 창궐함을 보여 준다. 바울 시대보다 오늘날 더욱 인간 죄에 대한 확실한 정죄가 필요하다.

로마서 3:9-20에서 보듯 우리는 인간이 죄를 정당화하는 능력이 특출함을 알고 있다. 어두움은 홍등가처럼 즐겁고 해롭지 않은 척 가장하고 있다. 우리가 사는 세상이 어두움이라는 구멍 속으로 더 깊이 들어가면서도 그 속은 마치 좋은 것처럼 묘사하고 할리우드 영화는 아름다움으로 온통 벽을 장식할 것이다. 진실로 우리 시대에 이 로마서 말씀이 필요하다. 우리 삶 중심에 내재하는 악을 대면해야 한다. 우리는 부흥이 필요하다. 그러나 죄를 인정하고 정직하게 대면하기 전에는 그 부흥이 오지 않을 것이다.

III

오직 믿음으로 받는 칭의

3:21-4:25

1. 칭의 가운데 역사하는 하나님의 공의 3:21-31

영원한 죽음에서 구원이 필요하다는 인식은 이 세상과 우리 삶에 퍼진 죄와 그 죄의 대가, 즉 하나님에게서 완전히 분리됨을 깨닫는 데서 시작한다. 로마서는 '신약의 조직신학'이라 불리며, 바울은 이 작업을 1:18-3:20에서 인간의 완전한 타락을 파헤침으로 시작했다. 이 중요한 부분은 율법의 목적이 "죄를 깨달음"과 그리스도 안에 있는 하나님의 구원으로 우리 방향을 바꾸도록 하는 데 있다는 사실로 결론을 맺었다. 이제 바울이 구원의 의미와 과정을 파헤치는데, 성경 어디에도 지금 다룰 본문처럼 이 주제를 자세히 다룬 곳이 없다. 여기서 바울의 구원론은 두 부분으로 나뉘어 설명되고 있다. 즉 3:21-4:25의 구원에 나타난 하나님의 공의와, 5:1-8:39의 그리스도 안에 있는 새 생명과 그가 주신 새 희망이다. 이 부분에서 칭의와 성화가 서로 분리된 것이 아니라 서로 맞닿은 경험이라는 것과 구원에 있어서 밀접하게 관련되고 상호 작용하는 것임을 알게 될 것이다. 칭의는 성화 과정에서 첫 부분이다.

로마서 첫 세 장은 창궐한 죄 때문에 유대인이나 이방인이 스스로를 구원할 능력이 없음을 증명했다. 인간의 보편적 타락은 심판을 요구한다 1:18-3:20. 하지만 희망이 있다. 그것은 하나님의 은혜와 의로우심3:21의 결과인데, 하나님께서 자기 아들을 보내사 속죄제가 되게 하시고 칭의를 가능하게 하신 것이다3:24-26.

1) 하나님의 의가 구원의 근간임 3:21-26

3:21-31의 도입 부분은 로마서의 주요 본문으로서 "복음에는 하나님의 의가 나타나서"1:17라는 목적 선언을 확장하고 있다. 하나님의 의는 구원의 근간이 되는데 3:24-26에 "의롭다 하심", "속량", "화목제물", "믿음", "의로우심" 등의 단어들로 자세히 나오고 있다. 이 단어들은 절박한 인류에게 하나님이 주시는, 새로운 생명을 태어나게 하는 엄마 뱃속의 태아와도 같은 복음의 핵심들이다. 로마서의 나머지 부분은 이들을 토대로 세워지고 그 뜻을 풀이해 나간다.

하나님의 의가 나타나다 3:21

"이제는"으로 시작하는 이 구절에서 인간의 죄에 대한 바울의 설명이 끝나고 다음 논제인 **구원론**으로 이어진다. 이것은 구원을 주는 "하나님의 의"를 강조하는 1:17을 재조명하는 것이다.[21] 제목과 어조 전환은 논리적이지 않아 보이며, 1:18-3:20의 가르침을 더 발전시켜 나가지 않는다.

21 이 해석에 대해서는 1:17 설명 부분을 참고하라.

대신에 일시적으로, 율법과 죄 아래 있던 유대인과 이방인의 옛 시대에서 새로운 구원의 시대로 옮겨 가고 있다.

바울은 독자들에게 그리스도의 성육신과 희생적 죽음의 결과로 새로운 시대가 도래했다고 전하고 있다. 하나님의 마지막 구원이 역사 속에 드러나면서 구원-역사적 변화가 일어났다. 이는 "율법 외에"서 나타난 것이다. 한편으로 "율법 외에"는 3:20에 언급되었듯이 이 새로운 진리가 율법의 행위로는 임할 수 없다는 것을 뜻한다. 다른 한 편으로 이것은 그리스도가 시작하신 새로운 시대를 가리킨다. 이 구원의 새 시대는 율법에서 오지 않으며, 우리는 그리스도의 구속적 죽으심을 믿음으로 그 시대를 맞이할 수 있다. 이것이 이 구절의 주요 의미이다.

이 새로운 의의 시대에 하나님은 죄인들을 의롭다 하시는데, 그것은 십자가에서 그리스도의 속죄제물로서 죽으심을 토대로 그들 죄의 용서를 선포하시고, 그분 앞에서 죄 없다 하시고, 그분과의 관계를 회복하시는 것이다. 새로운 의/구원의 시대가 "나타났는데", 이는 수동태 동사로 쓰여서 하나님이 나타내신 것을 의미한다.

받아들인 하나님의 공의 3:22-23

믿음으로 모든 믿는 자에게 3:22a

바울은 하나님의 의가 "믿는 자에게 미치는" 것인데 이것은 하나님이 은혜의 선물을 주시는 분이심을 확실하게 보여 주고 있다. 그리고 그것을 받을 수 있는 방법을 "믿음으로"라고 확실하게 명시한다. 21-22절을 합치면 모든 사람이 율법과는 상관없이 칭의를 받아야 하는데, 그것은 믿음으로만 가능하다는 말씀이다.

이것은 수동적이지만은 않다. 우리가 능동적으로 성령님의 역사에 마음을 열고 구원을 능동적으로 받아들이는 것이다. 하지만 여전히 우리 마음을 의롭다 하시고 구원을 베푸시는 분은 하나님과 성령님이시다. 죄인으로 하여금 그리스도 안에서 구원을 베푸시는 하나님을 받아들이거나 거부하도록 허락하시는 분은 확신하게 하는 능력을 가지신 성령님이시다. 바울이 이해하는 믿음은 하나님 은혜의 선물이고, 그 선물을 받는 능동적 결정을 의미한다.

역사적으로 해석자들 대부분이 NIV가 번역한 것처럼 "faith in Jesus Christ""예수 그리스도를 믿음"를 예수를 목적어로 하는 인간의 믿음을 가리킨다고 해석했다. 하지만 꽤 많은 사람들이 다른 해석을 따르고 있는데, 그것은 이 문구를 "예수 그리스도의 신실하심"으로 해석하여 예수님의 신실하심을 주어로 이해하고 있다. 이 두 번째 해석은 3:3의 "하나님의 미쁘심" 혹은 4:12, 16의 "아브라함의 믿음" 등 로마서에 나타난 개념들과 상통하는 부분이 있다.

이런 해석도 어느 정도 장점은 있지만, 나는 전통적인 해석 즉 "그리스도를 믿는" 우리의 믿음에 강조를 둔 첫 번째 해석에 동의한다. 이렇게 믿음을 목적어로 둔 개념은 신약에 자주 등장한다마 11:22; 행 3:16; 골 2:12; 약 2:1; 계 2:13; 14:12. 그리고 로마서 3:21-4:257번 등장!에서 "믿음"이 그리스도를 믿는 것으로 나오는 것을 볼 때 첫 번째 해석이 문맥상으로도 맞다. 이 구절들에서 바울은 하나님과의 관계를 올바로 하는 데 있어 율법과 그리스도를 믿는 믿음 사이의 대조를 보인다. 하나님이 구원하시는 의로움을 경험할 수 있는 유일한 길은 율법의 행위가 아닌 믿음뿐이다. 그것은 오직 그리스도께 믿음을 두는 자들에게만 가능한 것이다.

모든 사람이 죄를 지음 22b-23

바울은 이제 유대인과 이방인에게 "차별이 없느니라"고 하면서 하나님 구원의 보편성을 설명한다. 이것은 1:18-3:20의 주제로서 유대인과 이방인이 똑같은 죄인으로서 하나님 은혜가 필요함을 말하고 있다. 율법 아래 있었든지유대인, 일반 계시 속에 있었든지이방인 그들 모두는 자신들이 죄인인 것을 알고 있다.

바울은 이것을 "모든 사람이 죄를 범하였으매 하나님의 영광에 이르지 못하더니"라는 유명한 구절로 정리한다. "죄를 범하였으매"라는 동사는 범세계적인 인류의 죄를 통틀어 일컫는 것이다. 그들은 하나님께 접근하려 할 때마다 과녁에 도달하지 못하는 화살처럼 "이르지 못하고" 있다. 이 동사는 현재형 동사로서 지금도 계속되고 있는 죄의 속성을 강조한다. 우리 힘으로는 도저히 하나님과의 올바른 관계를 이룰 수 없는데, 이는 죄의 무게가 항상 우리를 강압적으로 끌어내리기 때문이다.

"하나님의 영광"은 그분의 영광, 위엄, 영화로운 임재를 말한다. 아담과 하와는 에덴동산에서 하나님의 영광을 누렸지만 죄에 빠지면서 그것을 잃어버리고 말았다. 하지만 믿는 이들은 이제 영적으로 하나님의 영광을 경험하고엡 1:3의 '영적인 복' 중의 하나로 미래에 하나님의 영광이 완전히 드러나는 종말론적 약속이 이루어지기를 기다리고 있다. 이는 악이 완전히 소멸되고 영원이 시작되는 역사의 끝에 가서야 완전히 이루어질 것이다.

하나님의 의가 이루어짐 3:24-26

지금까지 살펴본 로마서는 어느 누구도 하나님과의 올바른 관계를 스스로 확고히 할 수 없음을 분명하게 가르치고 있다. 우리는 죄 안에 영원히 갇혀 있을 수밖에 없다. 하지만 우리가 일으킬 수 없는 것을 하나님께서 은혜로 예수 그리스도의 희생적 죽음을 통해 우리에게 베풀어 주셨다. 이 구절들에 등장하는 단어 하나하나가 다 중요하다.

의롭다 하심을 얻고 속량을 얻음 3:24

24절은 현재분사 "의롭다 하심을 얻은"으로 시작하면서 23절의 "모든"을 보충 설명하고 있다. 죄를 지은 인류 가운데 "모든 믿는 자"들은 하나님 앞에서 의롭다 칭함을 받는다는 21-22절의 주제를 이어가고 있는 것이다. 1:17처럼 "의롭다 하심"은 그리스도의 속죄 제사를 기반으로 하나님께서 회개하는 죄인들을 의롭다 칭하시고 그들의 죄와 죄의 대가를 사하시는 것을 말한다.

하나님은 우리가 믿기로 결정할 때 그분의 법적 결정을 내리시는데, "값없이" 즉 은혜의 선물엡 2:9로 내리신다. "은혜로"는 이 선물의 근간을 이루는 것으로서 바울이 자신이 쓴 서신들에서 하나님의 놀라운 은혜를 묘사하기 위해 37번이나 사용한 문구다. 이는 우리의 행함이나 우리 자신을 위해 얻고자 하는 행위가 아니라 전적으로 하나님의 사랑의 뜻에 의한 행위로서, 에베소서 2:5, 8에 나온 것 같이 그의 "은혜로 말미암아 구원을 받은 것"이다. 우리는 이 은혜의 선물을 완전히 이해하지 못하고 그저 믿음으로만 받아들일 뿐이다. 이것은 결국 하나님 입장에서는 은혜이고 우리 입장에서는 믿음의 문제인 것이다.

구원은 "그리스도 예수 안에 있는 속량으로 말미암아" 이루어진다. 속량은 하나님께서 자기 백성을 애굽 노예 생활에서 구원하신 데서 비롯한 개념이다. 속량은 감옥에 갇혀 있던 사람을 몸값을 주고 빼 오는 것을 그리는 단어이다. 은혜로 값없이 받은 구원의 선물은 그리스도의 피를 지불함으로 유효하게 된 것이다. 그의 희생적 죽음은 우리 죄를 위해 지불되었고, 그로 인하여 우리의 죄 용서와 자유를 사게 된 것이다.

고대 시대 저자들은 "속량"이라는 단어를 노예 해방과 관련하여 썼는데, 이 노예들은 전쟁 노예 혹은 빚을 갚아야 하는 빚쟁이들이었다. 그런 관점에서 볼 때 십자가상의 예수님의 죽으심은 죄의 노예로 살던 회개하는 죄인들을 해방하는 몸값인 것이다. 그 값을 받는 이는 이 은유에 포함되어 있지 않다. 하나님께서 사탄에게 그 값을 지불하지 않으신 것은 분명하나 하나님께서 자기 자신에게 지불한다는 것도 여기에 나타나 있지 않다. 구속은 "예수 안에서" 일어났고 이는 바울의 다른 주요 주제로서83번 등장 그리스도와의 연합과 그 연합으로 인한 교회의 구성원이 되는 것을 가리킨다. "그리스도 예수 안에 있는" 우리의 속량은 그리스도와 함께 그의 죽으심에 동참하고 믿음으로 그의 가족의 구성원이 된 것을 의미한다롬 6:4-5.

믿음으로 받아들여진 화목제물 *3:25*

인류를 속량하기 위해 하나님은 예수를 "화목제물"로 세우셨다. 하나님은 죄의 값을 지불하기 위해 먼저 자기 아들을 보내셨다. '세우셨다'는 동사는 '공적으로 보여 주다'를 뜻하며 우리를 위해 직접적으로 드려진 속죄 제사를 뜻한다. 요한복음 1:9처럼 "참 빛 곧 세상에 와서 각 사람에게 비추는 빛"이 있게 된 것이다.

성육신의 이유는 그리스도가 우리를 위해 희생제물이 되시기 위함이다. "제물"힐라스테리온, ἱλαστήριον은 이 구절과 히브리서 9:15에만 등장하는데, 그리스도의 죽음의 의미를 이해하는 데 있어 아주 중요한 단어이다. 이 단어는 지성소의 '속죄소'와 깊은 연관이 있는데, 이 속죄소는 법궤를 덮고 있고 속죄의 날에 제물의 피가 뿌려지는 곳이다레 16:14. 속죄소는 여호와께서 죄를 덮으시는 장소이다. 여기서 그리스도는 죄 용서를 위해 믿음으로 오는 모든 사람들을 속죄하시는 속죄소 역할을 하고 계시는 것이다.

'힐라스테리온'ἱλαστήριον의 정확한 의미에는 논쟁의 소지가 있다. 전통적으로 이 단어를 '달래다'로 이해하여 그리스도의 제사가 하나님의 진노를 달랬다는 뜻으로 받아들인다. 하지만 다른 이들은 이 생각이 지나치게 이교도적인 생각이라고 주장하며 '죄가 씻겨졌다', 혹은 '용서받았다'는

'속죄'의 뜻을 더 선호한다. 첫 번째 해석은 하나님을 달랬다는 것에 중점을 두고 있고, 두 번째 해석은 죄가 제거되었음에 중점을 두고 있다.

나는 로마서 1-3장에 죄에 대한 거룩한 진노가 나오는 것을 보면 이 단어가 하나님의 진노를 내포하는 것이라 본다. 더욱이 '달래다'라는 단어는 이교도적인 것이 아니라 죄에 대한 하나님의 거룩한 반응에 중점을 두고 있는 것이다. 죄는 하나님과 선에 반대가 되고 따라서 반드시 없어져야 한다. 이것만이 하나님의 정의가 만족될 수 있는 유일한 방법이다.

우리 인간은 우리 스스로의 죄에 대가를 지불할 수 없다. 죄 자체가 우리에게 풍토병과 같고 죄의 결과는 하나님이 우리를 영원한 멸망으로 보내시는 것 뿐이다. 유일한 해결책은 하나님께서 우리를 위해 대가를 지불하시는 것이다. 이를 위해 그리스도께서 오신 것이다. 그리스도의 피가 우리 죄를 위한 희생이요 타락한 인류를 속죄할 유일한 방법이다. 그의 속죄 제사를 통해 하나님의 진노가 사그라들고 우리는 죄를 용서받았다. 그 결과 하나님은 우리를 대신한 그리스도의 죽음을 보시고 그의 심판대 앞에서 우리를 의롭다 칭하신다.

바울은 이 속죄 제사의 중요성에 대해 다음의 여러 가지 문구를 사용하면서 설명한다. 첫째, "그의 피로써"라는 문구는 그리스도께서 제사가 요구하는 것을 만족시키고 죄를 위해 단번에 희생제물히 7:27; 9:27; 10:10이 되신 것을 나타낸다3:22a도 참조. 둘째, 그리스도께서 희생 제물로 우리를 위해 죽으신 것은 "믿음으로" 수용되어야 한다. 믿음은 이 부분의 중대한 주제이다. "믿음"이라는 단어는 3:21-4:25에 17번이나 사용되고 있다. 믿음은 회개하는 죄인이 우리를 위한 그리스도의 죽으심의 효과를 누리게 한다.

셋째, 하나님의 목적은 "자기의 의로우심을 나타내시는" 것으로서, 이 세상에 그의 참된 성품과 사랑을 보이시기를 원하시는 것이다. 하나님은

“길이 참으시는 중에 전에 지은 죄를 간과하심으로” 이 사랑을 보이셨다. 이 문장은 이해하기 쉽지는 않다. ‘의로우심’이 하나님 구원 역사를 가리키는 것인지, 그의 심판을 가리키는 것인지 의문이다.

“의로우심”을 하나님의 구원 역사라고 해석하는 사람들은 이것을 ‘길이 참으시는 중에 전에 지은 죄를 간과하심으로 그의 구원하는 은혜를 보여 주시려고’라고 해석한다. 여기서 “의로우심”은 하나님의 신실하신 구원을 의미하고 ‘넘어감’ 혹은 ‘간과하심’은 죄 용서를 의미한다. 신학적으로 볼 때 이것이 더 맞는 것 같고 본문의 문맥에도 맞는 것 같다.

문제는 이런 해석이 주해에 있어 몇 가지 약점이 있다는 것이다. **1)** “의로우심”을 단도직입적으로 ‘구원하시는 은혜’라고 읽는 것은 문제가 있다. 로마서 1-3장에서 “의로우심”은 부분적으로 하나님의 정의를 의미하고 있고, 특히 3:25에서 하나님의 정의를 만족시키는 개념으로 나오고 있기 때문이다. **2)** 헬라어 ‘디아’διά라는 전치사는 ‘~통해’, ‘~때문에’, ‘~인하여’를 뜻할 수 있다. 이 구절에서는 이유를 의미하므로 이것을 영어성경 NIV가 ‘왜냐하면’이라고 번역한 것은 옳다. **3)** 헬라어 ‘파레신’πάρεσιν은 ‘용서’를 의미할 수도 있지만 여기에서는 ‘넘어가다’ 혹은 ‘간과하다’로 해석하는 것이 더 낫다. 이 죄들은 구약 아래 저질러진 것들로 이런 죄들을 심판하지 않는다면 하나님의 정의에 의심이 갈 수 있는 것이다.

이런 이유로 “의로우심”을 ‘하나님의 심판하시는 활동’이라고 보는 것이 바람직하다. 바울은 하나님께서 심판을 미루시는 것이 ‘참으심’ 혹은 ‘인내하심’을 보여 주시는 것이라고 설명한다. 하나님께서 스스로 심판을 보류하시는 것은 그분의 정의요, 구원하시는 의로움을 보여 주시는 것이다. 하나님은 두 가지로 자신의 정의를 증명하셨다. **1)** 그리스도께서 우리 죄를 위해 속죄제물이 되시고 칭의를 가능하게 하시는 영원한 법령을 내리시고, **2)** 그렇게 하심으로 구약 아래 범한 죄들을 없이하시고 그리스도께서 그것들과 우리를 위한 죗값을 모두 치르게 하셨다. 이렇게 하나님은 그리스도로 제사법의 요구를 만족시키셨고, 그 결과 구약 아래 살던 사람들도 그들이 받아야 하는 영원한 형벌을 받지 않아도 되게 하셨다.

다른 말로는, 그리스도의 십자가 죽으심은 새 언약뿐 아니라 옛 언약에 영향을 미친다는 것이다. 인류의 역사를 통틀어 과거나 미래에도 십자가 사건은 구원의 근간이 되시는 예수님의 속죄 제사로 인도할 것이다. 그 어떤 것도 이보다 하나님의 완전한 정의와 의로우심을 증명하고 예수만이 구원의 유일한 길이 되심을 증명하는 것이 없다요 14:6; 행 4:12.

목적: *하나님의 의로우심을 나타냄* 3:26

두 구절에서 바울은 두 번째로 하나님의 구원하시고 심판하시는 일의 목적을 선언하는데, 그 목적은 하나님의 의를 드러내는 것이다. 여기서 바울은 하나님의 의가 갈라디아서 4:4의 "때가 차매"와 같이 "이 때에" 나타났다고 말한다. "이 때"는 그리스도가 사시고 죽으실 때를 뜻하고 동시에 로마 교회 당시의 시대를 일컫는다. 이 시기는 성령의 새로운 언약의 시대로서 하나님 구원이 세상에 선포되는 때이다. 하나님은 계속해서 그분의 정의롭고 의로운 성격을 증명하시며 구약의 정의가 신약에서도 지속되고 있음을 보여 주신다8:18; 11:5; 13:11을 참조하라.

그분의 목적은 "자기도 의로우시며 또한 예수 믿는 자를 의롭다 하려 하심"이다. 바울은 25절에서 하나님이 구약 시대에 자신에게 죄를 지은 이들이 받아야 할 심판을 미루심으로 자신의 정의를 증명하셨고, 26절에서는 신약 시대에도 동일하게 행하심으로 정의를 증명하셨다고 말하고 있다. 하나님의 성품은 "의로우시고"righteous, "의로우시며"just '정의로우시고'둘 다 '디카이오스' δίκαιος의 의미를 가짐, 의로우신 하나님으로서 믿음으로 그분께 오는 이들을 '의롭다 하시는 분'이시다. 그의 근본적인 성품정의로우신은 본질적으로 관계적의롭게 하심이다.

25-26절에서 바울은 하나님께서 자신의 의로운 성품을 모든 이들에게 나타내시기 위하여 우리 죄를 위한 속죄제물로 그리스도를 만천하에 나타내시고, 옛 언약 아래 범한 죄들에 대한 심판을 미루고 새로운 언약 아래 믿음으로 그분께 나온 자들을 의롭다 하신다. 그리스도의 속죄 제사가 끼치는 영향은 전과 후를 다 포함한다. 그리스도는 옛 언약과 새 언약 아래 있는 사람들 중 하나님께 돌아오는 모두를 위해 구속자가 되셨다. 우리는 믿음이 위 구절들에서 중심이 되고 있고 3:17-4:25의 주요 주제가 되는 것을 보게 될 것이다. 하나님은 구원을 주관하시고 하나님의 구원은 믿음으로만 경험할 수 있다.

2) 믿음으로만 받는 칭의 3:27-31

바울은 3:22, 25-26에서 믿음이 중심이 됨을 논의했고 이제 여기서 칭의를 위한 믿음의 필요성에 초점을 두고 있다. 칭의라는 단어는 이 부분에서 4번 나오고, 4장에서 10번 이상 등장한다. 바울은 믿음만이 구원의 방법이라고 말하면서 누구도 자랑할 수 없다고 말하고 있다27절. 이는 믿음으로 의로워지는 것이지 율법을 지킴으로 의로워지는 것이 아니기 때문이다28절. 여기서 우리는 하나님이 유대인뿐 아니라 이방인의 하나님도 되심을 깨닫는다이방인도 하나님의 백성이 되는 것을 요구, 29-30절. 그리고 구원에 있어서 믿음이 중심을 이루는 것은 율법을 파기하기보다 오히려 더 세우는 것이다31절.

자랑할 수 없음 3:27

이 절에서 바울은 "자랑할 데가 어디냐"라는 간단한 질문을 던진다. 구원이 "율법의 행위"에서 비롯한다면 우리의 거룩함을 자랑할 구석이 있을 것이다. 하지만 믿음이 중심이기에 구원은 하나님의 선물이지 우리가 제어할 수 있는 것이 아니다.

바울의 답은 간단하다. "있을 수가 없느니라." 그는 유대인들의 자랑을 2:17, 23에서 언급했는데, 여기에서도 다시 말하고 있다. 유대인들은 자신들이 율법을 가지고 있었기에 이방인들보다 훨씬 우위에 있다고 교만하게 생각했다. 그들은 언약 백성2:17-20이었고, 하나님과의 관계를 보증할 만한 율법 행위의 언약이 있었다3:28. 하지만 바울은 새 언약 아래 이러한 사실들은 더 이상 적용이 되지 않기 때문에 자랑하는 것은 아무 소용없다고 주장하고 있다. 그리스도의 죽으심이 하나님과 올바른 관계를 정립하는 데 있어서 그 어떤 자랑거리도 있을 수 없게 만든 것이다.

하지만 바울은 율법을 지키는 것 자체가 잘못된 것이라 말하지 않는다. 바울 자신도 율법을 지켰다행 18:18; 21:23-26. 그리고 로마서 14:1-15:13에서 그는 그리스도와 동행하는 차원에서 유대 그리스도인들이 율법을 지키는 행위의 정당성을 말하기도 한다. 다만 바울은 율법을 지키는 것이 구원의 근간이 된다고 말하는 주장갈라디아인들에게 대항하여 유대주의자들이 주장했던 것을 반대하는 것이다. 바울의 주장은 이것이다. 곧 우리는 행위가 아닌 은혜로 말미암아 믿음으로 구원을 받았다엡 2:8-9.

"무슨 법으로냐 행위로냐 아니라 오직 믿음의 법으로니라"고 하면서 바울은 자신의 의도를 분명하게 전달한다. 흔히들 이것을 모세 율법의 행위와 그리스도인의 믿음의 차이점으로 본다. 하지만 이것은 율법의 행위와 믿음의 기본적 차이로 보는 것이 더 맞을 것이다. 이 '행위를 필요로 하는 법'은 유대인들이 인간의 행위로 의를 얻고자 법을 오용하는 것을 뜻한다. 이것이 이 본문 문맥에 더 맞을 것이다. 바울은 구약의 법을 말하는 것이 아니라 1세기 유대인들이 율법을 오용한 것을 지적한 것이다.

율법이 아닌 믿음으로 받는 칭의 3:28

바울의 결론은 중요하다. "사람이 의롭다 하심을 얻는 것은 율법의 행위에 있지 않고 믿음으로 되는 줄 우리가 인정하노라." 행위보다 믿음이 구원과 하나님과 올바른 관계를 맺는 기준이다. 행위가 아닌 믿음이 새 언약을 주도하고, 율법의 행위가 아닌 믿음으로만 칭의를 얻는다. 갈라디아서와 로마서 모두 칭의 과정에서 행위를 언급하지 않는다.

유대인과 이방인의 하나님 3:29-30

믿음이 우리가 하나님 구원에 참여하는 방도이기에, 이방인들은 유대인들처럼 하나님 앞에 죄인으로 설 뿐 아니라1:18-3:8의 주제 동일하게 믿음으로 그리스도께 나아간다. 여기서 바울이 "또한 이방인의 하나님은 아니시냐"고 질문하는 것은 긍정의 대답을 기대하고 질문한 것이다. 율법의 행위가 구원의 방법이라면 하나님은 유대인의 하나님이실 뿐이다. 하지만 그렇지 않기에 이방인과 유대인이 믿음으로 하나님께 나오고 하나님은 두 부류 모두에게 동일하신 하나님이시다.

30절에서 바울은 유대주의의 핵심 신조셰마, שְׁמַע인 "우리 하나님 여호와는 오직 유일한 여호와시니"신 6:4라는 말씀으로 하나님 약속을 확고히 하고 있다. 바울은 "하나님은 한 분이시니라"고 말하면서 하나님은 유대인 뿐 아니라 이방인의 하나님도 되신다는 점을 강조한다. 하나님이 한 분이시라면 그분은 온 세상의 하나님 즉 이방인과 유대인의 하나님이 되셔야 하는 것이다.

유일신 사상은 유대주의의 핵심이지만 유대인들은 하나님이 자신들을 특별히 사랑하고 자신들과만 참된 관계를 맺으신다고 생각했다. 그들은 이방인들이 모세 율법과 할례를 받아들일 때에만 한 하나님께 속할 수 있다고 생각했다. 하지만 아브라함의 언약과 이사야서를 보면, 유대인들은 이방인들에게 하나님의 축복이 되기 위해 특별히 선택된 민족이라고 나와 있다창 12:3; 출 19:5-6; 사 42:6; 49:6. 그리스도는 모두를 위해 죽으셨기에 이방인들도 유대인들처럼 구원받을 자격이 있는 것이다.

바울은 "할례자도 믿음으로 말미암아 또한 무할례자도 믿음으로 말미암아 의롭다 하실 하나님"이라고 말한다. 로마서 3:27-28에서 우리는 따라야 할 율법을 가지고 있는 것이 더 이상 특권이 되지 않음을 보았다. 마찬가지로 할례 언약법을 가진 것도 특권이 아닌 것으로 보고 있다. 믿음만이 구원의 도구이며, 이방인과 유대인들 모두 믿음을 가질 수 있다. 할례는 실패할 수밖에 없는 '행위'의 다른 모습일 뿐이다. 나는 "의롭다 하실"이 당장 닥칠 미래나 현재의 구원 그 이상을 의미한다고 해석하는 데 동의한다. 그것은 마지막 심판 때의 마지막 구원을 의미할 가능성이 많다. 우리는 하나님 앞에서 유대인이냐 이방인이냐로 심판 받는 것이 아니라 같은 기준으로 심판 받을 것이다.

믿음으로 율법을 굳게 세움 3:31

모세의 율법와 믿음의 사실적인 관계는 무엇인가? 바울은 27-30절에서 독자들이 완전히 서로 반대되는 결론을 내릴 것이라 생각했다. 여기서 그가 분명하게 짚고 넘어가고자 하는 것이 있다. 바울은 이 부분을 "믿음으로 말미암아 율법을 파기하느냐"라는 질문으로 시작한다. 우리는 "그렇다"라는 답을 예상하지만, 놀랍게도 그의 답은 "그럴 수 없느니라"이다. 이것은 강한 부정 '메 게노이토'μὴ γένοιτο; 절대 아니다, 결코 그럴 수 없다이다. 그의 대답은 "율법을 굳게 세우느니라"이다.

여기서 바울이 주장하고자 하는 것에 대하여 많이 논의가 되고 있는데, 그것은 바울이 구원은 하나님의 은혜의 결과로 믿음으로 오는 것이기에 율법의 행위가 아닌 것을 통해 경험되는 것이라 강하게 선포했기 때문이다. 대조되는 두 단어가 영어 성경에서 다양하게 번역되었다. '타도하다/붙들다'ESV, NRSV, '취소하다/확신하다'CEB, '취하하다/세우다'KJV, '무효화하다/세우다'NASB, '파괴하다/율법이 진실로 원하는 것이 되게 하다'NCV, '율법을 잊어버리다/율법을 참되게 이루다'NLT.

첫번째 동사 '카타르게오'καταργέω는 꽤 자주 등장하는 단어로 '힘을 잃다' 혹은 '파괴하다'라는 뜻을 가지고 있다. 두 번째 동사 '히스테미'ἵστημι는 '세우다' 혹은 '유효하게 하다'라는 뜻이다. 그렇다면 믿음으로 구원받는 것이 율법을 세우거나 유효하게 한다는 말은 무슨 뜻인가? 이에 대해 세 가지 견해가 있다.

1 율법이 믿음으로 말미암은 칭의의 유효성을 증거하는 역할을 한다고 보는 견해들이 많다. 이것은 3:21율법과 선지자들이 증거한다, 27율법은 믿음을 요구함, 4:3성경이 아브라함의 믿음에 대해 증거함 등을 토대로 한 견해이다. 하지만 이 증거는 모세의 율법이 아니라 성경 전체가 증거를 하고 있는 것이다. 로마서 3-4장에서 믿음으로 받는 구원에 관해 모세의 율법이 증거하고 있다는 구절은 없다.

2 다른 학자들은 율법이 사람들의 양심의 죄3:20를 들추고, 따라서 3:19에 "모든 입을 막고 온 세상으로 하나님의 심판 아래에 있게" 하며 믿음의 필요성을 보게 한다고 주장한다. 이는 율법이 죄인들을 심판하고 정죄하는 것이 그리스도의 오심을 예비하는 것이었음을 의미한다. 이것도 가능한 해석이지만 3:27-31의 문맥과는 거리가 멀다. 율법의 죄를 뉘우치게 하는 능력이 이 본문에는 나오지 않는다.

3 가장 그럴듯한 해석은 27-28절에 "율법의 행위"가 많이 등장하는 것으로 보아, "율법"은 모세의 법을 가리키는 것이라고 보는 견해이다. 바울은 로마서 8:4; 13:8-10에서 그리스도를 믿는 믿음이 율법의 요구를 이루고 있다고 분명히 가르치고 있다. 이는마 5:17-20 예수께서 율법을 "폐하러" 온 것이 아니요 "완전하게" 하러 왔다고 말씀하신 것과 일맥상통한다. 이 본문에서 바울은 율법이 그리스도 안에서 폐기되지

않고 이루어졌음을 말하는 것이다. 그리스도께서 직접 율법을 완성하셨고, 따라서 우리가 그분을 믿을 때 우리도 율법을 이루거나 온전히 지키게 되는 것이다.

바울은 기독교의 새로운 구원 체계가 율법을 파기한 듯한 말을 들은 유대인들의 반대에 부딪혔을 것이다. 로마서 10:4은 "그리스도는 모든 믿는 자에게 의를 이루기 위하여 율법의 마침완성이 되시니라"고 선언한다. 이것은 "그리스도가 율법의 끝"이라는 전통적 번역보다는 훨씬 나은 번역이다. 그리스도는 단순히 율법을 끝내신 것이 아니라 율법의 목적을 완수하셨다. 구원의 역사적 격변이 일어난 것이다. 그리스도 안에서 하나님이 정하신 율법의 역할이 끝나고 온전히 이루어진 것이다.

이 본문에서 우리는 성경의 신학적 중심, 복음의 핵심을 보았다. 이 논의는 인간의 완전한 타락에서 시작해야 했다. 죄가 주관하는 우리 안에는 구원을 받을 만한 희망이 없음을 깨달아야 한다. 하지만 하나님께서 아들을 보내셔서 우리를 위해 우리가 할 수 없는 일을 행하셨다. 이것이 바로 로마서 3:21-26의 내용이다.

복음은 24-25절에서 세 가지로 요약되고 거기에서 영생의 길을 볼 수 있다. 그리스도께서 속죄소가 되셔서 구원을 베푸시고, 십자가에서 우리를 위한 희생 제물이 되셔서 우리 죄를 덮어 주셨다. 그분의 피는 우리의 자유를 위해 지불되었고 하나님께서 우리 죄를 용서하시도록 하였다. 우리 죗값은 하나님 앞에서 지불되고 하나님은 우리에게 죄 용서와 회복된 관계를 선포하시며 우리를 의롭다 하셨다.

그리스도가 우리 구원을 위해 값을 치르셨으니 이제는 우리가 믿음으로 그분께 돌아가야 한다27-31절. 그리고 주께서 우리를 위해 사신 것을 받아들여야 한다. 믿음이 하나님을 아는 유일한 길이기에 그것이 얼마나 중요한 것인지는 아무리 강조해도 지나치지 않다. 자기중심적 행위에 중심을 둔 구원은 결코 참된 구원을 만들어 낼 수 없다. 우리가 스스로 영생을 얻을 길은 없다. 이러한 믿음의 필요성은 4장에서도 핵심 주제가 된다.

2. 아브라함의 모범 1 4:1-12

3:21-31에 나타난 죄에 대한 해결책은 그리스도의 속죄를 위한 죽으심이고, 우리 같은 죄인을 의롭다 칭할 수 있게 만드신 하나님의 엄청난 선물이다. 우리가 해야 할 일은 3:27-31에 잘 나와 있다. 하나님의 구원은 오직 은혜sola gratia로 오고, 오직 그 은혜를 믿음sola fide으로 받는다. 그리스도를 통한 칭의가 옛 언약 시대와 어떤 연관이 있는가?

바울은 이 새로운 구원 역사가 완전히 새로운 개념이 아니라고 말한다. 하나님은 오래 전부터 이것을 계획하셨다. 아브라함에서 언약 백성을 시작하실 때 이미 믿음을 통해 시작하셨다. 바울은 믿음이 태초부터 구원의 도구가 되는 것임을 설명할 뿐만 아니라, 아브라함 언약창 12:3에서 볼 수 있듯 이방인들도 처음부터 그 믿음의 언약에 속해 있음을 보여 준다.

이 장은 미드라쉬 혹은 랍비들의 주해로서, 창세기 15:6의 아브라함이 믿음으로 '의롭게 여김을 얻었음'을 설명하고 있다. 주요 단어는 '믿었음'3, 5, 11, 17, 18, 24절, 같은 어원의 단어인 '신앙'5, 9, 11, 12, 13, 14, 16, 19, 20절 그리고 '여김을 얻음' 3, 4, 5, 6, 8, 9, 10, 11, 22, 13, 14절 등이다. 이 장이 전하려는 말씀은신약에서나 구약에서나 구원의 중심은 하나님을 따르고자 결심하는 믿음이라는 것이다.

1) 아브라함과 다윗의 행위가 아닌 믿음 4:1-8

이 본문은 "무엇을 얻었다 하리요"로 시작하면서 3:27-28을 가리키고 있다. 거기서 바울은 율법의 행위가 아닌 믿음으로만 칭의를 받는 것이기에 아무도 자랑할 수 없다고 주장했다. 아브라함이 그 모범이고 3:27-31의 역설을 조목조목 설명하고 있다.

아브라함: 행위가 아닌 믿음의 모범 4:1-2

이 장은 또 다른 수사학적 질문으로 시작한다. "그런즉 육신으로 우리 조상인 아브라함이 무엇을 얻었다 하리요"3:21-31에 믿음으로 얻는 칭의에 관하여. 3장에서 모세가 주요 인물이었다. 바울은 이제 모세를 넘어 "아브라함은 어떠한가"를 묻고 있다. 모세는 율법을 가져왔지만 아브라함은 일국의 조상으로서 더 큰 중요성을 가지고 있다. 아브라함은 모세를 뛰어넘는데, 아브라함의 믿음이 모세 율법의 행위보다 우위에 있다는 것이다. 모세 훨씬 이전, 유대인 나라가 있기도 전에 아브라함은 하나님과 인간 사이의 관계에 대한 중요한 진리를 깨달았다. 그는 이 모든 것이 시작될 때 칭의가 믿음으로만 오는 것임을 깨달았다. 헬라어 '휴레케나이'εὑρηκέναι는 문자적으로 '찾아내다'라는 뜻이다.

바울은 아브라함이 "육신으로 우리 조상"이라고 말하고 있고, 3:29-30에 나오듯이 "우리"는 유대인과 이방인을 다 포함하는 것이다. 아브라함은 유대인들의 육적인 조상일 뿐 아니라 이방인들에게도 믿는 자들의 영적 조상이기도 하다. 구원은 믿음으로 오는 것이지 행위로 얻는 것이 아니기 때문이다. 아브라함은 유대인뿐 아니라 모든 열방에서 믿는 자들로 구성된 새로운 이스라엘의 아버지다.

2절에서 바울은 행위의 문제로 다시 시선을 돌리며 3:27에서 언급했던 자랑함의 문제를 다시 다루고 있다. "만일"로 시작하는 조건문인 이 구절은 수사학적이다. "만일 아브라함이 행위로써 의롭다 하심을 받았으면 자랑할 것이 있으려니와없었다는 말이다." 이것은 착한 행위 자체가 나쁘다는 것이 아니라 그 행위가 구원으로 인도할 수 없다는 것을 뜻하는 것이다. 아브라함도 우리도 구원을 얻을 만큼 충분한 행위를 할 수 없다. 따라서 하나님 앞에 자랑할 수 있는 것이 하나도 없다. 유대인들은 아브라함을 율법 이전에 법을 지킨 거룩한 유대인의 가장 좋은 모범이라고 생각하였으므로, 율법에 관하여 아브라함을 따른다면 믿음에 관하여도 아브라함을 따라야 한다. 아브라함도 하나님 앞에서 자랑할 것이 없다고 내린 결론은 전적으로 옳다.

이것은 오늘날 우리에게도 필요한 말씀이다. 우리 시대에는 착하게 살면 천국에 들어갈 것이라고 생각하는 사람들이 많은데, 실상 우리 중 어느 누구도 천국에 갈 만큼 좋은 사람은 없다. 아브라함이 착한 일로 의로울 수 없었는데, 하물며 우리는 어떻겠는가?

창세기 15:6의 증거: 믿음으로 의롭다 여김 4:3

바울은 '가르' γάρ; 왜냐하면 를 써서 창세기 15:6을 이유로 제시하며 아브라함이 행위로 의롭게 된 것이 아님을 증명하고 있다. 도입 부분에 "성경이 무엇을 말하느냐"는 하나님 앞에 아브라함이 행위로 옳게 보일 수 없고 구원을 위해 믿음이 필요할 수밖에 없다는 것을 성경이 증명하고 있음을 나타낸다. "성경"은 단수로 쓰여 몇몇 구절이 아닌 하나님 말씀 전체를 의미하고 있으며, 이 성경이 행위보다 믿음이 우선한다는 사실을 뒷받침하고 있다는 것이다. 구약에서 처음으로 언급된 이 믿음은 이스라엘 역사 속에서 반복적으로 나타나는 주제가 된다.

하나님께 아브라함의 믿음이 "의로 여겨진 바 되었다"는 무슨 뜻일까? 믿음은 아브라함의 의로운 행위였고 그것이 의를 유발했다고 생각하는 것보다 훨씬 더 깊은 의미를 가질 것이다. 그보다는 아브라함의 믿음은 어디까지나 아브라함 속에서 나온 영적인 행위가 아닌 하나님의 선물이었고, 또한 그렇게 하나님이 아브라함을 의롭다고 여겨 주신 것이다. 아브라함의 의는 그의 믿음 때문에 자연스럽게 생겨난 것이 아니라 그 자체가 은혜의 선물이고, 이것이 창세기와 로마서를 함께 뭉쳐서 볼 수 있는 방법이다. 아브라함도 우리처럼 스스로 의로움을 얻지 못했다.

죄가 우리 안에 있던 하나님 형상을 일그러뜨렸기에 우리는 스스로 구원을 얻을 수 없다. 하나님의 은혜만이 우리에게 구원을 가져올 수 있으며, 아브라함이 그 값없이 주어지는 은혜와 믿음으로 말미암는 구원의 본보기가 되는 것이다. 유대인들은 창세기 15:6을 이렇게 이해하지 않았다. 그들은 이것을 창세기 22장에서 아브라함이 하나님 명령을 신실하게 준행한 사실과 연결한다. 따라서 그들은 믿음이 율법을 지킴으로 얻는 성취라고 생각했다. 하지만 바울은 믿음은 행위가 아니라 하나님을 의지하는 것이라고 보았고, 행위로 무엇을 얻고 받을 자격을 취하는 것이 아니라 자격이 없지만 하나님 은혜와 사랑으로 주어지는 것이라고 생각했다.

행위와 대조되는 믿음 4:4-5

바울은 여기서 창세기 15:6에 나타나는 아브라함이 믿음의 모범이 된다는 것의 의미를 분명하게 설명하고 있다. 아브라함이 행위가 아닌 믿음으로 의롭게 여긴 바 되었으면, 구원은 인간이 행하는 것이 아니라 하나님께서 주시는 은혜의 선물이다.

일한 자의 삯을 은유로 사용하여 바울은 삯은 사람이 일한 것에 대한 대가이지만 결코 '선물'문자 그대로 '은혜에 따른'이 될 수 없다고 설명한다. 구원이 일한 것의 대가라면 하나님은 단순히 우리가 그분의 일꾼으로서 계약한 대로 일한 만큼 임금을 지불하는 점포 주인 정도에 불과할 것이다. 그렇다면 하나님은 우리에게 빚을 지고 계신 것이고 모든 것을 주관하시는 분이 아니게 된다. 하나님은 우리에게 영원한 상급을 빚지고 계시고, 우리는 스스로의 행위를 통해 그 상급을 얻으면서 우리의 구원을 주관하는 자들이 되는 것이다. 하지만 하나님의 은혜를 고려해 볼 때 이러한 생각은 참이 아니며, 그 반대가 진리이다. 그것이 복음의 핵심이요 바울의 가르침의 핵심이다. 펠라기우스360-418는 우리 노력으로 구원을 얻을 수 있다고 주장했고, 아우구스티누스354-430과 교회 지도자들은 펠라기우스를 이단으로 정죄했다. 펠라기우스가 맞다면 3:27과 4:1의 자랑이 유효하고, 우리의 착한 행실은 의로움의 기초가 되는 것이다. 하지만 바울은 이런 생각이 잘못되었음을 이미 밝혔다.

이 구절의 핵심 단어 중 하나가 '여겨지다'라는 동사다. 이것은 창세기를 인용하면서 수동태로 쓰이는데 '우리가 여기는 것이 아닌 하나님께서 우리를 여기시는 것'을 뜻한다. 행위와 받아야 할 삯이 구원의 근거가 된다면, 그리스도인으로서 영생을 얻는 것도 하나님이 우리에게 빚지시고 우리에게 지불하셔야 하는 값이 되는 것이다. 5절은 이러한 잘못된 생각을 바로잡고 있다. "일을 아니할지라도 경건하지 아니한 자를 의롭다 하시는 이를 믿는 자"가 참된 신자들이며, 이들은 구원을 얻기 위해 일하는 것이 아니라 의롭게 하시는 하나님을 전적으로 신뢰하는 이들이다. 이들은 행위가 아닌 믿음의 사람들이기에 그들의 믿음이 의로 여겨진 것이다. 이것이 창세기 15:6에 나타나는 칭의의 정의이다.

구원의 올바른 교리에 관하여 이 장에서 설명하고 있는 것들은 엄청난 것들이다. 나의 장점들 혹은 착한 행실로는 결코 의로움을 얻을 수 없다. 그것은 철저히 하나님에게서 은혜로 주어지는 선물이고 십자가에서 죽으신 그리스도의 피의 제사를 믿는 믿음으로만 주어지는 것이다.

하나님은 "경건하지 아니한 자를 의롭다 하시는 분"이라는 구절은 언뜻 상식적으로 맞지 않는 것 같다. 우리는 의로움을 받을 자격이 있는 거룩한 성도 즉 "경건한 자를 의롭게 하다"라고 읽어야 맞을 것 같다. 하지만 경건하지 않는 자를 의롭게 한다는 것이 이 본문이 전하려는 바다. 로마서 5:6, 8에서 바울은 "우리가 아직 연약할 때에 기약대로 그리스도께서 경건하지 않은 자를 위해 죽으셨도다"라고 다시 말할 것이다.

물론 바울은 그리스도인의 삶에서 선한 일의 중요성을 무가치한 것으로 치부하는 것은 아니다. 바울은 동전의 한 면인 칭의를 강조하며 구원은 행위에서 비롯한 것이 아니라는 점을 말하고자 한 것이다. 하지만 다른 한 면은 빌립보서 2:12에 "두렵고 떨림으로 너희 구원을 이루라", 에베소서 2:10에 "우리는 그가 만드신 바라 그리스도 예수 안에서 선한 일을 위하여 지으심을 받은 자니"처럼 행위에 강조를 두고 있는 것이다. 행위가 우리를 구원하는 것은 아니지만 참된 구원은 선한 행위와 구원받은 자의 삶을 이끌어 낸다.

시편 32:1-2에 나오는 증거: 죄 용서 4:6-8

바울은 독자들이 믿음으로 받는 구원의 모범이 아브라함만이 아니라는 것을 알기 원했다. 그래서 다윗을 소개하고 있다. 동시에 모세 오경에 시가서들을 집어넣음으로 모든 성경이 그의 주장을 뒷받침하고 있음을 보여 주려 했다. "다윗도 같은 것을 말한다"고 하면서 다윗도 믿음으로 칭의를 받았음을 언급하며 "일한 것이 없이 하나님께 의로 여기심을 받는 사람의 복에 대하여" 말하고 있다.

창세기 15:6과 시편 32:1-2은 '여기다'라는 단어시편에서는 '받고'로 연결되는데, 이 때문에 바울이 시편을 선택한 것이다. 용서의 내용이 담긴 시편으로서 창세기에 "의로 여기시고"와 시편에 "여호와께 정죄를 당하지 아니하는 자는 복이 있도다"가 자연스럽게 연결된다. 이 두 구절은 칭의의 두 가지 면을 보여 준다. '죄가 용서받았다'와 '의롭다 칭함을 받다'이다. 칭의의 과정을 보라. 죄가 용서받거나 덮어지고, 하나님께서 우리의 회개와 믿음의 결정을 의롭다고 여기시고, 그분과의 관계가 회복된다.

바울이 다윗을 믿음으로 받는 칭의의 두 번째 모범아브라함에 이어으로 삼은 것은 3:21-26 내용을 다시 반복하는 것이다. 인간의 완전한 타락은 하나님과 우리 사이에 말로 할 수 없이 높은 장벽을 쌓았다. 우리는 죄 가운데 아무것도 할 수 없는데, 그것은 우리가 그 높은 장벽을 오르거나 없앨 만큼 선한 일을 행할 수 없기 때문이다. 그리스도의 속죄 사역이 우리 죄를 '덮으셨고' 우리 죄가 아닌 의를 우리에게 덧입히셨다.

2) 할례가 아닌 믿음으로 의롭게 된 아브라함 4:9-12

율법의 행위가 아닌 믿음으로 얻는 칭의를 가르치기 위해 바울은 다윗을 또 다른 본보기로 든 후에, 바울은 또 다른 언약 예식인 할례로 주제를 전환하고 있다. 2:25-27, 3:30에서 이미 논의했지만 여기서 바울의 목적은 아브라함이 할례 받기 전에 의롭다 함을 얻은 바를 보여 주는 것이다. 이는 칭의가 할례 이전이고, 따라서 아브라함은 할례 받은유대인 조상뿐 아니라 할례 받지 않은 자들이방인의 조상도 될 수 있는 것이다.

아브라함 할례의 배경 4:9-10

바울이 묻는다. "이 복시편 32편에 다윗이 선언한이 할례자에게냐 혹은 무할례자에게도냐" 바울은 유대 배경이 있는 독자들이 이 질문을 들었을 때 그들의 대답이 "할례자만을 위한 복"일 것을 예상하며 이 질문을 던졌다. 바울은 그들의 이런 잘못된 가르침을 불식시킨다.

위에 언급했듯이 시편 32편에 나오는 "복"은 죄 용서이다. 바울은 창세기 15:6을 다시 인용하며 "우리가 말하기를 아브라함에게는 그 믿음이 의로 여겨졌다 하노라"고 말한다. 1세기 랍비들은 시편 32편을 적용할 때 용서의 말씀이 유대인만을 위한 것이라고 가르치는데, 바울은 적용의 범위를 넓혀서 유대인뿐 아니라 이방인들에게도 이 말씀이 중요한 것이라며 창세기 15:6을 해석한다. 용서의 기준이 행위나 할례로 인한 언약 회원권이 아닌 믿음이므로, 유대인만이 아닌 이방인에게도 적용되는 것이다.

바울은 10절에서 "그런즉 그것이 어떻게 여겨졌느냐"라고 질문하면서 핵심으로 다가간다. "할례시냐 무할례시냐"로 시간적 개념이 들어간 질문을 하고 있다. 이는 우선권에 대한 질문이다. 만일 할례시면 할례가 칭의의 과정에 들어가게 되는 것이고, 무할례시면 칭의의 과정에 들어가 있지 않은 것이다. 할례시라면, 율법과 그 행위가 기본이 되어 유대 율법 제도가 여전히 유효하게 되는 것이다. 무할례시면, 아브라함의 믿음이 주를 이루어 기독교 교리가 맞는 것이 된다. 바울의 답은 명확하다. "할례시가 아니요 무할례시니라."

믿음의 표식인 할례 4:11a

아브라함의 믿음과 후에 그가 받은 할례 사이의 관계에 대하여 질문이 남는다. 바울은 이 구절에서 "그가 할례의 표를 받은 것은 무할례시에 믿음으로 된 의를 인친 것이니"라고 말하면서 그 질문에 대한 답을 하고 있다. 창세기 17:11이 이를 부연하는데, 여기서 할례는 하나님과 아브라함 사이에 있는 '언약의 표징'이라고 정의된다. 할례는 몸에 하는 외적 상징으로서 언약의 내적 실체를 가리킨다. 유대인 랍비들은 할례를 모세 언약과 결부시키지만, 바울은 할례를 아브라함 언약과 연결시키고 있다. 아브라함의 믿음으로 의를 얻은 것이창 15:6 바로 할례가 가리키는 것이고, 옛 언약과 새 언약을 연결하는 것이 바로 아브라함의 믿음이다.

바울은 이 새로운 의의 "인"을 "표"와 동일시한다. 표는 언약을 나타내고 인은 그것을 유효하게 하는 것으로서 하나님과 사람 사이의 언약 행위를 확실하게 하는 것이다. 표와 인은 언약의 외적으로 드러나는 것들이다. 바울의 요점은 믿음이 언약에 앞서, 그리고 언약 위에 있다는 것이다. 아브라함은 할례 받기 전에 이미 의롭다 여김을 받았기에 할례는 언약에 있어서 필수 요소가 아니고 외적 표지일 뿐이다.

믿음으로 오는 이들의 조상 아브라함 4:11b-12

바울은 이 부분을 아브라함 믿음의 두 가지 연결된 목적으로 마무리한다. 첫째, 아브라함은 할례 받지 않았지만이방인 믿음이 있는 자들의 조상이다. 둘째, 그는 할례 받은 자들의 조상이지만 아브라함 믿음의 전철을 밟는 사람들에 한해서다유대 그리스도인.[22]

이는 할례 받지 않고 믿은 이방인들이 아브라함을 따라 "그들도 의로 여기심을 얻게 하려"함이다11b절. 더 나아가 그들이 아브라함의 믿음의 여정을 따랐기에 그들의 조상이기도 하다. 믿음 때문에 아브라함은 이방인 신자들의 조상이고, 할례로 그는 유대인들의 조상이 되는 것이다. 하지만 후자는 11b-12절이 말하고자 하는 바가 아니다. 아브라함의 할례만 따르는 유대인들은 새 언약의 사람들이 아니다. 새 언약은 가장 중요한 것, 즉 "우리 조상 아브라함이 무할례시에 가졌던 믿음의 자취"를 따르는 유대인들에게만 해당된다. 할례는 새 언약에 있어서 더 이상 표도 인도 되

22 어떤 학자들은 두 부류가 있다고 생각한다. 유대인(할례 받은 이)과 유대 그리스도인들(아브라함의 믿음의 자취를 따르는 자들). 하지만 이것은 이 본문을 올바로 읽은 것이 아니다. 유대 그리스도인들 한 부류밖에 없다.

지 못한다. 믿음이 새 언약의 표다.[23]

유대인들은 아브라함이 이스라엘만의 조상이라고 하면서 자신들을 선택받은 민족이라 선언했다. 이방인들은 할례를 받고 유대교로 개종해야만 유대인과 같이 선택받은 민족이 될 수 있다고 했다. 여기서 바울은 과격한 선언을 한다. 곧 아브라함이 할례가 아닌 믿음으로 의롭게 되었으므로 할례 받지 않고 율법을 따르지 않는 이방인들 중 믿는 자들도 아브라함의 후손이 될 수 있다는 것이다. 그리하여 믿는 이방인들도 아브라함처럼 의롭다 여김을 받고, 믿는 유대인들처럼 새로운 이스라엘, 참 이스라엘의 대열에 올라서게 된 것이다.

12절에 나오는 두 번째 아브라함의 유산은 첫 번째 것보다 더 과격하다. 유대인들은 더 이상 저절로 하나님 백성이 되지 않는다. 위에서 언급했듯이, 아브라함이 할례 받지 않았을 때 믿음의 "자취를 따를" 경우에만 아브라함은 "할례 받은 자의 조상"이 되는 것이다. 언약의 상태는 더 이상 할례나 율법과 연결되어 있지 않다. 언약은 아브라함의 믿음을 본받을 때만 얻을 수 있는 것이다.

로마서 4장에서 아브라함은 중심 인물이 아니다. 하나님이 중심이시다. 아브라함 이야기의 모든 부분과 우리 이야기는 모두 하나님에게서 온 은혜의 선물이다. 그분은 모든 것을 주관하시고 사랑이 많으신 분이시기에 아브라함처럼 우리도 의롭다 칭함을 얻었다. 오늘날 많은 사람들이 바울 시대 유대인들처럼 자기가 살고 싶은 방식대로 살면서, 자신들이 꽤 착

23 어떤 학자들은 골로새서 2:12처럼 침례(세례)를 새 언약의 표라고 보고 있다. 하지만 내가 쓴 골로새서 주석 2:12 해설을 보면, 신약에서 침례(세례)가 새 언약의 표라고 표현되는 부분은 없다. 새언약의 표는 오히려 에베소서 1:13-14에 구원의 인과 보증이 되시는 성령님이시다.

하게 살고 있으니 하나님도 자신들을 인정하실 것이라 확신한다. 이것만큼 잘못된 생각이 없다. 우리는 좋은 집안 출신이고 좋은 환경에서 자랐기 때문에 하나님과 좋은 관계에 있고 구원을 얻을 수 있는 것이 결코 아니다. 우리는 그리스도께서 우리 죗값을 지불하신 것을 믿는 믿음으로만 하나님과 올바른 관계를 맺을 수 있다. 아브라함이 믿음 말고 다른 것으로 의를 얻을 수 없었는데, 우리는 얼마나 더하겠는가?

하나님은 우리가 한 일에 대해 월급을 지불하는 영업주가 아니시다. 그분은 믿음으로만 받을 수 있는 선물을 주시는 사랑의 주님이시다. 이 선물을 받기 위해 우리는 먼저 우리 자신의 타락의 깊이를 깨닫고 우리가 얼마나 죄로 인해 가치를 잃어버린 존재인지 알고 회개하고 하나님께 우리의 필요를 아뢰어야 한다. 그때 우리는 믿음으로 그리스도께 돌아가서 우리 죄를 덮고 용서를 가져오신 그분의 속죄의 죽음을 경험해야 한다. 이렇게 할 때 하나님께서 우리를 위한 그리스도의 속량하심을 받으시고, 우리를 용서하시고, 그분 앞에서 우리를 의롭다 칭하시는 것이다.

바울은 9-12절에서 할례를 부가하여 중요한 요점을 더한다. 즉 외적인 표식이 아닌 믿음만이 구원의 근간이 되고 구원받는 방법이 된다는 사실이다. 할례는 언약의 표였고 율법의 행위는 언약의 활동 범위를 규정지었다. 아브라함의 믿음창 15장은 그가 할례 받기창 17장 이전에 있었고, 할례나 율법이 아닌 믿음만이 언약 관계의 기초가 되었다. 우리에게 있어서도 믿음이 행위나 교회 회원권보다 우위에 있다.

11-12절에서 바울은 새 언약 시대의 메시아적 공동체를 새로운 이스라엘이라고 정의내린다. 옛 언약의 사람들은 유대인과 이방인 개종자들에 한정되었지만 이것이 혁신적으로 바뀐 것이다. 유대인들은 더 이상 자동으로 언약 공동체가 되지 않는다. 언약 공동체 회원이 되는 것은 그리스도를 믿는 믿음에 기준을 두고 있고, 할례나 율법 같은 국가적 언약

의 표나 유대인 가문 출신인 것으로 충분하지 않다. 이제 하나님의 백성은 믿는 이방인들과 유대인들로 구성된다. 이는 누구도 하나님 은혜 없이 율법이나 의식의 잣대로 상대방을 낮게 볼 수 없다는 뜻이다.

3. 아브라함의 모범 2 4:13-25

믿음으로 말미암은 의의 모범으로 아브라함을 다룬 이 장의 두 번째 부분을 살펴보자. 바울은 여기서 할례에서 율법으로 시선을 다시 옮기며 아브라함 언약이 율법이 아닌 믿음으로 온 것임을 주장한다. 이 부분에서 "약속"이라는 단어가 명사와 동사로 5번 등장하는데, 여기서 믿음이 이 영적인 약속을 굳히는 닻과 같은 역할을 한다. 이는 믿음으로 하나님께 나아오는 자들이 아브라함의 참 후손이고13-17절 약속을 이어받을 자들임을 뜻한다. 그러고 나서 바울은 이삭의 탄생을 통해 믿음이 아브라함 삶 속에 중심을 이루었음을 보여 준다. 아브라함은 이삭이 기적적으로 탄생한 과정을 통해 하나님의 능력을 전적으로 신뢰함으로 "열방의 아버지"18-22절가 되었기 때문이다. 마지막으로 바울은 아브라함의 믿음과 "믿는 우리"에게 주어지는 약속을 언급하며23-25절 이 장 전체를 마무리한다.

1) 믿음으로 약속을 받은 아브라함 4:13-17

4장은 처음에 1-8절에서 율법의 행위를 다루고, 9-12절에서 할례를 다루다가 다시 이 본문에서 율법을 다루는 구도로 움직이고 있다. 바울이 말하는 언약은 근본적으로 아브라함 언약이다. 그것은 약속이 모세의 율법이나 행위가 아닌 아브라함의 믿음에 직결되어 있다는 뜻이다.

율법이 아닌 믿음으로 4:13

바울은 독자들에게 아브라함이 이방인 신자와 유대 신자들 모두의 조상이라고 선포하고, 여기서 그렇게 말한 이유를 설명한다원어 성경에서 '가르', γὰρ; '왜냐하면'으로 시작함. 바울은 아브라함 약속의 성취가 율법으로 말미암은 것이 아닌 "오직 믿음의 의로 말미암은 것"이라고 말한다. 유대인들은 아브라함에게 주신 약속이 율법을 통해 주어졌다고 하지만 바울은 이것을 부인하고 있고, 약속을 깨달은 것은 모세의 행위가 아닌 아브라함의 믿음 때문이었다고 주장한다. 그는 주장을 뒷받침하기 위해 이삭의 탄생18-22절을 인용한다.

그러면 이 약속은 정확하게 무엇인가? 바울은 아브라함이 "세상의 상속자가 되리라"라는 창세기에 등장하지 않는 말을 사용하고 있다. 여기서 약속은 여러 가지로 설명된다. 아브라함이 후손을 가질 것이고창 12:2; 13:16; 15:5; 17:5-6, 열방에 복의 근원이 될 것이며창 12:3; 18:18, 22:18, 약속의 땅을 기업으로 받을 것이라는 약속이다창 12:7; 13:15; 15:7; 17:8. "세상의 상속자"는 메시아가 오실 때 있을 보편적인 영향의 관점에서 이 모두를 요약하는 말이다. 아브라함과 그의 후손들은 세상을 이기신 그리스도를 통해 세상을 유업으로 받게 될 것이다.

율법으로라면, 믿음은 헛것이다 4:14-15

두 번째 '가르'γὰρ; 왜냐하면를 사용하면서 바울은 아브라함 약속이 왜 율법을 통해 올 수 없는지 설명한다. 그 약속이 "율법에 속한" 것이라면 하나님 나라에서 믿음이 차지할 자리를 무효화하는케노오, κενόω; NIV는 '아무 의미가 없는' 것이다. 우리 노력으로 율법을 행하여 의를 얻는다면 믿음이 필요 없다. 하나님이 아닌 우리가 우리 운명을 좌우하게 되는 것이다. 약속은 "헛것이 되고" 그 효력을 잃는다. "헛것이 되고"와 "파기되었느니라"라는 두 동사가 완료형으로 쓰여 율법이 지배하는 상태가 지속됨을 나타내고 있다. 이렇게 되면 우리는 희망이 없는 세상에 살게 된다.

바울은 갈라디아서 3:18에서 "만일 그 유업이 율법에서 난 것이면 약속에서 난 것이 아니리라"고 말하고 있다. 율법과 약속은 서로 반대 구조를 보인다. 이 장에서 바울이 말하고자 한 것은 구원의 기본은 율법이 아닌 하나님의 약속임을 아브라함이 보여 주고 있다는 사실이다. 율법의 순종보다 믿음이 우리를 하나님 자녀 되게 한다는 사실은 바울 시대뿐 아니라 현재 우리에게도 중요하다. 너무나 많은 그리스도인들이 그들이 믿는 하나님보다 자신들이 행하는 일에 의존해서 산다. 그들은 하나님을 따르는 헌신은 하지 않고, 교회에 한 달에 한 번 정도만 가며 주일에 호숫가에서 시간을 보내는 등 하나님을 사랑하고 의지하는 삶을 살고 있지 않다.

15절에서 바울은 '왜'이 본문에서 세 번째 '가르', γὰρ; 왜냐하면를 사용하여 율법이 약속을 이룰 수 없고 유업을 이을 수 없음을 설명하려 한다. 율법은 유업보다는 "진노"를 가져온다. 얼핏 보았을 때 이것은 맞지 않는 것 같다. '왜 하나님께서 자기 백성에게 구원이 아닌 진노를 불러올 제도를 굳이 만드셨을까?'라는 질문이 든다. 하지만 이 질문은 방향 자체가 잘못되었다. 하나님은 인간에게 진노를 퍼부으시려고 율법을 만드신 것이 아니다. 율법의 실제 목적은 하나님 백성이 그분과 올바른 관계를 맺게 하기 위함이었다. 하지만 죄가 너무도 지배적이기에 그들은 율법을 지킬 수 없었고, 그 결과로 타락이 하나님의 진노를 그들에게 불러온 것이다.

율법이 아닌 죄가 진노를 불러온 것이지만, 바울은 이것을 줄여서 "율법은 진노를 이루게" 했다고 말하고 있는 것이다. 율법의 목적은 하나님 백성이 "죄를 깨달음"롬 3:20인데, 죄를 아는 지식이 더 많은 죄를 짓게 하고 하나님의 진노를 야기했다. 바울은 이것을 법적인 논리로 설명하고 있다. "율법이 없는 곳에는 범법도 없느니라." 이것은 율법이 있기 전에 죄가 없었다는 뜻이 아니다. 바울은 로마서 5:13-14에서 이것을 설명한다. 여기서 중요한 것은 죄를 깨닫는 것이다. 그것은 우리로 하여금 죄가 하나님의 법을 위반한 것이라는 사실에 직면하게 한다.

법이 없었다면 우리는 무엇이 하나님의 뜻을 거부하는 것인지도 몰랐을 것이다. 하지만 하나님은 그분의 법을 우리에게 주셨고, 우리는 우리가 무엇을 하는지를 알고, 우리의 '범법 사실'은 상세히 기록되어 있다. 이것은 하나님의 "진노"가 죄를 향한 단순한 분노가 아니라 법적 차원에서 '베마'βῆμα, 혹은 속죄소에서 범법에 대한 정죄를 내리는 것을 의미한다.

믿음으로 모두에게 주시는 약속 4:16

이 부분의 기본적인 전제는 아브라함그리고 우리에게 주신 약속이 율법이 아닌 믿음으로 주어졌다는 것이다13절. 14-15절에서 믿음의 부정적 역설을 사용하며 이것을 강조한다. 약속은 율법으로 온 것이 아니다. 16-17절에서 바울은 다시 믿음에 대한 긍정적인 면을 부각시키며 자신의 입장을 더욱 발전시킨다. 율법은 약속된 유업을 이어받기에 불충분하므로 약속은 "믿음으로 되는 것"이다.

이 약속의 목적은 4:41:5, 7; 3:24를 기초로의 '은혜의 은사' 부분에서 다룬 바와 같이 구원이 "은혜에 속하기 위하여"이다. 하나님은 이 은사를 은혜로 주시고 우리는 그 은사를 믿음으로 받는다. 구원은 인간의 노력으로 받을 수 없고 그분의 은혜와 자비에만 기반을 둔 전적인 하나님의 역사이다. 이 장의 요점은 그 은사가 우리가 한 일이나 그것에 대한 보상이 아니라 하나님께서 값없이 은혜로 우리에게 주시고 우리는 믿음으로 그것을 받는다는 것이다.

이제 우리는 14절을 뒤바꾸는 해결책을 보게 된다. 약속은 헛것이 아닐 뿐 아니라 "아브라함의 믿음에 속한 자에게도" 적용되는 약속이다. 하나님 은혜는 약속의 유업을 받는 것뿐 아니라 그 약속이 사실로 '굳게' 혹은 '확인'베바이오스, βέβαιος되는 것을 보는 것이다. 약속은 하나님의 은혜 가운데 굳게 서 있다. 더욱이 그 약속은 "율법에 속한 자"유대 그리스도인뿐만 아니라 "아브라함의 믿음에 속한 자"이방 그리스도인들까지 모든 후손들에게 이루어질 것을 확신하는 것이다. 아브라함의 후손은 유대인과 이방인들, 믿음으로 하나님께 오는 이들 모두를 가리킨다. 아브라함은 "우리 모든 사람의 조상"모든 신자들이 되었고, 이것은 17절에서 좀 더 자세히 나올 것이다.

우리 모든 사람의 조상인 아브라함 4:17

아브라함이 모든 이의 조상이 되는 것은 창세기 17:5에 "내가 너를 여러 민족의 아버지가 되게 함이니라"라는 말씀에 근거하고 있다. 이것은 16절에 바울의 요점을 증명하는 구절로서, 아브라함이 믿는 유대인뿐 아니라 믿는 이방인들의 조상이 되어 "우리 모든 사람의 조상"이 되는 것을 말하고 있다. 창세기 17장은 아브라함 언약이 나오는 다른 본문이고 또한 할례가 소개되는 장이다.

창세기의 "여러 민족"은 아브라함의 후손창 17:6 "내가 너로 심히 번성하게 하리니"을 가리킨다. 바울은 창세기에서 강조하는 것을 바꾸어 여러 나라에서 그리스도인으로 개종한 유대인들과 이방인들을 "민족"으로 부른다.

"내가 너를 많은 민족의 조상으로 세웠다 하심과 같으니 그가 믿은 바"라는 구약의 인용 후에 바로 나오는 문구의 논리적 흐름이 이해하기 쉽지 않아 많은 논의가 있어 왔다. 그중 가장 유력한 두 가지 해석은 다음과 같다. 1) 두 문구는 연속적인 흐름을 가지고 있는데, 16절 말미의 "우리 모든 사람의 조상"을 확고히 하는 창세기 인용, 그리고 17b절은 창세기 인용을 발전시키는 것이다NIV, TEV, REB, NLT. 2) 17a절은 괄호 처리한 문구와 같아서 16b절에 나오는 "우리 모든 사람의 조상"KJV, NASB, NET, LEB, NRSV을 강조한다. 내 생각에는 17절의 두 부분이 서로 연결되는데, 두번째 부분이 첫 번째 부분을 발전시킨 것이지 16절에서 바로 건너뛴 것이 아니다. 나는 NIV 번역이 맞다고 보는데, 곧 아브라함이 "여러 민족의 조상"으로서 "그가 믿은바 하나님 앞에서 우리 조상"이 되었다고 번역한 것이다. 따라서 아브라함은 유대 민족이 아닌 유대 그리스도인과 새로운 민족, 새 이스라엘이 된 이방인 신자들의 조상이 되었다.

17절의 두 번째 부분은 아브라함이 믿은 하나님을 묘사하고 있다. 이 부분을 통해 바울은 믿음의 선조와 기독교 시대를 연결하는 다리를 만들고 있다. 첫째로, 하나님은 "죽은 자를 살리시는 하나님"으로서 아브라함의 몸이 "죽은 것 같음"밑에 19절을 참조에도 불구하고 사라의 '죽은 것 같은' 태에 생명을 불러일으키시는 분이다. 하나님의 능력은 죽은 자를 일으키시는데, 특별히 그리스도를 죽은 자 가운데서 다시 살리시는 것을 나타낸다.[24] 아브라함에게 주신 약속은 그리스도인들의 기본적인 이야기와 모든 믿는 자를 위한 영생의 약속과 깊은 연관이 있다.

둘째로, 하나님은 "없는 것을 있는 것으로 부르시는 이"시다문자 그대로 "없는 그들을 있는 것처럼". 한편으로 이는 아브라함과의 언약에서 하나님이 여러 민족이 없는데도 있는 것처럼 부르신 것을 뜻하고 있다. 하지만 대부분의 성서해석자들은 이보다 더 많은 뜻이 있다고 보고 있다. 어떤 이들은 이것이 무에서 유를 창조하신 하나님을 가리킨다고 한다. 하지만 이것은 "존재했던 것처럼"이라는 문구 때문에 맞지 않는 해석이다. 그보다는 "없는 자죽은 자를 있는 자생명을 주시므로처럼 다루시는 능력을 가지신 하나님으

24 이것은 토빗 13:2와 같은 유대 문서, 솔로몬 지혜 16:13와 같은 지혜 문서, 18개의 축복 문서들에서 강조되고 있다.

로 보는 것이 맞을 것이다. 바울은 육신의 부활죽은 자를 살리심과 더불어 영적인 생명거듭남을 염두에 두었을 것이다.

2) 이삭이 태어날 때 아브라함의 믿음 4:18-25

많은 민족의 조상 아브라함 4:18

이 구절은 전환점으로서, 13-17절을 결론지으며 다음 부분으로 이어진다. 여기서 주요 개념은 '믿음'과 '소망'이고 '약속'이 두 개념을 묶는다. 16-17절의 약속을 하나님께서 "많은 민족의 조상"인 아브라함에게 이루시는 것을 보고 있다. 동시에 19-22절에서 믿음과 소망에 중점을 두고 독자들을 이삭의 탄생 이야기로 인도한다.

바울은 "아브라함이 바랄 수 없는 중에 바라고 믿었으니"라는 구절로 이상한 시작을 한다. "바랄 수 없는 중에"는 인간의 소망을 가리키는데, 특별히 아브라함과 사라가 늙은 나이에 후손을 낳을 수 있을 것이라는 소망이다. 하지만 "바라고 믿었으니"는 아브라함이 하나님 중심으로 소망을 가지고 있었고, 그 소망이 믿음을 가져왔음을 뜻하고 있다. 이것은 아브라함이 창세기 15:512:2; 17:2, 4; 18:18; 22:17에도 나오는의 약속하나님께서 셀 수 없을 정도로 많은 자손들을 아브라함에게 주시리라에 대한 소망이다.

아브라함의 소망은 그와 사라의 늙은 나이와 인간의 한계마저도 극복할 수 있게 한 하나님의 약속이다. 사실 아브라함의 믿음은 소망이 되었다. 그리고 그 소망은 이삭을 통해 육신으로 후손을 낳았을 뿐만 아니라 그리스도를 통해 새 언약을 맺음으로 영적인 "많은 민족의 조상"이 되는 것을 통해 실현되었다. 이 두 가지가 이 문단에서 한데 묶여 있는 것이다.

이 약속은 아브라함을 향한 하나님의 약속 안에서 굳혀지는데, 바울이 로마서 4:3에서 인용한 구절 바로 전에 창세기 15:5을 인용한 것을 보면 알 수 있다. 별을 세어보라고 아브라함에게 말씀하시는 하나님이 언약의 일부로 아브라함에게 "네 자손이 이와 같으리라"고 말씀하셨다. 창세기에 나오는 "많은 민족"은 아브라함이 셀 수도 없을 정도로 많은 후손들로서 이스라엘뿐 아니라 '여러 미래의 민족'을 포함하고, 아브라함과 같이 믿음으로 그리스도께 나아온 "많은 민족"들로서 로마에 있던 수많은 개종자들도 포함한다.

수태할 수 없음을 믿음으로 직면함 4:19

이렇게 흔치 않는 믿음의 차원에서 볼 때, 아브라함은 "자기 몸이 죽은 것 같고 사라의 태가 죽은 것 같음"의 딜레마에 있었지만 믿음이 약하여지지 않았다. 하나님께서 죽은 사람을 죽음에서 살리시는 것17b절과 아브라함의 죽은 것 같은 육체에 생명을 주시는 것사라의 죽은 태에서 생명이 태어나게 하는 것을 연결하는 것은 엄청난 예표론적 관계이삭의 탄생은 예수님을 예표함가 있다.

바울은 아브라함99세뿐만 아니라 사라90세, 창 17:1, 17에게도 믿음의 도약이 있었음을 말하고 있다. 기네스북에 보면 가장 늦게 아이를 낳은 여성은 인도 사람으로 70세에 아이를 낳았다고 보고하는데, 창세기 17:17은 아직 보지 않은 듯하다. 아브라함과 사라는 하나님의 약속이 말도 되지 않는다고 비웃었지만창 17:17; 18:12, 하나님의 약속이 엄중한 것이었음을 깨달았을 때 그들의 비웃음은 믿음으로 바뀌었다.

하나님의 약속을 온전히 믿음 4:20-21

20절에서 바울은 아브라함의 강한 믿음을 설명하면서 "믿음이 없어 하나님의 약속을 의심치 않고" 대신에 "믿음으로 견고하여져서 하나님께 영광을 돌리며"라고 말한다. 바울은 그런 놀라운 믿음의 승리의 이유가

"하나님의 약속"이라고 강조한다. 창세기 17:17-18에서 아브라함이 처음에는 불신하였지만왜 그렇지 않았겠는가? 이후 그는 지속적으로 하나님을 신뢰함을 보여 주었다. 바울은 이삭이 태어나기 전까지 보여 준 아브라함의 끈질기고 깊은 믿음에 중점을 두면서 그 믿음이 우리에게도 모범이 되고 있음을 강조한다.

"견고하여져서"는 영적인 수동태로 '하나님이 그의 믿음을 강하게 하심'으로 해석할 수 있는데, 19절에 "약하여지지 않고"와 연결해서 아브라함의 믿음이 시간이 지날수록 더 강해졌다고 보는 것이 더 맞겠다. 물론 아브라함이 아니라 그의 믿음이 강해진 것이다. 이것은 우리에게 또 다른 본보기를 선사한다. 우리는 믿음의 시험을 거칠 때마다 더욱더 하나님을 의지해야 한다약 1:2-4; 벧전 1:6-7. 인생의 어려움은 헬스장의 역기들과도 같다. 더 힘든 것을 이겨낼수록 우리 믿음은 더욱 강해진다.

20b-21절은 하나님을 믿는 믿음이 견고해진 아브라함에게 나타난 두 가지 결과를 보여 준다. **1)** 그가 "하나님께 영광을 돌리며" 자신의 소유와 능력을 의지하지 않고 하나님 손에 자신을 온전히 내어 맡기며 그렇게 할 수 있음을 기뻐하였다.

2) 아브라함은 "약속하신 그것을 또한 능히 이루실 줄을 확신"하였다21절. 믿음이 성장하면서 그는 "약속하신 이는 미쁘시다"는 것을 확신했다히 10:23. 아브라함은 언약의 하나님이 자기를 따르는 사람들을 결코 떠나지도 버리지도 않으시는 분이심을신 31:6; 수 1:5 온전히 믿고 확신하고 있었다. 그래서 그는 믿음으로 히브리서 11:1의 "믿음은 바라는 것들의 실상이요 보이지 않는 것들의 증거니"라는 말씀을 이루는 삶을 살았다.

결과: 믿음이 의로 여김 받다 4:22

이 부분은 처음에 시작한 창세기 15:5아브라함에게 믿음이 의로 여김 받은과 같이 결말을 지음으로 믿음의 필요성4:3, 22을 강조하는 구조를 가진다. 또한 3:21-4:25에 17번이나 등장하는 단어 '피스티스'πίστις; 믿음가 17번째 마지막으로 등장하는 구절이기도 하다. 믿음은 아브라함에게 옛 언약만이 아니라 새 언약에도 들어가도록 길을 열어 주었다. 더욱이 믿음은 아브라함의 삶을 특징짓는 것으로서 자신의 인생뿐 아니라 전 세대에 걸쳐 하나님 가족으로서의 사는 삶이 어떤 것인지를 보여 주는 척도가 되었다. 믿음으로 받는 칭의에 대한 바울의 완성되어 가고 있다.

3) 아브라함은 우리의 모범 4:23-25

바울은 아브라함 이야기를 독자에 맞게 각색해 나가고 있다. 바울이 말하고자 하는 모든 것이 이 요점, 즉 실제 아브라함의 사건만이 아닌 모든 시대의 믿는 자들을 위한 인식 틀에 기초를 둔다.

우리도 믿음으로 의롭게 여겨짐 4:23-24

창세기 15:6의 주요 문구는 "그에게 … 여겨졌다"인데, 이것은 '믿음으로 받는 칭의'라는 신학 뒤에 숨어 있는 개념이다. 하나님은 그리스도를 믿는 우리 믿음을 통해 우리를 보실 때 의롭다 칭하시고 그렇게 여겨 주신다. 따라서 아브라함의 믿음과 그를 의롭다 하시는 하나님의 역사가 그리스도의 속죄 제사로 완성된 새 언약의 모범이 되는 것이다.

따라서 속량은 모세로부터 나오는 "율법의 행위"를 요구하는 것이 아니라 아브라함에게서 나오는 '의로 여김 받는 믿음'을 요구하는 것이다. 기독교에 인과응보 신학은 존재하지 않는다. 우리가 아브라함의 믿음을 실행할 때, 우리의 믿음이 '의로 여김'을 받는 것이다. 바울은 여기서 '그에게 여겨지다'라는 것이 아브라함에게만 해당되는 것이 아닌 '우리에게도' 해당되는 것임을 말하고 있다.

24절에서 바울은 믿음으로 받는 칭의에 대한 관점에서 그리스도인을 두 가지로 묘사하고 있다. 첫째, 그리스도인들은 하나님께서 의롭다 여기시는 사람들이고, 바울이 3:21-4:25을 통하여 말하고자 하는 것도 그것이다. 어떤 이들은 이것을 거듭나는 것보다는 마지막 심판으로 생각하는데, 이는 "의로 여기심을 받을"을 미래 역사의 마무리 시점에 하나님께서 자기 백성에게 마지막으로 의롭다고 하시는 것이라고 생각하기 때문이다. 하지만 3:21-5:11의 초점은 현재 관점에서 죄인들을 의롭다고 하는 것이다. 이를 현재로 이해하는 것이 더 나은데, 그것은 4장에는 미래 심판에 대한 언급5:9에서야 등장한다이 나오지 않기 때문이다. 현재와 미래적 접근 모두 가능하지만, 바울이 중점을 두는 것은 현재적 측면이 맞다.

둘째, 우리는 "곧 예수 우리 주를 죽은 자 가운데서 살리신 이를 믿는 자"이다. 여기서 바울은 '이를 믿는 자'가 우리 신앙의 초점이신 하나님이신 것을 강조하고 있다. 재차 말하지만 이 장의 주인공은 하나님이시다. 왜냐하면 하나님이 믿음을 가능하게 하시고 하나님이 믿는 자들을 의롭다고 하시기 때문이다. 보통 예수를 믿는 믿음을 강조하는 바울이지만, 여기서는 조금 특이하게 아브라함의 믿음과 발맞춤을 하기 위해 하나님에 대한 믿음을 강조한다.

여기서 강조점은 17절에 바울이 "죽은 자를 살리시는" 하나님을 믿은 아브라함의 믿음을 강조하는 데서 나온다. 바울은 약속의 아들 이삭을 통해 아브라함의 '죽은 몸'에 '생명'을 불어 넣으신 것을 가리킨다. 아브라함의 약속은 부활의 첫 열매 되신고전 15:20, 23 그리스도를 통해 우리에게 주어진 더 큰 약속을 미리 맛보는 것이다. 죽음으로 우리를 구원하신 예수 메시아는 '주님'이시며 우리를 다스리시고 영원한 생명을 주신다.

기초: 우리 죄를 위해 죽으시고 우리 의를 위해 부활하심 4:25

바울은 우리를 구원하기 위해 화목제물이 되신 그리스도에 관하여 자신이 말한 모든 것을 총망라한 요약으로 이 부분을 마무리짓고 있다. 이것은 복음의 요약 그 자체, 아니 성경 전체를 요약한 것이라 할 만큼 놀라운 것이다. 요약의 형식은 신조에 가까운데, 바울은 초대교회에서 사용하던 신조를 인용했을 수 있다. 이 구절에 사용되는 수동태 동사들이 능동적 행위로 연결되어 있어 수동과 능동이 균형을 이루고 있다. 여기에 쓰이는 영적인 수동 행위는 이렇게 번역될 수 있다.

> 하나님이 우리의 죄로 인하여 그를 넘겨주시고
> 하나님이 우리의 의를 인하여 그를 일으키셨다

첫 번째 문장 "예수는 우리가 범죄한 것 때문에 내줌이 되고"는 칠십인역헬라어 구약성경 이사야 53:12을 상기시킨다. 이사야 53장에 '담당되다'나 '넘겨지다'라는 말은 6절과 12절에 나오는데, 이는 "여호와께서는 우리 모두의 죄악을 그여호와의 종에게 담당시키셨도다"라는 말씀을 구체적으로 보여 준다사 53:6; 53:5, 10, 11을 참고하라. 바울은 이사야서와 복음서가 하나님께서 자기 종인 예수님을 우리 죄를 위해 내어 주심을 보여 준다고 말한다.

여기서 "때문에"라는 의미의 헬라어 전치사 '디아'διὰ에는 '~을 인하여'라는 뜻이 있다. 그것은 그리스도께서 우리 죄가 다른 어떤 방법으로도 용서받을 수 없기 때문에 죽으신 것을 말하는 것이다. 죄인인 인간은 스스로 죄를 씻을 수 없다. 우리 죄를 위해 대신 죽으신 예수님이 아니고는 모든 인류는 영원한 멸망으로 정죄 받을 수밖에 없다. 고통당하신 종이 우리를 위해 죽지 않으셨다면 죄 용서는 없는 것이다.

바울이 예수께서 우리를 의롭다 하시기 '위하여'첫 문장과 같이 '디아'διὰ가 쓰임 부활하셨다고 한 것이 독특하다. 다른 곳에서는 의로움을 위해 예수님의 죽으심과 부활하심이 있다고 말하는데, 이곳에서는 의로움이 부활의 조건이 된다. NIV 같은 번역들이 그것을 "위하여"나 '~때문에'로 번역한다. 하지만 '디아'διὰ가 이렇게 해석되는 일은 극히 드물며, 하나님께서 자기 아들이 죽고 부활하시는 것만이 칭의가 일어나는 유일한 길이기 때문에 그렇게 하셨다고 보는 것이 타당하다. 이 서신들에서 보듯이 그리스도의 죽음은 우리 구원의 신학적 근거를 제공한다. 그리고 부활은 사도행전 2:31-36; 13:32-39에서 보듯이 우리 구원의 변증학적 근거가 된다.

이 구절의 두 문장은 완벽하게 맞아떨어진다. 죽음과 부활은 하나님께서 주도하신 한 가지 사건으로서 만유의 심판자께서 의를 선포하실 때 우리의 죄가 사해진 사건이다. 이것은 복음의 핵심이고, 1-4장에서 가르치고 있는 내용들을 완전히 종합해 하나님께서 우리 죄를 용서하시는 구원의 의미를 설명한다.

이 문단에서 바울은 복음과 성부 하나님의 뜻에 의해 성자 그리스도의 구속의 사역으로 죄가 구원으로 옮겨진 것을 설명하는 대논지의 결론을 짓고 있다. 행위가 아닌 믿음으로만 받는 칭의가 완전해지고 그 구속의 결과가 온전히 드러났다.

로마서 4장에서 바울은 아브라함을 조명하며 하나님 언약의 공동체가 되는 것은 믿음이 중심으로 있어야 함을 증명했다. 열방의 조상으로서 아브라함은 모세보다 높은 위상을 차지하며, 그의 믿음이 율법의 행위보다 더 위에 있다. 믿음은 하나님 백성이 구원받는 비결이다. 율법의 목적은 하나님의 법을 어기는 우리 죄를 깨닫고3:20, 따라서 하나님의 진노가 죄인들에게4:15 오는 것임을 알게 하는 것이다. 하나님의 은혜가 없으면 희망도 없고 믿음으로 하나님이 주시는 구원을 경험할 수 없다.

하나님의 은혜와 그로 인해 오는 구원의 결과는 유대인과 이방인이 한 백성이 되는 것이다. 십자가로 인해 참 하나 됨과 형제 됨이 이루어지고, 열방에서 온 신자들이 천국 시민빌 3:20과 "새 사람"엡 2:15으로서 새로운 백성이 되는 것이다. 아브라함은 진실로 "우리 모든 사람의 조상"4:16이다. 따라서 인종적 차별은 그리스도 안에서 사라져야 한다! 마지막으로, 희망이 현실이4:19 되고 인류를 구속하기 위한 하나님의 참 선물이 되었다.

20-21절에서 바울은 이삭을 낳는 과정에서 아브라함의 믿음이 자라는 것에 상당한 중점을 두었다. 불확실하고 당연히 불가능해 보였던 탄생을 통해, 아브라함의 믿음은 괄목할 만큼 강해지고 성장했다. 이것은 우리에게도 마찬가지다. 인생 역경을 통해 우리는 하나님을 더욱 의지할 수밖에 없고, 그분의 임재와 인도하심을 경험하면서 우리도 그분을 신뢰하게 된다5:2-4를 참조.

바울은 23-25절에서 '우리에게 모범'을 제시했다. 하나님께서 아브라함의 믿음을 그에게 의로 여기신 것처럼, 우리 믿음도 그리스도의 희생적 죽으심을 우리에게 적용하고 심판자가 우리를 옳다고 칭하게 만들었다. 25절에 우리 범죄 때문에 하나님께서 그리스도를 죽음으로 내모셔서 우리로 용서받게 하시고, 의롭게 하나님의 아들을 죽음 가운데서 살리셔서 우리도 영생으로 부활하도록 하셨다.

Ⅳ

그리스도 안에 새 생명

1. 칭의의 축복
: 그리스도 안에 새 평화와 소망 5:1-11

우리는 죄와 구원에 대한1:18-4:25 주요 부분을 마쳤고 새 언약의 시대와 성령의 시대에 믿음으로 받는 의가 중심을 이루는 것을 보았다. 이 구원 역사의 마지막 시대는 우리를 위해 오시고 죽으신 그리스도로 시작이 되었다. 바울은 로마 그리스도인들에게 복음을 논리적으로 설명하면서, 죄에서 시작하여1:18-3:20 구원으로3:21-4:25, 이제 그리스도인의 삶5:1-8:39으로 전개해 나가고 있다. 이 부분5:1-8:39에서는 그리스도 안에 있는 새 생명에 초점을 두면서 칭의가 성화로 이어지고, 그리스도 안에 새로운 삶을 살면서 "거룩하게 하시는" 성령의 역사를 설명한다. 이 장들은 칭의가 삶 속에 어떻게 영향을 끼치는지 말하고 있다.

로마서 5장이 전에 나오는 장들의 연속인지1-5, 6-8장, 아니면 이전 장에서 새로운 장으로 넘어가는 것인지1-4, 5-8장 의견이 분분하다. 5장이 칭의 논의의 한 부분이라고 보는 이들은 5장이 칭의의 영향에 중점을 두고 이전 장의 논의를 지속하고 있다고 주장한다. 하지만 이것이 성화에 관한 논의를 새롭게 시작하고 있다고 보는 이들은 5장을 3-4장의 요약과 함께 '그리스도 안에서 새로운 삶'이라는 주제로 옮기고 있다고 주장한다. 믿음, 의, 자랑함, 진노, 피 등의 같은 단어들이 사용되고 있기는 하지만 이전 장들보다 훨씬 덜 사용되고 있으며, 주제도 상당히 다르다. 5장이 새로운 주제로 시작되고 있다고 본다면, 이 장에 나타난 **교차 대구법**의[25] 논의 형태가 좀 더 이해하기 쉬울 것이다.

A 미래의 영광을 향한 소망을 확신 5:1-11

B 이 소망의 기초– 그리스도의 사역 5:12-21

C 문제: 죄의 노예로 만드는 힘 6:1-23

C' 문제: 죄와 율법 7:1-25

B' 승리의 기초 – 성령을 통한 그리스도의 사역 8:1-17

A' 슬픔 중에도 미래의 영광을 확신 8:18-39

어떤 이들은 이 장의 핵심 주제가 소망이라고 생각하지만, 그것은 5:2-5과 8:24-25에 국한되어 있기 때문에 여기서 주된 핵심은 '그리스도 안에서 새로운 삶'이라고 보는 것이 더 낫다. 이것이 미래에 대한 소망을 포함하여 믿음으로 의롭게 된 자들이 그리스도를 따르는 올바른 삶을 의미하기 때문이다.

5:1-11에서 바울은 칭의의 과정에서 칭의의 결과로 옮겨간다. 평화/화해1, 10, 11, 소망2, 4, 5, 자랑/기쁨2, 3 그리고 하나님의 사랑5, 8이다. 이 네 가지 결과들이 이 본문의 핵심 주제들이고, 이것들은 다음 문장으로 합쳐

25 교차 대구법은 성경에 많이 쓰이는 방식으로 문단의 첫 반의 생각의 진행을 나머지 반에서 거꾸로 나타내어 말하고자 하는 내용을 표현한다.

진다. 하나님의 아들, 즉 그의 피로 평화와 화해를 가져오시고 우리를 구원하사 성령 안에서 소망과 기쁨을 주신 아들을 선물로 주심으로 하나님의 사랑이 우리에게 부어졌다.

1) 그리스도 안의 평화와 소망 5:1-5

그의 은혜를 믿음으로 오는 평화 5:1-2a

바울이 첫 네 장의 중심 말씀을 이렇게 요약하고 있다, "그러므로 우리가 믿음으로 의롭다 하심을 받았으니." 우리는 원래 죄인으로서 마지막 심판과 영원한 정죄3:23를 받을 운명이었다. 하지만 그리스도의 피로 속량받은 바 되고 그리스도께서 우리를 대신하여 죽으심과 우리 믿음의 결정에 근거하여 하나님과의 우리 관계가 올바른 것으로 선언되었다3:21-31.

구원에서 비롯된 첫 번째 복은 "하나님과 화평"이다. 바울은 여기서 히브리어로 '평화'인 '샬롬'שלום을 암시하면서, 영혼의 잘됨과 동시에 언약 백성을 인도하시고 그들에게 신실한 분이신 하나님을 믿을 때 오는 평온함을 가리키고 있다. 신구약 모두에서 평화는 하나님의 구원과 긴밀하게 연결되며 서로 동의어에 가깝다. 신약에서 샬롬은 10-11절에 나오는 화해가 밖으로 드러나는 결과다. 평화에는 **종말론적** 측면도 있는데, 하나님의 평화가 말세에 그분의 왕국을 불러오리라는 점과 연관이 있다사 9:6-7; 32:17; 48:20-22; 52:7; 53:5; 렘 37:26; 겔 34:25; 슥 8:12.

이 평화는 "우리 주 예수 그리스도로 말미암아" 오는 것으로 4:25에 그리스도의 주 되심을 다시 소개하고, 그분의 죽음과 부활하심으로 만유의 주가 되시는 것을 다시 부각시키는 것이다. 예수님은 구원의 통로이실 뿐 아니라 우리 삶의 주님이시다. 이 평화는 목적격하나님께서 우리에게 주신임과 동시에 주격우리가 주 예수님을 믿은 결과이다.

두 번째 축복은 "또한 그로 말미암아 우리가 믿음으로 서 있는 이 은혜에 들어감을" 얻게 하시는 하나님의 선물이다. "들어감"이라는 단어는 우리가 지성소에서의 하나님의 임재에 들어가는 것을 가리킨다엡 2:18; 히 9:11, 24; 10:19-20. 하지만 이것은 기도뿐 아니라 예배를 통하여 왕의 왕이 계신 궁궐에 들어가 영원하신 왕의 임재 가운데 지속적으로 들어가는 것을 의미한다. 이러한 특권을 가질 수 있는 근거는 예수 그리스도의 죽으심5:6-8과 믿음"믿음으로"이다.

바울이 여기서 강조하는 것은 "믿음으로 서 있는 이 은혜"를 우리가 그리스도 안에서 경험하고 있고 그것이 하나님 은혜의 영역에 있다는 것이다. 여기서 "얻었으며"와 "서 있는"이라는 두 동사가 완료 시제로 쓰이면서 우리가 현재 처한 상황의 원인을 표현하고 있다. 우리는 하나님의 왕국의 입장권을 획득했을 뿐 아니라 그 왕국에 "서 있게" 되었다. 우리는 하나님께서 "우리를 나라와 제사장들로 삼으셨기에"계 1:6; 5:10; 벧전 2:5 하나님의 왕 같은 자녀들이다.

고통이 소망이 되는 네 가지 단계 5:2b-4

은혜의 시대는 새로운 소망의 시대로서, 우리는 "하나님의 영광을 바라고 즐거워"한다. 하지만 신약의 소망은 세상처럼 일시적이고 분명하지 않은 소망이 아니다. 그것은 "산 소망"벧전 1:3으로서 완전히 새로운 확신과 확실성을 가지고 있는 것이다. 산 소망은 '만약'이라는 말이 없고 '반드시'라는 말로 불확실한 표정이 아닌 확신에 찬 미소를 가져다 준다. 한 가지 확실치 않은 것이 있다면 소망이 이루어지는 시간이지, 이루어지는 여부가 아니다.

3:27에서 바울은 믿음의 원리2:17, 23 참조에 근거해서 율법을 "자랑"할 수 없다고 했고, 4:2-3에서 아브라함이 "하나님 앞에서" 아무것도 자랑할 것

이 없었는데, 이는 그가 자신의 행위를 의지하기보다 하나님을 의지했기 때문이라고 설명했다. "자랑"이라는 단어 자체가 여러 가지로 번역되는데, 어떤 이들은 '기쁨' 혹은 '확신'이라고 번역한다. 하나님을 자랑하는 것은 다른 종류의 것인데, 바울은 온전히 "하나님의 영광을 바라는 것"을 자랑할 수 있다고 표현한다. 교만은 자기중심인 죄지만 하나님을 중심으로 한 자랑다른 이들을 자랑스러워하는 것처럼은 영적인 축복이다.

"하나님의 영광"은 믿는 이들이 공유하는 현재의 영광이 아니고요 17:22; 롬 8:30; 고전 11:7; 히 2:10; 벧전 4:14 마지막 때에 우리 것이 될 미래의 영광이다롬 8:17, 18, 21; 엡 1:18; 골 1:27. 우리의 "소망"은 5:4, 5; 8:20, 24처럼 하나님께서 미래에 대해 주신 약속들을 영광스럽게 신뢰하고 바라보는 것이다. 이는 골로새서 3:4의 말씀 "우리 생명이신 그리스도께서 나타나실 그 때에 너희도 그와 함께 영광 중에 나타나리라"는 약속과 같다. 바울은 여기서 이 소망으로 충만한 그리스도인의 삶의 과정에 있는 네 가지 단계를 보여 준다.

1 **환난:** 이곳의 나머지 부분에서 바울은 이 영광의 소망을 구원의 기쁨에 적용하기 위해 "환난 중에도 즐거워하라"고 명한다. 이것은 일반적인 신앙의 시험뿐 아니라 핍박에도롬 8:35; 12:12; 고후 2:4; 7:4; 빌 1:17 적용된다. 이 구절을 말세에 나타날 종말론적 고난막 13:19, 24으로 이해하는 것이 일반적이고 그것이 어느 정도는 문맥상 맞지만, 여기서 고난은 우리가 당하는 환난을 의미하고 그것으로 기뻐해야 한다고 말하는 베드로전서 1:6-7과 야고보서 1:2-4에서 말하는 것과 같은 일반적인 어려움이다.

우리가 고난을 자랑하고 기뻐해야 하는 이유는 그것이 우리 삶에서 진행되는 과정을 "우리가 알기 때문"이다. 바울은 여기서 로마서 8:29-30에 등장하는 영적 축복의 연결고리, 특히 야고보서 1:3-4의 고난이 만들어 내는 것과 아주 흡사한 연결고리를 만들어 보여 준다. 위에서 언급한 야고보서나 베드로전서와 함께 로마서의 이 본문은 초대교회에서 전통적으로 쓰인 교리문답이다.

2 **환난은 인내를:** 다음은 야고보서 1:3 "이는 너희 믿음의 시련이 인내를 만들어 내는 줄 너희가 앎이라"와 매우 흡사하다. 환난의 정의는 믿음을 단련하고 그 결과로 인내를 만들어 내는 것이다. 인내는 어려운 때에 하나님을 믿는 믿음과 자주 연관된다살후 1:4; 3:5; 딤전 6:11; 딤후 3:10. 그리고 그것은 요한계시록1:9; 2:2, 3, 19; 3:10; 13:10; 14:12의 가장 중요한 주제 중 하나이다.

우리의 목적은 하나님이 원하시는 대로 "우리 앞에 당한 경주"히 12:1를 우리 인생 가운데 하는 것이다. 우리는 인생이라는 마라톤 경주로 부름 받았고 그리스도 안에서 강하게 자라서 "그리스도의 장성한 분량이 충만한 데까지" 이르러야 한다엡 4:13.

3 **인내는 연단을:** 이것도 야고보서 1:3과 베드로전서 1:7에 등장하며 "연단"을 통해 걸러진 성품을 의미하는데, '도키멘'δοκιμήν, 곧 성품은 다른 본문에 나오는 "시험"과 같은 단어군에 든다. 이 단어는 금을 단련하고 순금으로 만드는 과정과 연관이 있다. 갓 캐낸 금을 용광로에 넣고, 가벼운 금속들이 표면으로 뜨게 만들어금은 아주 무거운 금속 중 하나 그것들은 걷어 내고 순금을 추출해 낸다. 베드로전서 1:7에 믿음은 시련을 통해 연단되고 정화되어 신자들을 순전하게 만든다고 써 있다. 로마서 5:3-4에서 바울은 시련이 신자들을 '단련'해서 순전하고 검증된 성품을 만든다고 말한다.

4 **연단은 소망을:** 바울은 4:18에서 소망을 소개하면서, 아브라함이 어떻게 "바라고 믿었는지" 그래서 이삭을 통해 "많은 민족의 조상"이 되었는지 설명했다. 여기서 바울은 원점으로 돌아가는 방식으로 논리를 전개하고 있다. 2절에서 하나님의 영광을 바라는 소망에서 시작하여 환난과 인내를 통과하여, 4절에서 마지막 과정으로 불같은 연단을 거친 검증된 성품을 통해 다시 소망을 내어놓고 있다.

결론적으로 고난과 인내, 영적인 성품과 소망이 서로 복합적으로 작용하여 그리스도인이 그리스도 안에서 새 생명으로 살아가도록 하는 것이다. 믿음과 소망은 모두 수동적 행위가 아니다. 둘 다 능동적이고 힘이 있고, 하나님 백성으로 이 고통과 어려움 가득한 세상에서 승리할 수 있도록 한다. 이것을 로마서 8:18-39에서 더 자세히 살펴볼 것이다.

성령을 통한 소망 5:5

그리스도인 삶에서 소망이 차지하는 위치라는 주제로 바울은 그리스도 안에 산 소망2, 5절이라는 틀 안에서 설명을 지속한다. 많은 사람들이 5절을 '소망이 실망시키지 않는다'로 해석하는데, NIV의 "부끄럽게 하지 아니함"이 더 맞는 해석이다. 바울이 말하는 소망은 항상 우리 필요를 채우고 만족시키는 것이 아니라 우리를 하나님께로 가깝게 인도하는 것으로서, 심판과 영적 패배의 부끄러움이 우리를 넘어뜨리지 않는 것을 말한다. 이것이 구약에서도 자주 강조하는 소망이고시 22:6; 25:3; 31:1; 71:1; 사 28:16; 54:4 아래 9절 "진노하심에서 구원을 받을 것" 즉 마지막 심판과도 연결된다. 다가올 하나님의 미래의 관점으로 산다면, 우리는 그분의 영광을 서로 나누고 백보좌 심판 아래에서 하나님의 진노를 피하게 될 것이다계 20:11-15.

마지막 심판 때의 부끄러움을 두려워할 필요가 없는 이유는 하나님의 사랑이 "우리 마음에 부은 바" 되었기 때문이다. "하나님의 사랑"은 우리가 하나님을 사랑하는 것아우구스티누스의 이론이 아니라 우리를 향하신 그분의 사랑칼빈과 대부분의 오늘날 개신교들의 이론이다. 여기서 "사랑"이 로마서에서 처음으로 언급되었고, 이 서신의 핵심 주제가 될 것이다.

바울은 여기서 두 가지 추가적 요점을 전한다. 첫째, 이 사랑은 "우리 마음에" 부어진 것으로서 우리 안에서 홍수같이 넘치도록 경험되는 영적인 현상을 의미한다. 둘째로, 이 현상은 "성령으로 말미암아 … 우리 마음에 부은 바" 된 것이다. 성령은 자주 우리에게 부은 바 되었다고 묘사되는데겔 36:25-27; 욜 2:28; 슥 12:10; 행 2:17-18, 33; 딛 3:6, 이 구절에서 성령은 하나님의 사랑이 우리 삶을 휩싸는 도구로 그려진다. 성령님은 우리가 하나님 사랑의 깊이를 경험하는 것이 가능하게 하는 최고의 선물이시다.

2) 그리스도와의 화해 5:6-11

경건하지 않은 자를 위한 그리스도의 죽음 5:6-8

바울은 여기서 5절에서 언급한 하나님 사랑이 우리에게 부어졌다는 사실에 덧붙여, 하나님 사랑의 깊이가 어떠하며 우리를 위한 그리스도의 희생적 죽으심의 참 의미가 무엇인지를 설명하고 있다. 이 구절들은 ABA 형식을 이루고 있는데, 죄인을 위한 그리스도의 죽으심6, 8절이, 좋은 사람을 위해 죽는 가장 고귀한 인간의 사랑7절과 대조를 이루는 구조다. 우리는 우리가 좋아하는 사람을 위해 죽을 수 있으며 그것을 선한 일이라 생각하는데, 예수님은 우리가 경건하지 않은 죄인일 때 우리를 위해 죽으셨기에 인간의 사랑과 비교할 수 없는 위대하고 깊은 하나님의 사랑을 보여 주셨다. 헬라어로 이 세 구절은 우리를 위한 그리스도의 죽으심에 핵심을 두면서 모두 '아페다넨'ἀπέθανεν; 죽다으로 끝나고 있다.

우리가 연약할 때에 우리를 위해 죽으심 5:6

이 구절은 헬라어 '에티'ἔτι; 아직라는 단어로 시작한다. "기약대로"와 "우리가 아직 연약할 때에" 이 두 가지가 합쳐져서 예수님의 죽으심이 우리가 "아직" 죄인 상태로 있을 때에 죽으셨음을 의미하고 있다. 바울이 갈라디아서 4:4에서 "때가 차매"라고 말한 것처럼 정확한 때에 일어난 것이다.

"기약대로"의 의미에 관하여는 의견이 분분하다. 로마 시대의 길이 잘 닦여서 이전과 전례없이 여러 나라들을 연합하였기에 세계 선교가 비교적 쉽게 이루어질 수 있었던, 역사적으로 완벽한 때였다고 볼 수도 있다. 그것도 부분적인 이유일 수 있겠지만, 바울은 구원 역사를 염두에 두었다고 보는 것이 맞다. 이때는 하나님이 결정하신 것이고, 하나님의 구원이 세상에 들어와야 하는 완벽한 때였다.

두 단어가 이 시점의 인간의 상황을 묘사하고 있다. 우리는 죄에 사로잡혀 있기 때문에 연약하고 힘이 없다. 우리 스스로 죄를 이기고 구원을 얻을 만한 힘이 없다. 우리에게는 희망이 없었다. 이 용어는 하나님과 올바른 관계를 가질 수 없고 자신의 힘으로 영적인 그 어떤 것도 이룰 수 없는 죄인 된 인간의 완전한 무능력을 의미하는 것이다.

두 번째 단어는 "경건하지 않은"으로, 하나님의 것들에 대해 인식하지도, 관심도 가지지도 않은 삶을 일컫는다. 4:5에서는 이 단어가 하나님이 의롭게 하신 자들에게 쓰였고, 여기서는 그리스도께서 위하여 죽으신 자들에게 이 단어가 쓰인다. 이렇게 '죽으심'이라는 말은 꽤 자주 쓰이는데 5:6-8에서 4번, 14:15; 요 11:50, 51; 고전 15:3; 고후 5:15, 이것은 죄인들을 "위하여"휘페르, ὑπὲρ를 사용하여 고난의 종이신 예수께서 승리의 죽음으로 대신하신 속죄를 나타낸다고후 5:14, 21; 갈 3:13; 딤전 2:6.

우리를 위해 죽으신 그리스도께서 하나님 사랑을 확증하심 5:7-8

이 구절은 하나님의 사랑과 인간의 사랑을 대조하고 있다. 인간 사랑의 결정체는 좋은 사람을 위해 기꺼이 죽는 것일 것이다. 우리는 애국같이 좋은 뜻을 위해서나 자식이 곤란에 처했을 때처럼 우리가 사랑하는 이를 위해 죽기를 자처한다. 하지만 하나님은 자기 아들을 보내사 우리가 아직 경건치 않은 죄인이고 그리스도의 원수일 때 우리를 위해 죽게 하셨다. 바울은 이 간단한 진리를 의인과 선인이라는 짝을 만들어 설명하고 있다.[26] "의인"은 도덕적으로 올곧은 사람일 수 있고, 종교적이지만

26 어떤 이들은 "선인"을 의인과 동의어로 생각하는 사람들도 있지만, 여기서 설명하듯이 추가적 내용이 필요하다.

우리와 관계가 있는 사람은 아닐 수 있다. 그들을 존경할 수는 있지만 특별히 그들에 대해 잘 알거나 사랑하는 것은 아니다. 하지만 "선한" 사람은 우리의 지인이거나 더 잘 아는 사람일 수 있고, 아마도 로마에서 경제적으로 도와주는 후원자이든지 우리에게 잘해주는 친인척일 수도 있다. 이는 우리가 이 땅에서 할 수 있는 가장 최선의 것이다.

8절은 그리스도께서 우리가 할 수 있는 것과 비교도 할 수 없는 사랑을 하시고, 우리가 아직 죄인 되었을 때에 우리를 위해서 죽으셨다는 것을 말해 주고 있다. 이 구절은 거의 모든 사람이 암송하고 있는 잘 알려진 구절이고 하나님 사랑이 지극히 높고 깊음을 보여 준다.

하나님의 사랑은 "우리가 아직 죄인 되었을 때에" 부어 주신 사랑이다. 만일 어떤 사람이 일생 동안 당신을 무시하고, 계속 욕하고, 잘못을 지적하고, 당신의 도움을 원치도 않는 것을 알면서도 그가 재정적 도움이 필요하다면 당신은 그를 돕겠는가? 그리스도는 단순히 도움을 주신 것이 아니라 우리가 그분의 원수일 때 그분과 아무것도 하고 싶어 하지 않는 불경건한 죄인일 때 우리를 위해 죽으셨다.

우리는 정죄, 하나님의 진노, 그리고 영원한 심판 외에는 받을 자격이 없는 자들이지만 그리스도께서 우리의 깊은 죄를 위해 값을 치르시고 우리를 위해 죄의 속량과 용서를 가지고 오셨다3:21-26. 가장 잘 알려진 성경구절이 이것을 잘 표현하고 있다. "하나님이 세상을 이처럼 사랑하사 독생자를 주셨으니, 이는 저를 믿는 자마다 멸망치 않고 영생을 얻게 하려 하심이라"요 3:16.

칭의의 결과 5:9-11

하나님의 진노에서 건져짐 5:9

이 부분의 결말은5:9-11 하나님의 놀라운 사랑의 결과를 말하며 결과를 나타내는 접속어 '운'οὖν; 그러면으로 시작한다. 바울은 우리가 "그의 피로써 … 말미암아 의롭다 하심"3:21-4:25의 내용을 받았기에, 여러 가지 영적인 현상들이 일어나고 있음을 말하고 있다. 칭의가 어떻게 여러 가지 방법으로 이루어지는지를 묘사하는데, 3:24의 "은혜로", 3:25과 5:9에 "그의 피로", 3:28에 "믿음으로", 4:25에 "살아나심"으로, 5:10에 "살아나심"으로 등의 방법들이 제시된다. 이 구절에서는 우리를 위한 희생의 속죄 제사를 통해 우리의 "속량"3:24을 위해 드려진 값으로 구원의 효력이 나타남을 묘사하고 있다. "이제"라는 단어를 덧붙이면서, 이 구속의 선물이 우리 삶에 현재 주어졌고 우리 삶에 영향을 끼치고 있다고 말하고 있다.

그리스도의 희생적 죽으심으로 주신 칭의의 결과는 더욱 엄청나다"이보다 어찌 더 엄청날 수 있는가". 이것은 놀랍기까지 하다. 십자가보다 더 큰 것이 어디 있는가! 바울은 '무거운 것에서 가벼운 것으로' 표현하는 유대 해석적 기술을 사용하고 있다. 요지는 하나님께서 더 어려운 일을 이미 이루셨기에 경건하지 않은 자를 의롭다 하심, 덜 어려운 것깨끗하다 선언 받은 사람들을 그의 진노에서 구출하는 것을 이루시는 것은 더욱 가능하다는 것이다. 그 결과 우리는 그의 "진노하심에서 구원"받았다. 로마서 1:18; 3:5; 4:15; 9:22; 12:19은 하나님의 현재의 진노를 표현하고, 2:5, 8은 그의 마지막 진노를 말하고 있다.

여기서 "구원"은 마지막 심판 때에 하나님의 진노에서 건져짐을 의미한다. 요한계시록 20:6에서 이것을 "둘째 사망이 그들을 다스리는 권세가 없고"라고 표현하고 있다. 하지만 이 구절은 현재적 측면도 있어서, 악의 세력이 우리에게 그 권세를 행사하지 못하고 그 악한 영의 세력을 제압할 수 있는 권세를 우리가 받았음을 의미하기도 한다막 3:15; 6:7.

화해와 구원 5:10

이 구절은 9절을 거의 반복하고 있다. 우리의 칭의 즉 하나님과의 화해 십자가에서의 피의 제사 가 이루어졌고, 그 결과 구원이 임하였다는 기본 교리를 다루고 있다. 여기서 바울의 요점은 화해다. 화해는 칭의의 자연적 결과이며, 3:24-25에 나오는 구원의 네 가지 단어인 칭의, 속량, 속죄제물, 화해 중 네 번째로 등장하는 단어이기도 하다. 화해는 구원의 관계적 측면으로서, 인간과 하나님의 새로운 관계를 설명하고 있다. 하나님께서 그리스도의 속죄의 죽음을 기반으로 우리를 의롭다 하신 후에 우리와 새로운 관계를 성립하시고, 우리가 그분의 가족이 롬 8:14-17 될 수 있게 하셨고, 천국 시민 빌 3:20 이 되도록 하셨다. 여기서 법적인 어조에서 관계적 어조로 바뀌고 있다.

이전에 죄인이요 하나님의 "원수"였던 자들이 "그의 아들의 죽으심으로 말미암아" 구속되고 화목하게 되었다. 화목이란 이전의 원수 관계를 올바른 관계로 바꾸는 것을 의미한다. 이것은 그리스도의 죽음의 결과로서 하나님을 향한 우리의 대적 관계죄로 인해와 우리를 향한 그분의 대적 관계죄로 인한 그의 심판으로 인해가 사라지고, 새로운 관계가 도래하게 한 것이다.

이 어려운 것그리스도의 죽으심으로 죄를 없애심이 일어났는데 "그의 살아나심으로 말미암아 우리가 구원을" 받는 것은 하나님께서 훨씬 더 쉽게 이루실 수 있는 것이다. 이 구절에서 "구원"은 9절에서 언급한 것보다 조금 더 깊은 의미를 가지는데, 이는 하나님 진노에서의 구원뿐 아니라 그리스도 안에 있는 새롭고 풍성한 삶으로 인도함도 내포한다.

"그의 살아나심으로 말미암아"는 칭의와 화목의 도구로 사용된 그리스도의 부활을 가리킨다4:25; 8:34. 여기서 바울이 강조하는 것은 그리스도 안에 있는 새로운 삶 즉 거듭남의 순간에서 그리스도의 재림 때까지의 과정을 그리는 것이다.

화목한 가운데 즐거워함 5:11

단락을 마무리짓는 이 구절에서 2절에 나왔던 '자랑함', '즐거움'이라는 개념이 다시 부각된다. 따라서 이 부분이 하나님께서 자기 아들을 보내사 우리에게 행하신 일을 자랑하고 즐거워하는 것으로 시작과 마무리를 짓는 구조를 가진다고 볼 수 있겠다. '그뿐 아니라, 이것도'라는 구조가 3절의 '하나님의 영광을 바라고 즐거워하는 것뿐만 아니라 환난 중에도 즐거워하는 것'과 연결된다. 이런 구조가 이 부분을 이렇게 종합할 수 있다. 우리는 하나님과의 화목뿐 아니라 하나님께서 우리를 위해 행하신 모든 일들로 즐거워한다. 이제 우리는 "우리 주 예수 그리스도로 말미암아" 하나님 안에서 자랑한다. 온 우주 만물의 주인께서 우리 삶의 모든 곳에서 우리를 지키시고 강건하게 하시기에 하나님이 만물의 주인 되심이 우리 자랑이 된다.

하나님은 그리스도를 통해 장차 나타날 진노에서 우리를 건지실 뿐 아니라 "이제 우리로 화목하게 하신" 즐거움을 우리에게 주셨다. 하나님의 사랑과 은혜로 우리는 미래의 소망2:2, 5, 9-10과 현재의 구원을 가지게 되었다. 지금의 시험과 환난5:2-4은 하나님과의 화목과 우리가 은혜로 받은 아버지-자녀 관계를 생각할수록 더욱 새로운 의미로 다가올 것이다.

이 부분은 믿음으로 말미암은 칭의와 중생 체험에서 비롯하는 그리스도 안의 새 생명의 교리를 종합하고 있다. 두 가지 중요한 결과는 평강과 소망이고 그 둘은 우리가 인생의 고난을 겪을 때도 적용이 된다. 그리스도 안의 새로운 삶은 우리 고통을 기쁨으로 승화시킨다. 고난에서 하나님을 의지하는 것과 견디는 것을 배우기 때문에 소망 가운데 인내할 수 있는 능력을 기르게 된다. 소망은 하나님을 의지하고 성령의 역사를 볼 수 있게 하기에 위기를 기회로 바꾼다. 우리가 "사망의 음침한 골짜기로 다닐지라도"시 23 그리스도의 빛이 밤을 낮으로, 슬픔을 기쁨으로 바꾼다약 1:2.

6-11절은 칭의가 주는 다음 결과, 그리스도의 죽으심으로 말미암은 하나님과의 화목을 다루었다. 우리 인간은 하나님 사랑의 깊이를 제대로 이해할 수 없다. 그리스도는 우리가 좋은 사람들이기 때문에 우리를 위해 죽으신 것이 아니다. 아니 정반대이다. 우리는 불경건한 죄인들이고 하나님의 원수들이다. 하지만 그가 우리를 위해 대신 속죄제물로 죽으셨고 따라서 그의 피로 우리 죄를 씻기셨다. 이 사랑의 깊이가 너무 깊기에 우리는 오직 믿음과 기쁨으로만 그것을 받아들일 수 있다.

십자가에 깊이 새겨진 하나님의 사랑에서 우리와 하나님의 화목이 흘러나온다. 하나님과 원수 관계에 있던 우리가 그분의 자녀가 되고 그리스도 안에서 메시아 공동체의 일원이 되어 삼위 하나님과 함께 완전히 새로운 관계를 맺게 되었다. 하나님은 우리 아버지시고, 그리스도는 우리와 함께 유업을 받는 분이심과 동시에 우리 주님 되시고, 성령님은 우리 삶 속에서 강건하게 하시고 인도하시며 임재하시는 하나님이시다. 원수이던 관계가 성령의 역사를 보고 우리 삶 속에 하나님의 손길을 더욱 깊이 체험하게 하는 기회가 되었다.

2. 아담의 죄를 이기는 그리스도 안의 새 삶 5:12-21

우리는 로마서에서 잘 알려진 또 다른 부분에 도달했다. 즉 하나님께서 우리 죄를 그리스도께 전가하신 사실에 관한 신학적 교리를 담은 가장 중요한 본문이다. 바울은 죄의 문제를 다시 다루지만, 1:18-3:20에서 언급한 불신자들의 죄를 다루는 것이 아니다. 여기서는 믿는 자들의 삶 속에 나타나는 죄를 다룬다. 5:12-21은 이 주제를 다루는 전환점으로 작용하고, 6장죄의 왕 노릇을 누르는 자유과 7장죄와 율법에서 이 주제가 더 구체적으로 다루어진다. 이 본문은 1:18-3:20의 보편적 죄에 관한 본문과 긴밀하게 연결되어 있다. 1:18-3:20이 3:21-5:11을 소개하듯이 5:12-21은 6:1-8:39을 소개하고 있다. 바울은 이 세상의 죄가 어떤 범우주적 영향을 가져왔는지에 대한 것으로 시작하면서 어떻게 그리스도가 그 영향력을 깨뜨리셨는지를 설명하고, 6, 7장의 죄에 대한 싸움에 대해 준비하고 있다. 이 본문의 주요 주제는 그리스도 안에서 죄에 대한 승리다.

이 시작 부분은 그리스도께서 이기신 죄가 세상에 어떻게 들어왔는지를 다룬다. 이 부분은 5:1-11에서 주제로 다룬 칭의의 결과에 대하여 계속 이어가며, 죄의 능력을 이기신 그리스도 안에 있는 하나님의 구원을 묘사하고 있다. 여기서 바울은 하나님과 사람 사이에 있는 가장 큰 장벽은 아담에게서 이어받은 죄임을 소개하고 있다. 바울의 논지는 그리스도께서 악의 세력을 이기시고 에덴동산에서 범한 아담의 죄의 영향을 뒤집으심으로 이 세상에서 죄와 사망의 힘을 이기셨다는 것이다.

이 본문에서는 죄 아래 놓인 인간을 아담으로, 죄를 이기신 승리는 그리스도로 의인화하여 표현된다. 아담의 행위로 이 세상에서 죄가 승리했지만, 그리스도의 행위는 아담의 패배를 뒤엎고 죄에 대한 범우주적 승리를 가져왔다. 아담 때문에 죄가 왕 노릇 하게 되었고 하나님에게서 정죄가 임했다. 그러나 그리스도를 통해 하나님의 은혜와 새 생명이 임했고, 아담의 죄의 영향을 이기게 되었다. 그러므로 핵심 주제는 죄가 아니라 그리스도로 말미암은 죄에 대한 승리이다.

1) 아담을 통해 죄가 들어옴 5:12

"그러므로" 혹은 '이로 인해'디아 투토, διὰ τοῦτο는 5:1-11에서 언급된 그리스도를 통해 하나님이 베푸신 구원과 칭의를 가리킨다. 바울은 그리스도 안의 새 삶으로 인해 죄가 어떻게 효력을 잃었는지 이해시키려 했다. 그리하여 앞부분의 결론을 이곳에서 이끌어 낸다. 즉 그리스도께서 우리를 의롭게 하시고 하나님과 화목하게 하셨으니, 우리가 그분과 연합하고 인류에 남은 아담의 죄의 엄청난 영향력을 뒤집게 되었다.

이 본문 서두에 "한 사람으로 말미암아 죄가 세상에 들어오고"라는 문구가 나오는데, 여기서 아담은 "세상"과 함께 온 인류를 가리킨다. 바울은 연대성連帶性이라는 유대적 개념을 도입하여 아담에게서 온 인류의 기원을 찾고, 그것으로 아담이 모든 인류를 대표한다는 결론을 도출한다. 그리스도께서 구원의 방도가 되신 것 같이5:1, 6, 8, 9-11, 아담은 인간이 이 땅에 들어온 방법이다. 동시에 아담은 죄가 이 땅에 들어와 인류를 장악하게 된 수단이기도 하다. 5:12-6:23에서 죄는 침투하고 세상을 정복하려는 악의로 가득한 군대로 묘사되고 있다.

더욱이 죄로 인해 죽음이 도래하고 아담을 통해 "사망이 모든 사람에게" 이르렀다. 진행 과정은 간단하다. 아담에서 죄로, 죄에서 사망으로 진행한 것이다. 그리고 그 파급 효과는 보편적이라 누구도 피할 수 없다. 로마서에서 바울은 죄와 사망을 의인화하여 이 땅을 지배하는 살아 있는 능력으로 표현한다. 죄/사망이 다스림롬 5:14, 17, 21, 6:9, 죄에 대해 죽음6:3, 죄의 노예6:6, 16-17라고 하였다.

가장 크게 쟁점이 되는 부분은 "모든 사람이 죄를 지었으므로"이다. 죄의 전가밑을 참조하라에 대한 논의가 네 개의 헬라어 단어 '에피 호 판테스 헤말톤'ἐφ ᾧ πάντες ἥμαρτον에서 비롯하는데, 격조사 '에피 호'ἐφ ᾧ; ~로, ~때문에에 대한 여러 가지 해석이 있다.

1 이 구절은 "그 안에서 모두 죄를 지었다"로 번역될 수 있는데, "한 사람" 아담을 가리키며 그 아담 안에서 모든 사람이 죄를 지었음을 의미한다. 이것은 아우구스티누스의 생각으로서 '자연적 유전론'이라고 불리는데, 죄가 세대를 걸쳐 전해지고 자연적인 출산을 통해 아담에게서 이어받은 것이라는 견해다. 하지만 이는 몇 단어를 가지고 지나친 해석을 한 것으로 전체 문맥과 맞지 않다.

2 "모두가 죄를 지었기 때문에"라고 해석하는 견해도 있는데, 여기서 '죄를 지었다'는 말을 아담의 발자취를 좇아 각 개인이 죄를 짓는 것으로 보고 있다. 문제는 모든 사람이 아담과 관계없이 선하게 태어나고, 아담은 그저 이 본문에서 예시로만 사용되고 있다는 것이다. 이것은 펠라기우스의 생각으로, 이단으로 분류되었으며 문맥과도 어긋난다.

3 '에피 호'ἐφ ᾧ를 결과적'~을 인하여'으로 해석하여 사망이 선행하는 것으로 보고 "사망이 들어옴으로 인하여 모든 사람이 죄를 지었다"라고 해석한다.

4 이것을 결과적'~로 인해' 혹은 원인적'때문에'으로 해석하여 "죄를 짓는"을 연대적 행위로 보고 인류를 대표하는 아담과 결속하여 "모두가 죄를 짓는"으로 해석하는 견해다.

5 연속적'그래서' 혹은 원인적'모두가 죄를 지었기 때문에'으로 해석하여 인류의 모든 죄를 하나로 보고, 모든 사람이 아담의 타락을 이어받고 그 죄에 동참하는 것으로 보는 것이다. 이것을 "중재적 전가"로 부르는데, 아르미니우스주의 신학과 연관되어 있어서 죄가 전가되고 유업으로 이어지는 것뿐 아니라 개인의 선택임을 주장하는 이론이다.

마지막 세 가지 해석이 가장 적합한데 그 중 하나를 선택하는 것은 쉽지 않다. 공동적인 견해는 12절 전체를 연대적으로모든 사람이 보는 것인데, 18-19절의 "많은 사람"도 바울이 직접적으로 밝히고 있지는 않지만 12절과 같이 연대적으로 보아야 한다. 중재적 전가는 "모든 사람이 죄를 지었으므로"를 좀 더 개인적 측면에서 보기에 본문의 연대적 문맥에서 조금 어긋나 보일 수 있지만, 각 개인들을 죄를 짓는 '모든 개인'들로 해석하면 본문과 같이 연대적으로 볼 수 있다. 이 해석이 "모든 사람이 죄를 지었으므로"를 개개인의 죄를 부각하며 좀 더 자연스럽게 해석한 것이라 볼 수 있겠다.

전체적으로 볼 때, 나는 중재적 전가5번가 가장 좋은 해석이라고 본다. 모든 사람들이 아담의 타락12절 초반을 이어받았고, 그들 스스로도 아담의 타락에 참여하기로 했다. 따라서 "모든 사람이 죄를 지었으므로"는 모든 개개인이 그들이 이어받은 죄를 따르고 스스로 죄를 짓는 것을 의식적으로 선택했음을 의미한다. 그러므로 그들은 두 가지 면에서 죄에 대한 책임이 있다. 그것은 아담에게서 이어받는 죄성수동적 죄과 스스로가 지은 죄능동적 죄이다.

2) 율법 이전에 온 죄와 사망 5:13-14

죄가 언제 이 세상에 오게 되었는가? 많은 사람들이 죄가 법과 함께 왔지 그 전에는 오지 않았다고 말하지만, 바울은 그들의 생각을 깨뜨리고 율법 이전에 온 죄에 대하여 설명하고 있다. 그는 12절에 "모든 사람이 죄를 지었으므로"라고 말하며 그 죄 때문에 사망이 왔다고 말했다. 많은 유대인들이 이것을 모세 이전의 사람들은 죄를 지었기 때문에 죽은 것이 아니라고 보아야 한다고 주장한다. 왜냐하면 "율법이 없는 곳에는 범법도 없느니라"4:15고 했기 때문이다. 바울은 이에 대해 아담과 연합한 정체성을 들어 우리는 아담 안에서 모두 죄를 지었다고 말하는데, 이는 아담과 모세 사이에 살았던 사람들도 모두 죄를 지었고 따라서 죄는 아담의 죄부터 있어 왔음을 뜻한다는 것이다.

율법 이전에 세상의 죄 5:13

사망의 보편성은 '가르'γάρ; 왜냐하면를 사용하여 설명되며, 이는 율법이 없었기 때문에 죄를 죄로 여기지 아니하였지만 죄가 율법 있기 전에도 세상에 있었음을 말해 주고 있다. 죄는 모세의 율법이 있기 전에도 있었기에, 사람들은 죄가 하나님의 요구를 어떻게 거스르는지 설명이 없었지만 타락의 결과를 분명히 볼 수 있었다. 즉 법적 근거가 없었을 때에도 죄는 존재했다.

'~로 여기다'는 상업적인 은유로, 죄가 하나님의 법률 책에 범법 행위로 기록되는 것을 가리키고 있다. 요한계시록 20:12에 마지막 심판 때에는 "죽은 자들이 자기 행위를 따라 책들에 기록된 대로 심판을 받으니"라고 말하고 있는 것처럼 말이다. 이것은 공식적으로 알려진 것은 아니지만 죄는 분명히 존재했음을 뜻한다. 모세의 율법이 죄를 하나님을 향한 자의적 범죄로 공식적으로 선포했지만, 그 법이 오기 전에도 사람들은 이미 범법한 상태였던 것이다.

율법이 오기 전 사망이 왕 노릇 함 5:14

이 구절은 아담부터 모세 사이에 죄의 존재에 관한 두 번째 논의다. "그러나 아담으로부터 모세까지 … 사망이 왕 노릇 하였나니." 이전에는 범법이라고 선언할 법이 없었지만, 인류를 지배한 죽음의 법은 죄의 보편적 존재를 증명했다. 정식으로 법적인 선언은 없었을지라도 도덕적인 범죄는 있었다. 게다가 죽음은 죄에 대한 하나님의 법적 처벌이기에, 문제는 이미 현실적으로 존재하고 있었다. 여기서 죽음이 인간을 지배하는 우주적 권세로 의인화되어 표현되고 있기에, 그 누구도 '순수의 시대' 곧 죄가 없던 시대에 살았던 사람은 없다. 죄는 여전히 처벌되었고, 따라서 죄에 대한 책임도 드러났던 것이다.

이제 바울은 12절의 논의로 다시 돌아간다. 그들은 율법을 범하지 않았다 할지라도 아담과 같은 방식으로 죄를 지었다. 아담이 그랬듯이 그들의 죄도 여전히 도덕적인 범죄다. 아담은 사실 "오실 자의 모형"이다. 여기서 바울은 '투포스'τύπος; 모형라는 단어를 쓰는데 그것은 어떤 조각품으로 만들어진 도장에 새겨진 자국과 같은 것이다. 이 구절에서 "모형"은 구약의 인물이나 사건이 그리스도나 신약의 현실을 미리 반영한다는 것을 의미한다. 이런 의미에서 아담은 그리스도의 모형으로서 그의 행위로 야기된 영향이 그리스도를 통해 야기된 범우주적 결과를 미리 보여 주고 있는 것이다. 그 결과에 관한 내용은 15-19절에 나오고 있다.

3) 아담은 그리스도의 모형 5:15-19

바울은 14b절에서 아담이 "오실 자의 모형"이라는 논지를 굳히고 있다. 여기서 그는 그 예표론을 좀 더 구체적으로 설명하고 있다. 아담은 인류를 대표하는 사람이었다. 그는 죄로 인해 자신의 의무를 수행하지 못했다. 지금은 그리스도께서 오셔서 참 인류의 머리가 되시고 아담이 실패한 그것을 되돌리셨다. 이렇게 하여 예수님은 마지막 아담으로서 최고의 자리를 차지하신다. 아담 때문에 우리 안에 있던 하나님의 형상이 일그러졌지만, 그리스도께서는 자신을 따르는 자들에게 하나님의 형상을 온전히 회복시키셨다. 이제 이것은 두 부류의 인간이 있음을 뜻한다. 아직도 아담의 죄의 영향 아래 살며 조종 받는 사람들과, 그리스도 희생의 선물로 그 영향 아래 사는 사람들 두 종류이다. 아담과 연합하든지 그리스도와 연합하여 하나님을 섬기는 참 인간이 되든지 둘 중 하나다.

많은 사람이 죽은 것과 은혜의 선물 대조 5:15

첫 번째 대조는 "은사는 그 범죄와 같지 아니하니"라는 독특한 방식으로 나타난다. 영어 성경 NLT는 이것을 "아담의 죄와 하나님 은혜의 선물 사이에 큰 차이점이 있다"라고 잘 번역하고 있다. 14절에 나오는 '범법' 즉 기록된 법을 어기는 법률 용어와 다른 용어를 쓰는 것이다. "범죄"파랍토마, παράπτωμα는 12절의 "죄"하마르티아, ἁμαρτία의 의미로 돌아가서 도덕적 타락의 개념을 갖는다고 볼 수 있다. 그리스도의 은사가 아담의 죄와 맞닥뜨리고 있다. 그리스도 안에 있는 하나님 은혜의 은사가 아담의 죄보다 더 크다.

바울은 이것을 작은 것에서 큰 것으로 옮기는 방식으로 설명하고 있다. '~하다면 얼마나 더 크겠는가'[27]라고 하면서 그리스도의 승리가 아담의 실패보다 얼마나 더 위대한지를 보여 준다. 이 첫 번째 대조에서 아담의 죄는 죽음을 낳았고 그리스도 은혜의 은사는 "많은 사람에게 넘치는" 은혜를 가져왔다. 이 대조는 한 사람과 많은 사람 사이가 아닌 "한 사람"아담과 "한 사람 예수 그리스도" 사이를 비교하고 있다.

바울이 "많은 사람"을 대조 대상으로 하여 첫째는 아담 안에서 많은 죄인들이 죽을 것이고, 둘째는 많은 사람이 믿음으로 "하나님의 은혜와 또한 한 사람 예수 그리스도의 은혜로 말미암은 선물"에 참여하게 될 것을 설명하고 있다. 아담을 따르는 많은 사람들은 미래가 없고, 그리스도를 따르는 많은 이들은 '넘치는' 은혜를 경험하고, 강물 같은 하나님의 긍휼과 아담의 죄를 뒤엎고도 남을 사랑을 경험하게 될 것이다.

여기서 우리는 인류를 구성하는 두 부류를 보게 된다. 유대인과 이방인, 혹은 이 땅에서 문제가 되고 있는 인종적 분열과는 다른 것이다. 이런

27 더 자세한 사항은 이 장 개요를 참고하라.

인종적 차이는 더 이상 중요하지 않다. 우리는 흑인, 황인, 백인으로 구분하지만 영원의 관점에서는 두 부류로만 나뉘고 그것이 궁극적으로 가장 중요한 문제가 된다. 이 삶에서 우리가 접할 가장 중요한 질문은 "당신은 어느 부류에 속하는가?"이고 "당신의 운명은 죽음인가 영생인가?" 하는 것이다.

"많은 사람들"은 은혜카리스, χάρις와 그리스도의 선물도레아, δωρεὰ을 받은 사람들이다. 하나님 은혜만으로도 아담의 죄와 세상에 들어온 사망을 뒤엎는다. "선물"은 아주 고귀한 선물을 가리키는 강한 헬라어 단어로서 우리를 위한 그리스도의 희생의 죽으심이라는 놀라운 선물을 의미한다.

이 선물은 '넘치게' 될 것이고, 칭의와 영생으로 가득한 천국의 복으로 가득할 것이다. 이 엄청난 선물이 크리스마스의 참 의미이다. 하나님의 은혜로 가득한 크리스마스 선물은 곧 그의 아들의 생명을 우리 죄를 위해 지불하셔서 우리로 영생을 얻게 하신 것이다!

칭의 대 심판과 정죄 5:16

두 번째 대조는 첫 번째 대조와 연결이 되고 있다. 바울은 "또 이 선물은 범죄한 한 사람아담으로 말미암은 것과 같지 아니하니"라고 시작하고 있다. 분명히 이 구절의 반은 정죄와 심판을 강조하고 있다. 바울의 요점은, 비교도 되지 않는 분명한 사실 앞에서 올바른 정신이 있다면 사람들이 왜 아담의 죄 가운데 사는 삶을 선택하고 그리스도 안의 하나님의 은사를 저버리겠는가 하는 것이다. 이것은 제정신이라면 이 땅에서 사는 몇 해 되지도 않는 동안에 택하지 않을 삶인 것이다.

이 구절에는 두 가지 대조가 나오는데, 즉 죄가 끼치는 결과와 영향력의 범위에 관한 것이다. 1) 아담의 죄를 택하는 삶의 결과는 '정죄에 이르는 심판'이다. "정죄"카타크리마, κατάκριμα는 신약에 세 번 등장하는데롬 15:16, 18; 8:1 이는 죄인을 향해 선고가 내려지고 실시되는 것을 뜻한다. 이는 마지막 심판과 영원한 형벌을 가리키는 것이나, 이 혹독한 결과는 하나님과 그리스도에게서 오는 값없이 주어지는 은사카리스마, χάρισμα로 인해 무효화되고 "은사는 많은 범죄로 말미암아 의롭다 하심에 이른다"

2) 죄가 끼치는 범위에 관한 대조는 더 강렬하다. 바울은 "많은 범죄"를 강조하면서 '하나'에서 '많은'으로 단어를 바꾼다. '하나의 죄' 즉 아담의 죄가 범우주적 정죄와 심판을 가져왔다. 하지만 그리스도의 죽으심이 이 "많은 범죄"를 덮고, 믿음으로 그분께 오는 이들의 '모든' 죄를 용서하신다. 그리스도의 희생은 아담의 죄보다 훨씬 강력하고 포괄적이며 모든 사람들의 죄를 덮으신다.

사망 대 생명 안에서 다스림 5:17

이 구절은 15-16절의 첫째 아담과 마지막 아담, 죽음을 가져온 정죄와 칭의와 삶을 가져온 하나님과 그리스도의 은혜와의 대조를 종결짓는다.

12-14절의 죄와 사망의 군림이 하나님의 놀라운 은혜에 의해 해결되고 전복된다. 사망의 다스림은 범우주적이고, "범죄한 한 사람" 아담으로 말미암아 죄와 사망이 온 인류를 다스리게 되었다. 하지만 그 사망의 권세는 하나님의 은혜가 "한 분 예수 그리스도"로 말미암아 전능한 생명의 은사를 베풂으로 힘을 잃고 말았다.

"한 분" 예수의 더 강력한 행위가 아담의 행위를 바꾸어 버렸다. 바울은 하나님의 은혜로 이루신 일이 '얼마나 더' 강한지 표현하고 있다. 15절의 "은혜"가 여기서 "은혜와 … 넘치게"로 표현되어 우리 삶에 부어 주신 하나님의 은혜가 형용할 수 없으리만큼 넘치고 풍성함을 강조하고 있다. 또한 "은혜"는 "의의 선물"이 되어 하나님 앞에서 우리를 의롭다고 선언하며 새롭게 얻은 우리의 신분과 그분을 향해 사는 새로운 삶을 강조하고 있다.

바울은 구원 역사를 세 가지로 그리고 있는데, 1) 십자가에서 그리스도의 희생 제사가 아담의 죄를 뒤엎은 것, 2) 복음이 선포되고 성도들이 삶으로 구원을 실현하는 교회의 시대, 3) 마지막으로 이 시대를 끝내고 영원을 시작하는 **종말**, 이렇게 세 단계이다. 사망 권세가 완전히 전복되는 것은 미래의 일이지만 그리스도 안의 새로운 삶은 이미 시작되었고, 우리의 현재 삶은 미래를 소망하는 가운데 이어지고 있다.

정죄 대 생명을 가져오는 칭의 5:18

18-19절은 15-17의 세 절을 하나로 묶어 요약하는 것으로 볼 수 있고, 12-17절 전체를 요약하는 것으로도 볼 수 있다. 하지만 이 구절에도 여전히 대조 구조가 나오기에 나누어서 설명해 보겠다. 이 절은 12절의 '~과 같이 …로' 어구를 다시 사용하여 시작한 논의를 마무리짓고 있다. 도입부의 '그런즉'은 15-17절을 결론지으며 아담과 그리스도 사이의 '한 사람/많은 사람' 대조를 마무리짓는다. 사실 18-19절뿐 아니라 20-21절에도 마지막 세 가지 대조가 등장한다.

첫 번째 대조는 18절에서 바울이 12절에 시작한 논의를 끝낼 뿐 아니라 16-17절을 다시 반복하는 것이다. 그 구절들에서처럼 18절에서도 바울은 행위의 결과를 강조하고 있다. '한 범죄로'가 "한 사람의 범죄로문자 그대로 '한 사람을 통한 범죄'"보다는 좋은 번역이다. 한 범죄가 "모든 사람의 정죄"16절처럼를 불러왔는데 마지막 아담의 "한 의로운 행위"가 "의롭다 하심을 받아 생명에 이르게 한 것"과 대조를 이루고 있다16, 17절. 이 부분에서 바울은 칭의를 하나님을 믿는 자에게 주어지는 은혜의 선물로 설명하며, 이것은 용서를 가져올 뿐만 아니라 더 큰 삶을 선사하는 것이라 말하고 있다. 바울이 여기서 인간의 죄를 아담의 죄로 말하는지 개인의 죄로 말하는지에 대해서는 계속하여 논의가 이루어지고 있지만 12절에서 보았듯이 두 가지 모두를 가리킬 가능성이 크다.

"한 의로운 행위"는 회개한 죄인을 의롭게 하는 것일 수도 있으나 예수님의 희생적 죽으심을 가리킬 가능성이 훨씬 높다. "많은 사람"은 모든 사람을 가리키는 것이 아니고 아담을 따르는 사람들이든지 그리스도를 따르는 사람들을 가리킨다.

이 모든 것을 종합하면, 아담의 죄는 모든 사람들을 향해 하나님으로부터 정죄를 불러왔지만 그리스도의 의로운 희생의 죽음은 아담의 죄를 뒤엎고 의와 의로운 삶을 가져오고 아담을 벗어나 그리스도를 믿음으로 따르는 자들에게 영생의 선물을 가져왔다.

죄인 된 것 대 의인이 되는 것 5:19

바울은 18절에서 대조하고 있는 내용을 강조하기 위해, 19절에서 그것을 다시 반복하고 있다. 나는 19절을 이유로, 18절을 결과로 보는 의견에 동의한다. 다음의 표를 통해 시각적으로 이해해 보자.

이유 (19절)	결과 (18절)
아담의 불순종 → 죄인이 됨 →	정죄
그리스도의 순종 → 의인이 됨 →	칭의와 생명

다시 말하지만 바울은 아담과 그리스도가 그들과 연합한 자들에게 영향력을 미치는 것처럼, 한 사람과 많은 사람에게 초점을 두고 있다. 이 구절들에서 대조하는 것은 하나님과 그분의 명령, 동산에서 하나님 명령에 불순종한 아담과 그리스도 사이의 관계이다. 그리스도는 아담과 달리 "사람의여기서는 "한 사람" 모양으로 나타나사 자기를 낮추시고 죽기까지 복종하셨으니 곧 십자가에 죽으심이라"빌 2:8 하신 것처럼 말이다.

"…이 된"카디스테미, καθίστημι은 누군가를 어떤 자리에 '임명하는'이라는 뜻을 가지고 있기에, 단순히 '무엇이 되는 것' 이상으로 번역해야 한다. 아담은 그가 받은 임무를 수행하지 못했지만 그리스도는 완수하셨다. 하나님께 임명을 받은 사람들의 결과는 '죄인'이나 '의인'으로 나뉘는 것이다. 후자는 '디카이오스'δίκαιος의 두 가지 뜻을 종합하고 있다. 심판자이신 하나님에게서 의롭다 칭함을 받고 하나님을 위해 의롭게 살도록 성령에 의해 의롭게 되는 일 모두를 종합한다.

4) 죄와 은혜의 대조 5:20-21

이 마무리하는 부분은 13-14절에 율법에 관한 질문으로 다시 돌아가 아직도 율법이 그리스도인 삶에 중요한 역할을 한다고 말하는 유대인들에게 답하고 있다. 유대인들은 바울이 구원 역사를 옛 언약의 시대를 연 아담과 새 언약의 시대를 여신 그리스도의 시대로만 간단하게 나누어서 설명하는 것은 어불성설이라고 반박한다. 오히려 모세의 율법이 유대인과 이방인 모두의 구원에 여전히 중요하고 필수적인 것이라고 말하고 있다.

죄가 더한 곳에 은혜가 더욱 넘침 5:20

위와 같은 유대인들의 견해 때문에 바울은 율법에 대해 다시 정리해야 함을 느끼고 3:20의 요점을 다시 반복한다. 율법은 죄 문제를 해결할 수 없다. 율법의 목적은 사람들이 죄와 그 위험을 인식하게 하는 데 있다. 여기서 바울은 율법의 목적을 그리스도와 성령의 새로운 시대에 입각하여 설명하고 있다. 13절에서 바울은 율법의 목적은 죄가 하나님의 기준을 법적으로 벗어나는 것임을 보여 주는 것이라고 말한다. 20절에서는 "율법이 들어온 것은 범죄를 더하게 하려 함이라"고 말하고 있다. 동사 '들어오다'

혹은 "더한"은 구원 역사에 율법의 "들어온 것"을 가리키고, 죄로 물든 세상에 들어왔으나 그 상황을 바꿀 힘이 없다는 부정적 성질을 띠고 있다. 하지만 이 세상에서 하나님 은혜의 역사에 종속하여 사람들로 죄를 알게 하는 긍정적 요소도 가지고 있다.

이 구절에 나오는 추가적인 목적인 "범죄를 더하게 하려 함"이라는 부분은 조금 이상하다. 이것은 하나님이 이 세상에 죄가 더 많아지기를 원하신다는 것을 뜻하는 것이 아니고, 어떤 이들이 말하듯이 율법이 죄를 더 매력적으로 보이게 한다는 것도 아니다. 이 주장에 의하면 사람들은 율법이 금하는 것을 오히려 더 범하고 싶어한다. 일리 있는 주장이지만, 이런 견해는 이 구절의 어구에 잘 들어맞지 않는다. 율법의 목적은 죄의 숫자를 늘리는 것이 아니라 죄의 심각성에 대한 깨달음을 늘리려는 것이다. 율법의 원래 역할은 죄 문제를 해결하는 것이 아니라 죄를 보여 주어, 사람들로 하여금 자신들의 죄가 하나님의 법을 어기고 있으며 자신들의 삶과 이 세상에 죄가 만연하다는 것을 보다 더 확실하게 깨닫게 하는 것이다.

다음에 등장하는 대조는 죄 문제에 대한 해결책을 강조한다. 여기서 대조하는 참 대상은 아담과 그리스도가 아니라 아담의 죄와 그리스도의 은혜다. 바울은 "죄가 더한 곳에 은혜가 더욱 넘쳤나니"라고 말하고 있다. 많은 이들은 이 구절에서 바울이 염두에 두는 것은 율법 아래 있는 이스라엘의 위치라고 본다. 하지만 나는 이 구절이 이 부분15, 17절에 '더욱', '넘치는'에 나오는 어휘들을 종합하고 있고 따라서 인간을 향한 하나님의 놀라운 은혜와 사랑의 소식을 완결하고 있다는 의견에 동의한다. 또한 바울은 죄를 덮으시는 그리스도 구속의 은혜의 범위를 돋보이게 하고 있다. 여기서 바울은 율법 아래 이스라엘뿐 아니라 죄와 율법을 이기는 은혜 아래 있는 이방인과 유대인 모두를 포함하고 있다.

이 땅에 편만한 악을 볼 때마다 죄가 승리하는 것 같다. 지난 70년 내 인생을 돌아보면 계속해서 상황은 더 악화하는 것 같다. 내가 할 수 있는 말은 오직 하나다. "오, 주여! 어서 오시옵소서." 보는 곳마다 가득한 악의 모습 앞에 아무것도 할 수 없는 나의 모습에 절망하기도 한다. 하지만 개인적으로 엄청난 은혜를 경험해 왔고 그 은혜가 삶을 바꾸는 것도 보아 왔다. 최근에 전 세계적으로 복음이 엄청나게 퍼져 나갔고, 세계 기독교의 현장이 하나님의 은혜가 놀라운 기적의 결실을 맺고 있는 아시아로, 아프리카로 바뀌고 있다. 실로 하나님의 은혜는 '더욱 넘치고' 있다.

죄가 사망 안에서 왕 노릇 하고, 은혜가 의와 생명 안에서 왕 노릇 함 5:21

바울은 이제 하나님의 넘치는 은혜의 목적을 더 설명하면서 이 장을 마무리한다. 이 구절은 이 장의 절정에 달하면서 "죄가 사망 안에서 왕 노릇 한 것 같이12절의 요점 은혜도 또한 의로 말미암아 왕 노릇 하여3:21-4:25의 요점 우리 주 예수 그리스도로 말미암아 영생에 이르게 하려 함이라로마서 전체의 초점"라고 말하고 있다. 죄는 먼저 우리를 노예로 만든 다음6장의 요점 우리를 죽인다.

하지만 20절에서 보았듯이 죄가 우리의 모든 것을 묶지만 은혜는 이보다 더하다. 죄가 타락한 인간의 왕국을 다스리고 이 세상 모든 권세를 누리는 것 같지만, 그보다 더 큰 능력과 권세가 있다. 그것은 하나님께서 은혜, 자비, 사랑으로 다스리시는 권세다. 이 땅에서 은혜의 도구'엔'ἐν보다 '디아'διὰ를 써서 "의로 말미암아"로 표현된인 "의"의 지배 즉, "예수 그리스도 우리 주를 통하여" 이 땅에 들어오게 된 더욱 강하고 위대한 왕국이다. 이 구절에서 두 가지 요점을 보게 된다. 첫째, "의"는 포괄적인 것으로써 하나님께서 우리를 의롭다 칭하시고칭의, 성령께서 우리를 더욱 의롭게 만드셔서성화, 그분 앞에서 올바른 삶을 살게 하시는 것을윤리 의미한다. 둘째, 그리스도의 주 되심으로 승리가 가능하고, 우리는 그의 뜻을 따라 살 수 있도록 능력을 부여받았다는 것이다.

바울이 로마서 5:12-21에서 어떻게 죄가 세상에 들어오고, 우리에게 전가되고, 하나님께서 우리를 죄인으로 보시는 것에 대해 말한 것들은 구원 역사의 다른 면이다. 이 본문은 세상에서 죄가 역사적으로 진행되어 온 과정과 어떻게 죄가 그리스도만을 통해서만 패퇴할 수 있는지 말해 준다. 12절에서 죄의 발생, 즉 아담 한 사람의 행위로 죄가 이 세상에 들어온 것과, 아담 안에서 태어난 모든 사람들이 그 죄를 이어받아 죄 가운데 있게 됨을 알게 되었다. 동시에 모든 사람들은 자기 스스로 죄에 가담하기로 결심하여 아담과 연합했을 뿐 아니라 스스로 죄인이 되었다. 우리는 아담의 자손이고 스스로 죄에게 기꺼이 자신을 내 주었다. 우리는 육신의 조종을 받고 있으며, 그리스도 없이는 죄의 힘을 이길 희망이 전혀 없다.

죄의 보편적 영향은 아주 중요한 논점 중 하나로서, 바울은 아담과 모세 사이의 세상에 죄가 분명히 존재했고, 하나님의 법을 어기는13-14절 죄를 증명하는 율법이 오기 전에 죄가 있었음을 보여 주어야 했다. 죄책감과 형벌, 죽음은 아담 때부터 죄가 인류를 지배했음을 증명하고 있다.

하나님께 불순종한 아담과 순종하신 그리스도의 대조는 이 단락의 대부분을 차지한다15-19절. 기본 전제는 아담의 죄 때문에 죄인이 된 인류에게 미친 나쁜 영향들이 십자가에서 의로운 희생을 하신 그리스도로 인해 무력화하고 전복되었다는 사실이다. 하나님의 은혜는 아담의 죄에서 비롯한 죄와 사망보다 훨씬 강력하다. 아담의 불순종은 죽음을 동반하여 죄가 세상에 들어오게 했고, 이 죄와 사망이 죄인들 위에 군림하고 하나님에게서 심판과 정죄를 받아 영원한 형벌로 최후를 맞게 한다. 아담의 죄의 권세에 대한 답은, 그리스도께 우리 삶을 지속적으로 드리고 그분으로부터 힘을 얻어야 한다는 것이다. 우리 힘으로는 항상 질 수밖에 없다.

십자가에서 삶을 바치라는 하나님의 명령에 그리스도께서 순종하시어 죄와 사망의 지배를 꺾으시고, 죄가 믿음으로 그리스도께 오는 이들에게 더 이상 역사하지 못하게 하셨다. 그리스도의 의로우신 희생으로 하나님의 은혜는 극대화하였고, 그분께 돌아오는 많은 이들에게 의로움을 선사하셨다. 그 결과 성도들은 이 땅에 살면서도 의로운 삶을 살고 하나님의 풍성하심을 경험하며, 앞으로뿐 아니라 지금도 영생을 누리게 되었다. 우리는 삶을 그리스도께 맡기고 우리 안에서 그의 의를 경험해야 한다. 그래야 우리 안에 있는 아담의 영향력을 극복할 수 있다.

영광스러운 사실은 이 땅의 죄와 사망의 강력한 권세가 하나님의 은혜의 권세로 무력화하였다는 것이다20-21절. 죄가 이 땅에서 발길을 딛고 늘어갈 때 그리스도 안의 하나님의 은혜와 인간을 향한 희생의 선물은 그분을 믿고 자기 삶을 드리는 사람들에게 의와 생명을 가져다 줄 것이다.

3. 그리스도 안의 새 생명으로 죄에 대해 죽음 6:1-14

첫 번째 큰 단락에서롬 1:18-5:12 바울은 죄와 구원에 관한 복음의 한 면을 발전시키면서 인간의 완전한 타락을 보여줌과 동시에1:18-3:20 하나님의 능력과 은혜가 더욱 강력함을 보여 주었다. 하나님께서 자기 아들을 십자가에서 속죄제물로 주시고, 이로 인해 심판자이신 하나님께서 의롭다 하시고 죄를 용서하시게 되었다3:21-5:11.

이전에 구속과 성화에 관해 다룬 부분은 구원 과정에 나타나는 법적 측면을 보여 주면서 그리스도께서 죗값을 치르셔서 어떻게 죄가 용서되고 구원이 이루어졌는지를 묘사했다. 이 장에서는 구원의 결과로서 그리스도인의 삶에 나타나는 죄에 대한 승리를 다루게 될 것이다. 죄는 우리를 억누르기 위해 쳐들어오는 군대와도 같지만, 그리스도께서는 성령을 통해 우리를 집어삼키려는 그 세력에게서 우리를 자유롭게 하신다.

그리스도의 거듭난 제자들로서 우리는 새로운 삶을 시작했다. 우리는 옛 습관과 생각하던 방식을 벗어버리는 과정에 있다. 오랜 삶의 주소를 바꾸고 새로이 천국 시민이 되었다빌 3:20; 엡 2:19. 성화는 하나님 자녀가 되어 가는 것과, "그 아버지 하나님을 위하여 우리를 나라와 제사장으로 삼으신"계 1:6 새로운 사명을 배워 가는 과정이다.

칭의는 성화가 시작되는 순간인데, 그때 우리는 의로운 새 삶에 들어가게 된다. 이 장은 그 과정이 우리 안에서 어떻게 일어나는지 말해 준다. 우리는 어둠의 지배에서 벗어나 하나님의 빛의 나라로 들어왔고, 이것은 우리 삶에서 강권적으로 역사하시는 성령님의 임재 가운데 죄를 이기는 삶을 요구한다.

이 장은 성화에 대하여 두 단락으로 구성되는데, 1절과 15절에서 수사학적 질문들로 나뉜다. 첫 부분1-14절은 성도들이 어떻게 죄에 대하여 죽고 그리스도 안에서 하나님께 대하여 살았는지를 설명한다. 두 번째 부분15-23절은 하나님의 사람들이 어떻게 죄의 노예 상태에서 벗어나 의의 노예가 되었는지를 설명한다. 하지만 성도들이 죄에서 완전히 자유한 것은 아니다. 죄가 우리의 주인이 아닌 것은 맞지만, 여전히 죄는 우리를 넘어뜨리려고 안간힘을 쓰는 지금도 활동하는 힘이다. 그리스도와 성령의 힘으로 우리는 그분이 만드신 새 생명의 삶을 더욱 누릴 수 있게 된다.

1) 죄를 계속 지어야 하는가, 말아야 하는가? 6:1

이 장을 시작하는 수사학적 질문은 5:20-21에 나오는 죄가 많은 곳에 은혜가 더 많아진다는 내용을 토대로 만든 것이다. 여기서 은혜가 풍성하려면 죄를 더 많이 지어야 한다는 잘못된 해석이 나올 수도 있다. 실제로 누군가 이렇게 해석했다는 증거는 없다. 바울은 자신의 요점을 말하기 위해 이런 질문을 했을 것이다. 아니면 바울의 주장을 비난하는 유대 반대 세력에 대항하여 말한 것일 수도 있다. 확실한 것은 없다.

"무슨 말 하리요"는 3:5; 4:1; 7:7; 8:31; 9:14에서 나오는데, 이는 항상 아니라는 대답을 염두에 둔 질문이다. 3:20에서 바울은 엄청나게 풍성한 은혜가 그리스도를 통해 죄인들에게 주어진다고 말했다. 이 기쁨의 약속에 대하여 잘못 이해하고 죄를 계속 지으면문자 그대로 "죄에 거하면" 더욱 큰 은혜를 받으리라고 오해할 가능성이 있다. 이때 위험한 것은 그들 삶에 죄가 더욱 군림할 것이라는 점이다. 우리는 동시에 두 왕국에서선과 악 살 수 없다.

2) 죄에 대하여 죽은 우리 6:2-5

바울은 "그럴 수 없느니라"고 대답한다3:4, 6, 31; 6:15; 7:1, 13; 9:14; 11:1, 11를 참고하라. 죄를 지어 하나님께 은혜를 더 받는다는 것은 있을 수 없는 일이다. 도리어 이것은 우리를 하나님에게서 더 멀리 떠나게 하는 것이다. 우리는 "죄에 대하여 죽은" 사람들이다. 따라서 질문은 "어찌 우리가 그 가운데 더 살리요"가 되어야 한다. 이것은 단순히 죄를 계속 짓는 것을 원하지 말아야 한다는 정도가 아니다. 우리는 진실로 그리스도 안에서 죄에 대하여 그와 함께 죽었기 때문에 더 이상 죄 가운데 살 수 없다. 우리는 하나님의 가족 안에 사는 사람들이므로 죄를 지으면서 살 수 없는 것이다.

더 이상 죄 가운데 살 수 없다 6:2

바울이 "죄에 대하여 죽은"이라고 말한 것은 중생을 가리키는 것으로서, 그리스도 안에서 죽음이 패배한 것을 의미한다15-19절. 우리는 죄의 능력 안에 머물지 않고 앞으로 나올 구절들인 6절"죄의 몸이 죽어", 11절"죄에 대하여는 죽은 자요 하나님께 대하여는 살아있는 자", 그리고 14절"죄가 너희를 주장하지 못하리니"처럼 된 것이다. 하지만 죄가 신자들에게 미칠 영향력이 없어진 것은 아니다. 그리스도인들도 죄의 유혹을 받고 가끔 거기에 넘어가기도 한다. 하지만 죄가 더 이상 안에서부터 능력을 행사하지는 않는다. 외부에서 오는 영향력으로 우리를 그리스도에게서 멀리 떨어지게 한다. 다음 5-7절에서 언급될 '옛 자아/새 자아'에서 이를 살펴볼 것이다엡 4:22-4; 골 3:9-10에도 나와 있다.

따라서 "우리가 어찌 그 가운데 더 살리요." 그리스도께서 십자가에서 속죄의 일을 행하셨을 때 하나님의 능력의 손이 우리를 품으시고, 우리가 믿음으로 그분께 돌아갈 때 하나님께서 그분의 피를 우리에게 적용하셔서 우리는 용서 받고, 심판대 앞에서 의롭다 칭함을 받았다. 그때 죄는 "죄에 대하여 죽은" 우리를 누르던 능력을 상실했으나 여전히 우리를 향한 전쟁을 지속하고 있다. 그리스도께서 우리 안에서 계속 일하시는 능력이시지만, 죄도 유혹을 통해 외부에서 지속적으로 일하고 있다.

침례세례 - 그리스도의 삶과 죽으심을 나눔 6:3-4

두 번째 수사학적 질문이 그리스도 안의 승리에 대한 유추를 이끌어 내고 있다. "무릇 그리스도 예수와 합하여 침례세례를 받은 우리는 그의 죽으심과 합하여 침례세례를 받은 줄을 알지 못하느냐." "알지 못하느냐"라는 문구는 초대교회가 침례세례를 그리스도와 함께 죽고 사는 것을 상징하는 예식으로 여기고 있었음을 보여 주고 있다. 동사 '밥티조' βαπτίζω는 물에 완전히 잠기는 것을 의미하고,[28] 따라서 "그의 죽으심과 합하여"라는 표현은 물속에 잠긴다는 개념에서 기인하고 있다.

바울은 이러한 유추를 통해 독자들이 "죄에 대하여 죽는 것"이 무슨 뜻인지를 좀 더 깊게 이해할 수 있도록 돕고 있다. 중생은 지상명령에 따라마 28:19; 행 8:16; 19:3, 5; 갈 3:27 참조 "그리스도 예수와 합하여" 침례세례를 받는 것을 의미한다. 어떤 이들은 이것을 참조적인 의미로"예수에 대하여 침례(세례)를 받은" 보는 경우도 있으나, 마태복음과 로마서 6장의 관점으로 볼 때는 예수님과 연합하거나 그리스도에게로"그리스도에게로 (~함께 연합하여)" 침례세례를 받는 것이라고 보는 것이 더 정확하다.

침례세례는 우리가 그리스도와 완전히 연합하는 것을 상징하므로, 우리는 그분과 함께 죄에 대하여 죽었다. 따라서 침례세례를 받을 때 그리스도의 죽음과 연합하고 새롭게 구속받고 의롭다 칭함 받은 삶에 들어온 것이기에, 우리는 더 이상 죄의 권세 아래 살고 있지 않다2절. 우리는 삶 속에서 그리스도와 성령의 임재로 죄를 이길 수 있는 힘이 있다. 하나님께서 '피할 수 있는 길'을 주셨기 때문에 견딜 수 있고 죄를 이길 수 있다고전 10:13.

바울은 4절에서 이것을 더 확실하게 설명하고 있다. "그러므로 우리가 그의 죽으심과 합하여 침례세례를 받음으로 그와 함께 장사되었나니." 물속에 들어갈 때 우리는 예수님의 죽음과 합할 뿐 아니라 그분과 함께 장사된 것이다. 어떤 이들은 이 부분에서 예수님이 실재로 침례세례 의식 가운데 임재하신다고 주장하고 있으나, 여기서 초점은 침례세례 자체에 있기 보다는 그리스도와 연합하는 것에 있다고 보면 된다. 바울은 그리스도와 장사되는 방법을 말하는 것이 아니라 그 의미를 말하고 있는 것이다. 게다가 그리스도의 죽음과 부활을 침례세례 의식 때마다 반복되는 것으로 생각하

28 바울은 '밥티조'가 침수례인지, 세례인지 논란을 이끄는 것이 아니고 은유적으로 설명하는 것이다.

는 것은 과도한 해석이고 이 본문의 문맥을 넘어서는 잘못된 생각이다.

침례세례를 통해 "그와 함께 장사되는 것"의 의미에 관해 더 많은 견해들이 있다. 한편으로 침례세례는 옛 자아를 벗고 새 삶을 결심하고 그리스도와 함께 살아가는 것을 결심할 때 영원한 삶으로 옮기는 것을 의미한다고 본다. 침례세례는 그리스도와의 장사를 이루게 하는 도구 '~으로'διά의 역할을 하고 있다. 침례세례를 통해 우리는 중생에 있어서 그리스도의 죽으심과 이 땅에 장사됨에 참여하는 것이다.

베드로전서 3:21이 이 논의에 있어서 중요하고도 어려운 본문이다침례(세례)가 "너희를 구원하는 표". 로마서와 베드로전서의 이 두 구절에서 중생과 침례세례가 연합된 경험으로 나오지만, 그렇다고 침례세례가 구원의 기초그리스도의 속죄 제사가 구원의 기초가 된다거나 구원받을 자격을 주는 것은 아니다그리스도를 믿는 믿음이 줌. 오히려 침례세례는 구원을 인증하는 도장 같은 역할을 하고 우리가 죄에 대해 죽었음을 시각적으로 설명해 주는 것이다. 구원받는 것에 있어서 침례세례는 필수 요건은 아니지만 구원의 경험에 있어 필요한 부분이다.

4절의 두 번째 부분이 분명히 말하는 것은 침례세례가 예수님의 죽으심에만 참여하는 것이 아니라 그의 부활에도 참여한다는 것이다. "아버지의 영광으로 말미암아 그리스도를 죽은 자 가운데서 살리심과 같이 우리로 또한 새 생명 가운데서 행하게 하려 함이라." 그리스도는 "아버지의 영광으로 말미암아" 부활하셨기에 우리를 그와 같은 영광으로 인도하실 것이다. 우리는 지금 그분 안에서 영화롭게 되었지만, 미래에 더욱 영화롭게 될 것이다.

고린도전서 15:20, 23에서 그리스도 안에서 새로운 삶을 가능하게 하는 열매 맺는 제사로서 그리스도께서 부활의 "첫 열매"가 되셔서 우리 가운데 가장 먼저 부활하셨다아래 5, 6절의 주제. 이 부활의 경험은 두 단계로 나뉘는데, 첫 번째는 지금 현재 부활의 삶을 누리는 것이고, 두 번째는 예수께서 재림하셔서 세상 역사를 끝내시고 영생을 시작하실 때의 마지막 부활이다.

결과히나, ἵνα; ~하려는 우리가 중생과 동시에 부활의 경험에 동참하고 그분 안에서 "새 생명 가운데서 행하게"문자 그대로 "새 생명 가운데서 걷는" 되는 것이다. 이는 우리 일상에서 더욱 그리스도를 닮아가면서 얻게 되는 새로운 삶의 방식과 우선순위를 드러내는 것을 의미한다. 로마서 8장에서 바울이 말했듯이 우리는 육신보다는 성령 안에서 삶을 살기를 시작해야 한다.

결론: 그의 죽으심과 부활에 연합 6:5

바울은 그리스도의 죽으심과 부활에 동참하는 것이 무슨 의미인지 좀 더 명확하게 하고 있다. "만일 우리가 그의 죽으심과 같은 모양으로 연합한 자가 되었으면 또한 그의 부활과 같은 모양으로 연합한 자도 되리라." "만일"에이, εἰ은 전제하고 있는 것을 추측하는 것인데, 여기에는 "그의 죽으심과 같은 모양으로 연합한 자"의 의미에 대한 질문이 있다. "모양으로"는 어떤 것의 형상이나 그것을 복제한 것을 의미할 수 있고, 만약 그렇다면 침례세례가 예수 그리스도의 죽으심과 부활하심의 모형이라는 것인데, 그것은 의문스러운 해석이다. 침례세례 자체보다는 우리가 그리스도와 함께 연합한 사실과 침례세례가 의미하는 연합에 중점이 있다.

"모양으로"를 예수의 죽으심 뒤에 숨겨진 관념보다는 죽으심의 "형상"을 의미한다고 보는 것이 더 나은 듯하다. 바울은 로마서 여러 곳에서 형상을 언급한다. 곧 1:23동물 모양의 우상, 5:14아담의 오실 자의 모형, 8:3하나님께서 자기 아들을 "죄 있는 육신의 모양으로"이다. 우리가 "그의 죽으심과 같은 모양"을 경험했다는 뜻이다. 우리는 그의 죽으심과 합함으로써 새 생명을 시작했다. 이것이 우리가 죄와 함께 따라온 삶의 옛 습관에 대하여 죽은 방식이다.

우리가 그의 죽으심과 합하였다면 우리는 "또한 그의 부활과 같은 모양으로 연합한 자도" 될 것이다. 여기서 질문은 "되리라"가 현재의 새로운 삶의 경험인지, 그리스도와 마지막 부활하는 것을 의미하는지이다. 나는 둘 중 하나라고 생각하지 않는다. 이것을 이미 일어났지만현재의 새로움, 4절, 아직 일어나지 않았다는미래의 새로운 삶, 8-10절 **종말론적** 방식으로 해석을 해야 한다.

오늘날 이 진리가 절실히 필요하다. 많은 성도들이 거룩하기보다 세속적인 것, 그리스도의 것보다 현재의 쾌락을 더 중시하고 있다. 기독교의 참된 의미가 우리 삶의 보좌에 계신 그리스도보다 자기 자신에 중심을 두고 있는 세속적 관점 때문에 빛을 잃고 있다. 그리스도를 따르는 이들은 이 장에 나오는 내용을 확실히 이해하면서 우리 삶에 정말 중요한 것이 무엇인지 분명히 깨달아야 한다.

3) 우리 옛 자아가 그리스도와 함께 못 박힘 6:6-7

6절이 5절의 그리스도와의 죽음에 대한 내용을 이어가고 다른 개념을 사용하여 같은 말을 하고 있다는 것이 보편적인 의견이다. NASB같은 번역들은 6절을 5절의 종속절로 보고 "알거니와 우리의 옛 사람이"라고 번역한다KJV, NKJV, LEB도. 하지만 나는 6절이 새로운 문단6-10절을 시작하는 구절로서 그리스도와 죽고 사는 것에 대한 의미를 더 깊게 해석하는 것이라는 의견에 동의한다. 시작하는 부분6-7절은 죄에 대하여2절 그리스도와 함께 죽은 것의 결과에 초점을 두고 있다. 바울은 3절 내용을 반복하고 "우리가 알거니와"는 로마 교인들이 배운 중요한 내용들을 가리킨다.

바울은 "우리의 옛 사람이 예수와 함께 십자가에 못 박힌 것"이라 하면서 그리스도와의 죽음의 뜻을 은유적으로 다시 반복하고 있다. 주로 이 구절을 자기 자신에 대해 개인적으로 죽고 중생 후에 그리스도 안에서 새로운 삶을 사는 것을 가리킨다고 해석한다. 어느 정도는 맞는 말이지만, 이것은 공동체적 구원 역사로 보는 것이 더 낫다. 이것은 그리스도께서 성육신과 우리를 위한 죽으심으로 이 땅에 도래하게 하신 새로운 시대를 가리키는 것이다.

"옛 사람"은 죄의 권세 아래 있는 아담에 속한 인류를 가리킨다. 이 옛 삶은 믿음으로 그리스께로 돌아가고 그분과 함께 죄에 대하여 죽을 때 "그리스도와 함께 십자가에 못 박히게" 되는 것이다. 그리스도는 우리의 죄를 십자가에서 짊어지셨는데, 그것은 우리가 영적으로 그리스도와 함께 십자가에 달렸음을 뜻한다. 이런 의미에서 예수님과 연합하여 죄에 대하여 죽을 때 우리는 십자가에 못 박힌 것이고, 옛 시대는 더 이상 없다.

그 결과 죄는 더 이상 우리 삶을 지배하지 않는다. 하지만 죄는 "몸"을 통해 지금도 우리를 유혹한다롬 7:5; 8:3-8, 12-13. 신자들은 아담보다는 그리스도 안에 있고 따라서 "새로운 자아"에 속해 있다엡 4:24; 골 3:10. 에베소서 4:22에 바울은 "유혹의 욕심을 따라 썩어져 가는 구습을 따르는 옛 사람을 벗어" 버려야 한다고 말한다.

우리는 죄의 권세 아래 놓여 있지 않지만 여전히 그것에 끌려가려는 경향이 있기에 죄에 항상 저항해야 한다. 여기서 그리스도와 못 박힌 것의 두 가지 목적'히나', ἵνα; ~하려이 제시된다. 첫째 목적은 "죄의 몸이 죽어 다시는 우리가 죄에게 종노릇 하지 아니하려"는 것, 좀 더 정확하게는 '죄가 힘을 잃게 하는 것'이다. 옛 자아가 "예수와 함께 십자가에 못 박힌 것"으로 죄가 그 힘을 잃고 무효화하였다. '무효화하다'카타르게오, καταργέω는 '파괴되다', '살해되다'라는 뜻을 가지고 있는데, 여기서는 '효력을 잃어버리다'로 쓰여서 우리를 조종하던 힘이 없어진 것을 의미하는 것으로 보인다. "죄의 몸"은 육체가 아니라 '죄에 지배를 받는 사람 전체'를 의미한다.

더 이상 죄에 지배를 받지 않는다면 왜 그리스도인들이 아직도 죄에 빠지겠는가? 이유는 우리 안에 있는 죄의 성향, 즉 육신7:5, 25; 8:3-8에 있다. 죄는 더 이상 우리를 짓누를 수 없지만 우리를 속일 수는 있다. 사탄은 우리를 억누르지 못하지만 속임수로 무장한 채 활동하고 있다계 12:9; 20:3, 8, 10. 사탄은 한마디로 "이 세상의 신"고후 4:4이지만 이 세대에 속한 사람들의 신일 뿐, 신자들을 다스리는 신은 아니다. 그는 신자라 할지라도 자신의 사탕발림에 속는 사람들을 넘어뜨린다.

두 번째 목적은 "우리가 죄에게 종 노릇 하지 아니하려 함"이다. '죄의 종'이란 죄가 삶을 조종하고 노예 삼은 아담 안에 있는 이들의 정체성을 일컫는다. 그들은 1:18-32에 열거되고 있는 죄악의 열정에 노예가 된 사람들이다. 하지만 이 죄인들이 믿음으로 그리스도께 돌아오고 그분과 함께 죄에 대하여 못 박히고 장사된다면 자유롭게 되는 것이다. 우리는 더 이상 아담이 아니라 그리스도 안에 있고5:12-21, 우리 안에 있던 아담의 죄가 힘을 잃고 새로운 삶을 시작할 수 있게 된다.

7절은 이 놀라운 약속이 왜 참인지를 설명한다. "이는 죽은 자가 죄에서 벗어나 의롭다 하심을 얻었음이라." 여기서 우리는 그리스도와 함께 못 박힌 것'죽은 것'이 결과적으로'죄에서 자유함' 어떻게 연결되는지 보게 된다. 동사 "벗어나"데디카이오타이, δεδικαίωται는 3:20, 24에 쓰인 "의롭다 하심"과 같은 단어이다. 따라서 많은 이들이 이 구절을 그리스도 안에서 죽은 사람은 '무죄 선고를 받았다'라고 해석한다. 하지만 그것은 문맥상 맞지 않고, 그리스도와 함께 죽은 사람이 '자유하게' 되었다, 혹은 죄의 권세에서 자유를 맞았다고 해석하는 것이 더 바람직하다.[29] 물론 이 두 가지 해석이 모두 잘 들어맞는데, 칭의가 용서로 이어지고 죄의 노예 상태에서 자유롭게 하기 때문이다.

29 완료시제와 수동태(하나님에 의해 '자유롭게 됨')를 써서 그리스도 안의 새로운 삶의 상태를 설명한다.

4) 그리스도와 죽음은 그와 함께 사는 것을 의미 6:8-10

부활의 삶의 확실함 6:8

바울은 그리스도와의 죽음에 관한 윤곽을 잡고, 그리스도와의 삶의 중요성에 관한 설명을 발전시킨다. 8절에 "만일"은 사실에 대한 조건부로, 중생이 이미 사실적으로 일어났음을 가정하고 "우리가 그리스도와 함께 죽었기에"로도 번역할 수 있다. 우리의 옛 자아가 진정으로 그리스도와 함께 죽었기에6절 "또한 그와 함께 살 줄을" 믿는다. 3-4절에서 언급되었듯이 그리스도의 죽으심에 참여하는 것이 그의 부활과 부활의 삶에 참여함으로 이어지는 것이다.

5절에서처럼 이 부활이 현재 삶을 의미하는 것인지, 아니면 영원을 설명하는 마지막 부활의 삶인지 질문이 있다. 두 가지 삶 모두 4절의 "새 생명"에서 나오는 것이고, '이미 그러나 아직'already/not yet의 신학적 개념으로 이해할 수 있다. 하지만 나는 4-5절이 현재적 삶을 의미하고 8절을 마지막 부활의 삶으로 이해하는 것이 더 좋다고 본다. 5절의 말을 빌리자면, 그리스도를 부활하게 하신 영광이 우리 또한 마지막 부활을 하게 하고 따라서 우리의 미래도 참으로 영광스러울 것이다.

그리스도의 예: 사망이 다시 다스리지 못함 6:9-10

죄의 세상을 이길 수 있는 힘은 그리스도께서 죄와 사망을 완전히 이기신 것을 아는 지식에서 오고, 이것이 우리가 그분 안에서 완전히 안전하게 한다. 다섯 번째로2:2; 3:19; 5:3; 6:6 다음으로 바울은 중심 되는 진리를 우리가 "앎이로라"라고 표현한다. 그리스도는 만유의 주이시고5:1, 11, 21, 죽음이 그를 더 이상 "주장하지" 못한다. 옛 시대옛 자아, 6:6는 끝났고, 새로운 시대 즉 그리스도 안에 사는 삶을 시작했다.

그리스도는 우리 "부활의 첫 열매"고전 15:20, 23로 부활하셨고, 죽음이 더 이상 우리를 지배하지 않는다. 예수님은 "다시 죽지 아니하시고", 우리의 죽음은 단순히 육체적인 것이며, 우리는 죽는 순간에 주님 존전에 있을 것이며고후 5:1-10. 죽음 후에 죽음의 방에 잠시 있을 것이라는 생각은 잘못된 것으로서, 우리는 "몸을 떠나 주와 함께" 있을 것이며고후 5:8; 빌 1:21-23, 그와 함께 살 것이다8절. 그의 부활하심이 우리의 부활도 보장하기 때문이다. 우리는 거듭날 때 그분의 부활에 영적으로 참여하였기에 우리도 죽음을 이길 것이고, 그가 재림하실 때 우리도 영생에 완전히 들어갈 것이다.

바울은 10절에서 이 영광스러운 약속을 더 깊이 다루면서 다음의 엄청난 진리를 말해 준다. "그가 죽으심은 죄에 대하여 단번에 죽으심이요 그가 살아 계심은 하나님께 대하여 살아 계심이니." 이 구절은 우리가 왜 죽음이 그리스도를 "주장하지" 않을 수9절 있는지를 설명한다. 이 생각의 논리는 아담의 죄로 사망이 세상에 들어와서 지배하게 된 것을 설명한 5:12-21에서 시작한다. 죄의 지배는 그리스도께서 이 땅에 오시기까지 계속되다가, 그의 죽으심으로 죄를 이기시고 그의 부활로 사망을 이기시는 것으로 끝이 난다. 이것이 우리가 "죄에 대하여 죽는"2절 비결이다.

이 구절 첫 부분에서 중요한 것은 예수께서 부활로 죽음을 이기셨을 뿐 아니라 십자가에서도 죄를 이기셨고, 이것을 "단번에" 이루셨다는 것이다. 이 "단번에"라는 말은 히브리서 핵심7:27; 9:12; 10:10 문구로서 예수님의 죽으심이 죄와 사망의 지배를 단번에 그리고 영원히 끝내셨음을 뜻한다. 죄와 사망은 여전히 이 세상에 있는 악의 힘이고, 요한계시록에서는 요한이 마귀의 형상으로 묘사하고 있지만계 6:8; 20:14 그것들은 이미 꺾인 권세이며 그리스도께서 우리를 위해 그것들에 대해 '단번에' 승리하셨다.

바울은 여기서 하나님과 죄를 신중하게 대조하고 있다. 죄는 패배한 적이고, 그리스도를 생명으로 부활하게 하신 것은 "아버지의 영광"4절이다. 죄와 사망이 그 능력을 상실했기에 '생명'에 새로운 깊이와 의미가 더해진다. 예수께서 "첫 열매"로 부활하셔서 이 새로운 삶에서 그분과 함께하며 "하나님께 대하여" 사는 삶을 보장하고 계신다. 우리는 더 이상 죄와 사망의 지배 가운데 살지 않고 하나님을 위한하나님을 '향한'보다 나은 삶을 영원히 살게 된다. 예수께서 마지막 숨을 내쉬시고 십자가에서 그의 영혼을 하나님께 맡기셨을 때, 그는 이전의 영광으로 돌아가셔서 우리로 그 영광을 함께 누리도록 길을 닦아 놓으셨다.

5) 이것이 신자의 삶에 대해 가지는 의미 6:11-14

8-10절에서는 이 세상에 새로운 생명을 주시는 죄와 사망에 대한 그리스도의 기념비적 승리에 초점을 두고 있었다. 이제 바울은 이것이 그리스도를 믿는 사람들에게 어떤 의미인지를 파헤친다. 바울은 초점을 3인칭그에서 2인칭너희들으로 바꾸어 그리스도의 죽으심과 그분의 백성을 위한 부활의 결과를 설명하고 있으며, 교훈가르침에서 명령으로 전환하고 있다.

이 구절 초반에 "이와 같이"로 시작하며 바울은 예수님의 엄청난 구원의 역사를 신자의 삶과 비교하고 있다. 여기서 바울은 로마 교인들로 그리스도인의 삶을 지속하도록 권면하고 있다. 승리의 삶을 사는 데는 네 단계가 있다. 네 자신을 죄에 대하여 죽고 하나님께 산 것으로 여겨라11절; 죄가 너의 죽을 몸에 왕 노릇 하지 못하게 하라12; 죄에게 너의 지체를 내주지 말라13a절; 네 삶의 모든 부분을 하나님께 드리라13b절. 이런 삶의 결과는 죄에 대한 승리이며, 14절에서 바울은 이에 대하여 선언하고 있다.

죄에 대해 죽고 하나님을 향하여 살게 됨 6:11

바울은 2절과 그리스도 안에서 우리가 "죄에 죽었다"는 사실을 기초로 이 구절의 첫 명령을 전개하고 있다. 바울은 "너희 자신을 죄에 대하여는 죽은 자"로 여기라고 명한다. 동사 '여기다'로기조마이, λογίζομαι는 4:3-4에서 아브라함의 믿음이 의로 "여겨지거니와"라고 할 때 사용된 단어와 같다. 우리는 우리 자신을 예수 그리스도의 죽으심과 연합한 것을 토대로 죄에 대하여 죽은 것으로 여겨야 한다. 예수님은 그저 죄를 이기신 모범 정도가 아니시다. 우리가 그와 함께 있기에5절 우리도 이기는 것이다.

"여길지어다"는 현재 명령형으로, 우리는 죄에 대해 죽었으나 삶에서 죄의 능력에 대해 죽었다는 사실을 지속적으로 상기해야 한다는 것이다. "죄의 몸"은 죽었으나6절 아직도 침략하는 군대처럼 우리를 다스리고 노예 삼으려 하기에, 우리는 유혹이 올 때마다 우리가 죄에 대해 죽었다는 사실을 의지적으로 상기해야 한다.

죄를 이기는 방법은 그리스도 예수 안에 거하는 것이다. "그리스도 안"이라는 문구가 바울 서신에서 150번 이상 등장하는데, 두 가지 의미를 가진다. 하나는 그리스도와의 연합이며, 다른 하나는 그의 몸 즉 교회에 속하는 것이다. 지금까지 살핀 6장의 모든 것-장사되고, 못 박히고, 죽고, 사는 것-은 그리스도와 완전한 연합을 이룸으로 그리스도 안에서 일어난다.

죄가 우리를 다스리지 못함 6:12

우리가 죄에 대해 죽었고, 그 사실을 지속적으로 상기할 때2, 11절 우리는 육신의 충동을 절제하고 "죄가 너희 죽을 몸을 지배하지 못하게 하여 몸의 사욕에 순종하지" 못하게 할 수 있다. 여기서 "몸"은 물리적인 몸뿐 아니라 전인격을 뜻한다. 우리는 삶의 모든 영역을 다스려 죄가 우리를 "지배하지 못하게" 해야 한다. "몸"은 유한한 인간의 상태를 강조하는 것이다.

우리의 타락한 몸은 육신 혹은 죄성을 느끼기 쉬우므로 그리스도께서 주시는 힘을 온전히 의지해야만 한다. 이 구절은 "지배하지 못하게 하여"라는 현재적 금지 혹은 "어느 때라도 다스리지 못하게 하여"라는 절대적

금지를 포함하고 있는데, 초점은 그리스도인의 삶의 일반적 결정에 있기에 후자의 번역이 더 문맥에 들어맞는다고 본다.

이 구절은 5:12-14에 죄와 사망이 아담의 범죄로 인해 인류를 지배하게 되었다는 내용을 배경으로 한다. 6:2-10에서 우리는 그리스도를 믿는 자들이 그리스도와 그의 승리와 연합하여 죄의 왕국을 떠났음을 배웠다. 이 단락에 나타난 것은 "죄가 너희를 주장하지 못하리니"라는 약속이다14절. 그리고 이 약속은 우리가 "지극히 크신 능력"엡 1:19을 입을 때 나타나는 것이다. 하나님은 그리스도 안에서 우리 삶 가운데 그 능력을 사용할 수 있도록 예비해 놓으셨다. 그래서 우리는 죄의 유혹에 등을 돌리고 "몸의 사욕에 순종하지" 않는 힘을 받게 될 것이다. 이것은 육체의 정욕뿐 아니라 자기중심적인 육체의 모든 욕망1:24; 7:7-8을 참조하라을 일컫는다. 이런 욕망들은 하나님의 뜻에 반하는 것이기에 우리가 반드시 피하고 거부해야 한다.

악에게 자신을 내어주지 말라 6:13a

죄가 우리 안에서 왕 노릇 하지 못하게 하기 때문에12절, 더 나아가서 "너희 지체를 … 죄에게 내주지" 말아야 한다. "너희 지체"는 문자 그대로 "너희 몸의 지체"를 의미하지만, 6절과 12절에서처럼 신체 기관이 아니라 우리 안의 각종 능력을 가리키는 것이다. 바울은 우리가 하나님의 영광을 위해서 우리의 행동과 능력들을 다스리고 악한 결과가 나오지 않도록 해야 함을 말하고 있는 것이다.

'불의의 무기로 내주다'라는 말은 군대 무기로 무장하고 독재자에게 복종한다든지 지도자나 주인을 섬기는 개념을 품고 있는 것으로 해석할 수 있다. 그 중에 군대 무기를 빗댄 은유가 이 구절의 해석에 가장 적합하며 바울이 뜻하고자 한 군대의 공격적 모습을 제일 잘 드러낸다. 우리는 악을 위해 무기를 사용하는 군대의 용병들이 아니다. 독재자의 군림은 십자가에서 무너졌고, 사탄은 자기 군대에 우리를 동원할 수 없다. 우리는 사탄보다 더 큰 능력으로 자유로워졌기 때문이다.

하지만 여전히 우리는 유혹에 넘어질 때마다 패배할 수 있다. 우리 힘으로 죄를 이길 수 없다. 우리는 반드시 그리스도를 의지하고 승리를 얻을 수 있는 힘을 주시는 성령을 의지해야 한다.

하나님께 삶의 모든 영역을 내어 드리라 6:13b

여기는 이 구절 초반에 악을 섬기지 말라는 내용에 상응하는 부분이다. 바울은 악을 섬기는 대신에 "너희 지체를 의의 무기로 하나님께 드리라"고 지시하고 있다. 우리는 사탄의 군대에 입대하기를 거부한 대신 하나님 나라의 군사가 되기로 자원했다. 구약의 "만군의 여호와"삼상 1:3, 11; 왕하 19:31는 '하나님 나라의 군대장'을 의미하고, 요한계시록 17:14과 19:14는 성도들이 마지막 전쟁에서 하나님 나라 군대에 합세하는 것을 그리고 있다. 우리는 영원의 모습을 드러낼 영적 전쟁 속에 있으며, 에베소서 6:10-18처럼 "어둠의 영적 세력"들에 대항한 전쟁에 모집된 것이다. 우리는 천국 시민이고 하나님께 속해 있고, 이스라엘 군사로서 새로운 이스라엘인 교회의 군사들이다.

우리는 "사망에서 생명으로" 옮겨졌다. 죄의 나라에서 의의 나라로 옮겨졌다는 말이다. 따라서 우리가 있는 곳은 빛의 왕국이고, 우리는 악한 것이 아닌 선한 것을 섬긴다. 우리는 영의 눈이 열려 무엇이 빛에 속하고 무엇이 악에서 나오는 것인지 분별하고, 반드시 빛 가운데로 걸어야 한다.

따라서 바울은 "너희 지체를 의의 무기로 하나님께 드리라"고 말하고 있다. "너희 지체"는 우리 자신의 모든 부분을 말하는데, 우리 자신이 아닌 하나님을 섬기기 위한 우리의 모든 능력을 다 포함하는 것이다. "의"는 로마서에서 중심을 차지하는 단어로서 법적인 칭의를 통한 하나님과 법적으로 올바른 관계 혹은 도덕적 하나님을 기쁘시게 하는 올바른 행동 성격을 띨 수 있다. 나는 과거에 쓴 로마서 주석에서 이 둘 가운데 고민하면서도 법적인 의미를 선호했는데,[30] 최근에는 도덕적 의미를 더 선호한다. 결국 두 가지는 모두 상호 보완적이다. 하나님의 의가 우리에게 전가되어서 그분 앞에서 우리로 하여금 의롭게 살도록 인도하는 것이다.

교회에 다니는 수많은 사람들이 입술로만 주님을 섬기고 대부분의 시간은 세상 쾌락을 좇아 살고 있다. 그들은 잘못된 주인을 섬기며 자신도 모르는 사이에 자신의 자원과 '무기'를 잘못된 곳에 사용한다. 이것은 크게 잘못된 문제다. 교회의 중요한 사역은 전도하는 것뿐 아니라 잘못된 것에 시간을 낭비하고 있는 잠자는 성도들을 깨우는 일이 되어야 한다. 에베소서 5:14 말씀을 들어 보자. "잠자는 자여 깨어서 죽은 자들 가운데서 일어나라 그리스도께서 너에게 비추이시리라 하셨느니라."

결과: 죄가 왕 노릇 하지 못함 6:14

바울은 독자들에게 자기 자신을 하나님께 드리라고 명하고 있다. '왜냐하면'가르, γὰρ그렇게 할 때 "죄가 너희를 주장하지" 못하기 때문이라는 것이다. 이 단락에서 죄는 하나님의 백성을 점령하고 노예로 삼으려는 악한 힘으로 의인화하여 표현된다. 이런 면에서 "죄가 너희를 주장하지 못하리니"라는 말은 주로 약속의 말씀인데, 한편으로는 11-13절에서 "죄가 지배하지 못하게" 하라는 명령의 말씀도 함축하고 있다. 하나님 백성을 향한 죄의 힘은 십자가에서 끝이 났고, 우리는 이제 새로운 주인이신 "주 예수 그리스도"5:1, 11, 21를 모시고 있다.

이는 위에서 언급한 것처럼 죄가 더 이상 우리를 조종하고 무너뜨릴

30 Grant Osborne, *Romans*, *IVP New Testament Commentary* (Downers Grove, IL: InterVarsity Press, 2004).

수 없다는 뜻이 아니다. 하지만 우리가 조종 받고 무너질 필요가 없는 것은, 하나님께서 우리에게 "피할 길을 내사" 시험을 이길 수 있는 힘을 주시기 때문이다고전 10:13. 우리는 "넉넉히 이기는"롬 8:37 자들로서 그리스도와 성령을 의지하여 그 능력으로 맞설 수 있다.

이 약속은 이 구절의 두 번째 부분 "너희가 법 아래에 있지 아니하고 은혜 아래에 있음이라"에 기초를 둔다. 바울은 율법이5:13, 20 죄의 도구3:20; 4:15로 쓰이고 있는 것을 상기시킨다. 이것은 옛 시대에 율법이 죄가 증가하도록 하게 한 것을 말한다5:20. 하지만 이 시대는 그리스도로 인해 끝이 나고, 하나님의 은혜가 예수의 희생적 죽음을 통해 죄의 권세를 끊어 버렸다. 이 구절은 구원 역사가 죄의 노예와 정죄갈 3:23-29로 얼룩진 옛 율법의 시대에서 구속과 죄로부터의 자유로 규정되는 새 은혜의 시대로 바뀌었음을 요약하여 보여 주고 있는 것이다.

이 단락에서 바울은 거듭남이라는 것이 그리스도의 죽으심과 부활하심에 연합하는 것임을 깨닫기 전까지는 우리가 계속 영적인 삶에서 승리할 수 없다는 것을 말해 주고 있다. 우리가 예수님이 구원자이시며 주님이시라는 것을 알고, 또 그분 가족의 일원이라면 거기에 걸맞게 살아야 하는 것이다. 그리스도의 죽으심에 연합하는 것은 우리가 '죄에 대하여 죽어야' 함을 뜻한다. 십자가에서 우리 죗값을 지불하신 것이 우리 죄를 이기고 죄의 권세에서 자유할 힘을 주신 것이다.

이 구절 속에는 두 가지 은유가 있다. 침례세례, 3-4절는 우리가 죽고 죄에 대하여 장사되었고물속으로 들어감 새 생명으로 부활물에서 나옴한 것을 그리고 있다. 옛 자아와 새 자아6-7절 개념은 아담에게서 이어받은 죄의 지배를 끊고 죄에 대하여 승리하는 새 생명으로 묘사된다. 그리스도 안에서 죄는 힘을 잃고 더 이상 우리 안에서 압박하는 요소가 아니다. 죄는 이제 외부에서 우리 삶으로 침투하려는 요인이고 우리를 쓰러뜨리고 다시 점령하려는 세력이다. 하지만 그리스도와의 연합이 우리 선택의 방향을 이끌도록 맡길 때, 우리는 죄의 다스리는 권세에서7절 '자유'하게 되고 이 세상이 주는 삶의 유혹을 뛰어넘게 될 것이다.

이 본문의 두 번째 부분8-14절은 그리스도 안에서 그의 죽으심죄에 대한에 참여할 뿐 아니라 그의 부활하심생명에 대하여에도 참여한다는 놀라운 진리에 초점을 두고 있다. 죄가 그 장악하는 힘을 잃어버리고 사망은 그리스도로 말미암아 패배했다. 생명만이 우리 미래의 중심이다. 죽음은 마지막 "쏘는 것"고전 15:55-56이지만 이미 싸움에서 진 패잔병이고, 우리가 맞이하는 죽음은 하나님과 함께할 영광의 삶에 한걸음 더 나아가는 것 뿐이다.

그리스도 안의 새 생명을 누리기 위해서는 삶에 나타나는 죄를 이기고 그리스도께 우리 자신을 온전히 드려야 한다. 그때 우리가 살기 시작한다. 이렇게 할 때 우리는 자기중심적 욕망이 우리를 다스리지 못하고 하나님을 위해 올바로 살도록 우리 모든 것을 다 드릴 수 있게 된다13절. 우리를 구원하신 하나님의 은혜가 우리 삶의 선택을 인도하도록 우리를 내어 드리면, 죄가 우리를 더 이상 다스리지 못하고 그리스도가 주님 되신 삶에 들어가게 된다. 그때 우리는 비로소 진정한 삶을 살게 되는 것이다.

4. 죄의 억압에서 자유 6:15-23

전 장 도입부에서 밝혔듯이 로마서 6장의 주제는 그리스도 안에서 우리가 죄의 권세에서 자유하게 된 과정이다. 1절에서 바울은 하나님의 은혜가 더 임하기 위해 우리가 계속 죄를 지어야 하는지 물었다. 이어서 그리스도 안의 새로운 삶은 죄에 대한 죽음을 의미한다고 가르친다. 이제 15절에서도 은혜의 관점에서 같은 질문을 하고 있다. 우리는 죄의 종 신분에서 해방되고 하나님 은혜로 말미암아 하나님과 의의 종이 되었다. 이 부분에서 바울은 죄에 넘어가는 것과 관련하여 네 가지 반응을 보여 주고 있다. 먼저 바울은 무언가에 항복하는 것은 그것의 종이 되는 것이라는 점에서 시작한다15-16절. 그리고 죄의 종 처지에서 해방되었기에 의의 종이 될 수 있다는 것을 각인시키고17-18절, 이로써 거룩함으로 이끄는 의의 종이 되어야 함을 주장한다19절. 마지막으로, 죄의 종은 사망을 야기하고20-21절, 하나님의 종은 거룩함과 영생을 가져오는22-23절 두 가지 운명을 말하면서 마무리한다.

1) 항복하므로 노예가 됨 6:15-16

1절에서 바울은 수사학적 질문으로 문단을 시작하며 "은혜를 더하게 하려고 죄에 거하겠느냐"고 물어본다. 1-14절에서는 우리가 죄에 대하여 죽었기에 더 이상 죄를 지으면 안 된다고 부정적 문구로 답변을 늘어놓았다. 15절에서부터는 우리가 하나님과 의의 노예가 되었고 죄에서 해방되었기에 죄를 이겨야 한다고 긍정적 문구로 대답한다.

바울은 14절에서 "너희가 법 아래에 있지 아니하고 은혜 아래에 있음이라"고 한 말이 오해의 소지가 있음을 감지하고 있었다. 유대 그리스도인들이 이 구절을 잘못 해석하여 모세의 율법에서 자유한 그들이 자신들을 묶을 법이 없다고 판단하고 자신들이 원하는 대로 마음껏 행동할 수 있다고 생각했을 가능성이 충분했다. 은혜가 있기에 하나님이 다 이해하시고 자신들이 아무렇게나 저지른 일들을 모두 용서하실 것이라고 생각했다. 오늘날 우리들도 죄의 문제에 관하여 이렇게 위험한 생각을 하면서, 하나님의 은혜가 자동으로 우리가 마음대로 짓는 죄들을 용서하시고 눈감아 주실 것이라고 말한다.

바울은 여기서 그 유명한 '메 게노이토'μὴ γένοιτο, 즉 "그럴 수 없느니라"고 답변한다3:4, 6, 31; 6:2; 7:7, 13; 9:14; 11:1, 11을 참조하라. 은혜를 잘못 이해하고 행동하는 죄인들에게 하나님의 진노가 임할 것이다. 16절에 고대 사회에 널리 알려져 있던 진실을[31] 새롭게 깨닫는 부분이 나온다. 고대 로마인들 중 85-90%는 노예 출신이든지 노예였는데, 이들 대부분은 빚 때문에 노예가 되었다.[32] 그 중 소수는 평생 노예였고, 대부분은 10-20년 정도 일하면서 빚을 갚고 자기 삶으로 다시 돌아간 이들이었다. 이 구절은 로마 교인들에게 강하게 다가오는 은유였다.

바울은 "너희가 자신을 종으로 내주어 누구에게 순종하든지 그 순종함을 받는 자의 종이 된다"고 말하고 있다. '내주어'와 '순종'은 현재형으로 쓰여서 지속적인 순종의 삶을 뜻하고 있고 '그렇게 행한 만큼의 기간'을 의미하기도 한다. 바울에 의하면 종이 된다는 것은 명령에 지속적으로 순종하는 것이다. 죄를 계속 짓는 것도 종의 모습이므로 그리스도인들은 결코 죄에 굴복해서는 안 된다. 바울은 같은 단어를 12:1에서 다른 목적으로 사용하며 "너희 몸을 거룩한 산 제사로 드리라"고 권면하고 있다. 절대로 죄가 우리 삶을 다스리도록 허용해서는 안 된다.

바울은 독자들이 어떤 종이 될지 신중하게 선택하라 권면한다. 모두가 무언가에 종이 되기에 잘 분별하여 선택하여야 한다. 죄를 선택하든 하

---

31 3, 6, 9절에 "알지 못하느냐"는 교회에서 이미 배운 것을 가리키는 문구다. 로마 시대에 흔하게 겪는 자명한 이치를 뜻한다.

32 Arthur A, Rupprecht, "Slaves, Slavery," in *Dictionary of Paul and His Letters*, ed. Gerald F. Hawthorne, Ralph Martin, and Daniel G. Reid (Downers Grove, IL: InterVarsity Press, 1993), 881.

나님께서 인도하시는 것을 선택하든, 우리 선택의 증거는 순종이다. 우리는 둘 중 하나에 서약해야 한다. 중간을 선택하는 것은 죄를 선택하는 것과 마찬가지로서 하나님을 섬기는 것을 거부하는 것이다. 마태복음 6:24에서 예수님이 말씀하셨다. "한 사람이 두 주인을 섬기지 못할 것이니 혹 이를 미워하고 저를 사랑하거나 혹 이를 중히 여기고 저를 경히 여김이라 너희가 하나님과 재물을 겸하여 섬기지 못하느니라."

선택의 결과는 중대하다. 영원이 걸려 있기 때문이다. 죄를 선택하면 "사망에 이르고" 하나님께 순종하기로 하면 "의에 이르러" 영생에 이른다22절. 여기서 "사망"은 이 땅의 생을 다하는 육신적 죽음을 포함하나, 문맥상 영적인 혹은 영원한 죽음, 곧 요한계시록 2:11과 20:6에서 말하는 "둘째 사망"을 가리킨다. 바울이 가장 중시하는 것은 우리의 영원한 운명이다.

"의"는 여기서 번역하기 쉽지 않은데, 마지막 의영생를 가리킬 수도 있으나, 신자들의 현재 상태나 하나님과 그리스도께 순종하는 올바른 삶을 의미할 수도 있다. 이 세 가지 모두를 합하는 포괄적인 의미로 해석하는 것이 가장 바람직하다. 하나님께 향하는 자들은 구속 받고, 하나님으로부터 의롭다 칭함을 받고, 그분을 기쁘시게 하기 위해 살고, 마지막 때 의인들에게 주어질 영생을 상급으로 받게 될 것이다.

2) 죄에서 자유해야 함 6:17-18

바울은 로마 교인들의 상황에 대해 실망하지 않았다. "하나님께 감사하리로다"라는 긍정적인 어휘로 시작하며 그들이 온 마음으로 하나님을 따르고 자기 삶 속에서 죄를 이기려고 한 것을 칭찬했다. 동시에 그들이 죄의 삶을 떠나 올바른 삶을 선택할 수 있게 된 것이 본인들의 능력이 아닌 하나님의 은혜였음을 선언하며 하나님께 감사했다.

그들이 "본래 죄의 종"이었지만 그 매임에서 해방된 것은 다 하나님이 하신 일이다. 16절에서 보듯 그들은 하나님께 순종하고 자신들의 삶 속에 나타나는 구원 역사에 순종하였다. 그들은 어둠의 권세에 묶여 있던 나날들이 끝나고 온전히 거듭나서 온전히 하나님께 자신을 드려 "마음으로" 그리스도께 헌신하게 되었다.

이 중생의 결과로 "너희에게 전하여 준 바 교훈의 본을 마음으로 순종"하게 되었다. 하나님은 그들을 죄의 세상, 거짓만 배웠던 세상에서, 하나님의 진리를 배우고 순종하는 세상으로 옮기셨다.

"교훈의 본"은 이 진리가 가진 교리적 모범을 가리키는데, 이는 성도들을 훈련하는 그리스도인 교육이라고 할 수 있다. 그리스도인들은 율법 아래 있지 않지만 그들이 따라야 할 교리적 교육은 남아 있다. 많은 이들이 산상수훈을 '기독교 율법'이라고 하고, '하나님 나라법의 새로운 양식'이라고 말한다. 이 새로운 제도가 그리스도 안의 새로운 삶 속에서 성도들을 빚고 인도한다.

나는 이 '교훈의 본'을 받들어 교회들이 사용할 만한 진지한 성경 공부를 개발하는 데 인생을 바쳐 왔다. 나는 많은 교회들이 이러한 진지한 성경 공부를 수행하지 않는 것을 보고 많이 놀랐다. 우리는 성경이 하나님 말씀임을 믿는다고 선언하지만, 실상 삶 속에서 성경 말씀을 소외시키며 살고 있다. BSFBible Study Fellowship같은 예외도 있지만 사실 많지 않다. 나는 이 주석을 통해 하나님 말씀의 엄청난 보화들과 '교훈의 본'이 목회자들과 평신도들에게 읽히고 즐겨 찾는 것이 되기를 기도하고 있다.

18절은 "죄로부터 해방되어 의에게 종이 되었느니라"로 6장을 요약한다. 이 구절에 나타나는 두 동사는 수동태로 쓰여 우리가 아닌 하나님께서 새롭게 거듭난 이들을 죄의 왕국에서 의의 왕국으로 옮기시는 주체이심을 강조하고 있다. 이 구절은 6:7"죄에서 벗어나"에서 처음 소개된 죄의 속박에서 해방 혹은 자유를 다시 소개한다.

죄에 넘어갈 때 우리는 강하게 유혹하는 악의 권세에 사로잡히게 된다. 하지만 그리스도께 순종할 때 우리는 "의에게 종"이 되기로 선택하는 것이다. 하나님께서 우리가 그렇게 할 수 있도록 힘을 주시고, 그리스도의 피의 제사가 그것을 가능하게 한다. 하나님은 그분과의 새로운 관계로 우리를 부르셨고 또한 우리를 죄의 왕국에서 의의 왕국으로 인도하셔서 죄를 이기고 그분을 위해 올바른 삶을 살도록 하셨다. 16절에서처럼 "의"는 도덕적 의미를 가지며, 칭의하나님이 의롭다 칭하심와 성화19절에서 성령에 의해 의롭고 거룩해짐의 결과로 일상 속에서 새롭게 변화된 영적 자아로서 살아가는 것이다.

3) 의의 종이 되어야 함 6:19

바울은 종노예이라는 은유를 쓰는 이유를 "너희 육신이 연약하므로 내가 사람의 예대로 말하노니"라고 말하고 있다. 이 문구는 이 구절 전과 후 15-23절 전체를 연결하는 전환점 역할을 한다. "육신이 연약"은 여러 가지로 해석할 수 있다. 바울은 죄와 자기 속임 혹은 죄 된 모습에 대한 핑계를 말하는 것이었을 수도 있다. 하지만 여기서 바울은 영적 진리를 시각적으로 표현한 은유를 쓰지 않고는 깊은 진리를 깨달을 수 없는 인간의 무능을 가리켰던 것으로 보는 것이 보다 더 정확하다. "종"노예같이 사람들이 흔히 쓰는 말을 은유로 사용하는 것이 바울의 뜻을 온전히 전하고자 하는 데는 부족하지만, 육신의 연약함을 가진 우리들은 시각적 단어들을 통해 우리 머리로 완전히 이해할 수 없는 신학적 진리를 조금이라도 이해하게 되는 것이다.

바울은 이제 이 장의 기본 명제를 다시 말한다. 과거에는 로마 교인들이 "전에 너희가 너희 지체를 부정과 불법에 내주어 불법에 이른 것 같이"

살았다. 그들은 악의 군대의 군사들과 같아서 '부정' 혹은 '불결함'바울 서신에서 주로 성적 죄로 표현하는 단어과 '불법'하나님의 법을 불순종하는 죄을 행했다.

이 모든 것들이 쾌락을 추구하고 자기중심적인 삶을 가리키고 있다. "불법에 이른 것 같이"는 문자적으로 '불법이 불법으로'를 뜻한다. 이것을 종의 은유에 빗대어 보면, 사람들이 죄의 파괴하는 능력에 더욱 깊이 중독이 되어 의지적으로 죄에게 자신을 내어 주는 모습이 보인다. 이것은 압제 받고 있는 상태에서가 아니라 스스로 죽음으로 돌진하는지도 모르고 자원하여 "극한 방탕"벧전 4:4으로 내닫고 있는 것이다.

그러나 하나님의 사람들은 그렇지 않다. 그들은 사탄의 군대 소집을 거부하고 하나님의 군대에 자원하였고13b절 '거룩으로 인도하는 의의 종'이 되었다. 전에 언급했듯이13, 16, 18절, "의"는 새로운 정체성의롭게 됨과 그에 따른 의로운 삶의 방식도덕을 포함한다. 새로운 삶은 5-8장에서 다루는 성화에 관한 주제로서, 하나님을 위해 구별된 거룩한 삶을 사는 과정을 말한다. 바울은 '불법에 이르는 것'과 '거룩함에 이르는 것'을 대조한다. 그리스도인들은 자신들의 삶이 더욱 악할지 거룩할지를 결정하는 선택을 하게 된다. 이 선택은 그들의 운명을 좌우할 것이다.

4) 의의 삶을 선택해야 하는 이유 6:20-23

도입부의 '가르'γάρ; 왜냐하면가 빠진 번역도 있는데, 이 접속사는 왜 우리가 19절의 악에서 의로 옮기라는 명령에 순종해야 하는지를 말해 준다. 의와 거룩의 삶을 선택하는 이유는 죄의 종20-21절과 하나님의 종22절의 대조에서 보게 된다. 전자는 죽음을 가져오고, 후자는 거룩함과 생명을 가져온다. 이보다 간단하고 분명한 선택은 없다. 그런데 왜 이 선택이 왜 그리 어려울까? 그것은 하나님 형상으로 만들어진 사람들에게 있어서 선과 악, 하나님과 사탄 사이 전쟁의 중심이 그 선택에 있기 때문이다. 우리의 자기중심적 욕망과 죄를 부추기는 작고도 큰 유혹들이 우리를 공격하고 있다. 우리 자신과 사탄에게 속아서 우리의 선택이 어떤 결과를 초래하는지를 알아차리지 못한다.

죄의 종에게 임하는 사망 6:20-21

이어서 바울은 독자들에게 다시 한 번 중생 이전의 삶을 상기시킨다. "너희가 죄의 종이 되었을 때"는 로마 교인들이 그리스도를 만나서 해방되기 이전 '의에 대하여 자유로웠을 때'이다. 여기 바울이 쓰는 반어법을 주시하라. 그들은 "자유로웠지만" 해방되어야 했다. 그들은 사실상 '의의 지배'에서 자유로웠던 것이다.

이것은 불신자들이 자신들의 선택을 그 어느 누구의 통제도 없는 것처럼 보이기에 스스로 자유하다고 생각하는 기본적인 착각이다. 사실상 그들은 죄도 마음대로 선택하지 못한다. 왜냐하면 죄가 그들을 부리고 있고 그들은 죄를 위해 살 수밖에 없기 때문이다. 그들은 성경과 교회에서 강요하는 모든 규칙들에 눌려 있는 불쌍한 그리스도인들과 달리 자신들이 하고 싶은 것을 다 할 수 있다고 생각한다.

구원받지 못한 이들이 이런 생각을 하는 것은 죄의 참된 의미와 그들의 생각과 마음을 지배하는 죄의 권세를 온전히 알지 못하기 때문이다. 그들은 하나님을 기쁘시게 하고 그분 앞에서 올바른 일을 행하는 능력에서 자유로울 뿐이다. 하지만 이것은 비기독교인들이 선행을 할 수 없다는 뜻은 아니다. 칼빈의 '일반 은총'은 죄인들도 선행을 할 수 있고 좋은 생각을 할 수 있다는 점을 말한다. 비기독교인들이 할 수 없는 것은 죄를 이기고 하나님을 찾는 것이다. 예수님은 "두 주인을 섬길 수 못할 것"이라고마 6:24 말씀하신다. 모든 사람은 죄 아니면 은혜 아래 있다. 우리는 두 가지를 모두 섬길 수 없다.

진짜 비극은 죄의 권세가 아니라 그것의 결과다21절. 바울이 묻는다. "너희가 그때에 무슨 열매를 얻었느냐 이제는 너희가 그 일을 부끄러워하나니." 여기 두 가지 개념이 있다. 마친 일에 대한 대가, 심은 것에서 자란 열매. 죄를 심으면 부끄러움을 거둔다. 쾌락을 얻기 위해 일하면 노력한 만큼 받지도 못한다. 더 나아가 이때의 부끄러움은 잘못했을 때의 난처함보다 훨씬 더 심각하다. 성경에서 부끄러움은 하나님 앞에 부끄러움이고 거룩한 심판을 의미한다. 모든 사람은 최후 심판 때 하나님 앞에 서서 자신들의 행위대로 심판을 받을 것이다. 부끄럽다는 것은 하나님께 정죄를 받는다는 것이다. 대학가에서 행해지는 모임들이나술 먹는 동아리 단체 모임 신년축하 모임, 혹은 축제들을 보면 우리 삶이 얼마나 타락했는지를 깨닫게 된다. 나는 불신자 친구들이 일주일 내내매주!, 혹은 주말마다 술 마시고 취하는 일 말고는 다른 얘기를 하지 않은 것들을 보았다. 바울은 방탕한 삶은 아무런 유익이 없고, 쾌락의 삶은 우리가 얼마나 어리석은지 부끄러움만 가져다 줄 것이라고 말하고 있다.

이런 부끄러운 행동에서 오는 최후 심판은 엄중하다. "그 마지막이 사망임이라!" 이것은 요한계시록에서 말하는 둘째 사망이요, 지옥 불의 영원한 형벌이다계 20:13-15. 모든 사람은 하나님이나 죄를 택해야 하고 그 선택에 따라 두 가지 운명 중 하나에 처할 뿐이다. 영생이나 영벌이다. 이것은 영원이 달린 문제이기에 우리에게 가장 중요한 결정이다.

하나님의 종이 될 때 부어지는 거룩함과 생명 6:22

"그러나 이제는"은 로마 교인들에게는 과거에서 현재의 삶으로 옮긴 것을 표현한다. 구원받지 않았을 때 가진 잘못된 자유는 그리스도 안에서 참 자유로 바뀌었다. 그들은 죄의 왕국에서 예수를 믿는 은혜의 왕국으로 옮겼다. 우리가 예수님을 믿을 때 과거의 부끄러움21절은 현재의 거룩의 길로 바뀌고, 사망은 생명으로 바뀌었다. 죄의 악한 왕국은 십자가에 의해 "힘을 잃고"6절, 하나님과 의의 종이 되도록 해방되었다18절.

성화는 첫째, 죄의 세력에서 자유로워지고, 둘째, 그리스도를 더 닮아가는 과정으로 정의내릴 수 있겠다. 전자는 후자로 가는 길이다. 바울은 이 과정을 열매로 표현하며 21절에 나온 죄의 과정과 대조하여, 부끄러움이 거룩함으로 대체되는 것으로 설명한다. 의를 심어 거룩 즉 성화를 거두고 그것이 영생을 거둔다. 그리스도께서 지속적으로 우리 삶의 주인이 되시고, 우리는 더더욱 하나님이 지도하시고 성령이 이끄시는 삶을 살게 된다. 마태복음 6:19-21처럼 천국의 보화가 이 땅의 보화를 바꾸고 우리는 "위의 것"들을 바라고 생각하게 된다골 3:1-2.

죄의 삯 대 하나님의 은사 6:23

이 잘 알려진 구절은 6장 전체 내용을 함축한다. 바울은 "죄의 삯은 사망이라"며 일한 대가를 은유로 표현하여 21절 내용을 다시 상기시킨다. 우리의 일은 심판을 부르지만, 칭의와 생명은 오직 믿음으로 오는 것이고 하나님의 선물이다. 여기서도 죄를 지은 자는 악의 군대의 일원이 된다는 군대적 은유가 포함되어 있다. 군인들이 그들 배후의 권력에게서 삯을 받듯이 하나님께서 그들이 임무를 수행한 것에 따라, 그리고 악을 행한 만큼 보응하실 것이다.

반대로 성도들은 자신들의 선한 일로 얻을 수 없는 "하나님의 은사"인 "영생"을 얻게 된다. 이 구절에서 가장 크게 대조되는 것은 영생과 영원한 사망이다. 전자는 천국의 삶으로서 인류에게 가장 큰 선물이지만, 후자는 지옥 불에서 영원히 형벌을 받는 최악의 보응이다.

이 모든 것이 "예수 우리 주 안"에서 가능하다. 죄인들은 그리스도를 부인했고 그분과 떨어진 삶을 살았지만, 성도들은 믿음으로 그분께 돌아갔다. 요한복음 3:16에서 말하듯, 그를 믿는 자는 "멸망치 않고 영생을 얻을 것"이다. "그리스도 예수 우리 주"라는 명칭은 로마서 1:4, 7; 5:1, 11, 21; 7:25; 8:39; 13:14; 15:6, 30에 또 등장한다. 이것은 로마서에서 중요한 기독론적 명칭이고, 영생의 선물이 오직 "그리스도 안"에서만 가능하다는 것을 강조하는 것이다. 그리스도의 주인 되심이 우리가 천국에서 영원히 살 수 있게 한다.

우리 모두는 하고 싶은 것을 할 수 있는 자유가 있다고 생각하고 싶고, 결국 자기 마음대로 선택하기를 원한다. 하지만 사실은 그 반대다. 바울이 15-16절에서 말하듯, 우리 모두는 어떤 대상의 종으로 살고 있다. 우리는 무언가를 선택하지만 결국 그것도 우리 주인에게 항복하는 것이다. 궁극적으로는 두 종류의 주인이 있는데, 죄 아니면 의다. 죄는 하나님께 대항하는 것이고, 의는 하나님에게서 온 것이다. 이 두 주인 중에 무엇을 선택하는가에 따라 우리의 영원이 결정될 것이다.

17-19절은 우리가 결정하는 선택들이 우리 삶 속에서 무엇을 이루는지 보여 준다. 우리를 지배하는 죄에서 해방됨은 우리가 믿음으로 세상 대신 그리스도를 택하고 하나님이 주시는 구원의 선물을 받을 때 오는 것이다. 이때 우리는 서로 모순되는 것 같은 두 가지를 경험한다. 즉 죄의 왕국과 권세에서 해방되고, 의와 하나님의 종이 되는 것이다. 과거에는 "불법"을 택했지만, 그리스도께로 돌아갈 때 우리는 파괴적 삶의 방식을 버리고 "의에게"19절 우리 삶을 드렸다. 우리는 드디어 삶의 의미와 가치 있는 목적을 획득하게 되었다.

20-23절에서 하나뿐인 올바른 선택을 하는 이유를 볼 수 있다. 죄인

들은 자신들이 자유롭다 생각하지만, 사실 그들은 세뇌당했고 죄된 삶이 기쁨과 참 쾌락을 가져다 준다는 새빨간 거짓말을 들어 왔다. 자기중심적 삶을 추구하는 인생의 끝은 허송세월한 것에 대한 부끄러움과 궁극적으로 죄의 근본인 하나님을 거부한 행동으로 영원한 고통을 받는 것이다. 반면 하나님을 위한 삶의 열매는 만족과 이 땅에서의 참된 행복이고, 앞으로 올 영원한 영광과 기쁨이다. 우리는 구원의 선물을 받았고 천국에서 영원히 사는 선물을 받았다. 우리의 선택은 우리가 행한 대로 받는 보응이든지, 우리가 행한 것이 아닌 믿음으로 은혜의 선물을 받고 그리스도 예수 우리 주와 함께 영생을 누리는 것이다.

5. 불신자와 율법 7:1-12

지금까지 본 내용에서 가장 많이 등장한 주제가 죄와 율법의 문제, 특히 모세의 율법이었다. 이 두 가지가 모두 7장에 등장하면서, 그 둘이 어떻게 연결되는지를 더욱 확실하게 보게 될 것이다. 이 장에서 가장 핵심적인 내용은 죄가 타락한 인간을 다스릴 뿐만 아니라 율법 아래 있는 자들을 특별히 다스리고 있다는 것이다.

로마서 7장에서는 은혜 아래 있는 자들이 율법의 굴레에서 자유하게 되었음을 보게 된다. 아무도 율법을 행함으로 의롭게 되는 자가 없고3:21, 27-28, 율법이 아닌 믿음으로만 의를 얻게 된다4:13-16. 율법의 목적은 구원을 가져오는 것이 아니라 죄를 깨닫는 것이다. 율법 아래 죄는 줄어들지 않고 오히려 증가했고5:20, 사망이 죄와 율법을 통해 군림하게 되었다5:14,21. 7장에서는 믿음으로 그리스도께 온 자들이 율법의 정죄 아래 있지 않고 율법과 죄에서 자유한 삶을 살게 된다.

6:15-23에서 7:1-6로 전환될 때 초점은 하나님 백성이 죄의 속박에서 해방되는 것이다. 이 본문은 그리스도가 율법의 속박을 깨뜨리시는 것에 대하여 자세히 설명하고 있다. 죽음은 사실 율법의 사슬로 매는 것을 더 강하게 하고 있다이러한 개념을 더 살피려면 갈 3:23; 4:2, 7을 참조. 바울은 죽음으로 결혼 관계가 끝이 나는 것을 예시로 들면서2-3절, 성도들이 율법에 대해 죽고 그리스도 안에서 자유를 가질 때 자유하다는 것을 설명하고 있다4-6절. 성도들은 그리스도의 신부들로서 율법이 요구하는 법적 속박에 묶이기보다는 자유로운 삶을 산다.

이 장의 초점은 7:7-25로서 6절에서 소개되는 율법의 옛 방식7-12절과 성령의 새로운 방식13-25절 간의 대립 구조이다. 7절에서 바울은 일인칭을 쓰기 시작한다. 여기서 가장 논쟁이 되는 것이 로마서가 바울 자신에 대하여 말하는 것인지, 율법 아래 있는 불신자를 말하는 것인지, 아니면 죄의 권세와 유혹 아래 있는 그리스도인을 말하는 것인지이다. 나는 아래 7-12절 서두에서 이 논의를 다루겠다.

1) 신자는 그리스도와 합하기 위해 율법에서 자유해짐 7:1-6

이 땅의 삶에 관하여만 있는 율법의 권위 7:1

두 가지 서로 연관된 개념이 이 구절을 메우고 있다. 율법에 평생 종속되어 있는 것과 오직 죽음을 통해 율법에서 해방되는 것이다. 이 문제에 관하여 바울이 염두에 둔 대상은 그가 '형제자매'4절로 부를 만큼 사랑하고 영적으로 돌보고자 했던 로마 교인들이다. 그는 하나님에게서 의롭다 칭함을 받고 율법의 속박에서 해방되었다는 소식을 로마 교인들에게 강조하기 위해 그들의 주의를 집중시키고 있다.

바울은 "법 아는 자" 곧 율법의 복잡함과 그리스도께서 이루신 것을 알고 있는 그들에게 이 구절을 쓰고 있음을 확실히 하고 있다. 6:3, 6, 9고전 6:2, 9, 16, 19에서처럼 바울은 이전에 그들이 알고 있던 율법의 가르침에 대해 언급하며 그리스도인 삶에서 율법이 하는 역할에 대한 그들의 오해를 바로잡으려 한다. 율법을 이해하고 있는 사람들로서 6:14에 등장하는 하나님의 사람들은 "율법 아래 있지 아니함"을 깨달아야 한다. 당시 교회에 있는 많은 이들이 이방인 출신이었는데1장, 이들은 유대 율법에 관한 지식이 있었고, 다수가 하나님을 두려워하는 이방인들로서 회당에서 예배드리고 유대 전통을 받아들인 사람들이었다행 10:2; 13:16, 26 참조.

바울은 "그 법이 사람이 살 동안만 그를 주관하는 줄 알지 못하느냐"라고 할 때 법은 모세의 율법이다. 이 사실은 모든 성도들이 알아야 하는 것이다. '주관한다'는 동사는 6:9, 14에 쓰인 죄와 사망이 사람들을 '주장한다'고 할 때 쓰인 단어와 동일하다. 죄와 사망의 법이 이 세상을 다스리는데, 이에 대한 유일한 해결책은 그리스도를 믿는 것이라는 게 5:12-7:25의 주된 가르침이다. 우리를 대신하여 속죄제물이 되신 그리스도의 죽으심으로, 그리스도 안의 성도들은 어둠의 영역에서 빛의 영역으로 옮겨졌다. 예수를 믿는 믿음으로 죄와 사망의 권세에 대하여 죽은 것이다.

결혼 비유: 남편이 죽음으로 자유해짐 7:2-3

바울은 결혼 비유를 사용하여 하나님 백성과 율법의 평생 서약 관계를 설명한다. 유대법은 남편만이 결혼을 파기할 수 있다고 하지만신 24:1, 로마법은 남편과 아내 모두 결혼을 파기할 수 있었다. 여기서 쓰인 "결혼"휘판드로스, ὕπανδρος는 흔히 쓰이지는 않는 것으로서 '남자의 권세 밑에'라는 뜻이다. 같은 개념이 '법에서 자유하다'는 문구에 나타나며, 곧 '남편의 법에서 자유하다'는 뜻이다. 예수께서는 유대법을 남편뿐 아니라 아내까지도 확장하시지만막 10:11-12, 여기서 바울이 말하는 것은 하나님께서 모세 율법을 통해 남편의 죽음을 기준으로 허락하신 자유이다.

바울은 3절에서 신명기에 나오는 결혼법을 되풀이하면서 남편이 살아 있는 한 이혼하고 재혼하는 것은 어떠한 경우에도 간음으로 치부된다고 설명하고 있다. 남편 죽음 이후에는 그렇지 않다. 주시할 것은, 이 구절이 남편에게서가 아니라 "그 법에서 자유롭게 되나니"라고 말한 것이다. 즉 결혼 자체보다 법적인 면을 강조하고 있는 것이다. 중요한 것은 결혼이 아니라 율법에서 자유다.

주의할 것은 결혼이 예시로 쓰인 것이지, 우화로 쓰인 것이 아니라는 점이다. 아내를 성도로 남편을 율법이라고 보면, 율법이 죽을 때 우리는 자유롭게 그리스도의 신부가 될 수 있다고 말할 수 있을 것이다초대교회 지도자들 오리겐, 아우구스티누스, 크리소스토모스의 해석. 하지만 이러한 해석은 4절의 문구와 충돌을 일으킨다. 4절은 "율법에 대하여 죽음"으로 그들이 그리스도께 '속하게' 될 수 있게 되었다고 말한다. 어떤 이들은 남편을 옛 자아로, 아내를 새로운 자아로 해석한다. 이것도 이 구절의 문맥에 맞지 않는다. 여기서는 남편과 아내 자체에 영적인 의미가 없다는 것을 인지할 때 결혼 예시가 올바로 해석될 수 있다. 즉 그리스도께서 오셔서 하나님 백성이 율법에 대해 죽고 그분을 믿는 새로운 세계로 들어가게 되는 것이다.

그리스도인: 율법에서 해방되고 그리스도께 속함 7:4

바울은 이제 로마 교인들이 "그리스도의 몸으로 말미암아 율법에 대하여 죽임"을 당하였음을 강조하고 있다. 지금까지 논의한 것에 비추어 볼 때 이 구절은 2-3절의 비유적 설명보다는 1절의 그리스도인들이 "죄에 대하여 죽고" 그리스도와 함께 연합하였다는 내용을 직접적으로 부각시키고 있다.

사망에 부쳐진 것은 율법이 아니고 그리스도인들이 율법이 대하여 죽은 것이다. 전통적으로 신자들은 율법의 정죄에 대하여 죽은 것으로 이해되어 왔다. 이것은 맞는 말이지만 충분한 해석은 아니다. 5:12-6:23특히 5:13, 20; 6:14에서처럼 율법의 군림이 파기되고 하나님께서 우리를 죄의 왕국에서 그리스도의 왕국으로 옮기셨다. 우리는 율법에 대하여 총체적으로 죽은 것이다.

이런 생각은 개혁주의나 칼빈이 율법의 법적 측면율법의 규례과 도덕적 측면삶의 규칙을 구분하는 주장에 반기를 드는 것이다. 개혁신학은 우리가 전자에서 자유하지만 후자에서는 자유하다고 보지 않는다. 나는 여기에 동의하지 않는다. 바울은 유대인들이 모세 율법을 의의 도구로 곡해했다고 말하는 것이 아니라 죄의 문제를 해결하는 데 율법이 아무 힘이 없음을 깨닫지 못하였다고 말하는 것이다. 이것은 구원 역사의 문제다. 율법 시대전체적으로가 끝나고 신자들은 그리스도의 새로운 시대로 옮겨졌다.

그러나 이것은 율법이 하나님의 계획에 아무런 역할을 하지 않고 있다는 뜻이 아니다. 율법은 하나님이 자기 백성을 대하시는 방식과 거룩함이 무엇인지를 가르쳐 준다. 모세 율법은 그리스도 안에서 '성취'되었고 완성되었다마 5:17-20; 롬 10:4. 그리고 죄를 알려주는 것롬 3:20 외에 구원의 과정에서 아무런 역할을 하지 못한다. 하나님은 '율법과 다른' 자신의 의를 보이시고3:21, 율법의 행위가 아닌 믿음으로 구원에 이르게 하신다.

신자들은 "친히 나무에 달려 그 몸으로 우리 죄를 담당"하신벧전 2:24 '그리스도의 몸을 통해' 율법에 대하여 죽었다. 그 결과 우리는 '다른 이'에게 속하게 되었다. 이 개념은 결혼 이상의 의미를 지니는 그리스도와의 신비로운 연합을 나타내고자 하는 것이다. 우리가 하나가 된 분은 죽음에서 살아나신 분으로서 "첫 열매"고전 15:20, 23로 부활하셔서 우리의 이 새 연합이 영원하게 하신다.

그리스도와 연합하는 것은 "하나님을 위하여 열매를 맺게 하려 함"이다. 어떤 이들은 열매 맺는 것을 또 다른 은유적 표현으로 생각하여 열매 맺는 것이 그리스도와 결혼함으로 새롭게 아이를 낳는 것, 곧 전도라고 해석한다. 하지만 이러한 해석은 본문이 주는 의미와 다르다. 바울은 그리스도인들이 그리스도와 연합하여 열매 맺는 삶을 사는 것을 의미하는 것이다. 합당한 열매는 성화가 일어나는 삶, 갈라디아서 5:22-23에 나오는 "성령의 열매"를 맺는 삶이다.

육신과 영의 새로운 삶의 차이 7:5-6

육과 영의 이중 구조는 바울 서신의 주요 주제 중 하나로서 8장에서 보게 될 것이다. "육"은 죄를 지으려는 경향, 즉 유혹이 올 때 자기 자신과 사탄에게 자신을 주려는 성향을 뜻한다. 옛 자아는 없어지고 힘을 잃게 되었다. 그것은 더 이상 우리 안에서 육체를 다스리고 통제하는 권세가 아니다. 이제는 육체를 통해 우리를 대항하고 통제하려는 외부의 힘이 있을 뿐이다. 바울은 이 영적 전투를 7장 나머지 부분에서 더 자세히 다루고 있다.

여기서 바울은 "우리가 육신에 있을 때에는 율법으로 말미암는 죄의 정욕이 우리 지체 중에 역사"하고 있다고 말한다. 율법은 죄가 하나님의 법적 요구를 범하는 것임을 밝힘으로써 사람들이 죄를 인식하게 하고, 죄가 더 증가하게 만들어 사람들로 하여금 더욱 죄를 짓게 만든다3:15, 20-21; 4:15, 5:20을 참조하라. 이런 죄의 열의는 믿지 않는 이들의 삶을 완전히 통제하지만 믿는 자들에게도 영향을 미친다. 이 구절의 초점은 완전한 타락에 눌려 있는 이들1:18-32에게 있다.

이 구절은 율법과 죄의 관계에 있어서 바울의 가르침을 종합하는 부분인데, 긍정적이지는 않다. 율법이 죄를 규정하고 사람들로 죄를 의식하게 하고, 죄를 짓는 이들에게 하나님의 분노를 가져오고, 이 세상에 죄와 사망을 가져온다. 율법 그 자체가 나쁜 것은 아니고, 7:12에서 보듯이 율법은 "거룩하고 의롭고 선하다." 하지만 죄가 율법을 통해 그 악한 목적을 이루려 하기에, 율법은 불길한 모습도 갖추고 있는 것이다.

이 모든 것이 죄와 율법으로 말미암는 "정욕"이라는 단어에 다 포함되어 있다. 정욕은 우리 몸의 "지체" 안에서 역사하고 있다. 6:13에서 "지체"는 우리의 총체적인 모습을 가리키고, 이 정욕은 우리가 불신자일 때 '우리 안'에서 강력하게 역사하던 자기중심적 욕심들로서, 유혹을 통해 우리를 죄로 이끌었다. 마지막 결과는 4절에 나오는 '하나님을 위한 열매'를 맺는 것과는 완전히 대조되는 '사망을 위한 열매'를 맺는 것이다. 문제는 정욕이 일으키는 엄청난 힘과 두려운 결과를 알면서도 왜 멀쩡한 사람들이 다시 그 죄악된 행위로 돌아가려 하는가이다!

바울은 6절에서 "이제는"이라는 단어를 쓰며 현재로 화두를 돌리고 있다. 여기서 우리는 삶의 참 의미를 발견하는데, "육신에 있을 때"5절와 반대로 "영의 새로운 것"을 발견하게 된다. 예수를 따르는 사람들은 "우리가 얽매였던 것"에 대하여 죽었다. 이것은 6:2에 나왔듯이 죄에 대하여 죽은 사실을 포함한다. 죄의 군림하는 힘6:16, 20은 십자가에서 힘을 잃었다. 이것은 "우리가 그의 죽으심과 합하여"6:4-5 옛 사람이 예수와 함께 십자가에 못 박혔을 때6:6 거듭나면서 일어나는 일이다. 바울은 그들이 '율법에서 벗어난 것'을 특정하여 말하고 있는데, 이는 7:2의 결혼 예시에서 썼던 언어를 사용하며 율법의 속박에서 해방되었음을 강조한 것이다.

율법 행위를 강조하던 옛 시대는 지나고 '영의 새로운 것'이 왔다. '율법 조문의 묵은 것'과 '영의 새로운 것'의 차이점을 두고 여러 가지 다른 해석들이 있다. **1)** 유대인들이 율법과 영에 대한 기독교의 관점을 잘못 이해하고 사용함, **2)** 거듭나기 전의 삶과 거듭난 후의 삶, **3)** 율법 대 성령, **4)** 율법의 옛 언약 대 성령의 새 언약. 여기에 율법과 영의 양자 구조가 있는 것은 분명하지만, 네 가지 중 1), 3), 4)로 선택지가 줄어든다. 이 중에서도 4)가 이전 본문들에서 다룬 구원 역사적 맥락에 비추어볼 때 가장 적합하다. 바울은 모세 율법에 중점을 두었던 옛 언약에서 성령에 의해 제시된 새로운 언약의 시대로 옮겨 간 사실을 말하고 있는 것이다.

바울은 율법이 악하다고 말하고 있는 것이 아니다. 이것은 7:7, 12, 14에서 확인할 수 있으며, 이곳에서 바울은 율법에도 '영적인' 가치가 있음을 강조할 것이다. 지난 두 장에서 보았듯이 율법은 "죄를 깨달음"3:20을 주는 역할을 할 뿐이다. 율법은 죄를 부각하고 범법 행위를 드러내지만 사람들을 구원하지는 못한다. 사실 율법은 스스로 반대하는 일을 하는 중개인이 되어서 죄가 더욱 '증가하게'6:19 했다. 그리스도만이 죄를 해결하고 파괴하실 수 있고, 그렇게 하심으로 율법을 완성 혹은 완수하신다마 5:17-20; 롬 10:4. 모든 율법이 그분 안에서 요약이 되고, 율법의 행위로 구원받으리라는 막연한 믿음은 예수를 믿는 믿음으로 대체된다.

바울은 2:27-29에서 처음으로 성령과 기록된 조문을 대조하면서 '성령에 의해' 일어난 '마음의 할례'로 구분된 참 유대인과 유대인이 아닌 이들을 비교했다. 율법에 의한 옛 언약은 성령과 마음에 새겨진 새로운 언약에게 자리를 내어 주고, 새 언약의 현실과 거기에 속한 사람들의 삶으로 특징지어지는 '새로움'이 생겨난다. 여기서 다시 한 번 구원의 '역설'을 보게 된다6:16-18 참조. 즉 우리는 죄의 속박에서 해방되어 삼위일체 하나님의 종으로 자원하여 우리 자신을 드리는 것이다.

2) 율법은 믿지 않는 자를 죄와 사망에 가둠 7:7-12

이 본문7:7-25은 3부에 걸쳐5:12-21; 6:1-23; 7:1-25 다룬 죄와 율법의 문제에

대한 논의를 완성하고 있다. 이 본문들에서 나타난 생각의 전개는 다음과 같다: 아담의 죄가 그리스도께 전가됨, 죄가 공격하는 엄청난 영적 전쟁이 있지만 그리스도에 의해 해방됨, 이제는 그리스도 안에서 죄와 율법에 대해 승리함. 하지만 로마서에 있어서 가장 중요한 논의는, 바울이 묘사하고 있는 승리가 과연 어떤 승리이냐이다. 불신자들이 거듭날 때 죄와 율법에 대해 승리하는 것인지, 신자들이 신앙생활에 있어서 승리하는 것인지에 관한 논쟁이다.

우리는 이 난제를 해결하는 데 있어서 두 가지 쟁점을 먼저 짚고 넘어가야 한다. 첫째는 바울이 이 단락에서 1인칭으로 전환하고 있는 것이 누구를 가리키느냐 하는 것이다. 여기에 대해 네 가지 이론이 있다.

1 **바울 자신** - 바울이 율법과 죄에 관한 자신의 경험을 설명하며 자신이 지금까지 살아온 삶 혹은 그의 삶 전체를 설명하는 것이다.
2 **아담**특히 7-12절 - 에덴동산에서의 아담의 죄에 대한 경험과 고민을 설명한 것이다.
3 **이스라엘** - 1인칭 '나'는 율법을 받기 전과 후의 이스라엘을 가리키는데, 특히 하나님의 백성으로서 율법과 씨름하는 것에 관해 설명하는 것이다.
4 **일반인** - 바울은 특정 인물이나 단체를 지칭하는 것이 아니라 하나님의 요구에 대해 고민하고 싸우는 모든 사람들을 가리키는 것이다.

두 번째아담 선택지는 문맥상 제일 거리가 멀다. 5:12-21에서와 같이 이 본문에서는 예표론적으로 아담이 그리스도를 가리키고 있지 않기 때문이다. 더욱이 바울은 '나'를 의도적으로 아담을 가리키고 있는 것이라는 암시를 주고 있지 않다. 그러나 다음 구절들에서 지적하겠지만 바울은 어쩌면 자신의 경험과 모든 인류의 경험이 에덴에서의 아담의 모습을 답습하고 있음을 보이려고 했을 수도 있다. 세 번째이스라엘 선택지는 7:7-25의 유대인들과 이 문단이 "율법"에 중점을 두고 있는 사실과 잘 맞는 것 같지만, 다음 문단에서 나오듯이 전체 본문의 맥락과는 맞지 않다. "율법"이 이 장 중심에 있다는 사실이 바울이 여기서 이스라엘을 염두에 놓고 있지는 않음을 의미한다. "율법"은 8장에서도 중심 내용이 되는데2, 3, 4, 7절, 거기서도 초점은 그리스도인의 삶이다.

나는 여기서 '나'의 의미는 1번과 4번을 혼합한 것이라 생각한다. 바울이 로마서에서 1인칭을 사용할 때마다 보통 자기 자신을 의미하지만 그렇다고 그 자신만을 의미하지는 않는 것으로 보인다. 왜냐하면 이 장에서 그가 쓰는 용어들이 확장되어 모든 인류를 가리키고 있기 때문이다. 따라서 나는 바울이 율법 아래 자신의 경험을 기록함으로 죄와 율법 아래 있는 인간의 기본적인 난제를 표현하는 것이라 결론을 내리고 싶다. 게다가 옛 피조물과 새로운 피조물도 이 단락의 한 부분을 차지하고 있다. 다시 말해 바울은 자전적으로 말하고 있지만 동시에 예표론적자신이 모든 인류를 대표으로 우리 모두의 상태를 묘사하고 있다.

두 번째 쟁점은 첫 번째 쟁점에서 비롯한다. 즉 바울이 **1)** 그리스도인아우구스티누스이나 다른 라틴 교부들의 생각을 언급하고 있는지, **2)** 비그리스도인오리겐이나 다른 헬라 교부들의 생각을 말하는지, 아니면 **3)** 7-12절은 비그리스도인, 13-25절은 그리스도인칼빈의 생각을 말하고 있는지에 관한 질문이다. 학자들은 주로 첫 두 가지를 놓고 입장이 갈리지만, 믿지 않는 유대인들이 율법과 씨름하는 것이라고 보는 의견들도 점점 늘고 있다.

첫 두 가지 의견도 맞는 부분이 있지만, 나는 세 번째 의견이 본문의 상황을 가장 알맞게 해석한 것이라고 생각한다. 7-12절에서 과거형 동사들을 사용하다가 13-25절에서 현재형 동사로 옮긴 것도 세 번째 해석이 맞아 떨어지는 이유 중 하나다. 바울의 유대적인 배경은 그의 그리스도인 삶의 전조 과정이었고, 따라서 7-12절이 율법 아래 유대인의 삶을 그려낸 것이라고 보는 것이 맞다. 동시에 바울은 첫째는 과거 자신의 유대인적 배경으로, 둘째는 현재 자신의 그리스도인으로서의 상황을 토대로 '모든 이'를 표현하고 있다.

율법은 죄가 아니지만 죄가 드러나도록 함 7:7

바울은 "무슨 말을 하리요"라는 질문으로 시작한다. 3:5; 6:1; 9:14에서 그랬듯이 자신의 논점을 확실하게 하고 잠재적 오해를 가라앉히기 위해 이러한 질문으로 시작하는 것이다. 3:20에서 그는 율법이 '죄를 깨닫게 하는' 역할을 한다고 말했다. 그리고 5:20; 6:14; 7:1-6에서 율법이 사람들을 죄에서 구원할 수 없다고 말하는 데 주력했다. 이 모두를 종합해 볼 때 율법이 원래는 악한 것이라는 결론이 나올 수 있기에, 바울은 "율법이 죄냐"고 되려 질문을 하고 있는 것이다. 만약 율법이 죄라고 말하는 것이라면, 유대교와 기독교 사이, 옛 언약과 새 언약 사이를 이을 수 없는 방벽을 쌓게 되고, 바울을 반대하는 이들로 더욱 비난거리를 만들게 되는 것이다. 바울은 통상적인 자신의 답변"그럴 수 없느니라"; 3:4, 6, 31; 6:2, 15 참조으로 그런 비난을 잠식시킨다.

동시에 그는 5, 6장에서 율법이 죄의 도구가 되었음을 강조했기에 여기서 율법과 죄의 상관관계를 다시 설명해야 할 필요를 느낀다. 바울은 극단적 두 견해, 즉 율법이 죄라는 해석과 율법이 구원의 도구라는 해석 사이에 분명한 해석을 제공해야 했다. 바울은 "율법으로 말미암지 않고는 내가 죄를 알지 못하였으니"라고 논의를 시작한다. 여기서 "알지"는 지적인 지식이 아닌 경험적 지식을 일컫는다. 그는 율법이 어떻게 죄악된 생활을 만들어 내는지 고생하면서 배웠다. 여기서 바울은 십계명의 열 번째 즉 남의 것을 탐하는 죄를 한 예시로 들어 설명하고 있다. "네 이웃의 소유를 탐하지 말라"출 20:17; 신 5:21면서 율법이 분명히 규율을 제시할 때, 그것이 죄를 만들게 할 뿐 아니라 죄로 유혹하기도 한다는 것을 바울은 알고 있었다. "알지 못하였으니"는 죄를 짓는 경험과 함께 그것이 죄였음을 지적으로 감지하는 것을 포함한다. 어떤 이들은 탐심을 성적인 정욕으로 제한하고 있으나, 이 계명은 여러 가지 죄악의 욕심들을 포함하고 있다.

죄와 사망으로 다가가는 율법 7:8-11

바울은 다음 구절들에서 죄가 어떻게 율법을 부당하게 이용해서 사람의 인생에 개입하고 악의가 가득한 역할을 하는지 설명한다.

교두보를 확보함 7:8a

바울은 여기서 죄가 '기회를 잡아서' 혹은 '이익이 되는 기회를 이용한'이라는 의미로 적들이 전쟁에서 점거지를 획득했다는 사실을 나타내는 비유를 사용하고 있다. 이 구절은 율법이 주는 기회를 잡고 "계명"을 군대 기지로 삼아 "속에서 온갖 탐심을 이루게" 만들었다고 표현하고 있다. 바울은 죄를 자신의 삶을 침공하는 적군으로 묘사하고, 그것이 율법으로 말미암아 기회를 호시탐탐 노려 모든 종류의 유혹을 만들어 자신을 영적으로 쓰러뜨리려 한다고 고백하고 있다. 인간은 '원초적인 것들'에 이끌려 자기중심적 욕심들이 위험한 것을 앎에도 불구하고 그것들을 행하고 싶어서 못 견뎌한다.

삶으로, 죽음으로 7:8b-9

8절 마지막에서 바울은 죄의 삶과 하나님 백성의 삶이라는 두 가지 서로 반대되는 개념을 소개하고 있다. 하나는8b-9a '죄는 죽고 나는 산다'이다. 다른 하나는 9b절에서 '죄가 살아날 때 나는 죽는다'이다. 율법으로 말미암아 이런 일이 일어나는 것이다.

율법은 선을 위한 영적인 힘이 되어야 하는데12, 14절, 사실상 그 반대 영향을 미치고 있다. 율법이 죄가 살아 움직이는 데 영양소가 되어 주고 있다. 바울이 "율법이 없으면 죄가 죽은 것"이라고 말했을 때, 죄가 모세 율법 전에는 존재하지 않았음을 의미한 것은 아니다. 5:12-14에서 죄는 존재했을 뿐 아니라 "아담으로부터 모세까지 … 왕 노릇"하고 있었음을 이미 배웠다. 학자들 대부분 하나님의 법을 어기는 것을 법적 차원에서 위법으로 보아 죄가 비활성화한 것이라고 해석한다약 2:17, 26에서 '죽었다'와 같은 의미. 법이 없다면 사람들은 죄에 대한 법적인 개념이 없었을 것이다.

9절에서 바울은 "율법을 깨닫지 못했을 때에는 내가 살았더니"라고 말하지만, 후에 "죄는 살아나고 나는 죽었도다"라고 말한다. 여기서 바울이 무슨 의미를 가지고 있었는지에 대해 네 가지의 견해가 있다.

1 어떤 학자들은 이 본문이 5:12-21에서 발전된 것으로 아담의 타락을 '원시적 자아'로 묘사한 것으로 보고 있다. "율법을 깨닫지 못한" 것은 아담이 동산에 있을 때를 가리키고, 계명은 선악과를 먹지 말라는 명령을 가리킨다. 이 해석의 문제는 아담과 7-12절에 소개되고 있는 나와의 참된 연결 고리가 부족하다는 점이다.

2 많은 이들이 최근에 '나'를 시내 산에서 율법을 받기 전의 이스라엘로 보고 율법이 있었지만 완전하지 않았던 상태를 지칭한다고 본다. 이것은 위에서 7:7-25의 세 번째 접근, 즉 이스라엘이 율법을 가지고 씨름하는 것을 묘사한 것과 잘 들어맞는다. 이러한 관점에서 보면 본문에 '율법'을 중점적으로 다루고 있는 것과도 어울리고 전체적으로 맞는 해석인 것 같다. 하지만 바울이 '내가 살았다'라고 했을 때 그것은 영적인 삶을 가리키는 것이었고, 9-10절에 '나는 죽었다'라는 말을 보아도 나를 이스라엘로 보는 견해를 받아들이기는 어렵다. 바울은 율법이 오기 전에 이스라엘이 '살았다'라고 말하는 것이 아니다.

3 어떤 이들은 칼빈의 이론, 즉 바울이 거듭나기 전의 상태 혹은 그의 유대 성인식 이

전의 모습을 묘사한 것이라는 이론에 동의하고 있다. 이런 관점에서 "율법을 깨닫지 못했을 때"는 바울이 어렸을 때 죄가 무엇인지, 죄인이 무엇인지를 완전히 이해하지 못했을 때를 가리킬 수도 있다. 이런 해석은 본문의 문맥에 많이 가까운 해석이지만, 바울 혹은 유대인이 그들이 어렸을 때를 "율법을 깨닫지 못했을 때"라고 생각했다는 데는 의심이 간다.

4 나는 바울이 자신을 '율법을 깨닫지 못한' 모든 인류를 대표하는 것으로 말하고 있는 것으로 보는 것이 가장 좋은 해석이라고 생각한다. 바울은 자기 삶을 보면서 법과 죄가 사람들 속에서 일반적으로 어떻게 역사하는지를 보여 준다. 이 구절을 이렇게 이해하는 데 가장 큰 문제점이 있다면 바울이 자기 자신을 "율법을 깨닫지 못한" 사람이었다고 생각할 리 없다는 것이다. 하지만 그는 자신을 유한한 죄인으로서 죄 때문에 고생하는 다른 이들과 같은 어려움을 겪는 사람으로 생각하고 있었다.

여기서 개념들이 어떻게 전개되고 있는지 보라. 첫째 단계는 "전에 율법을 깨닫지 못했을 때"로 시작한다. 여기서 첫 '에고'ἐγώ; 나가 등장하고, 위에서 언급했듯이 바울이 자신의 경험을 일반인들의 경험과 같은 것으로 여긴 것일 수도 있다. 하지만 탄생부터 죽음까지 율법이 중심인 문화 속에서 바울이 자신을 일반인처럼 생각했을까 하는 의심을 지울 수 없다. 바울은 자신을 열심으로 거룩하게 살고자 했던갈 1:13-14; 빌 3:4-6 사람으로 자주 묘사하기 때문이다. 가장 좋은 답은 바울이 자신을 타락한 인간들과 동일시했고, 그런 식으로 소위 자신이 말하는 "흠이 없는"빌 3:6 행위라는 자신의 다른 면을 보여 주기도 한다는 것이다.

두 번째 단계는 "계명이 이르매"로서, 자신이 율법에 제시된 하나님의 명령을 알게 되었음을 뜻한다. 여기서 세 번째 단계가 오는데, 그것은 "죄는 살아나고"로서 죄의 행위들이 하나님과 그분의 법에 대항하여 의식적으로 반항하는 것이다. 법을 깨달으면서 죄는 기회를 타고 그의 삶에 점거지를 두고 유혹하여 그를 공격하고, 죄악의 행위가 늘어나도록 한다.

마지막 단계는 "나는 죽었도다"이다. 문자 그대로 '나'에고, ἐγὼ는 죽었다. 이것은 "죄에 대하여 죽은"6:2, 4-6 것과는 반대되는 것이다. 이 죽음은 죄로 인하여 오는 죽음이다. 아담이 에덴동산에서 선고받은 죽음을 다시 상기시키는 것일 수도 있다. 아담은 너무나 순수했고 법이 없었지만 뱀이 와서 그를 속이고 사망이 세상에 들어와서 모든 인류를 넘어뜨렸다.

죽음의 작용 원리: 계명 7:10

12, 14절에서 볼 것이지만, 법은 그 계명과 함께 그 본래 목적이 "거룩하고 의로우며 선하다." 따라서 "생명에 이르게 할" 목적을 가지며, 하나님 백성이 올바로 살고 하나님의 거룩함을 경험하게 하려는 것이다. 물론 옛 언약 시대에 많은 이들이 도덕적으로 올바른 삶을 살았지만, 여기서 바울은 악의 권세가 율법을 죄악된 행위를 위한 도구로 사용하는 계명의 이면을 보여 주고 있다. 하나님과 화목하게 하고 그분을 위해 올바른 삶을 살도록 하는 대신 "계명"이 도리어 "사망에 이르게 하는 것"이 된 것이다.

죄가 더욱더 살아 움직이면서, '에고'ἐγὼ; 나는 죽기 시작한다. 죄는 '내'가 살고 소유했던 삶을 좀먹고 산 채로 먹기 시작한다. 유대인들에게 율법은 "생명에 이르게" 하는 것이었지만, 죄 때문에 완전히 뒤바뀌어 사망을 가져오는 것이 되었다. 이 장에서 바울이 묘사하는 사망은 육체의 죽음뿐 아니라 주로 영적 죽음을 의미하고 그 죽음은 죄옥 불에서 고통당하는 영원한 사망계 20:14의 '둘째 사망'이다.

속이고 죽임 7:11

이 구절은 8-11절 전체를 요약하면서 죄의 과정과, 율법이 믿음으로 그리스도께 가기를 실패한 인생을 어떻게 무너뜨리는지를 보여 준다. 8

절에서처럼 율법 없이 비활동적이던 죄는 위법 행위가 되었다. 율법은 긍정적 목적으로 생명을 불러와야 했으나 죄가 "기회를 타서 계명으로 말미암아 나를 속이는" 악한 일을 하고 있다.

사탄은 똑똑한 군대 작전관으로 하나님께서 자기 백성에게 주신 선물조차 바꾸어 멸망의 도구로 만들려고 한다. 모세의 규례는 하나님의 사람들이 그분과 올바른 관계에 머물게 하는 것이었으나 속이는 무기로 바뀌게 되었다. 법 자체에 잘못이 있는 것이 아니라 "죄"가 문제이다. 계명을 이용하여 뱀이 아담을 유혹했듯이, 죄가 사람들을 유혹하는 데 쓰였다. 여기서 "속이고"라는 말은 바울이 에덴동산에서 하와가 속는 모습을 그릴 때 썼던 것과 같은 단어이다고후 11:13; 딤전 2:14. 성경 전체를 걸쳐 보면 사탄은 이런 속임수를 통해 하나님의 백성을 이기려 한다. 주의 백성을 억누를 수는 없지만 그들을 속이고 곁길로 가게 한다계 12:9; 20:3, 8.

죄로 인해 율법은 '나를 죽이는' 무기가 되었다. 생명이 목적이었지만, 율법은 죄로 이끌고 사망의 권세가 되었다. 아담과 하와에게는 세상에 들어와 그것을 지배한 육적 죽음이었다5:12-14. 우리에게도 영적 죽음이 왔다. 그리스도를 떠나서는 아무런 희망이 없다. 많은 이들이, 심지어 그리스도인들도 이러한 평결은 공평하지 않다고 생각하고 전심으로 종교 행위를 통해 하나님을 찾는 사람들은 생명을 선물로 받아야 한다고 생각한다. 다른 모든 종교들이 결국은 행위로 얻는 의에 중점을 두고 있고, 자신들의 노력과 착한 행실로 구원을 얻을 수 있다고 결론을 내리고 있다. 바울이 3:21-26에서 말했듯이, 우리는 결코 우리 노력으로 구원을 얻을 만한 자격이 없다. 이것이 하나님께서 자기 아들을 우리를 위해 보내셔서 우리 죄를 위한 속죄제물이 되어 죽게 하심으로 값을 지불하신 이유이다. 다른 길은 없다요 14:6; 행 4:12. 하나님은 완전히 정의롭고 자비로운 분이시다. 우리를 위해 돌아가실 정도로 우리를 사랑하신다요 3:16; 롬 5:8.

결론: 율법은 거룩하고 선하다 7:12

바울은 이 단락이 시작할 때7:7 "율법이 죄냐"라는 질문을 했다. 그리고 그 질문에 "아니다"라는 결론을 내린다. 율법은 죄가 악한 일들을 내어놓는 데 쓰임 받은 중개자가 되었다. 여기서 바울은 "이로 보건대"라고 하면서 율법의 참된 평가를 내리고 있다. 율법을 죄라고 하기보다는 "거룩하고 계명도 거룩하고 의로우며 선하도다"라고 말하고 있다. 바울은 아무도 율법 자체가 더럽고 나쁘다고 생각하기를 원하지 않는다. 죄가 진범이요 하나님 백성에게 진짜 적이다.

율법을 '거룩하다'고 했을 때 바울은 하나님께서 이 율법을 만드시고 사람들에게 주셨음을 선언하고 있는 것이다. 거룩함은 하나님의 근본 속성으로서 그분의 초월성을 나타낸다. 사람들에게 있어 '거룩함'은 하나님 소유가 되며 그분 목적을 위해 새롭게 구별되는 것을 뜻한다. 사람들이 하나님의 성품을 따르게 되는 것이다. 율법이나 다른 비생물체과 관련하여 말하면, 거룩함은 세상을 속량하시는 하나님의 성스러운 속성을 강조하고 있다. 이런 면에서 일반적 행동 강령으로서의 "율법"과 특정 규례들을 담은 "계명"은 모두 거룩하고 의롭고 선하다.

언뜻 보면 율법을 '거룩하다'라고 하는 것은 3:20과 5:20-21죄를 증가시킴과 상충하는 것 같다. 하지만 이 본문들은 율법의 역할무엇을 하는지을 묘사하고 있고, 여기서는 바울이 율법의 속성무엇인지을 말해 주고 있다. 사실 죄를 알게 하는 것이 율법의 의로운 목적이었다. 헬라어 '디카이오스'δίκαιος에는 두 가지 의미가 있는데, 첫째, 율법이 하나님의 성품에 참여하는 차원에서 의로운 것이고, 둘째, 하나님 백성에게 공평하다는 의미에서 정의로운 것이다. 이 구절에서 이 단어는 두 가지 의미를 다 사용하고 있다. 율법이 '선하다'고 했을 때 바울은 율법이 하나님의 선하심을 드러내는 것으로서 하나님이 자기 백성에게 가장 좋은 것을 베푸시는 것을 뜻하고 있다롬 12:2, "선하시고 기뻐하시고 온전하신" 하나님의 뜻. 악한 것과는 거리가 멀게, 율법은 하나님의 공의로우심과 선하심을 보여 주는 도구이다.

아마도 가장 해석하기 어려운 장일 로마서 7장에서 바울은 성도의 삶에 있어 죄의 문제를 종합적으로 가르치고 있다. 첫 단락인 1-6절에서 바울은 죄와 율법의 문제를 결혼을 비유로 하여 소개하고 있다. 결혼이 죽음으로만 깨지는 평생 서약이듯이, 하나님의 사람들은 그리스도 안에서 죽기 전까지는 율법에 묶인 존재이다. 이들은 중생할 때 그리스도와 함께 죽고 묻히고6:3-4에서 언급되었다 율법에서 자유하여 그리스도 안에서 새로운 삶을 시작한다. 우리는 이제 그분께 속했고 그분과의 연합을 통해 하나님을 위한 열매 맺는 삶을 살게 되었다7:4.

하지만 우리는 여전히 죄와 싸우고 있다. 구원받지 못한 이들은 죄의 권세 아래 완전히 붙잡혀 있어서, 불타는 죄악의 정욕이 죄를 행하는 이들을 노예로 삼아 사망으로 이끌고 있다5절. 그리스도인들은 율법에서 자유하고 죄가 내면을 지배하지 않아도 외부에서 죄의 공격을 받기에 승리하기 위해서는 성령을 의지해야 한다. 우리의 자유는 "영의 새로운 것으로" 얻는 것이고, 우리를 속박에서 해방시킨다6절.

7-25절에서 바울은 자신이 죄 때문에 고민하는 모습을 묘사하면서, 율법 아래 있던 과거의 불신자 유대인으로서7-12절 그리고 현재의 믿는 자로서 죄와 싸우는 모습13-25절을 그리고 있다. 불신자를 그리는 내용은 우리가 보았듯이 율법 아래 살고 있었던 바울의 과거를 묘사하며 율법과 씨름하며 죄의 유혹을 느끼는 것을 보여 준다. 탐심이 하나님의 법을 어긴 것이라고 그에게 알려준 것이 율법이고, 그 지식이 바울로 하여금 더 많은 죄를 짓게 하였다. 왜냐하면 그 지식이 탐심으로 하여금 그의 육체의

본성에 더 이끌리게 하였기 때문이다.

죄의 과정이 8-11절에 나와 있다. 율법이 없어서 죄를 모르므로 순수했던 것 같은 때가 있었다. 그 후에 율법이 등장하여 죄가 우리 삶을 침투하게 하는 도구로 쓰이게 되었다. 이것이 죄에 더 유혹을 받게 하고 죄는 더욱더 우리로 영적인 삶에서 실패하게 만들었다. 죄가 자랄수록 우리는 더 약해져 죽기까지 이르렀다. 율법이 죄의 도구로 쓰임을 받는 것은 사실이지만, 율법 자체는 하나님에게서 온 것으로서 근본적으로 하나님의 거룩한 속성에 참여하여 우리 삶 속에 의와 선함을 창출해 낸다.

바울이 이 본문에서 언급한 내용들을 우리가 경험하며 자라지 않았다 하더라도, 우리 모두는 죄와 싸움을 하고 있다. 나쁜 행동이 무엇인지 분명히 알고 하지 말아야 함을 알고 있음에도 불구하고, 하지 말라고 하는 것은 더 하고 싶은 것이 우리이기에, 바울처럼 우리도 하나님의 은혜와 유혹을 이길 수 있는 힘을 더욱더 의지해야 한다.

6. 신자와 율법 7:13-25

지난 장에서 언급했듯이 7:7-25은 바울의 죄의 문제와 율법에 관하여 숙고해 보아야 할 세 가지 주요 본문5:12-21; 6:1-23에 이어에서 마지막 세 번째 본문이다. 이 본문은 그리스도께서 아담의 죄를 뒤엎고 자기 제자들이 승리의 삶을 살 수 있도록 하신 것에서 시작한다. 바울은 죄의 공격과 그리스도 안에서 찾을 수 있는 죄에서 해방됨으로 화제를 옮기고 있다. 그리고 7:7-25에서 죄에 대한 고민과 궁극적으로 그리스도 안에서 죄와 율법을 이기는 것을 설명한다. 이 단락은 두 부분으로 나뉜다. 첫째7:7-12는 불신자 유대인이던 바울을 그리며 구원받지 못한 인간이 자기를 누르고 지배하는 죄에게 완전히 패배한 모습을 본보기로 보여 준다.

두 번째 부분7:13-25은 신자인 바울에 대한 내용으로, 율법과 죄와 싸우며 그리스도인으로서 영적 삶을 사는 모범을 보여 준다. 그는 거의 패배했지만 그리스도를 의지함을 배우고 그분께 항복할 때에만 오는 승리를 보여 준다. 이 단락에서 그리스도인들이 "율법에 대하여 죽임을 당하였고"7:4 그리스도 안에서 죄에서 '해방'되었음에도7:3, 율법이 아직도 그들의 삶에 남아 그리스도 안에서 이루어지고 있다마 5:17-20. 그리스도에 의해 이 율법이 완성되지만롬 10:4 우리 삶에서도 아직 한 부분을 차지하고 있다.

전장 7:7-12의 도입부로 가서 바울이 이 단락을 거듭난 사람을 다루었는지 거듭나지 않은 사람을 다루었는지 논의한 내용을 보라. 어떤 이들은 거듭나든 거듭나지 않든 모든 사람이 율법과 죄에 대해 고민하는 것을 그리는 것이라고 말한다. 하지만 나는 7-12절이 믿지 않는 사람을, 13-25절은 믿는 사람을 다루고 있다고 해석하는 것이 가장 바람직하다고 생각한다. 그러고 나서 바울은 13-25절에서 육신 아래 있는 그리스도인의 삶과 8:1-17의 성령 아래 사는 그리스도인의 삶을 대조한다. 나는 '에고'ἐγὼ; 자아, 나라는 단어가 현재 강조형으로 쓰이고, 5:12-7:25에 나오는 죄를 다루는 세 가지 본문과 연결짓는 것으로 볼 때 바울이 그리스도인의 율법과 죄에 대한 싸움을 표현하고 있다고 해석하는 것이 가장 좋을 것 같다. 이것은 구원받은 자와 구원받지 않은 자를 대조한다기보다 육신을 신뢰하는 그리스도인과 성령 안에 사는 그리스도인을 대조한 것이다.

따라서 이 본문은 바울그리고 우리이 자신의 힘으로 죄를 이기려고 하다가 결국 그리스도와 성령께 항복하는 것을 배우게 됨을 나타낸다. 나는 바울이 자신에 대해 말하고 있는 대목을 볼 때 '에고'ἐγὼ; 자아, 나를 '불신자'나 '이스라엘'이라고 보는 견해는 받아들이기가 어렵다. 더욱이 24-25절에 나오는 죄와의 전쟁과 승리는 그리스도인에 관한 것이라고 보는 것이 더 적합하다. 이 본문이 우선 우리 자신의 죄와 율법에 관한 싸움에 대한 것이라고 생각하지 않는 사람은 극히 드물다. 한편 22절에 "속사람으로는 하나님의 법을 즐거워하되"라는 문구는 이 본문 전체에서 율법이나 성도들의 삶에 대하여 다루는 내용과 불일치하는 것으로 보인다. 하지만 이것은 사도행전 18:18과 21:22-26에서 보듯이 바울이 그리스도인이 된 후에 그 자신의 율법과의 관계를 보면 일치하는 부분이 있다. 이것은 유대 그리스도인들을 특징지어 준다.

이 본문은 빠르게 진행되며 율법 아래에서 죄와의 싸움에 대해 짚어 가고 있다. 7-12절에 죄가 율법을 도구로 사용하여 사망이 들어오게 하고 개인의 삶을 파괴하게 한 내용을 13절이 요약하고 있다. 그리고 14-17절이 선한 행위가 죄의 행위를 이길 수 없이 허망한 것임을 표현하고 있다. 18-20절은 '내 안에 도사리고 있는 죄의 문제'를 다루고 있고, 마지막으로 21-25절은 성도 안의 영적 전쟁죄악 대 그리스도이 육신이 아닌 그리스도 안에서 어떻게 승리하는지를 보여 준다.

1) 죄가 계명을 통해 사망을 낳음 7:13

내가 이전에 집필한 로마서 주석에서는 13절이 7-12절을 요약한 것이라는 의견을 따랐다.[33] 하지만 지금은 13절이 전환점 역할을 하는 구절로서 14-25절을 소개하는 역할을 하고 있다고 생각한다. "선한 것이 내게 사망이 되었느냐"라는 질문은 7-12절의 율법의 두 가지 면율법은 선하지만 악을 유발한다을 바탕으로 하고 있다. 하지만 로마서의 다른 수사학적 질문들처

33 Osborne, *Romans*, 179.

럼 이 질문도 다음 구절들에서 답을 제시할 문제들을 소개하는 질문이다.

이전 본문에서 율법이 좋은 의도를 가지고 있어도 사실상 사람들에게 사망을 불러왔다고 결론내리기 쉬웠을 것이다. 7절에서 바울은 "율법이 죄냐"고 물었다. 이제 그는 자연스럽게 다음 질문을 한다. "율법이 내게 사망이 되었느냐." 이 질문은 10-11절의 "계명이 … 사망에 이르게 하는 것"이라는 문구와 연관되어 있다. 이 질문에 대한 답은 7절에서처럼 "그럴 수 없느니라"이다. 율법이 악당이 아니고 죄가 악당이다. 본래 '선한' 율법을11절 죄가 그 악한 목적을 이루기 위해 도구로 사용한 것이다. 따라서 바울은 사망을 가져오는 두 가지를 소개하고 있다. 죄의 도구로 사용되는 율법과 사실상 악을 유발하는 죄, 이 두 가지가 사망을 가져온다.

이는 세상에 사망을 가져온 것은 사실상 죄에 있음을 뜻한다5:12. 하나님은 여기서 죄에 관하여 두 가지 목적을 가지고 계신다. 첫째로, 죄의 참 속성을 '드러내기'화네로오, φανερόω; '알아내다' 원하신다.[34] 둘째로, 하나님은 율법의 계명을 사용하셔서 죄가 '죄'로 드러나게 하셔서 죄가 완전히 악한 것임을 증명하려 하셨다. 율법을 통해 이전에 알지 못한 죄의 타락의 깊이를 깨닫게 되는 것이다. 죄는 하나님을 대적하고 하나님은 죄를 대적하신다. 따라서 율법은 죄의 깊은 것을 드러내기에 참으로 '선하다'. 죄가 그 가면을 벗고 그의 마귀적인, 온전히 파괴적인 속성으로 인해 올바로 생각하는 사람들은 싫어할 수밖에 없는 것으로 드러나는 것이다.

2) 선한 일을 행하려는 것의 허망함 7:14-17

율법은 신령하고, 나는 그렇지 않다 7:14

34 영어 성경 NEB의 "죄의 본성이 밝혀지다"라는 번역이 좋다.

아래 구절들에서 율법이 계속 중심 주제를 이루고 있다. 바울은 긍정적 언급으로 시작한다. "우리가 율법은 신령한 줄 알거니와." 2:2과 3:19 6:16; 7:1 포함에서 "알거니와"는 일반적으로 알려진 사실 혹은 진실을 가리키는 것으로서 바울은 그 진실을 토대로 자신의 논리를 펴 나가고 있다. 율법은 "거룩하고 의로우며 선한 것"으로 12절에 나와 있는데, 여기서는 "신령한" 것으로까지 불리고 있다. 율법은 근본적으로 육적이지 않고 영적이기에 영적 세계의 필수적인 것들을 다룬다.

반대로 "나는 육신에 속하여" 있다. 이것은 바울이 이 단락에서 '나'에고 ἐγώ를 여섯 번 강조한 것 중 첫 번째이다. 이 문구는 본질적으로 부정문이 아니고 자기 자신에 대한 기본적인 성향과 우리 모두에게 공통적으로 적용되는 속성을 일컫는 것이다. 하지만 바울은 이 문구를 이 구절에서 자기 자신의 육체적 혹은 죄를 선택하고자 하는 세속적 성향과 결부시키고 있다. 우리도 바울의 고백처럼 이 땅에 속해서 죄와 사망의 권세에 눌려 있다. 바울은 이런 '세속적 그리스도인'을 3:3에서 언급하고, 그들이 '세상적'이고 육신을 위해 살아가고 있다고 말한다. 우리 모두는 삶 속에서 이런 성향과 매일 싸우고 있기에 매일 각성하고 성령의 힘으로 죄의 압박에서 보호받을 필요가 있다.

'신령하지 않은' 혹은 '육신적인' 것과 마찬가지로 '에고'ἐγώ는 "죄 아래에 팔렸다." 이런 참담한 모습은 내가 경매장에서 사슬에 매여 죄라는 새 주인에게 팔리는 것을 시각적으로 표현한다. 이러한 개념은 6:16-23을 상기시키고, 이 단락에서 바울이 이런 육신적 사람이 구원받은 자인지 구원받지 못한 자인지 논란의 핵심이 되고 있다. 많은 이들은 '죄의 종'이라는 개념은 성도들을 "죄의 대하여 죽은" 6:2 이들이며, "죄의 종" 18, 22절이 더 이상 아니라고 선언하는 6장의 내용과 비교해 볼 때 종이 구원받은 자를 의미할 수는 없다고 생각한다. 하지만 어떤 이들은 이 종 개념이 널리 행해지는 죄와, 그리스도인들도 죄를 지속함으로 무너질 수 있다는 위험을 보여 주는 것이라고 생각한다.

7장의 이 부분은 바울이 그리스도인을 염두에 두고 썼는지에 대한 논쟁에서 가장 어려운 부분이라고 해도 과언은 아니다. 그러나 나는 아직도 바울이 13-25절을 믿는 사람들을 염두에 두고 썼다는 주장7:7-12절 도입부를 참조하라에 더 확신이 간다. 정답은 각자 판단에 맡기겠다. 그리스도를 따르는 사람들은 죄의 종으로 만드는 권세에서 해방되어 성령 아래 육신의 죄된 성향들을 이길 수 있지만, 죄는 율법과 육신을 통하여 지속적으로 우리를 공격하고 점거지 삼으려 한다7:8, 11.

바울은 종 개념을 비유로 사용하여 모든 그리스도인들에게 죄가 때때로 통제하려고 하는 모습을 강조하고 있다. 이것은 8장에서 보듯이 '평범한 그리스도인의 삶'은 아니다. 바울은 자신의 힘으로 신앙생활을 하려 하는 성도들이 '빨대'처럼 쉽게 꺾이는 연약한 사람들임을 시각적 표현을 통해 알리고 있다. 로마서 7:7-23은 육신적으로 사는 그리스도인들을 나타내지만 8:1-17은 성령으로 사는 그리스도인들을 보여 준다. 바울은 우리를 공격하는 악의 세력과 우리를 너무도 쉽게 노예처럼 조종할 수 있는 죄의 위험에 대해 우리가 깨닫기를 원하고 있다.

문제: 내가 하기 싫은 것을 함 7:15

신령하지 않은 육적인 그리스도인들은 완전한 혼동 가운데 있다. "내가 행하는 것을 내가 알지 못하노니"를 14절 "우리가 율법은 신령한 줄 알거니와"와 대조해 보라. 이 두 문구를 합쳐서 바울은 "모두가 율법이 신령한 줄 알지만, 나는 내가 알고 있는 것조차 행하지 못하고 있어서 혼란 가운데 있다. 선한 것이 무언인지 알지만 내 삶 속에서 그대로 살아내지 못하고 있다."라고 말하고 있는 것이다. 독자들 중에 바울과 같은 고백을

해 보지 않은 사람이 있을까? 갈등, 죄책감, 혼란, 의심 등이 이 구절들의 중심 기둥이다. 바울은 선한 것을 하고 싶으나 육신의 장벽을, 자신의 육적 성향을 넘을 수 없었다. 이것이 하나님을 위해 사는 것과 자기 자신을 위해 사는 것 사이의 갈등이다. "내가 원하는 것은 행하지 아니하고 도리어 미워하는 것을 행함이라."

바울은 세 가지 동사를 쓰는데, 모두 '한다'를 의미한다. 이 단어들은 15-23절에서 반복적으로 등장한다. 어떤 이들은 이 단어들이 상호 연결하여 구축하는 역할을 하고 있다고 한다. 하지만 이 단어들은 단순히 동의어들이고 문체에 변화를 주고 강조하기 위해서 사용된 것이라는 의견이 더 확실하다. 이 단어들을 문자 그대로 번역하면 이 구절은 "내가 만들어 내는 것이 무엇인지 나는 모른다. 내가 원하는 것은 행하지 않고, 내가 싫어하는 것을 나는 하고 있다."가 된다. 이 동의어들이 합쳐져서 선한 일을 하고 싶으나 할 수 없는 상황을 가리킨다.

여기서 바울이 소개하는 단어 중 또 다른 주요 단어는 '원하다'15-21절에서 7번 등장이다. 의지는 그리스도인 사고 체계 중심에 있는데 바울은 자신의 개인적인 영적 열망과 실지로 행하는 행동을 구분한다. 선한 일을 계획했으나 미워했던 행동을 사실상 행하고 있는 것이다. 이 도덕적 실패는 잘못된 것임을 앎에도 죄에 굴복하려는 육적인 경향과 함께하는 죄의 산물이다. 죄냐 육체냐의 문제가 아니라 그 둘이 함께 역사하는 것이다. 죄는 유혹을 가져오고, 육체는 거기에 항복한다. 이러한 싸움이 그리스도인 삶 한복판에 있다. 즉 우리 안에 있는 악과 나쁜 것인 줄 알면서도 그것에 항복하려는 육신의 성향과의 싸움이 계속 일어나고 있는 것이다.

율법이 선하다는 증거 7:16-17

바울은 그가 옳다고 생각하는 것을 행하지는 못했지만, 좋은 것을 하고 싶어 한다는 그 사실 자체가 '율법은 선하고 영적'이라는 것을 증명한다12, 14절. 그가 율법을 평가하고 "시인"했다는 사실은 그가 율법이 옳고 그른 것으로 언급하고 있는 것들의 차이를 알고 있다는 사실을 나타낸다. 그가 열망하는 바와 다르게 행동할 때라도, 바른 것을 하고자 하는 그 사실이 율법의 도덕적 선함에 대한 내적인 동의를 드러낸다.

이 모든 것의 이유는 17절에 나와 있다. "이제는 그것을 행하는 자가 내가 아니요 내 속에 거하는 죄니라." 이미 보았듯이 바울은 '율법은 선하나, 나는 아니다'라고 말했다. 더욱이 "내"가 아니라 다른 주체인 "죄"에 문제가 있다. 그의 결론은 "이제는 그것을 행하는 자가 내가 아니요 내 속에 거하는 죄니라"이다. 율법처럼 '나'는 죄의 권세에게 속고 있다. '나'는 유혹에 넘어가고 죄책감을 가지지만 죄를 만들어 내는 주체는 아니다. 잘못 선택한 것에 대한 책임은 있어도, 다른 권세가 영적인 갈망을 방해하고 그것들을 거꾸로 가게 만든다.

죄는 "옛 사람"이 죽고엡 4:22-24 거듭날 때 쫓겨난다. 하지만 계속 우리를 침략하고, 무너뜨리고 우리 안에 새로운 집을 세우려 한다. 패배한 세속적 그리스도인들 속에서 다시 한 번 현실이 되었다. 우리는 바울이 여기서 분명히 말하고자 한 것을 기억해야 한다. 우리는 결코 이런 육적 그리스도인들처럼 살아서는 안 된다. 바울은 그리스도인들이 이런 힘없는 삶이 아닌 승리의 삶을 살기를 원하고 있다. 하지만 이런 승리의 삶은 8:1-17에서 보여 주듯 성령께서 우리를 인도하셔야만 가능하다. 바울의 요점은 그리스도인이라도 육적인 삶을 살면 죄가 똬리를 튼다는 것이다.

3) 죄의 권세에 속박된 자아 7:18-20

이 구절들에서는 우리가 문제의 중심에 있다. 문제는 죄의 권세가 아니라 그것이 우리 안에 다시 집을 짓고 있다는 것이다. 6장에서 바울은 죄가 어둠의 세상에서 쳐들어오는 군대처럼 우리를 정복하고 노예로 삼으려 한다는 것을 시각적으로 묘사했다. 그는 7장 전반부에서 이 논의를 더 펼쳤고 죄가 우리 삶을 점거하려 한다고 설명했다7:8, 11. 7:14-20에서 죄는 우리를 넘어뜨리고 우리 안에 집을 만들었다. 이것은 죄의 노예가 된 육신적 그리스도인의 모습으로서14절, 자유롭고 싶지만 그 속박에서 나오지 못하고 있고15-16절, 죄가 주인 노릇을 할 뿐만 아니라 속사람 안에 거하고17절 선한 것들을 다 내쫓는다18절.

내 속에 선한 것이 없다 7:18

이 구절은 바울이 17절에서 말한 것을 다른 방법으로 반복한다. 내면에 있는 죄 때문에 바울은 두 가지를 깨닫는다"아노니".

첫째, 그는 "육신에 선한 것이 거하지 않은 줄"을 알게 된다. 죄가 집을 지으므로 선한 것을 찾아도15-16절 속에 남지 못한다. 그러므로 이제 선하지 않은 죄는 '나의 죄성' 즉 문자 그대로 "내 육신"에 거한다. 율법은 선하지만12절 그것은 어디까지나 외적인 요소이고, 내면을 통제하는 힘은 "선한 것"아가도스, ἀγαθός; 강조를 위해 문장 끝에 둠과는 아무 상관이 없다. 내면을 다스리는 통제권은 더 이상 성령이 아닌 "육신"에 있고, 죄성대로 하나님보다 자신을 더 기쁘게 하려는 세상과 일치하는 경향이 지배권을 가진다.

둘째, 바울은 죄를 지으려는 성향의 원인이 자신 안에 있는 갈등이라는 것을 깨닫는다. "원함은 내게 있으나 선을 행하는 것은 없노라." 이 문구는 15절의 "내가 원하는 것은 행하지 아니하고"라는 구절을 달리 말하고 있는 것이다. '에고'ἐγὼ가 육신에게 자신을 내어주고 싫어하는 것을 선택하고 행한다. 참된 열망은 사라지고, 내가 왕좌를 차지하려 한다. 전쟁은 끝난 것이 아니라 의지와 행동 사이에서 계속되고 있다.

어떤 이들은 바울이 육체에 대한 헬라적인 모순을 여기서 반영하고 있다고 말하지만, 바울은 유대인 교리에 나오는 두 개의 '예체르'יצר, yetzer; 모든 사람들이 가진 두 속성를 염두에 두고 있다고 보는 것이 더 바람직하다. 그 두 가지 속성은 선한 것 즉 '예체르 토브'יצר טוב, yetzer tōb의 경향, 그리고 다른 하나는 '예체르 하라'יצר הרע, yetzer hara 즉 '악을 행하려는 경향'이다. 모든 도덕적인 결정은 이 두 경향 사이에서 일어난다. "육신"은 물리적 몸을 가리키는 것이 아니다. 그것은 죄가 활성화하게 하는 기본 요소를 말하고, 개인 의사 결정에서 중심을 이루는 것을 뜻한다.

하기 싫은 일을 하고 있음 7:19-20

이 두 구절에서 바울은 15-17절에서 죄와 육신에 의해 의지가 꺾이는 것에 대해 다룬 것을 다시 언급한다. 첫 부분은 15절을 반복하고 좀 더 확실하게 설명한다. "내가 원하는 바 선은 행하지 아니하고 도리어 원하지 아니하는 바 악을 행하는도다." 그는 자신의 열망을 "선"으로 자기가 사실상 하고 있는 것을 "악"으로 정의내리고 있다.

얼핏 보면 바울은 완전히 포기한 것 같다. 하지만 사실 바울은 부정적인 면을 강조하면서 25절에서 완전히 반전이 있을 것을 독자들에게 준비하게끔 하고 있는 것이다. 우리 인생 가운데 가끔씩 죄가 너무 강해서 결코 극복할 수 없을 것 같은 때가 있다. 그래서 바울처럼 '계속' 죄가 우리 육신에게 매력적으로 다가올 때마다 우리가 하지 않으려는 악한 일들을 계속하고 있다. 하지만 우리가 곧 보게 될 것은, 우리가 성령께 순복할 때에 그분에게서 새 힘을 찾고, 그리하여 승리를 맛보게 된다는 것이다.

바울은 20절에서 부정적 측면을 간략하게 정리한다. "만일 내가 원하지 아니하는 그것을 하면 이를 행하는 자는 내가 아니요 내 속에 거하는 죄니라." 16-17절의 거의 모든 요점을 여기서 찾을 수 있다. 바울이 내면

깊이 행하고 싶지 않은 일들을 행했을 때 죄책은 "내"가 아니라 자신 안에 거하는 죄에 있다는 점이다. 다시 말하지만 이것은 그가 순결하다는 것을 말하는 게 아니다. 그도 역시 굴복하기로 선택했다. 중요한 것은 자신이 범죄자인 것을 알게 될 때 구원의 역사가 시작된다는 것이다.

4) 선과 악의 전쟁을 요약함 7:21-25

이 단락 마지막 구절들은 결론을 보여 주면서 '아라'ἄρα; 그래서, 그러므로라는 말로 7-25절을 요약하는데, 특히 선과 악의 전쟁을 다룬다. 이 주제에 관한 바울의 가르침을 총정리하는 것이라고도 볼 수 있다.

악한 법 7:21

바울은 "내가 한 법을 깨달았노니"로 시작한다. 여러 사람들이 "법"은 모세의 율법을 가리키는 것으로 생각하는데, 7-20절에서도 모세의 율법을 언급하고 있기에 더욱 그러하다고 믿는다. 이렇게 생각할 수도 있으나, 나는 "법"이 여기서는 일반적인 '규례'에 가깝다는 주장에 더 확신이 간다. 21-23절에 ABA 형식으로 생각을 발전시키는 것을 보라. 바울이 모세의 율법을 즐거워하는 것이22절 다른 법21, 23절으로 인해 상쇄된다. 이 다른 법 혹은 죄의 군림하는 힘이 그와 싸워 통제력을 얻었다. 이 '다른 법'은 참된 율법을 흉내내지만 선이 아닌 악으로 치닫는 규례들을 내어놓는다.

그래서 바울은 15-16절을 상기시키는 말을 한다. "곧 선을 행하기 원하는 나에게 악이 함께 있는 것이로다." 이 악은 아담이 타락할 때 세상에 들어온 죄로서 그 부하 '사망'과 함께 죄악 된 인간들을 다스리게 되었다5:12-14. 바울은 믿는 사람으로서 항상 하나님 앞에서 선한 일을 하기를 원했다. 하지만 그는 하나님을 위한 마음대로 살 수 없었는데, 그 이유는 자신의 삶에 악이 공존했고 하나님에게서 떨어져 죄로 향하게끔 만들었기 때문이다. 죄는 가짜 "법"으로서 선보다 악을 더 만들어 내는 가짜 규례들을 따르게끔 세상을 미혹한다. 따라서 우리가 도덕적으로 올바른 결정을 내리려고 할 때 육신 혹은 죄성이 우리를 방해하고 우리 의지를 꺾어서 악으로 몰아넣는다.

마음의 법과 다른 법의 싸움 7:22-23

이 두 구절은 우리 모두 안에서 벌어지는 선과 악의 전쟁, 참 법과 거짓 법 간의 전쟁을 묘사하고 있다. 바울은 "속사람"으로는 "하나님의 법모세의 율법을 즐거워"한다는 긍정적 측면을 말하고 있다. 바울은 "속사람"이라는 어휘를 자주 사용하는데, 이것은 마음과 정신 속에서 일어나는 그리스도인의 자아 인식고후 4:16; 엡 3:16 영역을 일컫는다. 여기서 이 속사람이 그리스도인의 내면인지 불신자의 내면인지 의견 차이가 있다. 불신자라면 육체가 아닌 정신 혹은 영을 가리키는 것일 것이다. 그것이 무엇인지는 7장 전체가 그리고 있는 커다란 그림과 연관 지어 결정 내려야 할 것이다. 내가 초기에 내린 결론은 바울이 이를 그리스도인을 염두에 두고 말한 것7-12절 도입부를 참고이라는 것이었고 이 구절들에서도 그리스도인을 일컫는다는 것이었다.

"즐거워하되"는 무언가를 기뻐하는 것, 특히 하나님이 계시하신 진리를 흠모하는 것을 가리킨다. 그리스도인들은 구약의 율법을 하나님 계시로서 기뻐하고 그 율법이 그리스도 안에서 이루어진 것으로 기뻐한다. 그리스도께서 율법을 완성하시고 그 안에서 자기 목적을 완수하신 것으로마 5:17 인해 기뻐한다. 예수님을 따르는 것은 법을 지키는 것이고, 따라서 유대인들이 즐거워하는 만큼 우리도 그 법을 즐거워하는 것이다. 옛 언약 시대 하나님 사람들에게 율법이 어떤 의미였는지 그리고 신약 시대에 그리스도의 말씀이 어떤 의미였는지 평행선 상에 두고 생각해 볼 때 우리도 하나님께서 하신 일과 그분이 하고 계시는 일들로 인해 기쁨으로 가득 차게 된다. 모든 시대에12, 14, 16절 하나님 말씀의 선하심과 그 영적 능력을 깨닫고 그 진리의 말씀15, 18, 19, 21절에 맞추어 살아가기를 깊이 소망하게 된다.

하지만 문제는 "한 다른 법이 내 마음의 법과 싸워"23절 갈등이 생기는 것이다. 하나님의 법은 바울에게 기쁨을 가져오지만 그는 다시 "다른 법" 즉 현실을 가장하고 악으로 이끄는 법으로 돌아선다. 이 다른 법이 내 마음의 법과 싸운다. 죄의 법이 앞서서 두 가지와 싸우고 있는데, 하나는 하나님의 참된 법이고, 다른 하나는 개인의 생각의 과정과 의지를 가리키는 마음의 법이다. 이 마음은 영적 성장이 일어나는 곳이다. 또한 영적 전쟁이 무섭게 일어나는 곳이기도 하다.

여기서 바울이 그리고 있듯이 죄는 전장에서 승리자 행세를 하며 "내 지체 속에 있는 죄의 법으로 나를 사로잡는 것"이다. 따라서 지금 나는 악의 강제 수용소에서 전쟁 포로가 되어 있는 것이다. 여기서 "지체"가 죄에게 조종당하는 육체를 뜻하는 것인지 사람 전체를 의미하는 것인지 의견이 갈린다. 6:13, 19과 7:5은 후자사람 전체로서, 여기서도 그 맥락을 이어가는 것으로 보인다.

우리 안에 서로 반대되는 요소들이 있다. 그것은 육신과 영이다. 우리가 보게 되겠지만 여기서는 육신이 승리하고 있어도 8:1-17에서는 우리가 성령님을 의지하고 그의 능력과 인도하심을 따라 싸울 때 성령께서 매번 육신을 이기신다. 바울은 여기서 육신의 관점에서 영적 전쟁을 보고 있기에 수동적으로 보인다. 육신적 그리스도인들은 우선순위가 잘못되었고 성령에게 자신을 드리지 않기에 항상 질 수밖에 없다.

하나님 자녀 모두는 죄의 교활하고도 거짓된 힘을 분명히 알고 있어야 한다. 우리는 강단에서, 성경 공부 시간마다, 소그룹 모임에서 지속적으로 이런 것들을 배워야 한다. 모든 교회가 죄에 피해를 입은 사람들을 도울 수 있는 시설들을 갖추어야 하고, 목사와 지도자들에게 자신의 문제들을 편하게 내어놓을 수 있어서 그런 문제를 가진 사람들이 잘 받아들여지고 도움을 얻을 수 있게 해야 한다.

난제: 누가 나를 구할 것인가? 7:24-25

이렇게 쳐들어오는 죄의 손아귀 아래 일어나는 모든 불행과 패배를 보면서 바울은 "오호라 나는 곤고한 사람이로다 이 사망의 몸에서 누가 나를 건져내랴"고 소리치고 있다. 이런 불행으로 가득 찬 호소가 어떻게 믿는 사람의 고백이 될 수 있을까 의심이 갈 법도 하다. 하지만 이것은 7-23절과 문맥을 같이하고 있는 것이다. 그렇다. 이런 큰 고통과 고민은 육신에게 패한 그리스도인들이 겪는 자연스러운 고통이다.

19절에서 언급했듯이, 이것은 성령을 무시하고 자기 힘으로 신앙생활을 하려는 그리스도인들의 모습을 나타낸다. 다음 단락에서 보겠지만 성령에 의지하여 사는 삶은 소망이 있다. 절망을 뛰어넘음을 소망이 있다. 바울의 절규는 수사학적 질문으로서6:1, 15; 7:7, 13 전혀 답이 없는 질문이 아니니다.

"이 사망의 몸"은 6:13, 19과 7:5, 23과 같이 없어져 버릴 육신의 몸이 아닌 죄와 사망에 삼킨바 된 총체적 인격체를 의미한다. 이 "몸"은 거대한 힘을 가진 죄에 갇히고 굴복한 상태에 있다. 그 결과 육적 그리고 영적인 죽음을 맞이한다. 패배한 상황에서 우리는 적의 권세에서 풀려나기 원하지만 그리스도와 성령을 온전히 신뢰하지 않는 한 결코 풀려날 수 없다.

그러나 계속 이런 상태로 있을 필요는 없다. 25절 전반부에서 드디어 해결책을 제시한다. 소망 없는 패배한 신자들이 그리스도를 통해엡 1:19 하나님이 공급하시는 "힘"과 "지극히 크심"을 무시했고, 자기 힘으로 승리의 삶을 살아 보려 한 이들은 다 실패했다. 질문과 대답이 간결하게 나와 있다. "누가 나를 건져내랴." "우리 주 예수 그리스도." 이 답을 이어서 바울이 말한다. "우리 주 예수 그리스도로 말미암아 하나님께 감사하리로다."

하지만 바울은 지속되는 전쟁을 언급하면서 이 장을 마무리한다. 그리스도의 제자들은 주 되신 그리스도와 그분이 주시는 구원25a 아니면 그들의 "마음"에 자신을 바쳐 "죄의 법"에 종이 되든지25b 둘 중 하나 사이를 지속적으로 선택해야 하는 기로에 놓여 있다. 이 전쟁은 15-16, 18-20절에서 보았듯이 "마음"에서 일어나는데, 마음은 "하나님의 법을 … 섬기노라"라고 바울은 말하고 있다. 하지만 마음이 죄를 섬기도록 지시하는 육신 혹은 '죄성'에 의해 거부당한다.

얼핏 보면 7장은 패배로 끝나는 것 같다. 이런 이유로 많은 이들이 7장에 나오는 바울은 그리스도인이 아니었을 때를 묘사한 것이라고 결론짓는다. 나는 그렇게 생각하지 않는다. 25절은 완전히 끝나 버린 패배가 아닌 지속되는 전쟁을 말하고 있는 것이다. 우리는 옛 왕국, 옛 자아에 대하여 죽었다. 그 효력이 무효화되고 우리는 자유해졌다6:1-7. 하지만 죄는 아직 완전히 무너진 것이 아니라 계속 침공해 들어오는 군대처럼 우리를 에워싼다. 우리가 그리스도와 성령을 의지하지 않을 때 유혹과 육신우리의 죄성을 무기로 우리 삶을 다시 사로잡으려 한다.

이것이 25절 내용이다. 이 구절 전반은 육신과 죄를 이길 수 있는 해결책을 제시한다. 후반은 영적 전쟁이 계속 진행 중임을 상기시킨다. 하지만 다음 장에서 바울은 승리를 다시 언급하며 그리스도의 주 되심을 우리가 의지할 때 성령께서 담당하시는 일8:1-17을 말해 줄 것이다. 여기에도 ABA 형식이 나오는데, 승리25a(그리스도)와 8:1-17(성령), 그 중간에 전쟁25b이 들어가는 구조다. 우리는 패배할 필요가 없다. 그리스도와 성령을 온전히 의지할 때 승리의 삶을 살 수 있기 때문이다. 히브리서 12:1에서 말하듯

"인내로써 우리 앞에 당한 경주"를 하고, 이 경주에서 우리는 우리를 사랑하시는 이로 말미암아 넉넉히 이기는 것이다롬 8:37.

이 장은 죄론에 관한 아주 중요한 장이다. 바울은 자신을 본보기로 하여 7-12절에서 불신자, 13-25절에서 신자, 즉 모든 이들이 죄와 싸우고 있는 것을 표현했다. 신자들은 선한 것을 행하고자 하나 반대로 행하고, 유혹을 통해 육신을 사용하는 죄로 말미암아 패배를 경험한다15-17절. 선한 것을 행하고자 하는 갈망은 율법이 사실상 선한 것임을 증명한다16절. 하지만 율법을 행하지 못하고 악한 것임을 알고도 행하는 것이 내 속 깊이 살아 있는 악을 증명하기도 한다.

육적 그리스도인들은 전쟁에 거의 진 것이나 마찬가지다. 죄가 침투하여 항복시키고 삶 속에 들어와 똬리를 틀어 의사 결정을 통제한다18-20절. 속에 거하는 죄가 관제탑에 올라 명령을 내리기에 마음으로는 하고 싶지 않지만 악한 행실을 멈출 수 없게 된다. 죄에 대한 강렬한 열망이 내 안에 있는 선을 행하려는 갈망을 이겨 버린다. 마음 가는 곳에 행동이 가게 되어 있으니22-23절, 전쟁이 마음에서 일어날 때 죄가 그 마음을 통제하려 한다. 마음을 다스리는 것이 중요한데, 너무 많은 그리스도인들이 성령께 자신을 드리지 못하고 육체가 오히려 부상하여 생각을 다스리려 한다. 이렇게 되면 전쟁은 우리 패배로 끝난다.

침공하고 쓰러뜨리려는 죄의 무게에 눌린 성도들은 희망이 없고, 온 정신을 마비시키는 절망으로 가득해 보이고, 수렁에서 구출될 방법이 없어 보인다24절. 하지만 그렇지 않다. 바울은 싸움에서 진 그리스도인에서 승리의 가능성으로 바로 화제를 전환하고 있다. "누가 나를 건져내랴"라는 질문에 바로 감사로 대답하고 있다. 주 예수 그리스도 안에는 항상 승리만 있기 때문이다25절. 그리스도의 영은 모든 상황에서 악의 권세를 이기신다. 다음 단락은 그 승리의 방법을 중점적으로 다룬다.

7. 성령 안에 있는 새 생명 8:1-17

성경에서 가장 위대한 장이 어디인지 물어보면, 로마서 8장은 거의 항상 첫 번째를 차지하지 않을까 싶다. 이 장에서 다루는 주제가 일단 멋지다. 성령 안에서 사는 삶, 하나님 가족으로 입양됨, 역경을 이겨낸 승리, 성도의 안위 등 좋아하지 않을 주제가 없다. 내가 가장 좋아하는 영화 "불의 전차", "리멤버", "타이탄" 같이 패배의 손아귀에서 승리를 거머쥐는 영화를 떠올리게 한다.

8장에서 바울은 성도들에게 승리를 보장하는 삶을 어떻게 살 것인지 답을 제시한다. 내주하시는 성령의 능력 아래 살면서 내주하려는 죄의 속박을 거부하는 것이다. 7:7-25에서 다룬 죄, 율법, 육신의 문제는 8:1-11에서 다룰 주제인 성령의 능력에 대한 완벽한 배경을 제공한다. "육신"사르크스, σάρξ은 7장에서 두 번 등장하고, 8:1-13에서 열 번 등장한다. 반면 "영"프뉴마, πνεῦμα은 7장에서는 나오지 않고 8장에서는 21번 나온다. 요점은 간단하다. 육신에 따라 사는 것은 패배이고, 성령을 따라 사는 것이 승리이다. 성령께서 성도의 삶에서 활발하게 일하시면, 육신이 패하고 승리가 온다.

이 놀라운 주제들은 성령의 영광스러운 임재와 그 임재가 신자 안에 가져다 주는 승리8:1-11, 그리고 거듭남에 대해 다룬 가장 심오한 본문 중 하나인 하나님 자녀로 양자 삼아 새 신자를 하나님의 가족으로 만드시는 것12-17절으로 전개된다.

1) 승리를 가져오는 성령 안에 사는 삶 8:1-11

이 본문은 7:7-25의 죄와 육신의 승리와 정반대의 내용으로 구성되어 있고, 5-7장을 긍정적으로 종결짓는다. 승리는 그리스도의 영이 우리 안에 계시기 전까지는 결코 일어나지 않는다. 우리가 그분께 우리 자신을 드리고 육신보다 그분께 순종하는 삶을 살 때 죄가 우리 삶의 중심에서 떠나고 우리는 자유롭게 한다.

그리스도 안에 결코 정죄함이 없음 8:1

도입부의 "그러므로 이제"아라 뉜, ἄρα νῦν는 5:12-7:25의 내용을 승리의 결론으로 매듭짓고 있다. 전쟁은 성령에 의해 정리되고 반전이 일어난다. 5:16, 18에서 바울은 아담의 죄가 인류에게 정죄함을 불러왔고, 이것이 그리스도로 인한 칭의의 선물로만 해결될 수 있다고 말했다. 바울은 여기서 다시 그 구절들을 상기시키며 "그러므로 이제 그리스도 예수 안에 있는 자에게는 결코 정죄함이 없나니"라고 말한다. "이제"는 구원 역사적 변화를 가리키며, 그리스도 안에서 새로운 구원의 역사와 그로 인해 새로워짐을 뜻한다3:26; 5:9, 11; 6:19, 21. 옛 시대에 율법 아래 있던 정죄는 그리스도 안의 새 시대의 용서로 바뀌었다. 그리스도는 아담의 죄의 결과를 뒤엎으셔서 그리스도 안에 있는 이들에게서 정죄함을 없이하셨다3:24; 6:11, 23; 7:4.

7:25에서 멈춘다면 우리는 가장 비참하고, 육신과 죄에 항복했던 사실로 인해 정죄함 말고는 받을 것이 없다. 바울은 그 대신에 우리가 "그리스도 안에" 있는 것 즉 그와 함께 연합하고 그의 몸인 교회의 지체가 된 것을 말하고 있다. 정죄 받은 죄인이 믿음으로 그리스도께 돌아서서 그분이 우리 죄를 위해 값을 지불하신 것을 믿으면, 그리스도의 피가 우리 죄를 씻고 우리는 용서받게 된다. 심판은 "생명"의 선고로 대체되는 것이다!

기본: 성령 8:2-4

성령의 법이 나를 자유롭게 함 8:2

정죄함이 사라지게 된 것은 "그리스도 예수 안에 있는 생명의 성령의 법이 죄와 사망의 법에서 너를 해방하였기" 때문이다. 성령께서 들어오시면 악의 승리는 오래 버티지 못한다. 우리에게는 두 가지 자유가 있다. 거듭남의 순간에 성령께서 자유하게 하시는 것과 앞으로 닥칠 죄와의 전투에서 우리를 강하게 하시고 승리하게 하시는 것이다.

"성령의 법"과 "죄와 사망의 법"이 대조되는 것을 보라. 학자들 사이에서는 "법"이 여기서 은유적으로 '규례'나 '규칙'7:21, 23처럼을 뜻하는 것인지, 모세의 율법을 가리키는 것인지 의견이 갈리고 있다. 후자는 성령 없이 죄와 사망으로 인도하는 것을 뜻한다. 전자는 성령의 능력으로 우리를 죄와 사망에서 해방하는 것을 의미한다. 두 의견 모두 본문을 이해하는 데 도움이 되겠지만 나는 전자, 즉 은유적 표현이 더 적합하다고 생각한다. 여기서 "법"은 7:21, 23의 "죄의 법"과 상당히 유사하여 신약성경에 자주 등장하는 성령의 법/능력 대 죄악의 규례를 대조하는 것과 잘 맞아떨어진다. 이것이 8:1-11의 성령 대 육신의 대조를 나타내는 주제 문구가 된다.

5:12-7:25에서 주로 다루는 문제는 하나님 백성과 죄의 싸움이고, 6:19; 7:5, 18에서 바울은 죄가 육신을 통해 어떻게 우리 삶으로 침투하는지를 설명했다. 마지막 단락7:14-25에서는 성령보다 육신의 힘을 의지해서 신앙생활을 하는 이들의 실패와 좌절에 초점을 두었다. 이제 우리는 이 모든 것을 이길 수 있는 유일한 해결책을 알게 된다. 즉 육신에서 돌아서서 내주하시는 성령의 능력을 의지하는 것이다. 희생 제사를 통해 그리스도는 이 죄 문제를 해결하신 구원의 길'통해'이 되시고, 성령께서 죄에서 우리를 구원하시는 역할을 감당하신다.

이 구절에서 바울이 거듭남을 말하는 것인지 성화의 과정을 말하는 것인지에 대해 의견이 엇갈린다. 위에서 언급한 두 가지 자유에 비추어 볼 때 문맥상 거듭남과 성화 두 가지 모두를 언급하는 것으로 볼 수 있다. 거듭나지 못한 자는 죄의 통제 아래 있는 사람이고, 육신에 져서 패배한 그리스도인들은 죄에 억눌린 이들이다. 둘 모두 자유하게 하시는 성령의 능력이 필요하다. 우리는 더 이상 죄와 사망의 억누름에 속해 있을 필요가 없다. 우리는 하나님과 그리스도의 새로운 왕국에 속해 있어야 한다. 이 왕국은 성령께서 우리를 해방시키시고 인도하신 새로운 왕국이다.

바울은 로마서에서 다섯 가지 해방에 대해 말하고 있다. 즉 죄의 노예 상태에서 해방6:16-22, 죄의 감옥에서 해방7:23, 정죄에서 해방8:1, 죄와 사망의 권세에서 해방8:2, 그리고 종말에 나타날 혹은 이 죄 된 세상 마지막 때 하나님 백성의 해방8:21, 23이다. 성령 안에서 우리는 죄를 이길 자유가 있고이 구절, 하나님 아버지께 기도할 자유가 있으며8:15, 중보할 자유가 있고8:27, 하나님 법에 순종할 자유가 있다8:3-4.

해결책: 하나님의 아들을 속죄제물로 드림 8:3

성령 시대의 새로운 삶은 우리가 정죄 아래 있는 한 시작될 수 없다1절. 바울은 "율법이[35] 육신으로 말미암아 연약하여 할 수 없는 그것"이라고 말하고 있다. 4:13-15과 7:7에서 모세의 율법은 사람들에게 진노를 불러왔고 죄를 드러내는 일만 했다3:20. 따라서 죄 문제를 해결하기보다 오히려 죄를 증가시키는 일을 했다5:20. '죄를 행하고자' 하는 갈망을 일으키고 사망을 가져왔으며7:5; 8:11, 따라서 정죄를 무마할 힘이 없게 되었다.

하지만 율법이 할 수 없는 일을 "하나님은 하시나니 곧 죄로 말미암아 자기 아들을 죄 있는 육신의 모양으로 보내어 육신에 죄를 정하셨다." '보

35 단어가 어떻게 다르게 쓰이고 있는지를 주시하라. 2절에서 "법"(νόμος)을 은유적으로 표현하다가 3절에서 다시 모세의 율법을 가리키고 있다.

낸다'는 것은 왕의 사절단을 보내는 것과 같은데, 여기서는 하나님의 오직 하나뿐인 "아들"이기에 더욱 그 의미가 강하다. 아버지와 아들의 깊은 관계는 모든 것 이전에 선재하고 있었다.

미리부터 계신 하나님의 아들의 영광은 "죄 있는 육신의 모양으로" 오신 겸손함을 겸하고 있다. 이것은 빌립보서 2장에 나오는 찬송, "하나님의 본체시나 … 자기를 비워 … 사람들 같이" 되신빌 2:6-7 것을 상기시킨다. '~같이'라는 말은 예수께서 타락한 인간과 같이 되셔서 우리 죄를 위해 죽으시는 것을 뜻한다. 예수님이 죄가 있으시다는 것이 아니라 우리 죗값을 지불하시기 위해 제한된 인류가 겪을 수 없는 모든 고통을 다 겪으신 것이다.

이 희생의 결과로 '속죄제물'로 "육신에 죄를 정하신" 것이다. 그렇게 하기 위해 그분은 "육신의 모양으로" 보내져서 완벽한 '속죄제물'이 되시고, 율법이 할 수 없었던 일, 즉 죄의 대가를 청산하는 일을 하시고, 타락한 인간을 속량하시고, 죄 용서를 확보하셨다. 예수 그리스도의 속죄 제사는 죄를 정죄하고 성도를 의롭게 하였다. 죄의 힘이 꺾이고, 믿음으로 예수께 돌아오는 자들은 심판대 앞에서 하나님과의 올바른 관계가 선포되었다.

결과: 율법의 요구가 충족됨 8:4

하나님께서 자기 아들을 속죄제물로 보내신 목적은 "우리에게 율법의 요구가 이루어지게 하려 하심"이다. 이것은 십자가에서 율법의 요구를 완전히 이루셨다는 법적인 이행을 의미할 수도 있고, 하나님께 순종하여 율법의 요구대로 살아내는 도덕적 행위를 의미할 수도 있다. 나는 이 본문이 그리스도의 '속죄제물'이라는 법적 측면과 '성령 안에서 사는 삶'이라는 도덕적 측면 모두를 의미한다고 생각한다.

그리스도를 보내신 참된 목적은 그분의 희생적 죽음으로 율법의 요구가 완전히 '우리에게 이루어지게' 하는 것이다. 완전히 "이루어지게"플레로데, πληρωθῆ는 신적 수동태 즉 하나님께서 우리 안에서 이것들을 '이루신다'는 뜻을 지닌다. 율법의 목적은 그리스도께서 이루신 그 일에 우리가 참여함으로 완성된다. 이것은 마태복음 5:17에 예수께서 '율법을 완성하러' 오신 것과 같은 개념이다. 여기서 "율법의 요구"는 하나님의 의를 이 세상에 불러오는 율법의 거룩한 목적을 의미하는데, 의롭게 하는 속죄제물과 성화를 일으키는 성령 안에 사는 삶에서 그 목적이 이루어진다.

성령을 통해 우리는 성화의 과정을 경험하고 주님을 위한 의로운 삶 속에서 자라게 될 것이다. 이것은 우리가 "육신을 따르지 않고 그 영을 따르는" 삶을 살 때 일어날 것이다. 십자가에서 그리스도가 우리를 위해 하신 일은2절 성령께서 힘 주시는 삶 속에서 역사하고, 이것이 7장과 8장에서 말하는 참된 주제이다. 이 삶은 십자가로 가능해졌고 성령 안에서 살 수 있는 것이어서 하나님이 계획하신 율법의 목적을 온전히 이룰 수 있게 된다. 한 번의 결정이 우리 행위를 주관할 것이다. 육신과 세상 잣대로 살지 하나님 말씀과 성령의 인도하심을 따라 순종하며 살지 결정하라.

육신 대 성령 8:5-8

5-6절에서 바울은 육신과 성령의 갈등을 묘사하고 있고, 7-8절에서 육신이 따르는 것에 대한 비난을 하고 있다. 이 본문은 4절에서처럼 왜 우리가 성령을 따라 살아야 하는지 말해 주고 있다. 구원받은 자와 그렇지 않은 자의 생각의 차이에 중점이 있다.

대조 설명 8:5-6

어떤 영어 번역NIV은 '육신에 따라 사는 사람'이라고 번역하지만, 헬라어를 문자 그대로 번역하면 '육신에 따라 있는 사람'으로 읽게 된다. 그들이 무엇을 하느냐보다 그들이 누구인가에 초점을 두는 것이다. 육신의 사람들타락한 본성은 "육신의 일"을 도모한다. 그들의 관심은 온통 자신과 이 땅의 것들에 있다. 이것은 1:21, 28에 나와 있듯이 완전한 타락이 육적인 사람들의 생각과 삶을 지배하고 있는 것을 뜻한다. 그들은 무엇이 옳은가를 기준으로 선택하지 않고 자기 자신이 원하는 것을 기준으로 선택한다.

반대로 성령을 따르는 사람들은 "영의 일"을 생각한다. 그들의 생각은 성령의 이끄심을 따르고 자기 자신보다 성령의 뜻에 중점을 둔다. "너의 생각이 너를 만들고, 너의 행동을 결정한다"는 옛 말은 틀리지 않다.

6절은 같은 대조를 다른 방식으로 표현한다. "생각"은 '~에 따라 사는'과 같은 개념인데, 우리가 사는 방식은 우리 생각에 좌우되기 때문이다. 두 문구 '육신의 생각/영의 생각'에서 두 소유격~의은 헬라어로 주격육신이 지배하는 마음 아니면 목적격육적인 것을 생각하는 마음으로 해석될 수 있다. 후자목적격가 조금 더 나은 해석인데, 사람의 마음을 영이나 육 중 어디에 두고 있는지에 초점을 두는 것이기 때문이다. 우리 생각이 육신의 내용으로 가득 차 있다면 "사망"이라는 무서운 결과가 전체적으로 찾아올 것이다. 이것은 마지막 날에 내려질 영원한 죽음뿐 아니라 불신자의 삶을 전반을 지배하는 사망의 삶을 뜻한다5:12-15; 7:10-13.

하나님에게서 분리된 삶은 그 자체가 비참한 죽음이다. 왜냐하면 그들은 아무런 희망 없이 자기중심적이고 외로운 삶의 운명에 갇혀 있기 때문이다. 하지만 성령을 삶 가운데 모시고 의지하며 사는 이들은 결코 혼자가 아니고 베드로전서 1:3에서 말하는 "산 소망"을 가지고 있다. 그들은 "생명과 평안"을 경험한다. 여기서 "생명"은 그리스도 안과 성령의 임재 아래 누리는 현재의 삶7:10; 8:2과 영생2:7; 5:21; 6:22-23을 의미한다. 하나님과의 "평안"은 칭의의 결과5:1이고, 하나님과 화목하고 내면의 영이 평안을 누리며 하나님과 온전한 관계를 회복하는 것을 의미한다.

육신의 문제 8:7-8

이 두 구절에서 바울은 육신의 문제에 초점을 두고 있다. 그는 왜 육신의 마음이 사망으로 끝나는지 설명하려 한다. 첫 번째 이유는 "육신의 생각은 하나님과 원수가" 되기 때문이다. 위에서 내가 6절을 번역한 것 같이 이 문구를 번역한다면 '육신적인 것을 생각하는'으로 바꿀 수 있겠다. 세속적인 생각은 모든 거룩한 것들의 적이고, 하나님은 그 세속적 생각을 배격하신다. 하나님보다 자기 자신을 즐겁게 하는 데 우선순위를 두니 하나님이 원하시는 것과 정확히 반대 행동을 하게 되는 것이다.

이렇게 배격하는 행위들은 '하나님의 법에 순종하기를 거부하는 육신적 생각들'이다. 7:21-23과 8:2에서 보았듯이 여기서 "법"이 모세의 법인지 일반적인 하나님의 규율을 가리키는지에 대한 질문이 있을 수 있다. 7:21, 23과 8:2에서 나는 일반적 '규율'을 선택했는데, 7:22에서는 모세의 법을 가리켰었다. 8장 문맥상 이것은 일반적 규율을 가리키는 것으로 보는 것이 좋다. 육적인 마음은 하나님의 뜻과 법 아래 자신을 둘 수가 없다. 이것은 모든 불신자들이 선한 일을 전혀 할 수 없다는 것이 아니라 하나님을 위해 선을 택할 수 없음을 의미한다.

이것이 다음 구절의 핵심이다. "육신에 있는 자들"은 하나님 법에 순복할 수 없기 때문에 "하나님을 기쁘시게 할 수 없다." 그들은 착한 일을 할 수 있고 무엇이 옳은 일인지 알 수 있으나, 하나님을 기쁘시게 하고 구원을 얻을 만한 삶을 살지는 못한다. 육신이 그들의 존재를 둘러싸고 있고, 하나님을 기쁘시게 하고자 하는 갈망도 없으니 선한 일도 간헐적이 될 수밖에 없다. 길게 보았을 때 그들의 갈망은 자신이나 다른 사람을 기쁘게 하려는 열망에서 나오기 때문에 하나님께 기쁨이 되는 일을 원할 수조차 없다. 이것은 그리스도와 성령 안에서만 가능한 일이다8:3 설명 참고.

로마 성도: 육신이 아닌 성령 안에서 8:9-11

초점: 하나님의 영이 너희 안에 거하심 8:9

바울은 9절을 '휘메이스 데'Υμεῖς δὲ 즉 '하지만, 너희는'"You, however", NIV으로 시작하면서 육신적 불신자에서 로마 교회 성도들로 초점을 옮긴다. 불신자들은 '육신의 세상'에 속했기에 하나님을 기쁘게 할 수 없다. 하지만 성도들은 '영의 세계'에 속해 있고 생명과 평화를 지닌 사람들이다6절.

그리스도의 새로운 세상에 속하는 것은 "하나님의 영"이 거하시느냐의 여부에 달려 있다. 내면에 상주하는 죄는 불신자들의 특징이다7:17, 20. 하지만 내주하는 성령은 성도들의 특징이다. 이 구절에 나오는 두 번째 조건절은 "누구든지 그리스도의 영이 없으면 그리스도의 사람이 아니라"이다. 두 절 모두에 나오는 "만일" 즉 조건절εἴπερ εἰ은 바울이 확신이 없다는 의미가 아니다. 이것은 사실을 기반으로 한 조건이고 "때문에"라는 의미에 가깝다. 즉 그들이 그리스도를 알기 때문에 그들 안에 성령이 계신다고 번역할 수 있는 것이다.

이 구절 첫 조건절에서 "하나님의 영"이라고 부르다가 두 번째 조건절에서 "그리스도의 영"이라고 부른 것을 주목하라. 여기서 삼위일체 교리를 엿볼 수 있는데, 성령께서 아버지와 아들에게서 보냄 받고 그 두 분을 나타내시기 때문이다. 우리가 "예수께서 당신 마음에 계십니다"라고 할 때 이것은 사실 예수님의 영이 우리 안에 거하시는 것을 말한다. 물론 삼위 하나님께서는 무소부재하시지만, 성경은 예수님이 하늘의 하나님과 함께 계신다고 표현하고 있고엡 1:20-22 여기서 보듯 성령이 이 땅 성도들 마음 가운데 계신다고 말하고 있다.

성도 안의 사망과 생명 8:10

8:10에서 바울은 내주하시는 성령에서 '너희 안에' 계신 그리스도로 초

점을 옮기고 있다. 그리스도께서 성도 안에 거하실 때, 두 가지 일이 함께 일어난다. 첫째, "몸은 죄로 말미암아 죽은 것이나"라는 문장은 해결해야 할 문제가 무엇인지를 보여 준다. 이것을 죄에 대하여 죽는 것으로 볼 수도 있으나, 6:2, 11에서와 같은 죄에 대한 죽음이 아니라 죄를 통한디아, διά 혹은 죄를 인한 죽음을 의미한다. 육체는 죽지만 성도들의 죽음은 부활로 이어질 것이다.

죄의 세계는 십자가에서 힘을 잃었고6:6; 7:2, 6 우리에게 힘을 주시는 그리스도와 성령의 임재6:17-18; 7:25로 인해 죄의 공격을 무찌르는 경험을 하게 된다. 그럼에도 불구하고 우리는 자꾸 기어오르는 죄와 씨름하고 유혹과 싸워야 한다7:14-25. 그 결과 죄의 대가를 경험하고 육신의 죽음을 맞이한다. 우리는 태어난 순간부터 죽음으로 향한다.

생명에 대한 두 번째 진실은 이렇게 진행되고 있는 죽음에 대항하는 것이다. "영은 의로 말미암아 살아 있는 것이니라." 사망이 우리 몸을 지배했지만6:14 우리 안에 새로운 능력이 거하니, 바로 하나님에게서 온 영원한 선물이신 새 생명을 주시는 성령이시다. 요한은 영생이 우리를 위한 미래일 뿐만 아니라 우리 안에 이미 시작한 선물이라고 말한다요 3:16; 6:40, 47. 완전히 경험하진 않았지만 영생이 우리 안에 이미 일어난 것을 일컬어 "시작된 종말론"이라고 부른다. 완전한 경험은 우리가 죽고, 그리스도께서 재림하시고, 영화로운 몸을 받을 때 있을 것이다고전 15:20-23, 51-54.

이 생명의 근원은 "의"인데, 이는 성도를 법적인 차원에서 의롭다 한 것으로서3:21, 24, 하나님께서 우리를 '정하다', '용서받았다', '그분과 올바른 관계를 가지고 있다'고 선언하시는 것이다. 우리 몸은 죽을 것이지만 성령께서 보증이 되시고 그리스도 안에서 새로운 생명을 보장하시기에엡 1:13-14, 영생은 우리에게 현재뿐 아니라 미래에 이어받을 기업이 되고 죽음 후에도 부활로 영원히 살 약속 안에 사는 것이다.

결과: 죽을 몸도 살리심 8:11

이 구절에서 바울은 성령을 통한 생명의 약속에 대해 설명하고 있다. 2절의 "생명의 성령"을 이 구절에서는 "예수를 죽은 자 가운데서 살리신 이의 영"이라고 부르고 있다. 그리스도인들의 삶은 죽음으로 끝나지 않고 부활을 통해 계속된다. 육체적 죽음은 더욱 영화로운 삶으로의 전환점이고, 성령께서 그것을 이루신다. 예수는 미래의 부활롬 6:5을 보장하시는 "첫열매"고전 15:20, 23가 되셨다. 예수를 일으키신 성령께서 "너희 안에 거하시면"현재형 동사로 쓰임 영생이 우리 안에 이미 존재하고 있는 것이다. 같은 성령이 "너희 죽을 몸도 살리시리라"고 자연스럽게 결론을 내릴 수 있다.

이 구절에서 반복되는 것이 많다. 바울은 내주하시는 성령을 두 번 언급하고, 예수님의 부활도 두 번 언급하고 있다. 삼단 논법사실의 정당성을 증명하기 위한 연역적인 논리 전개 방식이 다음과 같이 나온다.

- 주요 전제: 성령이 우리 안에 내주하심
- 하위 전제: 성령은 생명이심
- 결론: 따라서 생명이 우리 안에 있음

사망은 예수님처럼 우리가 죽음에서 생명으로 부활할 때 삼킨 바 될 것이다. 다시 말하지만, 이것은 단순히 미래에 나타날 약속만을 가리키는 것이 아니다. 이것은 현재 일어나고 있는 현실이며 우리 안에 거주하시는 성령에 의해 이루어지고 있다. 우리는 사망에 굴복할 수밖에 없는 '죽을 몸'을 가지고 있지만 '영광'으로고전 15:42-44 부활할 영원한 '영적인 몸'이 우리를 기다리고 있다.

2) 하나님의 상속자로 입양됨 8:12-17

이 구절에서 나타나는 이미지들은 전개가 빠르다. 거듭난 자가 의롭게 되고 용서받는 순간롬 3:21-24, 하나님의 자녀로 입양된다. 새로 태어난 아기들처럼 그들은 하나님 아버지를 향하여 울고, 서로가 그리스도의 형제자매인 것을 알면서 그와 함께 상속자인 것도 알게 된다. 이것은 또한 바울의 구원 확신설의 주요 본문인데, 이를 통해 바울은 자신이 거듭났는지를 의심하는 이들에게 성령께서 직접 그들이 하나님의 가족이 되었음을 확신시키신다고 말하고 있다16절.

몸의 행실을 죽이라 8:12-13

이 구절들이 5-11절을 결론내리는 것인지 14-17절의 도입부인지를 놓고 학자들의 의견이 갈린다. 나는 후자14-17절의 도입부라고 생각하며, 둘 다 거듭남이 무엇인지 설명하는 본문이라고 생각한다. 여기서 우리는 우리가 사는 이 죄악된 세상에 내재한 타락을 보게 된다. 여기에 대응하는 유일한 방법은 죽이는 모습으로 묘사할 만큼 확실하고 과격하게 악을 포기하는 것 뿐이다.

"그러므로"아라 운, ἄρα οὖν는 바울이 5-11절을 통해 추론하고 있음을 보여 준다. 우리는 그리스도가 있고 성령 안에 살고 있기 때문에 "육신에게 져서 육신대로 살지" 않을 의무가 있다. 1:14에서도 바울은 모든 민족에게 복음을 전해야 할 '의무'가 있다고 했다. 그 구절과 이 구절 모두 하나님께서 우리를 부르시는 음성에 순종하고 그분을 섬길 의무가 있음을 보여 주고 있다. 이것은 하나님께 대한 의무로서, 우리는 하나님과 원수가 된, 반드시 거부해야 할 육신과는 완전히 분리되어야 하는 것이다.

바울은 여기서 채무자가 빚을 독촉하는 모습을 통해 죄와 사망에 관한 다른 비유를 소개하고 있다. 1세기에 빚진 자들은 주로 노예가 되었다.

이처럼 육신의 삶을 사는 이들은 '죄의 종으로 팔리게' 되는 것이다7:14. 하지만 성령의 사람들은 육신의 삶을 피하고 "육신에 속하여" 살기를 거부한다. 우리는 그리스도로 인해 죄와 육신에서 자유롭게 되었고6:18, 22 그분 안에서 죄와 육신에 대해 죽었다6:2-4, 11; 8:13.

13절은 12절의 생각을 완성하지 않고 영을 따라 살아야 할 의무를 설명한다. 대신 5-8절을 다시 언급하며 육신의 삶의 위험을 경고하고 있다. "육신대로 살면 반드시 죽을 것"이라고 언급하고 있는데, 이는 두 가지 죽음을 의미한다. 바울이 6:12-14에서 언급했듯이 죄가 이 세상에 몸의 죽음을 불러왔고 죄와 죽음은 함께 이 땅을 지배하게 되었다. 하지만 육체적 죽음보다 훨씬 광범위한 영적인 죽음이 하나님보다 육신을 선호하는 이들에게 임하게 된다. 갈라디아서 6:8에서 바울이 강조하듯이 자기 육체를 위하여 심는 자는 육체로부터 썩어질 것을 거두게 될 것이다.

육체의 다스림에 항복하는 것은 그 심각성이 너무도 자명하다. 영원한 운명이 걸린 문제이다! 여러 다른 본문들이 타락의 결과에 대해 경고하고 있고, 우리는 그 경고에 신중하게 귀를 기울어야 한다요 15:1-6; 히 6:4-6; 벧후 2:20-22 참조. 이 본문들은 하나님께서 자기 백성을 보호하시고 구원하신다는 본문과 함께 해석되어야 한다롬 8:31-39; 요 10:27-29; 벧전 1:5. 8:28-30에서 이것에 대해 자세히 다루겠다.

육신에 대한 해답은 물론 성령이다: "영으로써 몸의 행실을 죽이면 살리니." 이것은 6:2, 11에서 성도들이 "죄에 대하여 죽도록" 부름 받은 것을 반복해서 말하는 것이다. 이 구절은 그리스도인의 삶이 "무엇"인지, 그것이 "어떻게" 가능한지 설명해 주는 것이다. 우리는 '몸의 행실'을 죽임으로 죄에 대하여 죽을 수 있다. 여기서 바울은 "죽이면"다나토테, θανατοῦτε이라는 동사를 사용하면서 죽지 않을 수 있는 유일한 길은 우리 안에 있는 죄가 죽는 것이라 묘사하고 있다.

승리 방법은 "영으로써" 우리에게 필요한 힘을 공급하시는 성령의 임재이다. 우리 힘만으로는 할 수 있는 것도, 성령께서 우리 삶을 통제하시며 모든 것을 알아서 해 주시는 것도 아니다. 우리가 성령과 연합하면 "주 안에서와 그 힘의 능력으로 강건하여 … 능히 대적하고 모든 일을 행한 후에 서게" 된다엡 6:10, 13.

여기서 바울이 원수의 세력을 "몸의 행실" 혹은 문자 그대로 '육체의 행위'로 일컫는다. 곧 몸의 움직임과 "육신"을 같은 것으로 보는 것이 흥미롭다. 하지만 10절과 11절과 같이 "몸"은 물리적인 몸을 의미하고, 죄악된 행위가 일어나는 곳을 뜻하고 있다. 하나님 백성이 성령님과 연합하고 육신적 행위에 대해 죽을 때 그들은 '살아날' 것이고, 그리스도와 성령 안에서 새로운 생명을 얻고 미래에 영생을 얻게 될 것이다.

초석: 성령과의 새로운 관계 8:14-15

이 본문14-17절은 중생할 때 일어나는 일에 대한 이해를 돕는 주요 본문 중 하나이다. '가르'γὰρ; 왜냐하면로 설명되는 성령 안에 있을 이 새로운 삶의 '초석'은 성령께서 인도하시는 하나님과의 올바른 관계, 즉 로마서 5:10-11에 나오는 "화목"이다. 이것이 5장에서는 "그의 아들의 죽으심"으로, 여기서는 성령님의 역사하심으로 가능하게 되었다.

새로운 정체성: 하나님의 자녀 8:14

"사람"문자적으로 특정 집단의 '최대 다수', 즉 "하나님의 영으로 인도함을 받는 사람"은 바울이 13절에서 설명하는 현실이 어떻게 일어나는지를 설명한다. 우리는 우리 안의 성령으로 말미암아갈 5:16-18 육체와 그 행위를 '죽였다'.

이런 사람들을 가리켜 "영으로 인도함을 받는"이라는 문구가 나오는 것이고, 이들은 하나님을 나타내는 삶을 사는 사람들로 그려진다. 이들은 매일 개인의 삶의 결정을 내릴 때 성령의 지시를 받을 뿐 아니라 삶의 전반에서 인도하심을 받는다. 이들은 직업이나 결혼 상대자를 결정할 때 등 삶의 중대한 일들을 겪을 때마다 성령의 인도하심을 받는다. 이것이 승리하는 신앙생활이다. 성령이 우리 삶의 일거수일투족을 인도하시는 만큼 성화가 진행되는 것이다. 우리 자신의 지혜를 의지하여 결정해 갈수록 삼위일체 하나님의 인도하심을 받지 못하게 된다.

성령께서 우리를 이끄실 때 우리는 14-15절의 "양자"와 "아들"로 불리고, 16-17절처럼 "자녀"로 불린다. 이것은 내주하시는 성령이 구원을 주신다는 뜻이 아니다. 갈라디아서 4:5-6에서 말하듯이, 우리가 자녀 될 때 성령이 주어지는 것이다. 성령의 인도하심을 받는 것은 구원의 조건이 아니고 구원의 증거이다.

양자로서 입양됨 8:15

성령으로 말미암아 "아들" 됨이나 양자 됨을 생각할 때, 우리는 두 가지 영에 대하여 살펴볼 필요가 있다. 문자적으로 번역하면 이 구절에서 바울은 "종의 영"과 "양자의 영"을 대조하면서 두 가지 삶의 모습을 보여 준다. "종의 영"을 어떤 이들은 율법으로 노예를 삼고 있는 시대에 성령께서 일하시고 계신 것으로 해석한다. 하지만 율법이 노예를 만드는 배후에 성령께서 일하고 계신다고 생각하는 것은 어불성설이다. 여기서 "영"은 수사학적인 의미를 가지고 있고, 죄의 노예가 되어서 두려움으로 가득 차 있는 불신자들을 가리키고 있다고 보는 것이 올바른 해석이다.

바울은 성령을 믿는 사람들이 '받은' 분으로 묘사하고 있고, 거듭남은 "하나님이 그 아들의 영을 우리 마음 가운데 보내신" 것이다갈 4:6. 이때 죄의 노예 시절이 끝난다6:16-22. 죄의 종이던 자들은 불확실한 미래와 마지막 심판의 '두려움'밖에 모른다. 많은 이들이 이 두려움을 옛 언약 시대

삶의 두려움과만 연결시키는데, 나는 더 광범위한 입장에서 그것이 유대 그리스도인들에게는 죄와 율법, 이방 그리스도인들에게는 죄의 힘1:18-32을 아우르는 두려움이라는 생각을 가지고 있다.

반대로 신자들은 "양자의 영"을 받았다. 이 영은 하나님께서 우리를 그분의 자녀로 만드실 때 주시는 영이다. 양자는 바울이 자주 쓰는 은유로서롬 8:23; 9:4; 갈 4:5; 엡 1:5, 구약의 양자 삼음과 헬라 문화 모두에서 따온 개념이다. 이것은 그저 종이라는 위치에서 자유함을 얻는 데서 그치는 것이 아니라 하위계층에서 왕의 신분으로 옮겨 가는 것을 그리고 있다. 이것은 거듭남의 모습을 비유로 완벽하게 표현하는 것으로서, 로마법에서 양자들이 참 자녀와 동등한 권리를 누리는 문화적 배경으로 볼 때 당시 사람들은 바울의 설명을 잘 이해할 수 있었을 것이다.

성령은 두려움이 아니라 따뜻한 가족에 속한 소속감과 가족의 일원으로서의 만족과 평안함을 주신다. 그 평안함이 하나님 아버지를 향한 '부르짖음', 즉 깊은 마음에서 우러나오는 감정과 깊이 내재된 기쁨에서 표출되는 기도로 이끌고 있다시 3:4; 17:6; 88:2. "아빠 아버지"는 초대교회의 고백 기도 문구 중 하나로서 갈라디아서 4:6에도 등장하며, 우리 안의 성령께서 그렇게 부르게 하신다. 이것이 우리 고백이다. 우리도 아빠 아버지라 부르짖으며 하나님께서 우리의 "아빠"가 되신 것을 기뻐하며 성령께 응답하는 예배를 드리는 것이다.

이 "아빠" 기도는 예수님의 기도였다. 예수님은 기도하실 때마다 '아버지'라고 부르셨으며, 십자가에서만 "나의 하나님, 나의 하나님 어찌하여 나를 버리셨나이까"막 15:34 및 다른 복음서 구절들라고 예외적으로 부르짖으셨다. "아빠"는 아버지와 자녀의 친밀함을 보여 주는 단어다. 바울은 이 단어로 우리와 하늘 아버지의 친밀함을 묘사하는 것이다. 우리 하나님은 우리를 자기 품에 안으시고 우리를 항상 지켜보시는 사랑의 아버지이시다.

구원의 확신 8:16-17

하나님께서 우리가 거듭날 때 성령을 부어주셔서 하나님께 부르짖을 수 있도록, 육신을 이길 수 있도록, 그리고 하나님을 위해 살 수 있도록 힘을 주신다. 또한 우리의 구원을 확신할 수 있게 해 주신다.

성령의 증거 8:16

바울은 이제 중생의 순간"받았으므로"의 과거 시제에서 성령 안에서 계속되는 삶"증언하시나니"의 현재 시제로 전환한다. 성령은 지속적으로 우리가 하나님의 자녀로 입양되었음을 상기시키신다. 이 구절과 요한일서 5:10-11이 구원의 확신에 관한 주요 본문이다. 성령은 우리가 하나님께 속하였음을 계속하여 증거하신다.

"영"프뉴마, πνεῦμα은 여기에서 두 가지로 쓰이고 있음을 주시하라. "증언하시나니"쉼마르튀레이, συμμαρτυρει는 '누군가와 증언하다'를 뜻한다. 즉 증인이 하나가 아니라 둘임을 뜻하고 있다. 성령께서 우리가 하나님 가족의 일원임을 증거하신다. 또한 두 번째 "영"은 우리 존재를 이루는 육, 혼, 영 중 하나가 아니라 우리 삶 속에 정신적이고 의지적인 내면의 것을 가리킨다. 우리 구원에 관하여 확신하지 못할 이유가 없다. 우리는 그저 이 두 증인인 하나님의 성령과 우리 안의 내면의 영이 우리가 참으로 하나님 자녀임을 증거하는 소리를 들어야 한다.

결과: 하나님과 그리스도의 후사 8:17

바울은 또 다른 엄청난 구원의 결과를 보여 주고 있다. 곧 우리는 하나님 자녀일 뿐만 아니라 하나님과 그리스도의 후사라는 사실이다. 14-15절에서는 현재 우리가 하나님 자녀임을 즐거워하였고, 이제는 앞으로 누리게 될 축복, 즉 우리가 유업으로 받게 될 것들을 인해 즐거워할 수 있다. 18-30절에서 좀 더 자세히 다루겠지만 이 구절에서도 기본적인 것을 맛볼 수 있다.

유업은 성경의 중요한 주제 중 하나이다. 이는 이스라엘이 유업으로 약속의 땅에 들어가는 것부터 시작한다창 15:7; 민 34:2; 신 1:7-8, 38; 시 78:55. 후에 이스라엘 자체가 하나님의 기업 혹은 백성이 되고사 19:25; 렘 10:16; 51:19, 성경 저자들은 여호와 하나님을 이스라엘의 기업이라고 묘사한다겔 44:28. 그리고 유대주의와 초대교회에서는 하나님 왕국의 축복이 이스라엘의 유업솔로몬 새편 49:10; 에녹일서 40:9, 특히 왕국과 영생마 25:34; 막 10:17; 갈 5:21; 고전 15:50과 연결되었다. 이 모든 것들은 한시적 약속의 땅이 영원한 약속의 땅, 곧 요한계시록 21:1에서 말하는 "새 하늘과 새 땅"으로 확장되는 것을 뜻한다.

바울은 자녀 됨과 유업을 밀접하게 연결하고 있다갈 3:29; 4:7 참조. "하나님의 상속자"는 하나님을 약속의 근원으로 바라보고 그분의 양자로서 이 유업을 받기를 기대한다. 사실 우리는 하나님의 후사일 뿐 아니라 "그리스도와 함께 한 상속자"다. 로마 시대에는 한 가문의 자녀가 자신이 물려받을 유업을 양자인 형제에게 얼마나 나눌지 결정함에 따라 양자들이 유업을 이어받을 수 있었다. 하나님 아버지뿐 아니라 그리스도께서도 우리에게 유업을 주신다.

그리스도의 영광을 나눈 모든 이들은 그분의 고난도 나누어야 한다. 그렇기에 바울은 "우리가 그와 함께 영광을 받기 위하여 고난도 함께 받아야 할 것이니라"고 더한다. 우리가 그리스도의 자녀이자 후사로서 그분과 연합한다면 그분이 영광으로 가는 길, 즉 고난도 함께 받는 것이다. 영광으로의 고난은 빌립보서 찬양빌 2:6-11에 잘 나와 있다. 또 다른 곳에서 바울은 "그의 고난에 참여함"이라고 말하고 있다빌 3:10.

고난이 영광으로 가는 길이라는 주제는 간단하지만 깊은 내용을 담고 있다. 9절에 나오는 것처럼 조건을 나타내는 헬라어 '에이페르'εἴπερ; 만일 그렇다면는 사실성을 부각시키는 단어로 쓰이고 있다. 우리는 '반드시' 그의 영광을 나누기 위해 그분과 고난을 함께 받아야 한다. 이 고난은 핍박을 뛰어넘어, 35절과 38절에 나오는 고난의 목록과 고린도후서 11:23-29에 등장하는 유명한 고난의 목록을 포함하는 것이다. 1세기 그리스도인들은 요한복음 15:18-16:4에서 예수님께서 미리 말씀하신 것처럼 고난을 예상하고 있을 수밖에 없었다. 우리가 경험하는 "영광"은 하나님 자녀로서 우리가 현재 누리는 영광과고후 3:18, "영광에서 영광으로" 장차 그리스도와 함께 누릴 최후의 영광골 3:4을 포괄하는 것이다.

이 굉장한 로마서 8장은 7장에서 언급한 하나님 백성을 향한 육신의 공격에 대한 압박감을 덜어 주는 장이다. 성령께서 우리를 지휘하시고 우리 안에 상주하시면 패배주의는 사라지게 된다. 8:1-4을 따라 죄와 옛 자아는 거듭나는 순간 힘을 잃고 우리 안에서 죽게 된다. 이제 죄는 외부에서 공격할 뿐이다. 그리스도는 십자가에서 승리를 거두셨다. 하지만 우리 삶 속에 지속적 승리가 필요한데, 그것은 성령께서 우리 안에 상주하시고 승리할 수 있는 힘을 주실 때에만 비로소 이루어진다.

5-8절에서 성령과 육신의 전쟁이 등장했다. 그 전쟁은 마음에서 일어나는데, 우리 생각이 행동과 삶의 방향을 정하기 때문이다. 육적 마음은 현재와 미래의 죽음을 야기하고, 삶의 방향을 상실하고, 평화가 사라지게 만든다. 9-11절에서 성령께서 우리 삶에 임재하지 않으실 때 일어나는 일들이 묘사되고 있다. 사망이 주인이 된다. 하지만 성령이 계시면 반대 일이 일어난다. 사망이 새로운 영원히 즐거운 삶으로 바뀌게 된다. 우리의 현재 삶에 새로운 의미가 생긴다.

12-17절에서 바울은 거듭남의 아름다운 모습을 그려내고 있다. 12-13

절에서 육신을 죽여야 할 필요성에서 시작하여 육신과 싸울 뿐만 아니라 정복하고 우리 삶 밖으로 내쫓아야 함을 말하고 있다. 중생할 때 우리는 죄에 대하여 죽고 죄를 사망으로 내쫓는다. 그 후에 우리는 하나님의 새 자녀로서 하나님 가족으로 입양되고, 성령께서 내주하시며 힘 주시는 보혜사로 우리에게 주어진다. 우리는 온전한 마음으로 기뻐하고 하나님과 우리의 새로운 친밀함을 만끽하며 "아빠 아버지"라고 부를 수 있게 된다 14-15절. 하나님과의 이런 친밀함은 구원의 확신으로 이어지고 성령은 우리가 하나님께 속함을 증거하신다16절.

마지막으로 우리는 하나님의 후사가 되어 예수님의 영광에 참여하고 그분과 함께 상속자가 되었다17절. 그리스도 안에서 받는 구원과 성령님 안에서 사는 새로운 삶은 참으로 우리가 상상할 수 있는 모든 것을 초월한 엄청난 축복이다!

8. 성령 안에 있는 새로운 영광의 희망 8:18-30

8:1-17에서 한 거듭남의 의미와 과정에 관한 바울의 멋진 설명은, 그리스도의 영광을 경험하는 것은 그의 고난도 함께 경험하는 것이라는 말로 마무리되었다17절. 이제 바울은 17절에서 한 말을 발전시켜 하나님 백성뿐 아니라 피조물까지도 고통을 받고 있다고 말하고 있다. 인간뿐 아니라 다른 피조물들도 아담의 타락으로 망가지기 시작했고, "종노릇한 데서 해방되어" 고통이 끝나기를 고대하고 있다. 문제는 구원받은 사람이나 그렇지 않은 사람들, 그리고 다른 피조물까지 고통과 고난을 겪고 있는데 하나님께서 어떻게 만물을 주관하시고 동시에 자비로우신 분이라고 할 수 있겠

느냐는 것이다. 바울의 대답은 두 가지다. 즉 그리스도를 따르는 이들은 그분의 길인 고난의 길17절을 걸어야 하고, 현재의 고난은 다가올 영광으로 인도할 것이다18-30절.

이 본문은 두 가지 다른 구조를 이룰 수 있다. **1)** 문법적 흐름을 볼 때 세 단락으로 나뉜다. 미래의 회복에 대한 희망18-25절, 성령의 중보기도26-27절, 하나님께서 모든 것을 합력하여 선을 이루심28-30절이다. **2)** 주제별로는, 세 가지 탄식인 피조물18-22절, 성도23-25절, 성령26-28절, 그리고 하나님께서 우리를 영광으로 이끄심29-30절으로 마무리되는 구조를 이룬다. 많은 이들이 전자의 문법적 흐름을 따른 구조를 선택하지만, 나는 후자를 선호한다. 후자의 구조가 본문에서 나타내고자 하는 생각의 흐름을 잘 이끌어내고 있기 때문이다. 그 흐름을 바탕으로 이 본문을 다음과 같이 풀어 나가고자 한다.

1) 주제: 고난이 이끄는 영광 8:18

독자들에게 그리스도의 고난에 참여하는 것이 얼마나 중요한지를 설명한 후에17절, 바울은 좀 더 깊게 고난과 미래의 영광과의 관계를 설명하면서 5:2-5의 주제로 다시 돌아가고 있다. "생각하건대"는 단순한 의견이나 생각을 제안하는 것이 아니다. 그보다는, 이 구절은 바울 자신이 말하고자 하는 것이 하나님에게서 온다고 확신하는 것을 나타낸다.

환난과 어려움은 영원한 것이 아니라 한시적이다. 베드로전서 1:6에서 바울은 "너희가 이제 여러 가지 시험으로 말미암아 잠깐 근심하게 되지 않을 수 없으나"라고 말하고, 고린도후서 4:17에서 "우리가 잠시 받는 환난의 경한 것이 지극히 크고 영원한 영광의 중한 것을 우리에게 이루게 함이니"라고 선언하고 있다. 여기 18절에서는 성도의 고난을 "현재의 고난"이라고 부르면서 로마서 3:26; 11:5; 13:11에서도 나오지만 장차 올 영광을 바라보며 현재 구원의 때를 살면서 성도들이 치러야 할 희생을 강조하고 있다.

이런 현재의 고난은 "장차 우리에게 나타날 영광과 비교할 수 없는 것이다." 이 구절은 현재와 미래 사이에 또 다른 '이미 그러나 아직'already/not yet의 구조를 보여 주고 있다. 이 땅에서의 어려움은 이미 일어나고 있는 것이지만, 우리가 영원히 누릴 영광은 아직 임하지 않았다. 우리는 하나님의 가족으로서 이미 영광스럽게 되었지만 장차 올 영광은 아직 받지 못했다. "나타날"이라는 단어는 문자 그대로 나타날 것을 뜻하면서, 미래의 사건이 반드시 일어날 것이라는 신적인 보증을 내포한다. "우리에게 나타날"은 '우리를 위해 나타난다'로 해석하는 것이 더 적합하며, 이것은 하나님께서 이 영광스러운 미래를 우리를 위해 준비하고 계심을 의미한다.

2) 피조물의 탄식 8:19-22

바울은 18절의 주제를영광으로 이끄는 고난 피조물을 통해 설명하고자 한다. 하나님께서 준비하신 영광은 그분의 백성에게만 적용되는 것이 아니다. 모든 피조물이 변화를 경험하게 될 것이다. 바울이 말하는 이 요점을 이해하기 위해서는 먼저 모든 피조물이 아담의 타락의 영향을 받았다는 사실을 기억해야 한다. 우리 안에 있는 하나님 형상이 일그러졌을 뿐 만 아니라 사망과 멸망이 동물 세계에도 잠식했으며, 움직이지 않는 생명체들에게도 영향을 미쳤다. 하나님의 피조물들은 불완전하고 제한적인 생명으로 인한 좌절을 우리와 같이 경험하며, 삶 속에 고통과 폐허도 겸하여 경험하게 되었다.

피조물들의 간절한 고대 8:19

바울은 “피조물이 고대하는 바”라고 이 구절을 시작한다. 피조물을 유기체로 의인화하는 것은 구약성경에 자주 등장한다. 피조물들이 두려워하고시 65:8, 즐거워하고시 66:1, 슬퍼한다렘 4:28. “고대하는 바”아포카라도키아, ἀποκαραδοκία는 ‘목을 빼고 간절히 기다리는 모습’을 시각적으로 묘사한 단어이다. 이것은 걱정을 표현하는 것이 아니라 이 세상에 나타날 장래의 변화를 확신 가운데 기다리는 것을 나타낸다.

재미있게도 바울은 피조물을 자기들의 해방보다는 “하나님의 아들들이 나타나는 것”을 기다리고 있다고 말한다. 그것은 피조물들이 자신들의 미래가 하나님 백성에게 달려 있음을 눈치채고 있음을 의미한다. 피조물은 하나님 백성의 자유함에 합류할 것이고, 그것이 바울이 21절에서 다룰 내용이다. 그들이 간절히 고대하는 것은 참된 종말아포칼뤼프신, ἀποκάλυψιν; 나타나다, 즉 그리스도를 따르는 자들이 누릴 마지막 영광이 베일을 벗고 나타나는 것이다. 우리는 이것을 현재 영적으로 경험하고 있지만 이것은 미래에 영원히 지속될 것으로 우리 눈앞에 나타날 것이고, 이 일이 일어날 때 피조물들은 기뻐하며 우리와 함께 해방을 누리게 될 것이다.

피조물의 해방을 위한 탄식과 고대 8:20-21

이 두 구절은 하나의 문장을 이룬다. 여기서 바울은 왜 피조물이 역사의 마지막에 하나님 자녀들이 변화되는 것을 고대하는지 말해 준다. 아담의 죄는 너무나 큰 파급 효과를 가져와서 하나님께서 본래 피조물에게 계획하신 일들을 깨닫지 못하고 있었다. 대신 그들은 “허무한 데 굴복”해 왔다. 창세기 3:17-18의 저주“땅은 너로 말미암아 저주를 받고”는 피조물들이 하나님께서 창조하신 계획을 이행할 수 없다는 것을 의미한다.

“굴복하게”는 수동태로 쓰이고 있고 “자기 뜻이 아니요 오직 굴복하게 하시는 이"라 하여 하나님이 주어가 되신다. 아담이 주어라고 생각하겠지만, 그도 저주를 받았기에 그럴 수 없다. 타락과 동시에 아담은 하나님의 피조물에 대한 자신의 권위를 잃어버렸다. 아담의 죄로 말미암아 살아 숨쉬는 것들과 움직이지 않는 피조물까지도 저주를 받게 되었다. 하지만 저주를 하신 이도, 형벌을 시행하시는 이도 하나님이셨다.

따라서 피조물은 인간과 함께 "탄식"하게 되었다. 그들도 사망할 뿐만 아니라 하나님이 주신 목적과 운명을 달성할 수 없는 제한적 존재가 된 것이다. 죄에 대한 책임과 타락의 이유를 캐묻는 인간의 죄성과는 달리, 피조물은 저주로부터의 해방을 고대하고 있다. 바울은 그들의 고대함을 다음과 같이 표현하고 있다. "그 바라는 것은 피조물도 썩어짐의 종 노릇 한 데서 해방"되는 것이다.

"바라는 것"이 1) 20절의 "오직 굴복하게 하시는 이로 말미암음이라"를 받고 뒤에는 "왜냐하면"이라는 접속사가 붙어 21절 내용을 "그 바라는 것"의 이유로 이끌어 오는지, 2) 뒤에 '~이라는 것'이라는 접속사가 붙어 21절의 "피조물도 썩어짐의 종 노릇 한 데서 해방"을 "그 바라는 것"의 내용으로 가져오는 것인지 의견이 갈린다. 하지만 여기 등장하는 접속사는 '왜냐하면'보다는 '~이라는 것'이 분명하기에 대부분의 주석가들은 2)를 따른다.[36]

소망"바라는 것"은 이 단락의 주요 주제 중 하나이고20-25절에서 5번 등장, 19절에 나오는 피조물의 "고대하는 바"를 이어가는 것이다. 자기 자신에게 소망을 걸고 그로 말미암아 실패를 거듭하는 타락한 인간과는 달리, 피조물은 하나님 중심이고 그분의 약속만이 유일한 소망임을 알고 있다.

피조물은 자신들의 미래가 "하나님의 자녀"의 미래19절와 연결되어 있음

36 "by the will of the one who subjected it in hope, *because*," KJV, NKJV, RSV; "in hope *that* creation itself," NIV, JB, NLT, ESV, NASB, LEB.

을 알기에 6:18, 22과 8:2에 나온 하나님의 백성이 죄의 속박에서 해방되는 것과 같은 개념인 "종 노릇 한 데서 해방"되는 희망을 가지고 있다. 우선 피조물은 "썩어짐의 종 노릇"프도라, φθορά을 하고 있었는데, 이것은 '땅'의 멸망벧후 3:10을 가리킬 수도 있지만, 자연 세계의 점진적인 '부패' 혹은 '악화'를 의미하는 것이 더 적합한 것 같다. 하나님의 피조물은 아름답지만 자연적으로 부패할 수밖에 없는 처지이기에, 거기서 벗어나는 것은 "해방"인 것이다.

이 해방은 옛 피조물이 파괴될 때벧후 3:10, 13 "하나님의 자녀들의 영광의 자유에 이르는 것이니라"고 했다. 옛 피조물이 붕괴하는 것은 그 자체로 끝나는 것이 아니라 요한계시록 21:1에 나오는 "새 하늘과 새 땅"으로 변화하는 과정을 의미한다. 다시 한 번 바울은 탄식하는 피조물이 미래에 해방되는 것을 성도들의 해방과 연결하고 있다. 어떤 번역에서는 "하나님의 자녀들의 자유와 영광"이라고 번역하지만, 나는 "하나님의 자녀들의 영광의 자유"라고 번역한 것을 선호한다. 바울이 이 구절에서 강조하는 것은 자유의 영광 그 자체가 아니라 성도들을 기다리고 있는 미래의 영광 8:18이고, 우리가 그리스도의 영광을 덧입는다는 점을 입증하는 것이다.

사도 요한은 이런 영광스러운 모습을 요한계시록 22:1-5에서 새 질서를 마지막 에덴동산으로 그리는 것처럼 완벽하게 묘사하고 있다. "수정 같이 맑은 생명수의 강을 내게 보이니 하나님과 및 어린양의 보좌로부터 나와서 길 가운데로 흐르더라 강 좌우에 생명나무가 있어 열두 가지 열매를 맺되 달마다 그 열매를 맺고 그 나무 잎사귀들은 만국을 치료하기 위하여 있더라"계 22:1-2. 아담이 죄를 짓지 않았다면 이것이 에덴동산의 본래 모습이었을 것이다. 피조물들이 이런 영광의 모습을 고대하고 있는 것이다.

피조물의 탄식 8:22

바울은 19-21절을 다음과 같이 요약한다. "피조물이 다 이제까지 함께 탄식하며 함께 고통을 겪고 있는 것을 우리가 아느니라"22절. "우리가 아느니라"2:2; 3:19; 6:6; 7:14라는 문구는 초대교회 성도들이 반드시 알아야 할 교리문답적인 가르침을 강조할 때 쓰는 표현이다. 여기서 바울은 피조물이 모두가 "함께 탄식하고"쉬스테나제이, συστενάζει는 '함께'라는 뜻의 σύν이 붙은 합성 동사 있는 모습을 그리고 있다.

이 단락의 주요 단어는 22, 23절, 26절에 나오는 "탄식하며"로서 21절에 나오는 썩어짐의 고통과 괴로움을 동반하는 절규를 의미한다. 이는 고린도후서 5:2, 4에 완벽한 하늘의 몸을 고대하며 유한한 몸 안에서 고통하는 우리의 "탄식"과도 평행선을 달리고 있다. 이 탄식이 "이제까지" 이어지고 있어바울과 우리를 포함 고통의 절규가 지속성 있음을 강조하는 것에 주목할 필요가 있다.

이것은 부정적인 분노의 표출이 아니라 간절히 "고대하는"19절 긍정적인 표현으로서, '산모의 고통'에 비교하여 그 탄식을 표현하는 것이다. 이것은 아마도 마가복음 13:8의 '출산의 고통'NIV과도 같은 것으로서 그리스도의 재림과 악의 세상의 종말을 고대하는 것과 같은 맥락일 것이다. 이 고통은 죽음이 아닌 출산으로 이어지며, 새로운 생명이 올 약속을 의미하는 것이다. 요한복음 16:20-22처럼 '슬픔이 기쁨으로' 바뀔 것이다. 피조물은 현재의 고난이 장차 나타날 영광과 영원한 평화와 행복의 징조임을 아시는 신실하신 하나님을 믿는 산 희망에 참여하고 있는 것이다.

3) 성도들의 탄식 8:23-25

19절과 22절에서 바울은 탄식과 피조물의 해방을 향한 고대를 성도들의 미래와 연결시켰다. 여기서 그는 성도들로 시작하여 움직이고 움직이지 않는 생명체까지 아담의 죄의 영향에서 해방을 기다리는 모든 것을 포함시킨다. 피조물이 탄식하면 그리스도의 구속의 역사를 수혜하는 성도들은 얼마나 더하겠는가.

우리 몸의 구속을 기다림 8:23

바울은 성도들이 "속으로 탄식"헬라어로 '우리 안에서'한다고 말하고 있다. 이것은 소리 없는 마음에서 나오는 울부짖음이다. 이런 고통스러운 울부짖음은 "성령의 처음 익은 열매"를 받았기에 더욱더 실제가 된다. 바울이 고린도전서 15:20, 23에서 그리스도의 부활을 "첫 열매"로 부르는 것은 하나님께 첫 곡식의 일부를 옛 언약의 제물로 드리는 것출 23:16, 19; 레 2:12, 14; 신 26:10에서 따온 것이다. 그것은 하나님께서 성령을 우리에게 주신 것이 우리를 기다리고 있는 영광을 미리 맛보게 하신 것, 즉 "우리 기업의 보증이 되사 그 얻으신 것을 속량"하신 것이다엡 1:14.

이로 인해 우리는 "속으로 탄식하여 양자 될 것 곧 우리 몸의 속량을 기다린다." 우리 안에 성령이 이미 계셔서 미래의 "속량"3:24 참조이 우리 속에 처음으로 적용되기 시작했지만, 아직 완전히 그 약속이 이루어진 것이 아니고 장래에 나타나기를 고대하고 있다. 그리스도께서 우리 죗값을 치르시어 우리를 속량하셨고 우리는 용서를 얻게 되었다. 그분이 우리를 속량하심으로 우리는 "양자"로 입양이 되었다. 하나님 앞에서 아무런 권리도 없었던 우리지만, 그분의 은혜와 자비로 말미암아 우리를 자녀로 삼으신 것이다. 우리가 겪는 고통의 완전한 해방과 우리 것이 될 영광의 온전한 것은 미래에 반드시 일어날 사건이지만 우리는 기다리는 것을 싫어한다. 이 땅에서 유한한 몸이 영원한 것으로 바뀌기를 고대하고 있다빌 3:21.

소망과 끈질긴 기다림 8:24-25

우리는 피조물들과 함께 탄식하지만 "우리가 소망으로 구원을 얻었으매" 더더욱 기대와 소망을 가진다. 여기서 우리는 소망이 거듭나는 과정의 일부임을 배운다. 거듭남으로 장래의 구원을 소망하는 삶이 시작된 것이다. 소망은 그저 불확실한 미래를 예측하며 소원을 비는 것이 아니다. 소망은 그 자체가 하나님께서 약속하신 것은 반드시 이루어진다는 확신을 갖게 한다. 거듭날 때 불확실한 미래에 대한 생각은 완전히 끝이 난 것이고, 우리는 우리의 마지막이 어떻게 될지 분명히 알게 되는 것이다.

소망은 아직 이루어지지 않은 것과 아직 있지 않는 것을 다룬다. 그래서 바울이 "보이는 소망이 소망이 아니니"라고 말한다. 소망의 본래적 정의는 미래의 것을 바라보는 것이다. 바울이 바로 다음에 "보는 것을 누가 바라리요"라고 반문한다. 보는 것을 바라는 것은 전혀 논리적이지 않다. 성령 안에 사는 현재 삶은 미래의 소망에 중점을 두어야 한다. 소망은 현재에 초점을 둔 현실이 아니다. 따라서 바울은 독자들에게 소망이 현실이 되기까지 꽤 오랜 시간 기다려야 한다고 마음의 준비를 시키고 있는 것이다. 여기서 사람들이 많이 지치는데, 소망이 이루어진다는 사실 자체가 아니라 그것이 이루어질 때까지 있는 과정에서 고민하는 것이다. 그러나 우리는 현재의 고난으로 탄식하지만 기대와 소망 가운데서 탄식하는 것이다.

25절은 위의 생각을 마무리짓고 있다. 현재 고난의 관점에서 우리가 할 일은 "보지 못하는 것을 바라는 것"이다. 이것이 23-24절을 요약한다. 여기서 바울은 "만일"이라는 조건부를 써서 반드시 행해야 할 중요성을 강조하고 있다. 이런 소망을 가진 삶은 "참음으로" 기다릴 수 있게 하고, 이것이 바울이 이 단락에서 말하고자 한 요점이다. 우리가 환난을 겪으면서도 그 환난 너머에 기다리고 있는 소망의 참 의미를 깨닫는다면 그 어떤 환난도 견딜 수 있는 인내를 갖게 되는 것이다.

여기서 바울이 '아페크데코마이'ἀπεκδέχομαι라는 단어를 세 번째 사용하는데, 이는 '간절히 참음'19, 23절을 의미하며 소망과 "고대"19절의 연관성을 강조한다. 이 구절에서는 끈기 있게 기다리는 점을 더하여 "참음으로 기다릴지니라"고 말한다. 이것은 고난과 신학적인 연계가 있다. 이 땅에서 겪는 환난 중에 맞이하는 엄청난 양의 슬픔도 인내로 견뎌야 하는 것이다. 히브리서 12:1에서 우리는 "우리 앞에 당한 경주"로 부름을 받았고, 계시록에서도 하나님 백성이 받아야 할 고통과 핍박을 "성도들의 인내와 믿음"으로 이겨내야 하는 것이다계 13:10; 14:12. 로마서 5:3-4을 보면 "환난은 인내를, 인내는 연단을, 연단은 소망을 이루는 줄 앎이로다"라고 했다.

최종 결과와 우리를 기다리고 있는 것이 무엇인지 우리는 알지만 현재 고통은 여전히 감당하기 힘들다. 기다리는 것이 얼마나 고귀한 것인지를 아는 것은 좋지만 사랑하는 이를 잃거나 질병으로 몸이 쇠약해져 누워 있어야 하는 신세가 되는 어려움을 겪는 것은 또 다른 문제다. 하지만 26절에 보겠지만 이렇게 어려운 때에도 주님은 그 어느 때보다 우리 가까이 계신다. 더 깊은 차원에서 우리는 '그분의 고난에 참여하고' 그분의 영광은 우리를 기다린다17절.

4) 성령의 탄식 8:26-28

성령의 중보 기도 8:26

바울은 "이와 같이"로 시작하며 새로운 주제로 넘어간다. 이것이 무엇을 가리키는지에 대해 여러 가능성이 있다. 이것은 성령23절, 성도의 탄식23절, 혹은 우리를 지탱하는 소망을 가리킬 것이다24-25절. 세 가지 모두 맞는 것 같지만, 26-27절에서 성령의 역사를 강조하는 것을 볼 때, 성령을 가리키는 것으로 보는 것이 가장 타당한 듯하다. 성령께서 우리에게 소망을 주시는 것처럼 우리의 연약함도 도우신다. 동사 "도우시나니"는 성도를 '도우러 오심'을 뜻한다. 칠십인역헬라어 구약성경의 출애굽기 18:22과 민수기 11:17에서 이 동사 '쉰안티람바노마이'συναντιλαμβάνομαι가 이스라엘을 치리하는 장로들이 임명될 때 그들이 '도우러 오는' 혹은 '부담을 함께 나누는' 일을 하며 모세와 함께 백성을 인도하는 의미로 쓰이고 있다.

이것은 성령께서 우리를 도우시는 것 이상을 의미한다. 성령은 우리와 고통을 나누시며 '함께'하신다. 성령께서 우리를 굳게 하시고 우리의 연약함과 한계 가운데서도 쓰러지지 않게 하신다시 89:21. 어떤 이들은 이것을 특별히 우리의 기도가 약할 때만을 지칭한다고 하지만, 우리 삶의 전반적인 어려움을 가리키고 있는 것이라고 이해하는 것이 좋을 듯하다. 이것은 바울이 로마서 7:14-8:17에서 말하려는 바다. 우리가 육신의 연약함 때문에 실패할 때 성령께서 자기 힘을 우리에게 부으시고 승리할 수 있게 하신다.

바울은 이러한 연약함의 가장 큰 예시를 들고 있다. "우리가 마땅히 기도할 바를 알지 못하나." 어떤 번역에서는 '카도 데이'καθὸ δει, 즉 '마땅히 해야 할'을 빼고 있는데, "하나님께서 우리가 반드시 기도해야 할 것을 보신다"는 번역이 들어가는 것이 중요하다. 27절에 "하나님의 뜻대로"라는 문구와 문맥이 맞아야 하기 때문이다. 겟세마네 기도에서 예수님은 "아빠 아버지여 아버지께는 모든 것이 가능하오니 이 잔을 내게서 옮기시옵소서 그러나 나의 원대로 마시옵고 아버지의 원대로 하옵소서"라고 기도하셨다막 14:36. 우리의 기도가 약하다는 것은 하나님 뜻을 알 능력이 없음을 의미한다. 기도할 때 우리는 가장 최선의 것이 무엇인지 하나님께 이 상황에서 뜻하시는 바가 무엇인지 확실히 모른다는 것이다.

바울은 다음 문장에서 이것을 분명하게 밝힌다. "마땅히 기도할 바를 알지 못하나." 우리가 고민을 들고 하나님께 나올 때 하나님이 무엇을 원하시는지 모른다. 우리는 병의 치유, 재정적 도움, 관계 회복 등을 놓고 기도할 때 이것들이 하나님의 목적에 부합하는 것인지 모르기 때문에 겟세마네 기도를 드려야 한다. "나의 원대로 마시옵고 아버지의 원대로 하옵소서." 우리는 우리를 향하신 하나님의 뜻을 바라야 한다. 하지만 그것이 "그래"라는 기도 응답인지 "아니"라는 기도 응답인지 알 수 없는 것이 우리 연약함이다.

우리가 아닌 하나님께서 우리 삶을 주관하시기에 우리의 기도 제목도 주관하신다. 28절은 하나님께서 우리 기도를 들어 주지 않으실 때, 그것은 우리를 위하심인 것을 말하고 있다. 참된 믿음의 관점에서 보면 하나님이 기도에 응답하지 않으신 것이 사실상 응답이다. 이는 하나님께서 우리가 원하는 것보다 우리가 필요한 것을 주실 만큼 우리를 사랑하신다는 뜻이다. 어떤 부모가 아이가 원하는 것을 다 들어 주겠는가? 그것은 아이를 망칠 뿐이고 그 부모는 사실상 아이를 사랑하지 않고 쉽게 넘어가려는 사람들이다.

이것이 히브리서 12:5-11 말씀이다. 우리 고난이 하나님께서 우리를 사랑하시는 방법, 곧 "우리의 유익을 위하여 그의 거룩하심에 참여하게 하시는"히 12:10 훈련 방법이다. 개인 간증을 조금 해 보겠다. 나는 태어날 때부터 만성 천식 환자였다. 봄여름에 알레르기 때문에 2년 동안 밖에서 친구들과 나가서 놀 수 없었다. 사실 담배 중독이었던 어머니께서 나를 가두다시피 하셨다. 나는 평생을 이 병에서 치유 받기 위해 기도했고, 많은 기도의 용사들이 기름을 발라가며 내 병이 낫기를 위해 기도해 주셨다. 그러나 하나님은 이 치유 기도에 응답하지 않으셨고, 나는 오히려 자주 복용했던 프레드니손 약 때문에 근육이 약해지는 스테로이드성 근육 질환을 갖게 되었다. 하지만 이 육신의 연약함으로 인해 오늘의 내가 되었다. 내가 한 것은 책을 쓴 것 밖에 없지만, 그 책들이 나를 학자와 교사로 만들었고 최상의 삶을 살 수 있도록 해 주었다. 하나님은 우리가 모를 때에도 가장 최선의 것을 알고 행하고 계신다!

기도의 삶이 가장 축복된 것은, 우리는 힘이 없지만 결코 혼자가 아니라는 점 때문이다. 우리의 연약함으로 슬퍼할 때도 있지만 "성령이 말할 수 없는 탄식으로 우리를 위하여 친히 간구"하신다. 성령님은 우리의 어려운 상황을 너무도 잘 아시면서 우리가 할 수 있는 것 이상으로 깊이 우리를 위해 하나님께 기도하신다. "말할 수 없는 탄식"스테낙모스 알랄레토이스, στεναγμός ἀλαλήτοις은 신약성경에서 이 구절에만 쓰이고 있다. 이 단어는 '언급되지 않은'을 뜻하고, '말할 수 없는' 혹은 '말로 표현할 수 없는'으로 번역되고는 한다.

그 의미에 대해서는 견해 차이가 있다. "인간이 말로 하기에 너무 깊은 것인가" 아니면 "탄식은 말로 하지만 무슨 말을 하는지 해석이 안 되는 것인가" 등의 질문이다. 많은 이들이 이것을 성령의 지시 아래 "방언"을 하는 것으로 생각한다고전 14:14-15. 하지만 이 견해는 빗나간 생각인데, 이 구절에서 탄식하는 주체는 우리가 아니라23절에서는 우리가 주체였음 성령이시기 때문이다. 또한 방언의 은사는 선택된 몇 사람들에게만 주어지는 것인데고전 12:30, 이 구절은 모든 성도를 위한 성령의 탄식을 나타내고 있다.

이 견해 대신에 "말할 수 없는 탄식"은 인간의 언어로는 담아낼 수 없을 만큼 깊은 내용을 성령께서 중보하신다고 보는 견해가 가장 적합하다고 생각한다. 이 중보 기도는 삼위일체 안에서 일어나는 것으로, 바울은 우리가 고통 가운데 탄식하지만 하나님은 우리를 버려두지 않으시고 우리 상황 가운데 깊게 개입하신다는 것을 설명하고 있는 것이다. 이 중보 기도는 하나님 보좌에서 드려지며, 이때 하나님 아버지, 아들, 그리고 성령께서 우리 고통 가운데 깊이 들어오셔서 우리의 필요를 채우시고 우리를 지지하고 계신다. 이것이 성령께서그리고 삼위일체 하나님 우리의 간절한 상황 가운데 개입하시는 그분의 중보 기도이다.

우리는 하나님의 마음과 뜻을 모르지만 성령은 아시기 때문에 우리는 하나님께서 우리를 고통 가운데서도 인도하시고 우리를 위해 합력하여 선을 이루시는28절 분임을 확신하고 평안 가운데 거할 수 있다. 이 불확실한 세상에서 우리가 기도할 때, 우리를 인도하시는 하나님께서 세상을 주관하시고 우리와 함께하시는 성령께서 우리를 위해 기도하시고 힘 주신다.

하나님 뜻대로 기도함 8:27

이제 바울은 '그 나머지 이야기'를 하고 있다. 성령께서 우리보다 깊이 우리의 고통 가운데 탄식하시고 하나님께 중보하시는 것뿐만 아니라 "하나님 뜻대로 성도를 위해 간구"하신다. 하나님은 우리가 기도할 때 우리 모든 필요를 일일이 다 하나님이 들어주시도록 명령하는 것을 원하지 않으신다. 기도는 우리 뜻을 하나님 뜻에 맞추며 그분의 지혜와 우리를 주관하시는 역사에 의지하도록 하는 것이 본래 목적이다. 우리 필요와 간구를 기도를 통해 아뢸 수 있지만, 그렇게 함으로 하나님의 뜻에 온전히 우리를 드려야 한다. 기도는 거룩한 특권이고 하나님과 깊은 대화를 나누는 시간이기에 우리 기도의 삶을 도우시는 성령의 임재가 필요하다. 기도할 때 우리는 혼자가 아니라는 사실이 얼마나 큰 위로가 되는가!

바울은 하나님을 "마음을 살피시는 이"라고 묘사하는데, 하나님은 우리 마음 깊은 곳을 판단하시는 분일 뿐 아니라왕상 8:39; 시 26:2; 44:21; 렘 17:10 우리 절규를 들으시고 응답하시는 분이시다. 우리 마음을 아시는 하나님은 "그리스도의 마음"을 아신다. 이 사실 또한 삼위일체 하나님께서 우리 모든 상황과 필요에 개입하시는 분이심을 말해 준다34절에 그리스도의 중보가 나옴.

접속사 "이는"호티, ὅτι은 성령의 중보 내용을 가리키는 것이거나 중보의 이유 '왜냐하면'으로 해석될 수 있다. 여기서는 후자가 바른 해석이다. 하나님은 성령의 생각중보 기도을 아시는데 '왜냐하면' 성령은 온전히 하나님의 뜻과 일치하여 중보하시기 때문이다. 그렇기에 우리는 성령 안에서 안전한 것이다.

결과: 모든 것이 합력하여 선을 이룸 8:28

이 구절은 아마도 가장 많이 암송되는 구절일 것이다. 하지만 많은 경우 본문의 문맥과 상관없이 바울의 의도와 다르게 이해되는 경우가 많다. 26-28절을 다 함께 묶어서 참된 의미를 해석해 내야 한다. 바울은 우리가 혼자가 아니고 우리의 탄식이 홀로 부르짖는 아무 의미 없는 것이 아님을 깨닫기를 원했다. 우리가 하나님께 간절히 도움을 요청하는 것 이상으로 부르짖으시는 분이 성령이시다. 그분은 우리를 위해 간절히 탄식하실 뿐만 아니라 하나님의 뜻을 알고 행하시는 분이다. 성령께서 이렇게 우리를 위해 탄식하시기에 "하나님을 사랑하는 자에게 … 모든 것이 합력하여 선이 이룬다"고 확신할 수 있는 것이다.

이 구절은 26-27절을 이어가는데 "우리가 알거니와"는 성령께서 우리를 위해 중보하신다는 귀한 사실의 결과로 이어진다. 28절은 감당할 수 없는 어려움 속에서 고통의 어두운 터널을 지나고 있는 성도들을 위해 성령께서 기도하시는 것의 결과를 보여 준다. 우리는 어떻게 기도할 줄도 모르고, 우리 힘대로 기도하면 전혀 평화를 누릴 수 없다. 하나님은 성령이 중보하시는 역사를 통해 깊어진 우리 기도를 들으시고 응답하신다. 그러한 하나님 역사의 결과로 모든 상황은 가장 선한 것으로 바뀐다.

우리는 "모든 것"을 심각하게 받아들여야 한다. 이것은 포괄적으로 현재의 어려움을 나타내지만 우리의 죄와 실수까지도 포함하는 것이다. 하나님이 개입하시고 그 모든 것들을 선으로 바꾸시는 것이다. 물론 죄를 지으면 죄를 짓지 않았으면 받지 않아도 되었을 벌들을 받게 된다. 하지만 하나님은 이 상황을 바꾸시고 우리의 잘못을 시정하신다. "합력하여"라는 동사는 어떤 사건들 자체가 함께 선을 만들어내는 것을 의미할 수 있는데, 그것은 하나님의 주권을 빼고 말한 것이다. 운명이나 기회의 사건들이 아닌 하나님께서 모든 것이 합력하여 선을 이루게 하신다.

이 구절의 "선"을 '이미 그러나 아직'already/not yet 구조로 이해할 필요가 있다. 이것은 8:10, 18, 19, 23에서도 본 것이다. 이것은 우리 안에서 역사하시는 성령이 만드시는 "선"과 우리를 위해 역사하시는 하나님의 일을 가리키지만, 영원히 우리가 누릴 장래의 기쁨과 평화도 가리킨다. "선"이 우리가 원하는 모든 것을 다 가진다는 것을 의미하는 것이 아니라 하나님 뜻에 따라 우리에게 가장 선한 것을 가리킨다는 것을 깨달아야 한다.

이 엄청난 약속은 "하나님을 사랑하는 자 곧 그의 뜻대로 부르심을 입은 자들"에게 주어진다. 원어 성경에는 이 '약속'을 강조하기 위해서 구절 서두의 "하나님을 사랑하는 자"와 "그의 뜻대로 부르심을 입은 자들" 사이에 "모든 것이 합력하여 선을 이루는" 약속을 넣었다. 여기서 질문은 이 약속이 제한적인하나님을 사랑하는 사람에게만 적용 것인지, 위로하는그들이 하나님을 사랑하기 때문에 받는 것 것인지이다. 후자위로가 더 맞는 해석이다. 이 장 전체가 경고보다는 안위하고 위로하는 데 중점을 두고 있기 때문이다.

바울은 하나님의 부르심을 언급하면서 이러한 의도를 더욱 굳히고 있다. 성령께서 아버지의 뜻을 따라 기도하실 때 하나님 자녀들은 그분 뜻을 따라 산다. "그의 뜻대로 부르심을 받은"이라는 의미는 하나님의 뜻을 따르고 그 뜻대로 사는 것을 강조하는 것이다. 인간의 관점하나님을 향한 우리 사랑에서 우리와 하나님의 관계를 보는 것과 하나님의 관점우리를 향한 그분의 뜻에서 본 관계가 짝으로 붙어 있는 것이 흥미롭다. 우리를 향한 하나님 사랑에서 비롯한 그분의 뜻이 우리를 위한 그분의 계획과 연결된다. 그 계획이 우리를 위해 모든 것이 선이 될 것을 확실하게 보증해 준다.

5) 미리 아심에서 영광으로 이르는 황금 사슬 8:29-30

29-30절에서 다섯 가지 구원의 과정이 '호티'ὅτι; 왜냐하면로 소개되고 있다. 이것은 왜 모든 것이 합력하여 선을 이루는지 이유를 보여 준다. 하나님은 우리가 겪는 고통과 고난을 통해 우리의 것이 될 영광으로 인도하시는 목적을 가지고 계신다. 이 구절에 나오는 목록은 어떻게 하나님께서 자기 백성을 인도하시고 예비하신 영광스러운 미래를 가져오실지 설명한다. 바울은 다음 항목으로 진행할 때마다 반복하면서 개념 고리를 이어가면서 황금 사슬을 만들어 구원론의 기초 개념을 설명한다.

이 구절에 등장하는 목록은 구원을 주관하시는 하나님의 주권에 대한 다섯 가지 중요한 항목들을 포함한다. 각 항목은 하나님께서 어떻게 자기 자녀들을 죄에서 건져내어 구속하시고 영광으로 이끄시는지 그 과정을 보여 준다. 미리 아심에서 예정으로, 부르심에서 칭의로, 마지막 영광으로 옮겨가는 과정은 하나님의 목적과 계획이 성도의 삶에 어떻게 효력을 가지는지 보여 준다.

미리 아신 자를 정하심 8:29a

이 사슬의 첫 번째 고리는 "미리 아신"프로기노스코, προγινώσκω이다. 이것은 미리 어떤 사건을 아는 것을 의미하는데, 이 구절에서는 하나님을 따르는 자들의 믿음의 반응과 구원을 가리킨다. 이 미리 아심과 다음에 나오는 선택의 관계에 대하여 많은 논쟁이 있는데, 이것이 곧 칼빈주의와 아르미니우스주의 논쟁의 핵심이다. 존 칼빈의 추종자들은 다음의 이유로 미리 아심과 예정이 같은 것이라고 주장한다. 1) '미리 아심'은 인간이 무엇을 선택할 것인지 아는 것 이상이다. '미리 아심'은 하나님께서 선택하시는 자롬 11:2; 벧전 1:2, 20들과 언약 관계에 들어가시는 것을 결정하시는 것까지 포함한다. 2) 미리 아심은 미리 세우신 계획28절대로 선택하심을 포함한다. 3) 미리 아심은 예정의 이유가 되며 예정을 뒷받침한다. 4) 미리 아심은 하나님이 선택하신 백성에 대한 친밀한 지식과 선택을 포함하며 "창세 전에"엡 1:4; 벧전 1:20 자기 백성을 선택하신 것을 의미한다. 칼빈주의자들은 모든 성도들이 예수님을 믿기로 선택하는 것은 그들을 구원하기로 예정하신 하나님의 선택에 의해 결정되는 것이라고 본다.

아르미니우스 추종자들은 미리 아심과 예정을 같은 행위로 보기보다 징검다리처럼 연결되는 것으로 본다. 하나님께서 사람들의 믿음의 결정을 미리 아시고/보시고 그들을 예정하신다는 것이다. 이들은 1) 29-30절에 나오는 다섯 단계는 동일한 것이 아니고 서로 다음 단계로 나아가는 절차라고 주장한다. 바울이 말하는 '미리 아심'은 예정으로 나아가는 이전 단계를 의미하는 것이다. 2) 하나님께서 미리 자기 백성들을 '아신다'고 하는 내용이 8:31-39에 나온다. 이것은 하나님이 그들의 구원을 미리 결정하셨다는 것을 뜻하는 것이 아니라 그저 그들을 하나님이 아신다는 것을 뜻한다. 3) 미리 아심에 대해 언급하고 있는 다른 본문들롬 11:2, 특히 벧전 1:2을 보면 미리 아심과 예정을 동일하게 보고 있지 않고 미리 아심에 따라서 결정하는 것으로 나온다. 4) "세상이 창조되기 전에" 선택하셨다는 것은 누가 하나님을 따르기로 선택할 것인지를 미리 아셨다는 것을 의미하지, 하나님께서 누구를 자기에게로 이끄실지 미리 선택하셨다는 것을 의미하지 않는다. 이 세상을 만드시기 전에 이미 누가 믿음으로 구원에 응답할 것인지를 하나님께서 미리 아셨고, 따라서 그들을 하나님 자녀로 선택하시고 부르신 것이라고 아르미니우스주의자들은 결론짓는다.

대다수 그리스도인들처럼 나도 이 논의를 놓고 많이 묵상하며 공부하였다. 여러 번 생각해 보지만 나는 아르미니우스주의적 해석이 성경에 조금 더 가깝다고 생각한다. 성령께서 이 땅에 태어난 모든 사람을 확신시키셔서 선택을 하게 하신다. 삼위일체 하나님께서 죄인들은 타락을 넘어 선택을 하도록 허락하시고, 믿음으로 오는 자들은 하나님께서 그들 삶에 구원을 이루신다. 여기서 중요한 것은 하나님께서 이 세상을 창조하시기 전에 이미 그분이 베푸시는 구원에 대해 어떻게 개개인이 반응하실지 미리 알고 계셨다는 점이다. 그것을 바탕으로 미리 그들을 선택하시고예정하시고 그의 자녀로 삼으셨다.

그의 아들의 형상을 본받기 위해 미리 정하심 8:29b

이 구절은 '예정'의 목적을 설명하며 칭의보다는 성화에 중점을 둔다. 하나님은 성령의 확신하게 하심으로 자기 백성을 부르신다요 16:8-11. 하지만 이 부르심에 대해 죄인들은 받아들이든지 거부하게 된다. 부르심의 목적은 죄인들을 구원하시고 거룩하게 하심이다. "그 아들의 형상을 본받게 하기 위하여"는 에베소서 4:13의 "그리스도의 장성한 분량"으로 자라나는 것을 가리킨다.

이 구절이 현재의 영적 성장을 가리키는지 마지막 때에 나타날 그리스도의 영광을 본받는 것을 가리키는지에 대해서는 의견이 갈린다. 이 모든 단락18, 23, 28절에 나오는 '이미 그러나 아직'already/not yet 관점에서 볼 때 바울은 두 가지 의견을 다 수렴하는 것 같다. 성령 안에서 현재의 영적 성장에 조금 더 강조를 두는 것 뿐이다. 인간은 하나님 형상으로 창조되었다창 1:26-27. 하지만 그 형상이 아담의 죄로 인해 일그러졌다. 그리스도의 속죄제사로 그 형상이 회복되고, 우리는 그와 연합하므로 그분의 형상을 다시 한 번 본받게 된 것이다.

두 번째 결과로 나타나는 것이 그리스도께서 "많은 형제 중에서 맏아들이 되게 하려 하심"이다. 그리스도께서 맏아들이신 것이 골로새서 1:15, 18에도 나오는데, 로마서 8:29처럼 바울의 초점은 시간적 개념처음으로 태어난보다는 지위적인 개념가장 중요에 있다. 출애굽기 4:22모든 민족 중에 이스라엘이 가장 중요과 시편 89:27다윗이 왕들 중에 가장 중요처럼, 예수님도 모든 창조물보다 높임을 받으신 것을 나타내는 것이다. 고린도전서 15:20, 23에서 그리스도의 부활이 우리로 하여금 그와 함께 살리심을 받을 것을 보장하기 위한 "첫 열매"가 되신 것과도 같다. 우리가 그리스도 안에서 자랄수록 우리는 더욱 그분과 같이 될 것이고, 그분의 영광을 더욱 크게 누리게 될 것이다.

미리 정한 자들을 또한 부르심 8:30a

예정에 관한 논쟁에는 하나님의 '부르심'에 관한 것도 포함되어 있다. 어떤 이들은 하나님의 부르심을 구원을 이루시는 부르심이라고 생각하며, 하나님께서 예정하셔서 선택하신 자들을 그분께로 부르시는 것을 의미한다. 이것은 소위 "거부할 수 없는 은혜"칼빈주의 교리로서, 예정된 자들은 구원으로의 부르심을 거부할 수 없다고 보는 견해이다. 어떤 이들은 이 부르심이 믿음의 결정, 즉 성령의 확신하게 하시는 역사를 가리키며, 하나님께서 믿음의 결정을 가능하게 하시지만 그 부르심은 저항 혹은 거부할 수 있는 것이라고 생각한다.

바울이 이런 논쟁을 염두에 두었을 리 없다. 그가 생각한 부르심은 단순히 그리스도의 제자로 부르심으로 그 다음 단계칭의로 가는 결정을 하도록 하는 단계일 것이다. 성령을 통해 하나님께서 죄인들을 부르시고 확신시키사 그들이 그 부르심에 응답하고 믿음으로 받아들이고 그리스도의 피의 제사를 바탕으로 하나님께 의롭다 칭함을 받는 것이 바울이 전하고자 한 내용일 것이다.

부르신 자를 의롭다 하심 8:30b

마틴 루터 때부터 많은 이들이 로마서와 바울 서신 전체 핵심 주제를 '칭의'라고 여겨 왔다. 이것은 좀 무리가 있겠으나 3:21-5:11을 볼 때 믿음으로 의롭다 칭함을 받는 것은 로마서와 바울 서신의 중요한 주제 중 하나임은 분명하다.

이 구절에서 부르심에 대한 바울의 강조는 개인의 믿음의 결정으로 부르심에 응답한다는 것을 전제로 한다. 8:29-30에 나타나는 황금 사슬golden chain에서 바울은 하나님의 역할에 중점을 두고 있지만, 로마서에서는 인간이 해야 할 역할도 중요하다3:21-4:25에서 '믿음'이 17번 등장함. 하지만 인간의 타락 때문에 성령님의 역사 없이는 믿음의 반응이 불가능하다는 것을 깨달아야 한다. 확신하게 하시는 능력으로 우리의 타락을 이기게 하시는 분도, 우리가 믿음으로 반응할 수 있게 하시는 분도 성령이시다.

죄인들이 믿음으로 반응하고 그리스도의 속죄 사역을 믿을 때 우리 죄를 사하시고 우리를 의롭다 칭하시는 분도 하나님이시고 성령님이시다. 하나님께서 우리를 구원하신다. 우리는 스스로를 구원할 수 없다. 펠라기우스는 우리 자신이 구원의 기반이라고 말하기 때문에 이단이다. 이보다 진리에서 먼 주장은 없다.

의롭게 하신 이를 영화롭게 하심 8:30c

로마서에서 '영화롭게 하심'은 또 다른 주요 주제로서 로마서에는 '독사'δόξα; 영광가 15번 등장하고 '독사조'δοξάζω; 영화롭게 하다가 5번 등장한다. 하나님 백성과 왕의 자녀2:7, 10; 6:4가 된 자들은 이미 영광을 누리고 있고, 그리스도를 위해 고난을 당한 자5:2-5들과 장래에 나타날 하나님의 영광을 기다리는 자8:18, 21들은 영원한 영광을 누리게 될 것이다. 우리가 영원히 누리게 될 장래의 영광은 이미 시작되었다. 그리스도께 속하였다는 이유만으로 멸시와 조롱을 당할 수 있지만, 우리는 그리스도의 제자로서 영화롭게 되었고 그의 왕국을 유업으로 받을 때에 나타날 영광을 보게 될 것이다.

어떤 이들은 이 구절을 장래의 영광으로만 해석하기도 하지만, 바울이 현재 누리고 있는 구원의 축복과 장래 영광으로 이어지는 칭의의 축복을 뛰어넘고 장래 영광에 대해서만 말하고 있을 리 만무하다. 여기서 '의롭게 되다'라는 동사는 황금 사슬에 있는 다른 동사들과 같은 시제이다. 이것은 과정이 이미 시작되었음을 나타내고 예수께서 재림하실 때 완성될 것을 표현한다. 이 과정은 8장에서 우리의 미래 기업을 보장하는엡 1:13-14 성령의 "인치심"이나 "보증"과도 깊게 연결된다.

이것을 볼 때 우리는 고난에 관해서도 전혀 새로운 관점을 가지게 된다. 홀로 외롭고 어려운 상황 가운데 잊힌 것 같을 때 바울은 우리가 결코 그렇게 느끼지 않기를 원하고 있다. 성령께서 우리와 함께 계실 뿐만 아니라 하나님이 만드신 모든 피조물이 우리와 함께 탄식하고 구원자를 기다리고 있다.

비생명체나 하나님 백성인 우리 모두 구속이 다가오고 있음을 알고 있어야 한다. "새 하늘과 새 땅"계 21:1이 오고 있다. 우리는 영원히 그리스도와 함께 영광을 누리게 될 것이다골 3:4. 최근 우리 사회가 미래를 위해 환경을 가꾸는 것이 얼마나 중요한지를 깨달아가고 있다. 여기서 우리는 환경의 궁극적 회복을 보게 된다. 그것은 모든 피조물이 죄로 인해 망가진 환경에서 해방되는 것을 기다리는 것이다.

우리의 탄식과 성령의 탄식은 밀접하게 연결되어 있다. 우리 모두는 몸이 약해지고 치유를 간절히 원하는 경험을 해 보았을 것이다. 이는 마지막에 성령의 임재가 우리를 이 고통에서 해방시킬 것을 약속 받은 사실을 절실히 깨닫게 하셨기에 더욱 참이 된다. 내 몸이 고통스러운 한 걸음을 내딛을 때마다 나는 더욱 그 약속이 이루어지는 것을 고대하게 된다. 절망의 반대는 소망이다. 성도들의 소망은 불확실한 것이 아니라 하나님이 약속하신 것은 반드시 이루어진다는 것을 깨닫게 하기 때문이다. 이 소망 때문에 나는 해방될 것을 간절히 기다리고 있지만 절망할 필요는 없다. 이 고통은 잠깐이고 영원한 기쁨이 이 길 끝에 기다리고 있기 때문이다.

우리가 기도할 때 외롭게 느껴진다면, 그것은 잘못된 것이다. 우리가 약할 때 성령은 우리가 경험한 것 이상으로 가까이 계신다. 왜냐하면 성령은 우리가 탄식하는 것 이상으로 우리를 위해 탄식하고 계시기 때문이다. 성령은 우리가 스스로를 위해 기도하는 것보다 더 깊이 우리를 위해 기도하신다. 더욱이 우리는 우리를 향한 하나님 뜻이 무엇인지 알지 못하나 성령은 아신다. 그래서 그분의 중보 기도는 완전히 하나님 뜻에 따른 것이다. 우리가 기도를 잘못한다면 성령께서 우리 잘못을 시정하시고 28절의 엄청난 약속을 확실하게 하신다. 선을 이루기 위하여 이 기도들에우리와 성령의 기도 응답하시는 것이다!

마지막으로, 바울은 고난과 기도의 삶에 대해 자신이 말한 모든 것이 만물을 주관하시고 우리에게 영원한 구원의 궁극적인 축복을 주시는 하나님의 주권을 기반으로 하고 있다는 것을 우리가 알기를 원한다. 29-30절에서 바울은 하나님께서 우리 구원의 모든 부분을 주관하고 계심을 알게 하였다. 현재의 구원과 영원한 영광이 그분 사랑의 권세 아래 닻을 내리고 있다. 하나님 자녀로서 우리 지위는 영원한 하나님의 가족으로 입양하신 아버지와 아들 그리고 성령 안에서 확실하고 안전하다.

9. 성도의 보호와 승리 8:31-39

이 단락은 이 엄청난 8장의 유명하고 아름다운 본문들 중 세 번째 본문이다. 5:1-8:30의 축복을 요약하면서, 5:1-11처럼 고통 가운데서도 자기 백성을 위해 베푸시는 하나님께 초점을 두고 있다. 바울이 전하려는 메시지는 베드로전서 1:3-12과 흡사하다. 성도들이 구원의 축복을 묵상하면서 고통에 대한 바른 안목을 가질 필요가 있다는 말씀이다. 여기서 바울은 우리의 보장은 우리를 향하신 하나님 사랑에 기점을 두고 있다고 말하고 있다. 이 단락에 나타나는 화려한 필체를 보고 초대교회의 집필 형식을 바울이 본뜬 것이라 생각할 수 있지만, 바울이 스스로의 문체로 아름답게 쓴 것이라고 보는 것이 더 정확하다. 이 본문은 두 부분으로 나뉘는데, 첫 부분31-34절은 그리스도 안에 있는 법적인 승리를 다루고 있고, 두 번째 부분35-39절은 우리를 향한 하나님의 끊을 수 없는 사랑을 다루고 있다. 모두 하나님 안에서 자기 백성이 보호하심을 받는 것을 중점으로 하고 있다.

1) 아들을 선물로 주심으로 얻은 우리의 법적인 승리 8:31-34

아들을 선물로 주심으로 아무도 대적할 수 없음 8:31-32

로마서에 흐르는 바울의 수사학적 질문 "무슨 말 하리요"는 그의 논점을 제시한다3:5, 9; 4:1; 9:30. "이 일에 대하여"라는 문구는 8:18-30의 내용뿐 아니라 3:21-8:30에 나오는 구원에 관한 가르침도 가리킨다. 바울은 죄와 죄책에서 그리스도의 화목제사로, 용서와 칭의로, 성령의 은사와 그리스도인의 삶을 나타내는 죄에서 해방으로 주제를 옮겨가며 그 내용들을 다루었다. 즉 "이 일"은 칭의와 성화, 즉 우리 구원의 전 영역을 포괄적으로 가리키는 것이다.

바로 이어 나오는 문구가 이를 더 확증한다. 즉 "만일"사실을 기반으로 한 조건으로 '~이므로'를 뜻함 "하나님이 우리를 위하시면, 누가 우리를 대적하리요?" '휘페르'ὑπὲρ를 '우리를 위하여'로 번역한 것은 복음의 핵심을 보여 준다. 그리스도께서 우리를 위한 화목제물로 죽으셨다. 그리스도께서 우리 죄를 위해 대신 값을 지불하시고, 그 결과 우리를 위해 하나님과의 언약이 결성되고, 성령께서 우리를 위해 하나님 아버지께 중보 기도를 드리신다.

삼위일체 하나님께서 우리 삶에 개입하시고 우리를 위해 모든 선을 이루신다는 관점을 가질 때 "누가 우리를 대적하리요"라는 확신에 찬 질문이 나온다. 하나님께서 자기 언약 백성에게 신실하시고 우리 미래를 보장하시기에 우리를 대적하는 이들은 아무것도 아니게 될 것이다. 바울은 우리 삶에 아무런 문제가 없을 것이라 말하는 것이 아니다. 그가 말하는 것은, 길게 볼 때 우리를 대적하여 설 수 있는 것들이 아무것도 없다는 것이다. 많은 권세들이 우리를 해하려 하고 세상적인 관점에서 그 목적을 달성할 수도 있다. 바울은 35, 38절에서 그 예를 들고 있다. 하지만 하나님께서 우리 편에 계시니 그들의 노력은 다 물거품이 될 것이다.

우리는 걱정할 필요가 전혀 없다! 마태복음 10:28에서 예수님이 말씀하셨다. "몸은 죽여도 영혼은 능히 죽이지 못하는 자들을 두려워하지 말고 오직 몸과 영혼을 능히 지옥에 멸하실 수 있는 이를 두려워하라." 사실상 우리는 승리할 수밖에 없다! 사탄이 성도들을 죽임으로 이기려 할 때마다 그들은 도리어 죽음으로 사탄을 이긴다계 12:11. 성도들은 패배한 것 같이 보이지만 그것은 사실 엄청난 승리다. 사도행전을 통해 유대인들과 로마인들이 그리스도인들을 박해함으로써 멸절하려 했지만 그것은 오히려 기독교의 승리와 성장을 가져왔다. 같은 일이 1960~1970년대 문화대혁명을 통해 중국에서 일어났다. 교회를 핍박하려는 정부 정책이 성도들을 없애지 못했을 뿐만 아니라 오히려 교회가 더 성장하게 했다. 핍박이 교회 성장의 자극제가 된 것이다!

"우리를 위하시면"은 다음 구절로 이어지며 '하나님께서 우리를 위하신다'는 약속을 완전한 사실로 신뢰할 수 있는 이유를 설명해 준다. 곧 하나님께서 "자기 아들을 아끼지 아니하시고 우리 모든 사람을 위하여 내주셨기" 때문이다. 이는 하나님께서 주관하시는 일로, 우리 스스로를 위해 할 수 있는 것이 아니고 율법으로 이행할 수 있는 일도 아니다. 하나님만이 그런 일을 행하실 수 있으며 그 큰 구원을 이루실 수 있다. 하나님 사랑의 크기는 인간이 이해할 수 있는 한계를 초월한다5:8을 보라. 하나님은 십자가를 '허락'하신 것이 아니다. 하나님께서 우리를 위해 '그의 아들을 직접 십자가로 이끄시고 넘겨 주신' 것이다.

바울이 전하는 말씀은 자기 아들을 우리를 위해 죽도록 넘겨 주신 하나님은 당연히 "그 아들과 함께 모든 것을 우리에게" 주시는 분이라는 점이다. "그 아들과 함께"순 아우토, σὺν αὐτῷ는 다른 선물을 보장하는 가장 우선시되는 선물이 바로 그리스도이심을 뜻한다. 그리스도 안에서 가장 위대한 선물이 이미 왔다. 구원과 영생이다. 하나님은 이 세상에서 우리를 가장 부자로 만드실 수도 있지만 그리스도라는 선물에 비하면 부귀영화는 아무것도 아니다.

헬라어 동사 '카리세타이'χαρίσεται; 은혜로 주다는 하나님께서 주신 은혜의 선물들을 가리킨다고전 2:12; 갈 3:18. 바로 하나님 언약 백성에게 주어지는 하나님 왕국의 축복들이다. 하지만 이 동사는 이것 이상을 포괄한다. 그리스도께서 주시는 축복과 함께하는 것은 '모든 것'에 대한 약속이다. 그러므로 이것은 여러 가지를 의미할 수 있다. 이것은 구원의 현재적 축복 혹은 말세에 우리 것이 될 축복들을 의미할 수 있지만, 현재와 미래이미 그러나 아직; 13, 18절 참조의 축복 모두를 의미할 가능성이 높다. 하나님 백성에게 부어진 축복, 영적인 것과 우리 일상에 필요한 것들을 채우시는 육적 축복도 모두 포함한다. 이는 28절과 긴밀하게 연결되어 있다. 하나님께서 우리가 필요한 모든 것을 주심으로 우리에게서 가장 최상의 선을 이루신다.

칭의로 인해 고발하지 않음 8:33

바울은 31절로 돌아가 우리를 향하신 하나님 은혜의 의미를 보여 준다. "하나님이 우리를 위하시면 누가 우리를 대적하리요." 33절에서는 "누가 능히 하나님께서 택하신 자들을 고발하리요"라고 묻는다. 33-34절에 나타난 구절들 중에 어떤 것이 질문인지에 대해 의견이 분분하다. 어떤 이들은 전부 다 질문이라고일곱 개 전부 말하지만, 대부분의 영문 번역들은 '질문-답'의 형식으로 번역한다. 나도 이런 견해를 따라 33절은 하나의 질문과 답이고, 34절은 다른 질문과 답이라고 해석하고자 한다.

바울은 이 구절에서 앞으로 아무도 우리를 고발하지 않을 것이라고 말하는 것이 아니다. 그가 말하는 고발은 우리에게 영원한 영향을 미칠 중요한 고발이다. 어떤 이들은 끝없이 고발할 수 있으나 영원이라는 관점에서 보면 그것은 아무런 효력이 없다. '~자들을 고발'이라는 문구는 법정의 모습을 떠올리게 한다. 사탄은 자주 하나님 백성을 고발한다욥 1-2; 계 12:10. 그리고 역사 속에서 성도들은 수없이 법관과 법정 앞에서 고발당했다. 산헤드린 앞의 예수와 네로 앞의 바울처럼 말이다. 여기에 쓰인 미래 시제는 사탄이나 원수가 마지막 심판 때에 우리를 고발하는 것을 의미하거나 하나님 백성을 향한 역사 속에서 되풀이되는 지속적인 고발을 의미할 수 있다. 두 가지 모두일 수도 있지만 이 문맥에서는 바울은 현재 되풀이되는 고발에 좀 더 무게를 두고 있다.

이 땅의 원수와 우주적 원수인 사탄은 우리에게 해를 끼치지만, 궁극적으로는 하나님의 계획을 무너뜨리려다가 낭패를 당하게 될 것이다. 우리는 괴롭힘을 당하고 심지어 죽임을 당할 수 있지만 결국 승리할 것이며

"죽기까지 자기들의 생명을 아끼지 아니한"계 12:11 데서 오는 승리를 거머쥐게 될 것이다. 우리의 고난과 죽음은 우리를 고발하는 자들에 대한 승리다. 선택받은 자들은 모든 것을 주관하시는 하나님께서 함께하시고 고발하는 자들도 그들의 이익을 위해 사용하시니28절 결국 아무것도 그들을 해할 수 없다. 이것이 35-39절의 핵심이다.

첫 질문고발에 대한 답은 확고하다. "의롭다 하신 이는 하나님이시니." 바울은 계속하여 법정 용어를 사용하면서 사람그리고 사탄이 우리를 고발하고 기소해도, 의로우신 재판관이신 하나님께서 그 기소를 취하하시고 우리에게 무죄 선고를 내리신다고 말하고 있다. 바울은 이사야 50:8-9에 나오는 "나를 의롭다 하시는 이가 가까이 계시니 나와 다툴 자가 누구냐 … 나를 정죄할 자 누구냐"라는 문장을 여기서 되새기고 있다. 이사야의 질문은 미래 시제이지만, 답은 바울처럼 현재 시제를 쓰면서 하나님께서 그의 백성과 지속적으로 함께 하고 계심을 보여 주고 있다. 여기서 '의롭게 하다'라는 말의 의미는 하나님께서 의롭다 선언하신 것에서 자기 백성을 지속적으로 의롭게 하신다는 것을 의미하는 것으로 옮겨졌을 가능성이 크다3:24 주석 참고.

중보로 인해 더 이상 정죄함 없음 8:34

이 구절은 고발에서 악한 이들에게서 오는 정죄, 즉 법적 평결에 대한 것으로 초점을 옮기고 있다. 하나님이 주시는 칭의와 사람들이 주는 정죄를 대조하고 있는 것을 보라. 예수님의 죽으심과 부활은 우리 칭의의 근간이 되었지만4:25, 죄악된 인간의 거짓과 고발은 우리를 정죄하는 근거가 되었다. 하지만 성도를 정죄하려는 모든 노력은 결국 실패할 것이다. 그리스도께서 죽으심으로 우리 죄를 다 덮으셨기 때문이다3:25.

이 구절에서 바울은 그리스도께서 우리를 위해 성취하신 것을 네 가지로 분류하면서 지금까지 다룬 내용을 요약하고 있다. 첫 두 가지는 그리스도께서 이 땅에서 하신 사역과 관련이 있다. "죽으실 뿐 아니라 다시 살아나신 이는 그리스도 예수시니." 그분의 죽음과 부활은 4:25에 "우리가 범죄한 것 때문에 내줌이 되고 또한 우리를 의롭다 하시기 위하여 살아나셨느니라"고 한 것처럼 우리 구원의 근거가 된다. 이것은 구원 역사에서 일어난 단일한 사건이다. 그리스도의 부활은 우리 부활을 보증하고, 따라서 우리는 그 어떤 적도 두려워할 필요가 없다. 우리의 죽음은 부활과 새로운 생명으로 이어질 것이다.

다음 두 가지는 그리스도의 높으심과 관련되어 있다. "그는 하나님 우편에 계신 자요 우리를 위하여 간구하시는 자시니라." 하나님 우편에 앉으신 것은 시편 110:1에 근거한 것으로 신약성경이 구약에서 가장 많이 인용한 구절이다13번, 히브리서에서만 5번. 예수께서 "하나님 우편에 계신 자"라는 것은 그분의 높으심을 인치는 가장 중요한 성경적 표현으로서, 그분께서 권세와 능력과 권위의 자리에 계심을 입증하는 것이다. "우리를 위하여 간구하시는" 것은 예수님의 중보 사역이다. 26절에서 성령께서 우리의 중보자가 되신다고 했는데, 이 구절에서는 예수께서 우리를 위해 성령과 함께 중보하시는 것을 볼 수 있다. 히브리서 7:25을 보면 이러한 중보 사역은 예수님의 대제사장 역할인데 십자가 사역으로 참으로든 거짓으로든 우리를 기소하는 모든 정죄를 이기신 것을 가리킨다.

2) 어떤 것도 우리를 하나님 사랑에서 끊을 수 없음 8:35-39

여기서 바울의 초점은 법적 측면에서 관계적 측면으로 옮겨지고 있다. 바울은 5:6-8의 주제로 다시 돌아가면서 우리를 향하신 깊은 사랑을 보여 주시기 위해 자기 아들을 죽게 하신 사랑의 하나님께 초점을 맞추고 있다. 5:5에서 "우리에게 주신 성령으로 말미암아 하나님의 사랑이 우리 마음에 부은 바 됨"이라고 기록하고 있다. 우리를 향하신 삼위일체 하나님의 사랑이 하나 됨을 볼 수 있고, 바울은 로마서에서 두 본문5:5-8; 8:35-39에서만 사랑을 언급하고 있다는 것을 주목할 필요가 있다. 십자가와 성령의 은사에서 보이신 하나님 사랑은 결코 끊을 수 없다. 두 본문 모두 하나님 사랑의 깊이는 우리를 위해 십자가에서 그 아들을 선물로 보내신 것을 통해 증명되고 있다.

35-36절에서 끊을 수 없는 그리스도의 사랑, 38-39절에서 끊을 수 없는 하나님의 사랑이 우리를 향한 삼위일체 하나님의 엄청난 사랑의 결과로 37절에 "우리가 넉넉히 이기느니라"며 확증한다. ABA 형식이 이 문단의 핵심을 보여 준다.

A 끊을 수 없는 그리스도의 사랑 8:35-36

B 역경의 결과: 넉넉히 이김 8:37

A' 끊을 수 없는 하나님의 사랑 8:38-39

그리스도의 사랑 8:35-36

바울이 질문한다. "누가 그리스도의 사랑에서 우리를 끊으리요." 끊는다는 개념은 33-34절에 나온 적들의 고발과 정죄에서 기인한다. 그리고 36절에 나오는 여러 환난이 정죄와 고발을 더 구체화한다. 이 질문은 이런 고발과 환난이 우리와 하나님 사이에 메울 수 없는 틈을 만들 것이냐를 묻는 것이다. 바울은 그럴 수 없다고 대답한다.

이 구절에 나오는 목록은 "환난이나 곤고나 박해나 기근이나 적신이나 위험이나 칼이랴"로 고린도후서 11:26-27; 12:10에도 나오는 목록이다. 이것은 바울이 실제 사역 현장에서 겪은 환난들이다. 이것은 개인적인 목록으로서 그가 그리스도를 위해 겪은 일들을 다시 상기하고 있는 것이다. 마지막에 나오는 "칼"이나 참수는 약 8년 후에 겪을 것이었다64-65년 경 로마 감옥에 두 번째 갇혔을 때 네로에 의해 죽음. 어쨌든 로마인들에게 붙잡히는 것은 늘 있는 위험이고, 빌립보에서도 갇혔고행 16:22-36, 에베소에서도 갇혔었다행 19:35-41.

바울의 고난 목록 말고 구약에도 비슷한 개념으로 역대하 6:28과 20:9에 같은 고난의 목록이 있다. 이 목록은 하나님 백성이 결코 쉬운 삶을 살지 않을 것이고 우리 모두는 고난을 예상하고 살아야 함을 가르쳐 준다. 자연재해는 항상 일어나는 것이고, 질병이나 경제적 어려움들은 일반적으로 나타나는 삶의 현상이다. 더욱이 요한복음 3:19-20에서 언급한 것처럼 사람들은 빛보다 어둠을 더 사랑하고 악한 자들은 빛을 미워한다. 하지만 걱정할 필요가 없다. 세상이 우리에게 등을 돌릴지라도 하나님과 그리스도는 결코 그러지 않으실 것이고, 그분의 사랑에서 누구도 "우리를 … 끊을 수 없으리라."

바울은 시편 44:22을 인용하며 이 진리를 36절에서 못박고 있다. "우리가 종일 주를 위하여 죽임을 당하게 되며 도살 당할 양 같이 여김을 받았나이다." 바울은 독자들이 주님을 따름으로 받는 고난이 새로운 것이 아님을 알기를 원했다. 시편 기자는 여호와께서 승리로 이끄신 것에서 시작하여44:1-9, 다음으로는 적들에게 자기 백성을 넘기신 것에 대해 한탄하신 것44:10-22으로 이어가다가, "일어나 우리를 도우소서"44:23-26 하며 하나님께 울부짖는 것으로 마무리한다.

바울이 인용한 구절은 하나님을 위해 희생한 이들을 인정하면서 애통하는 부분이다. "종일 주를 위하여 죽임을 당하게 되며"라는 문구는 8:35의 고난의 목록과 맥락을 같이하며, "도살 당할 양"은 "칼"에 대응하는 개념일 것이다. 로마 그리스도인들이 겪어야 했던 모든 것이 시편 기자 시대의 백성의 고난과 평행을 이루고 있다.

넉넉히 이김 8:37

35절에서 바울은 고난이나 환난이 성도들을 하나님 사랑에서 끊을 수 있는지에 대해 질문했다. 그의 답은 37절에 NIV와 같은 영어 성경에는 '아니요'헬라어 원전에는 '그러나'라는 의미의 '알라'ἀλλ'로 번역되어 나온다. 그렇게 함으로 바울은 "그럴 수 없다"라는 답보다 더 깊이 들어간다. 우리가 겪는 역경은 우리를 "넉넉히 이기게" 만든다.

"이 모든 일에"는 우리가 당하는 모든 반대와 문제들을 뜻하는데, 이는 우리가 결코 패배할 수 없을 뿐만 아니라 더욱 승승장구하며 승리할 것을 의미한다. 바울은 35절의 목록뿐 아니라 그리스도인들이 만나는 모든 종류의 압박과 문제들을 염두에 두고 말하는 것이다. 어려운 시기를 지날 때 우리는 하나님께서 우리를 잊어버리신 듯한 느낌을 받는다. 하지만 8:23-25에서 보았듯이, 진실은 오히려 그 반대다. 하나님과 성령님은 그 어느 때보다 가까이 계시기에 우리는 그분께 두 손 들고 의지해야 한다.

"우리가 넉넉히 이기느니라"를 문자 그대로 해석하면 '대단한 승리자들'휘페르니코멘, ὑπερνικῶμεν인데, 이 말은 알렉산더 대왕이나 율리우스 시저를 합친 것보다 뛰어난 승리자를 뜻한다. 우리의 모든 어려움과 우리를 해하려는 모든 이들예를 들어 핍박하는 박해자들을 향한 완전한 승리가 그리스도와 성령께서 진두지휘를 하실 때 보장되는 것이다.

"우리를 사랑하시는 이"를 통해 이러한 확실한 승리를 얻는다. 그리스도께서 우리를 위해 34절에 나오는 네 가지 행하신 일들을 포함하여 자기 사랑을 부으실 때 우리는 "능력의 지극히 크심"엡 1:19으로 가득 차서 "주 안에서와 그 힘의 능력으로 강건"엡 6:10해진다. 우리가 이렇게 되면 어떻게 패할 수 있겠는가!

말씀을 통해 바울은 우리의 부족함과 그리스도와 성령의 완전하심을 상기시킨다. 우리 힘에 의존할 때마다7:14-25 우리는 인생과 영적 전쟁에서 완전히 질 수밖에 없다. 물론 우리의 고난은 결코 "즐거워 보이지 않고 슬퍼 보이나" 결국에는 "의와 평강의 열매"히 12:11를 맺게 될 것이다. 이 구절을 쓸 때 바울은 분명 28절을 염두에 두면서 하나님께서 성도들에게 가장 선한 것으로 채우시고 인도하신다는 사실을 나타내고자 했을 것이다.

하나님의 사랑 8:38-39

여기에서 바울은 그리스도의 사랑35-36절에서 하나님 아버지의 사랑으로 넘어가면서 삶 속에 나타나는 하나님 사랑에 대한 묵상을 끝내고 있다. 성도의 삶에 있어서 이 사랑도 떼어놓을 수 없고 영향력을 행사하는 사랑이다. 바울은 "내가 확신하노니"로 시작하는데 이는 그가 하나님께서 자기 삶 속에서 이루신 것들을 간증하는 형식으로 말하고 있는 것이다. "확신하노니"는 자신과 그를 사랑하시는 하나님 사이에 어떤 것도 간섭할 수 없다는 사실에 대한 것이다. 이 요점을 설명하기 위해 바울은 자신이 겪은 또 다른 고난의 목록을 소개한다. 이 목록은 "능력"과 끝에 나오는 "피조물"을 제외하고 둘씩 짝을 이루고 있다.

1 **사망이나 생명:** 사망과 생명에서 다른 짝들이 파생되고 이 두 가지가 온 세상을 지배하는 가장 근본적인 권세다. 5:12-14에서 죽음이 죄를 통해 들어오고 피조물들을 다스리며, 절망과 속박8:18-22를 참조으로 이끌게 되었다. 우리는 그리스도를 믿음으로만 생명에 들어갈 수 있다. 5-8장에서 죄와 사망이 적대적 권세로 그려지고, 사망과 생명은 성도 안에서 항상 전쟁을 일으키는 근본적 권세들이다.

2 **천사들이나 권세자들:** 두 번째는 '아르카이'ἀρχαί; 권세자들이다. 바울은 이 단어를 자주 법적인 관념으로 써서 '공권력과 권세'로 부르며, 하나님과 그의 백성의 적들로서 타락한 천사나 그 권세들을 가리킨다엡 1:21; 6:12; 골 1:16; 2:15. 그리스도께서 자기 교회를 위해 이 권세들을 굴복시키셨다엡 3:10; 6:10-12; 골 2:15. 그들은 그리스

도인들을 이길 수 없고 속이는 것 밖에 하지 못한다계 12:9; 20:3. 그리스도를 따르는 자들은 그들을 이길 권세를 부여받았다막 3:14-15; 6:7.

3 **현재 일이나 장래 일:** 바울은 여기서 이미 그러나 아직18, 23, 32절 참조 개념을 도입한다. 현재든 앞으로든 우리와 하나님의 사랑을 끊을 것은 아무것도 없다. 바울은 자신의 삶이 끝없는 고난의 연속이었기에고후 11:23-29 이것에 대해 확실히 증언할 수 있다. 그는 로마서를 쓸 당시는 몰랐지만 예루살렘을 방문한 후에 곧 붙잡히게 되고행 21장 가이사랴와 로마 감옥에서 수년을 보내게 된다. 그가 풀려난 후 마지막으로 붙잡히고 처형되기까지 몇 년의 시간이 있었을 것이다. 그 모든 순간마다 하나님은 한 번도 그를 버리지 않으셨다.

4 **능력:** 어떤 이들은 "능력"을 기적으로 보고 있으나, 이것은 우주적 권세나 마귀적인 능력으로 보는 것이 옳다. 바울이 왜 위에서 사탄의 권세를 언급하고 바로 또 같은 것을 짝을 이루지 않고 소개하고 있는지 이해하기는 쉽지 않다. 아마 영적 전쟁을 그가 염두에 두고 있었든지, 31-37절에서 악의 세력에 대해 언급하지 않았기에 독자들에게 악의 권세에 대해 다시 한 번 강조하기 위함이었을 것이다. 중요한 것은 악의 세력이 실제로 존재하며 우리를 노리고 있음을 무시해서는 안 된다는 점이다. 우리 삶 속에 발을 들여놓도록 허락하지 않는 한 그들은 우리를 이길 수 없다. 하지만 그들이 없는 것처럼 살면 우리는 그들에게 질 수 있다.

5 **높음이나 깊음:** 이 문구에 대해 두 가지 다른 해석이 있다. 어떤 이들은 하늘의 권세와 천상의 능력과 연결되는 땅의 세계를 **헬레니즘**으로 표현한 것이라고 해석한다. 하지만 나는 바울이 앞의 것들과 함께 세 가지를 한꺼번에 마귀의 권세를 가리키고 있다고 생각하지 않는다. 이 문구가 신약 성경 어디에서도 마귀의 권세를 가리키는 것으로 쓰이지 않는다. 이것을 땅 위 세계와 그 아래 세계, 혹은 전 우주와 세상 아래 세계, 아니면 천국과 지옥을 가리키는 것이라고 해석하는 것이 더 좋다. 어찌 되었든 이 세상이나 그 밖에 있는 어느 것들도 우리를 하나님 사랑에서 끊을 수 없다.

6 어떤 피조물: 바울은 독자들로 하여금 그가 아무것도 빼놓지 않았음을 알려 주고 싶었다. 하나님이 창조하신 그 어느 것도 하나님과 그의 자녀들의 관계를 위협할 수 없음을 알리고 싶었던 것이다.

이렇게 끊을 수 없는 하나님 사랑이 "우리 주 그리스도 예수" 안에서 우리에게 부어진 것이다. "예수 안에서"는 우리가 그의 몸인 교회3:24; 6:11, 23; 8:1 참조 일원이 되어 그리스도와 함께 연합한 것을 다시 반복 강조한다. 하지만 기본적으로 그분의 주 되심을 강조하는 것이며 이런 문구가 여러 군데에서 서두와 말미를 장식하며 그리스도의 우주적 주 되심을 강조한다 5:1, 21; 6:23; 7:25; 8:39. 우리 삶을 주관하시는 예수님의 주권이 하나님 사랑을 보장하고 있다. 성도의 안전을 보장하시며, 8장 후반의 모든 것을 관장하시며, 구원 역사와 우리 삶을 자신의 능력으로 이끌어 가신다.

이 본문은 영생의 확실성에 관한 성경의 가장 중요한 본문 중 하나이며 "아무도 우리를 … 하나님의 사랑에서 끊을 수 없다"39절에는 약속에 대한 논쟁 요소가 많다. 35, 38-39절에 등장하는 목록들은 모두 외부 요소들인데, 문제는 이 요소들이 성도들의 내적 결정도 포함을 하고 있는가이다. 아르미니우스주의자들은 자유 의지를 제외하고는 그 어느 것도 우리와 하나님 사이에 개입할 수 없다고 주장하고, 우리 의지로 하나님에게서 돌아설 수 있다고 생각한다. 칼빈주의자들은 하나님께서 우리의 결정까지도 주관하시기에 그리스도와 구원에서 자기 백성이 돌아서는 것을 허락하지 않으신다고 주장한다.

본문의 문맥상 바울은 단순히 성도들로 하여금 하나님과 그리스도의 사랑이 그들을 모든 위협에서 안전하게 보호하실 것을 알기를 원한 것으로 보인다. 그러나 우리는 성도의 확신을 강조하는 구절들요 6:35-51; 10:27-30; 롬 8:28-39; 엡 1:13-14; 2:8-9; 4:30; 빌 1:6; 2:13; 벧전 1:5과 성도들에게 경고를 강조하는 구절들요 15:11-16; 롬 11:18-21; 고전 9:24-27; 히 6:4-6; 10:26-31; 약 5:19-20; 벧후 2:20-22을 비교해 볼 필요가 있다. 그래서 성도의 확신과 경고를 적절히 융합한 신학이 나와야 한다. 아직 최종 답은 없다. 우리의 결정이 그리스도 안에 있는 확신과 동시에 그분께 신실하게 남아 있을 책임과 조화를 이루어야 할 것이다. 여기에 대해서는 로마서 10장에서 자세히 다루겠다.

우리는 이 단락에서 다루고 있는 삼위 하나님의 끊을 수 없는 사랑의 깊이를 온전히 느끼고 깊이 체험해야 한다. 전반31-34절은 그리스도 안에서 법적인 승리를 다루고 있다. 우리를 향해 반기를 들고 있는 이들이 수 없이 많으나 그 어느 누구도 우리에게 문제가 될 수 없다. 우리는 반대에 부딪히고 죽임을 당할 수도 있으나, 우리를 향한 그 어떤 사악한 행위도 하나님에 의해 물거품이 될 것이기에 우리의 최후 승리는 따 놓은 당상이다. 그리스도께 했듯이 세상은 우리도 정죄할 것이지만 우리는 그분의 죽으심과 부활에 연합하였기에 우리의 승리는 영원하다.

후반35-39절은 법적 관점에서 초점을 옮겨 관계적 측면을 다루었다. 우리를 대적하는 이들이 고발하는 이유는 하나님과 그 아들 예수 그리스도와 우리의 관계를 끊으려는 것이다. 하지만 그리스도의 사랑이 우리를 끊어 놓지 않는다35-36절. 이것은 하나님 사랑도 마찬가지이다38-39절. 그 결과 우리는 그분 안에서 승리를 누리며 넉넉히 이기게 된다37절. 우리가 겪는 고통이 아무리 클지라도 바울은 자신의 경험을 통해서도 하나님께서 그 모든 어려움이 우리로 하여금 그리스도 안에서 더욱 승리하게 하신다는 것을 장담할 수 있었다.

V

구원의 길

1. 이스라엘의 저주와 하나님의 선택 9:1-13

로마서 9-11장을 생각할 때 사람들은 예정을 주로 떠올리지만, 바울이 이 장을 쓸 때 예정만을 목적으로 한 것은 아니다. 이 단락은 하나님의 선택 보다는 하나님의 정의를 주로 논하고 있다. 1-5장에서 바울은 유대인과 이방인이 동일하게 하나님의 은혜가 필요한 죄인들이고 하나님 구속의 사랑의 대상이라는 주장을 발전시켰다. 그러고 나서 8장에서 그는 하나님께서 사랑하는 이들에게 신실하시고, 유대인이나 이방인이나 동일하게 그리스도 안에서 연합하여 새로운 참 이스라엘 백성이 된 이들을 위해 역사하시는 것을 보여 주었다. 구원 역사에 있어 유대인과 함께 이방인을 더한 것과 새 언약 백성을 향한 하나님의 신실하신 사랑을 토대로, 바울은 믿지 않는 이스라엘을 향한 자신의 슬픔에 관해 다루고 있다.

구약에 드러나는 하나님 언약의 사랑이 이스라엘에게 부어졌음에도 불구하고 그들은 메시아를 부인하였기에, 하나님께서 그들을 버리시고 이방인들에게 그분의 모든 정을 다 쏟으시는 것처럼 보인다. 유대 그리스도인이 로마서 1-8장을 읽는다고 생각해 보라. 자기 백성 이스라엘을 위해 엄청난 사랑의 일을 행하시고 온 백성 가운데서 선택하여 특별한 소유로 삼으시고 "떠나지 아니하시며 버리지 아니하시"는 하나님 약속신 31:8; 수 1:5을 믿는 유대인이 이 장들을 읽고 있다고 상상해 보라. 아마도 엄청나게 놀랄 것이다. 아마도 하나님 언약의 사랑과 어렸을 때부터 들어온 그분의 신실하심과 언약의 약속과 이 새로운 하나님의 모습 사이에 바울이 모순을 만들어 내고 있는 것은 아닌지 되물을 것이다. 여기에 "하나님의 의"가 아직도 있는가1:17라고 물을 것이다.

어떤 이들은 로마서 9-11장을 1-8장과 분리하여 보기를 원한다. 하지만 그것은 바울이 펼치는 논리와 맞지 않다. 이 장들에서 바울은 유대-이방인 논쟁과 교회 안에 율법의 역할에 대해 자신의 답변을 늘어 놓는다. 율법은 그리스도 안에서 이루어지고 완수되었기 때문에10:4 율법 의식이 더 이상 필요 없게 되었다. 이는 그리스도와 그분의 복음을 거부하던 수많은 유대인들이 더 이상 하나님 백성이 아님을 뜻하는 것이다. 이와 같은 결론을 보면서 많은 유대 그리스도인들이 하나님께서 불의해지시고 유대인들보다 이방인들을 편애하신다고 생각하게 된 것이다. 더욱이 바울이 자기 민족에게서 등을 돌리고 이방인 편을 드는 것으로 보인 것이다. 바울은 이런 생각들에 답변을 하고 있다 1) 바울은 아직도 자기 민족을 사랑한다. 2) 하나님은 여전히 자신의 언약을 지키시는 분이시다.

이 본문은 간단한 개요와 결론과 함께 주요한 세 단락으로 이루어져 총 다섯 부분으로 나뉜다. 9:1-5에서 바울은 자신들에게 비친 하나님의 축복을 걷어차 그분의 저주 아래 놓인 유대 민족을 향한 슬픈 마음을 토로하고 있다. 11:33-36에서는 반대의 분위기로 흘러 하나님과 그분의 '헤아릴 수 없는 판단'의 풍성함을 찬양하며 마무리를 짓고 있다.

그 중간은 크게 세 단락으로 나뉜다. 첫 번째 단락에서는9:6-29 하나님의 관점을 다루면서 믿는 유대인과 함께 이방인들을 그분의 새로운 백성으로 선택하셨기에 하나님의 약속이 끝나지 않았음을 설명하고 있다. 두 번째 단락에서는9:30-10:21 이스라엘의 관점에서 하나님의 메시아와 그가 불러오신 구원을 거부한 이유로 이스라엘이 거부당했음을 보여 준다. 유대인들의 불신과 그리스도를 통한 믿음으로만 오는 하나님의 칭의를 그들이 거부한 것이 영적 정죄를 불러온 것이다. 세 번째 단락에서는11:1-32 이러한 슬픈 상황이 한시적임을 나타낸다. 의로운 남은 자들11:1-10이 있을 것이고, 감람 나무의 몇몇 가지들은믿지 않는 유대인 잘려 나가고, 믿는 이방인들이 접붙임 받을 것이고11:11-24, 미래 이스라엘 나라에 구원이 있을 것이다11:25-32.

이 모든 단락들을 한데 묶으면 구약의 화려한 인용 및 암시적 문구 모음집을 볼 수 있다. 바울 서신에서 이러한 인용 문구 중 삼분의 일이 이 세 장에 모두 들어 있다. 그는 인용하면서 자신이 말하고자 하는 것들이 하나님 말씀에서 비롯된 것임을 보여 주려 했다. 바울은 로마 교회가 옛 언약과 새 언약이 함께 연결되고, 이방인들을 품는 것이 태초부터 있어 온 하나님의 계획이었음을 깨닫기를 원했다. 두 언약이 충돌하지 않고 연결되어 지속되고 있는 것이다.

1) 이스라엘의 실패로 인한 바울의 슬픔 9:1-5

바울은 로마 성도들 특히 유대 그리스도인들이 자신이 얼마나 자기 민족을 사랑하며 그들의 상태를 염려하고 슬퍼하는지 이해하기를 원했다. 4-5절에서 그는 하나님 언약 백성으로서 누리는 이스라엘의 엄청난 축복을 다시 한 번 되새긴다. 그의 슬픔은 이스라엘이 메시아를 거부함으로 이러한 축복을 걷어차 버린 것 때문에 더해졌다. 이들이 바울의 민족이기에 더욱 힘들었던 것이다. 그는 할 수만 있으면 자신이 그 저주를 덮어쓰기라도 했을 것이라고 고백한다3절.

이스라엘을 향한 깊은 고통 9:1-2

이방을 향해 나간 하나님의 선교사로서 많은 이들에게 반유대주의자로 불렸기에, 바울은 여기서 유대 족속을 향한 자신의 진심어린 걱정을 강조하기 위해 길게 서술하고 있다. 그는 이런 마음을 보여 주기 위해 앞 두 구절에서 짝을 이루는 세 가지 문구를 사용한다. 곧 "참 말을 하고/거짓말을 아니하노라", "그리스도 안에서/성령 안에서", "큰 근심/그치지 않는 고통"이다. 첫 짝은 고린도후서 11:31과 갈라디아서 1:20처럼 그가 진실을 말하고 있음을 강조한다. 자신이 진실만을 말하고 있음을 사실상 선서하고 있는 것이다.

그는 "그리스도 안에서" 진실을 말하고 있다. 이는 그리스도와 연합의 산물이고, 그리스도께서 직접 자기 백성을 향한 바울의 걱정이 정확한 사실임에 첫 증인이 되신다. 또 다른 두 증인들은 바울의 양심과 성령님이시다. "양심"은 옳고 그름에 대한 마음의 지식을 가리키고 그의 삶을 향한 하나님 뜻에 대한 자각을 가리킨다2:15 참조. 양심이 정당한지는 "성령"님의 조명하심에 달려 있다. 성령을 통해 양심이 사실인지 아닌지 가늠할 수 있다. 성령께서 옳다고 인정하시는 것은 삼위일체 중 한 분이신 "그리스도 안에서/성령 안에서" 이루어진다. 따라서 바울의 심경을 토로하는 것이 삼위일체 하나님을 통해 승인됨을 여기에서 보여 주는 것이다. 그가 말하는 것은 자신이 아닌 아버지와 아들과 성령께서 인도하신 것이다.

바울의 개인적 간증의 초점은 자기 민족 이스라엘을 향한 애통이다2절. 세 번째 짝은 그의 고민의 절정을 나타낸다. 바울은 "자신에게 큰 근심이 있는 것과 마음에 그치지 않는 고통이 있는 것"을 고백한다. 바울은 탈선한 유다를 보며 슬픔을 감추지 못했던 '눈물의 선지자' 예레미야의 애통을 반복하고 있다렘 4:19; 6:24; 9:10. 근심과 고통이 이사야 35:10; 51:11에서도 합쳐서 나타나는데, 거기서는 하나님께서 자기 백성을 회복시키시며 "슬픔과 탄식이 사라지는" 것으로 표현되고 있다. 로마서 11:25-32에서 바울은 이 회복이 이루어질 것을 예언하고 있다. 남은 자들이 돌아오고 모든 슬픔이 이 땅에서 사라진다고 말하고 있다. 그리스도 안에서만 이 일이 이루어질 것이다.

하지만 이 단락에서 바울의 초점은 이스라엘의 슬픈 상황에 있다. 그는 동족 유대인과 그들이 그리스도를 저버린 것에 대한 깊은 고통을 느끼고 있다. 자신의 "마음"을 더하여 말함으로 자신이 얼마나 깊게 슬픔을 느끼고 있는지를 알려주고 싶었다. 자신의 모든 부분이 타들어 가도록 아픈 고통이었다.

그들을 위해 저주 받을 준비가 됨 9:3

바울은 유대인들을 그리스도께로 인도할 수만 있다면 이스라엘에게 주어진 저주까지도 기꺼이 받겠노라고 고백하고 있다. "원하는 바"유코마이, εὔχομαι는 바울 시대에 유대인들이 자주 쓰던 기도 문구로서, 어떤 이들은 바울이 실제로 이렇게 기도했을 것이라고 추측하지만 사실 이것은 은유적 표현일 가능성이 높다. 바울은 '가능하다면 그것도 하겠다'는 비장한 각오를 밝힌 것이다.

"저주"아나데마, ἀνάθεμα는 '영원히 정죄 받은'갈 1:8, 9; 고전 12:3; 16:22이라는 뜻으로 주로 해석된다. 칠십인역헬라어 구약성경에서 이 단어는 주로 파괴를 목적으로 하는 것을 가리킨다레 27:28; 신 7:26; 수 14:11. 저주받는 것은 영원한 파괴를 의미하는 것이므로, 바울은 유대인들이 구원을 받기 위해서라면 자신이 메시아에게서 영원히 분리될 것을 각오하고 있음을 표현한 것이다.

이는 출애굽기 32:32을 염두에 둔 표현으로 보인다. 광야에서 금송아지 사건이 있은 후에 모세가 하나님께 "그들의 죄를 사하시옵소서 그렇지 아니하시오면 원하건대 주께서 기록하신 책에서 내 이름을 지워 버려 주옵소서"라고 기도한 것과 흡사하다. 바울은 타락한 민족을 위해 걱정하는 모세의 마음과 자신의 마음을 동일시하고 있다. "골육의 친척을 위하여 내 자신이 저주를 받아 그리스도에게서 끊어질지라도"라고 부르짖는 바울의 표현은 다분히 긍휼어린 동정심에서 우러나온 것이다. 8:31-32에서 '휘페르'ὑπὲρ; ~위하여라는 전치사를 써서 하나님의 우리를 위한 대속의 의미를 나타내고 있다. 바울은 믿지 않는 이스라엘을 위해 대신 저주를 받을 준비가 되어 있었던 것이다.

"나의 형제"무 톤 숭게논, μου τῶν συγγενῶν는 3-5절에 나오는 여러 소절 중 첫 번째 것으로 유대인이 바울뿐 아니라 특별히 하나님께 가까운 민족이라는 것을 강조하고 있다. 보통 이 단어를 그리스도인 사이의 관계를 표현하는 데 쓰지만 여기서 바울은 이스라엘 민족의 형제자매를 표현하는 데 쓰고 있다. 그들을 "나의 … 골육"이라고 표현하는데 이는 문자 그대로 '혈육 관계'를 뜻하는 것이다. 여기서 "육"은 두 가지 의미로 육신의 자손을 의미하거나 7:5, 18, 25과 11:14에 나오는 것처럼 믿지 않는 유대인을 가리킬 수 있다.

이스라엘의 특권 9:4-5

바울은 여섯 문구를 둘씩 세 쌍으로 하여 하나님과 유대인 관계에 있어서 언약의 축복을 설명하고 있는데, 각 쌍은 서로 연결되어 있다. 첫 번째 쌍은 하나님 앞에서 유대인들의 위치를 나타내며 두 번째 쌍은 그 결과로 하나님께 받은 은사를 보여 준다.

지위	은사
양자 됨	율법을 세우신 것
영광	예배
언약	약속

이 목록은 로마서 9-11장에 드리운 기본적인 쟁점들로 이어지고 있다. 이 언약의 축복이 사실이라면 어찌 소수의 사람들만 구원받을 수 있는가? 이 약속들은 실패한 것이고6절 하나님은 불의하신가?14절 이 목록은 "이스라엘 사람"이라는 언약 백성의 이름으로 시작한다. 그들이 진정 하나님의 선택받은 이스라엘 민족이라면창 32:28; 35:9-12; 시 25:22; 130:7-8, 하나님의 특별한 백성으로 선택된 백성이라는 칭호를 항상 받았던 이들이라면, 어떻게 그렇게 끔찍한 일들이 그들에게 일어날 수 있는가? 이스라엘이 그리스도의 복음을 거부함으로 하나님의 모든 축복이 사라진 것인가? 이스라엘이 강퍅해져서 약속들이 전부 무효가 된 것인가?

로마서 9-11장에서는 하나님께서 결코 자기 백성을 포기하지 않으셨을 뿐만 아니라, 옛 언약에 존재하던 하나님의 약속들이 실패하지 않았음을 보여 준다. 새 언약 백성인 참 이스라엘은 옛 이스라엘을 직접적으로 승계하며, 아브라함, 모세 그리고 다윗의 언약들이 그리스도의 새 언약 안에 순수하게 지속되고 있는 것이다.

이스라엘의 지위: 양자, 영광, 언약 9:4a

바울은 이스라엘이 받은 축복의 목록을 "양자 됨"으로 시작한다. 이것은 8:15-17, 23을 상기시키는데, 여기에 나오는 양자 됨은 8:15-17에 나오는 그리스도인의 양자 됨과는 다른 것이다. 이스라엘의 양자 됨은 한 공동체 즉 나라로서 하나님의 자녀가 된 것을 말한다출 4:22-23; 사 1:2; 호 11:1; 12:9. 이것은 복음을 거부함에도 불구하고 지속되는 관계와도 같은 것이다. 이런 지위는 실제적이지만 믿음의 여부에 따른 구원을 보장하는 것은 아니다. 그러나 언약 백성으로서의 이스라엘 민족에 대한 하나님의 특별한 관심은 보장되었다. 이런 연유로 옛 언약의 이스라엘과 그리스도 안에 있는 새 이스라엘, 즉 믿는 유대인과 이방인들로 구성된 이스라엘 사이에 연속성이 있는 것이다.

두 번째 복은 "영광"으로서 자기 백성 가운데 계시는 하나님의 **셰키나** 임재를 뜻한다. 이 영광은 출애굽 당시 밤에는 불기둥, 낮에는 구름 기둥출 13:21-22으로 나타났고, 그 영광의 구름이 율법이 주어질 때 시내산을 덮었고출 24:15-17, 성전 봉헌 때 성전을 덮었다왕상 8:10-11. 하나님의 영광이 자기 백성 가운데 머물렀음을 뜻하는 히브리어 '샤칸'שׁכן; 머물다은 그분의 은혜로운 사랑에서 나온 것이고, 그들이 선택된 민족이라는 증표이기도 하다. 바울은 로마서5:2; 8:17, 18, 21, 30에서 자기 백성과 함께 나누시는 하나님 영광을 강조하고, 그 영광을 구원 역사의 두 시대 가운데 두 시대를 연결하는 또 하나의 연결 고리로 보고 있다.

세 번째 복은 "언약"이다. 어떤 해석자들은 언약이 아브라함이나 모세의 언약에만 국한되어 있다고 말한다. 하지만 많은 이들이 노아창 9:9, 아브라함창 12:1-3; 15:1-21, 이삭과 야곱창 26:3-35; 28:10-15, 모세출 19:5-6; 24:7-8, 다윗삼하 23:5 그리고 어쩌면 예레미야 31:31-34의 "새 언약"까지도 바울이 다 포함하고 있다고 말한다. 이 각각의 언약들이 하나님 계획 안의 이스라엘의 위치를 강조하고 있다.

은사: 율법, 성전, 약속 9:4b

두 번째 부류의 축복들 중 첫째는 "율법을 세우신 것"노모데시아, νομοθεσία이다. 이것은 시내 산을 가리키는 것이라고 이구동성으로 말하지만, 이것이 율법을 준 것인지 받은 것인지에 대해서는 학자들 사이에 논쟁이 있다. 둘 다 가능하다. 시편 9:21과 히브리서 7:11; 8:6이 율법을 준 것을 강조하고 있고 문맥상 하나님께서 이스라엘에게 베푸신 복을 중점으로 하고 있기에, 나는 이 구절에서도 '율법을 준 것'을 의미하는 것으로 보는 편이 낫다고 생각한다. 더욱이 이스라엘이 율법을 거의 지키지 않았기에 율법을 받은 것에는 부정적인 의미가 있으므로 하나님께서 율법을 주신 것에 초점이 있는 것이다. 율법은 하나님의 선택을 받은 민족에 대한 그의 사랑의 표시였고, 자기 백성을 옳은 길로 행하도록 주신 그의 지혜와 지식을 의미했다.

두 번째 은사는 이스라엘의 지위 중 두 번째에 해당하는 "영광"과 평행을 이루고 있는 "예배"라트레이아, λατρεία이다. 아마도 이것은 넓은 의미에서 성전 예식과 제사 의식을 포함한 전체 예배를 가리킬 수 있다. 이스라엘이 하나님 영광을 경험한 것이 주로 성전 의식이었기 때문이다. 성전의 참 목적은 이스라엘이 예배를 통해 하나님의 임재를 경험하게 하기 위함이고, 제사 의식은 사람들로 하여금 하나님께 의식을 통해 거룩함을 지니고 나아갈 수 있도록, 그래서 하나님을 예배할 수 있도록 하기 위함이었다.

"약속"은 이 목록을 완성하면서 이스라엘의 지위 목록에서 "언약"과 평행을 이루고 있다. 이 두 가지는 함께 가는데, 이것은 성경이 자주 '언약'을 언급하기 때문이다. 특히 로마서에 아브라함 약속이 등장한다4:13, 14, 16, 20; 9:8, 9; 15:8. 바울은 여기서 하나님께서 자기 백성에게 주신 모든 언약들을 가리키고 있다. 이스라엘은 그 약속들을 지키지 못했지만 하나님은 결코 그런 실수를 범하지 않으셨고, 바울이 이 단락에서 밝히고자 한 것도 바로 그 점이다.

그들의 조상: 믿음의 선조들과 메시아 9:5

이 구절이 4절에 언급된 축복의 목록을 장식하면서 믿음의 선조과거와 여러 형태로 연관되며, 하나님 백성에게 처음이요 마지막인 하나님의 선물이신 메시아현재에서 완성되고 있는 것을 보여 준다. 선조아브라함, 이삭, 야곱들은 위에 언급된 아브라함 언약을 세 가지로 받았고, 그들은 일종의 이스라엘 건국의 아버지들이 되었다. 이들에게 주어진 약속들이 이스라엘이 하나님의 특별한 소유가 된 배경이 되었고, 이 나라의 유산이 이 약속에서 나오게 된 것이다. 11:28에서 바울은 유대 민족이 하나님의 사랑받는 이들로서 선택받은 것은 "조상들로 말미암아" 된 것이라고 말한다. 이스라엘의 이스라엘 됨, 그리고 그들의 국가적 운명은 이 건국의 조상들인 아버지들에게서 오게 된 것이다.

또 다른 축복은 메시아 계보 즉 '메시아의 육적인 조상'이 된 것이다. 메시아는 이스라엘에게 부어진 축복의 결정체이다. 헬라어로 "그들"은 문자 그대로 믿음의 선조를 뜻하는데 "그들에게서" 메시아가 나오고 이스라엘도 그의 뿌리가 된다. 사실 메시아의 근원은 족장들보다는 "민족"에 더 가깝다. 이렇게 놓고 볼 때 유대인들이 하나님께서 자기 조상들을 통해 메시아를 보내셨음에도 불구하고 불신으로 그분을 거부했다는 사실이 더욱 비극적으로 다가온다.

바울은 메시아라는 엄청난 선물을 찬양하면서 구절을 마무리짓고 있다. 이 찬양의 송영이 그리스도의 신성을 확언하는지에 대한 질문이 있다. 이 질문에 대한 답은 구두점에 있다. 영어 성경 RSVREB, TEV처럼 그리스도 뒤에 마침표를 찍는다면 그리스도보다는 하나님께 무게가 실린다. 즉 "육신으로는 그들에게서 그리스도가 나왔다. 하나님은 모든 것 위에 영원히 찬양받으실 분이다 아멘."으로 번역된다.[37] 하지만 영어 성경 NIVKJV, NASV, ESV, NLT, LEB, NET와 같이 그 자리에 쉼표를 찍는다면, 그리스도의 신성을 더 확고히 하여 "만물 위에 계시고 세세에 찬양받으실 메시아

37 "of their race, according to the flesh, is the Christ. God who is over all be blessed forever. Amen."(RSV)

의 조상 … 아멘"으로 번역이 된다.[38]

이 구절에 나오는 송영은 두 번째 해석에 더 부합한다. 하나님 아버지가 송영의 주인공이시라면 문맥에 나타나 있을 것이다. 하지만 9:1-5에서는 그리스도가 주를 이루기에 그리스도가 이 송영의 주인공임이 확실하다. 첫 번째 해석을 따르는 사람들은 주로 바울이 자신의 서신에서 예수를 하나님으로 부르지 않는다고 하는데, 디도서 2:13과 빌립보서 2:6, 그리고 골로새서 1:15을 보면 바울은 분명히 그렇게 부르고 있다. 이 구절에서도 바울은 예수님을 하나님으로 부르며 찬양하고 있다.

가장 큰 선물은 하나님 자신이 예수 그리스도로 성육신하셔서 죄인들을 구원하기 위해 자기 생명을 주시는 고난 받는 종이 되신 것이다빌 2:6-8. 그분은 "모든 피조물보다" 위에 계시는 우주적 주인이시다골 1:15-18. 하나님으로서 그리스도는 우주, 이 땅의 역사, 모든 것 즉 그의 피조물 안에 거하는 선과 악까지도 모두 주관하시는 주님이시다. 이것을 바울의 골육인 유대인들이 거부하고 있는 것이다. 그리스도는 메시아일 뿐만 아니라 하나님 자신이시기에 유대인들은 자신들의 하나님이신 창조주를 믿고 있지 않는 것이다. "아멘"은 예배의 유효성을 인증하는 공식적인 마무리 문구이다1:25; 11:36; 15:33; 16:27에도 등장.

2) 이스라엘 민족과 참 이스라엘의 차이점에 대한 논의 9:6-13

9-11장에서 이 문제를 다룰 때 중심 내용이 9:6, 14에 나온다. 6절에서 로마와 다른 곳에 있던 유대 그리스도인들 중 많은 이들이 "하나님의 말씀이 폐하여진 것" 같다고 생각했던 것 같다. 하나님 언약의 약속은 이스

38 "the human ancestry of the Messiah, who is God over all, forever praised! Amen."(NIV)

라엘을 중심으로 하고 있고 유대인들 생각에 이방인들은 그 약속에서 제외되었다. 하지만 바울이 '이방인의 사도'가 된 이후로 지금은 그 약속이 정반대가 되어 이방인들이 중심을 차지하고 있는 것 같다. 14절에 나오는 질문은 이러한 정황에서 나온다. 하나님이 유대인에게서 등을 돌리시고 이방인을 감싸시는 것은 불의한 일 아닌가? 하나님은 자신의 특별한 백성인 이스라엘에게 영원한 언약을 약속하셨는데, 유대인과 이방인에 대한 그분의 태도가 완전히 뒤바뀐 것 같다.

9:6-29의 내용은 하나님의 경륜에 있어서 국가적 정체성이 하나님의 가족에 들어가는 것을 절대 보장하지 않는다고 말하고 있다. 이것은 유대인만이 하나님 선택을 받은 민족이라는 생각에서 나온 오해였다. 이스라엘이 아닌 하나님께서 구원을 주관하신다. 그분만이 누가 그분의 자비와 사랑을 받을 것인지를 결정하시고 예정해 놓으신 것이다. 하나님은 분명히 이방인들도 아브라함 언약에 나와 있듯이창 12:3; 18:18; 22:18; 26:4 그 예정에 포함하셨다.

선택에 있어 하나님의 주권에 대한 바울의 세 가지 강조점이 있다. 즉 이스라엘 민족 대 참 이스라엘6-13절, 하나님의 의와 원하는 자에게 자비를 베푸시는 자유14-23절, 유대인과 이방인을 부르시는 하나님24-29절으로 나뉜다. 여기서 첫 번째 강조점을 살펴보고 다음 장에서 나머지 두 가지를 살피겠다.

논지: 하나님의 말씀은 폐하지 않음 9:6

하나님 말씀이 폐하여졌느냐는 질문에 바울은 문제는 하나님께 있지 않다고 답하고 있다. 문제는 자신들이 하나님의 선민이라고 오해하는 유대인들에게 있었다. 그들은 국가적 정체성과 하나님 앞에서의 영적인 위치를 동일시하여 잘못된 생각을 갖게 되었다. 중요한 것은 육적인 족보가 아니라 영적 헌신과 순종이다. 궁극적으로 가장 중요한 것은 모든 것을 주관하시는 하나님이시다. 그분은 출신 성분으로 구원을 약속하시지 않았다.

바울의 독자들 중 어떤 이들은 이스라엘이 지니던 특권들이 하나님으로 하여금 그들을 받아들이게끔 하는 것이라 믿었기에, 그렇지 않은 현실을 보며 하나님 말씀이 폐하여졌다는 결론을 내린 듯하다. 사실 그들은 '거듭남'이 애초에 필요하지도 않은 것으로 생각하며 옛 언약의 사람들은 자동으로 교회의 구성원이 되는 축복을 누릴 수 있을 것이라 생각한 것 같다.[39]

바울은 "이스라엘에게서 난 그들이 다 이스라엘이 아니요"라고 답하면서 유대인이라는 이유만으로 하나님 백성이 된다는 잘못된 믿음에 반격하고 있다. 국가적 이스라엘이 있는가 하면 영적인 혹은 참 이스라엘이 있다. 즉 국가적 이스라엘과 영적 이스라엘은 같지 않다. 3:21-4:25에서 밝혔듯 믿음으로만 언약의 참영적 백성이 될 수 있다. 참 이스라엘은 그리스도를 믿는 유대인그리고 이방인들로만 구성되어 있다.

예시 1: 이스마엘보다 이삭을 선택 9:7-9

로마서 9:7-13에서 바울은 6절이스라엘 민족이 영적 이스라엘이 아님 내용을 두 가지 예를 들어 다시 설명하고 있다. 곧 같은 아버지와 서로 다른 어머니 밑의 자녀이삭과 이스마엘, 그리고 같은 부모 밑의 두 자녀야곱과 에서의 예시이다. 두 번째 예시가 첫 번째 것을 더욱 강하게 뒷받침하며 하나님의 참 백성이 되는 것을 결정하는 것이 관계적 의무보다는 주권적 선택임을 증명하고 있다.

39 어떤 목사들은 아직도 이렇게 설교하기도 하는데 이는 이단적인 해석이다. 민족 정체성이 아닌 그리스도를 통해서만 하나님 자녀가 될 수 있다.

하나님께서 이삭을 약속의 자녀로 선택하심 9:7-8

유대인들이 아브라함의 "씨"라 하여 "그의 자녀"는 아니니다. 태생으로 자녀가 되는 것은 불충분하다. 하지만 믿음이 있다면 충분하다. 이 점을 확고히 하기 위해 바울은 창세기 21:12을 인용한다. "이삭에게서 나는 자라야 네 씨라 부를 것임이니라." 하나님은 아브라함이 이스마엘과 그 어머니 하갈을 쫓아 보내면서 근심할 때 이 말씀을 하셨다. 하나님은 아브라함의 후세가 이스마엘이 아닌 이삭을 통해 이어질 것을 상기시키시고, 메시아 계보를 보전하시기 위해 이스마엘을 보내도록 하셔야만 했다.

바울이 이 구절을 인용하면서 두 가지를 강조한다. 첫째, "불리리라"는 문자 그대로 '불린다'는 뜻인데 두 가지 의미를 지닌다. 먼저 거짓 혈통이스마엘이 아닌 참 혈통이삭은 이삭이 참 후계자로서 하나님께서 선택하셨음을 강조한 것이다. 둘째, 부르심이 이삭 '안에서'ἐν 일어나는데, 육적인 후손뿐 아니라 영적인 후손들 즉 언약의 자녀들로 구성될창 17:21; 21:2 약속의 백성을 가리킨다.

8절에서 바울은 창세기에서 인용한 것을 해석한다. "곧"으로 시작하여 독자들을 이해시키려 하고 있다. 이삭과 이스마엘은 "육신의 자녀"이스마엘 즉 육신의 후손으로서의 자녀와 "약속의 자녀"이삭 사이의 대조를 의미한다. 참 이스라엘을 찾는 것은 "육신"이 아니라3, 5절의 "육신으로 하면" 하나님 "약속"으로 되는 것이다. 이스마엘은 온전히 육적인 연합으로 났지만 이삭은 약속의 자녀다.

약속의 자녀들은 "씨로 여기심을 받는다." 이는 로마서 3:21-4:25의 믿음의 핵심인 창세기 15:6 "아브람이 여호와를 믿으니 여호와께서 이를 그의 의로 여기시고"라는 말씀을 상기시킨다. 더욱이 이 "약속"은 4:13-20에 나오는 '하나님의 은혜'를 연상하게 하고, 따라서 이 본문은 하나님의 언약 백성을 구원하시는 그의 은혜를 가리키는 것이라 할 수 있다. 이것은 우리 노력이 아닌 '하나님의 은혜'라는 기본 진리를 말한다. 또한 하나님의 계획에 있어서 유대인과 이방인에 관한 질문들에 핵심적 해답을 제공한다. 이방인이 그리스도를 믿을 때 언약의 자녀가 되고 믿는 유대인들과 함께 새로운 이스라엘을 형성하게 되는 것이다.

하나님께서 약속을 성취하심 9:9

이 구절은 창세기 21:12을 인용할 때8절 나온 "약속"의 의미를 풀이하면서 문단을 마무리짓고, 그 약속은 유대인들에게 주어진 사명 안에서 성취된 하나님의 약속들을 가리킨다. 바울은 인용한 구절을 언약의 약속 중 하나로 보는데, 그것은 이삭의 탄생이 약속 안에 예견된 하나님이 직접 수행하신 일이기 때문이다창 17:15-16; 21:12. 이것은 두 가지 다른 약속, 즉 창세기 18:10, 14에 나오는 약속으로 인해 더 확고해지는데, 바울은 이 약속들을 묶어서 "이 때에 내가 이르리니 사라에게 아들이 있으리라 하심이라"라고 재구성한다. 요점은 하나님의 약속이 이스마엘이 아닌 이삭을 통해 오고, 하나님의 주권적인 선택은 유대인이 아닌 새 언약 시대의 유대인과 이방인에게 있음을 미리 보여 주는 것이다.

예시 2: 에서가 아닌 야곱의 선택 9:10-13

같은 아버지 9:10

하나님의 선택에 대한 두 번째 예시는 더욱 심오하다. 서두에 "그뿐 아니라"는 바울이 첫 예시 위에 더할 내용을 제시하고 있음을 보여 준다. 이삭과 이스마엘의 어머니가 달랐다면, 야곱과 에서의 어머니리브가는 같았고 아버지도 같았다. 따라서 야곱과 에서 모두 약속의 자녀 계열인 셈이다. 그들은 쌍둥이'동시에 임신하였는데', NIV이고 에서가 먼저 태어났지만 하나님의 선택은 그 당시 '유업 이을 자'에 대한 일반적 규범과 달랐다. 에서에게 선조의 축복을 받을 장자권이 있었지만, 하나님께서는 둘째 아들

야곱을 택하셨다. 법적인 면으로 볼 때 에서가 가족의 가장이 될 권리를 가지고 있었다. 하지만 하나님은 평범한 과정을 밟지 않기로 선택하시고 야곱을 선택된 자로 임명하셨다. 출생 순서인간의 지위가 아닌 하나님의 뜻은혜이 에서보다 야곱을 선택된 이유이다.

행위로 선택하지 않음 9:11-12

이 구절에서 바울은 이 수수께끼 같은 내용을 조심스럽게 풀어간다. 에서가 아닌 야곱을 선택하신 것은 "그 자식들이 아직 나지도 아니하고 무슨 선이나 악을 행하지 아니한 때에" 일어난 것이다. 이것이 예정 신학의 가장 핵심을 이루는 내용이다. 하나님은 온전히 자신의 예정하시는 뜻에 따라 선택하신다. 그 선택은 "창세 전에" 이루어졌거나엡 1:4 벧전 1:20, 이 구절 문맥상 개인의 탄생 전에 이미 이루어진 것이다. 하나님께서 야곱을 택하신 것은 야곱이라는 사람의 됨됨이나 하는 일과 상관없이 하나님께서 그렇게 하시기로 한 자신의 뜻에 따라 결정된 것이다.

하나님의 주권적 선택의 목적은 "하나님의 뜻이 행위로 말미암지 않고 오직 부르시는 이로 말미암아 서게 하려" 하심이다. 바울은 "택하심을 따라 되는 하나님의 뜻"에 무엇이 들어가는지 설명하지 않는다. 문맥상 그것은 선조 시대를 거쳐 메시아로 이어지는5절 약속의 계보를 가리키는 것일 수도 있다. 에서가 아니라 야곱을 선택하심을 보여 주며, 바울은 독자들이 사람의 가능성과 능력이 하나님의 선택을 이끌어내는 것이 아님을 분명히 알기를 원했다. 에서나 야곱 모두 칭찬할 것이 별로 없는 이들이다. 에서는 육체적인 쾌락주의자였고, 야곱은 그 이름처럼 '속이는 자' 혹은 '꾀는 자'로 삶을 산 사람이다. 하나님은 자기 뜻에 따라 선택하셨다. "뜻"프로데시스, πρόθεσις은 8:28에 "그 뜻대로 부르심을 입은"이라는 구절에도 쓰인 단어다. 하나님은 자신이 선택하신 자들을 향한 뜻이 있으셨고, 그분의 계획은 야곱을 선조의 대열로 올리기로 선택하시면서 나타나기 시작했다. 자기 백성 이스라엘을 향한 하나님의 계획은 이스마엘보다 이삭을, 에서보다는 야곱을 요구했다. 결국 드러나는 하나님의 목적과 계획은 확실히 "서게" 되어 있다. '하나님의 뜻이 이루어지이이다' 하고 기도할 때 우리는 그분의 계획이 확실히 설 것을 염두에 두고 기도한다. 하나님의 주권적인 뜻은 반드시 설 것이다.

바울은 12절에서 선택이 "행위로 말미암지 않음"을 설명하고 있다. 사람이 태어나기도 전, 따라서 착한 일이나 나쁜 일을 행하기도 전에 하나님은 이미 선택하신 것이다. 창세기 25장에서 에서와 야곱이라는 쌍둥이가 태어나기도 전에 하나님은 그들의 탄생의 중요성을 알리셨고, 두 민족이 그들을 통해 생기며 "큰 자가 어린 자를 아우를 섬기리라"는 놀라운 말씀을 하셨다. 바울은 야곱을 약속의 땅을 부여받은 하나님의 선택받은 백성의 아버지로 여기고, 그 야곱을 통해 하나님 약속의 말씀이 구원 역사에서 이루어졌다고 믿었다. 선택은 외적이고 인간적 요인이 아닌 전적으로 "부르시는 이"로 말미암아 이루어진 것이다.

결과: 야곱을 사랑하고 에서는 미워함 *9:13*

이 구절은 7-12절의 요약임과 동시에 정점이다. 바울은 바벨론 유수 이후 선지자인 말라기를 인용한다. "내가 야곱을 사랑하였고 에서는 미워하였으며"말 1:2-3. 말라기는 하나님께서 왜 이스라엘이라는 민족을야곱이 창 32:28에서 '이스라엘'이라는 이름을 얻음 축복하시며 에서창 25:30; 36:1에서 에서는 '에돔'으로 불림는 벌하시는지 설명하고 있다. 같은 구절로서 말라기서에서는 문맥상 두 민족을 가리키며 공동체에 대한 설명을 하지만, 바울은 이 구절에서 예정의 과정을 설명하고 있다. 하나님은 자신의 뜻에 따라 믿음의 조상들의 후손들을 선택하시고 다른 이들은 거부하신다. 따라서 이 구절에서 바울은 공동체적이고 개인적인 면을 모두 다루고 있다.

여전히 이 구절은 '너무 혹독해 보이지 않은가?'라는 생각을 하게 한다. 바울이 이 구절에 쓰인 표현들을 문자적으로 썼다면 그럴 수 있다. 하지만 이 구절에 쓰인 표현들은 고대 근동 시대의 은유적 표현 기법으로서, 받아들이는 것을 '사랑한다'로, 거부하는 것을 '미워한다'로 표현했을 가능성이 크다. 하나님께서 구약 역사 즉 선조 때창세기부터 후기 바벨론 유수말라기까지 에돔이 아닌 이스라엘을 택하셨다. 하나님은 이런 주권적 선택을 하실 권리가 있으시고, 19-21절에서 보겠지만 우리는 하나님의 결정에 대해 왈가왈부할 수 없다.

어떤 해석자들은 여기서 '이중예정론'을 주장한다. 이는 하나님께서 두 가지 선택을 하셨다는 의견으로서 어떤 이들은 영생을 위해, 다른 이들은 영벌에 처하도록 선택하셨다는 것이다. 물론 그 개념이 이 구절 속에 있을 수도 있지만 완벽한 내용을 담아내지는 못하고 있다. 9:30-10:21에서는 바울이 인간의 책임에 대해 강조하고 있다.

사실 바울이 예정단일이든, 이중이든에 관하여 말한다고 할 수 있지만, 그렇다고 단정짓기는 이르다. 그는 여기서 조직신학을 전개하는 것이 아니라 한 가지 사안을 다루고 있는 것이다. 로마서에서 지금까지 살핀 본문 중에 두 본문이 선택설을 다루었는데8:28-30; 9:7-13, 이에 대한 결론을 내리기 전에 8:28-11:36의 모든 내용을 다 살펴보아야 한다. 인간이 책임질 부분과 믿음 그리고 행위도 충분히 고려하여 결론을 도출해야 할 것이다. 여기에 대한 결론적 요약을 로마서 10장 마무리에서 다룰 것이다.

이 장은 하나님의 선하심을 변증하는 이론에 있어서 중요한 본문이다. 이스라엘은 역사 속에서 주전 400년에서 주후 100년 사이의 시간보다 상대적으로 하나님의 법을 신실하게 따른 적이 없었다. 하지만 예수님이 오셨을 때 그는 같은 민족 유대인들에게서 거부당하셨기에 하나님께서 그들에게서 이방인에게로 팔을 벌리셨다. 그래서 어떤 유대 그리스도인들은 하나님 공의에 대해 의심하고 이스라엘을 향한 언약 약속이 파기되었다고 생각했다. 바울은 9-11장에서 이러한 생각에 대해 다룬다.

9:1-5에서 그는 하나님의 축복이 끝난 것이 아니라 그리스도께 오는 유대인들과 이방인들인 새로운 이스라엘을 통해 지속되고 있다고 설명한다. 하나님은 실패하지 않으신다. 유대인 대부분이 실패한 것이다.

두 번째 단락은 하나님 말씀과 약속들이 왜 실패하지 않았는지를 설명함으로 시작한다. 하나님은 그분이 뜻하신 자들을 선택하실 수 있는 주권을 가지고 계신다. 두 가지 예시들은 믿음의 조상들의 계열에 중점을 둔다. 이 단락을 주제로 설교를 한다면 제목은 "인종보다 은총"이 될 듯 싶다. 이것은 오늘날 인종 문제에도 잘 적용되는 내용일 것이다. 하나님은 이 땅의 모든 사람들유대인과 이방인이 그분의 가족으로서 동등하기를 원하시며, 따라서 인종적 구별은 사라질 것이다. 이는 하나님께서 차별이 없으신 것을 증명할 뿐 아니라 그분의 가족도 인간적 기준에 따라 나뉘기를 거부하는 것을 뜻한다. 하나님 자녀가 되는 것은 하나님께서 우리를 받아들이시는 것처럼 우리도 서로를 받아들이는 것이다.

2. 하나님께서 새로운 공동체를 선택하시고 세우심 9:14-29

바울은 하나님 말씀과 약속들이 폐하여지지 않음을 보여 주면서 하나님께서 자기 백성을 결코 떠나지 않으신다고 말하고 있다. 만유의 주가 되신 하나님은 자신이 원하는 이들을 선택할 권리가 있으시다. 하지만 그분의 언약 공동체에 속한 이들 중 많은 사람들을 택하지 않으신다는 점은 그분이 자기 백성에게 불의하시다는 고소로 이어졌다14절. 그래서 바울은 다시 한 번 비난 섞인 어조로롬 2-3장에서처럼 예상된 불평과 그에 대한 대답을 담은 수사학적 질문을 던지고 있다. 이 단락은 7-13절의 요점을 다시 반복하며 하나님께서 누구든 선택하실 자유가 있음을 강조한다. 한편으로 이것은 우리가 만족할 만한 답은 아니다. 하나님의 선택하시는 뜻에 대하여 완벽하게 변증하기 위해 인간의 선택과 그 과정에서 그 선택이 차지하는 역할에 대해서도 논의해야 하기 때문이다. 하지만 바울은 이 질문을 나중으로9:30-10:21 보류하고 있다.

1) 하나님의 선택의 자유 9:14-23

14-23절은 세 부분으로 나뉜다. 14절에서 바울은 하나님의 공의에 대해 기본적인 질문을 한다. 그리고 15-18절에서 하나님의 공의가 사실 자비와 긍휼로 역사하고 있음을 설명한다. 마지막으로 19-23절은 하나님 뜻 안에서 그분 자신에게 영광을 가져올 주권적 권세에 대하여 깊이 다루며 여러 구절들을 인용한다.

딜레마: 하나님이 불의하신가 9:14

바울은 "무슨 말을 하리요"라는 문구를 여기서 또 사용하면서3:5; 4:1; 6:1; 7:7; 8:31 자신의 가르침에 대해 있을 잠재적 오해를 소개한다. 믿지 않는 유대인을 제외하고 믿는 이방인들을 하나님의 새로운 공동체로 포함시키는 것을 보고 하나님의 공의에 대해 의구심을 품는 것은 치명적 잘못 중 하나다. 바울의 대답은 즉각적이다. "그럴 수 없느니라"3:4, 6, 31; 6:2, 15; 7:7, 13.

연이어 신정론 혹은 하나님 의에 대한 답변이 등장한다.[40] 하나님께서 어떤 이들대부분 이방인은 받아들이시고 자신의 언약 백성 이스라엘의 많은 이들을 거부하신다는 사실을 보고 하나님이 불의하시다고 생각하는 것은 어쩌면 자연스러운 일일 수 있다. 자기 백성의 선한 행실을 무시하고 그분의 뜻으로만 선택하시는 주권자가9:12 공의롭게 여겨지지 않을 수 있다. 특히 공의는 그분이 자기 백성에게 공평해야 함을 말하기에 더욱 그러하다. 더 나아가 그분 백성뿐 아니라 그분 자신의 기준과 성품에도 공평함을 요구한다. 하나님은 자기 백성과 자신의 기준 모두에 비추어 신임을 잃은 것 같은데, 이에 대한 답을 바울이 하고 있는 것이다.

하나님의 공의는 긍휼로 역사함 9:15-18

'가르'γὰρ; 왜냐하면로 이 본문을 시작하면서 바울은 우리가 왜 하나님이 불의하시다는 도발을 거부해야 하는지 이유를 설명하려 한다. 이 구절들에 나오는 두 인용구, 즉 모세15절와 바로17절는 '하나님의 주권적 의'를 설명하는 세 번째 예시이삭과 야곱와 평행 구조를 이루고 있다. 하나님 성품에 의하면 그분의 자비는 그분이 옳다고 결정하시는 것을 근거로 하여 베풀어져야 한다. 두 단락은 긍정적인 면과모세 부정적인 면바로으로 나뉘어 인용구15, 17절와 결론16, 18절으로 이루어진다. 이 둘에 등장하는 하나님의 뜻은 13절에 "야곱은 사랑하고, 에서는 미워했다"는 구절과 평행을 이룬다.

하나님은 자신의 자비의 대상을 선택하심 9:15-16

첫 인용구는 출애굽기 33:18을 인용한 것인데, 모세가 시내 산에서 여

40 "불의"(아디키아, ἀδικία)는 '의롭지 않은'도 의미하여 하나님께서 하시는 일이 옳지 못하다고 표현하고 있다.

호와께 "주의 영광을 내게 보이소서"라고 말하면서 하나님의 임재가 자기 백성과 함께 있다는 것을 증명해 달라고 간청한 부분이다. 하나님은 모세 '앞을 지나시면서 자기 이름을 선포'하신다. 그리고 "은혜 베풀 자에게 은혜를 베풀고 긍휼이 여길 자에게 긍휼을 베푸느니라"고 덧붙이며 자신의 언약을 말씀하신다. 출애굽기에서 이것은 이스라엘이 금송아지를 섬겼기에 그들은 받을 자격이 없음에도 불구하고 하나님께서 그들에게 긍휼과 자비를 베푸시는 것을 의미한다.

16절에서 바울은 이것을 인용하며 하나님의 선택은 "원하는 자로 … 달음박질하는 자로 말미암음"이 아니라 전적으로 "긍휼히 여기시는 하나님"으로 말미암아 이루어짐을 나타내고 있다. "원하는"은 사람들이 어떤 행동을 결정할 때를, "달음박질"은 그 결정에 따른 행동을 나타내는 것이다. 이는 모두 인간이 할 수 있는 것들로, 그 결과는 옳은 것보다는 그른 것이 훨씬 많다. 8:28에서 언급했듯이 하나님의 뜻은 어떤 상황에서도 최선의 것을 아시는 그분의 완벽한 지식에 근거하며, 결과는 결코 잘못될 수 없고 항상 긍휼로 나타난다.

바로의 예 9:17-18

17절에서 바울은 출애굽기에 나오는 바로의 예를 들며 모세와 다른 부정적 예시로 접근한다. 바울은 출애굽기 9:16을 인용하는데, 그 구절은 하나님께서 모세에게 종기 재앙이 끝나고 우박 재앙이 시작될 즈음에 어떻게 바로 왕을 대해야 하는지 설명하시는 장면이다. 하나님은 바로에게 애굽을 이 땅에서 완전히 사라지게 하실 수도 있었지만 바로를 향한 목적이 있으셨기에 그렇게 하지 않으셨다고 경고하신다.

바로가 존재한 것은 하나님의 두 가지 주권적 뜻이 있었기 때문이다. 첫째, "내가 이 일을 위하여 너를 세웠으니 곧 너로 말미암아 내 능력을 보이기" 위함이다. 어떤 이들은 이것을 하나님의 '구원하시는 능력'이라고 생각하고, 다른 이들은 '심판하시는 능력'이라고 생각한다. 하지만 그 두 가지가 다 있다고 보는 것이 낫겠다. 이스라엘이 하나님의 구원하시는 능력을 경험했고바울에게는 믿는 이스라엘, 애굽은 하나님의 심판하시는 능력을 경험했다바울에게는 믿지 않는 이스라엘.

두 번째로, 하나님은 바로를 세우신 목적이 "내 이름이 온 땅에 전파되게 하려 함이라"고 하셨다. 이는 출애굽기에서 열 가지 재앙과 애굽을 탈출하여 약속의 땅에 들어갈 때까지 여정을 통해 주변 국가들에게 알려졌다수 2:9-10; 9:9. 바울에게 있어서 유대인들의 거부는 이방인에게 복음이 전해지도록 한 요인이었다. 곧 인간의 악한 일로 하나님께서 좋지 않은 일을 하신 것 같아도, 결국은 엄청나게 좋은 열매가 맺힌다는 것이다. 하나님의 능력이 분명히 보이는 것과 그분의 복음이 온 세계에 선포되는 것보다 더 좋은 일이 어디 있겠는가!

18절에 나오는 바울의 결론은 7-13, 15-16, 17절을 종합한다. "그런즉 하나님께서 하고자 하시는 자를 긍휼히 여기시고 하고자 하시는 자를 완악하게 하시느니라." 자비와 공의는 하나님의 거룩하신 성품에 있어서 상호적인 것이고, 자비와 완악함을 나란히 두고 있는 것이 이 단락 전체 9:6-29 말씀을 요약하고 있다. 출애굽기에는 하나님이 바로의 마음을 완악하게 하셨다는 표현이 많이 나오는데,[41] 곧 그의 마음을 완악하고 고집불통으로 만드셨다는 뜻이다. 바로를 완악하게 하심과 동시에 하나님은 자비로 유대인들을 애굽 종살이에서 자유롭게 하셨다. 다시 말해 자비를 보이시기 위해 완악하게 하신 것이다.

출애굽기와 로마서에서 말하고자 하는 요점은 하나님께서 자기 뜻을

41 출 4:21; 7:3, 13, 14, 22; 8:15, 19, 32; 9:7, 12, 34, 35; 10:1, 20, 27; 11:10; 14:4, 8, 17.

이루시기 위해서 그렇게 하셨다는 것이다. 하나님이 완악하게 하셨는지 바로가 스스로 완악하게 되었는지 너무도 많은 논쟁이 있어 왔다.[42] 출애굽기에서는 둘 다 맞지만, 궁극적인 답은 천국에 가야 알 수 있을 것이다. 무엇이 맞느냐가 중요하지 않다. 바울의 요점은 바로를 완악하게 하시기로 결정하신 하나님의 주권이다.

자기에게 영광을 돌리실 하나님의 권리 9:19-23

주장: 하나님이 우리에게 허물하실 수 없음 9:19

이 문단은 상상의 대상“혹 네가 내게 말하기를”이 하나님께서 사람들을 완악하게 하시면 그 사람이 잘못한 것을 하나님께서 비난하실 수 없다고 불평하는 것으로 시작한다. 불평의 이유는 그들이 “누가 그 뜻을 대적하리요” 하며 하나님께서 하게 하신 악한 행위를 거부할 수 없다는 논리다. 14절에서처럼 하나님을 자신의 언약에 반反하여 행동하시는 불의하신 분으로 정죄하는 것이다. 그분을 거부하는 것은 이스라엘이 그분의 뜻을 따르지 않는 행위이다. 따라서 하나님께서 완악하게 하심을 거절할 힘이 없는 이스라엘을 비난하실 수 없다고 말한다. 이런 완악함이 예정된 것이라면 그 어떤 혐의도 지워져서는 안 된다는 주장이다.

대답: 토기장이와 진흙 9:20-21

바울은 이러한 그들의 주장이 타당치 않다고 반격한다. 그런 주장 자체에 답이 없다기보다는 우리가 하나님께 그런 주장을 할 권리가 없다는 것이다. “이 사람아 네가 누구이기에”는 원문으로 볼 때 정중하고 부드러운 표현이 아니고, 하나님과 사람을 대조하며 사람이 단순히 인간 관

42 출 7:14, 22; 8:11, 15, 28; 9:33; 13:15에서 말하는 것과 같음.

점에서 불평하고 있음을 신랄하게 비판하는 것이다. 인간은 이런 식으로 하나님께 말하고 대들 권리나 지혜가 없다. 피조물에 불과한 존재가 창조주께 감히 명령할 수 없고, 자신이 만든 세상을 움직여 가시는 결정권에 대해 도전적 질문을 할 수 없는 것이다.

바울은 이사야 29:16"지음을 받은 물건이 어찌 자기를 지은 이에게 대하여 이르기를"을 인용하고, 이사야 45:9"토기장이에게 너는 무엇을 만드느냐"을 덧붙이면서 자신의 입지를 굳히고 있다. 두 본문 모두 토기장이와 진흙 비유에서 비롯한 것인데, 하나님께 우리는 진흙에 불과한 존재들로서 그분이 어떻게 우리를 빚으시든 우리는 토기장이에게 불평할 수 없음을 말하고 있는 것이다. 이사야가 열국에 대한 하나님의 심판을 선포하는 것이 바울이 이 구절들에서 언급하는 내용과 평행을 이루고 있다. 그들의 요점은 피조물이 창조주에게 그 어떤 것도 반문할 수 없다는 것이다.

21절에서 바울은 "토기장이가 진흙 한 덩이로 하나는 귀히 쓸 그릇을, 하나는 천히 쓸 그릇을 만들 권한이 없느냐"고 묻고 있다. 원문으로는 "어떤 것은 영광을 위해, 어떤 것은 천함을 위해"로 번역된다. 이것은 디모데후서 2:20에서 집에서 쓰는 그릇들을 두고 "귀하게 쓰는 것도 있고 천하게 쓰는 것도 있나니"라고 표현한 것과 맥을 같이 한다.[43] 한편으로 진흙 덩이는 이스라엘로서, 하나님 가족의 일원이 되어 영광스럽게 사용되거나 바로와 같이 멸망의 운명으로 사용된다.

6-13절에서처럼 이것이 개인적으로 해석되어야 하는지 공동체적으로 해석되어야 하는지에 대해 논쟁이 있다. 그것은 이스라엘과 교회뿐 아니라 개인적으로 믿는 자와 그렇지 않은 자로도 해석할 가능성이 다분하다. 9장 전체 문맥에 비추어 볼 때 확실히 바울은 왜 이스라엘이 구원을

---

43 욥 10:9; 38:4; 시 2:9; 사 41:25; 45:9; 64:7; 렘 18:5-10; Sirach(시락) 27:5; 33:13; 솔로몬 지혜서 15:7도 참고하라.

얻지 못했는지를 설명하고 있다. 이스라엘의 국가적 운명은 무엇이고, 그것이 교회와 어떤 관계가 있는가? 바울의 이러한 논의는 구원의 예정영광을 위해 쓰이는 그릇과 멸망의 예정천한 목적으로 쓰이는 그릇과도 연결되고 있다.

하나님께서는 인간의 타락을 미리 아시고 그들을 만드셨고 인류의 죄를 위해 죽으실 구원자를 보내 주셨다. 많은 죄인들이 믿음으로 회개할 것이지만, 대부분이 회개를 거부하고 죄 가운데 살려 할 것이다. 하나님께서는 이 모든 것을 미리 아시고 어떤 이들은 구원으로, 어떤 이들은 멸망으로 예정하셨다. 이와 관련하여 하나님의 선지식, 개인의 선택, 하나님의 예정하신 결정 이 세 개념 간의 관계를 분명히 해야 한다. 우리는 이어서 이 개념들을 살필 것이다. 하나님께서 죄인들을 창조하신 이유가 그들을 멸망시키기 위함인가바로처럼? 10장 말미에서 이 질문에 대한 답변 및 결론을 다루게 될 것이다.

하나님의 엄청난 인내심: 그의 능력과 영광을 드러내기 위함 9:22-23

이 구절들에서 바울은 토기장이이신 하나님께서 귀하게 쓰시고 천하게 쓰시기로 선택하시는 이유가 그의 능력22절과 영광23절을 드러내기 위함임을 설명한다. 이 구절에 쓰이는 원어의 문법이 쉽지 않다. 조건문으로 시작하지만 결과문이 따르지 않고 "만일 하나님이 그의 진노를 보이시고 … 관용하시고"로 구절이 끝난다. 이것을 명확히 해석하기 위해, 어떤 성경은 "만일 하나님께서, 그가 원하셨어도"로,[44] 어떤 성경은 "그가 원하셨기 때문에"로 번역하고 있다.[45] 둘 다 맞는 것 같지만 하나님의 주권적 선택을 강조하는 문맥상 두 번째이유가 더 맞는 번역으로 보인다.

44 NIV, NLT, NASB, JB.

45 KJV, ESV, LEB, NET, NRSV.

"관용하시고"페로, φέρω라는 단어에는 '인내하다', '견디다', '참아내다' 등의 뜻이 있다. 바울은 이 동사와 함께 "오래 참으심"이라는 문구를 써서 하나님의 인내심을 강조한다. 출애굽기에서 하나님 인내의 대상이 바로와 애굽 사람들이었다. 로마서 9장에서는 그 대상이 믿지 않는 유대인들이다. 따라서 바울은 이스라엘의 구속에서 새 이스라엘의 시작으로 진행해 가는 구원 역사의 움직임을 가리킨다. 하지만 또한 하나님께서 우리의 실패를 오래 참아 주신다는 점에서 개인을 향한 인내심도 가리킨다.

하나님의 진노와 자비는 상호 관계적인데, 진노를 쏟으심이 종종 자기 백성을 돌아오게 하는 영적 자비의 도구로 사용되고 있기 때문이다. 이것은 이중예정론과는 관계가 없다. 왜냐하면 불신을 이유로 '멸망의 그릇'이 되었지만 그 가운데 또한 '그분의 자비의 대상'이 되었기 때문이다아래 참조. 10:1-15과 11:25-32에서 보는 바와 같이 현재 '진노의 대상'은 또한 구원으로 부르시는 인내하시는 하나님 부르심의 대상이다. 하나님은 참으로 "오래 참으사 아무도 멸망하지 아니하고 다 회개하기에 이르기를 원하시는"벧후 3:9 분이시다. 여기서 마지막 "멸망"은 불신의 결과이지 하나님께서 예정하신 뜻이 아니다.

이 구절에 세 가지 목적이 명확히 나온다.

1 하나님은 "그의 진노" 즉 믿지 않고 죄로 가득한 인간들을 향한 공의의 진노를 보이고자 하셨다. 하지만 그들의 불신 때문에 하나님께서 멸망을 준비하시는 것과, 그들에게 복음이 전파된 것과의 관계를 유심히 살펴볼 필요가 있다. 로마서 9-11장에서 이것에 관해 계속 살펴보겠지만 나의 잠정적 결론은, 그들의 불신이 하나님의 진노를 가져왔고 아직도 그들이 회개할 기회가 있다는 것이다. 이것은 마가복음 3:28-29, 히브리서 6:4-6, 요한일서 5:16에서 말하는 용서 받을 수 없는 죄가 아니다.

2 하나님은 "그의 능력을 알게 하고자" 하신다. 이미 하나님께서는 자신의 능력을 출애굽 재앙을 통해서 애굽의 군대를 멸절하심으로 보여 주셨다. 그분의 전능하심은 공관복음과 사도행전에 등장하는 기적들을 통해 드러났고, 이것이 교회 사역의 일부가 되었다. 17절에서 바울은 출애굽기를 인용하며 하나님께서 자기 능력을 보이시며 자신의 "이름이 온 땅에 전파되게" 하셨음을 말하고 있다. 이것은 출애굽뿐 아니라 바울 시대나 우리 시대에도 마찬가지이다믿지 않는 이들을 향한 하나님 말씀의 능력에 관하여 10:8-10을 참고하라. 하나님의 "능력"은 구원하시는 힘과 심판하시는 능력을 모두 포함한다.

3 처음 두 목적이 세 번째 목적, 가장 궁극적 목적으로 이어진다. 즉 "긍휼의 그릇에 대하여 그 영광의 풍성함을 알게 하고자" 하심이다. 이 목적은 첫 두 가지 목적과 대조를 이루는데, 이들이 죄인들을 심판하는 부정적 목적에 중점을 두고 있다면, 세 번째는 회개한 이들을 향한 자비에 중점을 두고 있다. 우리는 믿지 않는 유대인인 "진노의 그릇"스큐오스, σκεῦος, 22절과 믿는 유대인인 "긍휼의 그릇"23절을 보면서 진노와 자비를 보게 된다. "영광의 풍성함"은 구원의 축복을 의미하는데, 로마서 2:4; 11:12; 에베소서 1:7, 18; 2:7에도 나오는 그 "풍성함"이 등장한다. 그의 구원 안에서 하나님의 영광이 나타난다.

하나님께서 "멸하기로" 진노의 그릇을 준비하신 것과 같이, 회개한 죄인들을 "영광 받기로 예비하신" 긍휼의 그릇으로 준비하셨다. 이 두 가지 모두 하나님 예정의 일부이지만, 전에 언급한 것처럼 이것이 이중예정론을 의미하는 것은 아니다. 구원은 선택받은 자 안에서 일어나지만 거기에는 믿음의 결정과 구원을 베푸시는 하나님 사이의 역동적인 관계진노와 자비가 있음을 알아야 한다. "영광"은 하나님 가족이 됨으로 경험하는 현재의 영광과 천국에서 누릴 영생의 최후 영광을 의미한다. 현재의 영광은 장차 가지게 될 최후의 영광을 기대하게 한다.

2) 남은 자와 이방인으로 구성된 새로운 공동체 9:24-29

바울은 이 단락9:6-29에서 구약의 인용을 집대성하여 하나님께서 어떻게 타락한 나라를 버리시고 이스라엘의 의로운 남은 자들과 이방인들에게 시선을 돌리시는지 설명하였다. 이 인용을 통하여 24절에서 하나님께서 태초부터 유대인과 이방인을 그에게로 이끌고자 하신 의도가 있으셨음을 입증하고 있다. 9장 전체가 이것으로 향하고 있다. 사람들이 하나님 가족이 된 것은 그들의 족보나 언약 백성으로서 가지는 권리3-4, 7-8절 때문이 아닌 하나님의 부르심 때문이다3:21-4:25에 나오는 믿음에 대한 하나님의 반응. 아브라함의 육적 자손으로 언약 공동체의 일원이 되는 것이 하나님 백성이 되는 길이 아니라는 사실은 대부분의 유대 그리스도인들에게 충격이었다.

유대인과 이방인 가운데서 부르심 9:24

한편으로 이 구절은 22-23절에 이어지면서도 새로운 문제를 제시하며 하나님께서 새로운 민족을 선택하신다는 이 단락의 마지막을 장식하기도 한다. 9장은 6절하나님의 언약이 폐하여졌는가과 14절하나님은 불의하신가의 두 질문에 초점을 두었다. 요점은 불신으로 인해 유대인 대부분이 제외되었다는 것이다. 이제 바울은 두 번째 문제를 제기하는데, 그것은 하나님께서 "유대인 중에서뿐 아니라 이방인 중에서도 부르신 자"에 대한 것이다. 이는 1세기 교회에서 엄청난 화제였다.

이방인을 선택하심 9:25-26

여기서 바울은 호세아에서 두 가지 중요한 구절을 인용하는데, 주제를 드러내기 위해 이 둘의 순서를 바꾸어서 인용하고 있다. 호세아서는 북쪽 지파들분열 왕국 시기 북이스라엘을 다루면서 그들의 죄로 인한 하나님의 진노를 설명하고 있다. 하나님께서는 호세아 선지자에게 그의 아이들을

"로루하마"לא רחמה; "긍휼히 여김을 받지 못하는 자" 1:6와 "로암미"לא עמי; "내 백성이 아니라" 1:9로 부르면서 이스라엘을 향한 하나님의 정죄를 그려내고 있다. 이 두 문구를 로마서에서 인용한 것은 호세아를 통해 하나님께서 약속하신 것, 즉 신실하게 남아 있는 하나님 백성에게서 하나님의 심판을 취하하고 그들을 다시 하나님 백성으로 부르시고 그분의 사랑의 대상으로 삼으신다는 약속의 일부인 것이다.

첫 번째 인용은 호세아 2:23을 인용한 것인데 두 아이 이름 순서가 바뀌어 나온다. "내 백성이 아닌" "사랑하지 아니한 자"긍휼히 여김을 받지 못하던들이 돌아와 용서를 받는 것이다. 바울은 호세아서를 그대로 인용하지 않고 "이르시되"를 "부르리라"로 바꾸어 문장을 시작하여 원본과 약간 다른 구조를 취한다. 이렇게 변형함으로 바울은 24절에서 이방인을 부르시는 하나님을 부각하며 9:6-23에서 자기 백성으로 부르시는 하나님에 대한 주제를 완성시킨다. '부르심'이 25-26절의 호세아서 두 문구 인용 중 첫 인용은 시작으로, 두 번째 인용은 끝으로 하는 구조를 만든다.

바울은 여기서 예표론을 사용하며 구약의 이론을 적용하여 신약적 상황에서 재현하고 있다. 그는 북이스라엘을 향한 약속이 이방인을 포함한 새 이스라엘 안에서 이루어지고 있다고 보고 있다. 신약에서 볼 수 있는 두 가지 중요한 예표론적 해석은 그리스도와 교회에 대한 적용이다. 바울은 여기서 호세아서 본문을 두 가지 모두에그리스도와 교회 적용하고 있지만, 특별히 교회에 적용하고 있다. 이방인의 구원은 구원 역사에 있어서 적절한 단계이며 예언의 성취다. 세대를 걸쳐 하나님 백성의 적이던 이방인들이 "내 백성" 그리고 "사랑한 자"가 된 것이다.

두 번째 인용은26절 호세아 1:10을 인용한 것으로, 칠십인역헬라어 구약성경을 토대로 하여 첫 번째 인용의 결과를 보여 준다. "내 백성이 아닌" 이들이 이제는 살아 계신 하나님의 자녀로 불리고 있다롬 8:15-16 참조. 이방인을 거부하는 시대가 끝났을 뿐 아니라, 새로운 출생의 권리 및 새롭고 참된 이스라엘을 구성하기 위해 믿는 유대인들과 함께 하나님 가족의 일원으로서 이방인이 된 것이다. 이는 "내 백성이 아니라 한 그 곳에서" 일어난 것이다. 이것이 호세아서에서는 바벨론 유수 때 일어났고 바울에게는 이방인 선교를 통해 일어나고 있었다. 새 이스라엘에 대한 하나님의 부르심에는 전 세계인들이 포함된다. 에베소서 2:14-18에서 "막힌 담"이 없어지고 그리스도께서 "새 사람"을 창조하셨다.

이것이 암시하는 바는 어마어마하다. 교회에서 인종 간의 분리와 다툼이 사라지게 된다. 우리는 서로 다른 다양성을 기뻐하고 서로를 통해 배울 수 있는 특권을 누려야 한다. 우물 안의 개구리가 되어서는 안 된다. 도시 외곽에 있는 교회들도 도심 안의 사역을 하고, 도심 안의 교회는 외곽에 사는 주민들을 섬겨야 한다. 지역감정은 그리스도 안에서 새로운 변화와 하나 됨을 통해 치유될 수 있다. 하나님은 지역 교회가 그리스도만이 가져오시는 사랑과 용서를 통해 옛 감정을 해소하라 부르신다.

남은 자는 구원을 얻을 것 9:27-28

이 구절들에서 바울은 이방인에서 유대인에게로, 특별히 "유대인 중에서 … 부르신 자"24절에게 초점을 다시 옮기고 있다. 이사야 선지자는 이스라엘의 많은 부분이 빼앗겼지만 남은 이들에게 울부짖는다. 바울은 이사야서 10:22-23을 인용하면서 호세아 1:10의 "이스라엘 자손의 수"이사야서에서는 "이스라엘이여 네 백성이"라는 표현을 쓰고 있다. 바울은 두 인용문을 통해 교회가 이방인25-26절 호세아 인용과 남은 유대인이사야으로 구성됨을 강조하고자 했다.

이사야서에서 이 구절들은 앗수르를 섬길 것인지 하나님을 섬길 것인지를 묻는 말씀사 7-12장 중 한 부분이다. 그들이 앗수르를 섬기면 멸망할 것이지만 그것이 전부는 아니었다. 남은 자들이 있을 것이며 그들은 살아남을 것이다. 바울은 이사야 시절의 이스라엘이 그가 살던 시대의 이스라엘과 비슷하다고 생각했다. 유대인들은 불신으로 정죄를 받은 상태다. 유대인 대부분이 하나님의 심판을 받을 것이다.

오직 "남은 자만 구원을 받을" 것이다. 바울에게 이들은 믿는 유대인들이다. 하나님은 소수만 부르시고, 그들이 참 이스라엘이 되었다롬 9:6-7a. 1세기에 수많은바다의 모래 같은 유대인들이 언약을 지키지 못하여 거부당하고, 메시아를 통해 세워진 마지막 언약을 지키지 못했다. 하지만 이사야나 바울이나 하나님께서는 여전히 자기 약속에 신실하시다고 선포하고 있다. 타락한 나라는 언약의 권리를 잃어버리고 하나님 백성으로 남지 못했다. 바울 시대 사람들은 메시아를 부인함으로 이사야 시대에 저지른 죄악을 재현하면서 그들과 같은 운명에 처하게 되었다.

하지만 요점은 이들의 심판에 대한 예언에 있는 것이 아니라 구원받을 남은 자들에게 있다. 여기에 이스라엘을 향한 자비와 소망이 있다. 하나님은 자기 언약을 지키는 분이시다. 바벨론 유수라는 심판을 통해 하나님께서 타락한 백성을 다시 자기에게로 인도하신 것처럼 말이다. 11장에서 남은 자들에 대한 주제로 이스라엘 민족의 부흥이 있을 미래를 확실하게 하시는 하나님을 보게 될 것이다.

여전히 두 번째 인용구도 독자들에게 엄중한 경고28절를 하고 있다. "주께서 땅 위에서 그 말씀을 이루고 속히 시행하시리라 하셨느니라." "말씀"원어로 '포고' 혹은 '명령'은 회개하지 않은 불신의 죄에 대한 하나님의 심판을 의미한다. 그러나 "속히 시행"이라는 말이 무엇을 의미하는지 조금 불명확하다. "속히"에 해당하는 원어는 자주 쓰이는 단어가 아닌데신약에서는 이곳에서만, 칠십인역에서는 7번 쓰인다, 그 의미는 '짧게 끊다'이다. 상황에 따라 시간빠른 심판, 숫자소수의 사람만 구원받음, 혹은 결정적 판정 등을 의미할 수 있다. 문장을 꾸미는 단어인 것을 감안하면 세 번째 해석결정적 판정이 가장 적합한 것 같다.

따라서 이 구절을 번역하면 "주께서 그의 심판을 완전히 그리고 결정적으로혹은 '완전하고 최종적으로' 이루실 것이다"라고 할 수 있을 것이다. 이사야서에서는 고집불통인 이스라엘을 향한 심판이었는데, 여기서는 믿지 않는 나라를 향한 심판과 동시에 남은 자를 향한 하나님 자비의 행동을 모두 포함하고 있다. 두 사례 모두에서 하나님이 약속에 신실하신 것을 볼 수 있는데, 이는 이 두 가지가 다 언약을 구성하는 축복과 저주에서 나오기 때문이다레 26장.

하나님의 자비 9:29

바울은 이사야 1:9을 마지막으로 인용하며 자격 없는 백성에게 부으시는 하나님의 자비를 다시 한 번 강조한다. 이사야는 시작 초반부터 이스라엘의 저항1:2, 5과 타락1:4을 나무라며, 그들을 향한 하나님의 심판을 선고했다1:7-8. 1:9에서 이사야는 "우리를 위하여 생존자를 조금 남겨 두지 아니하셨다면" 소돔과 고모라처럼 완전히 멸절되었을 것이라고창 19장 기록하였다. 중심 단어는 "씨"혹은 '자손'인데, 로마서 9:7-9과 이 구절을 연결하여 이스마엘이 아닌 이삭을 선택하고 아브라함의 "씨"를 이삭의 자손에게 국한하는 것과 연관 지을 수 있다.

이사야와 바울 시대 이스라엘은 모두 불순종과 불신으로 멸망 받기 합당했고, 하나님의 자비로만 소돔과 고모라처럼 멸망하지 않을 수 있었다. 하나님께서 남기신 '씨' 혹은 '자손'은 27절에 등장하는 "남은 자"이다. 불행한 상황이지만 미래는 희망적이다. 하나님은 신실하사 자기 약속을 지키신다6절에 대한 답변. 그리고 그분의 공의는 자비와 심판 모두에 역사한다14절에 대한 답변.

9:14-29은 하나님의 주권적 권리와 선택의 자유, 소위 예정설이라 부르는 교리에 관한 질문들에 답을 제공한다. 전반14-23절에서는 하나님의 공의가 그분의 자비임을 설명했다. 하나님께서 바로의 마음을 강퍅하게 하실 때 애굽을 향한 그분의 공의가 이스라엘에게 자비하심을 드러내며 애굽으로 하여금 이스라엘 백성을 보내도록 하였다. 우리는 모르지만 하나님은 최선의 것을 아신다. 이는 8:26-27에 나오는 기도에 관한 신학에도 적용된다. 우리는 무엇이 우리에게 가장 최선인지 모르지만 기도를 통해서 유일하게 최선을 알고 계시는 그분의 뜻에 의지하게 된다. 하나님은 우리를 실망시키지 않으시고, 그분의 심판은 항상 정의롭고 옳다.

하나님께서 신자와 불신자를 다루시는 모든 행위가 그분의 이름에 영광을 가져온다. 그분께서 우리를 참아 주심으로 자신의 자비를 드러내신다. 진노의 그릇죄인들과 불신자들조차 "그 영광의 풍성함"을 선포하며 그분의 사랑과 공의를 드러낸다. 이방인을 이스라엘 언약 백성으로 부르셔서 자신의 사랑의 깊이를 보이시고, 자기를 등진 자들을 심판하심으로 공의를 보이신다. 하나님의 사랑과 공의는 상호작용하며 그분의 거룩한 성품을 드러낸다.

이 단락의 마지막 부분인 9:24-29은 믿음으로 그리스도께 나아온 유대인과 이방인으로 구성된 새 공동체에 중점을 둔다. 아담부터 타락한 인류에게 있어 왔던 서로 간의 미움과 인종차별적 편견이 그리스도 안에서 하나가 되면서 사라졌다. 피부색 차이와 인종 간의 분리가 하나님의 자비와 사랑으로 다양한 사람들을 묶고 평화와 화해를 이루면서 없어졌다.

대부분의 유대인들 곧 믿지 않는 이들에게 미친 공의에 관한 바울의 대답은 이사야서에서 설명하는 남은 자의 개념에서 찾을 수 있다. 이사야 시대 이스라엘은 바울 시대에 재현되고 있었다. 유대인 대부분이 하나님을 떠났고 하나님도 그들을 버리셨지만, 그의 언약이 효력을 가지고 남은 자를 구원하셨기에 아직 소망이 있다. 우리의 죄악된 행동이 하나님의 심판을 우리 머리 위에 가져온다고 해도, 하나님은 자신에게로 우리를 돌이키시는 구속의 역사를 이루고 계신다. 하나님의 자비와 심판의 행위는 최종적으로 결정적으로 수행되고28절, 하나님은 의와 공의로 행하신다. 삶 속에서 하나님의 손길을 경험할 때 우리는 항상 즐겁지는 않아도 그것이 항상 공평하고 우리에게 가장 최선의 것임은 부인할 수 없다.

3. 믿음으로 얻는 의와 구원 9:30-10:13

전에 언급했듯이 로마서 9-11장에서 바울은 두 가지 서로 모순되는 것 같은 현실을 설명하려 했다. 한편으로는 하나님께서 유대인에게만 신실하시고 공의로우시기로 약속하셨지만, 다른 한편으로는 그들 중 소수만 거듭나고 이방인들이 그들을 대신하여 언약 백성으로 부르심을 받은 것이다. 바울은 이것을 먼저 하나님께서 자신의 뜻대로 선택하실 주권적 권리9:6-29로 풀이하고, 다음으로는 이스라엘이 믿음으로 하나님이 주시는 구원의 선물을 받을 책임이 있음을 강조함으로9:30-10:21 설명하고 있다. 바울이 설명한 이 두 가지 사실은 하나님께서 자기 백성에게 공평하시고 공의로우신 것을 드러내는 내용들을 품고 있다. 믿지 않는 유대인들은 자신들의 상황에 대해 하나님을 비난할 수 없는데, 그것은 그들이 믿음으로 하나님이 세우신 메시아를 영접할 책임을 다하지 못했음에도 불구하고 그분은 자신의 약속에 신실하셨기 때문이다.

이 단락에서 가장 강조되는 것은 "의"6번로 부르심과 "믿음"12번의 필요성이다. 의는 믿음으로만 받는 하나님 선물이다. 바울은 이 단락을 이스라엘이 제외됨과 이방인이 포함됨9:30-32; 10:19-21을 대조하는 부분을 첨가하는 구조로 만들었다. 유대인들은 자신들의 의를 추구했기에10:3 걸려 넘어지고9:33, 불신으로 응답하고10:14, 하나님의 부르심에 불순종했다10:21. 그 결과 하나님은 이방인에게로 향하시고 그들을 언약 백성에 포함시키셨다9:30; 10:19-20.

인간의 책임을 하나님의 구원 계획에 있어 우선시하는 학자들은 이 단락을 9-11장에서 가장 중요하게 생각한다. 반면 선택에 있어 하나님의 주권을 중심으로 보는 학자들은 이 본문을 부차적으로 본다. 둘 다 맞지 않다. 바울은 하나님의 주권과 인간의 책임이 하나님의 구원 계획을 상호 수반하는 것으로 표현한다. 이것은 성경 전체를 보아도 마찬가지다. 믿음은 칭의의 과정에서 중요한 요소로서 부차적인 것이 아니다. 믿음은 하나님의 은혜와 자비로만 가능한 것으로 하나님의 선물이다. 하지만 성도들이 각자 그 믿음을 실천해야 한다. 하나님은 그분을 선택하는 자들을 택하시지만, 이 모든 것은 성령이 임재하셔서 확신시키시는 능력을 통해 가능하다.

이 단락은 세 부분으로 나뉜다. 행위가 아닌 믿음으로 받는 의9:30-10:4, 율법이 아닌 믿음으로 받는 구원10:5-13, 그리고 복음을 거부한 이스라엘의 죄10:14-21이다. 이 장에서 첫 두 부분을 다루고 다음 장에서 세 번째 부분을 다룰 것이다.

1) 행위가 아닌 믿음으로 받는 의로움 9:30-10:4

바울은 또다시 수사학적 질문을 던지면서 시작한다. "그런즉 우리가 무슨 말을 하리요"8:31 주석 참조. 여기서 바울은 전 단락9:16-29에서 이방인이 하나님 가족이 되는 것에 대한 결론을 도출하면서 유대인들의 오해에 대해서는 별로 대답하고 있지 않다. 여기서 그는 로마서의 중심 주제 중 하나인 의/칭의를 다시 소개한다. 1:16-17과 3:21-26처럼 그는 그리스도의 십자가 속죄제사를 바탕으로 사람들을 의롭다 선언하신 것을 법적인 관점에서 바라보고 있다. 바울은 여기서 이 교리를 통해 왜 유대인이 아닌 이방인들이 하나님 가족이 되었는지, 왜 많은 유대인들이 더 이상 언약 백성이 아닌지 설명하고 있다. 이스라엘은 무지한 가운데 잘못된 것들에 "열심"이 있게 되었다10:2. 이들은 믿음으로 얻는 하나님 중심의 의가 아닌 율법을 지키는 것에 중점을 둔 행위로 인한 의에 열심을 둔 것이다10:3. 이들은 그리스도께서 하나님께 나아가는 올바른 길이시자 율법을 완성하셨다는 것을 깨닫지 못했던 것이다10:4.

왜 이방인인가 9:30-33

이방인은 믿음으로 얻고 유대인은 얻지 못함 9:30-31

바울은 첫 두 구절에서 유대인과 이방인을 두 가지로 대조하고 있다.

첫째, 유대인이 "의의 법을 따라간" 사이에 이방인은 "의를 따르지 아니하였다." 1:18-32에서 보았듯이 이방인은 하나님의 의로운 기준을 전혀 따르려 하지 않았다. 반면 유대인은 "의의 법"을 따르려 했다. "의의 법"이라는 말은 '의의 원칙', '율법으로 얻는 의' 혹은 '의로운 법' 등으로 다양하게 이해되어 왔다. 이것은 그들에게 율법 조항을 지키는 것이 하나님과 올바른 관계로 나아가는 방법이었음을 뜻하는 것이다. 이런 율법을 추구하는 모습은 마치 경기장이나 상을 바라고 달리는 모습빌 3:12-14을 연상시킨다. 바울이 로마서 2-3장에서 논했듯이, 이방인은 하나님과 올바른 관계를 가지려 하지 않았지만 찾게 되었고, 유대인들은 온 힘을 다해 잘못된 방법율법으로 그것을 찾으려 했으나 찾지 못했다.

둘째, 유대인은 "이르지 못하였으나" 이방인은 "의를 얻었다." 유대인들은 율법이 하나님과의 올바른 관계를 약속한다고 믿었으나, 메시아가 오셔서 율법의 시대를 끝내셨다10:4. 믿음으로 그리스도께 돌아오는 것이 하나님과 올바른 관계를 맺을 수 있는 유일한 길이 되었다. 이는 4-7장의 내용을 주로 차지한 믿음과 율법의 대조를 떠올리게 한다. 하나님과의 올바른 관계를 회복할 유일한 길은 "믿음"이지 율법 준수나 도덕적 삶이 아니다. 믿음으로만 그리스도께 돌아가고 그의 피의 제사로 의롭게 될 뿐이다. 올바른 관계는 믿음으로만 가능하기에, 이는 누가 그 관계를 추구하느냐가 아니라 무엇을 근거로 올바른 관계가 맺어지느냐의 문제이다. 따라서 유대인이라는 이유로 이방인보다 더 좋은 위치를 차지하는 것이 아니다.

이유: 부딪칠 돌 9:32-33

하나님께서 이방인에게로 향하고 계신 것에 대한 의미를 살피면서 바울은 다시 한 번 자신의 의견에 반대하는 이들을 상상하며 이렇게 묻는다. "어찌 그러하냐." 왜 이스라엘은 하나님과 올바른 관계를 성립하지 못했는가? 바울은 4-8장의 내용을 요약함으로 대답하고 있다. "그들이 믿음을 의지하지 않고 행위를 의지함이라"3:20, 27-28; 4:2, 6; 9:11-12 참조. 유대인의 실수는 의를 추구함이 아니라 행위로 의를 얻으려 했다는 점이다. 율법을 추구한 자체는 실수가 아니지만 율법으로 구원을 얻으려 한 것이 문제였다. 그들은 하나님의 메시아를 거부하고 행위가 아닌 믿음으로만 얻는 구원을 부인했다.[46] 바울은 '마치 그럴 것처럼'을 이 구절에 추가해

46 이 주제와 관련하여 바울에 관한 "새 관점"을 살피려면 3:20 주석을 참고하라.

서 믿음과 행위 사이의 대조를 한층 강화하고 율법에 대한 잘못된 환상을 더 강조할 수도 있었을 것이다.

바울은 이제 이사야서에서 사용된 이미지로 유대인의 실패를 더 확연하게 드러내고 있다. 유대인들은 행위로 의를 추구했기에 '부딪쳤는데', 그것은 죄에 빠진 것만을 의미하는 것이 아니라롬 14:21처럼, 베드로전서 2:8같이 그리스도와 부딪치고 하나님의 심판에 이르게 된 것도 가리킨다. 어떤 해석자들은 "부딪칠 돌"을 모세오경으로 생각하는데, 그 돌은 다른 신약 본문에서 돌의 이미지를 사용하는 것을 볼 때막 12:10-11과 평행; 행 4:11; 벧전 2:6-8 분명히 그리스도를 의미함을 알 수 있다.

예수님께서 "모퉁이의 머릿돌" 되심은 메시아적 표현이다. 1세기 유대인들은 구약성경의 돌의 상징을 메시아적으로 이해했다. 하지만 여기서 이사야를 인용한 것은 메시아만 나타내는 것이 아니라 심판과 멸망 또한 나타내는 것이다. 이 돌을 거부하는 자는 넘어지게 되고, 그 돌이 그들에게 떨어져서 그들을 부술 것이다. 초대교회는 이 비유를 유대인들이 예수를 부인하는 것을 표현하기 위해 사용했다"건축자들의 버린 돌", 행 4:11; 벧전 2:7. 그리고 하나님께서 그가 교회의 머릿돌이 되게 하셨음을 설명했다막 12:10-11.

33절은 이사야 8:14과 28:16에 나오는 두 가지 돌 구절을 함께 나타내고 있다. 이사야서에서는 그 돌들이 앗수르의 위협을 표현한다. 이사야 8:14은 하나님께서 이스라엘을 심판하실 것을 경고하는 구절이다"걸려 넘어지는 반석". 이사야 28:16은 하나님께서 자기 백성을 구원하실 것을 약속한다"기초를 삼았노니 곧 시험한 돌". 이 두 가지가 융합하여 이 단락에서 이스라엘에 관한 메시지를 완벽하게 요약하고 있다. "그를 믿는 자"는 구원을 받고 "걸림돌"에 넘어지는 자는 멸망할 것이다.

메시아를 부인하고 믿기를 거부한 유대인들에게 그리스도는 "걸림돌과 거치는 바위"가 되신다. 믿는 유대인그리고 이방인은 마지막 심판 날에 "부끄러움을 당하지 아니할" 것이다. 성경에서 "부끄러움"은 슬픔과 당황함 이상의 혹독한 심판을 가리킨다. 그리스도를 신뢰하는 이들은 하나님 앞에 설 때 자신들의 삶에 대해 지지와 옹호를 받게 될 것이다.

이스라엘은 왜 아닌가 10:1-4

이스라엘의 구원을 위한 바울의 열망 10:1

"형제들아"로 시작하며 바울은 자신의 골육인 유대인에 대한 걱정을 다시 상기시키면서 자신의 논점을 다른 측면에서 접근하고 있다. 바울은 유대인의 구원을 향한 깊은 갈망 때문에 그들을 향한 심판을 선언함을 전혀 달가워하고 있지 않다. "원하는 바"유도키아, εὐδοκία는 누군가가 원하는 것 이상의 것을 나타내는 용어로서 '호의' 혹은 '깊은 관심'을 뜻하며, 원하기 전에 이미 마음속에 자리한 갈망을 뜻한다. 바울이 자신의 "마음에"라고 말하였을 때 이는 이스라엘의 구원이 그의 전인격적인 깊은 수준의 갈망에서 흘러나오는 것임을 알 수 있다. 그는 이스라엘이 주님에게서 돌아선 것을 마음 아파하며 그들이 메시아를 경배하는 데 같이 참여하기를 진심으로 바라고 있다.

이러한 걱정은 그의 "곧 그들로 구원을 받게 하려 함"이라는 기도에서도 잘 드러난다. 바울은 9:33에서 믿는 이들은 "부끄러움을 당하지 아니하리라"고 말했다. 그리고 바울은 하나님 앞에서 자신의 골육인 유대인들이 영원한 부끄러움과 심판을 받을 것을 생각하며 통곡하였다. 그는 자신의 골육이 그리스도를 믿고 11:25-26처럼 "이스라엘의 더러는 우둔하게 된 것이라 그리하여 온 이스라엘이 구원을 받으리라" 하며 마음 깊숙한 곳에서부터 기도했다. 바울은 동시대 유대인들이 그러한 기적적인 부흥을 체험할 수 있기를 기도했다.

지식 없는 열심 10:2

바울이 이스라엘의 구원을 위해 기도하는 이유가르, γὰρ; 왜냐하면는 그들이 "하나님께 열심"이 있다는 것을 개인적으로 알고 있기 때문이다. 바울은 그들의 그런 모습을 보았을 뿐 아니라 그 자신이 그리스도를 믿기 전에 그들처럼 하나님께 열심이 있던 사람이었다. 그는 당시 가장 열정적인 유대인 중 하나였다행 26:4-5. 심지어 예루살렘에서 그리스도인 박해를 선동했던 인물이었다행 8:10-11. 다메섹으로 가는 길에 예수님께서 그에게 나타나실 때 그는 예루살렘 밖에서도 박해를 할 수 있도록 힘을 실어 줄 예루살렘 권속들의 편지를 조달하러 가는 길이었다행 9:1-3.

"열심"은 하나님을 섬기고 예배하며 전통을 지키려는 열망을 의미한다. 바울은 갈라디아서 1:13-14과 빌립보서 3:4-6에서 율법과 하나님을 향한 자신의 열정에 대해서 말했다. 주전 400년부터 주후 100년 사이가 역사적으로 유대인들 사이에 율법을 따르려는 열심이 가장 높았던 시기였다. 하지만 문제는 특히 바울 시대에 그들의 열심은 "올바른 지식을 따른 것이 아니었다"는 점이다. 바울이 그리스도인들을 박해한 것도 그리스도교라는 이단적 신앙에서 율법을 지키려던 열심의 일환이었다. 유대인들은 1세기에 들면서 율법의 조항들을 구두로 전수하는 전통을 만들었다. 그들의 관심은 삶 전체를 통해서 율법을 준수하는 데에만 있었고, 율법을 훼손하지 않고 모든 사람이 따르도록 하는 것이었다.

하나님이 보내신 메시아가 나타났지만 사람들이 예상했던 메시아의 모습이 아니었기에 유대 지도자들과 대부분의 사람들이 그를 받아들이지 않았다. 그래서 그들은 하나님께서 예수를 통해 보내신 새로운 구원에 대한 진리의 "지식"에피그노시스, ἐπίγνωσις; 1:28 참고을 얻지 못했다. 그들의 열정은 옛 언약 시대에 좋은 것이었을지라도 그리스도를 통해 새롭게 시작된 새 언약 시대에 대해서는 잘못되고 곁길로 간 것이었다.

하나님의 의에 복종하지 않음 10:3

새로운 구원 역사 시대로 전환은 새로운 의를 요구했다. 이전에는 율법을 지키는 것으로 유대인들이 하나님과 올바른 관계를 유지했지만, 예수님께서 오셔서 새 언약 시대가 도래했고, 의는 율법이 아닌 그리스도를 믿음으로 오게 되었다. 다음 구절에서 보겠지만, 의로 향하는 옛 방식이 끝나고 새로운 방식이 시작된 것이다. 유대인들은 "하나님의 의를 모르게" 된 것이다. 예수께서 오심으로 그들이 답습해 온 율법적 종교는 의의 통로가 되지 못하고 하나님의 방법이 아닌 "자기"의 오래된 쓸모없는 방법이 되었다.

성경 기록 시기 사람들은 '알지 못함'을 지식이 없는 것이 아니라 많이 연구하여 알지만 하나님의 진리를 고의적으로 거부하는1:28 참조 것으로 이해했다. 유대인들은 하나님은 의로우시고, 그들도 하나님 앞에서 올바라야 한다고 생각했다. 하지만 율법을 지킴으로 의롭게 된다는 전통적 방법을 고집하고 그리스도의 속죄의 죽음을 믿음으로만 오는 의에 대한 새로운 진리는 부인했다. 그 결과 그들은 의롭게 되지 못하고 하나님과 올바른 관계도 맺지 못하게 되었다. 그리스도 안에서 구원을 받기보다 율법을 통해 구원을 얻으려는 자신들만의 방식을 따르게 된 것이다. 그들은 율법보다 그리스도를 의지하는 "하나님의 의에 복종하지 아니하였다." 따라서 그들이 추구한 하나님과의 올바른 관계를 수립하지 못하였다.

바울 연구의 "새 관점"3:20 참조을 따르는 이들은 이것이 개인적 차원의 "율법의 행위"에 대해 비난하는 것이 아니라 유대인 집단이 자신들만의 특권을 고수하기 위해 언약을 유지하는 구분점을 만들어 이방인들과 의를 공유하지 않으려는 행위를 비난하는 것이라고 본다. 그들은 이방인이 교회에 들어오는 문제를 공동체적으로 바라보았다. 하지만 이것은 이 구절의 요점을 놓치는 것이다. 바울은 이스라엘이 이방인을 끌어들이는 것을 반대한다고 말하는 게 아니라 오히려 하나님이 아닌 자신들의 종교적 행위를 통해 하나님과 동행하려는 그들의 노력에 대해 말하고 있는 것이다. 문제의 핵심은 이스라엘이 하나님과 그리스도를 자신들의 의로 대체하려 했다는 점이다.

그리스도는 율법의 완성 *10:4*

율법을 지킴으로 얻는 의는 충분하지 않다. 왜냐하면 "그리스도는 … 율법의 완성"텔로스, τέλος이 되시기 때문이다. 하나님께서 율법을 주신 것은 그리스도를 준비하고 그분께로 향하기 위해서이기 때문에 그리스도께서 오셨을 때 율법이 역할을 마치고 완성된 것이다. 그렇다고 율법이 가치를 잃은 것은 아니다. 7:12, 14에서 바울은 율법이 "거룩하고 의로우며 선하도다" 그리고 "신령"하다고 했다. 디모데후서 3:16에는 말씀이 "하나님의 감동으로 된 것으로 교훈과 책망과 바르게 함과 의로 교육하기에 유익하니"라고 했다.

율법과 그리스도 사이에는 연속성이 있다. 예수께서는 마태복음 5:17-20에서 자신이 율법을 "폐하러" 온 것이 아니고 "완전하게 하려" 오셨다고 하셨으며, 이는 율법을 더 높은 차원으로 완성하고 높이는 것을 의미한다. 이 구절도 그 의미이다. 그리스도 안에서 율법이 사라진 것이 아니라 그분 존재의 일부가 된 것이다. 자신 안에 율법을 체화하셔서 그리스도를 따르는 것이 곧 율법 전체를 따르는 것이 된 것이다. 바울이 말하는 것은 그리스도께서 율법을 통해 의를 얻으려는 노력을 끝내셨다는 점이다. 하나님과 올바른 관계를 맺는 길은 이것뿐이다. 그리스도를 믿는 믿음뿐이다. 율법은 구원의 도구가 아니다.

이것이 다 율법 언약에서 은혜의 언약으로 전환된 구원 역사 안에 포함되는 것이다. 결과적으로 "믿는 자에게 의를 이루도록" 하신다. 구원은 모두에게 열려 있지만 그것은 행위가 아닌 믿음으로만 얻는 것이다. 이는 유대인뿐 아니라 이방인들도 똑같이 그리스도를 믿음으로 하나님과 관계를 회복할 수 있음을 뜻한다.

믿음과 행위에 관한 문제는 바울의 때나 지금이나 마찬가지다. 많은 교회와 기독교 사역들을 보면 교회 출석이나 선한 일로 구원을 얻으려는 사람들이 있다. 예나 지금이나 우리는 아무리 노력해도 구원을 살 수 있는 자격이 없다는 것을 깨닫도록 도와주는 것이 중요하다. 우리는 우리 마음을 먼저 살피고 인생을 살아가야 한다. 이것은 우리의 영원한 운명이 걸려 있는 문제다.

2) 율법이 아닌 믿음으로의 구원 10:5-13

율법 행위나 선한 일을 통해 천국에 갈 수 있다고 생각하는 사람들은 큰 난관에 처해 있는 것인데, 그것은 죄 가운데 태어난 사람들은 결코 구원을 얻을 만큼 완벽히 율법을 지킬 수 없기 때문이다. '율법과 복음'이라는 서로 대조되는 신학적 개념은 종교개혁 이후 지속된 논쟁의 주제 중 하나이다. 구원은 율법을 통해 얻을 수 없고 그리스도와 십자가의 복음좋은 소식으로만 가능하다. 이 문단은 행위가 아닌 믿음으로 의를 얻는 것의 의미를 파헤친다. 물론 바울은 로마서에서 이를 많이 언급했지만, 여기서는 구약에서도 이 개념을 말하고 있다고 소개한다. 그는 독자들이 이스라엘의 메시아 오심과 이방인도 구원하시는 하나님의 계획이 예로부터 항상 있어 왔음을 깨닫기를 원했다.

5절은 율법의 행위가 부족함에 중점을 두고 있고, 6-8절은 믿음이 칭의의 필수 조건임에 중점을 두고 있다. 인간의 노력으로는 성육신도 부활도 가져올 수 없다7절. "믿음의 말씀"만이 영원한 것을 이룰 수 있다8절.

9-13절에서 바울은 이것이 어떻게 이루어지는지 절차를 설명한다. 즉 입술의 시인과 믿음만이 의를 가져오고9-10절, 믿음만이 마지막 심판을 면하게 한다11절. "모든 사람" 즉 유대인과 이방인 모두 "주의 이름을 부르는 자는 구원을 받을" 것이다12-13절.

믿음과 행위의 대조 10:5-8

2-3절처럼 이 구절이 '가르'γὰρ; 왜냐하면라는 단어로 시작하고 있는 것으로 볼 때, 바울이 이전에 다루었던 부분에서 추론하고 있음을 알 수 있다. 대부분의 유대인들이 구원을 얻지 못한 이유1-4절는 그들이 믿음으로 메시아께 돌아서지 않았기 때문이다. 대신에 그들은 자력으로 "율법으로 말미암는 의"를 쟁취해 하나님과 올바른 관계를 맺어 보려 했다. 율법으로 말미암는 의는 9:31에 나오는 "의의 법"을 토대로 한 것으로 하나님과 갖는 관계를 향한 율법 조항들을 의미한다. 이것은 하나님과 언약 관계를 유지하기 위해 율법에 순종하는 것과 같은 맥락이라 볼 수 있다.

율법을 완벽히 지켜야 함 10:5

바울은 "모세가 기록하되"라는 문구를 써서 율법을 지키는 것으로는 의를 얻을 수 없다는 것을 말하고 있고, 여호와께서 이스라엘에게 가나안 족속과 같이 되지 말고 하나님의 법을 지키고 그것으로 살라 명령하시는 레위기 18:5을 인용한다. 이러한 레위기서 인용은 하나님 언약의 축복을 누리려면 이스라엘에게 율법을 지키라고 한 본문의 맥락에 적합하지 않은 것 같다. 하지만 바울은 이 인용의 한 부분을"의를 행하는 사람은 그 의로 살리라 하였거니와" 발전시켜 두 가지 해석적 변화를 주고 있다. '~으로 살리라'는 영원한 삶으로 해석하고, '~를 행하는 사람'은 영원한 삶을 얻기 위해 완벽하게 무엇인가를 행해야 함으로 해석하고 있다.

이 본문에 관한 세 가지 해석이 있다. 1) 완벽하게 "~를 행하는 사람"은 그리스도를 가리키는 것이기에 그를 따르는 이들이 믿음"으로 살리라"라고 해석한다. 하지만 이 본문에서 갑자기 그리스도께 초점을 두고 있다는 것을 가리킬 만한 단서는 보이지 않는다. 2) 다른 이들은 5절의 "율법으로 말미암는 의"와 6-8절의 "믿음으로 말미암는 의"가 서로 상반되는 것이 아니라고 해석한다. 그리스도께서 율법을 완성하셨기에4절, 이 구절은 성도들이 어떻게 믿음으로 그리스도 안에서 율법을 지키고 하나님과의 언약 관계를 유지할 수 있는지 보여 주는 것이라고 보는 견해이다. 하지만 행위와 믿음의 대조는 로마서의 전반적 흐름이고, 5절과 6-8절이 서로 대조를 이루고 있음은 너무나 자명하다. 따라서 3) 율법을 지키는 것5절과 그리스도를 믿는 것6-8절 사이의 분명한 대조로 해석하는 해석이 가장 적합하다.

바울의 요점은 행위로 구원받고자 하는 자바울 시대나 우리 시대 모두들은 완벽한 행위를 해야 한다는 것이다. 하지만 이것은 인간 타락의 관점에서 불가능하다. 영생은 단순히 인간의 순종이나 착한 일로 얻을 수 있는 것이 아니다. 이스라엘의 역사가 이를 증명하는데, 그들은 하나님과의 언약 관계를 유지할 만큼 율법을 잘 지키지 못했기 때문이다. 이천년 동안 이스라엘 모든 세대는 죄에 빠지고 하나님의 심판을 겪었다. 이스라엘 백성이 하나님께 돌아와도 한 세대가 지나기 전에 또다시 타락했다.

인간의 노력은 성육신과 부활을 가져올 수 없음 10:6-7

이 구절을 시작하는 '그러나'데, δὲ, NIV는 5절의 율법을 지키라는 레위기서 명령과 믿음을 기반으로 한 의를 설명한 신명기서 인용 사이의 대조를 나타내고 있다. 이스라엘이 요단 강을 건너 약속의 땅으로 들어가면서 여러 가지 강한 저항을 경험할 때마다 하나님은 그들 앞서 가시고 모든 적들을 무찌르실 것신 9:1-3을 약속하셨다. 이 신명기 말씀에서 바울은 "네가 심중에 이르기를 … 말라"신 9:4를 인용하면서, 그들이 유업을 받는 것이 자신들 스스로의 의가 아닌 오로지 하나님의 은혜의 선물임을 말하고 있다.

그리고 신명기 30:12 "누가 … 하늘에 올라가 … 하랴"라는 말씀을 인용한다. 신명기서 배경은 약속의 땅에 들어가기 전 하나님의 언약을 새롭게 하는 것이었다. 모세는 이스라엘로 하여금 그들이 하나님의 법을 가지고 그것을 알고 있었기에 순종해야 한다고 상기시켰다. 그들은 율법을 발견하기 위해 하늘에 올라가거나 바다를 건널 필요가 없었다. 그들은 이미 율법을 가지고 있었기에 순종만 하면 되는 것이었기 때문이다. 바울은 이 신명기 본문을 하늘에서 그를 모셔 내리는 그리스도 성육신에 대입하였고 죽은 자 가운데서 모셔 올리는 부활에 대입하였다. 모세는 이스라엘이 율법을 지킴으로 언약의 책임을 다해 주기를 원했고, 바울은 그런 모세의 말을 '그리스도를 믿는 믿음의 필요성'으로 표현했다.

무슨 근거로 바울은 이런 해석을 했을까? 모세는 그리스도나 믿음을 염두에 두고 있지 않았을 텐데 말이다. 겉으로 보았을 때는 옛 언약의 본문을 새 언약의 현실에 임의로 적용하는 것 같다. 어떤 이들은 바울의 인용이 직접적인 것이 아닌 일반적 암시로서, 바울이 그리스도의 관점에서 신명기의 개념만 따온 것으로 보고 있다. 하지만 5절과 8절의 "기록하되", "말하느냐"는 이것이 직접 인용임을 나타내고 있다9:15, 17, 25. 그리고 문맥상으로도 바울이 구약 본문을 해석하고 있는 것임을 보여 준다.

여기서 약간의 배경 설명을 하는 것이 바울이 이 본문에서 무엇을 하고 있는지를 이해하는 데 도움을 줄 것 같다. 신명기의 큰 서사적 구조를 볼 때 언약의 순종과 불순종에 따른 축복과 저주가27:1-30:1 중심 내용을 이루고 있음을 볼 수 있다. 30:2-10에서 모세는 바벨론 유수와 그 후에 나라가 회복될 것을 예언하고 있다. 바울은 이 포로 생활에서 귀환이 예수 안에서 이루어지고 그분께서 믿음으로 인한 새 언약의 시대를 여신 것을 가리킨다고 보고 있다. 다시 말해 바울은 메시아이신 그리스도 안에서 그리고 구원의 시대에 약속이 이루어지는 것을 예표하는 관점에서 신명기를 해석하고 있다. 그리스도와 신약의 저자들은 자주 이러한 해석 방식을 취한다특히 마태복음, 로마서, 히브리서.

신명기 30:12에서 "누가 … 하늘에 올라가 … 하랴"는 원래 하나님의 명령을 이해할 수 없어 그 뜻을 이해하기 위해 하늘에 올라갈 필요가 없다는 것을 의미한다. 그리스도 중심 해석을 하는 입장에서 바울은 이것을 "그리스도를 모셔 내리려는" 시도이거나 성육신을 불러오기 위해 하늘로 올라가는 것으로 보고 있다. 하나님은 구원을 선물로 우리에게 주신다. 우리가 하늘에 올라가서 우리 힘으로 그것을 따내는 것이 결코 아니다.

7절에서 바울은 신명기 30:13을 같은 방식으로 사용하여 "누가 무저갱에 내려가겠느냐"로 인용하고 있다. 문자 그대로 이것은 '깊이를 알 수 없는 바다 깊은 곳'을 의미한다. 신명기 본문은 "누가 바다를 건너가서 … 가지고 와서"라고 기록하는데, 12절에 덧붙여서 은유적으로 표현한 것이다. 율법의 요구는 그것이 의미하는 바를 알기 위해 바다를 건널 정도로 멀리 갈 필요가 없음을 뜻한다.

바울은 이전에 인용했던 것과 같이 "그리스도를 죽은 자 가운데서 모셔 올리려는" 것이라 하면서 "무저갱"을 "죽은 자"들이 있는 곳으로 표현한다. 여기서 바울은 성육신처럼 부활을 덧붙인다. 모두 하나님의 은혜요 인간의 뜻이 아니기에, 인간이 하나님께 용납될 방법은 믿음뿐이다. 메시아는 우리 구원을 위한 하나님의 선물로 이미 나타나셨다. 그분은 우리 죄를 위해 십자가에서 죽으시고 우리 의를 위해 죽음에서 부활하셨다4:25. 이 선물을 믿음으로 받아 율법과 행위로 인한 의를 벗어 버리게 된다.

해답: 믿음의 말씀 10:8

우리는 개인의 노력으로 구원의 웅장한 역사를 일으킬 수 없다6-7절. 하지만 또 다른 면으로 볼 때, 이 구절에서처럼 우리는 믿음의 말씀을 듣고 이해할 수 있다. 하나님은 이런 진리를 우리에게 주시고, 우리는 그것을 하나님의 선물로 받을 수 있는 것이다.

마지막으로 신명기를 인용한 것이 "그 말씀이 네게 매우 가까워서 네 입에 있으며 네 마음에 있은즉"신 30:14이다. 원래 본문은 이스라엘이 율법에 얼마든지 다가갈 수 있음을 나타내는데, 로마서에서는 그리스도의 복음에 하나님의 사람들이 언제든지 다가갈 수 있음을 나타낸다. 복음으로 하나님께서 가까이 오시고 우리 마음에 말씀하신다. 우리는 우리 깊은 곳에서 하나님을 경험하고 이해할 수 있다. 입술로 그분에 대해 나누고 마음으로 경배드릴 수 있다. 그리스도께서 율법의 완성이 되셔서 복음 안에서 율법이 더욱 깊어지고 실제적이 되었다. 그리스도 안에서 "말씀이 육신이 되어" 우리와 함께하신다요 1:14. 9절에서 바울은 이 믿음의 말씀이 그리스도가 주님 되시고 구원을 베푸신다는 깊은 진리를 입술로 고백하는 것임과 동시에 그리스도를 마음 깊숙이 믿는 것을 포함한다고 설명할 것이다.

믿음이 작용하는 방법 10:9-13

이 단락의 두 번째9-13절는 6-8절과 긴밀히 연결되어 있다. 바울의 목적은 "믿음으로 말미암는 의"가 구원의 여정 가운데 어떻게 실제로 역사하는지 설명하는 것이다. 9절은 '호티'ὅτι로 시작하는데, 이 단어가 8절에 나오는 "믿음의 말씀"의 의미를 설명하는 접속어인지 "말씀이 네게 가까워"의 이유를 설명하는 접속어인지에 대해 의견이 분분하다. 나는 "믿음의 말씀"과 관련하여 해석하는 것이 바르다고 생각하는데, 문맥상으로도 10장이 믿음을 다루고 있기 때문이다.

고백과 믿음의 필요성 *10:9-10*

9-10절은 복음에 대한 적절한 반응을 설명하며 어떻게 믿음을 가질 수 있는지 보여 준다. 구원은 입으로 시인하는 고백과 마음으로 믿는 믿음이라는 두 가지 반응을 수반한다. 순서는 8절의 "입/마음" 순서와 같다. 고백의 내용은 여기에 명시되어 있지 않지만 고린도전서 16:22에서 아람어로 '마라나타'"주여 오시옵소서"라고 고백하는 것과 같이, '예수는 주시다'라고 초대 그리스도인들의 예배에서 가장 핵심적으로 고백했던 내용이 분명히 포함되었을 것이다. 이 고백은 그리스도의 높으심을 찬양하고 그분이 부활하신 주님이심을 인정하는 찬미의 핵심이었다행 2:36; 10:36; 고전 8:6; 12:3; 고후 4:5; 빌 2:11; 골 2:6도 참조. 예수님을 "주"로 부르는 것은 그분이 단순한 랍비가 아니고, 심지어 기다려 왔던 메시아보다 더 위대하신 분임을 인정하는 것이다. 시작부터 그리스도인들은 그분을 '완전하신 하나님'이자 '만유의 주'로 섬겼다히 1:3; 벧전 3:22; 딛 2:13.

이토록 주를 높이는 경배는 가장 자주 인용이 되는 구절 중 하나인 시편 110:1의 "내 주에게 말씀하시기를 내가 네 원수들로 네 발판이 되게 하기까지 너는 내 오른쪽에 앉아 있으라"는 말씀에 잘 드러나 있다막 12:36-37과 평행적 구조로 행 2:34-35; 히 1:3, 13; 5:6, 10; 6:20; 7:3, 7, 17, 21 그리고 다른 구절들에도 나타남. 이 인용은 그리스도를 주로 높이는 데 있어서 가장 두드러지게 문헌적인 뒷받침을 한다. 어떤 이들은 예수를 주님으로 알지 않고도 구원자로 아는 것이 가능하다고 말한다. 사실 이런 견해는 로마서 이 본문을 보면 맞지 않은 생각이다. 예수를 구원자로 아는 것은 그분을 주로 아는 과정에서 비롯한다. 주님 없이는 구원자도 없다.

이 구절에 나타나듯이 예수를 주로 고백하는 것은 믿음과 긴밀하게"그를 죽은 자 가운데서 살리신 것을 네 마음에 믿으면" 연결되어 있다. 예수님의 부활은 로마서의 핵심이다4:24; 6:4, 9; 7:4; 8:11, 34; 10:9; 13:11. 그가 하나님 오른편으로 높임 받으심은 하늘로 부활하실 때 일어났으며엡 1:19-20, 이는 초대교회 설교와 신조의 중심을 이루고 있었다행 3:15; 4:10; 13:30. 빈 무덤이 없는 십자가는 충직한 유대 랍비의 씁쓸한 죽음에 지나지 않다.

10절에서 바울은 6절과 9절의 의와 구원에 대한 생각을 함께 이끌어내어 9절의 고백과 믿음을 확증한다. "사람이 마음으로 믿어 의에 이르고 입으로 시인하여 구원에 이르느니라." 앞 두 구절과 함께 이 구절은 ABBA 구조교차 대구법를 이루고 있다. 8-9절에 "입/마음"은 10절에 "마음/입"에서 반영되고 있다. 마음속 믿음은 겉으로 표현되기 마련이다.

바울은 10절을 통해 5-9절의 논의를 종합하고 있다. 믿음만이 하나님과 올바른 관계를 맺게 하는 길이며, 믿음은 입술과 마음 즉 고백과 믿음을 포함한다. 그 외에는 어떤 방법으로도 하나님과 관계를 맺을 수 없다. 하나님은 은혜와 자비로 사람들이 그리스도를 믿는 믿음을 통해 그분께 나올 수 있게 만드셨다. 그 외에 구원을 얻을 수 있는 방법이 있다고 생각하는 것처럼 어리석은 것이 없다요 14:6; 행 4:12.

이 본문은 구원받는 방법을 설명할 때 자주 인용된다. 9절의 구원은 미래 시제"구원을 받으리라"로서 현재의 중생보다 마지막 구원을 가리킬 가능성이 있지만, 중생과 동시에 시작되는 구원을 묘사하는 것이 더 맞다고 본다. 구원에는 세 단계가 있다. 첫째, 죄의 고백과 함께 그리스도께로 삶을 전향하는 것, 둘째, 그리스도를 믿기로 결정하는 것, 마지막으로, 그리스도를 따르면서 지속적으로 구원을 경험하는 것. 6-10장에서 자주 보는 것처럼 '이미 그러나 아직'already/not yet 구조로서 구원은 현재적이지만 그리스도의 재림 때 완성될 구원을 경험하는 것이다. 이 후자 곧 재림에 관한 것이 11절의 주제다.

믿는 자는 부끄러움을 당하지 않을 것 10:11

다음 세 구절11-13에서 바울은 누가 구원을 받을 수 있느냐는 질문에 믿음으로 말미암는 의라는 진리를 적용한다. 이사야 28:169:33에서도 이미 썼던에서 그 답을 추려내고 있다. "누구든지 그를 믿는 자"가 바로 그 답이다. 바울은 이사야서를 인용할 때 "누구든지"라는 표현을 더해서 복음이 모든 이들에게 적용됨을 강조한다4절에 "모든 믿는 자"와 비교. 유대인이나 이방인이나 그리스도를 믿는 모든 이들은 구원을 받는다. 9:33처럼 바울은 이 구절을 통해 그리스도를 믿는 자들은 마지막 심판 때 부끄러움을 당하지 않을 것이라 가르치고 있다.

결론: 유대인과 이방인의 차이 없음 10:12-13

12-13절은 11절의 "누구든지"에 함축된 구원의 보편성의 의미를 짤막하게 설명하고 있다. 접속사 '가르'γὰρ; 왜냐하면 구절이 세 번 연속하여 나오면서 이사야서 인용을 연결하여 설명한다.

1 "유대인이나 헬라인이나 차별이 없음이라." 3:22-23에서 바울은 이 문구를 가지고 부정적 차원에서 그들이 모두 죄인이라고 설명했다. 여기서는 긍정적 차원에서 그들이 모두 '그리스도를 믿으면 의롭게 될 수 있다'고 가르치고 있다. 유대인들은 자신들이 선택받은 이유가 "땅의 모든 족속이 너로 말미암아 복을 얻을 것이라"던창 12:3; 18:18; 22:18; 26:4; 28:14 아브라함 언약을 저버렸다. 더욱이 하나님이 약속하신 메시아를 저버렸기에 언약 관계를 잃게 되었다. 그 관계를 회복할 수 있는 유일한 방법은 이방인과 함께 그리스도를 믿는 믿음을 찾는 것 뿐이다. 하나님은 은혜로우사 그들이 불신에서 돌아서 그리스도를 찾을 수 있도록 기회를 주셨다. 예수님은 모두를 위해 죽으셨기에 누구나, 즉 유대인이나 이방인이나 그분을 믿음으로 구원을 얻을 수 있다3:22, 29-30; 4:11-12, 16-17; 5:6-11, 18-19 참조.

2 "한 분이신 주께서 모든 사람의 주가 되사 그를 부르는 모든 사람에게 부요하시도다." 어떤 이는 "한 분이신 주"를 하나님 아버지로 생각한다. 이는 3:29-30에서 하나님은 유대인과 이방인의 하나님이시고, 13절에서 요엘서를 인용할 때 그들이 부르는 "주"의 이름이 여호와이기 때문이다. 하지만 그리스도의 주 되심이 이 본문에 두드러지게 나타나고 있고, 9절에 나온 본문과 연결되어 있다. 11절에서 믿음의 초점이 그리스도에게 있고, 12절에서도 그 맥락이 유지된다. 예수님은 유대인과 이방인의 주님이시고, 모두 그분이 풍성하게 베푸시는 축복을 받는 자들이다.

다른 바울 서신에서는 하나님의 풍성하신 축복이 그의 백성들에게 '부어지고'[47] 있다고 표현하는데 여기서는 그리스도의 풍성함**고후 8:9; 엡 3:8 참조**이 부어지고 있다고 표현한다. 이러한 풍성함은 "그를 부르는 모든 사람" 즉 9-10절의 믿고 고백하는 이들에게 구원을 베푸시는 하나님의 은혜와 자비의 부으심이다. "그를 부르는" 것은 일반 헬라어에서 신들에게 기도로 '호소'하는 것인데, 여기서는 기도와 예배, 그를 지속적으로 의지함을 통해 높으신 그리스도께 호소하는 것을 의미한다. 이 새 생명은 믿음으로 그분께 부르짖는 구원과 함께 시작하며 일평생 그분께 헌신하며 의지하는 것이다.

3 "누구든지 주의 이름을 부르는 자는 구원을 받으리라." 13절은 요엘 2:32을 인용한 것이다**11절의 사 28:16 인용과 함께**. 이 본문은 하나님께서 모든 이에게 구원을 열어 놓으신 것이 새 언약뿐만 아니라 옛 언약에서도 있었던 하나님 뜻이었음을 주장하는 것으로 결론짓고 있다. 이것과 12절 사이를 "부르는"으로 연결하면서, 믿음이 어떻게 회개하는 죄인들로 하여금 그리스도께 돌아오며 그들을 구속하고 칭의하시는 하나님의 은혜의 풍성함을 경험하게 하는지를 설명한다.

여기서 바울이 가장 초점을 두는 단어는 "누구든지"**4, 11, 12절에서도**로서, 복음의 보편적 영향력을 강조하고 있다. 모든 사람은 하나님께서 구원하고자 하시는 사랑

47 엡 1:7-8; 롬 2:4; 9:23; 11:33; 엡 1:18; 2:7; 3:16; 빌 4:19; 골 1:27; 딤전 6:17도 참조하라.

의 대상이고, 하나님은 "아무도 멸망하지 아니"하기를 원하신다벧후 3:9. 이것은 요엘서에서 여호와의 날욜 2:28-32에 성령을 부으시는 예언의 한 부분이기도 하다. 요엘의 "누구든지"는 이스라엘의 모든 이들을 가리키는데, 로마서에서는 유대인과 이방인 모두를 가리키며, "주의 이름을 부르는" 모든 자들을 가리킨다. 요엘이 말한 마지막 날이 임하였고, 따라서 이 땅에서 믿음으로 그분의 이름을 부르는 모든 이들이 약속하신 구원의 축복을 누리게 되었다. 요엘처럼 이 축복은 성령을 포함한다롬 8:1-17.

이 본문은 하나님께서 언약에 신실하시다는 사실에 관한 바울의 논의에 있어 중요한 부분이다. 하나님은 자신의 주권 아래 자기 백성을 구원으로 부르시고9:6-29, 그들은 그 부르심에 응답해야 한다9:30-10:21. 하나님은 자기 역할을 다하셨지만 이스라엘은 그러지 않았기에, 하나님께서 이방인에게 눈을 돌리신 것이 자신들 때문임을 한탄할 수밖에 없다. 유대인의 문제는 율법을 통한 의를 추구한 것과 메시아가 오셔서 그리스도를 믿는 믿음이 율법을 대체한 것을 깨닫지 못한 것이다. 이방인은 하나님과 올바른 관계를 맺게 되었지만 유대인 대부분은 그러지 못했다.

하나님께서 그리스도를 모퉁잇돌로 세우시고, 그의 언약 백성은 그 돌에 걸려 넘어졌다9:32-33. 그 돌이 그들 위에 떨어져 그들을 부수는 심판이 임하였다. 그들이 예수께서 메시아이심을 거부한 이유는 예수가 그들의 생각과 맞지 않았기 때문이다. 그들은 율법 중심의 삶을 끝내야 한다는4절 그분의 선포를 받아들이지 않았다.

이 현상은 오늘날에도 똑같이 일어난다. 많은 사람들이 그리스도께서 어떤 분이셔야 한다는 자신들의 생각그들이 원하는 삶의 방식을 인정하시는 하나님을 바꾸려 하지 않는다. 그래서 그분께 자신들의 삶을 드리려 하지 않는다. 그들은 그리스도를 부인하고, 그 결과 하나님도 그들을 부인하신다.

하지만 굉장한 진실은 '믿음의 말씀'이 우리 가까이 있고 듣고자 하는 이들에게 분명하게 말하고 있다는 점이다. 구원의 길은 우리에게 열려 있고, 복음에 우리 마음을 열어 그 길로 나아갈 수 있다. 구원을 받기 위해 우리는 고백하고 그리스도 안에서 우리 것이 된 구원을 믿으면 된다 9-10절. 이 구원은 믿으려는 '모든 이'에게 주어질 수 있다 11-13 절. 오늘날 이 "누구든지"가 이 땅에 태어난 모든 사람들을 의미하고 있음을 깨닫는 것이 중요하다. 죄인도 예외일 수 없다. 도둑, 창녀, 살인자 등 어떤 종류의 죄인들이라도 회개하고, 믿음으로 그리스도께 오고, 용서를 구한다면 그들에게는 구원의 길이 열려 있다. 하지만 반드시 그리스도를 믿음으로 구원을 얻는 것이다. 인간의 어떤 노력으로도 구원을 얻을 수 없다. 구원은 하나님의 선물이고, 돈으로도 사지 못하며, 세상의 어떠한 아름다운 장식으로도 꾸밀 수 없는 것이다.

4. 복음을 거부한 이스라엘의 죄 10:14-21

하나님께서 유대인과 이방인에게 동일하게 구원을 약속하시고 베푸셨다. 하지만 바울이 2:1-3:10에서 지적한 것과 같이, 유대인들은 언약의 혜택을 받았기에 그 죄가 중하다. 그들은 의도적이며 도전적으로 출 14:8, '담대히' 그리스도를 부인하였다. 위 단락의 주제는 "주의 이름을 부르는 자는 구원을 받으리라" 13절의 요엘 2:32 인용는 약속이었다. 하지만 유대인 다수는 그 약속에 믿음으로 반응하지 않았다.

바울은 이제 구원의 과정을 반대 순서로 나열하면서 14-15절, 믿음으로 예수를 "부르는" 것이 무엇인지 결과에서 원인 순으로 설명하고 있다. 곧 복음 전하는 증거자들을 보내어, 그리스도를 믿으라는 권고를 듣게 하고, 그 후에 진리를 믿으면, 주님을 부르게 되는 순이다. 바울의 요점은 이스라엘이 이 과정을 거쳤으나 믿음으로 반응하지 않았기에 하나님 앞에서 죄의 책임을 물어야 한다는 것이다16-17절. 그들은 완고하게 복음을 대했기에 하나님도 이방인에게로 얼굴을 돌리셨다18-21절.

1) 중생 과정 설명 10:14-15

중생 과정을 설명하는 것은 13절의 요엘서에서 주의 이름을 "부르는" 자는 "구원을 받으리라"는 인용을 확장한 것이다. 마지막 과정인 부르는 것에서 구원하시는 주님께로 이어지는 역순으로 설명하고 있다.

이 구절들에서 나타나는 중생 과정은 로마서에 자주 등장하는 수사학적 질문의 형식을 띠고 있다3:1; 4:1; 6:1; 7:1; 8:31; 9:14와 같은 형식. 이 질문들은 '조건이 갖추어지지 않으면 아무도 할 수 없는' 것처럼 답을 유도해 낸다. 각 질문마다 나오는 소재들이 다음 단계로 나아가는 데 필수 조건이 되는 것이다. 예를 들어, 첫 번째 나오는 세 가지 소재들 '믿지 않으면 부를 수 없고, 듣지 않으면 믿을 수 없다'는 각각의 단계로 나아가는 데 있어서 서로 필요한 조건이 된다. 이 구절은 주로 유대인을 가리키지만 그리스도인 된 모두에게 해당하는 것이다. 중생한 모든 이들이 거치는 과정인 것이다.

부름-믿음-들음-선포함-보내심 10:14

바울의 첫 요점은 믿음이 없으면 부를 수 없다는 것이다. 3:21-4:25에서만도 17번 강조되었고 10:4, 6, 8, 9, 10, 11 문맥에도 연결되는 하나님과 그리스도를 믿는 믿음이 하나님을 부르는 가장 중요한 바탕이 된다.

바울은 여기서 우리 죄를 위한 희생의 죽으심뿐 아니라 부활과 그리스도의 주 되심을 믿는 온전한 믿음을 요구한다10:9.

예수 그리스도를 믿기 위해서는 복음을 들어야 한다. 어떤 이들은 그리스도를 들어야 한다고 하지만, 17절에서 "그리스도의 말씀"이라고 하고 15절에서 "좋은 소식을 전하는 자들의 발"이라고 한 것을 볼 때 복음 선포를 들어야 함을 의미한다고 볼 수 있다. 들음은 성경 전반적으로 볼 때 '반응'과 동의어임을 알아둘 필요가 있다. 히브리어와 헬라어 모두 '들음'이 '순종함'을 의미하고 있다. 들은 말씀에 반응하고 살아내기 전까지는 진실로 들은 것이 아니다. 특히 복음은 더 그렇다.

물론 "전파하는 자" 없이 복음을 듣는 것은 불가능하다. 바울은 자주 복음 선포와 잃어버린 세상에 하나님의 좋은 소식을 전하는 특권에 대해 강조한다. 그리스도를 전하는 것이 하나님이 주시는 사명의 심장부와도 같고갈 2:2; 살전 2:9 사도적 사역의 중심이다고전 1:23; 15:11-12; 고후 1:19; 4:5; 골 1:23. 그는 말씀 전하는 사역과 자신의 삶에 가르친 말씀대로 살아내려 절제하고 훈련하는 것을 게을리하지 않았다고전 9:27. 그리고 복음 선포를 자신의 삶에 있어서 가장 중요한 사명으로 생각했다딤전 3:16-17; 4:2.

전파하는 것은 "보내심을 받지 아니하였으면" 불가능하다15절. 하나님의 부르심과 보내심은 사역을 함에 있어 능력과 정당성을 지니는 데 필수 조건이다. 하나님께 받은 소명이 없이는 설교할 수 없고, 성령께서 주시는 능력으로 가득한 말씀을 전할 수 없다. 우연히 진리의 말을 할 수는 있어도 그 말씀에는 주님이 역사하시지 않는다. 이는 안수 받은 자만 설교할 수 있다는 말이 아니다. 선포된 말씀에는 반드시 하나님께서 역사하셔야 한다.

설교자는 전령인데, 고대에 전령은 보내는 기관 없이는 아무 권세가 없는 직책이었다. "사도"아포스톨로스, ἀπόστολος라는 용어는 '보냄 받은 자'라는 뜻으로서 요한복음에서 두드러지게 나타나는데, 여기서 예수님이 자신을 '보냄 받은 자'라고 20번 이상 부르시는 것을 볼 수 있다.[48] 예수님은 요한복음 20:21에서 사도들에게 권세를 주시며 "아버지께서 나를 보내신 것 같이 나도 너희를 보낸다"17:18도 참조고 말씀하신다. 예수께서 말씀 선포자에게 배턴을 넘기시고, 그들이 또 "다른 사람들을 가르칠" "충성된 사람들"에게 넘기게 된다딤후 2:2. 여기서 네 단계가 나오는데, 예수로부터 설교자에게, 또 그들이 훈련하는 이들에게, 마지막으로 교회의 "다른 사람들"에게 전해진다. 여기에 교회 성도들을 다섯 번째로 추가하면 그들이 믿지 않는 자들을 전도하며 복음의 진리를 전하는 것이 되는 것이다.

성경의 증거 10:15b

복음을 선포하도록 부름 받은 이들에게 권세를 주는 근거는 다름 아닌 하나님 말씀이다. 바울은 이사야 52:7을 각색하여 "아름답도다 좋은 소식을 전하는 자들의 발이여"라고 표현한다. 인용구에서 "평화를 공표하며"를 빼고 선포하는 것 자체에 초점을 둔다. 바울은 이를 통해 보내는 것과 선포하는 것이 선지자적 명령을 수행하는 것임을 보여 주기를 원했다. "아름답도다 … 발이여"라는 문구를 쓴 목적은 선지자와 설교자들이 하나님의 복음을 두루 다니며 전하는 사역이 얼마나 고귀한 사명인지를 보여 주려 함이다. 설교자로 부름 받은 이들은 메시아의 전령들이고이사야서 메시아 예언 종의 노래에 나타남 설교 사역은 예수님 순회 사역의 연장선에 있다.

혹자는 "아름답도다"를 '때에 맞도다' 아니면 '적절한 시기로다'로 생각하여 세상에 복음을 전할 "때가 차매"갈 4:4의 개념으로 해석한다. 그러나 이사야서와 로마서 모두 복음을 선포하는 것 자체가 '아름다운' 것임을

48 이는 예수님이 성부께서 보내신 분이라는 개념이 요한복음에 유독 잘 나타나 있음을 알려준다. 요한복음 5:23, 24, 36; 6:29; 8:16, 18, 29, 42를 참조하라.

가리키고, 다른 신약 저자들이 이사야서를 인용할 때도 그런 의미로 인용한다마 23:7; 행 3:2, 10.

너무도 많은 교회에서 말씀 선포를 강조하지 않고, 담임목사는 자신을 회사 경영인이나 연예인쯤으로 생각하여 양을 치는 목자와 진리를 선포하는 선지자로서의 역할을 망각하고 있다. 이는 예수님과 제자들의 사역과는 완전히 반대되는 것인데, 사도행전과 신약 서신들을 보면 예수님 제자들은 말씀 사역에 가장 우선권을 두고 있다. 사도행전 2:42에서 교회 사역에 가장 먼저 등장하는 것이 "사도의 가르침"이다. 목회자는 가장 먼저 양들을 먹여야 하며요 21:15-17, "진리의 말씀"을 어떻게 다루느냐에 따라딤후 2:15 하나님께 심판을 받을 것이다. 또한 모든 성도는 선포된 하나님의 진리를 잘 받아들이고 새기는 저장소가 될 사명이 있다.

2) 믿음으로 받아들이지 않은 이스라엘 10:16-17

하나님은 이스라엘에게 말씀 선포자를 파송하셨다. 구약에서는 선지자를위의 인용문에서 보듯이, 신약에서는 설교자들을 보내셨다. 14절과 15절 전반부에 나오는 모든 조건들이 다 맞아도 없으면 안 되는 것이 있다. 곧 "믿음"이다. 그런데 "그들이 다 복음을 순종하지 아니하였도다." 이것은 '극소수만' 그 복음을 받아들였음을 뜻한다. 유대인들 대부분은 복음을 거부하였다. 받아들인 소수만 9:27과 11:1-10의 "남은 자"가 된 것이다. 이 구절은 원문으로 보면 운율을 맞춘 단어 선택을 하고 있다. 14절에서 그들이 '들었으나'아쿠오, ἀκούω 그들은 복음에 '순종하기를' 혹은 '받아들이기를'휘파쿠오, ὑπακούω 거부하였다. 적극적인 순종 없이는 참된 믿음이 있을 수 없다.

이 사실을 더 확고히 하기 위해 바울은 이사야 53:1을 칠십인역헬라어 구약성경에서 인용한다. "주여 우리가 전한 것을 누가 믿었나이까." 이 구절은 요한복음 12:38에서도 인용되는데, 거기서도 유대인들의 불신을 묘사하는 데 쓰인다. 15절의 이사야 52:7 인용은 하나님께서 어떻게 메시아 전령을 복음 선포를 위해 보내셨는지 설명하고 있고, 이 구절에서 이사야 53:1를 인용한 것은 이스라엘이 어떻게 그 선포된 소식을 거부했는지를 보여 준다. 하나님께서 이스라엘의 구속을 선포하셨지만, 그들은 그 소식을 받아들이지 않았다. 그들은 역사를 통해 이를 거듭해 왔는데 지금도 여전히 복음을 듣지 않고 그 악한 모습을 반복하고 있다.

17절의 "그러므로"아라, ἄρα는 14-15절에서 나타난 구속의 네 과정을 요약하고 있다. 하나님은 이 과정에서 그분의 역할 즉 말씀과 선포자를 보내는 일을 하셨다. 이스라엘은 자신들의 역할을 다하지 못하였기에 주님 앞에서 그 죄의 책임을 물게 되었다.

첫째, "믿음은 들음에서 나며"이다. 예수께서 이것을 강력하게 말씀하셨다. "귀 있는 자는 들을지어다"마 11:15; 눅 14:35. 이 말은 '너희가 듣고 반응하기를 원한다면 지금 하는 것이 낫다'는 뜻이다. 계시록의 일곱 교회를 향한 편지에서 이를 더 확장하여 "귀 있는 자는 성령이 교회들에게 하시는 말씀을 들을지어다"계 2:7, 11, 17, 29; 3:6, 13, 22라고 선언하고 있다. 복음을 부인하였기에 유대인들은 귀가 있어도 '들을 귀가 없는 자들'로 판명되었다. 계시록에서는 "성령이 하시는 말씀"이라고 표현하지만 바울은 로마서에서 "그리스도의 말씀"이라고 덧붙이고 있다. 복음은 삼위일체적인 말씀으로서 성삼위께서 모두 다 참여하시는 말씀이다. 성부께서 보내시고, 성령께서 말씀하시고, 그리스도께서 말씀의 내용이 되신다.

둘째, 말씀은 그리스도'에게서'가 아닌 그리스도'에 대한' 말씀이다. 바울은 선포된 복음이 십자가에서 흘리신 피로 구원을 베푸신 그리스도의 사역에 관한 것임을 강조하고 있다. 사도행전에 잘 나와 있듯이, 유대인들에게 복음을 전파하는 임무는 완수되었다. 바울이 가는 곳마다 로마서

1:16의 "먼저는 유대인에게요 또한 헬라인에게로다"의 임무를 수행했다행 13:14-15; 14:1-2; 16:12-13; 17:1-4, 10; 18:2-6; 19:8-10. 하지만 유대인은 복음을 받아들이지 않았고 믿지도 않았다. 이렇게 복음을 받아들이지 않는 현상은 오늘날에도 일어나는데, 더 큰 문제는 온전하지 않은 반쪽짜리 얕은 말씀으로 사람들의 마음 문을 열지 못한다는 사실이다. 많은 그리스도인들이 배우려 하지만 배우지 못하고 있다. 베드로전서 2:2-3의 '가르치는 것'은 신령한 젖과도 같이 양들을 먹이는 일이다. 하지만 너무나 많은 교회들에서 건강하지 못한 즉석 식품과 같은 것들을 말씀이라며 먹이고 있다.

3) 이스라엘의 완고함에 대한 묘사 10:18-21

그들이 분명히 들음 10:18

18-19절에서 구약을 인용하며 바울은 11:1, 11에서도 사용할 "내가 말하노니"라는 문구로 시작하고 있다. 이런 문구의 목적은 수사학적 질문을 바울 개인의 직접적인 질문으로 만들기 위함이다. 바울은 기본적인 문제에 관한 질문을 한다. "그들이 듣지 아니하였느냐." 여기에 대한 대답은 이중 부정으로 해석될 수 있다. "그들이 듣지 않았다는 것은 사실이 아니다." 이것은 강한 긍정으로서 그들이 분명히 들었음을 강조하는 것이다. 바울은 그들이 복음을 의지적으로 거부하고 하나님께서 그들을 정죄하시는 것에 대해 자기방어를 하려 했음을 지적한다.

모순적이게도 그들은 듣지 않았으나16-17절 사실상 들었다18절. 이런 모순은 문맥상 '듣다'의 세 가지 면을 고려해 보면 조화가 이루어진다. 즉 선포된 복음을 듣는 것, 그 의미를 이해하는 것, 그리고 복음에 순종하는 것 혹은 받아들이는 것이다. 이 구절은 첫 두 가지를 강조한다. 그들은 들었고 복음을 이해했다. 16-17절은 세 번째 것을 강조한다. 그들은 이해한 복음을 받아들이지 않았다. 바울의 목적은 16-17절에서 이스라엘이 복음 듣기를 거부한 사실을 명확하게 하는 것이다.

그의 요점은 유대인이 복음을 들었을 뿐만 아니라 이해도 했다는 것이다. 이 점을 확증하기 위해 바울은 잘 알려진 시편 구절을 인용한다. "하늘이 하나님의 영광을 선포하고 궁창이 그의 손으로 하신 일을 나타내는도다"시 19:1. 하지만 시편 19:4의 "그의 소리가 온 땅에 통하고"를 인용했을 때 사실상 바울이 의미한 바가 무엇인지에 대해 의견이 엇갈린다. 이 시편 본문은 일반계시창조를 부각하는 반면, 바울은 특별계시복음과 하나님 말씀에 대해 논하고 있다. 하지만 구약이 신약에 인용될 때는 유사한 의미를 가지고 인용되는 경우가 많다. 즉 하나님께서 자연 속에서 자신을 계시하시는 것은 그분 말씀을 통해 자신을 계시하시는 것과 유사하고, 따라서 시편 19편은 하나님께서 복음으로 말씀하고 계신 것을 나타내는 것으로도 사용할 수 있는 것이다. 자연을 통해 말씀하신 것보다 더 확실하게 계시된 말씀을 통하여 말씀하실 수 있는 것이다. 또한 시편 19편 후반부는 특별계시율법를 다루고 있기에 시편 본문 자체도 두 가지일반계시, 특별계시 모두 지지하고 있음을 알 수 있다.

"땅 끝까지"의 의미에 대해서도 여러 의견이 있다. 어떤 이들은 이를 이방 선교에 국한하는데, 사도행전과 바울은 유대인들도 선교 대상에 포함시킨다. 이방인으로 제한한다면 모두를 위한 선교가 될 수 없다. 마찬가지로 시편 19편에서 보듯이 이것은 이스라엘에게만 국한하는 것도 아니다. 바울은 전 인류를 대상으로 한다. 하지만 질문이 더 있다. 주후 57년에 로마서를 쓸 때 바울은 복음이 이미 "온 땅"에 퍼졌다고 믿고 있었을까? 물론 그것은 아니었을 것이다. 그는 서바나를 방문할 계획이 있었기 때문이다15:24, 28. 바울은 온 세상을 향한 교회의 사명이 완성 단계에 이르지 않았다고 생각했음이 분명하다. 나는 이것을 세상 끝을 향한 '선교의 시작'이라고 부르고 싶다. 이미 시작되었지만 다 이루어진 것은 아니다. 세계 선교가 성공적으로 완수된다면 유대인을 향한 사역도 완수될 것이다. 마태복음 28:18-20의 대위임령처럼 "모든 민족"을 향한 선교는 유대인과 이방인 모두를 포함한 것이다. 결국 이스라엘 사람들은 복음을 들었고 이해했지만 믿지 않은 것에 대해 핑계 대지 못할 것이다.

이스라엘은 알았고 노여워하게 됨 10:19

실패에18-21절 관한 이스라엘의 책임과 죄에 대해 다루는 이 단락의 마지막 부분에서 바울은 그들이 믿을 기회가 없었다는 핑계를 내세우지 못할 것이라 말하고 있다. 18절에서 바울은 그들이 구원의 말씀을 들었고 그들이 그 말씀을 이해했음을 보여 준다. 그는 "이스라엘"이라는 언약적인 이름을 사용하여 그들이 선택된 백성으로서 여호와를 섬기는 왕들과 선지자들을 배출한 나라였음을 상기시킨다. 언약 백성으로서 구약 전통에 충실했던 그들은 복음을 들었을 뿐만 아니라 그 의미와 내용을 알았다. '알다'기노스코, γινώσκω에는 '이해하다'라는 뜻도 있다.

19-21절은 하나님께서 계시하신 구원을 향한 옛 길과 새 길 사이가 지속되고 있음을 증명하는 구절들을 연속으로 인용한 것이다. 바울은 "모세가 이르되"로 인용을 시작하며 이스라엘의 지식의 범위에 관하여 증거하는 이들 중 가장 첫 번째로 모세를 내세웠다. 인용구는 신명기 32:21을 출처로 한 것인데, 모세가 인생 말기에 한 작별 노래 일부이다. 이 구절은 칠십인역에 가깝게 인용되었는데, "그들"을 "너희"로 바꾸어서 "백성 아닌" 이방인과 대조시키려 했다.

작별의 노래 자체는 이스라엘의 우상 숭배와 타락에도 불구하고 여호와의 언약적 신실하심을 찬미하는 내용을 담고 있다. 유대인들은 하나님에서 "허무한 것"신 32:21으로 눈길을 돌림으로 하나님께서 "질투"하시게 하였기에, 하나님은 "나도 백성이 아닌 자로 그들에게 시기가 나게 하며 어리석은 민족으로 그들의 분노를 일으키리로다" 하셨다. 히브리인들은 "백성이 아닌 자들" 때문에 시기하게 되었다. 아마도 이것은 바울의 사고 속에서 로마서 9:25"내 백성 아닌 자를 내 백성이라"에서 인용된 호세아 1:10의 언어와 비슷한 것으로 연결되었을 것이다.

바울은 호세아와 신명기에서 이방 선교의 예언을 보았다. 11:11, 14에서 보겠지만 하나님께서 이방인에게 시선을 돌리신 가장 큰 이유는 이스라엘로 시기하게 하시기 위함이다. "시기가 나게" 하는 목적은 그들이 하나님께로 돌아와서 하나님 백성으로의 정체성을 다시 회복하게 하는 것이다. 이스라엘이 광야에서 떠돌 때 "노엽게" 되었다면신 32장의 배경, 메시아 시대에는 얼마나 더했겠는가.

이방인에게로 돌리심 10:20

바울은 이사야의 '담대히' 예언하는 모습을 상상하면서 이 진리의 놀라운 면을 강조하고 있다. 바울은 이사야서 구절을 인용할 때 두 가지 동사를 맞바꾸어 나열하여 이방인의 중생"찾은 바"과 하나님과의 새로운 관계"나타났노라"를 강조하고 있다. 이 새로운 관계는 새로운 이해를 낳는다. 이사야서에서는 이것이 이방인을 가리키는 것이 아니라 하나님께서 자기 백성을 잊어버리셨다고63:7-64:11 불평하는 고집 센 이스라엘에게 반응하시는 것을 가리킨다. 그들은 타락해서 하나님의 이름조차 부르지 않았다고 말씀하신다65:1-2. 바울은 이것을 10장에서 볼 수 있는18절을 참조 문구들에서 유추하여 이방인에게 적용하고 있다. 이 구절은 이방인에게 적절하게 적용되는데, 이는 그들이 하나님이 보시기에 "백성 아닌 자"였고 "미련한 백성"이었기 때문이다.

믿지 않은 유대인들은 메시아를 저버렸기 때문에 이방인과 같이 회개하는 죄인으로서 하나님께 나와야 한다. 여기서 요점은 이 단락 시작 부분9:30-31과 마찬가지로 "의를 따르지 않은 이방인들"이 "의를 얻었다"는 점이다. 이스라엘은 이방인과 같이 "나를 찾지 아니한 자들"이 되었으니 또한 이방인처럼 믿음으로 그리스도를 "부르는"10:12-13 자들이 되어야 한다. 이스라엘은 의지적으로 죄를 지었고 따라서 선택받은 민족으로서 갖는 특권을 잃어버렸다. 그들은 회개하고 무릎 꿇고 용서를 빌며 구원을 간절히 구해야 한다.

순종하지 않고 거슬러 말하는 백성 10:21

20절과 21절에서 바울은 이사야 65:1-2을 인용하며 이것을 먼저 이방인과 다음으로 유대인에게 적용한다. 이방인은 믿음으로 그리스도를 '찾았는데' 유대인들은"종일" 복음에 대해 냉랭했다. 이사야 65:2에서 두 가지 요소, 즉 자기 백성을 향한 하나님의 지속적 관심"내가 종일 내 손을 벌렸노라"과 이스라엘의 고집스러운 반응"순종하지 아니하고 거슬러 말하는 백성"이 강조된다.

바울은 "종일"을 문장 끝에서 인용문의 첫 부분으로 옮김으로원문 참조 이스라엘을 향한 하나님의 끝없는 사랑을 강하게 강조한다. 손을 벌린다는 것은 백성이 회개하며 하나님께로 오는 것을 보여 주고 있지만, 여기서 문맥상 이스라엘은 고집을 피우는 목이 곧은 백성으로서 회개하기를 거부하는 것으로 볼 수 있다. 그들의 불순종과 죄악은 하나님의 은혜와 대조된다. 하나님은 '헤세드'חסד, 즉 은혜로운 사랑으로 자기 백성이 돌아오기를 바라셨지만, 그들은 고집스럽게 돌아오기를 거부하였기에 하나님 앞에서 자신들의 모든 죄를 물고 서 있게 되었다.

이는 로마서 9-10장의 결론이 되며, 왜 유대인들이 하나님 앞에서 배교자로 서게 되었는지를 설명해 준다. 첫째, 하나님이 예정하신 뜻대로 배교한 유대인들을 벌하시고 이방인들을 참 이스라엘로9:6-29 불러오신다.

둘째, 그들은 복음을 들었고 이해했지만 그리스도께 헌신하기를 완강히 거부하였고, 따라서 그들이 받게 될 슬픈 영적 현실에 대해 온전히 책임을 져야 한다. 하지만 바울은 다음 단락11:1-10에서 하나님께서 자신의 언약 백성을 버리지 않으시고 그분을 위해 "남은 자"들을 선택하셨음을 보여 줄 것이다.

부록: 하나님의 주권과 인간의 책임

우리는 하나님의 선택에 관하여 9:6-26에서 다룬 하나님의 주권과 9:30-10:21에서 다룬 인간의 책임에 관하여 몇 가지 결론을 도출해 낼 수 있다. 예정에 관한 논쟁은 이 두 가지 견해 가운데 균형을 찾아야 한다. 중요한 것은 하나님의 주권이 주를 이루면서도 인간의 책임도 상호작용을 하고 있다는 것이고, 하나님께서 시작부터 인간의 선택을 "명령"하셨다는 것이다. 하나님은 아담과 하와를 죄 짓지 않는 존재로 지으실 수도 있었다. 즉 전쟁, 살인, 성적 범죄, 굶어죽는 아이들, 유대인 학살이나 캄보디아 대학살 같은 잔인한 살인, 질병 등을 유발한 인간의 욕심이 없었을 그 상태 말이다.

하지만 선택이 없이는 사랑도 없다. 사랑은 선택을 요구하기 때문이다. 하나님은 악을 만드시지 않았지만 선택을 요구하셨고, 선택이 있기에 악의 가능성도 항상 존재했던 것이다. 하나님은 악의 가능성이 사랑을 즐거워하고 선한 일을 택하기 위해서 치러야 할 값이라고 생각하셨을 것이다.

하나님의 주권은 하나님께서 우리를 자유 의지와 함께 창조하시도록 하였다. 하지만 이것이 영원한 구원, 특별히 예정과 믿음의 관계에 있어서 어떻게 작용하는가? 많은 이들이 하나님의 완전한 주권 때문에 그분 은혜는 그분 자신의 자유 의지에 전적으로 달려 있고 인간의 선택에 달려서는 안 된다고 말한다. 이것은 틀린 말은 아니다. 구원은 '인간이 믿음을 선택'하는 것이 아니라 믿도록 확신시키시는 성령님의 임재에 달렸기 때문이다. 우리 스스로 구원을 선택할 수 없고, 하나님 주권이 그리스도께로 인도하시는 성령님의 역사에요 16:8-11 우리가 반응하도록 하신다. 여전히 자유로운 선택은 있지만, 그것은 성령께서 우리의 전적 부패를 극복하게 하시고 확신시키시어 결정할 수 있도록 하시기 때문이다.

믿음은 행위가 아니지만엡 2:8-9 우리 안에서 역사하시는 성령이 역사하시도록 우리 자신을 여는 것이다. 로마서 8:29-30 주석에서 나는 미리 아심이 예정을 앞선다고 했다. 하나님께서 성령의 확신시키는 사역에 누가 긍정적으로 반응할지를 미리 아시고 그들이 그분의 자녀가 되도록 선택하신다요 1:12고 언급했다. 하나님께서 미리 정하신 뜻이 분명히 있고 그분의 주권이 인간의 선택을 앞선다. 그분의 주권적인 뜻이 우리 선택이 가능하도록 만드는 것이다. 우리는 성령의 가능하게 하시는 임재 없이는 스스로 완전한 타락의 지배를 벗어날 재간이 없다.

하나님께서 이스라엘이 복음을 거부하기로 선택할 것을 미리 아시고 이스라엘을 심판하도록 주권적으로 선택하신 것이 9:1-10:21의 주요 내용이다. 사실 이것은 11:1-32의 내용이기도 하다. 바울은 2절에서 "하나님이 그 미리 아신 자기 백성을 버리지 아니하셨나니"라고 말한다. 하나님은 끝까지 신실하게 남아 있을 남은 자들을 주권적으로 택하셨다. 하나님의 역할과 그들의 역할 모두 그들이 선택받은 자들이 되게 하였다. 선택받은 자들은 이스라엘 전체가 아닌 "남은 자"만이라는 것을 명심하라.

이 전체를 요약해 보자. 하나님은 주권자이시다. 하지만 개인마다 보편적으로 주어지는 구원의 초청에 대해 반응해야 할 책임이 있다. 그 반응은 성령의 임재로만 가능하다. 이스라엘은 하나님의 선택받은 백성이지만 믿음으로 반응하여 구원받은 자들에만 해당된다. 대부분은 불신 때문에 하나님 백성 지위를 박탈당했다. 하나님은 자신의 주권으로 이방인에게 시선을 돌리시고 그리스도를 믿음으로 반응한 사람들을 택하셨다. 하나님은 주권자이시고, 그 주권으로 성령의 확신하게 하고 가능하게 하시는 사역을 통해 인간이 자유로운 선택을 하도록 하셨다.

5. 이스라엘의 남은 자 선택 11:1-10

어떤 아이든 '못되고 착하지 않은' 시기들을 다 거친다. 그래서 부모에게서 훈육을 받아야만 한다. 그 기간 동안 아이들은 짜증을 내면서 "왜 저를 사랑하지 않나요? 왜 저를 이렇게 혼내시나요?"라고 묻는다. 좋은 부모의 대답은 로마서 9-11장의 바울의 대답과 거의 일치할 것이다. **1)** "아버지는 가장 최선의 것이 무엇인지 알고 있단다"9:6-29. **2)** "너희는 너희가 한 일에 대해 책임이 있고 너희가 받아야 할 벌을 당연히 받는 것이다"9:30-10:21. **3)** "너희 앞에 엄청난 미래가 펼쳐져 있고 잠깐 받는 훈육은 이 약속의 한 부분일 뿐이다"11:1-36.

바울은 온 이스라엘이 하나님께 버림을 받은 것은 아니라고 말한다. 9:6-7에서 그는 조심스럽게 "이스라엘에게서 난 그들이 다 이스라엘이 아니요"라고 말했다. 그리고 9:21에서 "하나는 귀히 쓸 그릇을, 하나는 천히 쓸 그릇을"이라고 덧붙인다. 10:16에서 그는 "그들이 다 복음을 순종하지 아니하였도다", 11:17에서 "또한 가지 얼마가 꺾이었는데"라고 말하고 있다. 이스라엘의 일부는 완악하게 되고, 일부는 하나님을 위해 새로운 언약 공동체가 된다. 이는 2절의 "하나님이 그 미리 아신 자기 백성을 버리지 아니하셨나니"라는 구절에서 찾을 수 있다.

이 중요한 장의 첫 단락이 1-10절이다. 여기서 바울은 독자들에게 지금 은혜로 선택 받고 그리스도를 찾은 유대인 남은 자들이 있다고 말한다. 이 단락의 주제를 이루는 단어들은 8:29-10:21에서 찾을 수 있는데, 주로 선택의 과정에 대한 단어들이다. 이를테면 "미리 아신"2절, "택하심"7절 그리고 "우둔하여짐"7절 등이다. 9:6-29에서 바울은 하나님께서 영원한 형벌을 예비하셨지만 자신을 위해 남은 자들을 선택하셨다고 말한다. 하나님은 믿지 않는 이들이 아니라면10:3, 14, 16-21 자기 백성을 저버리지 않으셨다. 동시에 그분은 은혜 가운데 자기 아들을 버리지 않은 사람들을 선택하셨다.

1-10절은 두 단락으로 나뉜다. 긍정적인 단락 곧 이스라엘의 선택받은 남은 자들1-6절에 대한 것과 부정적인 단락 곧 완악하게 된 사람들7-10절에 대한 것이다. 신학적으로 중요한 점은 그 두 부류 모두 예정되었다는 것이다. "바알에게 무릎 꿇지 않은" 선택된 자들4절과 하나님에 의해 완악하게 되고 정죄 받은 자들이다. 요점은 하나님께서 자기 백성에게 하신 언약을 외면하지 않으셨고 자신을 위해 남은 자들을 보호하셨다는 점이다9:6, 14 참조.

1) 하나님께서 남은 자를 선택하심 11:1-6

하나님은 이스라엘을 버리지 않으심 11:1

도입 문구 "내가 말하노니"레고, λέγω는 10:18-19이나 11:11처럼 전달하고자 하는 요점을 비친다. 바울은 10장의 결론을 여기서 도출해 낸다. 이 세 군데 모두에서 "내가 말하노니 … 느냐"는 부정적 답을 예상하며 수사학적 질문으로 이어진다. "하나님께서 자기 백성을 버리셨느냐 결코 그럴 수 없느니라"3:3-5; 9:14 참조. 10:16-21에서 바울은 이스라엘이 복음을 명확히 듣고 이해했지만 믿기를 거절한 사실을 강조했다.

그들의 불순종과 죄악은 연이어 다음과 같은 질문을 유발한다. "하나님이 자기 백성을 버리셨느냐." 9:25-26과 10:19에서 바울은 호세아 1:10; 2:23, 신명기 32:21을 인용하면서 타락한 나라가 더 이상 "내 백성"이 아님을 강조하고 타락한 이스라엘과 이제 하나님 백성이 된 믿는 이방인들을 비교했다. 이를 토대로 가상의 독자들이 하나님께서 이스라엘을 "내 백성이 아닌 자"로 만드셨는지 질문할 것을 예상하여 바울이 수사학적 질문을 던지는 것이다. 그에 대해 바울은 그렇지 않다고 대답하고 있다.

그러고 나서 9:1-4에서처럼 로마에 있는 독자들에게 유대인의 뿌리는 "아브라함의 씨에서 난 자요 베냐민 지파"라고 상기시킨다. 고린도후서 11:22과 빌립보서 3:4-6에서 바울은 자신이 반대파의 오류를 바로잡을 권리가 있음을 밝히기 위해 여러 사실을 나열한다. 그는 선택받은 유대인, 새 이스라엘의 일원으로서 자기 자신을 예시로 들고 있다. 그리스도인들을 가장 많이 박해하고 유대인 지도층에 속했던 그가 그리스도를 만날 수 있었다는 사실이, 하나님께서 자기 백성을 저버리지 않으셨음을 증명하는 것이다.

더욱이 하나님께서 유대 지도자들 중 하나인 바울을 이방인의 사도로 부르셨다면, 하나님이 이방인을 더 좋아하셔서 자기 언약 백성을 포기하실 리는 만무한 것이다. 오히려 하나님은 이스라엘이 축복의 통로가 되어 이방인들이 언약의 공동체로 들어올 수 있기를 바라셨다. 바울은 하나님께서 포기하지 않으시고 대신 이방인을 섬기도록 부르신 하나님 백성의 본보기이고, 이로 말미암아 유대인이 이방인에게 하나님 축복의 통로가 되어 아브라함 언약이 성취된다창 12:3.

이 구절에서 바울은 스스로를 세 가지로 표현했는데, 그 내용이 흥미롭다. "이스라엘인"은 선택받은 백성으로서 가장 고귀한 언약적 이름이다9:4 참조. "아브라함의 씨"는 믿음으로 얻는 칭의롬 4:1-25; 9:7-8의 가장 중요한 예시인 아브라함을 상기시킨다. 하지만 자신을 "베냐민 지파"라고 말한 이유는 밝히기 쉽지 않다. 베냐민 지파가 굉장한 역사를 가지고 있기 때문일 수도 있다. 베냐민 지파는 "여호와의 사랑을 입은 자"신 33:12로 표현되고 사울이 그 지파에서 나왔다. 미슈나[49]에 의하면 유대 랍비들은 베냐민 지파가 홍해를 처음으로 건넜고 열두 지파를 통합하는 지파가 될 것이라고 믿었다. 바울이 이것을 염두에 두었는지는 알 수 없다. 어쨌든 그의 목적은 많은 유대인들이 신자가 되고 있음을 보여 주는 것이었다.

하나님이 버리셨다고 불평하는 엘리야 11:2-3

2절은 이 단락의 전제를 포함한다. "하나님이 그 미리 아신 자기 백성을 버리지 아니하셨나니." 이 문구는 시편 94:14과 사무엘상 12:22을 직접적으로 표방하는데, 칠십인역헬라어 구약성경과 같은 단어를 쓰고 있다. 단지 칠십인역에는 미래 시제그렇지 아니할 것이다를 쓰지만, 여기서는 과거 시제를 써서 약속의 변하지 않는 속성을 강조하고 있다.

바울은 "미리 아신 자기 백성"을 더하여 9-11장에서 다룬 선택에 관한 신학을 다시 가져온다. 이것이 2, 5, 7절의 주된 내용이다. 학자들 사이에는 이것이 이스라엘 일부만 특별히 선택했다는 것인지, 이스라엘 전체를 일반적으로 선택했다는 것인지 논쟁이 있다. 이 구절의 배경이 되는 구약 본문들과 같은 계열의 다른 본문들신 7:6; 암 3:2이 5절과 관련하여서는 특별 선택으로, 2, 7절과 관련하여서는 일반적 선택과 더 맞는 것으로 해석된다. 이스라엘의 많은 이들이 하나님과 그리스도를 등졌지만삼상 12장 배경 하나님은 그들에게 등을 돌리지 않으셨다. 로마서 8:35-39에서 살펴보았듯이 아무것도 하나님과 그리스도의 사랑에서 그의 백성을 끊을 수 없다. 하나님은 그들을 소유하시고자 미리 정하신 뜻으로 자기 백성을 부르셨다.

49 미슈나는 구두로 전승된 모세 오경 가운데 율법의 많은 부분을 집필한 것을 모은 유대 탈무드의 법적 문서이다.

이 단락 나머지2b-6절 부분은 타락한 이스라엘에 남은 자들이 하나님의 언약적 사랑의 대상이라는 것이 소개된다. 바울은 주로 사용하는 질문으로 시작한다. "알지 못하느냐"6:3, 16; 7:1 참조. 바울은 독자들이 선지자 엘리야의 직분을 잘 알고 있으리라 가정하여 말하고 있다. 엘리야는 가장 유명한 선지자 중 하나로서 예언뿐 아니라 엄청난 기적들을 행했고, 하나님 백성을 위해 하나님 능력이 엘리야를 통해 일하고 있다고까지 일컬음 받은 사람이다. 그의 주된 목적은 이스라엘을 하나님께로 다시 인도하고 우상 숭배에서 그들을 건져내는 것이었다. 2b-3절에서 바울은 그런 엘리야의 불평과 나라 전체적으로 흐르고 있던 배교에 관하여 "이스라엘을 하나님께 고발"하고 있음을 인용한다. "고발"이라는 단어는 원래 중보를 뜻하지만 여기서는 배교에 반대하는 기도를 가리킨다.

바울이 3절에서 인용한 구절왕상 19:10, 14과 4절에서 인용한 구절왕상 19:1-18은 엘리야가 바알 선지자들을 제압한 사건 후에 찬양하는 본문왕상 19:1-18에서 온 것들이다. 바로 이어서 이세벨 여왕이 엘리야를 위협하는데, 정말 이상하게도 450명이나 되는 바알 선지자들을 이긴 선지자가 목숨을 부지하기 위해 광야로 도망친다. 그곳에서 엘리야는 하나님의 돌보심을 경험하고19:4-8 호렙 산모세가 하나님을 만난 불타는 떨기나무가 있는, 출 3:1에서 사십주야에 걸쳐 여행한다. 그리고 하나님께 불평을 늘어놓는다. "이스라엘 자손이 … 주의 제단을 헐며 주의 선지자들을 죽였음이오며 오직 나만 남았거늘 그들이 내 생명을 찾아 빼앗으려 하나이다." 그는 갈멜 산에서 자기를 강하게 하신 하나님을 벌써 잊은 것이다!

엘리야가 "나만 남았거늘"이라고 불평하는 것은 사실이 아니었는데, 이세벨에게 잡히지 않은 선지자들이 많이 있었기 때문이다왕상 18:13. 이 장면에서 엘리야의 두려움과 공포를 볼 수 있는데 그는 여호와를 신뢰하지 못한 것이었다. 이 로마서 구절과 열왕기상이 강조하는 것은 엘리야의 공포보다는 이스라엘의 배교였다. 바울이 보기에 당시 이스라엘은 엘리야 시대 이스라엘의 행태를 반복하고 있었다. 그들은 여전히 하나님께 등을 돌리고 그분이 세운 지도자들도 배격했다.

하나님의 대답: 칠천 명을 남겨 두심 11:4

엘리야의 탄식을 들으신 하나님께서는 "내가 이스라엘 가운데에 칠천 명을 남기리니 다 바알에게 무릎을 꿇지 아니하고"라고 답하신다왕상 19:18. 엘리야는 혼자가 아니었다. 이스라엘 대부분이 하나님에게서 돌아섰으나 하나님은 언약에 신실하셨다. 그분은 자신을 위해 신실한 남은 자들을 '남겨 두셨다'히브리어로 "남은 자"와 같은 어원의 동사. 이것은 하나님의 주권"나를 위하여 … 남겨 두었다"과 인간의 책임"무릎을 꿇지 아니한"이 균형을 이루는 것의 한 예로 볼 수 있다. 하나님은 그들이 신실하게 남아 있을 것을 "미리 아신"2절, "나하나님를 위하여" 그들을 택하시거나 "남겨 두셨다."

바울이 말하고자 하는 바는, 하나님을 위하여 이 남은 자들을 주권적으로 선택하셨다는 것이다. 어떤 이들은 칠천 명이라는 숫자에 중요성이 있다고 생각한다. '7'은 완전을 나타내는 숫자인데, 여기에 역시 완전수인 '10'의 세제곱수를 곱하여 칠천을 이루는 것이다. 하지만 바울이 이것을 수적인 의미로 보고 있다는 증거는 희박하다. 더구나 이 구절에서 중점적으로 의미하는 바는 오히려 그 반대일 것이다. 숫자적으로 모든 이스라엘 중에 남은 자는 소수였다. 엘리야 시대에 하나님을 위해 남은 자는 이스라엘 중에 극소수였고, 이는 바울 시대에도 마찬가지였다. 여전히 승리는 하나님의 것이고 미래는 희망적이다. 예수님은 겨자씨 비유에서 소수의 제자들에게서 위대한 교회가 일어날 것을 예언하셨다막 4:30-34. 하나님 통치 아래 엘리야의 칠천 명이나 예수님 당시 열두 명이나 적은 숫자임에도 불구하고 사실상 엄청난 불멸의 군대인 것이다.

결론: 행위가 아닌 은혜로 구원받은 남은 자 11:5-6

"이와 같이 지금도"라고 말하면서 바울은 엘리야 시대의 이야기를 자기 시대에 적용하면서, 과거에 일어난 일과 현재 상황 사이에 연결고리를 만들어 내고 있다. 바울은 1세기 이스라엘을 엘리야 때의 상황과 맞추어 보고 있다. 바울은 마치 엘리야처럼 하나님을 위해 굳게 서서 이스라엘의 배교함을 선언하는 동시에 남은 자를 예비해 두신 하나님께 소망을 두는 모습을 보인다.

남은 자에 대한 개념은 주전 8세기 경, 즉 엘리야 때에 발전하였고 그 발단은 아모스 선지자 때부터이다. 아모스는 배교한 이들의 최후를 선포하면서 남은 자들만 살아남을 것을 예언했다암 5:3, 15. 이 남은 자들이 다윗 왕국을 이어받을 것이다암 9:11-12. 이사야가 아모스의 선언을 더 발전시켜 회개하지 않은 이들에 대한 하나님의 심판과 여호와의 긍휼 때문에 신실하게 남은 자들을 향한 구원을 선포한다사 37:32; 46:3. 하나님은 그 신실한 남은 자들을 정결하게 하여 거룩하게 하시고4:2-3 구속하실 것이다11:11. 그분은 신실한 자들을 위하여7:3, 9; 10:20-23 대로를 여실 것이며11:16 면류관을 주실 것이다28:5.

이사야 때처럼 바울 때와 우리 시대에도 신실하게 남은 자들은 로마서에서 중요시하는 두 단어 즉 "은혜"로 "선택"을 받았다. "선택"은 로마서 8:33; 9:11; 11:5, 7, 28; 16:33의 중요한 주제로서 8:29-30의 "예정"이나 1:1, 6-7; 8:28; 9:24-26의 "부르심"과도 같은 개념이다. 바울은 3:24; 4:16; 5:2, 15, 17, 20-21; 6:14; 11:5-6에서 "은혜"를 강조한다. 은혜 없는 구원은 없다. 인간이 마땅히 받아야 할 것은 영원한 정죄 밖에는 없다. 하지만 하나님의 사랑과 긍휼이 그분으로 하여금 남은 자들을 선택하시고 우리가 처해야 할 상황에서 건져 내셨다. 하나님은 "아무도 멸망하지 아니하고 다 회개하기에 이르기를 원하시느니라"벧후 3:9.

바울은 6절에서 행위가 아닌 은혜의 개념을 확실히 한다. "만일 은혜로 된 것이면 행위로 말미암지 않음이니." 이는 구약 시대에는 구원이 행위로 말미암았다는 의미가 아니다. 이것이 더 이상 행위로 인함이 아니라는 것은 현실적 개념이 아닌 논리적 개념으로 이해되어야 한다. 바울이 말하고자 하는 것은 인간이 한 일로는 하나님과 올바른 관계를 맺을 수 없다는 것이다. 죄와 사망의 법이 인간을 통제하고 있기 때문이다. 누구도 완전히 선할 수 없다. 우리 모두의 처지는 7:18에서 "원함은 내게 있으나 선을 행하는 것은 없노라"고 묘사한 것과 같다. 우리는 죄 가운데 태어났기에5:12, 우리의 DNA가 일상 속에서 그 어떤 선도 행할 수 없게 만든다.

바울은 이것을 한 발 더 나아가 설명한다. "그렇지 않으면 은혜가 은혜 되지 못하느니라." 선택과 은혜가 인간의 행함에 기반을 두고 있다면, 구원은 더 이상 은혜로 받는 것이 아니다. 우리는 구원을 얻어내는 것이 아니라 하나님 선물로 받는 것이다. 구원은 하나님의 주권적인 역사로서 하나님 선택에 의한 것이어야만 하고, 계약 시 지불하는 납입금 정도가 될 수 없다. 인간의 노력은 구원에 있어 차지할 자리가 없다엡 2:8-9.

2) 하나님이 그들을 우둔하게 하심 11:7-10

바울은 "그런즉 어떠하냐"라고 말하면서 2-6절에서 다룬 내용 즉 은혜로 선택받은 남은 자들에 대해 자세히 설명한다. 그는 두 무리로 나누어 하나님께서 "택하심을 입은 자" 가운데 하시는 일과 "우둔하여진" 이들 가운데 하시는 일들을 대조한다. 2-6절에서는 하나님께서 구원하기로 선택하신 남은 자들을 다루었는데, 이제는 7-10절에서 "우둔"하게 하기로 선택하신 자들을 다루고 있다. 이는 9:6-29을 근거로 하여 택자들을 선택하시고 다른 이들을 우둔하게 하실 하나님의 주권을 다루고 있다.

논지: 택하신 자들만 구원을 얻음 11:7

바울은 여기서 세 부류를 언급하는데 이들은 서로 분리되지 않는다. 하나는 이스라엘이라는 큰 무리, 그리고 그 아래 선택받은 자와 우둔하게 된 자들이다. 이방인은 이 무리에 들지 않는데, 바울은 여기서 이스라엘만 다루고 있다. 2:17-18에서 바울은 유대인들이 율법을 의지하고, 하나님의 뜻을 알고, 어떤 것에 더 우위를 두어야 하는지 앎에도 불구하고 어떻게 하나님 뜻을 따라 그 법대로 사는 방식을 배우지 못하였는지 말하고 있다. 9:31에서 이스라엘은 "의의 법"을 따라갔지만 율법에 이르지 못하였다. 10:2에서 이스라엘은 "하나님께 열심"이 있었지만 지식이 없었다. 이 구절에서는 이스라엘이 구원을 추구하지만 얻지 못한 것을 그리고 있다. 이것이 9:2-3에서 바울이 슬퍼하는 이유이다. 하지만 이스라엘에서 선택된 자들이 하나님과의 올바른 관계를 회복한 것이 바울에게 기쁨이 되었고, 이는 이스라엘에 아직 희망이 있음을 뜻한다11:25-32에서 더 다룰 것이다. 바울은 9:11과 11:5에서 사용한 "택하심을 입은 자"에클로게, ἐκλογή를 이 구절에서도 사용하여 하나님의 주권과 그의 선택하심을 강조한다.

이 구절에서 선택받지 않은 자들은 "우둔하여진" "그 남은 자들"이라 부르고 있다. '우둔하여지다'는 수동태로 쓰여 하나님께서 그들을 우둔하게 하셨다는 의미이다. 이것은 9:16-18에서 하나님께서 바로 왕을 완악하게 하신 것과 같은 맥락으로서, 9:18의 "하나님께서 하고자 하시는 자를 긍휼히 여기시고 하고자 하시는 자를 완악하게 하시느니라"는 구절과 결론적으로 일맥상통한다. "우둔하여졌느니라"는 복음에 관하여 영적으로 무감각하게 되는 것을 뜻한다. 이것은 의학적 용어로서 요로결석 혹은 뼈가 연결되어 굳어지는 개념을 내포하고 있다.

하나님께서 우둔하게 하심 11:8

8-10절에서 바울은 세 가지 구약 정경 곧 율법신 29:4, 시가서시 69:22, 23, 선지서사 29:10를 사용하여 모든 성경이 이 혹독한 진실을 증명하고 있음을 강조하고 있다. 첫째는 신명기에서 모세가 이스라엘에게 약속의 땅에 들어가기 전에 유언을 하는 장면이다. 이스라엘은 광야 생활 속에서 겪은 일들을 깨닫지 못했는데 이는 "오늘까지 그들에게 혼미한 심령과 보지 못할 눈과 듣지 못할 귀를 주셨기" 때문이다. 로마서 1:24, 26, 28과 같이, 이는 하나님께서 죄인들이 의지적으로 죄를 짓기 원하는 상황 가운데 버려두실 때 우둔해지는 과정을 가리킨다. 신명기에 덧붙여서 바울은 이사야 6:9-10에서 이스라엘의 "귀가 막히고 그들의 눈이 감기게 하라 염려하건대 그들이 눈으로 보고 귀로 듣고 마음으로 깨닫고 다시 돌아와 고침을 받을까 하노라"막 4:12에서 인용; 요 12:40; 행 28:26-27과도 연결 하신 말씀을 염두에 두었을 가능성도 있다. 결과는 로마서 9장과 10장을 혼합한 것으로서 하나님의 주권과 함께 이스라엘의 언약에 대하여 책임을 다하지 못한 사실을 결합한 것이다.

바울은 신명기와 함께 이사야 29:10의 "혼미한 심령"을 덧붙이는데, 이는 예루살렘의 중죄를 심판한다는 내용에서 비롯된다. "혼미한"은 성경에서 이 구절과 이사야 29:10; 60:3에서만 사용된 흔하지 않은 단어이다. 이는 생각이 마비가 된 것을 의미하고, 이사야서에서는 "깊이 잠들게 하는 영"으로 쓰여 영적 세계를 음미하거나 생각할 수 있는 능력이 전혀 없음을 표현한다. 머리, 눈, 귀가 진리를 이해하도록 열려 있지 않고, 하나님께서 그들을 하나님 뜻에 완전히 무지하게 하심으로 그들을 심판하신다.

심판: 눈이 어두워짐 11:9-10

바울은 세 번째 본문으로 시편 69:22-23 곧 눈물의 시편을 가져와서 초대교회에서 예수님의 삶과 고난에 연결하여 사용한다막 3:21; 15:23, 36; 요 2:17; 15:25; 행 1:20; 롬 15:3; 빌 4:3; 히 11:26; 계 3:5; 16:1. 신약 저자들이 종종 다윗의 글을 인용하여 다윗의 자손 메시아를 묘사하기 때문에 시편에 나오는 다윗의 적들을 그리스도의 적들을 묘사하기 위해 사용하기도 한다.

신명기와 시편 두 본문 모두에서 사람의 눈이 어두워지고 볼 수 없다고 말하고 있다. 어둠의 모습은 1:21에서 이방인의 완전한 타락을 의미하고, 2:19에서처럼 유대인들이 "어둠에 있는 자의 빛"이 되어야 함에도 불구하고 이방인과 다를 바 없이 죄악의 어둠 가운데 있음을 뜻한다. 바울은 이러한 개념을 확장시켜 "올무와 덫과 거치는 것과 보응"까지 포함한다. 그는 "거치는 것"의 개념을 로마서 9:33에서 처음 보이고 나중에 14:13; 16:17에서 다시 등장시킨다. 이것은 사람들이 자신을 멸망시키고 파괴하는 타락의 수위를 보여 준다. 바울은 하나님께서 그들의 완악함을 보시고 그들의 믿지 아니함을 정죄해 달라고 요청하고 있다.

이 인용의 마지막 문구는 "그들의 등은 항상 굽게 하옵소서"인데, 이는 쇠사슬에 묶이고 멍에를 짊어지는 견디기 힘든 형벌을 묘사하는 것이다. 많은 이들이 "항상"을 '영원히'보다는 '지속적으로'이라는 의미로 번역하면서, 그들이 복음에 닫혀 있는 동안만 이런 형벌이 지속되는 것을 의미하는 것이라고 주장한다. 단어 자체는 지속적 형벌을 의미하는 것으로 보이지만, 바울이 믿지 않는 유대인들의 반대를 영원히 용서 받지 못할 죄로 보아 그들에게 영원한 형벌을 내려 달라고 하나님께 기도한 것으로 보이지는 않는다. 결국 그도 유대인으로서 중생하지 않았는가! 그보다는 그들이 믿기를 거부하고 새로운 이스라엘인 하나님 백성을 지속적으로 핍박한다면 하나님의 분노와 심판을 받을 것임을 의미했을 것이다.

로마서 9-10장에서 바울은 이스라엘이 아닌 하나님께서 주권자이시고 그분께 자기 백성과 완악하게 할 자들을9:6-29 선택하실 권리가 있음을 보임으로써 하나님께서 이스라엘과의 언약을 깨뜨리셨다는 혐의에 대해 답변하고 있다. 그리고 실상 하나님이 아닌 이스라엘이 언약 책임을 다하지 못함과 불신 때문에 죄가 있음을 증명했다9:30-10:21. 이 장에서 바울은 하나님의 공의와 긍휼을 증명하려 한다. 하나님께서 자기 백성을 버리지 않으시고 이스라엘 중 남은 자를 자기 백성으로 선택하셨다.

11:2에서 우리는 11장의 전제를 볼 수 있다. 곧 "하나님이 자기 백성을 버리지 하니하셨다." 이것은 전체를 요약하는 좋은 문구가 될 수 있지만, 바울은 여기에 "그 미리 아신"을 더하여 다른 곳에서 하나님께서 예정하신 이스라엘을 강조한 점도 아울러 요약하고 있다. 하나님은 아브라함과 그의 자손들을 선택하셨을 때 9-10절에 나오는 여러 어려움들이 있을 것을 아셨고 그것들은 그대로 일어났다. 하지만 하나님의 기본적인 약속은 흐려지지 않고 남아 있었다. 하나님은 새 이스라엘을 믿는 이방인과 함께할 남은 자들에게 중점을 두고 자기 언약을 성취하셨다.

하나님은 자기 언약 백성을 '찍어 내지' 않으시고 믿음으로 하나님의 메시아에게 나아올 이스라엘 안에 있는 소수에게 관심을 두셨다. 엘리야처럼 하나님의 참 백성을 반대하는 이들이 너무 많다고 불평할 필요가 없는 것이, 하나님께서는 항상 아주 적지만 신실한 백성을 통해 놀라운 일들을 이루시기 때문이다. 엘리야 시대나 바울 시대의 남은 자들, 우리 시대의 남은 자들은 모두 세상을 바꾸고도 남을 사람들이다.

7-10절에는 부정적인 면도 보인다. 택하심을 입은 남은 자들만 구원을 받을 수 있고, 다른 이들은 하나님께서 우둔하게 하시는 부분이다. 하

지만 이것도 사실상 바울에게는 긍정적인데, 선택받은 남은 자들이 존재한다는 사실이 하나님께서 자기 언약 백성을 버리지 않고 선택하셔서 새로운 이스라엘을 구성하신다는 것을 보여 주기 때문이다. 9-10절에서 바울은 하나님께서 믿지 않는 이스라엘이 그리스도를 저버린 것에 대해서 정죄하신다고 말하고 있다. 하나님의 주권적 선택에 있어서 긍정적이거나 부정적인 면남은 자의 선택과 나머지를 우둔하게 함 모두 하나님께서 자기 언약에 신실하심을 증명하고 있다. 바울은 여기서 레위기 26장에 나오는 언약의 축복과 저주를 이스라엘 나라에 선포하고 있다.

6. 유대인과 이방인을 위해 하나님이 예비하신 곳 11:11-24

"이방인의 사도"13절로서 바울은 이 단락에서 전에 9-11장에서 유대-이방인 관계에 대해 말한 모든 것들을 정리하고자 한다. 이스라엘의 실패는 하나님께서 이방인들을 구원의 반열에 올리시게 했다. 그 후 이방인의 구원은 유대인이 시기하게 했고11, 14절, 따라서 유대인들의 구원도 야기했다26절. 바울 시대에 이스라엘은 회개하는 소수와 완악한 다수로 나뉘어 있었다. 하지만 하나님께서 미래도 이같이 계획하신 것은 아니다. 그분은 여전히 구원하고자 하는 마음이 있으시고, 그 언약의 축복은 이스라엘에게 다시 한 번 부어질 것이다. 이스라엘의 완악하게 됨이 이방에게 구원을 가져다 주게 되었지만 그들의 구원은 결국 구원받은 이스라엘로 이어지고 따라서 그들은 새로운 이스라엘로 온전히 영입될 것이다. 미래에는 "온 이스라엘이 구원을 받으리라" 한 하나님의 계획이 완전히 이루어질 것이다.

이 단락은 두 부분으로 나뉜다. **1)** 11-16절에 하나님께서 이스라엘을 버리신 것이 이방인에게 구원을 가져오는 통로가 되어 "세상의 화목"15절이 되었다. 곧 이스라엘로 이방인의 축복을 시기하게 하여 그들에게도 구원을 가져다주고자 함이다. **2)** 17-24절에서 바울은 새로운 은유로 표현한다. 하나님께서 감람나무에서 유대 가지를 자르시고 이방 가지를 그 나무에 접붙이셨다. 이는 이방인 가운데 교만이 아닌 겸손을 자아내는데, 이방인도 유대인처럼 잘릴 수 있기 때문이다.

1) 이스라엘을 거부함이 이방에게 구원을 가져다줌 11:11-16

바울은 독자들이 11:1-10을 보고 남은 자들 선택과 "그 남은 자들"을 완악하게 함이 영원할 것이고, 따라서 이스라엘은 아무런 희망이 없다고 결론을 내릴까 봐 두려워했다. 이에 11-16절에서 그의 다음과 같이 네 단계로 설명한다.

- 이스라엘은 거부당했지만 그것이 영원한 것은 아니다 11a절.
- 이 거부함의 목적은 이방에게 구원을 가져오는 것이다 11b-12절.
- 더 나아가 그 목적은 이방을 통해 유대인으로 시기나게 하려 함이다 11c, 14절.
- 이것은 결국 이스라엘이 하나님께 돌아오게 하려 함이다 14-16절.

목적: 이스라엘로 시기나게 하고 더 큰 풍성함을 가져오게 함 11:11

11:1에서와 같이 바울은 이 단락을 "내가 말하노니"로 시작하면서 부정적 답을 수반하는 수사학적 질문을 던진다. "그들이 넘어지기까지 실족하였느냐 그럴 수 없느니라." 재차 말하지만 여기서 바울의 목적은 잠재적 오해를 논박하는 것이다. 시편을 인용한 9절에서 바울은 하나님께 "거

치는 것"을 놓아 그들로 넘어지게 해 달라고 구하였다. 이것이 강한 어조로 표현되었기에 독자들로 하여금 타락한 이스라엘은 결코 구속될 수 없고 그들은 모두 영원한 형벌을 받아야만 한다고 생각하게 할 수도 있다. 바울은 "그들이 넘어지기까지 실족하였느냐"라고 물어본다. 그는 이스라엘의 넘어짐이 결론이라고 오해하는 것을 지적하는 것이다.

그는 더 나아가 이스라엘의 타락이 회복을 위한 도구일 뿐 아니라 구원 역사에서 중요한 단계임을 인식시키고 있다. 곧 "그들이 넘어짐으로 구원이 이방인에게 이르러." "넘어짐"은 아담의 "범죄"5:12-21에서 6번 사용되고 있음와 같은 것으로, 아담에게서 이어받은 인류의 죄악으로 이어지는 것이다. 유대인들의 타락과 복음을 거부하는 죄는 긍정적 결과를 가져왔다. 하나님께서 이방에게 눈을 돌리시고 그들을 새로운 메시아 공동체의 일원으로 맞이하셨다. 이것은 하나님의 구원 계획 중 한 부분이며, 바울의 선교 여행을 통해 그것을 구체적으로 확인할 수 있다. 유대인들은 바울을 "시기나게"하여 그를 회당에서 쫓아냄으로 그가 이방인에게 선교를 시작할 수 있게 했다행 13:45-46; 18:6-7; 19:8-10. 이는 지상명령이 유대인의 반대를 통해 오히려 실행되고 있음을 뜻한다.

하지만 이것이 다가 아니다. 이방인의 선교가 성공적으로 이루어졌을 때 하나님은 그것으로 "이스라엘로 시기나게" 하셨다. 위에 나온 사도행전 본문에서 유대인들은 개종한 이방인들이 유대인이 더 나음을 증명해 주기를 원했으나 사실상 그리스도교가 유대교보다 훨씬 더 찬란함을 보며 질투심을 느끼게 되었다. 여기서 질투심은 이스라엘에게 속한 언약의 축복들을 그리스도인들이 누리고 있는 데서 일어났다. 이 질투심 때문에 유대인들이 결국에는 믿음으로 하나님과 그리스도께 순복하고 하나님 언약 백성으로서의 지위를 다시 회복할 수 있을 것이다.

이러한 유대인의 질투심은 두 방향으로 역사한다. 질투는 유대인으로 하여금 성도들을 혹독하게 핍박하게 했다행 13:45; 17:5. 하지만 바울이 중점을 두는 것은 그들이 잃어버린 것들 곧 하나님과의 올바른 관계 회복을 불러오고자 하는 소망이다. 이는 신명기 32:21을 로마서 10:19에서 인용한 것을 상기시킨다. "내가 백성 아닌 자로써 너희를 시기하게 하며." 하나님은 이방인 선교의 성공을 통해 유대인들로 하여금 자신들의 불신으로 잃어버린 것들을 상기시키시고 그들이 돌아오기를 소망하게 하셨다.

하나님은 인간의 죄와 거절까지도 사용하셔서 자신의 목적을 이루신다. 모든 것이 합력하여 선을 이룬다는 것롬 8:28에 대한 완벽한 예이다. 다음 구절에서 보겠지만 유대인의 영적 궁핍은 이방인을 향하신 하나님의 부요함을 불러오고, 이것이 유대인의 질투심을 사고, 그로 인해 그들이 다시 하나님께 항복하여 결국에는 하나님의 풍성함이 모든 인류에게 부어지는 역사가 나타나게 된다.

결과: 유대인과 이방인을 향한 하나님의 풍성하신 은혜 11:12

바울은 "하물며"라는 단어를 자주 쓰면서 세상 속에서 죄가 가져온 것들의 확산과 복음의 확장을 묘사한다5:9, 10, 15, 17; 11:24. 여기서는 이 단어가 이스라엘의 거부에도 불구하고 그 거부를 통해 넘쳐나는 축복을 나타내고 있다. 그들이 메시아를 거부함에서부터 발산하는 구원 역사 단계를 통해 하나님께서 그들로 하여금 결국은 복음을 받아들이도록 하실 것이다.

이 단락12-16절의 나머지 부분은 이방인 독자를 염두에 두고 있다. 바울은 이것을 13절에서 직접적으로 드러내며, 유대인을 삼인칭'그들', '그들의'으로 사용하고 있다. 그는 이방인들이 하나님께서 유대인들에게 행하시는 일들이 무엇인지 이해하기를 원했다. 이방 선교는 하나님의 마음에 그 자체로 귀중한 것이지만, 대단히 중요한 일 즉 하나님 언약 백성인 이스라엘의 완전한 복음화를 위한 단계로 계획된 것이다. 이 구절들에서 바울은 이것이 왜 중요한지를 설명한다.

그는 12절에서 조건절을 두 번 사용하여 유대인이 넘어진 결과를 짚고 간다. 두 가지 모두 11절에서 설명한 이방인의 구원에 초점을 두고 있으며, 그 근거는 이스라엘의 "실족" 그리고 "넘어짐"11절에서 반복으로 말미암은 것이다. "넘어짐"은 헬라어로 '약함' 혹은 '패배'를 뜻하며, 그리스도를 거부한 것은 그들이 죄에 패배했음을 보여 주는 것이다. 하지만 넘어짐은 "세상의 풍성함"이 되고 "이방인"세상과 같은에게도 풍성함이 되었다. 이 풍성함은 하나님의 신실하신 자들에게 약속된 왕국의 축복이고, 하나님 자녀들과 그리스도와 함께 유업을 잇는 자들에게8:15-17 주어질 부요함을 의미한다. 이것은 구원과 함께 성화를 의미하며 "그의 인자하심과 용납하심과 길이 참으심이 풍성함"2:4, "그 영광의 풍성함"9:23, 우리에게 부으신 "그의 은혜의 풍성함이 … 우리에게 넘치게"엡 1:7-8 하심을 의미한다.

이 구절 마지막 부분 "그들의 충만함"이 얼마나 더 큰 풍성함인지는 가늠하기 쉽지 않다. 이것은 11:25-32에 나오는 "온 이스라엘"의 "충만한 수"가 거듭나는 것을 바라보는 것으로 보는 게 가장 적합할 듯하다. 이스라엘의 불신으로 인한 '넘어짐'이 현재는 슬프더라도, 하나님 언약 백성이 모두 그분께 돌아오는 미래의 영광스러운 수확의 계절이 있을 것이다. 이는 현재 유대인의 반대도 이방에게 하나님 구원의 풍성함을 가져오는 것이기에 좋은 것임을 뜻한다. 그리고 그것이 사실이고 이후에 이스라엘이 주님께 돌아온다면 그 기쁨이 "하물며" 얼마나 더 크겠는가? 이 모든 것에 대한 하나님의 궁극적인 뜻은 유대인들이 구원받는 것이고, 그들도 믿는 이방인과 함께 새로운 참 이스라엘의 대열에 참여하는 것이다. 현재의 참 이스라엘은 아주 소수의 유대인만을 포함하지만, 미래는 영광스러울 것이고 "충만함"플레로마, πλήρωμα을 나타낼 것이다.

이 충만함은 여러 의미가 있다. 유대인의 충만한 숫자주된 의미, 하나님 계획의 충만한 때갈 4:4 참조, 그리고 하나님 백성을 향한 은혜의 충만함이다.

이방인을 전도하는 목적: 유대인을 구함 11:13-14

많은 이들이 바울은 이 구절들을 삽입구로 첨가한 것이라고 생각하지만 나는 그렇지 않다. 본문 맥락에서 조금 벗어난 느낌도 있지만 바울은 교회에 이방인이 들어오는 것을 통하여 유대인을 영적 "패배"에서 구하여 하나님 백성으로서 온전한 축복을 다시 누리게 하려는 하나님 계획을 다룬 것이다. 이제 바울은 이방 독자들에게 자신의 사역이 어떻게 이루어지는지 설명하려 한다. 또한 그들에게 자기 핏줄인 유대인들을9:1-5; 10:1; 11:1-2 향한 깊은 우려를 나타내며 "이방인의 사도"로 부르심을 받은 것이 이방 선교를 통해 이스라엘로 시기하게 하여 구원에 이르게 하려는 보다 깊은 목적이 있음을 설명하려 하였다.

여기서 그는 "이방인인 너희에게 말하노라"라고 분명하게 말하면서 자신의 궁극적 목적을 드러낸다. 그는 유대인과 이방인을 향한 자신의 사역의 동기가 무엇인지 그들로 하여금 이해하기를 원했다. 이방인을 향해 사역하는 중요한 이유 중 하나가 이스라엘의 구원이었다. 그는 다메섹 도상에서 "이방인의 사도"행 26:17-18로 부르심을 받았고, 이는 아나니아행 9:15와 성전 환상행 22:21을 통해 확인되었다. 그는 자신의 이방인 사역을 위대한 묵시적 "비밀"엡 3:3-6; 6:19-20; 골 1:26-27 중 하나로 보고 있다. 이것은 그의 삶 중심을 차지하고 있었고, 동시에 이것이 자신의 혈육인 유대인들이 구원을 향해 갈망하도록 깨우치는 하나님의 전략임을 깨달았다.

이런 관점에서 바울은 "내 직분을 영광스럽게 여기노니"문자적으로 "나는 내 사역을 영화롭게 한다"라고 덧붙이며, 독자들로 이방인 사역이 얼마나 바울에게 의미가 있는지 이해해 주기를 요청한다. 하지만 '영광스럽게 여긴다'는 이방인이 그리스도께 돌아오는 것을 보는 것뿐 아니라 "내 골육을 아무쪼록 시기하게 하여 그들 중에서 얼마를 구원하려 함이라"를 포함하는 것이다14절. 바울은 이전에 "시기"10:19; 11:11에 대해 언급했다. 그의 사역의 소망은 동료 유대인들을 시기나게 하여 그리스도를 다시 한 번 생각하도록 하는 것이다.

바울이 "그들 중"에 초점을 두고 있는 것을 주시하라. 바울은 만인구원설, 즉 이스라엘 모든 사람이 그리스도께로 돌아올 것이라고 생각하는 것은 아니었다. 이 단락의 주제는 몇몇만이 긍정적으로 화답할 것이라는 것이다9:6-7, 21; 10:16; 11:7. 하지만 11:25-32은 "온 이스라엘"이 결국에 그리스도께 온다고 예상하고 있다. 바울의 소망은 더 많은 유대인들이 그리스도께로 오는 것이다.

유대인의 구원: 죽은 자 가운데서 살아나는 것 11:15

이 구절은 ABA 형식으로 12절의 요점을 다시 제시하고 있다.

A 세상의 풍성함 = 유대인의 충만함 12절

B 바울의 이방인 사역 = 유대인에게 구원을 가져다 줌 13-14절

A' 세상의 화목 = 유대인이 죽은 자 가운데서 살아나는 것 15절

이 네 구절을 합치면 하나님의 계획에는 네 단계가 있다. **1)** 하나님께서 이스라엘을 넘어지게 하심 **2)** 바울의 이방인 사역 초래 **3)** 바울의 성공적 사역이 유대인의 시기심을 불러일으킴 **4)** 결국 이스라엘의 화해와 구원으로 인도함. "넘어짐"이라는 단어는 다른 곳에서 한 번 등장하는데, 사도행전 27:22에 "손상""너희 중 아무도 생명에는 아무런 손상이 없겠고"으로 쓰이고 있다. 요점은 하나님께서 이스라엘을 "버리는 것"구원받지 못함으로 이후에 그들을 "받아들이는 것"을 계획하셨다는 점이다. 이는 바벨론 유수, 즉 하나님께서 이스라엘로 바벨론 포로가 되게 하신 것이 나중에 그들로 다시 돌아

오게 하신 것과 유사하다.

하나님은 여기서 주체적 역할을 하신다. 하나님이 이스라엘을 거부하신 일로 "세상에 화목"을 불러오셨는데, 이는 사람으로 하여금 자기와 올바른 관계를 갖게 하신 것을 의미한다5:11 참조. 5:9-10에서 보듯이 "화목"이라는 단어는 이것이 그리스도의 죽으심과 유대인과 이방인을 포함한 세상이 그리스도를 받아들임으로 성취된다는 사실을 내포한다. 이것이 하나님께서 그들을 자기 왕국으로 받아들이시는 것이다.

여기서 두 무리를 조심스럽게 분리할 필요가 있다. 하나님은 '유대인'을 거부하셔서 세상 곧 '이방인'에게 화목을 가져오시려 했고, 따라서 하나님께서 유대인을 받아들이시고 죽은 자 가운데 다시 살아나게 하려 하신 것이다. 유대인을 살아나게 한다는 것은6:13처럼 이스라엘이 영적 죽음 가운데서 영생을 얻게 되는 거듭남을 가리킨다. 바울은 에스겔 37:2-14의 마른 뼈들이 다시 살아나는 이스라엘 회복의 약속을 성취하는 것을 염두에 두었을 수도 있다. 에스겔은 두 번째 포로 귀환을 의미했지만 바울은 그리스도 안에서 완전한 구원을 의미했다. 하지만 바울은 말 그대로 부활을 말하며 그리스도의 재림과 성도들이 죽음 가운데 다시 살아나는 것도 의미하고 있다. 바울은 이것을 11:25-32에서 더 자세히 풀어 설명하며 "풍성함"12절으로 "온 이스라엘"이 그리스도의 재림 때에 구원받는 것에 대해 언급할 것이다.

결과: 모든 것이 거룩 11:16

16절이 11-15절을 마무리하는지 17-24절을 소개하는지 꽤 많은 논쟁이 있어 왔다. 나는 11-15절을 결론짓는 것이 더 옳다고 생각하는데, 이는 남은 소수가 온 이스라엘로 뻗어나가는11-15절 내용을 잘 마무리하기 때문이다. 바울은 여기서 두 가지 비슷한 은유를 사용하는데, 그것은 "처음 익은 곡식 가루"와 "뿌리"다. "처음 익은 곡식 가루"는 민수기 15:17-21에서 나온 것인데, 그것은 이스라엘 백성이 약속의 땅에 들어간 후에 하나님께서 그들에게 "처음 익은 곡식"으로 떡을 만들어 그분께 드리라고 한 내용이다. 이는 그들이 그 땅에 정착하며 드리는 곡식으로 드리는 제물이 되었다. 바울이 이 구절에서 말하려던 바는, "떡덩이도 그러하고모든 것이 거룩하고"라는 개념이 민수기에서 만들어진 것이 아니라, 랍비적인 관점에서 논리적으로 볼 때 첫 열매가 드려지는 것이 곧 하나님께 드려지는 것임을 의미했다는 점이다. 따라서 떡덩이의 일부가 하나님께 구별되어졌을 때에 그 모든 덩이가 다 거룩하게 되는 것이다. 이는 고린도전서 5:6에서 "적은 누룩이 온 덩어리에 퍼지는 것"과 비슷한 개념이다.

두 번째 은유는 더욱 간단하고 분명하지만 결국 같은 것을 의미한다. "뿌리가 거룩한즉 가지도 그러하니라." 식물의 뿌리를 보면 어떤 식물인지 알 수 있듯이, 거룩한 뿌리가 곧 거룩한 나무로 자라게 하는 것이다.

이 두 가지 은유가 무엇을 의미하는지에 대해 크게 세 가지 해석이 있다. **1)** 밑의 28절에서 이스라엘 백성이 "조상들로 말미암아 사랑을 입은 자"로 불리는 것 같이 이스라엘 역사를 거룩으로 시작한 믿음의 선조들을 의미한다. **2)** 남은 자 혹은 유대 그리스도인들 즉 그들을 통해 이스라엘이 구원받는14절 것을 의미한다. **3)** 구원의 근간이 되시는 예수 그리스도를 의미한다. 선조와 남은 자는 문맥상 맞는 것 같지만 28절을 보면 믿음의 조상을 의미하는 것 같지는 않다. 9:5과 같이 믿음의 조상들은 하나님이 택하신 백성을 향한 하나님의 특별한 은혜의 통로였다. 첫 번째 은유에서 믿음의 조상들은 "처음 익은" 것으로서 성화되어 가는 모습을 보이고, "떡덩이"는 선조들 덕에 하나님께 구별된 이스라엘을 의미한다. 유대인의 "뿌리"로서 선조들의 신성함은 하나님 백성에게 전달된다. 선조들의 영향력으로 이스라엘은 하나님께 속하고 하나님의 사랑을 받게 되었다28절.

2) 이방인을 향한 경고로서 감람나무에서 떨어진 유대인 11:17-24

이 단락 두 번째 부분은 16절에 나타난 뿌리와 가지 개념을 하나님 경륜 안에 있는 유대인과 이방인 간의 관계를 복합적 은유로 발전시킨다. 구약 저자들은 이스라엘을 자주 감람나무렘 11:16; 호 14:6로 묘사했다. 감람나무는 지중해 연안에서 흔히 볼 수 있는 식물이기에 재배에 관한 원리는 그 지역 사람들에게 익숙했다. 여기서 감람나무는 이스라엘뿐 아니라 유대인과 아울러 이방인을 포함한 전체 교회를 가리킨다. 감람나무 비유를 통해 얻고자 하는 주된 목적은 건강한 감람나무에 붙어 있는 일의 중요성을 보이는 것이다. 유대인과 이방인 모두 하나님과 그리스도께 참된 영적 공급을 받고 새로운 이스라엘인 하나님 나무의 한 부분이 되지 않고서는 결코 희망을 가질 수 없다.

유대인이 꺾이고 이방인이 접붙여짐 11:17

이 본문은 현실의 참상유대인이 꺾이고 이방인이 접목된을 추측하는에이, εἰ; 만약 긴 조건문으로 시작한다. 그러고 나서 '~즉'그러므로으로 구절을 끝내며 이방인이 자신의 새로운 지위와 새롭게 누리는 것들에 자랑하는 것에 대해 경고한다18절. 안타까운 것은 복음을 저버린 유대인들을 가리키며 "가지 얼마가 꺾이었는데"로 표현할 수밖에 없는 현실이다. 이것이 지금까지 9-11장에서 주로 다루었던 내용이다이 장의 개요를 참고하라. 대부분이 그리스도에게서 돌아섰지만 남은 자 소수가 믿음 안에서 그리스도를 만났다. 그들은 감람나무의 부분으로 남아 있고 새로운 메시아 공동체로서 믿는 이방인들과 합하게 되었다. 감람나무는 공동체적 개념을 가지고 있기에 나무를 이루는 가지들은 믿음 혹은 거부로 반응하는 각 개인을 의미한다.

믿는 유대인들은 "참감람나무"들이다. 반면 이방인들은 "돌감람나무"로서 그들 "중에"'그들을 대신해서'가 아님, 아래 참조 접붙임되었다. 각 가지들이 "돌감람나무"로서 접붙임되는 개인의 중생을 강조하는 모습이 그려지고 있다. 이들은 재배한 나무의 가지들이 아니라 숲에서 막 자라난 가지들이었다. 지중해 연안에서 재배되는 감람나무는 열매를 많이 맺지만 야생 돌감람나무는 그리 많은 열매를 맺지 못한다. 이 때문에 농부들은 야생 가지들을 재배한 나무들에 접붙임하고는 했다. 바울은 의도적으로 이런 감람나무를 예로 들어 하나님 은혜와 더불어 이방인들게는 아무것도 자랑할 것이 없음을 표현하고 있다. 이방인들은 돌감람나무로서 하나님 자비를 유발하는 행동을 하나도 하지 않았다. "접붙임이 되어"는 수동태로서 이방인을 위해 하나님께서 전적으로 은혜의 행동을 하신 것을 강조하고 있다. 하나님께서 관리하실 때에만 이방인들은 "참감람나무 뿌리의 진액을 함께 받는 자가" 되는 것이다. 감람나무는 자체적으로 만들어 내는 진액이 엄청난 것으로 유명하다. 따라서 이는 성도들이 그리스도에게서 풍성하게 받는 은혜의 진액을 묘사하는 것이라 할 수 있다.

위에서 나는 감람나무가 구약의 이스라엘을 상징한다고 말했다. 여기서는 교회를 상징한다고 볼 수 있다. 위의 문단에서 감람나무 개념은 교회를 공급하시는 원천이신 그리스도를 예표하는 것으로도 보인다. 하지만 우리는 감람나무 상징에는 나무, 뿌리, 가지 세 가지 부분이 있음을 인지해야 한다. 나무는 하나님 통치 아래 있는 총체인 이스라엘과 교회를 의미하고, 뿌리는 공급자인 하나님과 그리스도다음 구절에서는 뿌리가 믿음의 선조로 나온다를 의미하며, 마지막으로 가지는 이스라엘 혹은 교회의 구성원을 의미한다. 감람나무에 속한 가지들이 뿌리가 공급하는 진액을 먹고 자란다.

이방인: 하나님께 자랑하지 말라 11:18-21

우위를 독점하지 않음: 뿌리가 붙드는 것임 11:18

감람나무에 접붙임 받는 것과 그리스도에게서 공급받는 것이 전적으로 하나님 은혜이고 인간의 선한 행위에 기인하지 않는 것이기에, 바울은 이방인에게 경고하고 있다. "그 가지들을 향하여 자랑하지 말라." "자랑"카타카우코, κατακαυχῶ이라는 말은 이방인의 자랑을 묘사하며, 그들이 유대인보다 우위를 차지하는 데 대해 으스대는 모습을 나타낸다. 이스라엘처럼 그들도 자신들의 새로운 위치를 자랑스러워하며 자신들이 좀 더 나은 사람들인 것처럼 착각할 수 있는 것이다.

바울은 이전에 이스라엘의 교만을 정죄했고2:17, 23 이제는 이방인의 교만을 탓하고 있다. 모든 영광은 하나님께만 드려져야 한다. 그분만이 우리를 구원하시기 때문이다. 교만은 가장 근본적인 죄로서 일반적으로 남들보다 더 귀하고 자신들의 자아를 숭상하기를 좋아하는 사람들의 근본 성품이다. 교만은 인종과 민족을 차별하는 데서 흔하다. 간섭주의적인 태도가 창궐한 19-20세기 선교의 시대에 서양 선교사들은 복음을 증거할 뿐 아니라 소위 '미개한' 나라에게 서구 문명을 강압적으로 선포했다.

바울은 이방 신도들에게 "네가 뿌리를 보전하는 것이 아니요 뿌리가 너를 보전하는 것이니라"고 경고한다. 그는 이방 독자들에게 그들이 유대인 축복의 근원이 아님을 상기시키고 있는 것이다. 오히려 그들이 이방인에게 복을 선포한 아브라함 언약 때문에 혜택을 받는 입장이다. 축복의 동선은 아브라함에게서 유대인에게로, 유대인에게서 이방인으로 옮겨가고 있다. 사실 교회의 이방인은 아브라함 후손으로서4:11-13, 16-18; 9:7-8 그에게서 물려받은 것들에 철저히 의존하고 있다.

믿지 않으므로 꺾임 - 그러므로 두려워하라 11:19-20

바울은 이제 이방인들이 교만할 것에 대한 경고를 구체적으로 주고 있다. 2:1-3:8과 다른 여러 곳에 나오는 비판적 어조를 이어가며 바울은 "가지들이 꺾인 것은 나로 접붙임을 받게 하려 함이라 하리니"라고 말하며 우월감을 가지고 있는 가상의 독자들에게 말하고 있다. 이 구절에서 "나"에고, ἐγώ라는 단어가 중심이 되고 있는 것을 주목하라. 이 이방인은 하나님께서 유대인을 빼내셔서 그들 이방인이 들어갈 틈을 만드신다고 말하고 있는 것이며, 그것은 곧 더 우월한 자를 넣기 위해 열등한 자를 빼내시는 것이라고 말하고 있는 것이다.

20절에서 바울은 "옳도다"라고 답을 하지만 '그러나'라는 접속사로 "너는 믿음으로 섰느니라"를 이끌고 있다. 하나님께서 이스라엘을 꺾으시고 이방인을 접붙이신 것은 사실이지만 그분이 이스라엘을 없애고 그 자리를 이방인으로 채우시려는 것은 아니다. 하나님은 이방인에게 눈을 돌리셔서 그들로 하여금 이스라엘이 질투를 느끼고 하나님께로 다시 돌아오기를 원하신다. 더욱이 "믿지 아니하므로 꺾이고"는 하나님께서 이방인이 유대인의 자리를 차지하기를 원하셨기에 그들을 꺾으신 것이 아님을 보여 준다. 바울은 "너이방인는 믿으므로 섰느니라"고 말하면서 그들이 잘해서 선 것이 아님을 말한다3:27; 4:2. 유대인은 믿지 않으므로 넘어졌다. 이방인은 믿음으로 들어갔다. 하나님 백성이 되는 것에는 내세우며 자랑할 것이 하나도 없다. 여기서 우리가 배워야 할 중요한 지침은, 특히 무언가를 항상 이루려는 사람들이 어렵지만 알아야 할 사실은, 우리는 아무것도 아니고 하나님은 모든 것이 되신다는 사실이다!

어떤 부류는 "대체신학"을 주장하며 유대인들이 더 이상 선택받은 민족이 아니고 이방인들로 대체되었다고 말한다. 바울은 그런 생각을 예상하고 반박하고 있다. 그 생각대로라면 하나님께서 언약을 지키지 못하시고 자기 언약 백성을 다루시는 데 불의하셨음을9:6, 14 증명하는 꼴이 된다. 두 언약 백성은 이분법으로 나뉘지 않지만 구원 역사의 연속성에 있어서는 갈린다. 감람나무에서 "얼마가" 꺾였을 뿐이지17절 대체되지는 않았다. 오히려 믿는 유대인은 감람나무에 여전히 붙어 있는 본 가지들이다. 그리고 야생 가지인 이방인이 접붙임 받아 믿는 유대인이 있는 참감람나무로 합하는 것이다. 이제 이 감람나무는 본래 있던 가지유대인와 야생 가지이방인로 구성되어 하나의 교회 곧 새로운 이스라엘을 만들어 내었다. 교회는 새로운 경륜 아래 이스라엘의 사역을 지속해 나가며, 유대인은 그리스도를 믿음으로 말미암아 새로운 이스라엘에 합류하는 것이다.

바울은 "높은 마음을 품지 말고 도리어 두려워하라"고 결론짓는다. 높은 마음을 품는 것은 실제 자신보다 더 높게 자신을 평가하는 것이다롬 12:3, 16; 딤전 6:17. 자기를 높게 평가하는 것을 지지할 만한 그리스도교 사상은 없다. 교만은 일곱 가지 엄중한 죄들 중 하나로서 우리 모두가 가진 문제이다. 에덴동산 범죄의 중심을 이루는 죄이고, 죄 대부분은 교만하고 자기중심적 삶에서 흘러나온다. 교만을 없애는 방법은 자기중심을 하나님 중심으로 대체하는 것 밖에 없다. 하나님을 두려워하는 것이 이 구절에서 "두려워하라"의 중심이 된다. 우리는 언젠가 우리가 하나님 앞에 설 것과 우리 삶에 대해 책임져야 하는 것을 알고 있다고후 5:10; 히 13:7. 따라서 우리는 하나님께서 우리에게 심판의 날에 무엇을 말씀하실지 두려워해야 한다. 우리 삶의 방식 때문에 그분 앞에 부끄럽게 설 수도 있다딤후 2:15.

'하나님을 두려워함'을 요즘에는 '경외'로 주로 해석하지만, 이 구절은 문자 그대로 두려움을 의미하는 몇 안 되는 본문 중 하나이다. 하나님께서 버리신다는 무서운 진실이 여기 담겨 있다. 믿지 않는 유대인은 감람나무에서 꺾였고 그 결과는 영원한 정죄이다. 성경에서 두려움에 관한 본문들은 세 가지 다른 어조, '떨림', '무서움', '경외'를 가진 것으로 해석될 수 있다. 이 세 가지가 중첩할 수 있으나 진의는 문맥에 따라 결정된다. 따라서 문맥을 무시하고 단어 자체로 해석하는 것은 무리일 수 있다.

위험: 하나님께서 너희도 아끼지 아니하실 것임 11:21

바울은 두려움의 가장 중요한 이유를 제시한다. "하나님이 원 가지들도 아끼지 아니하셨은즉 너도 아끼지 아니하시리라."

고대에 돌감람나무는 열매를 많이 맺지 않았으므로 재배된 감람나무보다 귀하게 여겨지지 않았다. 그러니 돌감람나무가 더 많은 관심을 받을 이유가 있겠는가? 하나님께서 원가지들도 버리고 불태우신다면요 15:6 돌감람나무는 더욱더 그러시지 않겠는가? 재배된 원가지들이 접붙임 받은 돌감람나무 가지들보다 더 강한다는 점을 감안하면 더욱 그리하지 않을까? 약한 가지들은 더 취약하다는 것을 알아야 하고, 이 위험은 마지막 심판을 묘사하는 것이기 때문에 더 주시해야 하는 것이다.

바울의 경고에 대해 취해야 할 자세는 빌립보서 2:12의 "두렵고 떨림으로 너희 구원을 이루라"가 되어야 한다. 문자 그대로 무서워하라는 것이 아니라 하나님 앞에서 책임감을 가지고 우리로 승리하는 삶을 살게 하시는 성령님과 예수님께 온전히 의지함으로 하나님과 동행하는 데 최선을 다하는 두려움을 가지고 있어야 한다는 것이다. 바로 다음 구절인 빌립보서 2:13에 "너희 안에서 행하시는 이는 하나님이시니 자기의 기쁘신 뜻을 위하여 너희에게 소원을 두고 행하게 하시는" 놀라운 약속이 있음을 알고 그렇게 행동해야 한다.

경고: 하나님의 인자하심과 준엄하심 11:22-24

너도 찍히고 유대인이 접붙여질 수 있음 11:22-23

바울은 이제 17-21절을 요약하며 이방인 독자들이 그리스도 안에 있는 새로운 지위로 인한 이익과 책임, 즉 "하나님의 인자하심과 준엄하심"을 다시 한 번 생각해 보도록 권유한다. 감람나무에서 이스라엘 민족 대부분을 꺾으신 것은 하나님의 "준엄하심"이고, 믿는 이방인을 접붙이신 것은 "인자하심"이다. "인자하심"크레스토테스, χρηστότης은 하나님의 선하심과 자비하심을 가리키고2:4 참조, 이는 이방인을 자신에게 인도하시는 그분의 행위에서 나타난다. "준엄하심"아포토미아, ἀποτομία은 하나님의 심판을 가리키는데, 완전히 공의로운 동시에 완결적이다. 이것이 하나님의 거룩하신 성품의 두 가지 면 곧 하나님의 사랑과 하나님의 공의이다.

하나님의 준엄하심은 "넘어지는 자들"의 참혹한 상황고전 10:12; 히 4:11; 계 2:5 참조과 그에 대해 자신들이 책임이 있음을 보여 준다. 바울은 '꺾인 유대인'과 '믿음으로 서는 이방인'20절의 확연한 차이점을 드러낸다. 넘어지는 유대인들은 자신들의 힘을 의지했지만 믿음으로 서는 이방인들은 하나님께 완전히 의지하고 있다. 하나님의 인자하심은 "하나님의 인자하심에 머물러" 있는 이들을 위해 예비되었다. 그들은 하나님과 지속적으로 동행하며, 골로새서 1:23처럼 '믿음에 거하는' 삶을 살고 있는 이들이다. 바울은 여기서 하나님의 인자하심을 세 번 언급한다. 이는 그저 선물이 아니라 우리 어려움과 유혹을 뛰어넘게 하는 도구이다. 하나님은 우리 삶에 자신의 풍성함을 부으시고엡 1:7-8, 그분이 우리에게 주시는 가장 큰 선물은 우리가 그리스도를 신뢰하고 그분과 지속적으로 관계를 유지하게 하는 믿음이다. 이 구절에서 이 사실을 통해 명령하신 영적 승리가 임한다는 사실을 확인할 수 있다.

그분께 순복하지 않는 이들에게 엄중한 경고가 주어진다. "그렇지 않으면 너도 찍히는 바 되리라."유대인들과 같은 처지이다. 이것은 8:28, 35-39에서 말한 약속의 보증견인과 다른 양상을 띤다. 하나님은 신실하게 자신의 언약을 지키시고9:6, 14, 우리를 자기 가족 일원으로 입양하시는8:15-17 친절함을 보이시고, 그분의 능력으로 안전하게 보호하신다엡 1:18-20; 벧전 1:5. 우리가 할 일은 "하나님의 인자하심에 머물러 있는 것"이다. 그러지 않으면 모든 것을 잃는다! 지속적인 믿음과 그분께 순복함이 우리를 넘어뜨리는 공격들을 이기고 승리를 얻을 힘을 준다. 그러지 않을 때의 결과는 생각하기 조차 무섭다. 우리는 영원히 하나님에게서 "찍히는 바" 되는 것이다.

이 구절이 구원을 잃을 것이라 경고하는 것인지 논쟁이 많이 있어 왔다. 많은 이들은 바울이 이 구절에서 믿지 않는 사람들을 언급하고 있고 그들이 가시적 교회의 회원이기는 하지만 믿음을 지키지 못한 것은 근본적으로 그들이 신자가 아니었기 때문이라고 본다. 내 생각에는 이런 견해는 이 본문에 대한 전형적인 칼빈주의적 답변이다히 6:4-6; 10:26-31; 벧후 2:20-22; 계 21:7-8 그 외 다른 본문 참조. 그런데 이것이 충분한 답일까? 찍힌 유대인들만 참 이스라엘이 아니었던 것이 아니라 그리스도를 믿지 않은 모든 이들이 참 이스라엘이 아니었다. 마찬가지로 하나님의 인자하심을 받은 이방인들 범주에는 이방인만 있던 것이 아니라 하나님을 믿은 모든 사람들이 포함되는 것이다. 이 구절의 경고가 단순히 교회 회원이었으나 믿지 않았던 이방인만을 대상으로 하고 있을 리 만무하다. 바울은 절대 그런 의도를 가지고 있지 않았다. 대신 이 구절을 믿는 이방인들도 믿음에서 떨어지면 잘려 나갈 것이라는 경고로 보는 것이 좋다. 야고보서 1:19-20에서 보듯 그리스도께 돌아와 용서받은 이들도다음 본문에 나오는 유대인처럼 찍힌 상태에 머물면 영원한 멸망으로 치달을 수밖에 없다.

이방인들이 구원 가운데 거하지 못하면 하나님께서 주신 모든 것들을 잃을 위험에 처한 반면, 유대인들은 배교에서 돌아서면 다시 하나님에 의해 회복될 수 있다23절. 23절은 22절의 반대이다. 이 경우에 하나님의 인자하심과 준엄하심이 반대로 배열될 수 있다. 이방인이 하나님께 온전히 붙어 있지 못해 떨어져 나가고 유대인은 "믿지 아니하는 데 머무르지 아니하면 접붙임을 받을" 수 있다. 하나님은 이 두 무리를 공정하게 다루시고 차별하지 않으신다. 이방인은 믿음을 지켜야 하고, 유대인은 믿지 않음을 그만두어야 한다.

그리스도를 믿을 때 유대인들은 이방인과 함께 그리스도의 감람나무에 접붙임을 받는다. 그들은 하나님의 참 백성이라는 지위를 불신 때문에 잃었지만, "접붙이실 능력이 하나님께 있으시다." 예수님은 이 원리를 부자의 구원에 관해 논의하실 때 언급하셨다. "사람으로는 할 수 없으되 하나님으로는 그렇지 아니하니 하나님으로서는 다 하실 수 있느니라"막 10:27. 하나님께는 모든 것이 가능하다. 이것은 하나님 능력에 초점을 두는 것이다. "능력이 있음이라"는 '그렇게 할 능력두나토스, δυνατὸς이 있음'으로 해석할 수 있는데, 4:21절의 "약속하신 그것을 또한 능히 이루시는 것"이나 9:22의 "그의 능력을 알게 하고자 하사"1:4, 20; 9:17도 함께라는 구절과 맥락을 같이한다. 이 모든 것이 하나님 능력에 현재하는 하나님 은혜로 인해 가능한 것이다. 이방인은 감히 그들이 들어왔으니 이스라엘이 쫓겨 나갈 것이라고 속단해서는 안 된다. 하나님은 이방인을 자기 가족으로 데려오셔서 이스라엘을 그분께로 다시 인도하시려는 것이니11:11, 14 이들에게는 교만할 수 있는 여지가 없다.

참가지는 쉽게 접붙여질 수 있음 11:24

바울은 감람나무 비유로 고대 재배 방식을 다시 한 번 언급하면서 마무리짓는다. 그는 "네가 원 돌감람나무에서 찍힘을 받고 본성을 거슬러 좋은 감람나무에 접붙임을 받았으니"로 구절을 시작한다. 이는 복잡한 과정으로서 자주 이루어지지는 않는다. 하지만 하나님은 최고 재배자로서 충분히 그렇게 하실 수 있다. 하나님께서 야생인 이방인들을 성공적으로 접붙이셨다면 "원 가지인 이 사람들이야 얼마나 더 자기 감람나무에 접붙이심을 받겠는가." 이는 21절의 야생과 참가지 대조 이야기를 이어가는 것이다. 야생은 참가지보다 덜 생산적이고 그것을 참감람나무에 접붙이는 것은 본성을 거스르는 일이다. 하지만 하나님은 '야생' 이방인을 자기에게로 불러오실 힘이 있으시고, '원가지'인 유대인도 당연히 자기에게로 인도하실 수 있으시다.

한편 이는 하나님께서 이방인보다 유대인을 더 사랑하신다는 것을 의미하지 않는다. 또한 유대인이 이방인보다 더 우위를 점하고 있다고 말하는 것도 아니다. 바울은 자신들이 우위에 있다고 자랑하기 시작한 이방인들에게도 대답하고 있다. 이는 로마 교회에 실재하던 문제였을 것이다. 어떤 이방인들은 유대인 형제나 자매들보다 자신들이 더 낫다고 생각했을 것이다14:1-15:13에서도 볼 수 있다. 이는 인종차별적 사고방식에서 기인하는 것으로서 언제든 큰 오점이 될 태도이다. 우리는 모두 하나님 은혜가 필요한 존재들이고 서로가 서로를 돌보아야 하는 관계에 있다.

이 엄청난 본문에서 바울은 하나님의 옛 언약 백성을 향하신 뜻에 대한 유대인의 질문들에 답변하고 있다. 그는 이스라엘의 남은 자들 곧 믿는 유대인들을 바라보며 타락한 백성을 향해 미리 정하신 하나님의 자비를 보고 있다. 그는 여기서 한걸음 더 나아가 그리스도를 불신으로 맞이한 대다수의 사람들에게도 기쁨이 있을 수 있음을 보여 준다. 이로 인해 우리는 하나님의 자비와 은혜의 충만함을 보게 되는데, 그분의 구원 계획이 유대인의 거절로 시작하여 믿음을 갖게 되는 기적을 이루는 네 단계를 마련해 주었기 때문이다. **1)** 유대인의 불신이 하나님으로 하여금 그들을 거부하게 하시고 이방인에게로 향하시고 그들을 그분의 왕국으로 데려오게 하셨다. **2)** 하나님께서 이를 통해 믿지 않는 유대인들로 하여금 자신들이 잃어버린 언약의 축복을 이방인들이 누리는 것을 보고 시기하게 만드셨다. **3)** 이러한 시기심으로 이전 언약 백성인 유대인이 그리스도께 다시 돌아오고 민족의 부흥을 맞을 것이다11:25-26. **4)** 이러한 방법으로 범우주적 교회가 완성되고 은혜의 하나님께서 계획하신 모든 것들이 이루어지게 될 것이다.

이 과정에서 우리가 하는 선교 사역이 이러한 하나님 목적의 일부가 됨을 알 수 있다. 하나님의 계획은 이 우주적 교회가 온 세계로 뻗어나가는 것이다. 선교에 있어서 우리가 가져야 할 목표는 영혼 구원과 그리스도 안에서 흩어진 인류가 새로운 인류로 연합하는 것이다엡 2:15.

두 번째 단락에서17-24절 바울은 감람나무 비유를 통해 교회 안에서 유대인과 이방인의 관계를 묘사하고 있다. 새 언약 시대에는 유대인 대부분이 불신에 빠져 더 이상 이스라엘의 역할을 감당하지 못했다. 하나님은 그들을 깨트리시고 감람나무에서 꺾으셨다. 그들의 거절 때문에 하나님은 새롭고 참된 이스라엘을 만드셨는데, 그것이 여기서 하나님의 감람나무로 묘사되면서 참가지믿는 유대인와 돌가지믿는 이방인 두 부류가 합쳐 있는 것을 보여 준다. 이방인은 유대인을 대신한 것이 아니라 남은 유대인과 함께 메시아 공동체로서 한 백성이 되기 위해 그들에게 합류한 것이다. 이는 11-16절에서 비추어진 하나님 계획을 투영한 것으로 두 가지 서로 다른 무리가 그리스도 안에서 한 백성이 되는 것을 보여 주는 것이다. 바울은 돌감람나무인 이방인들이 이런 축복을 누리는 것이 그들의 선한 행위 때문이 아니라 하나님 은혜 때문임을 명심해야 한다고 경고하고 있다. 그러므로 그들은 감히 자랑해서는 안 된다. 자랑한다면 감람나무로서 가진 지위를 잃게 될 것이다.

이러한 관점에서 우리는 우리 행동이 초래할 결과를 인지해야 한다2-4절. 하나님께서 믿음으로 그분께 나아오는 이들에게 인자하심을 베푸실진대, 그것은 성령의 능력의 임재 가운데서만 이루어진다. 하나님의 준엄하심은 자기 자신에게 빠져 살면서 하나님을 무시하는 이들에게 나타날 것이다. 그들이 당할 심판은 아주 가혹할 것이다. 그들은 모든 것을 잃게 된다. 하지만 하나님 능력은 우리가 겪을 어느 것보다 강하기 때문에 우리는 신실하게 남아 있고 승리 가운데 계속하여 그분과 함께할 수 있다. 하나님 능력은 타락한 이 세상이 어떤 방식으로 우리를 공격해 온다 할지라도 충분히 이겨낼 수 있게 하는 힘이 된다.

7. 미래의 구원 11:25-36

이 단락 구절들은 자연스럽게 9-11장의 결론을 짓는다. 지금까지 다룬 주제는 하나님의 공의와 이스라엘의 거절이 그분의 언약이 실패했음을 나타내는지와 이스라엘의 실족함이 결말이 되는가 여부였다. 그 질문에 바울은 이스라엘의 실족함은 회복 불가능한 것이 아니며 하나님은 그들에게 여전히 신실하시다고 답한다. 하나님은 이스라엘을 완전히 꺾으신 것이 아니고 믿지 않는 유대인만 꺾으셨다. 그분 백성을 향한 영광스러운 미래가 기다리고 있다. 이 본문은 우리가 상상조차 하기 힘든 반전으로 놀라운 하나님 계시를 보여 주는 가장 흥미진진한 본문 중 하나이다.

배교한 이스라엘 중에 하나님께서 남겨 두신 남은 자들이 있다11:1-10. 이스라엘의 '실족함'이 오히려 하나님 능력을 선보이며 선하게 사용되었고 구원 역사의 네 단계로 우리를 인도한다. 이스라엘의 실족함이 이방인을 구원으로 인도하고, 이방인 선교가 성공함으로 유대인이 가진 것을 이방인이 취하여 유대인으로 시기나게 한 것이 이스라엘 민족 부흥과 구원을 가져올 것이다. 마지막으로 이 부흥은 모든 민족으로 구성된 범우주적 교회를 이루시려는 하나님 계획을 성취할 것이다.

이 부분에서 바울은 미래에 있을 온 이스라엘의 구원에 대한 근거를 구약 언약 26-27절, 하나님의 부르심의 특성 28-29절, 그리고 불순종하는 이들을 향한 하나님의 자비 30-32절에 두고 있다. 하나님을 거역하던 때가 그리스도와 바울 시대뿐 아니라 현재까지 이어지고 있는 것은 사실이나 그리스도의 재림과 더불어 이스라엘 민족 부흥의 때가 올 것이다. 이 부흥은 하나님 옛 언약 백성을 향한 마지막 약속의 성취가 될 것이다.

1) 이스라엘 구원을 향한 하나님의 미래 계획 11:25-27

이방인 수가 차기까지 이스라엘이 우둔하게 됨 11:25

서두를 이끄는 '왜냐하면'가르, γὰρ은 전 구절에서 본 가지가 감람나무에 다시 접붙임을 받는다는 사실이 하나님께서 바울에게 나타내신 "이 신비"의 진리 안에서 확고하게 되었음을 보여 준다. 이 신비는 하나님께서 비밀로 부치시다가 이 마지막 때에 자기 백성에게 계시하시는 중요한 진리이다. "묵시적"이라는 말은 "계시"아포칼뤼프시스, ἀποκάλυψις에서 파생한 단어로서 계시의 과정을 나타낸다. "신비"뮈스테리온, μυστήριον는 계시된 진리의 내용을 묘사한다.[50]

가장 큰 신비는 예수 그리스도 자신과 그분의 구원 사역롬 16:25; 엡 1:9; 6:19; 골 2:2; 4:3; 딤전 3:16 그리고 이방인 선교엡 3:3-6; 골 1:26-27이다. 바울이 특별한 선지적 계시를 통해 이 신비를 깨달았는지 구약성경을 연구하면서 깨달았는지 논쟁이 있지만 둘 중 하나를 선택할 필요는 없다. 하나님께서 주신 영감과 성경을 연구하는 것 모두 신비를 깨닫는 데 기여했을 것이다. 이 신비는 현재의 구원보다 미래에 초점을 더 두었고 이방인보다 유대인에게 더 관심을 두었을 가능성이 크다.

50 이 주석 시리즈 엡 1:9; 골 1:26-27을 참조하라.

바울의 목적은 이방인이 교만한 생각을 품은 데 대해 다시 한 번 도전하는 것이다18, 20절 참조. "너희가 스스로 지혜 있다 하면서"는 문자 그대로 '너희 눈에 너희가 지혜롭지 않기를'을 뜻하는데, 이는 많은 이방인들이 하나님 가족에서 유대인을 제외하며 우월감을 가지는 태도를 지적하는 것이다. 곧 이방인은 영적 인종차별을 하고 스스로 교만해진 것이다. 이러한 모습은 오늘날 교회들에서도 발견되고는 하는데, 특히 서양 교회들이 아프리카, 아시아, 혹은 남미 그리스도인들에게 우월감을 갖는 것과 같다.

바울은 이러한 이방인의 교만을 직면하여 경고하고 "이 신비는 이방인의 충만한 수가 들어오기까지 이스라엘의 더러는 우둔하게 된 것이라 그리하여 온 이스라엘이 구원을 받으리라"고 하나님의 목적을 드러낸다. 이 신비의 계시는 세 부분으로 나뉘는데, 구원의 연속성을 보여 준다. **1)** 이스라엘의 우둔함이 이방인 선교로 이어진다. **2)** 이는 현재 선교에 있어 구원 역사적 중심을 이루어 거듭난 자의 "충만한 수"가 찰 때 완수된다. **3)** 그 후 민족적인 부흥이 일어나고 온 이스라엘이 구원을 얻을 것이다.

첫째, 이스라엘의 우둔함은 부분적이고 한시적이다. 바울은 먼저 11:7-10에서 우둔함을 분석했고, 9:14-18에서 바로의 완악함과 연결하여 하나님께서 원하시는 자들을 완악하게9:18 하신다고 말했다. "더러는"은 "이스라엘"을 꾸미며 소수 유대인만 완악하다는 뜻일 수 있고, "우둔하게"를 꾸며 부분적으로 완악하다는 뜻일 수도 있다. 아니면 "된 것이라"를 꾸며 이스라엘에 부분적으로만 그 일이 일어난 것을 뜻할 수도 있다. 이 마지막 주장이 가장 그럴듯한데 "더러는"이라는 부사가 동사를 꾸미기 때문이다. "이스라엘이 부분적으로 우둔함강퍅함을 겪었다." 여기에는 한 가지 이상의 내용이 내포되어 있다. 믿지 않는 이스라엘만 우둔해졌고, 이것은 영원한 것이 아닌 현재의 심판을 통해 이방인 선교로 이어진 것이다.

둘째, 한시적 우둔함이 "이방인의 충만한 수"가 찰 때까지 계속될 것이다. 여기서 "충만한"이 무엇을 의미하는지12절 참조 알기가 쉽지 않다. 그것은 이방인 선교 완수일 수도, 구원을 받기로 예정된 이방인의 "충만한 수"일 수도, 아니면 하나님께서 의도하신 충만한 축복일 수도 있다. 대부분은 11:12과 평행선상에 놓고 이방인의 충만한 수로 보는데, 이 해석이 이 구절 문맥과도 잘 맞는다. 이 해석은 1세기에 잘 알려진 것으로 요한계시록 6:11에서도 하나님이 성도들을 최종적으로 영접하시기 전에 죽기로 예정된 순교자의 수가 다 차는 것을 강조당시 유대 문서, 에스라4서 4:35-37; 바룩2서 23:4 참조하는 것을 보면 알 수 있다. 이는 민족적으로 굉장한 부흥이고 이스라엘 회복은 이방인의 때가 지나고 역사의 끝에 일어날 것이다. 누가복음 21:23-24에서는 예수께서 예루살렘이 "이방인의 때가 차기까지 이방인들에게 밟히리라"고 말씀하시면서 이방인 선교에 대해서 언급하신다.

셋째, 그때에는 "그리하여 온 이스라엘이 구원을 받으리라." "그리하여"는 하나님께서 이방인을 자기에게 인도하심으로 유대인을 인도하시겠다는 뜻이다. 11-14절에서 이 구원의 과정에 대해 정리했다. 교회 선교 사역으로 들어온 많은 이방인들의 구원이 이스라엘로 시기나게 하여 그들로 메시아께 돌아오게 할 것이다. 여기서 "온 이스라엘"이 시대를 초월한 모든 유대인을 의미하는 것이 아니라 역사 마지막의 이스라엘임을 아는 것이 중요하다.[51] 나는 이것을 유대인들이 교회 역사 가운데 서서히 모두 복음화하는 것을 예견하는 것이라고 생각한 적이 있지만, 이는 그런 뜻이 아니다. 이스라엘의 부흥은 하나님께서 예비하신 때, 마지막 때에 일어날 것인데, 이때 이방 선교가 완수되며 "온 이스라엘이 구원을 받을 것"이다. 본문은 이것이 어떻게 이루어질지 말하지 않고 단순히 구원의 역사가 일어날 것이라고만 예언한다. 바울이 26-27절에서 이사야를 인용하

51 또한 모든 유대인을 말하는 것이 아니다. "온 이스라엘"은 '이스라엘에서 온 모든 사람'이 아니다. 이는 각 개인 모두를 포함하는 것이 아니라 민족 차원에서 일어난다.

여 이 역사가 그리스도의 재림과 연관되어 있다는 것을 보여 준다.

바울은 이 단락11:1-24에서 장래 이스라엘의 구원에 대한 생각을 발전시킨다. 교회 시대에 그리스도께 돌아온 남은 자들'그리스도를 믿는 유대인'이 있지만, 대부분은 믿지 않는 유대인들이고 그들은 하나님께서 완악하게 하신 이들이다. 하지만 이 완악함이 하나님 능력의 물결을 일으켜 이방인들로 하나님께 오게 하고 그들로 감람나무에 접붙임을 받게 하였다. 이것은 하나님께서 계획하신 것으로 유대인들이 시기하여 자신들의 죄를 회개하고 믿음으로 그리스도께 돌아오게 하시려는 것이다. 그 결과 이방 선교가 완수되었을 때 그리스도의 재림과 함께 이스라엘이 민족적 부흥을 겪고 메시아께로 돌아오며 거듭날 것이다.

재림 때 온 이스라엘이 구원받을 것임 11:26-27

로마서를 통틀어 바울은 독자들로 구약이 어떻게 그의 입지를 증명하는지 이해하기를 원했다. 여기서 그는 이사야 59:20-21과 27:9을 순서대로 인용한다. 첫 번째 인용은 여호와께 이스라엘의 죄와 불법을 고백하는 데 중점을 둔다. 그리하여 하나님께서 갑주를 입으시고59:17 이스라엘 중 회개하는 자를 용서하시고 적들을 무찌르셨다59:18. 이 단락에서 이스라엘은 죄에 대해 슬퍼하며 회개하도록 부르심을 받았고, 거부하는 자들에게는 심판을 경고하시고 회개하는 자들에게는 회복을 약속하신다.

바울은 자주 그러듯이 이사야 본문을 창조적으로 인용하여"구원자가 시온에서 오사 야곱에게서 경건하지 않은 것을 돌이키시겠고" 의견을 표명한다. "구원자"이사야 59장에서는 "구속자"는 이사야서에서 여호와를 가리키는데, 여기서는 그리스도를 가리킨다. 이사야의 여호와는 참회하는 자를 구속하시는 신적인 장수로서 "시온에 임하며", 이 구절에서는 이스라엘을 새롭게 중생시키시는 그리스도로서 "시온에서" 오신다. 어떤 이들은 바울이 다른 본문시 14:7의 시온에서 오는 구속을 여기에 첨가하고 있다고 생각하지만, 그것보다는 바울 자신이 이 구절에 변화를 주며 그리스도께서 다시 오실 천상의 '시온'의 모습히 12:22; 갈 4:26; 계 3:12; 21:2 참조을 더하는 것 같다. 바울은 그리스도의 **재림**파루시아, παρουσία을 그려낸 것이 분명하다.

그리스도께서 오실 때 "야곱에게서 경건하지 않은 것을 돌이키실 것"이다. 로마서 11장에서 경건치 않음은 23절의 불신과 25절의 우둔함강퍅함을 의미한다. 이 경건하지 않은 것을 돌이킨다는 것은 이 구절 서두에 있는 "온 이스라엘"의 구원을 다른 방식으로 표현하는 것이다. "돌이키실 것"은 우리가 죄에서 돌이키는 회개를 의미한다. 그리스도께서는 중생한 자들에게 있는 악의 능력을 제거하신다.

그리스도께서 "그들에게 이루어질 그의 언약"을 이루실 것이다. 이는 이사야 59:21의 언약과 더불어 예레미야 31:31-34히 8:8-12에서 인용된의 새 언약, 즉 하나님께서 "나의 법을 그들의 마음 속에 두며" "그들의 악행을 사하실 때" 이루시는 언약을 포함할 것이다. 옛 언약은 그리스도를 통해 은혜의 새 언약 안에서 이루어졌다. 이 새 언약은 이스라엘에 관하여 완수되는 것이다. 새 언약은 그리스도의 초림으로 이미 시작되었지만 이 땅에서 아직 완전히 완성되지 않았고, 이 본문에서 묘사하는 종말의 약속들이 이루어지면서 완성될 것이다.

이제 바울은 이사야 27:9의 "그의 죄 없이 함"을 이사야 59:20-21 인용에 덧붙인다. 이 이사야 본문은 이전 본문같이 이스라엘 구원과 용서를 하나님의 심판으로 인하여 회개함을 불러일으키는 것으로 묘사한다. 이 두 본문에서 하나님의 정죄와 완악하게 함은 구속 목적을 가지며 회개, 용서, 구원으로 이끈다.

이 구절들은 유대인들이 예수가 그리스도임을 깨달아 죄와 불신을 회개하고, 그로 말미암아 용서받아 하나님과 언약 관계를 회복할 것이라고 밝히 설명한다. 하지만 이것이 어떻게 이루어질지는 아무도 모른다. 우리는 11-24절에 나온 네 단계로 된 통상적인 과정, 즉 유대인의 넘어짐이 이방인 선교로, 이방인 선교가 유대인의 시기로, 유대인의 시기가 마지막 회개와 민족적 부흥으로 다시 영광을 보게 되는 소망으로 번지게 될 것이라는 정도만 안다. 자세한 과정이나 방법은 하나님께 맡기고 우리에게 완전히 드러내고자 하지 않으신 그분 뜻에 따라야 한다. 다른 본문들은 하나님 왕국과 성도의 부활고전 15:51-57; 살전 4:13-17과 하나님 원수들의 멸망살전 5:1-10; 살후 2:8-12; 계 19:17-21에 관하여 자세히 다루지만 이스라엘의 거듭남이 어떻게 이루어질지는 다루지 않는다. 그것이 어떻게 시작이 될지는 알아도 하나님께서 어떻게 이루실지는 기다리며 보아야 할 것이다.

2) 취소할 수 없는 하나님의 부르심 11:28-29

28-32절은 하나의 단위를 이루면서 이스라엘 구원의 방법적 차원이 아닌 신학적 의미를 규명한다. 여기서 우리는 이스라엘의 완악함에도 그들에게 부어지는 하나님 은혜와 자비의 목적을 조금 더 명확하게 볼 것이다. 언약 백성을 향한 하나님의 깊은 사랑 때문에 한때 원수이고 불순종하던 이들이 자비를 입고 그리스도께로 부르심을 받게 될 것이다.

이 구절들이 9-11장을 요약하고 하나님께서 이방인뿐 아니라 유대인도 어떻게 다시 이끄시는지를 반복 설명한다. 28절은 "복음/택하심", "원수/사랑을 입은 자", "너희로 말미암아/조상들로 말미암아"라는 세 단어 짝으로 구성된 문장이다. 첫 문장은 "복음으로 하면 그들이 너희로 말미암아 원수 된 자요"이다. "복음"은 온 세상에 선포된 그리스도의 복음을 가리킨다. 유대인들은 이 복음을 거부하여 그리스도와 교회의 "원수"가 되었기에 하나님 진노의 대상이 되었다. "원수" 개념은 능동적그들이 하나님을 미워함인 면과 수동적하나님의 원수가 되어버림인 면 모두를 강조한다.

여기서 9-11장의 주제를 보게 된다. 이스라엘이 복음을 거부하고9:3-10:21, 그로 인해 하나님에게서 거부당했다9:6-29. 이는 유대인의 넘어짐이 이방인들에게 구원과 화해11:11-15를 의미하기 때문에 이방인을 "위하여" 일어난 일이다. 본 가지가 꺾였을 때 돌감람나무가 접붙임을 받은 것이다17절. 하나님 구원 계획이 역사한 것이다. 유대인의 넘어짐이 이방인을 구원에 포함하고 이것이 유대인으로 하여금 시기심을 불러일으켜서 결국에는 그들도 구원하시려는 계획이다.

그 계획의 마지막 부분이 28절 두 번째 문장의 주제다. "택하심으로 하면 조상들로 말미암아 사랑을 입은 자라." 하나님께서 은혜로 선택하신 것은 성경 진리의 정수이다11:5-6. 구약성경을 통틀어 이스라엘을 향한 하나님의 변치 않는 사랑을 보면 그들이 선택받은 민족임을 확인할 수 있다대하 9:8; 시 102:13; 사 14:1. 유대인들 대부분이 그리스도를 거부했고 그의 원수가 되었음에도 하나님은 자기 언약 백성을 사랑하신다.

그의 사랑이 "조상들로 말미암아" 이어지고 있다는 것이 중요하다. 조상들이 하나님 사랑을 받을 어떤 착한 일을 했다는 것이 아니다. 아브라함은 자기 목숨을 부지하려고 아내 사라를 바로에게 팔려 했다. "야곱"이라는 이름은 '속이는 자'로서 그는 이름대로 살았다. 그 조상들을 향한 하나님 사랑은 철저히 은혜에 기반을 둔 것으로 결코 사람의 행위 때문이 아니다11:6. 조상들이 여기에 언급된 것은 그들을 통해 이스라엘에게 언약이 주어졌기 때문이다창 12:1-3; 13:14-17; 15:1-21; 17:4-19; 22:16-18(아브라함); 26:3-5(이삭); 28:10-15(야곱). 그들은 이스라엘을 향한 하나님 언약의 축복의 통로였고 그 약속이 하나님 선택의 근간을 이룬다.

29절에서 바울은 독자들이 이스라엘이 그리스도를 거부했음에도 불구하고 여전히 하나님 사랑을 받고 있다고 말하고 있다. "하나님의 은사와 부르심에는 후회하심이 없기" 때문이다. 은사와 부르심은 서로 다른 말일 수도, 같은 의미일 수도, 아니면 부르심이 서로 다른 은사를 의미하는 것일 수도 있다. 이 단락에서 구원으로 부르심을 강조하는 것을 볼 때, 부르심이 서로 다른 은사를 의미한다고 보는 것이 가장 맞는 듯하다. "은사"는 언약의 권리이고 이스라엘이 9:3-5에서 언급한 하나님 언약 백성으로서 누리는 축복들을 의미한다. 이 은사 중 가장 큰 것이 바로 하나님께서 그들을 언약 공동체로 부르신 것이다.

이 부르심은 "후회하심이 없는" 부르심이다. 이것은 하나님께서 그들을 자기에게로 부르실 때 결코 후회하지 않으신다는 사실에 대한 강한 표현이다. 하나님은 이스라엘을 향하여 약속하신 것을 절대 바꾸지 않으신다. 바뀌지 않는 그의 신실하심은 성경 전반에 나오는 주제이다민 23:19; 삼상 15:29; 욥 12:13; 시 33:11; 렘 4:28. 이는 하나님께서 하나님을 저버린 자들을 결코 거부하지 않으신다는 의미가 아니다. 28절에서 바울은 개별적으로 원수 된 자들이 있다고 말한다. 하나님의 부르심은 공동체적이다. 그는 자기 나라에 신실하게 남아 계실 것이다. 그의 심판과 거부하심은 개인들에게 해당하는 것이다. 그분은 이스라엘 안에 있는 많은 이들을 정죄하시지만 그 나라 자체에는 신실하시다.

3) 불순종하는 자에게 자비를 보이시는 하나님 11:30-32

이방인을 향한 자비가 유대인을 향한 자비로 이끎 11:30-31

로마 이방인 성도들에게 말하면서"너희가" 바울은 하나님의 엄청난 사랑이 어떻게 이스라엘의 불순종에도 불구하고 나타났는지 설명하고 있다. 이 두 구절은 "이와 같이"로 연결하며 11-15절의 요점을 다시 반복한다. 하나님은 이스라엘의 불순종을 통해 이방인을 구원하시고, 이제 이방인에게 보이신 자비를 유대인에게 보이신다. "너희가 전에는 하나님께 순종하지 아니하더니"로 30절이 시작되는데, 이는 1:18-32을 가리키며 이방인의 완전한 타락도 묘사하고 있다. 그들은 하나님을 따르지 않고 자신들의 마음과 몸을 육욕 추구를 위해 계속 사용하여 왔다.

그들은 정죄와 심판을 받아 마땅하지만 이제 "긍휼"을 입었다. 여기서 "이제"는 하나님께서 이방인에게 얼굴을 돌리시는 새 언약 시대를 가리킨다. 바울은 이 새로운 메시아 시대를 "신비"25절라고 지칭하고, 그 시대에 하나님은 그리스도와 이방 선교를 중심으로 하는엡 3:3-6; 골 1:26-27 새로운 구원 역사 시대를 계시하셨다. 이것이 바울에게 처음으로 계시되었을 때, 그가 그것을 받아들이기까지 관련한 계시적 사건이 세 번 있었다. 다메섹 도상의 환상행 26:17-18, 아나니아의 승인행 9:15-19, 성전에서의 환상행 22:21. 하지만 이 환상은 "이스라엘이 순종하지 아니함으로" 실현되는 것이었다. 이것이 이 11장11-12, 15에서 핵심이다. 하나님은 유대인의 불신을 통해 이방인에게 관심을 돌리시고 그들을 감람나무에 접붙이셨다17절.

그리고 바울은 이방인에게서 이스라엘에게로 관심을 돌린다. 나는 31절을 재구성하여 세 부분으로 나뉜 말씀을 좀 더 명확하게 설명하고자 한다. "이제 그들이 너희를 향한 하나님의 자비를 위해 불순종하였으므로, 그들도 자비를 얻으리라." 첫 두 부분은 유대인의 불순종이 이방 선교를 통해 하나님의 자비를 야기했다는 11:1-24 본문을 요약한다. 마지막 부분은 이스라엘의 구원을 말하는 25-32절의 주제를 설명한다.

이는 이스라엘이 순종하지 아니하는 현재를 가리키는 것이 아니다. 하지만 바울은 "이제"라는 단어를 두 번 사용하는데, 첫째 것이 현재적 불순종에 구체성을 더한다면, 둘째 것은 "너희에게 베푸시는 긍휼로 이제 그들도 긍휼을 얻게 하려 하심이라"며 요점을 더 복잡하게 한다. 두 번째 "이제"는 미래를 가리키며 종말론적 "이제" 즉 역사의 끝과 25-26절의 그리스도 재림 때에 "온 이스라엘"이 구원받는 것을 가리킨다.

여기서 바울이 마지막 사건을 가리키는 것인지 유대인 선교의 점진적 과정을 가리키는 것인지 알기는 어렵다. 하지만 이것을 가능하게 한 것은 1:16에서 밝힌 것과 같이 복음이 "먼저는 유대인"을 위한 것이라는 사실이다. 나는 이것이 역사 전반에 나타나는 선교의 과정과, 역사 끝에 나타날 온 이스라엘의 구원함으로 종합되는 것 모두를 나타내는 것이라 생각한다. 이것은 종말의 시작이다. 현재 유대인을 향한 지속적 선교는 세상 끝에 있을 마지막 추수를 기다리는 것이다.

목적: 모두를 위한 자비 11:32

이 구절은 바울의 논점을 정리한다. 바울은 이 장들에서 하나님 심판의 목적을 두 가지로 묘사한다. 첫째, 1:24, 26, 28의 죄악된 인간의 타락에 대한 심판, 즉 하나님께서 더 심한 죄로 "그들을 … 내버려 두신 것"에 대해 계속해서 언급한다. 유대인과 이방인 모두 불신의 죄를 선택하고, 하나님께서 "모든 사람유대인과 이방인을 순종하지 아니하는 가운데 가두어 두심"으로 그들은 어리석음의 열매를 맛보아야 했다.

두 번째, 이 모든 것 가운데 하나님의 최종 목적은 "모든 사람에게 긍휼을 베풀려 하심"이다. 하나님의 심판은 그 한가운데 구속이 있다. 앗수르와 바벨론 유수에서 본 것 같이 하나님께서 어려운 시기를 통해 자기 백성을 회복하시고 유수에서 돌아오게 하시는 것처럼 구원의 목적이 심판 가운데 있다. 정죄의 목적도 그들을 깨우고 회개하게 하여 이방인과 유대인들 가운데 일부라도 구원받도록 하는 데 있다.

"모든 사람에게 긍휼"은 각 개인이 결국 모두 구원을 받을 것이라는 만인구원설을 의미하는 것이 아니다. 로마인들은 이런 잘못된 견해를 가지고 있었다. 이 구절은 구원 과정 가운데 하나님의 목적이 유대인과 이방인 모두 감람나무에 가지를 접붙임하시려는 데 있다는 뜻이다. 그리하여 하나님은 긍휼로 두 무리 속에서 중생하는 이들을 교회에 두신다.

여기서 바울이 강조하는 것은 불순종 가운데 "가두어 두시는" 하나님 주권에 있는 그분의 은혜다. 사람들이 스스로 선택한 바로 그 "순종하지 아니함"에 가두시는 하나님을 균형을 두고 설명하고 있는 것을 주목하라. 거듭 말하지만 하나님의 주권9:6-29과 인간의 행동에 대한 스스로의 책임9:30-10:21은 함께 있다. 하나님의 참된 목적은 최후의 정죄가 아닌 "모든 사람에게 긍휼을 베풀려 하심"인 것을 이 본문을 통해 알게 되었다. "모든"은 공동체적인유대인과 이방인을 다 포함하여 것으로 개인적인모든 개개인이 구원받는 것을 가리키지 않는다. 하지만 이방인과 유대인 두 무리에 속한 개인들이 구원에 있어서 하나님의 자비하심을 개별적으로 경험하는 것은 사실이다.

4) 하나님 자비의 깊이에 대한 송영 11:33-36

많은 이들이 이 송영을 하나님의 신비스러운 예정하시는 뜻에 대하여 바울 스스로가 혼란스럽고 괴로워하며 쓴 것이라고 생각한다. 하지만 나는 그 반대라고 생각한다. 하나님의 믿을 수 없을 만큼 큰 자비와 각양각색의 사람들 가운데 구원받은 자들에 관한 사실들은 바울이 감당할 수 없는 크기의 것들로서, 그는 깊은 종교적 체험 가운데 이 하나님의 은혜와 자비를 찬양하는 찬송으로 이 구절들을 쓴 것으로 보인다. 바울은 혼란이 아닌 경외감을 표현하고 있고 독자들로 하여금 하나님의 알 수 없이 깊으신 생각과 신비를 기뻐하라고 요청하고 있는 것이다. 송영의 주제는 자격 없는 유대인과 이방인에게 그분의 위대한 자비를 보여 주신 하나님이 얼마나 크신 분인가를 찬양하는 것이다. 인간의 죄에 대한 이해는 참담한 타락과 불순종의 불신에도 불구하고 주어진 하나님 자비의 깊이에 대해 더욱 이해하도록 인도하며, 따라서 바울은 송영을 통해 은혜의 '깊이와 풍성함' 그리고 '헤아리지 못할' 하나님의 판단을 노래하고 있다.

9절 길이가 되는 송영은 연속되는 세 부분으로 이루어져 있다. 세 가지 감탄문33절, 세 가지 신적 속성 언급, 하나님의 마음을 헤아릴 수 없다는 점에 관한 세 가지 질문34-35절, 그리고 모든 것의 이유와 목적 되시는 하나님에 관한 세 가지 전제36절.

하나님의 위대하신 계획 11:33

이 찬양송영은 "깊도다 하나님의 지혜와 지식의 풍성함이여"라는 문구로 시작된다. 여기에 두 개가 아닌 세 가지 속성이 나온다. 그것은 풍성함, 지혜, 지식이다. "풍성함"은 하나님의 끝없이 광대하신 속성을 가리킨다. 온 우주가 그 안에서 설명되고 누구도 하나님이 얼마나 광대하신지 온전히 이해할 수 없다. 그분의 "풍성함"은 2:4; 9:23; 10:12; 11:12에서 자비와 은혜로 소개되고 있고, 에베소서 1:3, 7-8에서는 "그의 은혜의 풍성함을 따라" "하늘에 속한 모든 신령한 복을 우리에게 주심"으로 묘사되고 있다. 이러한 풍성함으로 하나님께서 우리를 구원하신 것이다.

많은 이들이 하나님의 "지혜"와 "지식"을 다른 개념으로 생각하는데, 그것은 어느 정도는 맞지만 이 두 가지는 성경을 통틀어 밀접하게 연관된 개념들이다. 이 구절들에 등장하는 세 가지 속성들은 모두 하나님이 베푸시는 구원의 엄청난 선물들과 연관되어 있다. 하나님의 "지혜"는 3:21-8:39에서 다룬 하나님의 구원 계획에 드러나는 것이며, 하나님의 지혜로운 뜻은 십자가에서 그리스도의 속죄 제사를 통해 역사하고 죄인 된 유대인과 이방인들에게 동일하게 구원을 제시한다. 하나님의 "지식"은 우리가 그분을 아는 것이 아니라 그분이 우리를 아시고 우리로 그 자녀와 교회 일원이 되도록 선택하신 것을 의미한다. "지식"은 그의 전지하심을 가리키고, 모든 진리, 특별히 우리를 미리 아심8:29; 11:2을 뜻한다. 그의 지혜는 그의 은혜로운 계획이고, 그의 지식은 우리를 선택하사 자기 백성을 삼으시는 계획에서 비롯한 지식이다.

다음 두 줄은 하나님의 지혜와 지식 개념을 더 발전시킨다. 두 가지가 **교차 대구법**으로 평행을 이루고 있다. 곧 A"헤아리지 못할", B"그의 판단", B"그의 길", A"찾지 못할"로 구성되어 있다. 하나님의 판단은 그분이 심판자로 역사하신다는 것이2:2; 5:16처럼 아니다. 일반적으로 그분의 선택은 특별히 인간을 구원하는 데 있어서 엄격하면서도 인자하시다11:22. 그의 뜻대로 행하심은 "헤아리지 못할 것"이어서 인간의 머리로는 도무지 깨달을 수 없다욥 42:3; 시 147:5; 사 40:28 참조. 하나님은 우리를 아시지만 우리는 하나님을 온전히 이해하지 못한다. 우리가 할 수 있는 것은 인생의 신비를 경험할 때마다 그분의 더 높으신 지혜를 의지하는 것 뿐이다. 우리는 그 신비를 이해할 수 없지만 하나님께서는 험한 인생길에서 우리를 인도하실 것이다.

"그의 길"이라는 문구는 하나님 "판단"의 행위를 부각하는 개념이다. 하나님의 결정이 우리 삶 속에서 역사할 때 그것은 우리가 "찾지 못할 것"들이다. 우리는 이해할 수도 조절할 수도 없다. 성도들이나 불신자들이나 하나님의 주권적인 역사를 온전히 이해할 수 없다. 특히 하나님의 구원-역사적 행위들은 더욱 그러하다. 바울이 로마서에서 파헤치는 신비들은 우리가 천국에 가야지만 온전하고 명확히 알 수 있는 것들이다. 지금은 모든 것을 하나님께 맡기고 그분이 하신 일에 감사하며 그분의 높으신 지혜를 인정하는 것 말고는 우리가 할 수 있는 일이 없다.

나는 이 주석을 통해 하나님의 주권과 인간의 책임8:28-30과 10장 끝 참조에 관하여 갈린 의견들을 소개하고 꽤 길게 설명했다. 33절도 그러한 논란을 상기시키는 중요한 구절이다. 인간의 교만은 개인적인 신학적 기호를 고집할뿐 아니라 다른 의견을 가진 이들을 판단하게 한다. 우리는 모든 것을 이해하시는 하나님의 마음을 가지고 있으므로 우리에게서 모든 진리가 시작되는 것처럼 생각해서는 안 된다. 어떤 학자는 아르미니우스주의자들은 하나님 주권을 부인했기 때문에 지옥에 갈 것이라 말하기도 했다. 이것은 신학적으로 틀릴 뿐 아니라, 이러한 교만은 그 자체가 죄이다.

우리 모두는 성도의 견인이나 예정과 같은 중요한 교리를 지속적으로 연구할 필요가 있지만, 또한 겸손하게 하나님께서 모든 해답을 우리에게 주신 것은 아니라는 것을 인정해야 한다. 삼위일체, 그리스도의 신성, 대속 등 중심 교리들은 성경이 너무도 확실하지만, 그렇지 않은 교리들은 하나님께서 우리로 하여금 계속 고민하고 주권과 책임 같은 서로 다른 견해 간에 균형을 찾게 하시는 것이다. 서로 다른 견해를 지지하는 중요한 본문들이 있고, 그렇기에 우리는 서로를 존중하며 "철이 철을 날카롭게 날카롭게 하는 것 같이" 논쟁해야 할 것이다. 서로 간에 전쟁을 그치고 많은 것들에 대해 "우리는 부분적으로 알고 부분적으로 예언하니"고전 13:9의 현실을 인정하도록 하자. 그렇다고 어떤 것에 대해 강한 주장을 하지 말라는 것이 아니다나도 이 주석에서 이렇게 강하게 주장하고 있다. 하지만 동시에 겸손하게 서로를 존중해야 한다. 나의 가장 가까운 친구들 중에는 칼빈주의자들도 있다. 나는 아르미니우스주의자인데 말이다. 나는 내가 지금 맞는 말을 하고 있기로 예정되어 있다고 그들에게 말한다!

하나님의 생각을 이해할 수 없음 11:34-35

34-35절의 수사학적 질문들은 하나님의 방법을 사람이 알 수 없다는 주제를 더 확증한다. 처음 두 가지 질문은 이사야가 "위로하라 내 백성을 위로하라"사 40:1고 시작하며 화제를 전환하는 잘 알려진 본문 일부인 이사야 40:13을 암시한다. 이사야 때는 너무도 강성한 바벨론에게서 이스라엘을 구원하는 것은 불가능해 보였다. 하지만 하나님은 자기 백성에게 하나

님의 역사하심을 의심하지 말고 그분을 신뢰하라고 상기시키셨다. 바울은 이사야 40장의 모든 단락을 염두에 두고 역시 구원이 불가능할 것 같은 자기 시대 상황과 평행적으로 연결하여 인용했을 가능성이 크다.

우리도 주변에 복잡하게 돌아가는 세상사를 다 섭렵할 수 없다. 하지만 그리스도 안에서 하나님께서 우리에게 성령을 주시는 삼위 하나님의 역사를 통해 우리가 이 세상을 살아갈 수 있도록 능력을 주고 계신다. 우리는 결코 "그의 모사"가 될 수 없다. 대신 우리가 그분의 지식과 뜻에 의존하고 우리 삶을 온전히 그리스도께 의지하여 살고 우리 삶 전반을 성령의 이끄심에 따라 살아야 한다.

세 번째 수사학적 질문35절은 바울이 욥기 41:11 말씀 "누가 먼저 내게 주고 나로 하여금 갚게 하겠느냐"라는 히브리어 본문을 의역한 것이다. 이 욥기 본문은 여호와의 말씀욥 38-41장 거의 마지막에 등장한다. 여기서 하나님은 욥에게 자신이 모든 것을 주관하고 계심을 말씀하신다. 이것이 욥기 이야기의 가장 중요한 주제라고 볼 수 있다. 곧 "온 천하에 있는 것이 다 내하나님 것이니라"는 내용이다. 욥은 혼란스러웠고 하나님께 왜 그리고 어떻게 세상의 모든 것이 욥 자신에 대항하여 공격하는지 물었다. 욥이 하나님의 지혜를 의심할 무렵, 하나님은 자신만이 이 세상을 돌보시는 지혜가 있으시고 욥의 삶도 돌보신다는 것을 선언하신다. 욥은 하나님께서 모든 것을 감독하시는 지혜에 자기 삶을 드리라는 명령을 받는다.

바울은 11장에서 욥기 본문에 충실하여 "먼저 드려서"라고 하여 하나님께서 우리에게 반드시 갚으신다는 사실을 표현하다. 아무도 하나님께 무엇인가를 드릴 수 없고 하나님으로 하여금 우리가 갚을 수 없는 빚을 갚으시도록 할 수 없다. 하나님은 누구에게도 빚지지 않으신다. 하나님의 지혜와 지식33절은 우리를 완전히 뛰어넘고34절, 따라서 우리에게 거저 주어지는 선물로 온다35절.

하나님의 범우주적 영광 11:36

바울이 송영33-35절에서 말하고자 하는 모든 것은 하나님께서 "만물"고전 8:6, 하나님에게서 남; 골 1:16-17, 그리스도로에게서 말미암음의 근원에크, ἐξ; "~에서 나오고", 수단디아, διά; "말미암고", 목적에이스, εἰς; "~에게로"이 되신다는 사실에 근거한다호티, ὅτι; 때문에. 이는 온 창조 세계를 주관하시는 하나님의 주권뿐 아니라 이 송영과 로마서 9-11장에서 다룬 모든 것들을 최고조로 표현하는 것이다. 하나님은 자신이 창조하신 것들을 순서대로 결정하시고, 아무도 그분의 지혜를 모르지만 그들은 그분을 따르는 자들에게 허락된 놀라운 하나님의 지혜를 의지할 수 있다. 하나님 한 분만이 모든 진리를 계시하시기 때문에 어느 누구도 그분의 모사가 될 수 없다. 그들은 그저 하나님의 모사를 듣고 따를 수밖에 없다. 그분만이 공급자이시고 구원 역사를 주관하신다.

여기에서 결론은 한 가지다. "그에게 영광이 세세히 있을지어다." 우리에게 구원을 주시고 우리를 자녀 삼으신 그분, 유대인과 이방인을 하나로 묶고 그리스도 안에서 타락한 인류를 통합시키신 그분만이 모든 것 위에 뛰어난 영광에 합당하신 분이다. 웨스트민스터 신앙고백처럼 하나님께서 우리를 창조하신 목적은 하나님께 영광을 돌리고 영원히 그분을 즐거워하는 것이다. 그분의 이름을 높이고 이 땅에 사는 모든 순간 동안 그분의 사랑의 임재를 즐기는 것은 놀라운 축복이자 특권이다. 바울은 "아멘"으로 송영을 마치며 이 송영에 나오는 진리의 가치를 재차 확인하고 다른 송영의 진리를 재선포한다1:25; 9:5 참조.

로마서 9-11장 마지막 단락은 가장 위대한 약속 중 하나로서, 이스라엘의 참 미래에 대한 종말론적 계시이다. 이는 퍼즐을 맞추는 마지막 조각이고, 하나님께서 선택하신 백성을 향한 언약을 지키실 뿐 아니라 신실한 자들에게 영원한 보상을 보장하는 부흥이 민족 차원에서 있을 것임을 말해 준다. 이렇게 약속된 진실이 바울의 눈을 눈물로 채우고 현재 유대인 대다수가 겪는 어려움이 결국 구속이라는 목적을 가지고 있음을 보여 준다. 이방 선교 성공이 하나님에게서 이스라엘을 멀리 떨어지게 하지 않고 이스라엘로 시기하게 하여 새로운 유대인 선교가 시작되어 그리스도께로 돌아오는 민족 차원의 구원이 이루어질 것이다.

우리는 하나님의 최종 목적이 모든 사람들, 즉 유대인과 이방인32절의 구원임을 인식해야 한다. 이는 유대인들이 그리스도를 대적할 때에만 이방 선교가 일어난 것을 의미하지 않는다. 하나님께서 아브라함과 그의 자손들을 선택하신 것은 그들이 이방인들에게 축복의 통로가 되게 하려 하심이다창 12:3. 이스라엘이 이 명령을 수행했다면 이방 선교는 아마 바울 시대 이전에도 일어났을 것이다. 그러나 이방 선교는 끝이 아니라 더 큰 결말 즉 유대인의 구원과 그리스도 안에서 새 이스라엘로 이루어지는 전 세계적인 하나의 교회를 이루는 도구일 뿐이다.

이 장들에서 바울은 아주 어려운 개념들을 다루었다. 그리고 33-36절 송영에서 그는 독자들이 하나님의 주권과 인간의 책임에 대해 우리 지식이 제한되어 있음을 알기 원했다. 중요한 것은 모든 진리는 하나님의 진리이고 우리는 해결하기 어려운 문제들을 접할 때 하나님의 더 크신 지혜를 의지해야 한다는 것이다. 성도의 견인이나 예정과 같은 주제들을 가지고 논쟁할 때 이렇게 아름다운 바울의 송영을 기억하고, 이 땅에서 온전히 알 수 없는 끝도 없는 신학적 논쟁으로 교회의 하나 됨을 해치는 일은 삼가야 할 것이다.

VI

성령 안에서 사는 삶

1. 그리스도인으로 살기를 권유 12:1-8

우리가 매일 아침 일어나 처음 하는 일이 거울 앞에서 우리를 점검하고 사람들 앞에 어떤 모습으로 보여야 하나 살피는 것이다. 우리 자신을 보고 어깨를 으쓱하며 '지금 보이는 내 모습대로 살자'고 말하는 것은 바보 같은 짓일 것이다. 야고보서 1:23-24에서 하나님 말씀은 영혼의 거울 같아서 우리가 그 말씀을 볼 때 하나님 앞에 우리를 드리기 위해 어떻게 변해야 할지 점검하게 한다고 기록되어 있다. 우리가 복음으로 변화를 받을 때 일상에서 행하는 행동도 변해야 할 것이다.

이것이 로마서 12-16장이 말하고자 하는 중심 내용이다. 그리스도께 새롭게 헌신하면서 변화된 삶을 사는 것이 핵심 주제이다. 로마서의 전반 11장은 그리스도 안에서 하나님이 우리에게 하신 일들을 묘사했다. 이제 후반에서는 그리스도께서 우리에게 주신 새 생명 안에서 따를 올바른 행동 강령들 즉 성령 안에서의 삶의 모습을 다룬다.

설명에서 명령으로 이어가는 방법은 바울이 흔히 쓰는 기법이며 갈라디아서1-4; 5-6, 에베소서1-3; 4-6, 골로새서1-2; 3-4, 데살로니가전서1-3; 4-5에서 나타난다. 바울이 이 장들에서 논하는 것은 일반적이지 않지만 교회에 나타나는 구체적인 문제들 즉 영적 은사롬 12:3-8, 대적하는 자들과 핍박하는 자들12:14-21, 국가 권력13:1-7, 유대인과 이방 신도들 간의 갈등14:1-15:12 등이다. 여기에서 두 가지 하위 단락으로 나뉜다. 성도의 삶을 살라는 강령12:1-13:14과 우상에게 드려진 고기에 관한14:1-15:12 강한 자이방 성도들와 약한 자유대 성도들들 간의 갈등.

1) 완전히 변화된 그리스도인의 삶 12:1-2

이 두 구절은 복음의 의미가 성도의 품행으로 이어지게 하는 의미로 전환하는 것을 보여 주며, 확실히 성경에서 가장 심오하고 의미 있는 본문 중 하나이다. 서두의 "그러므로"운, οὖν는 이 구절이 결론이거나 이 전에 나온 모든 본문1:18-11:36에서 추론한 내용임을 알려준다. "권하노니"파라칼로, παρακαλω는 문맥상 좀 더 강하게, '간곡히 타이르는'으로 번역할 수 있겠다. 이는 권위 있는 선언이며 특별한 주의를 요청한다. 이것은 바울이 가르칠 때마다 선호하는 동사로서, 독자들로 듣는 것뿐 아니라 들은 것을 실천하도록 요구하는 것이다.

하나님께 드리는 제물로 자신을 드려라 12:1

"하나님의 모든 자비하심으로"라는 문구는 11:30-36에 나타난 하나님의 자비를 강조하지만 로마서 1-11장 전반에 걸쳐 하나님께서 어떻게 그리스도의 죽으심을 통해 구원을 가져오셨는지 요약하는 문구라 할 수 있다. 바울이 하나님의 자비를 9-11장에서만 언급하지만 사실상 자비는 로마서 전체에 흐르는 기본 개념이다. 은혜를 종종 '자격 없는 자에게 주어지는 자비'로 부르는데, 복음 자체가 죄인을 향한 하나님 자비의 결과이다.

우리가 하나님께 온전히 헌신하는 것이 우리를 향한 하나님의 완전하신 자비에 기인하는 것이다. 바울은 이것을 제사 개념을 사용해 "너희 몸을 … 산 제물로 드리라"고 표현한다. '제사를 드리라'는 동사는 이따금씩 '단번에 드리는' 행위로 오해되어 왔다. 이것이 구원관을 개진함에 있어 성도들로 하여금 단 한 번의 극적인 영적 변화중생과 같은 체험을 추구하게 하는 소위 '은혜의 이차 역사'second work of grace라는 개념을 형성하게 만들었다. 이것은 잘못된 교리이다. 이 구절에서 목적격"드리라" 동사는 현재 시제로 쓰인 "권하노니"라는 주동사에서 비롯되어 2절에서 두 가지 현재 시제 명령형 동사들을 이끌고 있다. 이것은 드리라는 행위가 단 한 번에 끝나는 행위가 아니라는 뜻이다. 드리는 것은 반복적 행위이며 하나님께 우리 자신을 자주 드릴 것을 권유하는 것이다.

이 개념은 우리 몸을 주님께 제물로 내 놓는 것을 그리는 은유적 표현이다. 이러한 개념은 성경에 자주 등장한다. 예를 들어 "감사로 하나님께 제사를 드리며"시 50:14, 23, "나의 손 드는 것이 저녁 제사 같이 되게 하소서"시 141:2, "찬송의 제사"히 13:15, "신령한 제사"벧전 2:5 등이다. 제사로 드리는 것은 "너희 몸"인데, 어떤 이들은 물리적으로 몸을 하나님께 드리는 것이라고 생각한다. 하지만 이것은 문맥상 전인격을 주님께 드리는 것을 가리키는 것으로 보는 것이 더 맞다. 우리는 삶 전체를 하나님께 드려야 하고 성령을 우리 안에 들어오시게 하여2절 온전히 그분을 섬길 수 있는 힘을 주시도록 해야 한다.

이 제물에는 세 가지 양상이 있다.

1 이것은 "산 제물"로서 다양하고 지속적인 과정뿐 아니라 영적인 면 즉 성령 안에서

'새로운 삶'으로 우리 자신을 드리는 것이다. 6:3-6에서 보았듯이, 우리는 그리스도와 함께 죽었고 성령 안에서 새 삶을 산다. 삼위일체 하나님께 우리 자신을 드리는 것은 다채로운 새 삶의 한 부분이다.

2 이것은 "거룩한" 것으로서 우리 자신을 완전히 하나님께 드려 세상과 '구별되고' 하나님께 온전히 속하는 것을 뜻한다. 거룩한 제물로서 하나님과 교회에 우리 자신을 거룩하게 드리며 섬겨야 한다.

3 이것은 "하나님이 기뻐하시는 … 제물"로서 주님이 흠향하시는 "향기로운 냄새"를 제물로 드리는 것에서 온 개념이다출 29:18, 25, 41; 레 3:16; 민 28:6. 이는 신구약 모두에서 나오는 하나님의 기쁨을 나타내는 개념이다고후 5:9. "주를 기쁘시게 하는 자가 되기를 힘쓰노라", 고후 2:15; 엡 5:10; 빌 4:18도 참조.

이 세 가지 양상은 모두 성도의 삶에서 중요하다. 우리는 항상 성령 안에서 새로운 삶을 추구해야 하며 그분을 기쁘시게 하는 삶을 살기 위해 거룩하게 구별되어야 한다.

이 구절 말미에 하나님께 우리 자신을 온전히 드리는 것이 "너희가 드릴 영적 예배"라고 규정되어 있다. 여기서 헬라어 '로기켄'λογικὴν; 참되고 적절한의 의미에 대하여 많은 논의가 있어 왔다. 이 단어는 헬라 철학에서 자주 쓰이는 것으로 이성적 진리에 입각한 논리적 개념을 일컬을 때 쓰인다. 이것은 헬라적 유대주의에서 가져온 개념예를 들어 필로으로 예배의 영적 그리고 이성적 측면을 합친 것이다. 여기에 세 가지 가능한 해석이 있다. 참되고 이성적 예배를 일컬을 때 "영적", 마음을 다하는 예배를 일컬을 때 "영적", 그리고 논리적 혹은 합리적인 예배를 일컬을 때 "합당한"으로 볼 수 있다. 아마도 합당하고 영적인 성격을 합한 것이 가장 적절한 해석이고 예배를 영적인 행위로 드리는 것이 성도의 삶을 사는 가장 논리적 방법일 것이다.

우리 삶 전체가 지속적으로 드려지는 예배이다. 하나님은 우리가 생각하고 말하고 행동하는 모든 것의 중심이셔야 하고, 우리는 어떤 상황에서든지 그분을 찬양해야 한다. 우리 삶의 모든 것이 그분을 섬기고 그분의 임재를 즐기는 것이어야 한다. '라트레이아'λατρεία; 예배는 공동체적인 예배뿐 아니라 일상에서 드러나는 예배를 가리키는 용어이다. 이는 특히 예배의 삶을 "영적"인 것으로 부를 때, 합리적 사고와 영적인 삶을 결합하여 모든 상황에서 하나님을 섬기는 성도의 "합당한" 삶을 가리키는 것이다. 이는 매일의 행동이 개인의 영적 삶에서 나타나는 시대, 즉 그리스도의 새로운 시대의 시작과 밀접하게 연관되어 있다. 일요일 공예배가 일상 가운데 실천되고, 예배의 영적, 합리적 측면이 분리되지 않고 삶 전반에서 하나님을 섬기는 것으로 나타나야 한다.

이 세대를 본받지 말고 변화를 받아야 함 12:2

1절에서 바울은 성도의 삶에서 무엇을 드려야 할지하나님께 산 제사로 자신을 드릴 것, 2절에서 어떻게 살아야 할지이 세대를 본받지 않고 성령에 의해 변화를 받을 것를 언급했다. 이렇게 서로 연관된 두 삶, 희생 제사의 삶은 부정문세대를 본받지 말고과 긍정문변화를 받아을 아우른다. 어떤 학자들은 '본받다'쉬스케마티조, συσχηματίζω를 외부적인 것으로, '변화를 받다'메타모르포오, μεταμορφόω를 내부적인 것으로 이해하였지만 이것은 잘못된 견해로 판명되었다. 본받는다는 것은 다른 사람이나 다른 것을 따라하는 것이다. 필립스J.B. Phillips가 이것을 "세상이 당신을 세상의 틀에 갇히지 않게 하라"로 잘 해석했다. 다른 영어 성경NLT은 "세상의 행위와 풍습을 답습하지 말라"고 번역했다.

"이 세대"죄가 다스리는 시대, 5:21; 7:17, 20, 23의 힘이 침입하고 통제권을 가져 성도들과 비성도 모두 소비주의, 성공, 지위를 향한 갈망, 쾌락, 섹스, 겉모습만 화려하게 하는 것들을 추구하게 만들고 있다. 베드로는 베드로전서

4:4에서 이와 같은 세상의 힘이 "그들과 함께 그런 극한 방탕에 달음질하지 아니하는 것을 그들이 이상히 여겨 비방하나"라고 말하고 있다. 이것을 사회적 압력이라 할 수 있겠다. 이를 벗어날 수 있는 유일한 방도는 거절하고 성령의 힘에 의지하여 이런 압박을 초월하는 것 뿐이다. 그리고 우리가 약할 때 힘을 되는히 12:12-13 신실한 믿음의 친구들을 반드시 두어야 할 것이다.

이 세상을 본받는 것의 반대는 "마음을 새롭게 함으로 변화를 받는 것"이다. 이것은 수동태로서 변화시키는 주체가 성령님이시고, 그분이 우리 자신의 중심을 뚫고 새로운 피조물로 새롭게 빚어내시는 것을 말한다고후 5:17. 헬라어 '메타모르포오'μεταμορφόω는 영어 단어 'metamorphosis'탈바꿈, 변형의 원형으로서, 선구자이신 그리스도 안에서 영원토록 살게 될 새로운 모습으로 점차 바뀌어가는 것을 의미한다. 성령은 바꾸시는 분으로서 우리로 유혹을 이기게 하시고, 하나님을 섬기며 살 때 승리하도록 힘 주시는 분이시다. 이것은 삼위일체의 역사로서 우리가 그리스도를 닮아가는 과정과엡 4:13, 성령 충만한 하나님의 자녀롬 8:5-17로 살아가는 과정의 일부이다.

바울은 이 과정을 "마음을 새롭게 함"이라고 표현하며, 이것은 성령에 의해 우리 마음가짐이 새로워지는문자 그대로 '계속, 계속 새로워 짐' 것을 의미한다. 그리고 이것은 세상의 영향에서 우리 생각이 자유로워지고 "하나님의 일을 생각"하는막 8:33 마음으로 재정비되는 삶의 과정이다. 로마서는 마음에 대하여 수차례 언급한다. 로마서 1:18-32에 의하면 마음은 타락의 중심에 있고, 7:23, 25에 의하면 마음이 하나님을 섬기려는 열망과 죄 된 육신의 성향 가운데 전쟁을 일으키고 있으며, 8:5-7에 의하면 육신과 영 가운데 마음에서 전쟁이 일어나고 있다. 하지만 영적 성장이 일어나는 곳도 항상 마음이다. 마음에서 우리 삶의 영적 방향과 도착지가 결정된다.

우리가 일상에서 행동하는 것은 세상1절이나 성령2절의 영향에 대한 우리의 반응에 따른다. 우리는 이런 마음의 전쟁을 '마음의 지배 대 성령의 지배'로 부를 수 있겠다. 이것이 우리가 영적으로 패배의 삶7:14-25을 사느냐 성도로서 승리의 삶8:1-8, 37을 사느냐를 결정한다. 사실 이것은 세상의 유혹을 물리치도록 하는 성도의 교제의 주요 목적 중 하나이다.

마음을 새롭게 함의 목적에이스 토, εἰς τὸ; ~므로은 "하나님의 … 뜻이 무엇인지 분별"하는 것이다. 이 동사는 그것에 따라 살 수 있도록 무엇을 검토하는 것을 의미하는 것으로, 분별력과 실천 모두를 포함한다. 세속적인 것들을 뛰어넘을 수 있는 힘을 주는 것이 무엇인지를 분별하고 우리에게 참 도움을 주는 것들을 취하도록 결정하기 위해 살피는 것이다. '하나님의 뜻'은 하나님에게서 오는 지시와 인도를 뜻하고, 그것은 하나님 기준에 성도가 보여야 할 도덕적 삶으로 이끈다.

하나님의 뜻은 "선하시고 기뻐하시고 완전하신" 것이다. 하나님의 뜻이 가장 선한 것이기에8:28 우리는 하나님의 뜻을 항상 추구해야 한다. 편하고 이익이 된다고 생각하는 것들만 추구하는 이상 우리는 항상 문제 가득한 삶, 실망스러운 삶을 살게 될 것이다. 하나님께서 우리 삶을 다스리실 때, 그분의 인도하심을 따를 때에만 우리는 올바른 일을 하게 된다. "기뻐하시고"가 무엇을 의미하는지는 알기 어렵다. 1절의 "하나님이 기뻐하시는"은 우리가 모든 일에 하나님을 즐겁게 해 드리기를 구한다는 것을 의미한다. 이 용어는 1절을 반복하는 것인가대부분의 학자들의 생각, 아주 다르게 우리를 기쁘게 하는 것을 의미하는가? 우리가 하나님을 기쁘시게 할 때 그분도 우리를 기쁘게 하신다고 생각하는 것이 타당한 해석일 것이다. 하나님의 뜻이 우리에게 선하고 완전하다는 것을 보면 우리와 연관 있는 것이니, 우리 삶 속에서 하나님 뜻이 완전히 이루어지고 결국에는 우리에게 기쁨이 된다.

2) 교회에서 서로 돌봄 12:3-8

성령의 인도 가운데 변화되고 새로워진 마음은 결코 교만하고 자기중심적일 수 없다. 다른 사람의 기쁨이 되고 다른 사람을 이용해 자신을 기쁘게 하려는 마음을 먹지 않고 겸손과 베푸는 마음으로 서로를 위해 자신의 은사와 힘을 사용하려 할 것이다.

믿음의 분량에 대해 진지하게 생각해 봄 12:3

바울은 그리스도 공동체에서 스스로에 대해 '진지한 생각'을 해 보도록 권유하고 있다. 먼저 "내게 주신 은혜"로 시작하며 다메섹 체험을 떠올리는데행 9장, 그곳에서 하나님은 바울이 그리스도를 믿고 이방인의 사도가 되도록 그를 부르셨다행 26:17-18. 여기서 그는 자신의 사도로서의 권위를 증명하고 있다. 따라서 "너희 각 사람에게 말하노니"라고 말할 때 그는 부드럽게 말하기보다는 권위를 가진 명령조로 말하는 것이다. 독자 "각 사람"은 새로운 마음을 가지고 새로운 생각과 판단을 할 수 있어야 한다.

이 세상을 본받게 되면 "마땅히 생각할 그 이상의 생각"을 하게 되는데, 이는 속이고 자신을 드러내는 생각이다. 하지만 성령에 의해 변화를 받으면 "믿음의 분량대로 지혜롭게 생각"하게 될 것이다. 이런 생각은 겸손한 것이고 섬김을 받기보다는 섬기려 하는 것이다막 10:45, 그리스도의 마음. 지혜롭게 생각하는 것은 하나님의 관점을 가지는 것으로 우리가 하나님께 종이고롬 6:16, 18, 22 주변 사람들에게도 종이 되어갈 5:13 가진 은사로 그들을 섬기는 것을 원하는 것이다. 다른 사람을 밑에 두지 않고 우리를 다른 사람 밑에 두고 생각하는 것이다빌 2:3-4 참조.

우리 자신을 올바로 판단하는 것은 "믿음의 분량"이 우리 안에서 역사할 때 이루어진다NIV 성경은 "너희 각자에게 하나님이 주신 믿음에 따라"로 번역. 이는 두 가지로 이해할 수 있다. "분량"은 공동체 믿음의 기준이 될 수 있다. 우리는 하나님께서 우리에게 부어 주신 동일한 믿음을 근거로 우리 스스로를 점검한다. 다른 한 편으로는 하나님께서 원하시고 우리가 '믿음으로' 받아들이는 만큼 서로 다른 분량 혹은 "분수"가 될 수도 있다6절을 참조.

무엇이 맞는지는 4-8절 문맥과 교회를 섬기는 데 필요한 성도들의 영적 은사를 함께 살펴보며 결정해야 한다. 여기서 말하는 믿음의 분량은 하나님께서 주신 은사를 받는 믿음이다. 하나님께서 같은 믿음을 각자에게 주셨지만, 우리는 그 믿음을 각자에게 할당하신 서로 다른 은사를 받는 데 사용한다. 믿음은 같지만 은사는 다르다. 이렇게 볼 때 두 가지 선택지가 다 맞고 동전의 양면처럼 서로 맞물린다. 우리는 하나님께서 각자에게 주신 서로 다른 은사를 살필 때 서로에게 겸손한 마음을 가져야 할 것이다. 모든 은사는 하나님께 중요하고 교회에 필요하기에 결코 교만해서는 안 된다. 이 모든 은사들은 믿음으로 받아야 하고, 종의 마음을 가지고 그 은사들을 사용해야 한다.

교회가 가진 몸의 개념 12:4-5

교만하고 서로 속이려는 경향은 공적인 은사를 가진음악, 설교 혹은 지도력 자들에게 두드러지게 나타난다. 그들은 사람들의 주목을 받고 쉽게 잘못된 판단으로 교만하기 쉽다. 이런 모습이 로마의 중심적 역할을 감당하던 공동체에서 나타났다. 4-5절에서 바울은 고린도전서 12:12-26과 비슷한 은사에 관한 신학을 보여 주고 있다. 여기서 중심이 되는 비유는 교회가 그리스도의 몸이라는 것이다. 그리스도의 몸은 인간의 몸처럼 한 몸에 많은 지체를 가졌으나 모든 지체가 같은 기능을 가진 것은 아니다. 몸이 하나의 유기체로서 올바로 작동하기 위해서는 각 지체가 함께 움직여야 하지만, 동시에 각 지체는 서로 다른 일들을 수행한다. 몸의 한 지체라도 지어진 대로 움직이지 않으면 그 몸은 불구인 것이다.

우리 모두는 "한 몸이 되어야" 한다. 그 하나의 몸이 교회이고 우리 모두는 교회로서 기능을 감당하기 위해 하나가 되어 움직여야 한다. 지체들이 "한 몸이 되어 서로 지체가 되어" 교회 안에서 연합하고 다양성을 띠게 된다. 하나님은 우리가 억지로 모인 개체들의 모임이 아니라 스스로를 한 몸으로 모인 서로 다른 지체들로 생각하기를 원하신다. 수직적으로는 하나의 몸고전 6:19-20으로 그리스도께 속하였다. 수평적으로는 서로에게 속하였다. 이것이 다수지만 하나를 이루는 원리이다. 곧 많지만 서로 의존하는 지체들이다.

우리의 "은사가 서로 다른 것"은 각자의 중대한 역할을 감당하면서 하나의 몸으로 뭉치게 한다. 하나님 보시기에 모든 은사가 동일하므로 교회 안에서 교만하거나 특별한 은사를 가진 이들을 특별 대우할 수 없다모든 성도들이 다 은사를 받았다!. 많은 교회들이 목사들을 거의 신적인 존재로 우러러보는데, 이는 엄청난 죄다. 서로 다른 은사들이 연합하여 움직이지 않는 한 교회는 절대로 제 기능을 발휘할 수 없다.

통계학적으로 볼 때 교회 안에서 평균 15-20%의 사람들만 헌신적으로 섬긴다고 한다. 우리 몸의 20%만 움직인다고 생각해 보자. 우리는 식물인간이나 다름없는 것이다. 오늘날은 서로를 섬기기 위해엡 4:12, 14 자신의 은사를 사용하려고 하는 이들이 너무도 적어서 장애를 겪고 있는 교회들이 너무도 많다. 중요한 것은 우리가 "그리스도 안에서 한 몸"이라는 사실을 깨닫고 그렇게 살아내는 것이다. 그분과 함께 하나가 되고 서로 하나가 될 때에만 우리는 참으로 겸손하고 그리스도의 몸으로 연합을 이루는 힘을 가질 수 있게 된다.

하나님께서 서로 다른 은사를 주심 12:6-8

바울은 4-5절에서 몸의 연합을 강조하고, 6-8절에서는 몸의 다양성을 강조한다. 곧 "우리에게 주신 은혜대로 받은 은사가 각각 다르니"로 시작한다. 이는 3절을 반복하는 것으로서 은사들은 하나님에게서 온 은혜카리스마타, χάρισματα이고 인간의 능력에서 온 것이 아니다. 인간의 능력들도 하나님께 드려지고 성령의 능하게 하시는 임재 아래 놓일 때는 은혜의 은사가 될 수도 있다. 나의 경우 발표하고 책을 쓰는 것은 쉽고 자연스러운 은사들이다. 하지만 그것들을 영적인 은사로서 하나님의 영광과 교회의 유익을 위해 사용하고 싶다.

이 본문에서 바울은 네 가지를 말한다. **1)** 우리에게 은사와 능력이 있다. **2)** 은사는 서로 다르다. **3)** 하나님과 성령께서 우리에게 은사들을 나누어주신다고전 12:11. **4)** 은사는 개개인보다는 그리스도의 몸을 이롭게 하는 데 쓰인다. 이들은 사역적인 은사로서 개인적 은사가 아니다. 우리는 종으로서 그 은사를 교회 지체들을 돕고 축복하는 데 써야 한다.

일곱 가지 영적 은사 중에 두 가지만 다른 곳에서도 언급된다예언, 가르침. 이 은사 목록은 모든 것을 포함하지는 않지만 하나님께서 자기를 따르는 자들에게 은혜로 주시는 것들을 대표로 한다. 은사들은 성삼위일체 하나님께서 자기 백성에게 임하시는 것과 연관되어 있다.

1 **예언:** 예언은 교회에서 중요한 위치를 차지한다고전 12:28; 엡 4:11. 오늘날 교회에서 예언은 설교나 가르치는 것과 연결되어 있다고 하는데, 초대교회에서는 그렇지 않았다. 바울은 가르치는 것을 이 목록에서 세 번째로 언급하고 있기 때문에 예언과는 다른 은사이다. 예언자들은 구약과 신약 통틀어 하나님께서 선택하신 사자들로서 하나님은 사람들이 따라야 할 특정한 명령을 그들을 통해 주신다. 이러한 명령들은 성경에 나온 것만을성경에 기록된 것 일컫는 것이 아니고 일반적인 것들도 있다. 예를 들어, 아가보를 통해 주어진 두 가지 계시는행 11:28; 21:10-11 누가가 기록하여 사도행전에 있는 내용이기는 하지만 일반적 계시이다. 바울은 예언자들

이 "믿음의 분량"을 따라 은사를 활용해야 한다고 말한다. 이는 예언이 참된 교리기독교 신앙의 내용으로서의 '믿음'를 기준으로 하든지 하나님께서 그들이 은사를 적절하게 사용하도록 주신 믿음의 분량을 기준으로 해야 할 것이다. 3절의 "믿음의 분량"을 근거로 할 때 후자가 더 맞는 해석으로 보인다. 예언자들은 하나님과 교회를 섬기기 위해 은사를 사용해야 한다. 이 은사는 하나님 통제 아래 있는 은사이지 선지자가 휘두르는 것이 아니다.

2 **섬김:** 많은 이들이 섬김을 집사의 직분이라고 생각하지만 이는 특정 직책에 제한된 것이 아닌 모든 성도가 해야 하는 것이다. 에베소서 4:12에서 목사는 "하나님의 성도를 온전케 하여 봉사의 일을 하게 하며 그리스도의 몸을 세우려" 해야 한다. 봉사는 제자 양육, 중고등부 사역, 어린이 사역 같은 것들만이 아니라 목공, 하수로 공사 등 여러 실질적 노동을 포함한다. 하나님께서 각종 사역으로 부르시고 인도하시는 대로 성도를 섬기는 높은 부르심을 깨달아야 한다.

3 **가르침:** 가르치는 은사는 고린도전서 12:28과 에베소서 4:11에도 소개되는 영적 은사다. 사도행전 2:42에서 가르치는 은사는 초대교회의 사대 기둥 중 하나이고, 그 중에서도 첫 번째로 등장한다. 목회서신디모데전후서, 디도서에서 가르침은 교회 삶에서 중요한 요소로 많은 거짓 가르침 때문에 누구도 부인할 수 없는 중요한 위치를 차지한다. 가르치는 자들은 전통적인 성경 진리를 교회에서 가르치는 반면, 선지자들은 하나님께서 주시는 특별한 말씀을 선포하기에 서로 다른 은사를 가지고 있다. 선생들은 다음 세대를 위한 하나님 말씀의 진리를 고수한다. 에베소서 4:11에 의하면 목사는 선생이기도 하다. 목사가 자신의 영적 은사를 사용하는 것이 중요한데, 이는 많은 이단과 거짓 교사들이 온 세계에 퍼져 있기 때문이다. 우리는 우리 교회들이 말씀에 굳건히 서서 베뢰아 교회처럼 매일 말씀을 상고하는 교회행 17:11, 성경 진리를 깊이 사모하는 교회가 되도록 간절히 구해야 한다.

4 **위로:** '위로'의 은사는 '권고'로 번역하는 것이 좋은데 이는 '가르침'의 은사 바로 다음에 나오기 때문이다. 12:1에 의거하면 권고는 사람들을 하나님 말씀에 바로 서

도록 인도하는 은사다. 권고는 상처받은 성도들을 위로하고 상담하는 것을 포함하고 훈계하는 것도 뜻한다. 전반적으로 말로 사역하는 것을 가리킨다. 가르침과 다른 점이 있다면, 가르침은 성경 내용을 나누는 것이지만 권고는 일상에 성경 진리를 실질적으로 적용하는 것이다. 교리는 이해하는 것으로 끝나지 않고 일상에서 살아내는 것을 포함한다.

5 **구제:** 이는 가난한 이들에게 교회 자원들을 나누어 주는 사역과행 6:1-7 이나 딤전 5:16을 참조하라 성도가 다른 이들과 더불어 소유를 나누는 것을 의미한다. "섬기는"이라는 말은 위와 같이 일반적 개념으로 쓰인다. 바울은 필요한 사람들에게 "성실함으로" 혹은 "순수한 마음으로" 다른 동기 없이 주라고 권면한다. 하나님의 사람들이 다른 이들을 도울 때, 그 목적이 그들의 필요를 채우는 것이 되어야지 다른 이들이나 하나님에게서 영광을 가로채는 것이 되면 안 된다행 2:44-45; 4:32-34 참조.

6 **다스림:** 우리는 흔히 지도력을 선지자와 선생들처럼 윗자리를 차지하는 것으로 생각하거나 바울이 이 은사들을 계급으로 나누었을 리 만무하고, 아니면 가난한 이들과 나누거나 자비를 베푸는 것 사이에서 그저 다른 사람을 도와주는 것도 아니다. 바울은 지도력을 지칭할 때마다 "다스리는 자"프로이스테미, προΐστημι라는 용어를 사용했다살전 5:12; 딤전 3:4-5; 5:17; 딛 3:8, 14. 사역에 있어서 "다스리는 자"는 교회를 관장하는 자들을 가리킨다. 현대 사회에서 교회 지도력은 목회적인 것뿐만 아니라 다른 것들도 포함한다. 바울의 훈계는 교회를 열정과 정성을 다하는 '부지런함'으로 다스리도록 하려는 것이다. 이는 열심히 일하기 원하고 우리가 가진 힘을 다해 하나님 백성을 섬기는 데 최선을 다하는 것을 포함한다.

7 **긍휼을 베풂:** 긍휼은 일반적으로 어려운 상황에 있는 이들을 돌보는 것을 의미한다. 어려운 상황은 사회적으로 배척당하고 경제적 어려움을 가지고 있거나, 노년에 육체적 고통, 혹은 다른 여러 어려움을 겪는 것을 뜻한다. 이는 위에서 언급한 가난한 자들과 나누는 것과 많이 비슷하다. 이런 이들을 도와주는 자들은 "즐거움으로" 도와야 하는데, 이는 고린도후서 9:7에서 말하는 "즐겨내는 자"와 같은 것이

다. 불쌍한 이들을 위로하는 이들은 악의를 품어서는 안 된다. 마음에 주님이 주시는 기쁨이 있어야 하고 고통 받는 이들을 돕는 데 주님께 쓰임 받는 놀라운 특권을 누리고 있음을 깨닫고 감사해야 한다. 우리는 그들 삶에 변화를 가져오도록 쓰임 받음에 기뻐하고 하나님과 그의 종들이 우리에게 베푼 것들을 조금이나마 갚을 수 있다는 것에 감사해야 한다.

로마서 12:1-8과 같이 그리스도 몸의 지체가 무엇을 의미하는지 자세히 보여 주는 본문은 많지 않다. 이 본문은 그리스도인의 삶, 말씀 안에서의 삶을 가장 간결하면서도 의미 있게 요약한 본문이라 할 수 있다. 바울은 그리스도인의 삶의 과정을 내용하나님께 산 제사로 드리는 삶과 방법영적인 변화의 관점에서 다루었다. 이것은 로마서 6장그리스도와 함께 죄에 대해 죽고 새로운 영적 삶에 들어가는 것 내용을 다르게 표현한 것이다.

성령 안에 사는 삶을 구분 짓는 두 가지 양상이 있다. 하나는 존재 자체의 변화로 이전과 완전히 다른 삶을 사는 것이다. 이전에 남들과 똑같이 세상에 물들어 살면서 죄 짓던 존재가 죽고, 이전까지 상상도 못 해 본 영원히 지속될 새로운 모험의 삶을 시작하게 된 것이다. 다른 하나는, 지금까지 경험하지 못한 참된 기쁨을 비로소 누리게 될 것이라는 점이다. 전에는 자기중심적인 삶을 살면서 예전에 즐기던 죄의 습관을 반복했고, 그러한 삶이 '재미있었고' 그것을 지속하기를 원했다. 하지만 이제는 그러한 옛 삶이 더 이상 의미 없음을 깨닫는다. 그리고 하나님께서 우리 삶을 주관하시고 영원히 지속될 그분의 기쁨으로 우리를 채우신다.

성령 안에 사는 삶은 교회에 두드러지게 나타나야 하는데, 특히 서로 섬기는 모습으로 가득해야 한다. 지체는 많지만 하나로 사는 것이다. 각자 서로 다른 은사로 주변 사람들을 섬기는 삶을 살기 때문이다. 나는 나의 전인격으로 그리스도 안에서 한 형제자매 된 이들의 삶을 증진시키는 데 투자하기를 원한다. 우리가 하는 모든 것이 서로에게 이익을 주기 위한 것이기에 교만하거나 자기중심적이어서는 안 된다. 아낌없이 주는 삶이 갈취하는 삶보다 훨씬 만족스럽다는 것과 이웃을 섬기는 방법을 찾을수록 교회 안에서 즐거운 삶을 누리는 방법을 더 많이 깨달을 것이다.

2. 사랑의 삶에 대한 권유 12:9-21

로마서 12장은 영적 은사와 사랑의 법 아래 공동체의 삶을 살라는 권면을 다루기에 고린도전서 12-14장에서 "은사"카리스마타, χάρισματα, 12, 14장와 사랑의 중심성13장을 설명하는 것과 많이 흡사하다. 로마서와 고린도전서는 거의 같은 시기55-57년에 기록되었기에, 많은 학자들이 그 당시 교회 안에서 각자의 은사에 너무 열심인, 나머지 다른 사람들보다 자기를 더 높이 여기는롬 12:3에서 특별히 언급한 사람들에게 이 본문들을 썼다고 주장한다. 다른 학자들은 로마서에서 다루는 사랑에 관한 내용은 14:1-15:13에서 약한 자와 강한 자의 문제를 중점으로 다루면서 교회 안에서 서로의 관계를 사랑으로 결집시켜 긴장을 완화하려는 것이라고 주장한다.

하지만 이 본문은 일반적인 것으로 해석하는 것이 좋다. 바울은 사랑을 여러 가지 관점에서 논의하는데, 단순히 영적 은사나 약한 자와 강한 자를 비교하는 용도로 보고 있지 않다. 그는 공동체 안에서의 사랑을 강조하고9-13절 원수 사랑14-21절도 주장하고 있다. 이것은 특별히 로마 교인들을 향한 일반적 도덕 훈계였다. 바울은 그들이 서로 간의 관계를 사랑으로 돈독히 하기를 원했다공동체 안팎으로.

이 본문은 윤리적 문헌에서 흔히 나타나는 문체를 보인다. 예를 들어 약간의 접속사와 비슷한 주제에 짤막한 주장들을 포함한 문체이다. 안 9-13절과 밖14-21절이 사랑의 필요라는 두 가지 주제로 그리 복잡하지 않은 구조로 이어진다. 이런 전반적인 구도 속에 바울은 두 가지 문구들11-12, 15-16절을 느슨하게 연결한다. 이런 방식으로 그는 교회 안팎에 있던 관계의 문제들을 일반적인 윤리적 교훈과 연결하여 가르친다.

1) 교회가 가진 공동체적 사랑의 필요성 12:9-13

사랑은 선한 일을 행하고 다른 이들을 존경함 12:9-10

9절의 도입부의 "진실한 사랑"은 동사나 꾸미는 문장 없이 단락의 제목처럼 시작한다. 이 부분을 통상적으로 "사랑에는 거짓이 없나니"로 해석하는 것이 맞고, 이 구절에서 이어지는 부분은 그 의미를 설명한다. "거짓이 없는" 사랑은 문자 그대로 '위선적이지 않음'을 의미하고 진정성을 내포한다. 1세기 사람들은 위선을 무대 위에서 가면을 쓴 배우가 실제 모습과 다른 것으로 이해했다. 바울은 어느 누구도 사랑의 '가면'을 쓰고 속으로 그렇지 않으면서 겉으로만 다른 사람을 사랑하는 척하기를 원하지 않았다. 예수님은 사랑의 명령을 주시면서 "새 계명"요 13:34이라 부르시는데 그것이 완전히 새로운 가르침이기 때문이 아니라레 19:18, "네 이웃 사랑하기를 네 자신과 같이 사랑하라" 사랑은 그리스도의 새로운 언약의 실체로서 우리를 향한 그분 사랑에 속하기 때문이다. 이 새로운 메시아의 사랑은 첫째로는 성부와 성자 사이에 존재하는 사랑이고, 두 번째로는 하나님과 우리 사이에 있는 사랑이다. 그 사랑으로 우리가 이 지구상에 존재하지 않은 것 같은 사랑을 받는 존재가 되었고, 우리를 온전히 변화시키는 사랑을 경험하게 되었다.

이 구절의 나머지 부분에서는 두 가지 분사가 명령어로 쓰인다. “악을 미워하고 선에 속하라.” 사랑이 진실하게 공동체 안에서 행해질 때 이 두 가지 일들이 진행된다. 이러한 행동들은 성경에 자주 언급되었다. 시편 97:10에 “여호와를 사랑하는 너희여”라고 하였고, 아모스 5:15에서는 “악을 미워하고 선을 사랑하라”로 표현한다. 혹은 시편 52:3 “선보다 악을 더 사랑하며”와 같은 반대 모습도 있다. 참된 그리스도인들은 사랑에 속하여 온갖 종류의 악을 미워하게 되어 있다. 로마서 13:12에서와 같이 “어둠의 일을 벗는” 삶을 살게 된다고전 13:6; 골 3:8; 살전 5:21-22; 벧전 2:1 참조. 동시에 우리는 고집스러운 마음을 버리고 전력을 다하여 선한 일을 추구해야 한다.

진정한 사랑은 그리스도 공동체 형제자매를 중심으로 ‘서로 사랑하게’“be devoted to one another in love”, NIV 된다. ‘헌신하는’devoted이라는 말은 신약에서 이 구절에서만 쓰이지만 그리스 로마 시대에는 가족 간 끈끈한 사랑을 표현하는 단어로 흔히 쓰였다. 헬라어 ‘필로스토르고이’φιλόστοργοι는 ‘스토르게’στοργή에서 파생되어 가족 간 깊은 사랑을 뜻하고, 두 번째로 ‘필로’φίλο를 접두어로 한 ‘형제간의 사랑’을 의미하여 가족이나 형제간의 사랑을 의미한다. 바울은 공동체 핵심에서 사랑을 깊게 하도록 섬기게 하는 ‘가족 관계’를 중심 개념으로 내세운다. 공동체의 가족으로 나누는 사랑이 모든 것의 중심이 된다.

10절 말미의 문구에 대해서는 두 가지 해석이 있다. 1) 영어 성경 NIV는 “너희 자신보다 다른 사람을 더 존경하라”고 해석해서 다른 성도들에게 호의를 베푸는 것을 표현한다. 2) RSV는 “서로를 존경하는 데 있어서 뛰어나라”고 해석한다. 이는 우리 모든 힘을 다해 서로를 존경해야 함을 뜻한다. 여기서 해석하기 어려운 것은 신약성경에 한 번도 등장하지 않은 동사가 여기 쓰인다는 점에 있다. 이 동사의 기본적 의미는 ‘미리 가서 길을 보여라’이다. 따라서 전자보다는 후자의 해석이 더 맞는 듯하다.

우리는 무엇을 기초로 서로를 세워야 하는지 알아야 한다. 다시 말해, 다른 사람을 누르거나 그들을 기초로 우리 자신을 세우려 하면 안 된다는 것이다. 공동체에서 우리 지위가 중요한 것이 아니라, 다른 사람들을 세우고 그들의 중요성을 일깨우는 것이 중요하다. "아무 일에든지 다툼이나 허영으로 하지 말고 오직 겸손한 마음으로 각각 자기보다 남을 낫게 여기고 각각 자기 일을 돌볼뿐더러 또한 각각 다른 사람들의 일을 돌보아"빌 2:3-4야 한다. 이는 개개인의 성취를 가장 중요시하는 동시에 사람들 대부분이 인정받지 못하는 이 시대에 더욱 절실히 필요하다. 자기중심성을 버리고 다른 사람들을 세우는 것이 우리가 할 수 있는 가장 강력한 사역 중 하나가 될 수 있다.

열심으로 주를 섬김 12:11

사랑이 거의 항상 드러내는 열정에 따라 바울은 사랑을 정의하는 데서 그치지 않고 사랑을 열정적인 영혼으로 비유하여 설명한다. 그는 로마인들에게 "부지런하여 게으르지 말고"문자 그대로, "열정을 가지고 게으르지 말라"라고 말한다. '열정'은 8절에서는 "다스리는 자"의 "부지런함"으로 번역되었다. 이는 일에 흥미를 가지는 것뿐 아니라 일을 이루기 위해 열심히 노력해야 함을 뜻한다. 우리는 일을 시작하는 단계에서 흥미를 가지지만 점점 초점을 잃고 일하는 힘이 분산되고는 한다. 신앙생활에서도 초반에는 급하게 진행하려 하지만 그런 열의는 너무나 금방 시든다. 우리 앞에 기다리는 현실을 조금이라도 예측했다면 의지를 분돋우는 데 문제가 없었을 것이다. 이런 일은 우리 생각 이상으로 중요하며, 이런 상황을 깨닫는 것만으로도 우리가 필요한 열정을 회복할 수 있을 것이다.

열정을 유지하는 비결은 "열심을 품고 주를 섬기는 것"이다. 여기에 영적인 일에 필요한 영적 은사를 사용할 큰 힘이 강조된다. 히브리서에서 언급한 그리스도인들은 이것이 부족하여 신앙생활에 있어서 배우기를 더디하거나 게으른 모습을 보였다히 5:11; 6:12. 또한 디모데가 "두려워하는 마음"으로 안수식에서 받은 "하나님의 은사"를딤후 1:6-7 사용하지 않았음을 목회서신을 통해 볼 수 있다. 주를 위하여 사는 삶은 열심과 훈련이 필요하다.

'영적인 열정'"열심"은 '성령의 불'로도 해석될 수 있다.[52] 우리 삶을 다스리시는 성령은 성경에 자주 등장하는 주제이다. 고린도전서 12:13"다 한 성령을 마시게 하였느니라", 에베소서 5:18"성령으로 충만함을 받으라", 혹은 데살로니가전서 1:6"성령의 기쁨으로" 등의 본문을 보면 알 수 있다. 성령의 불 개념은 마태복음 3:11"불로 너희에게 침례(세례)를 베푸실 것", 그리고 데살로니가전서 5:19"성령을 소멸하지 말며"에 나와 있다. 성령은 우리 안에 완전한 통제를 요구하신다.

성령께서 "불의 혀"처럼 갈라지는 모습으로 오신 오순절 다락방이 이것의 배경이 될 수 있다행 2:3. 성령께서 우리를 다스리실 때 우리는 성령의 불에 휩싸이고 "주를 섬기게" 된다. 우리가 성령의 불을 받으면 항상 주를 섬기게 되고, 우리가 그리스도를 섬길 때면 성령에 충만하게 되는 순환고리를 맺게 된다. 결국 하나님께 영광을 돌리는 변화시키는 사역으로 이어질 것이다.

인내하고 기도에 힘씀 12:12

12절의 세 가지 명령은 상호관계를 가진 것으로 인생의 어려움과 고난을 다룬다. 바울은 자주 소망, 인내, 기도 개념을 합하여 다룬다. 5:3-5환난-인내-연단-소망의 고리, 8:23-27기도와 고난 중에 소망에서 이 조합을 볼 수 있다. 구절 서두에서 바울은 독자들에게 "소망 중에 즐거워하며"라고 명한다. 이는 '소망 때문에' 혹은 '소망을 통해'로 읽을 수 있는데, 곧 소망을 우리

52 여러 학자들은 영적 열심인지 성령의 불인지를 구분하여 논의한다. 하지만 나는 "열심"이 이 두 가지 의미를 다 포함하고 바울도 여기서 두 가지를 다 말하고 있다고 생각한다.

기쁨의 근거로 삼거나 고난의 때에 기쁨을 느끼는 도구로서의 소망으로도 볼 수 있는 것이다. 소망 안에서 우리 어려움이 기쁨으로 바뀌는 것으로 보는 것이 가장 적합한 것으로 보인다. 우리에게는 어려움이 성령의 강하게 하시는 임재로 로마서 8:28처럼 모든 것이 합력하여 선을 이룸으로 진리를 새롭게 깨닫는 기회가 될 것이다.

하나님 안에서 우리 소망은 고난 가운데 살아 움직이고 참는 법NIV '인내'을 배우게 할 것이다. 하나님은 우리 미래를 주관하신다. 그러므로 베드로가 말한 것처럼 슬픔과 고난 가운데서도 하나님이 모든 것을 관장하고 계심벧전 1:6-7; 약 1:2-4 참조을 알기에 크게 기뻐할 수 있다. 인생의 문제 가운데에서도 우리는 인내할 수 있다. 하나님께서 그리스도 안에서 우리를 보호하신다는 것은 우리 삶에 아무 어려움이 없다는 의미가 아니다. 예수께서 마가복음 10:29-30에서 가족이나 집을 희생한 이들은 백배로 집과 가족교회을 유업으로 받을 것이라고 말씀하신다. 하지만 "박해"도 뒤따를 것이라고 하셨다. 고난은 성도의 삶에 필수적인 요소이다. 고난이 믿음을 촉진하고 우리로 하여금 하나님을 더욱 신뢰하게 한다. 나는 영적인 성장을 위해서는 고난이 반드시 있어야 한다고까지 말하고 싶다. 고난은 우리 자신이 아니라 주님만 의지하게 한다.

고난은 우리가 항상 기도에 힘쓰게 한다. 동사 '프로스카르테레오'προσκαρτερέω; 힘쓰다는 기도할 때 '지속적으로', '계속하는'을 뜻한다. 신실하고 부지런한 기도는 인생의 걱정빌 4:6-7과는 반대되는 개념으로 인생의 어려움을 이기게 하는 유일한 방법이다행 1:14; 2:42; 6:4; 엡 6:18; 골 4:2. 기도는 믿음을 실천하는 것이고, 기도 없이는 우리 삶을 둘러싼 크고 작은 문제들에 계속 휘둘리게 될 것이다. 기도를 통해 인생의 복잡함들이 우리 삶에서 힘을 쓰지 못하게 될 것이다.

기초: 한 몸 12:13

13절에서 바울은 이 단락을 시작한 공동체에 관한 질문으로 화두를 돌린다. 로마인들이 진실로 서로를 중요시했다면9-10절 성도들이 쓸 것을 공급하며 손 대접하기를 힘쓸 것이다. 이 구절은 8절에서 언급한 베푸는 것과 자비를 다시 말하고 있다. '공급하다'라는 말은 '교제'라는 의미의 '코이노네오'κοινωνέω와 같은 어원을 가진다. 바울은 독자들로 서로 복을 나눔으로 교제하라고 권면하고 있는 것이다. 교회는 이러한 교제를 통해 참된 기독교 공동체를 자연스럽게 성장시킬 수 있고, 이는 오늘날처럼 자아 중심적 세대에 절대적으로 필요한 것이다. 교회가 서로에게 관심을 주고 참된 신앙의 구제를 할 때 세상과 구별된 놀랍고 참된 차이점을 그리스도께서 만드시는 것을 보게 될 것이다.

바울은 가난한 이들을 위해 연보를 하여 예루살렘으로 가져가려 했다롬 15:25-28; 고전 16:1-4; 고후 8-9. 하지만 여기서 바울은 그것을 뛰어넘어 모든 성도들이 서로를 위해 마땅히 해야 할 일반적인 돌봄을 명하고 있다. 세 가지의 구제 사역 가운데 심혈을 기울여야 할 것들이 있다. 가족을 돌보는 것, 교회 가족 구성원들을 돌보는 것이 구절과 갈 6:10 참조, 그리고 믿지 않는 이웃갈 6:10을 돌보는 것이다. 하나님은 믿음의 조상들, 이스라엘 백성, 그리고 교회에게 복의 통로가 되어 그 주변에 있는 이들에게 복이 되라고 명하셨다.

"손 대접하기를 힘쓰라"는 성도의 쓸 것을 공급하는 것과 밀접하게 연결되어 있다. 손 대접하기는 사랑에서 자연스럽게 나오는 것이고히 13:2; 벧전 4:9 이는 교회 지도자에게 필수 요건이다딤전 3:2; 5:10; 딛 1:8. 1세기 여인숙들은 비싸고 위험하고 더러웠다. 어느 여관이 바퀴벌레가 적은지 비교하는 연극이 있을 정도였다. 교회를 향해 예수님이 주신 사명은 제자들이 전도의 일환으로 손 대접하기를 힘쓰는 것이다. 이 구절 서두에서처럼 오늘날에도 이런 온정은 반드시 필요하다. 많은 이들이 외롭고 누군가 자기를 돌볼 사람들이 필요하기 때문이다. 이기적인 문화 속에서 우리는 더욱더 자기 사는 집을 열 수 있는 성도들이 필요하다.

2) 교회가 해야 할 원수 사랑 12:14-21

바울은 교회 공동체 안의 관계와 사역에 대한 설명에서 교회 밖에 있는 존속들, 특별히 교회를 핍박하는 자, 원수 된 자를 어떻게 다룰 것인지에 대한 설명으로 화두를 돌린다. 동료 성도에서 핍박자로 화제를 돌리지만, 사실상 9절의 주제를 지속하며 성도의 변화된 마음을 설명하고 있다. 성도의 참된 사랑은 서로 사랑하는 것10절에서 더 나아가 원수를 사랑하는 데까지14절 이른다.

외부적: 핍박하는 자들을 축복 12:14

"너희를 박해하는 자를 축복하라"는 바울의 명령은 그리스도의 마음을 표현하는 놀라운 문구다. 사람을 "축복"하는 것은 하늘의 복을 그 사람에게 선언하는 것이다. 성도가 해야 할 것은 무엇보다 복수를 원하기보다는17-20절의 주제 하나님께 원수를 축복해 달라고 구하는 것이다.

이는 산상수훈에 나오는 예수님의 가르침에서 나온 것이다마 5:44; 눅 6:27-28. "원수를 사랑하고 너희를 박해하는 자를 위하여 기도하라"는 가르침이다. 이는 십자가에서 그리스도께서 직접 본을 보이신 것이다. 예수님은 "아버지 저들을 사하여 주옵소서 자기들이 하는 것을 알지 못함이니이다"라고 말씀하셨다눅 23:34. 스데반 집사도 비슷하게 기도했다행 7:60. "주여 이 죄를 그들에게 돌리지 마옵소서."

원수들을 축복하는 것은 영적 축복까지 포함할 가능성이 크다17-21절.

그리고 바울이 "축복하고 저주하지 말라"고 덧붙여 말했듯이 하나님 사랑을 포함한다. 이는 하나님께서 그들에게 저주를 내리시기보다 축복을 부어 주시기를 간청하는 것을 의미한다. 저주는 언약의 저주를 뜻했을 것이다신 27-28장. 축복은 구원을 위한 기도였을 것이지만 디모데전서 2:2의 위정자들을 위한 기도 즉 "우리가 모든 경건과 단정함으로 고요하고 평안한 생활을 하려는" 기도를 포함했을 것이다.

무엇보다도 이것은 하나님 축복이 그들에게도 임하여 믿지 않는 자들도 사랑하시는 하나님께서 자기 백성뿐만 아니라 그들까지도 축복하시도록 하는 것이다. 이것은 너무나 새로운 기도의 접근이고 우리 본성을 거스르는 기도다. 우리가 원수를 사랑할 때 그것은 자연스럽게 잃어버린 영혼들에게 다가가는 강력한 도구가 될 것이다. 베드로는 이렇게 말한다. "너희가 이방인 중에서 행실을 선하게 가져 너희를 악행한다고 비방하는 자들로 하여금 너희 선한 일을 보고 오시는 날에 하나님께 영광을 돌리게 하려 함이라"벧전 2:12.

내부적: 즐거워하는 자나 슬퍼하는 자와 함께함 12:15-16

이 두 구절은 교회 안에 내부적 문제로 돌아가며 "즐거워하는 자들과 함께 즐거워하고 우는 자들과 함께 울라"로 시작한다. 대다수가 이 구절이 믿지 않는 자들을 포함하는 것이라고 주장하나, 이 구절은 함께해야 하는 주된 대상은 성도들로서 서로가 함께 연민을 느껴야 함을 강조하는 것이다. 외부인은 문맥상 맞지 않는 반면, 바울이 특히 핍박의 결과를 염두에 두었을 가능성은 크다. 기독교를 반대하는 자들이 로마에 급증하고네로 황제의 끔찍한 기독교 박해보다 7-8년 전 상황, 9-13절에서 언급한 사랑과 나눔이 절실하게 필요한 시기였다. 그 결과 모든 성도들이 핍박으로 인한 슬픔만이 아니라 궁지에 몰린 성도들끼리 기쁨 또한 나누었다.

형제에게 좋은 일이 있을 때 우리는 즐거워하기보다 질투심을 가지며 '왜 그들은 되고 나는 안 되는가?'라는 질문을 할 때도 있다. 하지만 우리가 서로를 진심으로 섬긴다면 다른 이들의 즐거움에 진심으로 즐거워하며 함께 누릴 수 있을 것이다. 슬플 때는 그들의 슬픔을 진심으로 함께 나누며 그들이 혼자가 아니라는 것을 보여 줄 것이다. 이는 바울 때나 지금이나 마찬가지다.

16절에서 바울의 주장이 더 확실하게 드러난다. "서로 마음을 같이하며"문자 그대로 하면 "같은 생각을 하라". 화목하게 사는 것은 생각부터 시작되는데 빌립보서 2:2에서처럼 마음을 같이하여 같은 사랑을 가지고 뜻을 합하며 한마음을 품어야 한다. 하지만 바울은 마음만 같이하라고 말하는 것이 아니다. 본문을 자세히 보면 '서로 간의엔 ἐν 화목'이 아니라 '서로를 향한에이스, εἰς; ~에게 하나 된 마음'을 뜻하고 있다. 이러한 하나 된 마음은 우리 주변 사람들을 향한 배려와 긍휼의 마음으로 하나될 것을 요구한다. 타인들을 향한 태도는 그들의 필요에 대한 이해 및 사회적인 어려움을 겪고 있는 이들바로 다음에 살펴볼을 받아들이는 것을 포함한다. 우리 마음이 성령으로 새로워질 때12:2, 우리는 온전한 마음을 갖게 되고12:3, 그 변화된 마음은 교회 안에서 참된 연합을 이끌어 내게 될 것이다.

이러한 연합은 교만이 머리를 내미는 한 결코 이루어지지 않을 것이다. 이는 12:3에서처럼 "마땅히 생각할 그 이상의 생각"을 품는 것이다11:20; 딤전 6:17 참조. 우리 스스로를 높일 여지가 없다. 12:4-8에서 이미 보았듯이 우리가 소유한 능력들은 하나님 선물이고 그리스도와 교회를 섬기라고 주신 것들이다. 지위와 명예는 사실상 더욱 겸손하고 다른 이들을 돕는 즐거움으로 이어져야 한다.

여기서 중점적으로 강조하는 것은 낮은 자들과 함께함의 중요성이다. "낮은"이라는 단어는 중성형으로서 '낮은 것'일수도 있고, 남성형으로서

'낮은 사람'낮은 지위에 있는 사람, NIV일 수 있다. 후자가 이 문맥상 더 적합하나 바울은 두 가지 모두를 말했을 수도 있다. 초대교회는 노예 출신들이 많았다로마서 16장에 등장하는 이름들 중 다수가 노예들이었다. 가난한 이들을 돕는 것은 교회의 중요한 임무였다. 이는 지금도 동일하다. 경제적 편견은 타락한 인간 본성 중 하나이다. 이에 대한 해결책은 '낮은 데 처하는 것'이다. 낮은 곳에 있는 자들과 낮은 것들과 함께하라는 뜻이다. 오늘날 너무 많은 이들이 너무 큰 집과 너무 좋은 차들을 가지고 있다. 그들의 욕심은 끝이 없고, 자기들처럼 많이 가진 자들과만 함께하려 한다.

예수님은 참된 지도자는 섬기는 자세가 있는 이들이고막 9:35; 10:43-44 거만한 자들보다 낮은 자들을 좋아하는 이들마 11:19이라고 말씀하셨다. 우리는 세상 일들에 중심을 두는 삶의 방식을 거부해야 한다. 이 땅의 것들보다 "위의 것"들을 구하고 생각해야 한다골 3:1-2. 그리고 이 땅보다 '하늘의 보화'를 더 사모해야 한다마 6:19-21. 그러기 위해서 우리는 '하나님의 일을 생각'하고 사람의 관점으로 생각해서는 안 된다막 8:33.

물질 자체가 죄는 아니다. 아브라함과 욥도 부자였지만 하나님의 사랑을 받는 이들이었다. 바울의 유명한 말 중에 "돈을 사랑함이 일만 악의 뿌리"딤전 6:10라는 말이 있다. 하지만 돈 자체가 악을 만드는 것이라고는 하지 않았다. 중요한 것은 하나님께서 어떤 이들에게는 나누어 주라고 명령하신다는 점이다. 그들은 '구제'의 은사고전 12:28를 받은 자로서 물질적인 도움을 주는 이들이다. 하나님은 그들을 경제적으로 풍요롭게 하셔서 다른 이들을 돕게 하셨다. 마찬가지로 하나님은 나를 사용하셔서 교회를 위해 가르치고 글 쓰는 은사를 주셨다. 그분이 부자들로 하여금 물질의 은사로 교회를 돕고 가난한 자들을 돕게 하신다.

복수가 아닌 옳은 일을 행함 12:17-19

이제 바울은 불신자들과의 관계에 대해 설명한다. 그는 하나님 백성이 당하는 부당한 대우와 핍박에 어떻게 맞서야 하는지 말한다. "악을 악으로 갚지 말고." 이는 9절의 "악을 미워하고"의 다른 면이다. 중생하지 못한 이들이 우리에게 악을 행한다고 그들에게 보복하려 해서는 안 된다. 14절에서 바울은 독자들에게 "축복하고 저주하지 말라"고 명했고, 여기서는 보복하지 말라고 권면한다. 성도들이 보복으로 대응하면 악을 행하는 자들과 다를 게 없기 때문이다. 그리스도는 "눈은 눈으로"라는 보복 공식을 거부하셨다마 5:38-39; 바울은 아마도 이 구절을 암시했을 것이다. 초대교회도 예수님처럼 주장했다살전 5:15; 벧전 3:9. 그리스도께서 보복하지 않으시는 완벽한 모범을 보이셨다. "욕을 당하시되 맞대어 욕하지 아니하시고 고난을 당하시되 위협하지 아니하시고 오직 공의로 심판하시는 이에게 부탁하셨다"벧전 2:23.

바울은 "모든 사람 앞에서 선한 일을 도모하라"고 긍정적으로 권고한다. '도모하라'는 동사는 '미리 생각하라'는 뜻인데, 누군가에게 부당한 일을 당했을 때 옳은 일을 하도록 주의를 요청하는 것이다. 우리는 스스로 생각하기에 옳은 일을 할 뿐 아니라 악으로 압제하는 자들을 포함한 "모든 사람"이 생각하기에 옳은 일을 해야 한다. 바울은 잠언 3:4에 "네가 하나님과 사람 앞에서 은총과 귀중히 여김을 받으리라"라는 구절을 생각하고 썼을 것이다. 우리의 반응은 항상 고결해야 한다. 베드로전서 2:12처럼 우리를 비방하는 자들이 우리의 "선한 일을 보고 오시는 날에 하나님께 영광을 돌리게" 될 것이다. 우리의 선한 반응이 그들을 깨우치고, 확신시키며, 결국에는 중생시키는 놀라운 일들이 일어날 것이다.

어떤 이들은 영어 성경 NIV의 이러한 번역에 의구심을 가지는데,[53] 이

53 "in the eyes of everyone"(NIV) - 편주.

러한 해석은 불신자들이 그리스도인들의 행동 기준이 되는 것처럼 보이기 때문이다. 그래서 이들은 '모든 이들이 보기에'보다는 '모든 이에게 옳은 일을 해라'라고 해석하기를 원한다. 하지만 문자 그대로 두는 것이 가장 좋다. 이는 불신자들이 기준을 적용한다는 것이 아니라 우리가 하는 선한 일이 모든 이들에게 보이고, 심지어 불신자들에게도 인식된다는 것을 뜻한다.

18절에서 바울은 불신자들이 성도들을 칭찬할 수 있는 행위들을 명하고 있다. 그들이 "모든 사람 앞에서 선한 일을 도모하면" 그들은 자연스럽게 모든 사람과 더불어 화목할 수 있게 될 것이다. 바울은 14절박해하는 자를 축복하라이나 17절악을 악으로 갚지 말고처럼 여기서도 예수님 말씀막 9:50 "서로 화목하라", 마 5:9 "화평하게 하는 자는 복이 있나니"을 되새기고 있다. 평화로운 관계를 유지하라는 주제는 성경에 자주 등장한다.[54]

바울은 이 타락한 세상에서 항상 평화로운 관계를 유지할 수 없다는 것을 알고 "할 수 있거든"이라고 조건을 두고 말했다. 우리는 할 수 있는 한 모든 사람과 평화롭게 살도록 노력해야 한다. 하지만 이미 분쟁하기로 마음먹은 자들에게 평화를 강요할 수는 없을 것이다. 우리 이웃과도 평화를 원하지 않는 한 "화목"은 이루기 쉽지 않을 것이다. 이 단락은 평화가 오랫동안 지배하는 것이 쉽지 않다는 사실을 전제로 하는 듯하다. 우리 이웃이 우리를 미워하고 공격하기로 한다면 우리가 잘못하여 그들이 미워하는 것이 아님을 확실하게 하는 것 외에 달리 할 수 있는 일은 없을 것이다.

17-19절 중간에 화목하라는 권면이 있고, 그 구절 앞뒤로 악을 갚지 말라는 권유가 있다. 바울은 19절에서 '원수를 갚지 말라'는 주제를 다시

54 시 34:14; 롬 14:19; 고후 13:11; 살전 5:13; 히 12:14.

상기시킨다. 이는 쉬운 명령이 아니다. 인간 본성은 서로를 공격하고 당한 그대로 갚고자 하기 때문이다.

이스라엘은 당시 고대 많은 나라들처럼 '도피성'을 마련했다.[55] 이 성은 실수로 누군가를 죽이면 상황이 진정되기까지 해를 입지 않기 위해 도피하는 장소였다. 모세오경은 살인자가 '피의 복수'민 35:19-21; 신 19:12로 처형될 수 있고, 피해자 가족이 피의자를 살해하기로 할 수 있도록 규정하고 있다. 하지만 고의성이 없는 살인인 경우 피의자는 이 도피성으로 피하여 피해자 가족의 복수를 면할 수 있었다.

하지만 그리스도의 출현으로 상황이 달라졌다. 하나님의 사람들은 개인 복수를 "하나님의 진노하심"에 맡겨야 한다. 하나님의 진노는 로마서 1:18; 2:5, 8; 3:5; 5:9; 9:22의 주제이다. 19절에서도 "하나님의 진노하심에 맡기라"고 명한다. 여기서 바울이 우리의 진노나 원수의 진노를 말하고 있다고 생각할 수도 있지만 그렇지 않다. 로마서 대부분은 "진노"를 마지막 심판이라고 표현한다. 이는 부당한 대우와 압제를 받고 있는 자기 백성에게 정의를 구현하시는 하나님의 진노를 의미한다. 현재의 죄에 상응하는 하나님의 공의는 인간 역사의 마지막 때에 타락한 인간의 행위를 단번에 근절할 것이다. 하나님께서 그 판결을 언제 내리실지, 지금 혹은 나중, 아니면 그리스도 재림 때 하실 것인지를 결정하실 것이다. 우리가 할 일은 모든 비정의를 그분 손에 맡기고 우리의 진실을 입증하실 때를 결정하시도록 하는 것이다.

바울은 이러한 입장을 확고히 하기 위해 신명기 32:35 "내가 보복하리라" 하신 말씀을 인용한다. 이 구절은 모세의 노래 거의 마지막에 등장하는 것으로, 여호와께서 자기 백성의 편이 되사 그들의 피의 복수를 대신

55 출 21:12-14; 민 35:6-34; 신 4:41-43; 수 20:1-9.

하신다는 약속을 노래한 것이다. 바울이 말하고자 한 것은 하나님만이 불의에 대해 복수하실 수 있고 공정하게 행하실 도덕적 올곧음이 있으시다는 점이다. 하나님께 맡긴다는 것은 쉽지 않다. 우리 속에 복수하려는 열망이 용솟음치기 때문이다. 악인은 고통받아야 마땅하지만 악을 악으로 갚는 것은17절 우리가 우리를 해친 사람과 결국 다를 것이 없다는 것을 증명하는 것이다. 할 수 있는 일은 하나님께 복수를 맡기는 것 뿐이다.

이것이 가능하려면 하나님께 복수를 맡기는 간구를 하고 그분이 정의를 실현하시도록 구해야 한다. 이는 '복수의 시편'시 12, 35, 52, 57-59, 69, 70, 83, 109, 137, 140에 잘 나타나 있다. 그리고 요한계시록 6:10은 "우리 피를 갚아 주지 아니하시기를 어느 때까지 하시려 하나이까"라고 외친다. 이러한 외침의 기도는 기독교 하위 문화였던 고대 윤리의 산물이 아니었다. 사실상 그들은 자신들의 손이 아닌 하나님 손에 복수를 맡기는 것이었고, 또한 하나님께서 약속하신 대로 '갚아 달라고' 구한 것이다. 상처 받은 하나님 자녀들이 구하던 설욕으로서의 앙갚음이 아니다. 그들의 정의를 위한 외침은 그 자체가 마지막이 아니라 마지막을 향한 하나의 방도였다. 우리가 하나님께 우리 상처와 복수를 맡길 때 언젠가 정의가 구현될 것을 알기에, 우리는 용서받을 자격이 없는 이들을 용서할 힘을 갖게 되고 상처투성이 삶에서 자유로울 수 있다.

원수를 먹이라: 숯불 12:20

바울은 우리 안에 있는 복수하려는 마음과 관련하여 우리가 해야 할 또 다른 일을 제시한다. 선을 행하고 원수에게 사랑을 보이는 것이다9, 14, 17절. 그는 잠언 25:21-22을 인용하며 자기 논지를 더욱 강화한다. "네 원수가 배고파하거든 음식을 먹이고 목말라하거든 물을 마시게 하라." 음식과 음료는 성경에서 선행을 표현하기 위해 종종 사용된다. 예수님은 광야 설교누가복음의 산상수훈에서 원수를 향해 사랑을 보일 수 있는 확실한 행동 지침을 설명하셨다눅 6:27-36. 앙갚음하고자 하는 생각들을 하나님께 맡길 때 우리는 상상하지 못한 일, 즉 우리에게 쏟아진 악을 선으로 갚는 일을 자유롭게 행할 수 있게 된다. 우리는 선행으로 원수들에게 사랑을 보여야 한다. 하지만 예수님은 이보다 더 큰 일을 우리에게 행하셨다. "우리가 아직 죄인 되었을 때에 그리스도께서 우리를 위하여 죽으셨다"롬 5:8. 이는 우리 남은 삶을 위한 모범을 보여 준다.

학자들은 다음 문구의 의미에 대해 의견을 달리한다. "그리함으로 네가 숯불을 그 머리에 쌓아 놓으리라." 원수들이 자신들의 악행이 도리어 선행으로 돌아올 때 느끼는 부끄러움을 의미할 수도 있고, 그들이 행한 악 때문에 하나님께서 그들의 머리에 부으신 심판을 의미하는 것일 수도 있다. 나는 이것이 둘 중 하나만을 의미한다고 생각하지 않는다. 두 가지 해석 모두 문맥이나 성경이 내포한 개념에 잘 맞는다. 불은 주로 심판을 가리키고, 선행은 사람들로 죄를 깨달아 거듭나게 한다.

두 가지 해석 즉 부끄러움과 심판은 원수들이 어떻게 자신들에게 행해진 선행에 반응하느냐에 따라 주어지는 결과들이다. 그들이 부끄러움과 거듭남으로 반응한다면 하나님께서 그들을 용서하시고 구원하실 것이다. 하지만 그들이 선행을 거부한다면 하나님은 그들을 심판하실 것이다. 이 본문은 베드로전서 2:12에서 죄인들이 성도들의 착한 행실을 보고 "오시는 날에 하나님께 영광을 돌리게 하려 함"중생을 받은 것으로 예상하고이라는 내용을 보충하는 듯하다. 이는 착한 행실이 원수의 악한 행동을 깨닫게 하고 부끄럽게 하여 거듭남에 이르게 하도록 한다는 것을 분명히 보여 준다. 하지만 회개하기를 거부하는 자들은 하나님의 심판을 받을 것이다.

결론: 선으로 악을 이기라 12:21

이 단락은 "악에게 지지 말고 선으로 악을 이기라"는 명령으로 절정에 이른다. 이 명령은 로마서 12장 내내 되풀이된다. 곧 악을 미워하고 선에 속하라9절, 핍박하는 자를 축복하고 저주하지 말라14절, 화목하라18절, 하나님께 복수를 맡기라19절. 특히 우리가 음식과 음료를 원수에게 베풀 때20절 우리는 선으로 그들의 악을 이기게 된다. 우리 힘으로 복수하려 하고 그들에게 악을 행한다면, 우리에게 행해진 악이 우리를 잠식하여 우리도 원수처럼 될 것이다. 우리는 잠시 '이긴 것' 같겠지만 사실상 모든 것에 있어 지게 되는 것이다.

여기에 두 가지 의미가 있을 수 있다. '악에게 진다'는 표현은 우리에게 범해진 악행과 우리 마음 가운데 있는 악독을 가리키는 것을 수 있다. 요한복음 16:33은 예수께서 세상을 이기셨다고 말하고 있으며, 요한계시록 2-3장에서는 일곱 교회들에 보낸 편지들이 "이기는 자"에 대한 약속2:7, 11, 17, 26; 3:5, 12, 21으로 끝나고 있다. 그리스도를 따른 이들은 선으로 원수들의 악을 갚아 인생 경합장에서 최후 승리를 하게 될 것이다.

이 본문은 교회 구성원 간 사랑의 깊이를 다룸에 있어 고린도전서 13장과 거의 비슷하다. 성도 간에 그리고 불신자들과의 관계에 있어서 사랑은 깊은 헌신이고 주변 사람들을 향한 깊은 관심이다. 이웃을 세울 때 우리는 그들로 하여금 자신이 사랑 받고 중요한 사람인 것을 느끼도록 우리 자신을 내어 준다. 동시에 우리는 하나님의 사랑이 우리 안에서 다스리시도록 힘을 다하여 하나님을 섬긴다. 이웃 사랑과 하나님 섬김은 함께하는 것이다. 우리가 그리스도를 섬기는 것이 그의 백성을 섬기는 일에 반영되게 되어 있다.

이 구절들은 참된 그리스도인들의 삶의 안내서이다. 여기에 나타난 거의 모든 것들이 그리스도와의 깊은 동행에서 비롯되는 사랑이고, 성령의 불로 지펴진 타인을 향한 돌봄에 관한 것들이다. 그리스도와 성령과 동행하는 것이 우리 행위를 낳는다. 우리가 간절히 주님을 섬길 때 아직 그리스도를 믿지 않는 자들과 우리를 해하는 자들을 포함하여 그리스도 안에서 형제자매 된 자들을 섬기는 일이 자연스러워진다. 이는 우리 삶에 고난이 넘쳐날 때에도 우리가 올바로 살 수 있게 해 준다. 그리스도 안에 있는 기쁨과 역경 가운데 참고 이길 능력이 어떤 상황에서도 승리하는 삶을 살게 해 주기 때문이다.

주를 섬기는 것은 교회 사역에서만 나타나는 것이 아니다. 믿지 않는 사람들을 대하는 데서도 나타나고, 심지어 우리를 핍박하는 자들에 대한 태도에도 나타난다. 원수에 맞대응하는 것이 아니라 어떻게 하면 그들에게 하나님 축복의 통로가 될 수 있을까를 고민하는 것이 우리 목표가 되고 그들의 구원을 위해 기도하게 된다. 이렇게 우리는 우리 주변 사람들과 화목하며 선행을 베풀며 살게 되는데, 특히 그리스도 안에서 형제자매 된 자들에게 그렇다.

우리 모두는 삶 속에서 여러 가지 깊은 상처를 가지고 산다. 많은 경우 우리는 우리가 당한 비열한 행동을 잊지도 용서하지도 않고 살아간다. 이 본문은 우리와 하나님 왕국을 위한 중요한 말씀을 전해 준다. 곧 그리스도라는 모범을 따라 살아 그분의 용서가 우리 주변 사람들을 용서하는 것으로 이어지게 하는 것이다. 이것은 하나님 나라의 필수 조건이다. 이것이 없으면 하나님 왕국이 세상 속 위치를 잃을 수 있다. 우리 본성대로 산다면 그리스도와 동행하거나 마음의 평화를 갖지 못하게 된다. 원수 갚는 일을 기도로 하나님께 맡기는 것이 가장 좋다. 그분의 용서하시는 마음이 우리가 어떻게 반응해야 할지 지도하실 것이기 때문이다.

14절의 "축복"은 20절에서 자세히 설명된다. 선행은 믿지 않는 자들의 마음과 생각을 일깨워 둘 중 한 가지 반응을 하게 한다. 성령의 확신시키는 임재요 16:8-11를 거부하여 하나님의 불과 같은 심판에 직면하든지, 불같은 확신으로 하나님께 돌아와 부끄러움을 느끼고 그분 안에서 새 생명으로 거듭나든지 둘 중 하나다. 우리의 고난은 구속이라는 목적이 있다. 우리를 핍박하는 자를 구원하고자 하는 것이다. 이것이 악을 이기는 방법이다. 이 방식의 핵심은 하나님 사랑으로 시작하여 교회 안에서 사랑의 승리로, 종국에는 불신자들과 가지는 관계로 이어지는 사랑의 삶이다.

3. 세속 정부와 이웃에 대한 책임 13:1-14

본문의 주제가 로마서 전체 문맥과 상관없다고 느껴질 수 있는데, 그래서 어떤 이들은 이 본문이 로마서가 다 쓰인 후에 첨가되었다고 주장하기도 한다. 하지만 이러한 가설은 타당하지 않다. 바울이 그리스도인들을 박해하는 주된 당사자인 로마 정부에 대해 다루는 단락으로 논의를 이어가는 것은 자연스럽다. 12:9, 14, 17에서 선행으로 악을 대하라는 쉽지 않은 권면이 이 단락에서 자연스럽게 이어지고 있기에 이 본문이 왜 여기에 있는지에 대한 의구심을 해소할 수 있겠다.

이 본문이 기록될 당시에는 아직 공식적인 핍박은 없었지만 반기독교 운동이 거세게 일어나기 시작했다. 이 시기에 바울은 세 번째 선교 여행을 마치는행 13-19장 중이었고, 가난한 이들을 위한 연보를 모금하여 예루살렘으로 가던 중행 20:1-3 마게도냐에 들러 로마서를 쓰고 있었다. 이는 주후 57년 경이었고 선교 여행 때마다 막 세워진 교회들은 핍박을 받아야 했다. 바울은 이때 교회와 자신들의 육신의 삶과 죽음을 좌우할 수 있던 세상 권세와의 관계를 자세히 살필 필요를 느꼈을 것이다. 당시는 네로 황제가 군림하고 있었는데 이때는 그가 폭정을 펼치기 몇 년 전이었다. 하지만 그때도 반기독교적인 감정은 일고 있었다. 글라우디오 황제가 49년 유대인 봉기를 이유로 유대인과 그리스도인들을 추방했고, 사도행전은 당시 바울이 전도 활동을 했던 도시들 대부분에 있던 지역 문제들을 다루고 있다.

여러 학자들은 이것을 12:2의 "이 세대를 본받지 말고"와 연결시켜서 본다. 바울의 독자들 중에는 이것을 국정을 관할하는 권세들을 포함한 세상과 완전히 단절하라는 것으로 생각하는 이들도 있었다. 바울은 하나님께서 우리를 세상과 구별되어 살기를 원하셨지만 우리가 아직 세상 속에 있음을 그들이 알기를 원했다. 지나치게 영적인 삶을 추구하면 세상에서 영향을 미치지 못한다는 옛말이 틀리지 않았다. 예수님은 성도와 국가의 관계에 대한 원리를 제시하셨고 바울도 그것을 확실히 알고 있었다.

마태복음 17:24-27은 하나님 자녀들이 세금과 같은 세상 원리에 묶이지 않아도 되지만, 세상에 복음을 전하기 위해서 세상에 하나님이 허락하신 행정 제도를 따라야 한다고 말하고 있다. 그리고 마태복음 22:15-22은 그리스도의 제자들이 "가이사의 것은 가이사에게" 바칠 책임이 있다고 가르친다. 바울뿐 아니라 베드로도 베드로전서 2:13-17에서 예수님의 이런 가르침을 토대로 이 원리를 기독교 교리문답의 한 부분으로 승화시켰다. 성도의 의무는 사회를 등지는 것이 아니라 변화시키는 것이다. 그들은 사회를 거부하는 것이 아니라 사회악을 정화할 책임이 있다.

1-7절에서 정부에 관한 바울의 가르침이 두 부분으로 나뉜다. 하나는 하나님께 순복하는 것의 일환으로 세속 권력에도 순복하라는 것이고1-4절, 다른 하나는 양심을 따라 순복하는 것의 중요성과 세금을 예시로 든

것이다5-7절. 또한 성도의 삶에서 도덕적으로 강조되어야 할 것을 두 부분으로 나누어 다루고 있다. 첫째는 사랑으로 교회가 함께 뭉쳐야 할 책임에 관한 것이며8-10절, 둘째는 주님의 재림을 준비하는 삶의 중요성을 다루는 것이다11-14절.

1) 세속 권세에 순복할 성도의 책임 13:1-4

이 단락의 주요 논의는 1, 3-4절에서 세 가지 '그러므로'가르, γὰρ 접속 구절들을 통해 나타난다. 이 세 구절이 점층적으로 내용들을 연결한다. 첫 두 구절에서 바울은 세속 권세에 순복하기를 거부하는 자들이 하나님께 심판을 받게 될 것을 말하고 있다. 그리고 3절에서는 범법자들이 정부의 심판을 받는 것과 하나님께서 임명한 심판관들을 두려워하라고 명한다. 4절에서는 이러한 판관들이 하나님께서 보내신 "진노하심을 따라 보응하는 자"로서 정해진 법을 거스르는 자들을 심판하는 자들로 표현한다.

세속 권세를 정해 놓으신 하나님 13:1

바울이 기본적으로 명하는 것은 정치 권력에 '순복' 혹은 '복종'하는 것이다. '복종하다'휘포탓소, ὑποτάσσω라는 동사는 남편과 아내의 관계뿐 아니라 시민과 정부의 관계를 드러내는 단어로서, 하나님께서 정하신 권세 아래 자신을 자발적으로 내어 놓는 행위를 뜻한다. 바울은 로마 교인들이 세속 권세 아래 놓여 있음을 받아들이고 당시 사회 조직에 맞게 순복하라 권유하고 있다.

바울의 이러한 논의에 대하여 세 가지 중요한 사안이 있다. **1)** 순복은 열등함을 뜻하지 않고 자발적 복종이다. 에베소서 5:21에서 성도들이 "피차 복종하라"는 권고를 받듯이 말이다 **2)** 사도행전 5:29에서 베드로는 산

헤드린 공회에서 "사람보다 하나님께 순종하는 것이 마땅하니라"라고 말했다행 4:19. 성도를 향한 공권력은 절대적이지 않다. 사회법이 하나님 뜻에 어긋날 경우 성도들은 시민으로서 불복종을 추구할 권리가 있다. **3)** 순복은 권력의 상태에 달려 있지 않지만 악한 정부에게는 순복하지 않을 권리가 있다. 바울은 역사상 가장 악한 권력자 중 하나인 네로 황제 때 악한 정부에 관한 복종을 명하였다. 하나님께서 우리가 아닌 이런 악한 권력자들을 처리하실 것이다. 하지만 우리는 그들이 내린 나쁜 결정에 불복하고 그들에게 하나님 심판에 대해 경고할 수 있다.

이 본문에서 권력자들을 "권세"1-2절 그리고 "다스리는 자"3절로 표현하고 있다. 어떤 이들은 이것이 바울이 말하는 "권세와 능력"고전 15:24; 엡 3:10; 6:12; 골 1:16; 2:10, 15 즉 악한 영들을 의미하는 것과 같다고 주장한다. 마틴 루터가 그렇게 주장했다. 이것이 사실이라면 바울은 정부와 세상에 기저를 이루는 우주적 권세 모두를 표현했을 것이다. 하지만 이 주장을 지속적으로 펴는 이들은 다음의 이유들로 인해 많지 않다. **1)** "권세"가 하늘의 권세를 가리킬 때는 반드시 "다스리는 자"라는 단어와 함께 등장한다. **2)** 세금은 하늘의 권세와 상관이 없다. **3)** 어느 누구도 하늘의 권세에 순복할 필요가 없다. 한마디로 바울이 여기서 말하는 권세는 로마 정부이지 하늘의 권세가 아니다. 이 본문은 그러한 암시를 하고 있지 않다.

성도들이 순복해야 하는 이유는 "권세는 하나님으로부터 나지 않음이 없기" 때문이다. 하나님 권세는 종교적인 부분에만 국한하지 않는다. 이 세상은 하나님이 만드신 것이고 하나님께서 최종 통치를 하시는 곳이다. 세상 권세는 타고났다거나 정치적 연결 관계 때문이 아니라 전적으로 하나님께서 부여하셨기에 권력을 가진 것일 뿐이다.

더욱이 "하나님께서 정하신 권세"는 좋은 권세뿐 아니라 악한 권세도 포함한다. 이는 구약잠 8:15-16; 사 45:1; 단 2:21, 37; 4:17; 5:21, 유대교솔로몬의 지혜 6:3; 시락 10:4; 17:17; 에녹전서 46:5; 그리고 신약벧전 2:13-14에서 공통적으로 전하는 말씀이다. "짐승"이나 적그리스도조차도 요한계시록 13:5, 7에 의하면 하나님에게서 그 권세를 '부여받은' 것이다. 이토록 악한 통치자들은 결국 심판을 받을 것인데, 우리 때가 아닌 하나님의 때에 받게 될 것이다. 성도들은 하나님께서 세우신 권세에게 순복하고 하나님께 나머지를 맡겨야 한다.

권세는 "하나님께서 정하신 바"이기에 그들은 하나님의 권세를 가진 것이다. 바울은 이것을 강조하려고 두 번이나 말한다. 그들은 하나님께서 '정하셨고' 그분을 대신하여 통치한다. 그렇다고 해서 하나님 백성이 악한 정부 앞에 침묵하라는 것은 아니다. 요지는 정부의 악함이 적극적 반동보다는 선지자적 경고를 불러일으킬 수 있다는 것이다. 우리가 할 일은 세속 권세가 하나님 따르기를 거부하고 공의로 다스리지 않으면 심판이 있을 것이라 경고하는 것이다. 이것이 이스라엘과 유다의 악한 위정자들에게 선지자들이 선포한 내용이었다. 그들이 한 것은 폭력적 저항이 아닌 하나님 앞에서 정당한 정죄를 선포한 것이고 개혁을 부르짖은 것이다.

반역하는 자는 하나님께 심판 받게 됨 13:2

하나님은 이 세상 통치자들을 세우셨기 때문에 "권세를 거스르는 자" 곧 하나님께서 세우신 법 체계를 거부하는 자들은 하나님께 대항하는 것이고 심판을 자신에게로 불러오는 것이다. 영어 성경 Living Bible은 2절을 "이 땅의 법을 순종하지 아니하는 자들은 하나님께 순종하기를 거부하는 것이다"라고 잘 번역해 놓았다. "정하신"탓소, τάσσω과 '임명하다'디아탓소, διατάσσω는 원어로 볼 때 비슷한 단어 조합이기에, 이 구절을 이렇게도 번역할 수 있다. "하나님께서 권세들을 임명하셨기에 우리가 그들에게 저항할 경우 우리는 하나님께서 세우신 것에 저항하는 것이 된다."

이러한 저항은 하나의 행동이 아니라 태도이며, 하나님의 것들에 대하여 지속적으로 반대하는 삶의 행태이다. 사람들이 계속 하나님의 법에 불순종할 때 "심판을 자취할 것"이고, 하나님의 심판뿐 아니라 세상 법정의 합법적 처벌 또한 받게 될 것이다. 세상 권세는 "하나님의 사역자가 되어 악을 행하는 자에게 진노하심을 따라 보응하는 자"4절들이기에 그들의 심판이 곧 하나님의 심판이 되는 것이다. '이미 그러나 아직'already/not yet의 관점이 로마서에서 자주 강조되는데, 지금 받는 형벌인간 법정이 결국 마지막 형벌하나님의 판결로 이어지는 것을 강조한 것이라 볼 수 있다.

다스리는 자들이 악행하는 자를 판단함 13:3

세상 권세에 순복하는 첫째 이유는 하나님 자신이 그들을 세우셨기 때문이다1절. 이제 바울은 두 번째 이유를 설명한다. 권력자들은 불법자들이 법 체제를 두려워하게 만든다. 하나님께서 권세를 사용하여 불법자들을 처단하시기 때문이다. 하지만 이들이 "선을 행하는" 자들에게 불의를 행할 수 없다. 하나님은 권력자들을 선한 시민들을 칭찬하는 도구로 세우셨다. 이는 베드로전서 2:14에 "악행하는 자를 징벌하고 선행하는 자를 포상"하는 내용과 흡사하다. 국정을 맡은 자들은 의를 행하는 자들에게 친구요, 악행하는 자에게 원수가 되어 그들의 죄를 징벌한다.

어떤 이들은 이 본문이 온전하지 않다고 주장하지만 바울이 로마서를 집필했을 당시 정부는 좋은 정부가 아니었다. 그는 사도행전 16:22-23, 37빌립보; 고린도후서 11:25-26사역 박탈 등 좋지 않은 일들을 겪어야 했다. 하지만 하나님 뜻에 초점을 두었기에 이 본문에서 긍정적 측면을 부각하고 하나님에 대한 국정의 책임을 설명한 것이다. 하나님은 지도자가 잘못 내린 결정까지도 책임지실 것이니 우리가 할 일은 그분을 신뢰하는 것이다. 바울은 독자들로 "선한 일에 대하여 두려움"을 가지지 않기를 요구하고 있다. 이를 위한 유일한 방법은 "선을 행하라 그리하면 그에게 칭찬을 받으리라"라는 것이다.

두 가지 선택이 있다. 악을 행한 이들의 두려움과 선한 일을 행한 이들에 대한 칭찬이다. "칭찬"은 '칭송'을 뜻하며, 이것은 세상 권세와 하나님에게서 오는 것이다. 어떤 이들은 바울이 선한 일뿐 아니라 '사회 사업' 즉 사회적 구제 및 사회 구성원들이 평안한 삶을 영위할 수 있도록 사회에 기여하는 것을 의미한다고 주장한다. 이는 로마 사회에서 그리스도인들이 칭송을 받고 그 사회가 그리스도인들을 선호하게 만드는 것이다. 바울이 권하는 선한 일들은 분명히 이 모든 것을 포함했을 것이다.

지도자는 하나님의 사역자, 진노하심을 따라 보응하는 자 13:4

바울은 하나님과 권세 간의 관계를 묘사하며 왜 성도들이 그들에게 순복해야 하는지 마지막으로 설명하고 있다. 권세들은 "하나님의 사역자"들로서 죄를 지은 자들에게는 하나님의 "진노하심을 따라 보응하는 자"이다. 따라서 사회를 지배하는 법을 무시하는 것은 심각한 결과를 초래하게 된다. 사회법을 관장하는 자들은 하나님의 '종' 혹은 "사역자"디아코노스, διάκονος; 교회의 '사역자'에 상응하는 세상의 관할자를 뜻함들이고, 이 구절은 선한 일과 하나님의 진노를 따라 보응하는 사역자 두 부류를 주축으로 이루어져 있다.

"진노하심을 따라 보응하는 자"는 "진노를 위한 복수하는 이들에크디코스, ἔκδικος"로서 12:19의 "원수 갚는 것"이라는 말과 어원이 같다. 하나님만이 원수에게 보응하실 수 있는데, 하나님의 사역자로서 국가 권력자들도 그분의 보응을 악한 이들에게 실행할 수 있다. 이는 사회를 다스리는 하나님의 법을 무시한 자들에게 부어질 엄청난 형벌이 시각적으로 나타나는 것이다. 악을 행하는 이들은 마땅히 "공연히 칼을 가지지 아니한" 권력자들을 두려워해야 한다.

칼의 힘은 로마 지도자들이 가진 권력이며 로마법은 이를 "칼의 법"ius

gladii으로 불렸다. 법을 어기는 자는 칼의 형벌을 받아야 했던 것이다. '칼을 가지다'라는 표현은 주로 사형을 의미하지만, 로마의 사법 행정은 주로 법의 정당한 집행에 초점을 두었다. 범법자들은 죄에 합당한 대가를 치러야 했고, 이는 "lex talionis" 즉 "동해보복법"이라 불렸다. 죄인에게 정당한 형벌을 내리는 것을 의미한다. 늘 공정한 판결이 내려지는 것은 아니었으나 공정하기 위해 노력한 것은 사실이다.

2) 순복에 대한 설명과 예시 제시 13:5-7

설명: 양심으로 인해 순복 13:5

바울은 여기서 다시 한 번 기본 명제를 반복한다. 진노 때문이 아니더라도 권세들에게 순복하는 것이 중요하다는 것이다. 그리고 "양심을 따라" 순복해야 한다고 이어 설명한다. 바울은 2-4절에서 "진노하심"의 동기를 설명하고 양심에 관한 것을 이 구절에서 덧붙인다. 불신자들은 정부가 실행하는 죄의 대가 즉 감옥이나 보석금 징수 등의 형벌에 영향을 받지만, 그리스도인들은 양심에 더욱 영향을 받는다.

2:14-15에서 바울은 양심을 하나님께서 이방인의 마음 가운데 두신 옳고 그름을 속으로 깨닫는 것으로 표현한다. 이는 성도들이 성령으로 말미암아 변하고12:1-2 내면에서부터 하나님 뜻을 알게 되는 것을 뜻한다. 하나님께서 우리로 원하시는 일을 추구하려는 동기를 가지고 옳고 그름을 분간하게 하신다. 그 하나님의 뜻에는 이 땅의 법에 순복하는 것도 포함된다. 따라서 시민의 의무가 무엇인지 분명히 인식하고 이 땅의 법들에 어떻게 반응해야 할지 알아야 한다. 더 나아가 이것은 영적인 반응이기도 하다. 곧 예수님께서 말씀하셨듯이 전도를 목적으로 하기에 다른 사람으로 하여금 "실족하지 않게 하기 위하여"마 17:27 법을 지키는 것이다.

예시: 세금 13:6-7

"이로 말미암음이라"는 국가 기관 배후에 있는 하나님이 부여하신 권세 1-4절와 아울러 그리스도인들이 세금을 내야 하는 이유인 양심5절을 가리킨다. 바울은 공적 기관을 하나님의 "사역자"레이투르고이, λειτουργοί라고 부르면서 영적 개념을 부여하고 있다. 이는 세속 기관이 하나님의 일을 하고 있음을 나타내는 표현이다. 그들은 하나님의 사역자로서 "이 일에 항상 힘쓰고" 있다. 이들은 백성을 다스림으로 하나님을 섬기는 것이기 때문에, 하나님의 사람들은 그들의 권세에 복종하고 세금을 냄으로써 국가와 하나님께 대한 의무를 실행해야 한다.

세금 납부는 1세기 유대인들에게 번거로운 일이었는데, 로마에 대한 세금7절뿐 아니라 성전 세금도 내야 했기 때문이다. 출애굽기 30:13에 의하면 모든 이스라엘 사람들이 반 세겔느 10:32-33에서 삼분의 일 세겔을 성전세로 내야 했고, 이는 마태복음 17:24의 두 드라크마와 같은 금액이다. 한 드라크마는 노동자의 하루 평균 임금이었다. 로마와 유대 지방에서 이 세금 징수에 대한 반발이 커졌는데, 로마서가 기록된 지 얼마 지나지 않은 58년에 결국 세금 반란이 일어났다.[56] 바울은 로마 독자들에게 하나님께서는 하나님과 국가에 대한 복종의 증거로 세금 낼 것을 요구하신다고 전했다. 바울은 예수님 말씀을 다시 상기시키면서 마땅히 행할 청지기직 중마 17:24-27; 22:15-22 하나로 세금 납부를 강조하고 있다.

이 단락은 "모든 자에게 줄 것을 주되"라고 결론짓고 있다. 이 구절에서 사용되는 단어들은 돈과 관련된 것으로 문자 그대로 하면 '빚을 갚으라'는 내용이다. "모든 자"는 모든 국정 관계자들을 뜻하기 때문에 세금 내는 것은 공공의 필요를 채우기 위해 고용된 국정 관계자에게 빚진 것을

56 로마 역사가 타키투스의 「연대기」 13.50에 의함.

갚는 것으로 볼 수 있다. 이는 마태복음 22:21의 "가이사의 것은 가이사에게, 하나님의 것은 하나님께 바치라"는 말씀을 암시하고 있다. 문맥상 의미는 역시 세금에 관한 것이다.

7절에 등장하는 세금 목록에서 둘씩 짝을 이룬 네 가지 세금 의무가 나온다. 첫 두 가지는 6절에서 나오는 특정 세금들을 가리키고, 두 번째 짝은 1-5절에서 언급한 국정에 관한 일반적 태도를 가리킨다. 첫 번째 짝은 '직접적 세금'포로스, φόρος으로서 로마 지배를 받는 나라가 조공을 바치는 것을 가리키는데, 이는 레위/마태막 2:14 같은 세리들이 거둔 재산세와 인두세를 포함한다. 로마 시민들은 내지 않았던 세금들이다. 두 번째로, '세입' 혹은 간접 세금이 있었는데, 이는 로마인을 포함한 모든 이들이 내야 했던 세금으로서 판매세, 관세, 사용세 등을 포함한다.

두 번째 짝은 정부에 대하여 "두려워하며 존경"하는 적합한 태도에 관한 것이다. '존경하는'은 문자 그대로 '두려움', '경외'포보스, φόβος를 뜻한다. 3절에서 바울은 정부가 법을 지키는 자들에게 "두려움이 되지 않는다"고 말했다. 어떤 이들은 경외는 하나님께 대한 것이고 두려움은 정부에 대한 것이라고 말한다. 베드로전서 2:17에서 "하나님을 두려워하며 왕을 존대하라"고 말한 것처럼 말이다. 하지만 본문의 문맥은 두 가지를 따로 보지 않고 정부를 하나님의 도구로 보고 있다. 우리가 정부를 존중하는 이유는 그들이 하나님 심판의 도구이기 때문이고, 그렇기에 그들을 두려워하는 것이다.

이 본문을 올바르지 않게 해석한 독재자들이 자신들의 악한 명령에 백성이 순복하도록 요구하고 독재 정부를 정당화하며 수세기 동안 서구 사회에 해로운 영향을 끼쳤다. 하지만 본문은 그리스도인들이 세속 영역의 것들을 안정시키는 도구로 사용되는 권력자들을 존대하며 순복하는 것이 매우 중요하다고 가르치는 것이다. 세금은 정부를 존대하는 표현 중에서도 가장 중요한 방법 중 하나이다. 많은 그리스도인들이 정부의 세금 사용에 동의하지 않는 경우 세금을 내지 않아도 된다고 생각한다. 이것은 잘못된 생각이다. 우리는 세금을 통해 국정을 돕는 것이고 이것은 선택 사항이 아니다. 세금을 내지 않겠다는 것은 이 땅의 법을 깨트리는 것일 뿐만 아니라 하나님의 뜻에 불복하는 죄를 범하는 것이다.

여기서 제기되는 중요한 질문은 성도가 하나님을 섬기지 않는 정부에 어떻게 순복해야 하는가 하는 것이다. 어떤 이들은 하나님 백성은 그런 정부에 순복하지 않아도 된다고 주장한다. 하지만 바울이 로마서를 쓸 당시는 로마가 그리스도인의 원수였을 때이다. 어떤 이들은 상황에 따라 정부에 순복하지 않아도 된다고 주장하기도 하지만 바울의 상황은 그렇지 않았다. 로마 정부는 1세기뿐 아니라 이후에도 줄곧 반기독교적이었고, 네로 황제는 시작부터 폭정을 휘둘렀다. 위정자가 악할 경우 성도는 하나님 손에 모든 것을 맡겨야 했고, 하나님은 자신의 때에 악한 정부들을 없애셨다.

우리는 "사람보다 하나님께 순종하는 것이 마땅"하다행 4:19; 5:29. 우리는 하나님께 불순종하도록 하지 않는 이상 어떤 악한 정부라도 따를 책임이 있다. 하나님은 우리더러 무턱대고 순복하라 요구하시지는 않는다. 정부가 하나님 뜻을 거스를 때 우리는 순복하지 않을 수 있다. 하지만 하나님 법에 거스르는 행정을 할 때에 한해서다. 이런 상황에서 교회는 선지자적 역할을 감당해야 한다. 이렇게 구약 선지자들은 이스라엘의 악한 왕들에게 경고했다. 마찬가지로 우리도 하나님 뜻을 거스르는 현대 지도자들에게 경고해야 한다. 하지만 그들의 권세를 존중하고 우리가 사는 나라를 사랑하는 마음으로 해야 한다.

3) 사랑은 율법의 완성 13:8-10

유일한 빚: 사랑의 빚 13:8

바울은 "아무 빚도 지지 말라"고 서두에 선언하면서 7절 내용을 재구성한다. 성도들은 자신들이 속한 사회와 하나님께 빚을 다 갚을 책임이 있다. 이것은 은유적으로 서로 사랑하라는 사랑의 빚을 말한다. 사실 사랑의 빚은 다 갚을 수 없는 유일한 빚이다. 사랑의 필요는 끝이 없기 때문이다. 동시에 사랑의 빚만이 자발적으로 기쁨으로 감당하고자 하는 빚이다.

여기서 가장 중요한 차이점은 바울이 사랑을 모든 것을 포함하는 것으로 그리고 있다는 점이다. "서로 사랑하라." 사랑이 우리 관계를 이끌 때 우리 자신을 온전히 내어줌으로 서로에게 사랑의 빚을 지게 된다. 사랑이 우리 관계를 지배할 때 서로를 위해 희생하고 지속하여 돌보며 "나는 당신에게 삶을 빚지고 있습니다"라고 고백할 것이다.

이 구절에서 바울이 성도를 염두에 두었는지 불신자들을 염두에 두었는지에 대해 논쟁이 있다. 물론 두 부류 모두 포함하고 있지만 바울은 그리스도인 공동체에 조금 더 강조를 두고 있다. 갈라디아서 6:10에서와 같이 "기회 있는 대로 모든 이에게 착한 일을 하되 더욱 믿음의 가정들에게 할지니라"고 선언한 것처럼 말이다. 12:9-13에서 사랑은 공동체 안에 초점을 두고 있지만, 12:14-21에서 사랑은 공동체 밖에 있는 이들에게까지 확장된다. 심지어 하나님 백성을 위협하는 원수들에게까지 확장된다. 따라서 사랑의 의무는 우리 주변에 있는 모든 이들을 포함하지만마 5:44, "원수를 사랑하며", 동료 성도들을 특별한 관심의 대상으로 둔다. "서로"를 강조할 때 바울은 성도의 교제를 염두에 둔 것이다.

바울이 성도들에 대해 "남을 사랑하는 자는 율법을 다 이루었느니라"라고 말하고 있는 것은 중요하다. 바울은 율법을 12:1-15:13에서 우상에게 바친 고기에 관한 주제를 다루기 위해 율법 문제를 불러온다. 로마서에서 의견이 분분한 이 주제에 대한 해결은 사랑이 공동체를 이끌도록 하는 것이다. 바울은 로마에 있는 자기 독자들이 율법은 그리스도 안에서 이미 성취되었고 그분이 이 세상에 새로운 법을 가져오셨다는 사실을 깨닫기를 바랐다요 13:34 참조. 우리가 그리스도 안에서 우리 자신을 서로에게 내어 줄 때 율법은 우리 안에서 완성되는 것이다.

"율법을 이루었느니라"라고 말할 때 바울은 율법을 완벽하게 준수하고 실천하기를 즐겨 하는 성도들을 가리킬 수도 있겠으나, 오히려 이것은 종말론적 성취를 내포하고 있는 것으로 보는 것이 더 적절하다. 서로 사랑하는 그리스도인들은 그리스도 안에서 율법 성취의 새로운 시대로 접어들며, 마지막 날에 그리스도의 사랑이 우리 공동체의 관계를 새롭게 이끄시는 것을 경험하게 된다. 완전한 사랑은 이 땅의 삶에서 온전히 얻을 수 없지만 우리는 지속적으로 그 사랑에 갈급하고 그 안에서 성장해 나간다.

'이웃 사랑'으로 계명을 이룸 13:9

사랑을 율법 성취로 보는 개념을 더 자세히 설명하기 위해 바울은 사랑이 십계명 두 번째 돌판의 여섯 계명을 종합하는 것이라고 설명한다. 첫 번째 목록1-4계명은 하나님과의 관계에 중점을 두고, 두 번째 목록5-10계명은 이웃과의 관계에 중점을 둔다. 바울은 여기서 일곱 번째 계명간음, 여섯 번째 계명살인, 여덟 번째 계명절도, 그리고 열 번째 계명탐심을 나열하고 있다. 우리가 그리스도 안에서 서로 사랑할 때 그 사랑은 십계명 후반을 요약하는 것이다.

바울은 예수님의 가르침막 12:29-31을 연상시킨다. 예수님은 두 가지 "주 너의 하나님을 사랑하라"신 6:4-5, 십계명 전반을 요약와 "네 이웃을 네 자신과 같이 사랑하라"레 19:18, 십계명 후반을 요약 안에서 율법이 완성된다고 말씀하셨다. 여기서 "이웃"은 마가복음 12장처럼 성도와 불신자를 모두 가리킨다. "네 자신과 같이"는 사람들이 기본적으로 자기 자신을 사랑하기에 그 사랑의 노력을 다른 이들을 돌보는 데 쓰라고 요구하는 것이다.

이러한 자기희생적 사랑은 율법을 "완성"한다. 이것은 단순히 율법의 새로운 주제가 아니라 옛 법을 완성하고 대체하는 새로운 법을 일컫는 것이다. 그리스도 안에서 서로 사랑할 때 우리는 새 언약을 체결하고 "그리스도의 법"을 따르게 된다마 5:17-20; 갈 6:2.

결론: 사랑은 율법을 완성 13:10

12:9-21에서 바울은 사랑은 서로에게 선을 행하는 것이라고 주장했다. 여기서 바울은 부정문을 써서 표현한다. "사랑은 이웃에게 악을 행하지 아니하나니." 이것이 하나님께서 관계를 위해 율법을 세우신 목적이다. 이런 면에서 사랑의 명령이 율법의 참 목적을 완수하고 하나님 백성으로 하여금 하나님께서 예비하신 선과 서로를 위해 선을 행하는 경험을 하게 한다. 하나님 가족이라는 면에서 우리는 "서로 우애하며"12:10, 불신자들을 "축복하고 저주하지 말아야" 한다12:14. 우리는 모든 이웃들에게 사랑을 보이고 그들에게 해를 끼치지 않겠다고 다짐해야 한다. 그렇게 함으로 율법을 성취해 가게 되는 것이다.

4) 그리스도의 가까운 재림을 준비하는 삶 13:11-14

바울은 독자들에게 이 서신을 총괄하는 진리, 즉 우리가 이미 이루어졌지만 아직 오지 않은 그리스도의 초림과 재림 사이의 중간기를 지내고 있음을 상기시키며 12:9-13:14에 나오는 도덕적 권고에 대한 단락을 마무리짓는다. 하나님 뜻을 따라 올바로 사는 것이 급선무이다. 이 주제는 신약 성경 전반에 걸쳐 있다. 그리스도는 우리가 알지 못하는 때에 오실 것이다. 그리고 그분이 오실 때 우리 삶과 영적인 상태에 대한 책임을 물으실 것이다. 마태복음 25장 비유를 볼 때 모든 하나님 백성이 주인의 귀환을 준비하는 여부에 따라 심판을 받게 될 것이다. 분명히 하나님은 자기 백성이 그리스도의 재림에 대비하기를 명하신다.

따라서 성도들은 영적으로 항상 깨어 있어야 하고 세상의 것들보다 하나님을 위해 살아야 한다살전 5:2-3; 히 9:28; 약 5:7-8; 벧전 4:7; 계 16:15. 로마서 5-7장에서 바울은 아담의 시대가 그리스도의 시대로 바뀌고, 율법의 시대가 은혜와 믿음의 시대로 바뀌었는지, 죄의 시대가 의의 시대에 정복되었는지를 논하고 있다. 과거는 그리스도와 구원의 시대로 넘어갔다. 우리는 이제 다음 단계 곧 최종 전환의 시기로 넘어간다. 이때 그리스도 안의 승리의 시대로 곧 대체될 것이다. 지금은 앞으로 올 시대를 잠시 맛보는 때이고 동시에 "양자 될 것 곧 우리 몸의 속량을 기다리게" 되었다롬 8:23. 이 구절들은 미래 관점으로 현재를 살아가는 성도의 윤리적 실천을 보여 준다.

자다가 깰 것 13:11

"이 시기"는 8-10절의 사랑에 관한 내용을 가리키면서 동시에 12-13장의 도덕적 명령을 가리킨다. 이 부분은 "이러한 방식으로 그리스도를 위해 살라"고 번역할 수도 있다. 우리는 "이 시기를 앎"문자 그대로 '시간을 앎'으로 바르게 살아야 한다. 이와 같은 표현은 3:26; 8:18; 11:5에서도 사용되어 현재 구원의 때가 마지막 영광의 때를 고대하고 있는 것을 그린다. 시간은 짧고 그리스도의 재림은 얼마 남지 않았다. 히브리서 10:25에 기록하듯이 "그날이 가까움을 볼수록 더욱 그리해야" 한다.

그리스도께서 다시 오실 날이 가깝기에 바울은 "자다가 깰 때가 벌써 되었으니"라고 강력하게 선언한다. 그의 초점은 '벌써 되었다'에 있다. 여기에는 우리가 날마다 침대에 한 시간 더 누워 있고 바쁜 일정을 뒤로 미루는 게으른 일상을 뒷받침할 만한 내용은 전혀 없다. 시간은 빠르게 흐르고 매 순간이 아깝다!

이는 에베소서 5:14절에 "잠자는 자여 깨어서 죽은 자들 가운데서 일어나라 그리스도께서 너에게 비추이시리라 하셨느니라"고 고백하는 것과 비슷하다. 에베소서에서 "잠자는 자"는 믿지 않는 자를 가리키지만 로마서에서는 성도들을 가리킨다. 에베소서에서 '깨어남'은 중생을, 여기서는 '그리스도를 위해 사는 삶의 시작'을 의미한다. 데살로니가전서 5:6-8에서 바울은 이교도들을 잠이라는 개념을 통해 '밤에 자는 이들'로 성도들은 '낮에 속한 이들'로 표현한다. 잠에서 깨어나는 것은 어둠의 일을 거부하는 것이고, 주님의 빛 가운데 살기로 결심하는 것이다.

바울은 많은 그리스도인들이 이교도들처럼 사는 것을 고발한다. 이들은 영적으로 잠을 자고 있고, 깨어서 주님을 위해서 일해야 하지만 가치 있는 일을 하고 있지 않다. 영적으로 게으를 시간이 없다. "이제 우리의 구원이 처음 믿을 때보다 가까웠기" 때문이다. 바울은 단순히 시간이 많이 지났음을 설명하는 것이 아니라 종말이 얼마 남지 않았음13절을 신학적으로 강조하고 있다. 종말은 역사의 '끝'으로서 그리스도께서 세상의 악을 완전히 제거하시는 때다. 그 후에 성도들을 구하시고, 결백을 입증하시고, 그들의 삶에 대한 책임 또한 물으실 것이다. 현재를 사는 우리들은 항상 영적으로 깨어서 주님을 위해 애쓰고 있는지 확인해야 한다.

낮이 가까우니 빛의 갑옷을 입자 13:12

바울은 "밤이 깊고 낮이 가까웠으니"라는 경고를 하며 다시 한 번 밤과 낮 개념을 사용한다. 밤은 종종 죄의 어두움을 상징하고시 139:12; 사 21:11-12; 살전 5:2, 5, 7, 낮은 '주의 날' 즉 하나님과 그의 백성의 원수들에게 내려질 심판의 때욜 1:15; 암 5:18; 롬 2:5, 16와 아울러 성도들을 붙드시는 날욜 3:18; 고전

1:8; 엡 4:30을 의미한다. 바울은 선이 악을 단번에 제압할 마지막 때가 빠르게 다가오고 있다는 사실을 전하며 임박함에 대한 말씀을 지속한다.

그때를 대비할 방법은 하나 있다. "견실하며 흔들리지 말고 항상 주의 일에 더욱 힘쓰는 자들이 되라"고전 15:58. 이를 설명하기 위해 바울은 오래되고 더러운 옷을 벗고 깨끗한 새 옷을 입는 모습을 비유로 하여 설명한다. "우리가 어둠의 일을 벗고 빛의 갑옷을 입자." 그는 이 비유를 도덕적 변화 곧 나쁜 습관을 좋은 것으로 바꾸는 것을 시각적으로 표현하기 위해 사용했다.[57] 에베소서 6:14과 데살로니가전서 5:8에서 하나님의 전신 갑주를 설명할 때에도 사용한다. 바울은 우리가 갑주를 취해야 할 때 잠옷을 입고 있는 것에 대해 경고하고 있다.

"어둠의 일"은 현재의 악한 세대를 특징짓는 죄악들을 의미할 것이다고후 6:14; 살전 5:4-5. 우리는 이러한 악한 경향들을 버리고 하나님의 빛의 갑옷을 입어야 한다. 이 갑옷은 에베소서 6:14-17에 기록하듯이 '사탄의 속임수에서 우리를 지키는 방어용 무기와 악의 힘을 무찌를 수 있는 공격용 무기'를 포함하고 있다. "빛의 갑옷"은 어둠의 세력에게서 우리를 지키고 영적 전쟁에서 승리를 가져다 줄 무기들을 제공한다.

사탄에 대항한 영적 전쟁에서 우리는 중립을 지킬 수 없다. 주를 위하여 싸우지 않으면 영적 권세들에게 점령당할 수밖에 없다. 바울은 전쟁에 임하는 자세로 희생함과 아울러 심각한 마음으로 집중하라고 권하고 있다. 하나님의 군대로서 게으르고 쓸모없는 군사들이 되면 안 되는 것이다.

단정히 행하고 13:13

하나님 나라 거주민으로서 제대로 살기 위해서는 새로운 그리스도인

57 엡 4:22, 24; 골 3:9-10에서 옛 것을 벗고 새 것을 입는 비유를 그림. 엡 4:25; 골 3:12도 참조하라.

의 행동이 필요하다. 그리스도의 군사로서딤후 2:3-4 전쟁에 임하는 자세는 "낮에와 같이 단정히 행하는" 것이다. "단정히"유스케모노스, εὐσχημόνως는 문자적으로 '좋은 외모'를 뜻하지만, 바울은 겉으로 드러나는 외모를 강조하고 있지는 않다. 오히려 고린도전서 14:40에서 "모든 것을 품위 있게 하고 질서 있게 하라"고 권면하듯이 적절한 행동을 강조하고 있다. "질서 있게"는 하나님께서 정하신 도덕적 기준을 의미한다.

바울은 자신이 가장 많이 쓰는 비유 중 하나인 '걷다'페리파테오, περιπατέω; "행하고"라는 개념으로 이것을 설명하고 있다. 그리스도인들은 다른 이들이 자신들을 통해 삶의 모습을 닮을 수 있도록 살아야 하고 선한 행실을 보여야 한다벧전 2:12참조.

"낮에와 같이"는 로마서에서 자주 보는8:18, 19, 28; 11:26-27; 12:19 '이미 그러나 아직'already/not yet 개념을 잇고 있다. 우리는 하나님의 자녀로서 현재를 살아가고 있지만 공중에서 주를 만나 영원을 함께할 마지막 때를 준비하며 살고 있다. 지금 우리는 새 언약의 자녀로서엡 1:3 모든 축복을 누리고 있고, 하나님이 보시기에 제대로"단정히" 살 의무가 있다.

바울은 여기서 우리가 벗어야 할 "어둠의 일"12절의 목록을 나열하며 그와 반대되게 단정히 행하라고 강조한다. "어둠의 일"은 세 범주로 나뉜다.

1 **"방탕하거나 술 취하지 말며."** 어떤 이들은 이 둘을 하나로 묶어 '술 취한 방탕'으로 부르는데, 바울이 이를 나누어서 묶었으니 그대로 두는 것이 낫다. 이는 바울 때나 지금이나 존재하는 광란의 파티와 주체할 수 없는 음주 문화를 묘사하고 있다. 슬프게도 이는 오늘날 대학가의 젊은이들 간에 전염병처럼 퍼지고 있다. 바울은 복수 명사를 써서 이런 죄악된 행동들이 반복적으로 지속되고 있음을 보여 준다. 고고학자들을 통해 발견되는 로마 벽화에 보이는 황제들의 광란의 파티들이 바울이 말한 방탕의 모습을 그대로 반영하고 있다.

2 **"음란하거나 호색하지 말며."** 첫 범주는 방탕에 관한 것이었고 두 번째 범주는 성적인 죄에 대한 것이다. 광란함 가운데 모든 종류의 타락이 행하여졌다. 첫 단어 "음란"코이타이스, κοίταις은 성적인 죄 그 자체를 의미하고, 두 번째 단어 "호색"아셀게이아, ἀσελγεία은 성적인 죄를 따르는 삶을 의미한다. 음란과 호색은 항상 같이 가는 것으로, 1:18-32에서 언급한 타락한 인류의 죄 목록과도 연관되어 있다.

3 **"다투거나 시기하지 말고."** 마지막 범주는 방탕과 광란에서 사회적 죄로 넘어간다. 이는 구속받지 못한 인류를 묘사하는 것이고 서로 다투고 싸우게 하는 시기심을 특징으로 한다. 우리는 이것을 정치판에서 서로 말다툼하고 싸우는 것에서 흔히 볼 수 있다. 모든 사람들이 '가장 최고의 사람'이 되는 데 모든 것을 바치면 질투와 다툼이 지배하는 세상이 될 것이다. 이것은 오늘날에도 큰 문제인데, 많은 교회들까지 이러한 이기적 다툼으로 갈라지고 있다. 이 세 번째 범주에서 바울은 로마 그리스도인들이 14:1-15:13에서 우상에게 드려진 제물에 관한 다툼으로 서로 갈라진 것을 염두에 두고 말하고 있다.

그리스도로 옷 입고 13:14

12절에서 바울은 로마 성도들에게 새로운 옷 곧 빛의 갑옷을 '입기'를 요구하고 있다. 이 새 옷은 그리스도 자체이시다. "오직 주 예수 그리스도로 옷 입고"요 8:12, "나는 세상의 빛이니" 참조. 많은 이들이 이 구절을 바울이 갈라디아서 3:27에서 "누구든지 그리스도와 합하기 위하여 침례세례를 받은 자는 그리스도로 옷 입었느니라"고 한 것처럼 침례세례를 염두에 두고 말하는 것으로 생각한다. 하지만 이것은 침례세례 그 이상으로 중생의 모든 과정을 포함하고 있는 것이다. 로마서 6:3에서처럼 "무릇 그리스도 예수와 합하여 침례세례를 받은 우리는 그의 죽으심과 합하여 침례세례를 받은 줄을 알지 못하느냐"라고 고백한 것과 같다. 그리스도 안에서 우리는 죄와 악행에 대하여 죽었다. 그리스도인의 삶은 죄의 더러운 옷을 버리고 그리스도로 새롭게 입는 것을 뜻한다.

우리가 중생하고 그리스도로 침례세례를 받을 때 옛 사람을 벗고 새 사람을 입는다엡 4:22-24. 이러한 기적이 일어날 때 우리는 그리스도의 죽으심, 장사됨, 부활하심에 동참하게 된다롬 6:3-6. 아울러 이 세상을 뒤로하고 그분을 닮아가는 삶의 과정을 시작한다. 마음은 성령으로 새로워지고롬 12:2 우리는 그리스도의 종, 백성이 된다롬 12:3-8.

바울이 여기서 중점적으로 설명하는 것은 그리스도로 옷 입을 때 발생하는 현재의 영적인 삶, 그리스도를 닮아가는 삶이다. 어떤 이들은 이 구절에서 사용되는 단어가 헬라어 과거형이기에 이러한 과정이 단번에 일어나는 일이라고 해석한다. 하지만 이 해석은 그 단어 시제의 강조점을 잘못 이해한 것이다. 즉 단번에 일어난 일이라기보다는 하나의 사건을 전체적으로 보는 것이다. 이것은 그리스도를 입음으로 겪는 과정을 보고 전체적으로 묘사하는 것이다. 우리는 하나님 가족이 되었고 중생할 때 옛 자아를 벗고 새로운 자아12절 참조를 입게 되었다. 따라서 그리스도를 닮아가는 일상이 시작되었고 그리스도를 더욱더 우리 삶의 주인으로 모시는 과정을 시작하게 된 것이다.

이 과정에서 하지 않게 되는 것은 "육신의 일을 도모"하는 것이다. 그리스도의 것들과 육의 것들은 완전히 반대다. 8:1-17에서 바울은 육신을 '우리 모두가 가진 죄의 경향성'이라고 설명하며 이 세상 것들과 자신을 위해 살고자 하는 열망으로 표현한다. "육신"은 11-13절에서 열거한 죄의 문제들을 한 단어로 요약한 것이다. 악한 행동들을 "육신의 일"이라 부를 수 있다. 육과 성령의 전쟁은 8:1-17의 주제11번 언급인데, 이것은 승리하는 성도의 삶의 중심을 이룬다. 우리 삶을 차지하는 죄의 능력은 그리스도 안에서 성령의 능력으로만 꺾일 수 있다.

육신을 이기기 위해서는 우리가 "육신의 일을 도모"하려 할 때 그 위험에 대해 사려 깊게 '생각'을 해야 한다. 성령의 임재로 주어지는 힘으로 파괴적인 어둠의 세력을 어떻게 이길 수 있을지 신중하게 생각해야 한다. 육신의 일을 도모하는 대신 생각의 변화를 받아 육신보다는 그리스도의 것을 더 사랑할 때 승리는 우리 것이 된다.

이 단락은 하나님 백성이 그 주변 사람들, 즉 권세와 이웃들을 어떻게 대해야 하는지 설명한다. 바울은 사회 전반에 걸친 관계에 대하여 권세에 순복하는 것과 성도뿐 아니라 불신자들까지도 포함한 폭넓은 사랑을 주장하며 그리스도인의 관계를 광범위하게 보여 준다.

권세에 순복하라는 명령은 혁신적인 것이었다. 모든 세상의 권세들, 심지어 로마처럼 군부적 정부까지도 하나님께서 세우신 것이다. 따라서 우리는 그들에게 순복하고, 그들이 하나님 뜻을 거스르는 경우에는 하나님께서 그분의 때에 그 권세를 처리하실 것이다.

우리는 사회법도 따르고 때에 따라 그것을 바꾸시는 하나님을 신뢰해야 한다. 바울은 우리가 만일 하나님과 국가를 통해 제정되는 법칙들을 모욕한다면 정당한 대가를 치르게 될 것이라고 경고한다. 세금은 국가에 마땅히 해야 할 의무로서 국가법을 존중하고 순복하는 중요한 예시 중 하나다. 세금은 선택 사항이 아니라 한 국가를 움직이는 데 있어 하나님께 순종하는 일의 일부이다. 이것이 세속적인 일이라고 무시해서는 안 된다. 하나님께 순종하기 위해 반드시 해야 할 일이다.

지역적 차원에서 하나님은 우리를 공동체 구성원으로 사랑의 관계를 맺고 살라고 각 처소에 두셨다. 우리 주변에 있는 이들을 사랑할 때 십계명의 절반 즉 사람들과의 관계에 대한 계명을 완수하게 된다. 그분의 사랑이 이웃 사랑을 인도하지 않는다면 결코 이룰 수 없는 계명이다.

우리는 하나님께서 우리 삶 속에 허락하신 일들을 행하고 이 세상을 지배하는 악한 세력에 대항해야 한다. 우리가 마지막 시대를 살고 있고 빛의 무기를 사용할 수 있음을 알고 있다면, "하나님의 전신 갑주"를 취하고엡 6:10-18 이 세상 권세와 맞서 싸워야 한다. 권세에 순복하면서도 이 세상 정사 결정을 주도하는 어둠의 세력들에 대항해야 한다. 모순 같지만 이것이 이 세속의 시대를 살아 가는 영적 그리스도인들의 삶이다.

우리가 밤에 속하지 않고 낮의 자녀들이라면 우리 삶이 그리스도의 방식으로 나타나야 할 것이다. 방탕한 사람들의 모습을 버리고 하나님 영광을 위한 사랑의 삶을 살아야 한다. 삶의 목적이 육신이 아닌 하나님을 기쁘시게 하는 것이고, 참된 즐거움이 육을 기쁘게 하는 것이 아닌 하나님과 그분 백성들 섬기는 데서 오는 것이어야 한다.

4. 공동체의 사랑과 연합 (1)

싸우지 말라는 명령 14:1-12

로마 교회는 예수님의 죽으심과 부활 후에 로마에 온 유대 그리스도인들이 세웠을 것이다.[58] 초창기 그리스도인들은 대부분 유대인들이었고 이방인 교인들도 점점 늘어났다. 49년에 로마에 있는 유대 공동체가 그리스도인들을 향한 폭동을 수차례 일으켰고, 글라우디오 황제는 로마에서 유대 그리스도인들과 유대인들을 추방했다. 5년 후에 황제가 죽고 브

58 로마서 소개에서 "수신자"를 참고하라.

리스길라와 아굴라롬 16:3와 같은 유대 성도들이 많이 로마로 돌아와 긴장이 지속되었다. 유대 그리스도인들은 모세오경, 특히 음식과 절기에 관한 율법들을 충실히 지켰다. 이방인 그리스도인들은 그리스도께서 그 율법들을 이루셨기에 따로 지키지 않아도 된다고 생각했다.[59]

문제는 서로가 타협을 하지 않았다는 점이다. 바울은 두 무리가 서로 포용하기를 원했지만 그들은 그러지 못했다. 그들은 서로가 하나님의 부르심에 순종하지 않는다고 비난했다. 그들은 고기 섭취14:2, 절기 지킴14:3, 그리고 포도주 마심14:21이라는 세 가지 문제를 놓고 의견이 갈렸다. 바울은 유대 그리스도인들을 '연약한 자', 이방인을 '강한 자'로 불렀다. 여기 등장하는 문제는 마가복음에서 더러운 손으로 먹는 사건에서 비롯된다. 마가복음 7:19에 예수께서 "모든 음식물을 깨끗하다"고 선언하셨는데, 그것은 예수께서 사람들을 제한하는 음식법을 제하심으로 하나님 백성이 어느 음식이든 먹을 수 있게 하신 것을 의미한다. 이방인들의 강한 믿음은 이러한 예수님의 선언을 받아들였지만 유대 그리스도인들의 약한 믿음은 그렇지 못하였다.

그럼에도 불구하고 하나님은 그들의 믿음의 수준을 인정하시고 그것대로 살라고 하셨다14:13-16. 하나님 자신이 관용을 베푸시고 우리가 믿음으로 그분께 드리는 것은 부족하더라도 받으신다. 약한 자들은 비판하는 일을 멈추어야 하고14:10, 강한 자들은 믿음이 약한 형제와 자매들을 받아들이고 그들의 확신을 존중해야 한다. 하나님은 그들도 받으시기에 강한 자들이 하나님의 관용하심을 따라야 하는 것이다. 그들은 약한 자들을 억지

59 바울이 여기서 로마의 특별한 상황을 언급하는 것인지(대부분의 해석), 일어날 수 있는 상황을 언급한 것인지 의견이 분분하다. 후자라면 고린도전서 8-10장을 빗대어 로마 교인들에게 경고하는 것일 수 있다. 하지만 14:1-15:13 내용은 고린도전서를 토대로 한 것이 아니라 로마에서 실제로 일어나고 있던 문제들임을 보여 준다.

로 억압하지 않아야 하고 약한 자들의 믿음의 수준을 인정해야 한다.

14-15장은 크게 네 부분으로 나뉜다. **1)** 14:1-12에서 바울은 두 무리의 문제를 언급하며 분쟁을 멈추라고 명한다. **2)** 14:13-23에서 그는 유대 그리스도인들이 자신들의 방식으로 예배드리지 못하도록 공격하는 것에 대하여 강하게 반대한다. **3)** 15:1-6에서 그는 강한 자들이 약한 자들을 이해하고 관용하라 명한다. **4)** 15:7-13에서는 그리스도께서 두 무리 모두 받아들이신 것처럼 서로 관용하고 받아들이기를 요청한다.

1) 음식법에 대한 다툼 14:1-4

이 단락은 문제1-4절, 문제의 배경5-9절, 비판적 태도에 대한 훈계10-12절로 나뉜다. 영어 성경 NIV에는 1절 서두의 '그러나'데, δὲ가 생략되어 있지만 접속사 '그러나'는 12:9-13:14에서 주로 다룬 "서로 사랑하라"는 계명과 정반대인 비판적 태도를 대조하여 보여 준다. 바울은 이러한 태도를 13:11-14에서 언급한 "육신의 일"의 결과로도 보고 있다. 강한 자와 약한 자가 서로 비판하며 사랑하지 않으면 참된 그리스도인이라기보다 '육적인 사람들'인 것이다.

연약한 자를 비판하지 말고 받아들이라 14:1

'강한' 이방인들이 로마에서 주류를 차지하고 있었기에 바울은 그들에게 "믿음이 연약한 자를 너희가 받되"라고 명하고 있다. '받다'는 상대를 같은 성도이자 하나님 앞에서 동등한 존재로 인식하는 것을 의미한다. 연약한 자들은 성도의 교제에서 소외되었다. 이 단락은 교회의 하나 됨과 연합을 강조하여 강한 자들이 약한 자들을 교회의 필수 요소로 그리스도 안의 형제자매로 받아들이라 요구한다.

바울은 음식법에 집착하여 금욕주의적인 모습을 보이고 이방 그리스도인들 대부분이 무시하던 이들을 "믿음이 연약한 자"라는 부끄러운 이름으로 부른다. 이들은 그리스도를 율법으로 대체하고 그리스도인이라기보다는 유대인의 입지를 굳히려던 유대주의자들이었다. 그들이 유대주의자들이었다면 바울이 갈라디아서와 빌립보서 3장에서 경고한 것 같이 그들을 정죄했을 것이다. 율법 행위는 구원을 가져올 수 없지만 그들 예배에서 한 부분을 차지했다. 규례들은 그리스도인 믿음의 이유가 아니라 결과였다.

바울이 말하는 그들의 "믿음"은 그리스도를 온전히 따르기 위해 행해야 할 풍습들이 있음을 믿는 것이었다. 많은 유대 그리스도인들이 오늘날도 예배와 삶 속에서 음식법을 따르며 그렇게 믿는다. 바울에게 "연약한 자를 너희가 받되"라는 의미는 음식14:2, 절기5절, 포도주21절를 마시는 것에 대한 '논박'을 멈추라는 것이다.

이는 초대교회에서 논쟁 자체가 금지되었다는 의미가 아니다. 누가는 베뢰아 성도들에게 "이것이 그러한가 하여 날마다 성경을 상고"하도록 권장했다행 17:11. 하지만 감정 섞인 논쟁은 금기시되었다. 바울은 서로 다른 신앙 수준 안에서 연합하고 서로를 받아들이고 차이점들에 대하여 비판하지 말라고 권면한다. 우리는 항상 진리를 찾기 때문에 신학적인 면에서 논쟁할 수 있다. 하지만 결코 타협할 수 없는 중심이 되는 신학이 아닌 이상 "철이 철을 날카롭게" 하듯이 비판보다는 서로의 차이를 인정하여 우리 자신도 틀릴 수 있음을 깨닫고 서로 다른 의견을 존중해야 한다.

음식법에 있어 서로 다른 신앙의 모습 14:2

이 본문에서 가장 논란이 되는 문제가 음식법이다. "어떤 사람"음식법이 폐지되었다고 믿는 이방 그리스도인은 "모든 것을 먹을 만한 믿음이 있고 믿음이 연약한 자는"음식법이 아직 유효하다고 믿는 유대 기독교인 "채소만 먹는다".

유대인들 소수는 피를 적절하게 뺀 고기는 먹을 수 있는 채식주의자들이었기에 육식을 완전히 포기할 필요가 없었다. 1세기에 대부분의 채식주의자들은 이방인들이었고, 심지어 채식주의는 이방인주의라고 생각할 정도였다. 이것을 역사적 우연이라고 생각하는 것은 바람직하지 않다. 주전 2세기 마카비 혁명 때부터 음식법은 유대인들에게 하나님과 그의 율법에 신실함을 측정하는 도구로 쓰였다. 게다가 그 일이 있기 몇 년 전에 로마에서 유대인들이 추방을 당했기에, 로마로 복귀한 후 그들이 유대식 고기를 구하기는 쉽지 않았을 것이다. 그런 이유로 유대식 육식을 유지하기보다는 채식을 하는 것이 낫다고 생각했을 것이다. 어찌되었든 이방 그리스도인들은 유대 그리스도인들이 그리스도와 믿음의 새 시대에 모세오경의 율례를 포기할 만한 용기가 없음을 무시하고 비판하였다.

강한 자: 업신여기지 말 것;
약한 자: 비판하지 말 것 14:3

바울은 강한 자들을 향한 경고로 시작하고 이 구절에서는 약한 자에게도 경고를 하고 있다. 강한 자는 약한 자를 업신여겨서는 안 되고, 약한 자는 강한 자를 '정죄'하거나 판단해서는 안 된다. 음식법에 관한 확실한 이해가 없는 이들은 서로를 자기보다 못한 자들로 업신여긴다. 그리스도께서 음식법을 무효화하셨기에막 7:19 이방인들도 유대 성도들의 무지함에 경멸감을 느꼈을 것이다. 반면 음식법이 맞다고 확신하던 이들은 이방인 성도들이 하나님의 법을 깨트렸다고 생각하고 그들이 "고의로"민 15:30 죄를 짓고 있다고 비난했다. 이 구절과 1절의 수미상관 구조를 주목하라. 1절이 "연약한 자를 받되"라는 명령으로 시작해서 3절에서 약한 자들에 대해 "하나님께서 그를 받으셨다"는 말로 맺고 있다. 바울은 두 무리에게 하나님께서 그들 모두를 받으셨기에 서로 비판을 멈추라고 경고한다.

하나님께서 받으신 이들을 거부하는 것은 죄다. 나는 카드 게임이나 영화심지어 "벤허"나 "사운드 오브 뮤직"같이 건전한 영화도, 춤추는 모임이나 술자리에 관해 지나치게 율법주의적인 자세로 서로 싸우는 교회에서 자랐다. 이러한 문제는 로마서 14장에 등장하는 율법 문제와 매우 흡사하다. 아울러 은사 문제, 휴거, 칼빈주의와 아르미니우스주의 대립 등 교리에 관한 싸움도 교회에서 적잖이 일어난다. 우리는 중요한 문제가 아니면 서로 다른 의견을 가질 수 있음을 인정해야 한다. 서로 다른 의견들이 중요하지 않다는 것이 아니다.[60] 그보다는 하나님께서 서로 다른 무리를 받으셨기에 우리도 동의하지 않더라도 서로를 받아들일 수 있어야 한다.

하나님께서 받으심: 판단하면 안 됨 14:4

이 시작하는 단락은 강한 질문으로 마무리된다. "남의 하인을 비판하는 너는 누구냐." 3절에서 바울은 강한 자를 비판하는 약한 자들에게 말하고 있지만 근본적으로는 두 부류 모두를 포함한다. 그는 2:1에서 유대인들이 모세오경의 율법을 붙들고 다른 사람들을 정죄하기 때문에 그들의 판단을 질책했다. 이 구절에서 바울은 유대인뿐 아니라 이방인들도 질책하며 5-9절의 내용으로 이끌고 있다. 로마서 11:18, 20에서 바울은 이방인 독자들에게 교만함 즉 자신들을 본가지보다 '높다'고 생각한 것에 대해 질책하며 하나님께서 "아끼지 아니하시리라"라며 경고했다.

다른 이들보다 자기가 낫다고 생각하는 거만은 바울을 심히 근심하게 했다. "하인"오이케테스, οἰκέτης은 '집에서 일하는 노예'를 의미하며 주인은 물론 하나님을 뜻한다. 로마 시대에는 다른 사람의 노예를 상관하는 것이

60 8:28-30과 10장 말미의 예정에 관한 논의를 참고하라.

가장 나쁜 일 중 하나였다. 하물며 하나님이 주인이신 사람들에게 악하게 굴면 얼마나 더 나쁘겠는가?

바울의 요점은 "서 있는 것이나 넘어지는 것이 자기 주인에게 있지" 다른 사람에게 있지 않다는 것이다. 인정받는 것서 있음이나 거부당하는 것넘어짐은 하나님에게서 오는 것이므로 사람들이 서로가 하나님과의 관계에 간섭하려 하는 것은 옳지 못하다. 오히려 우리는 반대로 "오직 오늘이라 일컫는 동안에 매일 피차 권면하여 너희 중에 누구든지 죄의 유혹으로 완고하게 되지 않도록 하라"히 3:13는 말씀대로 행해야 한다. 서로 삶에 관여할 때는 기도하면서 위로가 필요한 자에게 위로를, 질책이 필요한 자에게 질책하는 방식으로 해야 한다. 이것도 사랑에서 비롯하여 공동체의 조화로운 연합을 위한 마음으로 접근해야 한다. 주의할 것은 비판하면 안 된다는 것이다. 우리는 사랑으로 타이르며 판단하지 말아야 한다.

약한 자들은 성령의 인도하심을 받지 않고 자신들을 반대하는 자들을 비판한다. 이는 야고보가 언급한 "차별"이며 "악한 생각으로 판단하는" 것이다약 2:4. 약한 자들은 타인의 안녕보다는 자신들이 옳다고 생각하는 것만 신경쓴다. 진리를 알기보다는 타인들을 대상으로 승리하기를 원한다. 그 안에는 아무런 사랑이 없고 서로를 미워하는 감정만 있다.

하나님의 판단만이 옳다. 바울은 약한 자들이 "그를 세우시는 권능이 주께 있음"을 깨달으라 권면한다. 하나님 백성은 하나님이 그들과 함께 하시기에 인정받을 것이다. 베드로가 말했듯이 그들은 "말세에 나타내기로 예비하신 구원을 얻기 위하여 믿음으로 말미암아 하나님의 능력으로 보호하심을 받았다"벧전 1:5. 강한 자들은 하나님 은혜로 수용되고 하나님 능력'할 수 있다'='능력 있다'으로 보호를 받았다. 그들 삶에서 하나님 존재는 밖으로 드러나는 행위음식법 준수가 아닌 내면의 믿음그들이 믿는 분에 달려 있다.

이 본문에 등장한 문제는 오늘날에도 관용의 중요성을 일깨운다. 지난

세기에는 교회 안에서 중요하지 않은 문제로 많은 논쟁이 끊임없이 이어졌다. 앞으로도 마귀는 싸우지 말아야 할 것들로 싸우도록 계속 부추길 것임을 우리는 명심하고 있어야 한다.

2) 교회의 분쟁의 요인이 되는 사안들 14:5-9

거룩한 절기: 각각 확정할 것 14:5

약한 자들은 "이 날을 저 날보다 낫게 여기고" 강한 자들은 "모든 날을 같게 여긴다." 문자 그대로 약한 이들은 종교적 이유로 '특정한 날을 다른 날보다 더 중요하다'고 여긴다. 반면 강한 자는 '모든 날이 같다'고 생각한다. 절기에 대한 논의의 배경이 무엇인지 아는 것은 쉽지 않다. 어떤 이들은 이방인들이 섬기던 신들이 축복한 날에 특별한 무엇인가가 있다고 생각한 것이 이 본문의 배경일 수도 있다고 주장한다. 하지만 분명한 것은 이 본문의 쟁점은 유대 그리스도인들과 관련한 문제이다. 아마도 속죄절이나 초막절 등의 유대 절기, 혹은 안식일에 대한 논쟁이 배경이 되었을 것이다.

안식일에 관한 논쟁이었으면, 1세기 때의 토요일구약의 안식일과 일요일신약의 주일 간의 선택에 관한 것이었을 것이다. 약한 자들은 토요일에 드리는 유대교 예배를 지켰을 것이고, 강한 자들은 일요일을 선택했을 것이다.예배를 일요일에 드리는 풍습은 교회 역사 상 꽤 일찍 시작되었다. 행 20:7; 고전 16:2; 계 1:10에서 그 예들을 볼 수 있다. 로마 교회는 이러한 쟁점들 때문에 두 부류로 갈라져 있었다. 이에 대해 바울은 그 쟁점들은 서로 의견이 갈릴 문제가 아니라 터놓고 의논해야 하는 것이라고 주장한다. 어떤 의견을 가지든지 간에 "각각 자기 마음으로 확정"하면 되는 것이다. 각 의견이 일리가 있으니 주님께 신실하고 그 확신에 거하면 되는 것이다.

사실 여기서 바울이 가르치려는 것은 12:2의 "마음을 새롭게 함"에 대한 재적용 같다. 성령께서 하나님 자녀들의 생각을 변화시키심으로 서로 다른 생각을 가진 두 부류가 주의 깊게 생각을 정리하며 서로의 생각을 새롭게 바라보고 정리해야 한다고 말하는 것이다. 한 가지만이 정답이라고 볼 수 없기 때문에 바울은 서로의 생각을 존중하라 권면하고 있다.

이것이 서로 다른 교리에 건강하게 접근하는 방법이다. 나는 이 방법을 휴거, 은사 문제, 성도의 예정 혹은 견인, 교회 안에 여성의 위치 등을 다룰 때 사용하고는 했다. 하나님 말씀은 이 문제들에 대해 서로 다른 견해들을 다 지지하는 것으로 보이기에 답 하나만을 도출할 수 없을 것이다. 바울은 서로 다른 부류들과 깊은 유대와 존중을 가지라고 권면한다. 나름대로의 결론은 맺을 수 있다. 나는 서로 다른 결론들이 어느 정도 타당하다고 생각한다. 우리가 가진 생각들이 절대적으로 타당하다고 볼 수 없고 다른 의견도 맞을 수 있다.

음식 섭취에 상관없이 감사드릴 것 14:6

음식 문제가 교회 간의 차이를 이해하는 데 중요한 주제라고 말하는 것은 과장이 아니다. 지체 대부분이혹은 자신들만이 교리와 적용에 있어서 스스로 옳다고 믿고 있었다. 하나님은 참기도 하시지만 기뻐하지는 않으신다. 바울은 여기서 '강한 자'를 염두에 두었을 것이다. 그들은 자신들이 옳다고 생각하고 약한 자들을 업신여겼다3절. 바울은 약한 자들이 살면서 진심으로 하나님께 영광을 돌리려 한다면 하나님께서 그들을 기쁘게 있는 그대로 받으실 것이라고 분명히 말한다. 우리가 바울의 이러한 생각을 깨닫는다면, 서로에게 있는 악감정은 상당수 피하게 될 것이다.

요지는 서로가 어떤 확신을 가지든 그것을 "하나님께" 거룩한 예배에서 표현하라는 것이다. 하나님과 그분을 경배하는 것이 중심이 되는 한 그들은 하나님을 기쁘시게 할 것이다. 바울은 5, 6절에서 세 가지 즉 절기, 고기를 먹는 것, 먹지 않는 것을 예로 든다. 약한 자와 강한 자 모두 신실한 믿음으로 하나님께 영광을 돌리려 한다면 하나님이 받으신다. 음식법을 따를 때 잘못된 부분들이 있을 수 있지만 그 모든 것이 하나님을 예배하고 섬기기 위한 것이라면 하나님은 그들을 이해하고 존중하실 것이다.

우리는 진리를 알기를 갈망할 뿐 아니라 삶 전체를 통해 하나님께 영광 돌리기를 간구해야 한다. 고기를 먹건 먹지 않건 "하나님께 감사"한다면 하나님이 받으실 것이요, 그것은 바울이 반복적으로 강조하는 하나님의 받으심이다. 그들이 어떤 부류로 서로 다른 주장을 하든 그들의 관습이 진정한 감사를 동반하는 한 하나님이 기뻐하실 것을 확신해도 좋다. 바울은 식사 때 하는 감사 기도유대인들은 식사 시간에 기도를 두 번 드림를 예로 들고 있다. 그들이 자기 마음으로 '확정'하고5절 동시에 깊은 감사6절를 겸하는 한, 어떤 의견을 가지고 있든 하나님의 복을 받을 것이다.

하나님께서 루터와 칼빈, 웨슬리 혹은 메노 시몬스 중 누구를 선호하시는가? 바울은 아마도 하나님께서 그들을 동일하게 사랑하시고 받으시고 사용하신다고 말할 것이다. 하나님은 오늘날도 서로 다양한 무리들이 진리를 사모하고 신앙생활 가운데 하나님께 영광을 돌리는 삶을 살고 있다면 그들 모두 기쁘게 받아 사용하신다. 5-6절에 나타난 문제들이 교리보다는 관행에 관한 문제들이지만, 관행은 교리를 바탕으로 하기에 그 둘을 분리할 수는 없다. 관행은 항상 신조에서 비롯한다.

하지만 우리는 바울의 이 원리를 모든 신앙 운동을 관용하고 받아들이는 데 적용할 수는 없다. 이단은 분명히 있다. 바울은 갈라디아서 1:8-9에서 "너희에게 전한 복음 외에 다른 복음을 전하면 저주를 받을지어다"라고 경고한다. 위에서 언급하는 관용은 기독교의 본질적 교리를 서로 공유하는 한에서 이루어지는 것이다. 예를 들어 삼위일체, 그리스도의 신성, 대속, 죄 용서를 위한 십자가의 필요성 등의 핵심 교리를 인정하고 있어야 한다. 하지만 예정설과 인간의 책임 혹은 예수 재림의 시점 등 핵심적이지 않은 교리에 있어서는 차이점을 인정할 수 있다. 이런 부분은 서로 존중하고 비판 없이 동의하지 않을 수 있어야 한다.

우리가 아닌 주를 위하여 살고 죽음 14:7-8

바울은 6절의 "주를 위하여" 개념을 확장하며 7-8절에서 이전 구절들을 신학적으로 정리한다. 요지는 "우리가 살아도 … 죽어도"8절 우리가 아닌 주를 위하여 행한다는 것이다. 삶의 모든 것이 우리만이 아닌 하나님과 연관되어 있다. 앞에 등장한 약한 자와 강한 자는 이 사실을 잊고 있었다. 그들의 동기는 하나님을 영화롭게 하고 예배하기보다 자신들의 생각과 신앙 운동이 다른 부류보다 더 나음을 입증하려는 것이었기 때문이다. 우리는 삶 속에서 우리 자신이나 우리가 만들어 낸 것들에서만 이익을 얻으려고 해서는 안 된다. 지체 간 불협화음은 서로를 이간질하는 데는 도움이 될지 모르지만 하나님을 영화롭게 하지는 않는다.

이것은 종교 분쟁에 가담하는 이들이 로마서 1:21의 "허망하여지며 미련한 마음이 어두워져" 하나님께 영광을 돌리지 않는 모습을 보여 주는 것이다. 우리는 죽음을 생각해야 한다. 하나님만이 생사여탈권을 쥐고 계신다. 우리가 할 수 있는 것은 그분 뜻에 항복하고 우리 삶, 심지어 죽음까지도 그분께 영광을 되도록 하나님 중심으로 살려고 할 수 있을 뿐이다. 언제나 우리의 목적은 우리가 속한 집단을 키우는 것이 아니라 하나님께 순복하고 그분을 영화롭게 하는 것이 되어야 한다.

바울은 "사나 죽으나 우리가 주의 것이다"라고 결론을 짓는다. 우리는 교단이나 사역에 종속되지 않는다. 우리는 그런 울타리 안에서 하나님께 종속되어 그분의 이름을 높이는 것이다. 우리는 결코 중심이 될 수 없다.

우리는 사실상 필요한 존재들도 아니다. 하지만 하나님께서 자신의 진리를 선포하시고 자기 이름을 높이시기 위해 우리를 이곳에 배치하신 것이다. 하나님은 우리를 필요로 하지 않으신다. 우리가 그분을 섬기도록 허락하신 것이고 우리는 그 특권을 기뻐해야 한다.

8절 말미에서 바울은 독자들에게 그들이 '주의 것'임을 상기시킨다. 그들은 하나님 자녀들8:14-17이고 그분의 종들6:15-22이다. 종이 주인을 즐겁게 해 드리는 것은 당연한 것이고14:4 그것이 가장 중요한 일이다. 분란은 참된 목적을 달성하는 데 방해가 되고 하나님 대신 우리가 속한 집단에 초점을 두게 한다. 진리는 중요하고 논쟁은 서로가 존중하며 종파적 논란을 거부할 때 가치가 있는 것이다.

이 본문은 하나님께서 서로 다른 지체들을 존중하고 사용하신다는 것을 상기시킨다. 삶의 시작부터 죽음까지 모든 것이 주의 것이다. 우리는 우리가 하는 그 어느 것도, 우리가 시작한 일들에서도 우리가 중심이 아니라는 것을 깨달아야 한다. 우리의 활동과 모든 것을 다 바치는 일들도 주님을 섬기고 그분을 높이는 데만 사용해야 한다. 하는 일이 목적이 되어서는 안 된다. 그 자체에 목적을 두는 순간 참된 목적을 잃을 것이다.

죽은 자와 산 자의 주가 되시는 그리스도 14:9

8절의 중심은 우리가 "주의 것"이라는 점이다. 바울은 로마 교인들에게 "이를 위하여 그리스도께서 죽었다가 다시 살아나셨으니"라고 말하고 있다. 하나님은 그리스도의 보혈로 우리를 사셨다. 고린도전서 6:19-20 말씀이다. "너희는 너희 자신의 것이 아니라 값으로 산 것이 되었으니." 하나님 뜻보다 우리 뜻을 앞세우는 것은 죄이다. 이는 그분과의 관계를 부인하고 그리스도 구속의 죽으심의 의미를 무시하는 행위이기 때문이다.

그리스도는 우리를 하나님께 속하게 하시려고 죽으시고 부활하셨다8절.

그래서 '산 자와 죽은 자의 주'가 되려 하신다. 그의 죽으심은 우리를 하나님께 이끄시려고 죄의 값을 지불하신 것이다3:24. 그 결과 만유의 주로 영광 가운데 살아나시고 "죽은 자와 산 자의 주"가 되셨다. 그분은 마지막 심판 때 심판자로서 죽은 자의 주도 되신다. 그분은 천국의 주인이시다.

이 본문에 나오는 것은 단순히 공동체의 화합만이 아니다. 예수께서 교회의 주인이시고 교회 구성원 모두의 주시라면, 로마 교회가 겪었던 분란이 있어서는 안 된다. 구성원 모두가 그리스도 안에서 하나이면 우리는 다른 이들과 하나인 것이다. 교회 안의 논쟁은 기업 안에 있는 긴장보다 더 치명적일 수 있다. 그러한 일은 하나님께 영광을 돌리고 그리스도를 주로 모시는 데 큰 어려움을 끼칠 것이다.

6절의 주석에서 밝혔듯 우리는 본질적인 교리와 그렇지 않은 것들을 구분해야 한다. 교회들은 갈라디아서나 빌립보서 4장의 유대주의자나 디모데전후서, 요한일서에 등장하는 이단들처럼 중요한 믿음의 교리에 관한 훈련을 강하게 실시하였다. 비본질적인 교리에 관한 논쟁은 바울이 율법 준수를 예로 든 것처럼 대화와 관용을 필요로 한다. 유대주의자들이 갈라디아서에서 율법을 구원의 방법이라고 규정했을 때 바울은 이를 이단이라고 정죄했다. 로마의 유대 그리스도인들은 율법을 구원의 도구가 아닌 예배의 방법으로 지켰기에 이단적이지 않았다.

3) 바울의 훈계 및 결론 14:10-12

비판하지 말라: 하나님이 심판자이심 14:10

10절에서 바울은 로마서 초반에 쓰인 비난적 어조를 다시 사용하고 있다2:1-4, 17-24 참조. 그는 취조하는 듯한 질문과 함께 3절 내용을 역순으로 나열하며 로마 교인들이 서로 비판하고 무시하는 것을 질책하고 있다. 그는 서로가 대적하는 이들을 "네 형제"로 일컬으며 그들이 거부하는 대상이 하나님 가족의 일원임을 다시 한 번 강조한다. 그들은 자신을 재판관으로 세우고 있지만, 하나님의 공동체 안에서는 결코 그럴 자격이 없다.

7-9절에서 바울은 그들에게 그리스도가 모든 것의 주가 되시고 모든 것을 그분께 아뢰어야 함을 상기시킨다. 그는 "우리가 다 하나님의 심판대 앞에 서리라"고 경고한다. 하나님만이 참 심판자이시며, 자신을 심판자라고 착각하는 이들은 심판 날에 하나님 앞에 서게 될 것이다. 그리스도인들은 하나님께만 아뢰고 다른 형제자매들에게 말하지 않아도 된다.

고린도후서 5:10에서 바울은 우리 모두가 그리스도의 심판대 앞에 설 것이라고 말한다. 동료 그리스도인들의 심판대 앞에 서는 것이 아니다. 거기서 우리는 "각각 선악 간에 그 몸으로 행한 것을 따라 받게" 될 것이다. 이는 우리가 중요하지 않은주요 주제에 이견이 있을 때 서로를 비판하지 말아야 함을 신중하게 경고하는 것이다. 우리 중 어떤 이들은 활발한 예배 방식을 선호하지만 어떤 이들은 조용한 예배를 선호할 수도 있다. 어떤 이들은 찬송가를, 어떤 이들은 큰 소리 나는 찬양 음악을 좋아할 수 있다. 하나님은 그분을 진심으로 예배하는 모든 무리와 방식에 복을 주실 것이다. 하지만 우리는 계속 그런 차이들로 싸우고 있지 않은가!

모두가 하나님 앞에 굴복할 것임 14:11

10절의 요지는 하나님 홀로 판단하신다는 것이다. 바울은 이사야 45:23의 "내가 나를 두고 맹세하기를 … 내게 모든 무릎이 꿇겠고 모든 혀가 맹세하리라 하였노라"는 말씀을 인용하며 자신의 입장을 확고히 한다. 바울의 인용은 "내가 나를 두고 맹세하노니"를 제외하고 이사야 구절을 따른다. "내가 나를 두고 맹세"하는 것은 구약에서 문장을 시작할 때 흔히 쓰던 어구다사 49:18; 렘 22:24; 겔 5:11 참조.

바울은 아마도 이사야 45:23과 49:18의 배경을 끌어와서, 이스라엘 백성을 버리셨다고 불평하는 이들에게 떠나간 자녀가 모국으로 다시 돌아올 것이라는 약속을 주시는 주님의 모습을 연관시켜 설명했을 것이다. 이사야 45장에서 하나님은 자신의 주관하심 가운데 자기 백성을 구속하시고 모든 나라가 그분께 경배하도록 하겠다고 약속하신다. 이 두 본문을 볼 때 하나님께서 만국과 백성 위에 판단자로서 온전히 주권적으로 다스리시는 것을 볼 수 있다.

비판적이던 로마 교인들은 주 앞에 '무릎 꿇고' 하나님 앞에 자신들의 죄를 "자백"엑소몰로게오, ἐξομολογέω하거나, 장차 올 하나님의 심판대를 맞이하게 될 것이다. "자백"은 하나님을 경외찬양, 인정하는 것을 의미할 수 있으나, 10절과 12절에 등장하는 심판의 문맥상 11절에 내재된 '고백'이 잘 들어맞음을 알 수 있다. 하나님을 경외하기 위해서는 우리 죄를 먼저 고백해야 한다. 바울이 볼 때 약한 자와 강한 자는 서로를 비판한 죄가 있다. 그들은 서로 자신의 잘못을 고백하고 고쳐야 한다.

우리 모두가 하나님께 직고해야 함 14:12

이 구절은 10-11절의 요점을 확연하게 보여 준다. "우리 각 사람이 자기 일을 하나님께 직고하리라." 여기서 주시할 내용은 "우리 각 사람"이다. 이는 모든 사람이 하나님의 '베마'βῆμα; 왕의 심판대 앞에 설 것이고 자기 삶에 대해 이실직고해야 한다. 불신자를 비롯하여 모든 성도들이 자신들의 삶의 방식과 질에 대해 조사 받고 검사 받을 것이다.[61] 이것을 "동해보

61 이 가르침은 구약에 놀랍도록 자주 명시된다(대하 6:23; 욥 34:11; 시 28:4; 62:12; 잠 24:12; 렘 17:10; 겔 18:20; 호 12:2). 제이성전 문헌(에녹전서 41:1-2; 솔로몬 시편 2:16; 17:8; 에스드라후서〔에스라4서〕 7:35; 8:33; 바룩후서 14:12) 그리고 신약에도 등장한다(마 16:27; 롬 2:6; 14:12; 고전 3:12-15; 고후 5:10; 11:15; 딤후 4:14; 벧전 1:17; 계 2:23; 11:18; 14:13; 20:12; 22:12).

복법"lex talionis으로 부르는데 이는 우리 삶에서 하나님이 완전한 정의로 갚으신다는 것을 의미한다. 그것은 죄에 대한 완전한 보응과 의로운 행위에 대한 완전한 보상이다.

서로 판단하는 일은 세상 것이고 하나님께 그대로 심판 받을 것이다. 하지만 성경이 말하듯 하나님의 판단하심에 맡긴다면 우리는 의롭다 여김을 받고 교회 안에 화목이 회복될 것이다. 그 결과 상급이 있을 것이다.

14:1-12에서 바울은 유대 성도들과 이방 성도들이 법 안에 갇혀 싸우는 것을 언급했다. 이방인들은 그리스도께서 음식법을 무효화하신 것을 알았다막 7:19. 하지만 유대인 제자들은 여전히 그 법을 지켜야 한다고 생각했다. 이에 대해 두 부류는 서로를 판단하고 정죄했다. 바울은 이들이 서로 관용하고 받아들이기를 요구했다. 이것은 그저 과거에 있던 흥미로운 사건이 아니다. 우리도 지금 교회 음악, 교회 안에 여성의 위치, 칼빈주의 혹은 아르미니우스주의를 놓고 강렬하게 대립한다.

이런 종류의 마찰은 용이한 해결책이 없다. 주님 오실 때까지 논쟁할 것이다. 하지만 바울이 좋은 해결책을 제시한다. 두 지체가 진심으로 주를 위해 살고 그분을 높이기 위해 자신들의 신조를 적용한다면 하나님은 그들을 받으신다는 것이다. 따라서 우리도 서로 존중하고 받아들이고 하나님께서 우리를 사용하시는만큼 그들도 사용하심을 깨달아야 한다.

우리가 이런 주제들로 서로를 판단한다면 하나님께만 속한 권리를 갈취하는 것이고, 하나님 대신 우리가 속한 공동체를 사역의 중심으로 두게 되는 것이다. 우리가 주장하는 것이 맞다고 할지라도, 다른 무리가 하나님을 섬기고 우리를 판단하지 않는다면, 하나님께서는 우리가 아닌 그들을 높이실 것이다. 그리스도가 주님이시고 심판자이시다. 우리는 그리스도 중심이 되어야 한다. 이것이 로마 교회의 약한 자와 강한 자들이 잊고 있었던 부분이다.

우리 모두는 하나님 앞에 서서 어떻게 하나님을 섬겼는지, 어떻게 서로를 대했는지에 따라 책임을 지게 될 것이다. 지금까지 보아온 것보다 더 깊은 유대가 교회에 있어야 한다. 하나님은 우리가 맺는 관계들을 지켜보고 계신다. 하나님은 로마의 약한 자와 강한 자를 다루셨던 것과 같이 우리를 전도의 도구로 묶으셔서 사탄을 물리치고 불신자를 주께로 인도하는 일에 우리를 사용하기 원하신다. 그분은 이러한 연합을 요구하시고, 우리는 심판의 날에 서로에 대한 것들과 그분의 영광을 위해 화합했는지에 대하여 답하게 될 것이다.

5. 공동체의 사랑과 연합 (2)
거치는 돌이 되지 말라 14:13-23

강한 이방인 성도들과 연약한 유대 성도들 간에 마찰이 지속되고 있었다. 하지만 여기서 바울은 강한 자들, 율법을 따르지 않아도 될 자유를 누리는 자들이 제기하는 문제를 다루고 있다. 이들은 자신들이 더 우위를 차지하고 있다고 생각하고 그것을 무기로 사용하며 잘난 체 했었다. 이러한 신앙인의 사랑의 결여는 믿음이 연약한 형제자매의 신앙을 무너뜨리는 부정적 무기가 되었다. 훈계는 서로의 신앙을 세우기 위해 있는 것이지 무너뜨리려는 것이 아니다. 때로는 의롭게 행동하는 것이 문제가 되기도 한다. 서로 우위를 주장하며 서로 자기들이 말한 대로 행하라고 강요하는 교만함으로 이끌기도 하기 때문이다.

이 본문은 주로 교차 구조를 이루고 있다고 여겨진다.

A 거칠 것을 두는 것에 대한 경고 13절
B 정결한 것은 없다 14절
C 자신의 자유를 남용하여 다른 사람을 무너뜨리지 말라 15절
D 하나님 왕국은 평화와 기쁨을 의미함 16-18절
D' 평화와 서로 덕을 세우는 일을 추구하라 19절
C' 하나님의 사업을 무너지게 하지 말라20절
B' 모든 음식이 깨끗함 20절
A' 거칠 것을 두는 것에 대한 경고 21-23절

1) 판단하거나 거칠 것이 되지 말라 14:13-18

바울은 이 단락에서 로마 교회가 비판적인 것을 꾸짖음으로 시작한다. 이는 1-12절을 요약하는 것이다. 로마 교회의 문제는 이방인과 유대인 개종자들이 구약 율법을 놓고 서로 공방하는 데 있었다. 그들은 서로 판단하며 정죄했다. 14:3a, 10에서 약한 자는 판단하는 잘못이 있었고, 14:3b, 10에서는 강한 자가 약한 자를 무시하는 잘못을 저질렀다. 여기에서 바울은 두 부류가 서로를 판단하는 것을 꾸짖고 있다. 뒤에 나오는 구절들에서는 강한 자들이 꾸지람의 대상이다. 바울은 13절에서 이 단락의 주제를 말하고 있다. 곧 다른 지체를 헐뜯지 말라는 것이다.

거칠 것에 대한 경고 14:13

강한 자는 교회에서 약한 자와 대화를 나눔으로 이런 주제들을 이끌어 가야 한다. 하지만 그들은 약한 자를 업신여김으로 상황을 악화시켰다.

바울은 두 무리 모두에게 더 이상 판단하지 말라고 가르친 후, 언어 유희를 통해 강한 자들에게 이 상황에서 그들이 취해야 할 책임을 설명한다. 그는 강한 자들이 약한 자들을 "비판"크리노, κρίνω하는 대신에 약한 자들에게 "부딪칠 것이나 거칠 것"을 두지 않게 "주의"크리노, κρίνω하라고 권면한다. 이 단어는 '판단', '결정', '선택' 등을 의미한다. 그는 이들이 약한 자를 정죄13a절하거나 거치지13b절 않고 오히려 세워 주기를 권면한다. 부정적인 비판보다는 긍정적인 판단을 내리기를 원하는 것이다.

바울은 그들이 약한 자 앞에 다음의 거의 같은 두 가지를 놓지 말라고 명하고 있다. "부딪칠 것"프로스콤마, πρόσκομμα은 개인의 삶 속에서 죄를 짓게 만드는 장애물을 뜻한다. "거칠 것"스칸달론, σκάνδαλον은 무언가를 잡기 위한 함정이나 덫을 의미한다. 두 가지 다 신앙과 믿음을 무너뜨리고 배교로 이끄는 방해물들이다.

바울은 이런 현상들이 어떻게 일어나는지는 구체적으로 설명하고 있지 않다. 하지만 이런 현상들이 수많은 연약한 성도들이 실패하도록 만드는 요인임에는 전반적으로 공감하고 있다. 이 본문에서 장애물은 약한 자들이 부정하다고14절 믿는 음식과 관련이 있다. 강한 자들은 약한 자들이 "마음으로 확정"함5절 없이 억지로 고기를 먹게 하여 양심을 거스르게 했다. 연약한 자들의 확정함이 뒤집어질 때 그들의 믿음이 한층 꺾이게 된 것이다. 음식법에 대한 믿음뿐 아니라 기독교 신앙 전체를 버리게도 되는 것이다.

이를 통해 우리는 주변인들의 종교적 신념이 삼위 하나님 말씀에서 비롯한 것인 한 존중해야 한다는 것을 깨달아야 한다. 좋은 예로 술, 영화, 카드 게임, 춤 등에 대해 성도들이 가진 생각들이 있다. 이런 것들을 자유롭게 행할 수 있다고 생각하는 이들은 자신과 다른 의견을 가진 이들을 무시하거나 업신여겨서는 안 된다. 자기 기준에 집착하는 이들은 다른 이들을 영적으로 해치고 넘어지게 할 수 있다. 곧 강한 자들은 자신의 자유를 연약한 자들 앞에서 과시하여 그들을 영적으로 해치는 일이 없어야 한다. 오히려 우리는 서로의 양심을 존중하고 하나님께서 그들을 있는 그대로 받으심을 깨닫고 술, 영화 등을 대할 때 주의해야 한다.

믿음으로 받으면 정결하지 않은 음식이 없음 14:14

바울은 정한 것과 부정한 것들에 관한 법을 설명하며 자신은 강한 자들에게 온전히 동의한다는 사실을 명확히 하고 있다. 구약의 율법은 어떤 것은 "속된 것"으로 부정하게 한다고 규정한다. 이런 규례는 무엇이 거룩하고 하나님께 구별되었는지 구분하게 해 준다. 그리스도께서 오셨을 때 이 모든 차이점이 그리스도께로 집중되었다. 정결함과 부정함에 관한 법은 그리스도께서 하나님 뜻 안에 그 목적을 이루시고 완성하셨기에 더 이상 필요하지 않다. 바울은 이것을 본인이 직접 그리스도를 만난 사건과 그분의 율법에 관한 가르침마 5:17-20; 막 7:19을 통해 깨달았다.

바울은 강한 자들이 율법에서 자유롭다는 것을 인정하면서도, 그들이 이해하지 못한 점에 대한 중요한 경고를 더한다. "무엇이든지 스스로 속된 것이 없으되 다만 속되게 여기는 그 사람에게는 속되니라."

강한 자는 다른 의견을 가진 자들의 양심을 존중해야 한다. 그들의 종교적 양심은 주님과 동행하는 데 중요한 부분을 차지하기 때문이다. 강한 자는 사람들이 진리를 깨닫는 능력이 서로 다름을 이해해야 한다. 자유를 실천하는 것이 항상 최상책은 아니다. 다른 양심을 가지고 있는 이들에게 심각한 해를 끼칠 수 있기 때문이다. 우리는 우리에게 가장 최선의 것을 하려는 자유 이상으로 다른 이들의 양심을 존중해야 한다.

주제: 네 자유로 다른 이를 망하게 하지 말라 14:15-16

여기서 바울은 더 나아가 2인칭 "네"너의를 사용하여 더 강한 어조를 구사한다. 강한 자는 약한 자에 대한 논박을 그칠 뿐 아니라 약한 자들 곁에서 자신들의 자유를 사용하지 말기도 해야 한다. 강한 자와 약한 자 모두 형제자매이므로 가족 간에 불필요한 압박을 가해서는 안 된다.

이 유대 그리스도인들은 강한 자들이 소위 신앙의 자유를 남용하여 구약의 율법을 무시하고 자신들이 원하는 고기를 먹는 것을 보고 마음에 "근심"하게 되었다. 강한 자들이 이런 문제로 자신들의 자유를 강요할 때 이들은 약한 자의 양심을 놀라게 하고 영적으로 가해를 하게 되는 것이다. 아직 신앙이 약한 이들이 자신들이 잘못되었다는 말을 듣고 강한 자들이 금기된 음식을 먹는 것을 보면 그들의 양심은 더욱 요동할 수밖에 없다. 이 구절에서 바울의 논지 진행은 단호하다. 약한 자가 강한 자의 자유를 사용하는 것을 볼 때 "근심"하게 되고 이어 "망하게" 된다. '망하는' 것은 그리스도교 신앙에서 완전히 떠나는 것을 말한다.

바울은 강한 자들이 "그리스도께서 대신하여 죽으신 형제를 네 음식으로 망하게" 하는 것은 "사랑으로 행하지 아니함"이라고 강조한다. 그들의 이런 행동은 타인의 신앙과 영적 삶에 대한 배려가 전혀 없이 오직 논쟁에서 이기고 타인들이 잘못되었음을 인정하는 데만 관심이 있는 것이다. 바울은 여기서 그들이 망하게 하는 이들이 "그리스도께서 대신하여 죽으신 형제"라고 밝히며 더욱 강조하여 설명하고 있다. 예수께서 십자가에서 이들의 구원을 위해 속죄제물로 자신의 삶을 드리셨는데, 강한 자들은 자신들의 입심으로 신앙의 자유와 논쟁의 승리라는 허울 좋은 이유를 가지고 약한 자들을 영적 파탄으로 이끌고 있는 것이다.

그리스도인들은 다른 이들을 영적으로 해하게 된다면 자신의 자유를 사용해서는 안 된다. 그렇게 하는 것은 "사랑으로 행하지 아니함"이다. "사랑으로 행함"은 참된 그리스도 제자의 중요한 요소다12:9-21. 신학적 차이에 있어서 하나님의 사람들은 타인을 공격하는 태도에서 벗어나 그들의 신학적 신념을 존중해야 한다. 바울은 이전에 부정하다 여기던 음식을 먹을 자유가 있었지만 다른 지체들이 그것을 거부하는 신념을 가지고 있다면 먹지 않을 자유도 있었다. 그리스도인의 자유는 하지 않을 자유도 포함한다!

바울은 16절에서 "너희의 선한 것이 비방을 받지 않게 하라"고 말하며 전하려는 말의 결론을 맺는다. 문자 그대로 그는 '좋은 것이 모독을 받지 않게 하라'고 말하고 있는 것이다. 어떤 이들은 "선한 것"이 하나님 언약의 축복혹은 복음을 의미한다고 주장하지만, 여기서 바울은 강한 자들이 음식법은 이제 유효하지 않다고 믿는 지식을 염두에 두고 말한 것으로 보인다. 가릴 것 없이 모든 음식을 먹을 수 있는 자유는 분명 좋은 것이다. 하지만 이 자유가 다른 지체의 신앙을 망가뜨리게 되면, 그리스도의 이름이 오히려 교회 안팎으로 '모독' 받고 "비방" 받게 되는 것이다. 그리스도의 이름이 이러한 열정 있는 '강한' 그리스도인 때문에 생긴 영적 황폐함의 결과로 피해를 입게 되는 것이다.

아무리 좋은 것도 잘못 사용되면 엄청난 피해를 불러올 수 있다. 불필요한 논쟁으로 받은 영적 피해는 많은 이들로 교회와 그리스도를 비방하게 할 수 있다. 그렇기에 서로 다른 신념을 가진 이들은 사랑하는 마음으로 서로를 존중해야 한다. 강한 자는 약한 자를 '진리'로 무너뜨리려 하지 말고 형제와 자매로 여겨 영적 성장을 돕고 하나님과의 교제 가운데 존중해야 한다. 많은 비기독교인들이 이렇게 고백한다. "왜 내가 기독교인이 아닌가? 소위 기독교인끼리 서로 어울리지 못하는데, 내가 기독교인이 되면 어떻게 평화와 안녕을 누릴 수 있겠는가?"라고 말한다. 이렇게 말하는 사람들이 너무도 많기에 이 문제를 시정하는 일은 시급하다. 믿지 않는 이들이 다시 기독교에 관심을 가질 수 있도록 해야 한다.

목표: 의, 평강 그리고 희락 14:17-18

먹는 것과 마시는 것에 대한 율법 준수 문제는 하나님 나라가 지향하는 것과는 상관이 없다. 바울은 로마 교인들에게 하나님께 중요한 것이 무엇인지 상기시키고 음식법 같은 것은 교회를 분열시킬 만큼 중대한 문제가 아님을 알리고 있다. 나는 하나님이 오늘날 우리에게 이와 같은 말씀을 하시지 않을까 생각한다. "영화를 보지 말아야 할지, 하나님께서 어떤 종류의 예배 음악을 좋아하실지, 휴거나 예정같은 문제를 어떻게 보아야 할지에 대해 교회의 힘과 시간을 허비하지 말라." 이런 문제들은 토의하거나 논문을 쓸 가치는 있지만 궁극적인 목적이 되어서는 안 되고 더욱이 교회를 가르는 일이 되어서는 안 된다.

바울은 요점을 분명하게 표현하고 있다. "하나님의 나라는 먹는 것과 마시는 것이 아니요 오직 성령 안에 있는 의와 평강과 희락이라." 로마 교회는 주변 문제들에 신경을 쓰면 안 된다. 주변 문제들이 아주 가치 없는 것은 아니지만 주변적인 것답게 처리하면 된다. 하나님 나라에 관한 중요한 주제가 초점의 대상이 되어야 한다. 재미있게도 로마서를 통틀어 여기서만 바울이 하나님 나라를 언급한다. 그 이유는 논쟁의 중심이 하나님 나라를 위한 것이 되어야 함을 강조하기 위해서다. 하나님 나라가 이 땅에 침투해 들어옴으로 마지막 때가 도래했음을 가리킨다. 우리는 이렇게 중요한 일에 신경써야 한다.

교회는 "성령 안에 있는 의와 평강과 희락"에서 비롯된 연합과 화합을 경험해야 한다. 교회 안의 불화는 이러한 축복을 무너뜨린다. 의와 평강과 희락은 로마서가 설명하고자 하는 모든 것이다.

1 **의**는 로마서의 핵심 주제로서 구원론의 중심이다. 의는 성도의 칭의와 그 결과로 나타나는 의로운 삶의 방식1:17; 3:21-26을 가리킨다. 의에는 세 단계가 있다. 첫째,

십자가에서 속죄제물로 죽으신 예수님으로 인해 의롭게 되었을 때 하나님께서 우리를 의롭다 칭하시고, 둘째, 성령의 강권하시는 임재 속에 성화되어 하나님 앞에 옳게 되며, 마지막으로 그리스도께서 우리에게 주신 새로운 삶을 살아가며 하나님 앞에 의롭게 사는 단계를 밟게 된다.

2 **평강**은 의에서 비롯된다5:1. 그리고 평강은 우리 삶 속에 계시는 성령의 임재로 인해 나타난다8:6, 14-17. 바울은 로마에 있던 분열과 불화를 하나님의 평강으로 바꾸기를 원했다. 이것은 서로 어색한 관계에 있던 이들이 자신들의 삶을 온전히 그리스도께 드리고 서로를 이해하고 섬길 때 비로소 나타난다.

3 **희락**은 로마서 전체를 통틀어 이 구절에 처음 등장한다. 하지만 바울은 "기쁨과 평강"이 "성령의 능력"15:13으로 로마 교회에 "넘치게 하시기"를 기도하며 이 단락을 맺고 있다. 희락은 우리 삶에서 성령의 임재 가운데 자연스럽게 드러나는 것이다. 어려움조차도 성령께서 우리 삶을 이끄실 때 형용할 수 없는 기쁨을 주시고 모든 것을 우리를 위해 이끄시는 도구가 된다약 1:2-4; 벧전 1:6-7.

분열은 성령의 역사와 반대이다. 교회 안의 파괴적인 마찰은 단순히 사람의 노력으로 해결되는 것이 아니라, 성령의 임재하심으로 빚어진 의로운 행위로 교회가 필요로 하는 평강을 가져올 수 있고 하나님 나라가 다시 한 번 승리했다는 증거를 보여 주는 기쁨을 가져올 것이다. 이것을 이루기 위해 강한 이방인들은 자신들의 교만을 제어하고 그 고귀한 자유를 챙기기보다 약한 자들의 영적 성장에 더욱 관심을 가져야 한다.

18절에서 바울은 로마 교인들에게 어떻게 이것을 이룰지 설명한다. 먼저 "이로써 그리스도를 섬기는" 일부터 시작해야 한다. "이로써"가 무엇을 가리키는지에 관해 여러 의견이 있다. 1) '이 문제에 있어서 그리스도를 섬기라'를 의미할 수도 있는데, '이 문제'는 앞 본문에 나온 마찰이나 분열을 가리킨다. 2) 교회가 마찰 가운데 서로를 이기는 것이 아니라 "의와 평강과 희락"을 이루도록 돕는 것을 의미할 수 있다. **3)** "성령 안에 있는"을 가리킬 수 있다. **4)** 하나님 나라 관점으로 이 문제를 바라보는 것일 수 있다. 문맥상 "이로써"는 17절 전체 즉 "의와 평강과 희락"을 분출하는 하나님 나라의 삶을 의미한다. 로마 그리스도인들이 하나님 나라 중심이 되기 전에는 결코 교회 분쟁을 해결할 수 없다. 이는 오늘날도 마찬가지다. 성령께서 우리의 좁은 소견들을 넓은 하나님 나라 가치들로 바꾸어 여러 종파적 논쟁을 바른 관점에서 바라볼 수 있게 해 주셔야 한다.

이렇게 될 때 두 무리는 교회 안에서 하나가 되고 마침내 위로"하나님을 기쁘시게" 옆으로"사람에게도 칭찬을 받[는]" 하나님의 뜻을 이룰 수 있게 된다. 강한 자가 자신들의 자유보다 더 중요한 하나님 나라의 진리를 위해 자신들의 자유를 내려놓을 때 하나님께서 그들을 기뻐하실 것이다. 이것이 12:1처럼 하나님께 자신을 온전히 드려 그분을 기쁘시게 해 드리는 것이다. 이렇게 하나님께 드리는 것은 자기희생적 행동이다. 이렇게 할 때 16절에서 본 연약한 그리스도인들을 파괴하는 "비방"을 한 이들에게서 오히려 인정을 받게 될 것이다. 사람들은 스스로 정죄를 받을지 인정을 받을지 확인하려 한다. 그리스도를 섬기고 성령의 인도하심을 따라 공동체에 평화를 끼칠 때 그들은 인정을 받게 될 것이다.

2) 공동체의 평강을 구하라 14:19-21

화평과 덕을 세움 14:19

내부 마찰을 피하라는 권고와 그 힘을 다른 방향으로 쏟을 것을 논한 후에 바울은 교회가 해야 할 일에 대해 다시 설명한다. "그러므로 우리가 화평의 일과 서로 덕을 세우는 일을 힘쓰나니." 공동체 안에 있는 하나님 나라의 실체는 교회를 구성하는 서로 다른 지체들이 화목을 이루기를 요구한다. "힘쓰나니"디오코멘, διώκωμεν는 항상성을 나타내는 현재형으로 쓰여 무언가를 만들어 내기 위한 끊임없는 노력을 뜻한다. 교회는 끊임없는 불화와 잘못된 신학으로 피곤한 상태이고 이를 해결하여 올바른 방향으로 나가기 위해서는 성령께서 이끄시는 역사가 필요하다.

평강을 추구하는 것은 신약성경에 자주 등장하는 주제다.[62] 이것은 또한 성령 안에 사는 삶의 주요 요소 중 하나다. 바울의 요점은 공동체의 평강이 엄청난 힘을 필요로 하기에 모두가 힘을 합하여 평강을 추구하고 성령께서 공급하시는 힘으로 노력해야 한다는 것이다. 강한 자들은 자신들의 자유를 위해 평강을 희생해 왔다.

평강은 "서로 덕을 세우는 일"을 목적으로 추구될 때 이룰 수 있다. 강한 자들이 자신들의 종교적 자유를 추구하기보다 약한 자들을 세워 주려 노력할 때 평강은 자연스럽게 따라올 것이다. 바울은 이것을 에베소서 4:12-13에서 밝히며 교회 지도자들이 "성도를 온전하게 하여 봉사의 일을 하게 하며 그리스도의 몸을 세우려" 해야 한다고 주장한다.

이것은 서로를 이끌며 개인적으로 진행될 수 있지만, 바울은 교회 전체가 그리스도 안에서 함께 하나님 백성으로 연합하여 성장하는 것에 초점을 두어야 한다고 주장한다. 약한 자와 강한 자가 논쟁에서 승리하는 것에 주안점을 두지 말고 그리스도 안에서 서로를 세워 평화를 이루고 함께 하나 된 예배와 기쁨을 누리는 데 신경을 써야 한다.

음식으로 다른 이를 넘어지게 하지 말 것 14:20-21

바울은 "음식으로 말미암아 하나님의 사업을 무너지게 하지 말라"고 명백하게 선언하고 있다. 우리의 자유를 위해 다른 이들에게 영적으로 피

62 딤후 2:22; 히 12:14; 벧전 3:11; 고후 13:11; 엡 4:3; 살전 5:13; 약 3:18도 참조하라.

해를 주는 것은 죄다. 약한 자의 양심은 선택의 폭을 좁게 한다. 예를 들어 율법대로 만든 코셔 음식이 아니면 먹을 수 없는 사람들이 있다. 강한 자들은 선택의 폭이 넓다. 코셔든 아니든 먹을 수도 먹지 않을 수도 있다. 문제를 직면할 때 해결할 자유가 그들에게 있다. 이때 바울은 연약한 자들을 위해 가장 좋은 방향으로 택하여 공동체 모두가 평안하도록 권하고 있다.

그는 강한 자들의 배려 없는 행동이 심각한 결과를 초래할 수 있다고 강력하게 경고한다. 즉 "하나님의 사업"을 무너뜨리는 것이다. 그들 행동의 위험성은 약한 자들의 양심을 건드리는 것으로 끝나지 않는다. "하나님의 사업"은 그리스도 구속의 사역 즉 연약한 자들을 구원하신 사역을 포함한다. 강한 자들이 제대로 행하지 않을 경우 두 가지 파괴적 결과가 나타난다. 연약한 자 개개인이 영적으로 파괴된다15-16, 20b절. 그리고 공동체 안에서 하나님의 역사가 전반적으로 파괴된다20a절.

21절은 이에 대한 해결책을 제시한다. "고기도 먹지 아니하고 포도주도 마시지 아니하고 무엇이든지 네 형제로 거리끼게 하는 일을 아니함이 아름다우니라." 이 말을 바꾸면 형제에게 피해가 간다면 고기를 먹는 것은 나쁜 행위이고, 다른 형제에게 도움을 준다면 포도주를 마시지 않는 것이 좋다. 구약에서는 나실인들만 포도주를 마시지 않았고, 모세오경에서도 그것에 대해 금지하는 법이 없었다민 6:2-4; 삿 13:7. 하지만 로마 교회의 고등 보수 유대 그리스도인들이 코셔가 아닌 고기를 먹지 않는 것처럼 우상에게 드려진 포도주도 먹지 않았을 것이다. 강한 자들은 이런 형제들의 양심을 해하지 않기 위해 고기를 먹거나 포도주를 마시는 것을 포기할 수 있어야 한다. 바울은 이것뿐 아니라 "무엇이든지" 포기할 수 있어야 한다고 확장시켜 일반적 행동 방침으로 만든다. 성숙한 그리스도인들은 다른 지체의 영적 생활에 거치는 것이 된다면 그것이 무엇이든 하지 말아야 한다.

3) 믿음대로 살라 14:22-23

네 믿음을 스스로 가지고 있을 것 14:22

바울이 여기서 권고하는 것이 겉으로 보기에 조금 어리둥절할 수 있다. 문자 그대로 그는 "네게 있는 믿음을 하나님 앞에서 스스로 가지고 있으라"고 말하고 있는 것이다. 언뜻 보기에는 바울이 로마인들로 자신들의 신앙을 다른 이들과 공유하지 말라고 하는 것 같다. 하지만 14장을 통틀어 "믿음"은 구원받는 믿음이나 일반적 신앙이 아닌 강한 자나 약한 자의 믿음, 즉 그리스도께서 하나님의 사람들이 더 이상 율법에 저촉될 필요가 없는 것을 믿는 신앙을 의미한다. 이 믿음은 그리스도인의 삶에서 율법이 차지하는 위치에 대한 확신으로 이 장에서 다루는 고기 섭취, 절기 이행, 포도주를 마시는 것의 세 가지 주제에 관한 것이다.

바울은 강한 이방 그리스도인들이 자신들의 믿음의 확신을 조심스럽게 세우고 약한 유대 그리스도인들에게 강요하지 말라고 가르치고 있다. 강한 자들은 음식법과 다른 규례들이 그리스도 안의 새로운 언약 시대에 더 이상 적용되지 않는 것으로 이해한다. 하지만 이것을 지나치게 강요하여 연약한 그리스도인들에게 영적 피해를 입히는 것은 엄청난 죄다. 따라서 강한 그리스도인들은 하나님 앞에서 자신의 신앙을 자신이 가지고 있으면 된다. 하나님은 그들의 의견을 존중하시고 그로 인한 그들의 삶도 인정하신다. 하지만 불화와 파괴를 가져오는 것은 용납하지 않으신다.

22-23절 나머지 부분에서는 강한 자와 약한 자에 대하여 순서대로 언급된다. 바울은 강한 자에게 축복하는 말을 이렇게 전한다. "자기가 옳다 하는 바로 자기를 정죄하지 아니하는 자는 복이 있도다." 이 구절에 대해 세 가지 해석이 있다. **1)** 바울은 강한 자들에게 약한 자들을 넘어지게 했다고 비난받지 않기를 당부한 것이다. **2)** 혹은 강한 자들에게 음식과 포도주를 아무런 정죄 없이 먹고 마실 자유가 있는지 다시 한 번 신중하게

검토하기를 부탁한 것이다. **3)** 혹은 약한 자와 강한 자가 자기 양심대로 행하고 서로를 견책하지 않기를 당부한 것이다. 하지만 3번의 해석 즉 바울이 강한 자와 약한 자 모두에게 말한 것은 문맥과 어조상 맞지 않다. 가장 적합한 해석은 2번 즉 바울은 강한 자에게 신중하게 행동하라고 부탁한 것이다. 그는 강한 자들에게 그들이 양심을 따르고 고기와 포도주를 섭취할 때 하나님께서도 축복하신다는 것을 확신해도 좋다는 의미를 전달하는 것이다. 바울은 강한 자들의 믿는 바가 옳기 때문에 그나 혹은 다른 이들도 그들의 행습을 판단할 이유가 없다는 것을 믿고 있다.

그리고 23절에서 바울은 연약한 자들에게 자신들의 믿음의 양심에 충실하라고 당부한다. 모든 그리스도인들은 하나님 앞에서 자기 믿음의 분량에 따라 살 책임이 있기에, 한 부류에게 옳은 것이 다른 부류에게는 그를 수도 있다. 요지는 "의심하고 먹는 자는 정죄되었나니 이는 믿음을 따라 하지 아니하였기 때문이라"이다. 연약한 자들의 양심은 모세의 율법을 더 이상 따를 필요가 없다는 의견을 받아들일 수 없는 믿음의 체계를 구축했기 때문이다. 그렇기에 그들은 그 믿음대로 살아야 한다.

연약한 자들에게 고기를 먹는 것은 믿음대로 하는 것이 아니기에 하나님 심판을 받을 수 있다. 그들이 하나님 앞에서 옳게 행하는 믿음이 없이 "의심"하며 먹는 것이기 때문이다. 바울의 결론은 "믿음을 따라 하지 아니하는 것은 다 죄"라는 것이다. 하나님은 자신의 모든 자녀들이 자신들의 믿음의 분량에 따라 살기를 원하신다. 모든 고기와 음료가 하나님 앞에 허락되어 있지만 믿음이 그것을 허락하지 않는다면 그것을 먹고 마시는 것은 죄가 되는 것이다. 그리고 하나님이 주신 양심에 어긋나는 행동을 하는 것이기에 죄가 된다.

로마 교회에 있던 마찰은 오늘날 벌어지는 각종 논쟁과도 비슷하다. 강한 자들이 그리스도께서 율법의 압박에서 우리를 자유롭게 하신 것을 믿지만 그것으로 연약한 자들을 압박하려 한다. 문제는 그들이 약한 자들을 논쟁에서 이기고 자신들의 입지를 증명하려 할 때 혜택보다는 피해가 인다는 점이다. 그들은 약한 자들의 이해를 무너뜨리고 급기야 그들의 신앙까지도 무너뜨린다. 게다가 그리스도의 위대한 이름이 이러한 마찰과 피해로 인해 공동체에서 훼방을 받는다. 이런 논쟁이 벌어질 때 우리는 상대방을 이기는 것보다 서로의 영적 안녕에 더욱 신경을 써야 한다.

우리가 가장 우선시해야 할 것은 하나님 왕국 공동체의 영적 삶을 발전시키는 데 있어야 한다. 우리의 자유를 남용하는 것이 다른 이들의 영적 생활을 해친다면, 우리는 그 문제를 야기한 일을 행할 자유를 포기할 수 있어야 한다. 그리스도인 삶의 목적은 우리 자유를 사용하는 것이 아니라 하나님 백성에게 의와 평강과 희락을 끼치는 것이다. 하나님 왕국을 위해 자기 권리를 희생하는 것은 하나님께 기쁨이 되고 우리 주변 사람들에게도 인정을 받는 일이 될 것이다.

우리는 힘을 합하여 그리스도 안에서 싸우기를 멈추고 서로를 세우는 데 전력해야 한다. 이것이 분열된 공동체에 다시 평화를 가져오고 서로 갈라지기보다 하나님의 한 백성이 되게 할 것이다. 로마에 있었던 논쟁처럼 강한 자들이 그들의 신조를 이행하고 자유를 누릴 수 있지만 스스로만 간직하고 약한 자들을 억지로 압박하지 말아야 한다22절. 약한 자는 그들 믿음의 분량을 존중하고 의심하면서 강한 자의 행동에 동참하지 말아야 한다23절. "불의 전차"라는 영화에서 에릭 리들이라는 마라톤 선수는 일요일에 외식을 하거나 운동 경기를 하는 것은 잘못된 것이라고 믿었다. 하나님은 그런 그의 확신을 존중하시고 그런 그의 삶은 경기를 하는 데 있어 그에게 큰 힘이 되었다. 강한 자는 이런 점을 이해하고 연약한 자의 확신을 존중해야 한다. 연약한 자는 자신들의 확신이 삶의 지침이 되도록 해야 한다. 우리 모두는 믿는 바 확신대로 살고 믿음에 따른 양심이 인도하는 것을 따라 살며, 우리 주변 사람들의 신앙을 세우고 하나님 왕국의 공동체 안에서 평강과 화합을 이룩해야 한다.

6. 공동체의 사랑과 연합 (3)
약한 자의 짐을 지라 15:1-13

15장에는 음식법과 절기에 대한 마찰에 관해 로마 성도들에게 전하는 바울의 두 가지 언급이 있다. 첫 구절들1-6절은 바울이 마지막으로 연약한 유대 그리스도인들을 위한 강한 자들의 책임을 언급하는 내용이고 두 번째 구절들7-13절은 바울이 강한 자와 연약한 자 모두에게 서로 받아들이고 함께 하나님을 경배하는 법을 배우라고 권면하는 내용이다.

중요한 과제는 여전히 강한 자들에게 있다. 어떤 해석가들은 바울이 이 단락에서 교회 안의 일반적 마찰에 관해 서로가 서로를 돌보는 것을 의미한다고 주장하지만, 학자들 대부분은 로마 교회에 있던 특정 문제들을 다루는 것이라고 생각한다. 바울의 요점은 자신만이 아닌 다른 사람의 영적 필요를 채우는 것이 우리의 주요 관심이 되어야 한다는 것이다. 서로 다른 두 무리가 서로 섬긴다면 마찰은 자연스럽게 사라질 것이다. 논쟁의 승리보다 영적 돌봄을 구할 때 하나님이 기뻐하실 것이다.

1) 강한 자는 약한 자의 짐을 져야 한다 15:1-6

14장은 로마 교인들이 모든 음식은 정하고 유대 절기를 더 이상 지킬 필요가 없다는 새로운 언약을 받아들였다고 기록하고 있다14:2, 5, 14. 하지만 많은 유대 그리스도인들이 이 사실을 받아들일 수 없었고 이는 로마 교회 안에 문제들을 야기했다. 가장 큰 문제는 유대 그리스도인들의 부족한 신앙이 아니라 강한 이방 신자들이 그들의 약한 신앙을 나무라고 자신들의 자유를 약한 자들에게 강요하여 그리스도 안에서 자라고 있는 그들을 무너뜨린 것에 있다.

자기를 기쁘게 하지 말 것 15:1

바울은 점차적으로 강한 자의 확신에 동조하고 있음을 드러내 왔는데 이 구절 서두에서 "믿음이 강한 우리는"뒤나타이, δύναται; 뒤나마이, δύναμαι; '할 수 있는, 힘을 가진'이라고 표현하며 자신의 정체성을 분명하게 드러내는 것을 보게 된다. 바울은 강한 자에게 약한 자에 대한 과민 반응을 줄이고 "약한 자의 약점을 담당"하라고 충고한다. "약점"은 음식법, 절기, 그리고 다른 규례들을 따라야 한다고 믿는 약한 믿음이다. 바울은 갈라디아서 6:2의 "서로 짐을 함께 지라 그리하여 그리스도의 법을 성취하라"는 말씀을 반복하는 언어를 이 구절에서 사용하고 있다.

여기서 바울이 강한 자에게 요구하는 것이 무엇인지 정확하게 아는 것은 쉽지 않다. 분명한 것은 약한 자들의 잘못된 것을 드러내라고 말하고 있지 않다는 점이다. 잘못을 드러내는 것은 문제를 일으키는 것이라고 바울이 14장에서 언급한 바 있다. 그는 14:13-18에서 강한 자들에게 약한 자를 받아들이고 그들의 믿음을 해치지 말라고 당부했다. 적어도 이 구절에서 바울은 강한 자들에게 약한 자들을 억누르지 말고 오히려 그들의 약점을 함께 지라고 말하고 있다. 이는 약한 자들의 관점을 관용하는 것 이상으로 그들을 이해하고 전체적으로 사랑의 목적으로 다가서라는 것이다. 바울은 약한 자들에게 애정과 동정심을 가지기를 원한다.

그들이 약한 유대 그리스도인들에게 동정심을 가진다면 "자기를 기쁘게 하지 아니할" 것이다. 그들은 자기 자유를 남용하지 않고, 약한 자의 믿음의 확신을 우습게 여겨 자신을 우위에 두지 않을 것이다. 이는 하지 말아야 할 일을 금하고, 동정심을 가지고 이 일이 유대 그리스도인들에게 얼마나 중요한지 깊이 깨닫기를 요구하는 것이다. 강한 자들은 약한 자들을 세워 주고 무너뜨리지 않기를 원하고 더욱더 도와주려 해야 할 것이다. 이것은 그리스도인 전체가 해야 하는 것으로 우리 모두가 동참할 일이다. 하나님은 우리 모두가 이런 삶을 살기를 원하신다.

이웃을 기쁘게 하라 15:2-3

2절에서 바울은 같은 것을 두 가지로 말하고 있다. 우리는 "약한 자의 약점을 담당"해야 한다. 이는 우리가 스스로를 기쁘게 하지 않고 약한 이들인 "이웃을 기쁘게"하는 것, "선을 이루는" 것을 의미한다. 물론 바울은 레위기 19:18의 "네 이웃 사랑하기를 네 자신과 같이 사랑하라"는 명령과 로마서 13:8-10의 가르침을 염두에 두고 말한 것이다. 여기서 그는 강한 자와 약한 자 모두에게 선언하는 것이지만 문맥상 그의 주요 대상은 여전히 강한 자이다. 그들이 더 많은 책임이 있기 때문이다1절. 사랑은 서로를 기쁘게 하기를 소망하는 것으로 재정의된다.

강한 자는 유대 그리스도인들의 생각을 이해하고 그들에게 영적인 기쁨이 가져다주는 것을 목표로 해야 한다롬 12:1-2의 "하나님을이 기뻐하시는" 뜻을 참고하라. 이 기쁨은 두 가지 곧 선을 이루고 덕을 세우는 것으로 정의할 수 있다14:19와 같은 맥락이다. 이것은 그들이 영적으로 최선의 것을 구하는 것이고, 14:15과 같이 그들을 무너뜨리는 영적 파괴를 삼가는 것이다. 주 안에서 약한 자들을 성장시키는 것이 목표가 되어 그리스도 안에서 "덕을 세우고" 주 안에서 같은 믿음의 권속으로 힘이 되어야 한다. 강한 자는 약한 자들의 율법에 대한 약한 믿음을 비판하지 말고 그들 삶에서 역사하시는 성령님의 사역을 극대화할 수 있도록 도와주기를 시작해야 한다. 이는 오늘날 우리에게도 중요한 행동 지침이다. 칼빈주의자와 아르미니우스주의자 혹은 세대주의자나 개혁주의자가 서로 이해하고 로마서 15장에 나타나는 쌍방의 관심을 갖는다면 지금보다 교회 분립이 훨씬 줄 것이다.

바울은 3절에서 그리스도의 예시를 들고 있다. "그리스도께서도 자기를 기쁘게 하지 아니하셨나니." 그리스도는 자신의 욕구를 충족시키기 위해 살지 않으셨고 다른 이들을 섬기기 위해 사셨다. 이것이 예수님의 시험 사건마 4:1-11; 눅 4:1-13의 중심 곧 사탄이 예수로 자기 영광을 구하고 하나님 아버지보다 자신을 기쁘게 하라고 유혹하는 부분에서 나타난다. 이 유혹은 죄의 중심을 차지하는 것으로 자기 자신을 위해 살고자 하는 이기적 욕망을 이루고 있다.

이제 바울은 예수께서 스스로 자기 희생적 삶을 사시고 우리를 위해 죽으심을 보여 주는 본문들을 인용한다. 예를 들어 시편 69:9을 인용하면서 그리스도께서 하나님을 위해 모욕과 핍박을 당하는 것을 보여 주신다. "주를 비방하는 자들의 비방이 내게 미쳤나이다." 문맥상 "주"는 하나님이시고 "내게"는 그리스도를 가리킨다.

시편 69편은 다윗이 의로운 고행자의 수난을 묘사하는 애가인데, 바울은 이것이 그리스도 안에서 이루어졌다고 본다. 이것은 예수님의 십자가 죽으심에 대하여 가장 많이 인용된 구약 본문 중 하나다막 15:35-36과 맥락을 같이 하는 요 2:17; 15:25; 행 1:20; 롬 11:9 등이 있다. "비방"은 예수께서 십자가에서 견디신 모욕, 즉 로마서 5:8에 나타난 최고의 자기희생, 원수들의 손에 죽으신 십자가가 "우리에 대한 자기하나님의 사랑을 확증"하신 것을 가리킨다.

바울은 메시아께서 자발적으로 십자가 고통을 짊어지시는 것이 자신보다 하나님을 기쁘시게 하는 삶의 모범이라고 말하고 있는 것이다. 그리스도께서 로마 그리스도인들을 위해 희생적 죽음과 모욕을 견디셨다면, 믿음이 강한 자들이 약한 자들을 위해 자신의 자유를 조금 희생하지 않을 이유가 있겠는가? 그들을 향한 약한 자들의 판단이 조심스럽게 수용될 필요가 있다. 교회의 이익을 위해서 하나님의 이름이 높임을 받고 교회가 강해지기 위해서 강한 자들의 희생이 필요하다.

전에 기록된 것은 우리에게 교훈을 주기 위한 것 15:4

바울은 잠시 주제에서 벗어나 왜 구약을 자주 인용하는지 설명한다. "무엇이든지 전에 기록된 바는 우리의 교훈을 위하여 기록된 것이니." 이 전에 기록된 것들이 예수 안에서 이루어지거나 완성되었고마 5:17-20 구원은 율법이 아닌 그리스도를 통해 도래했다엡 2:15. 하지만 구약은 하나님 백성을 이끌기 위한 하나님의 계시로 여전히 작용한다. 구약은 그리스도를 가리키고 하나님 계획에 필수적이다. 디모데후서 3:16에서 하나님의 영감으로 된 성경의 네 가지 목적에서 "교훈"이 가장 먼저 등장한다책망, 바르게 함, 교육이 뒤따름. 따라서 로마 교인들은 그 교훈을 주의깊게 들어야 한다.

바울에게 구약의 기본 목적은 "우리로 하여금 인내로 또는 성경의 위로로 소망을 가지게 함"이다. 우리보다 이웃을 기쁘게 하는 데 중점을 두는 단락에 이런 내용이 등장하는 것이 어색할 수 있다. 하지만 사실상 14:1-15:13은 분열과 마찰보다 교회 안에 조화와 화목이 필요함에 중점을 두고 있기에, 교회를 연합하는 요소는 소망임을 알 수 있다. 사실 이것은 마지막 단락의 주요 주제이다. 약한 자와 강한 자가 함께 핍박과 어려움을 겪기에 바울이 로마서에서 자주 강조하는 것처럼 그리스도의 소망의 깃발 아래 하나가 되어야 한다4:18; 5:2-5; 8:20, 24; 12:12. 외부에서 오는 압력핍박과 안에서 일어나는 마찰 때문에 그들은 전보다 더 복음의 소망이 필요하다. 로마서에 나타난 소망은 하나님의 임재가 결국 승리할 것이라는 분명한 확신을 제공하고, 교회가 불가능한 일에 도전할 수 있는 힘을 공급한다.

그리스도인 소망의 근거는 그리스도의 사역과 그에 대한 말씀에 있고, 바울은 두 가지 모두 3절에서 강조한다. 우리에게 전해진 "하여금"디아, διὰ, 곧 소망의 통로는 두 가지, 곧 "인내"와 "위로"이다. 인생의 어려움을 꾸준히 인내로 이겨냄으로써 하나님 백성은 하나님의 손이 그들을 구원하고 죄악된 세상에서 의롭다 하시는 경험을 하게 된다. 5:3-5에 등장하는 연결 고리 즉 환난이 연단을, 연단이 인내를, 인내가 소망을 만들어내는 것이 이를 설명한다. 소망으로 향하는 길은 환난과 인내로 빚어진다. 그리스도께서 이 과정의 본보기가 되시기에 그분 제자들은 그 발걸음을 따라가야 한다. 이 과정에서 절망을 이길 수 있는 소망을 찾게 된다.

두 번째 방법은 성경의 위로를 통해 얻는 소망이다. 인생에서 어려움과 슬픔을 겪는 많은 때에 우리는 하나님 말씀이 주는 위안과 위로를 얻게 되는데, 이로써 우리는 하나님이 아직 역사하시고 악은 그분 손 아래에서 멸망한다는 것을 기억하게 된다. 우리는 삼위일체 하나님께서 항상 우리 가운데 강력하게 역사하시고 그 결과 사망이나 생명이나 천사들이나 악마나 어떤 피조물이라도 우리를 그리스도 예수 안에 있는 하나님 사랑에서 끊을 수 없다는 진리를 경험하게 된다롬 8:38-39.

바울은 로마 교회가 이런 일들을 개개인이 아니라 공동체적으로 경험하기를 원했다. 인내와 안위는 함께 문제를 헤쳐 감으로 경험되는 것이기 때문이다. 소망은 교회가 마찰로 인해 분열될 때 위협을 받는다. 강한 자는 하나님 앞에서 교회 안의 연합을 이루기 위해 약한 자와의 차이점을 극복해야 한다1절. 그들은 그리스도와 그분의 말씀을 함께 공유하기에 그리스도 안에 있는 소망 안에서 함께 하나가 되어야 하는 것이다.

기도: 하나님께서 너희의 연합을 허락하시기를 기도함 15:5-6

연합은 이 단락의 주된 관심사이자 기도 제목이다살후 3:5; 딤후 1:16; 히 13:20-21. 바울은 로마 교회에게 이것을 계속 강조하고 있으며, 이것은 두 가지 역할을 한다. 하나는 사실상 기도 부탁이고, 다른 하나는 이 단락의 주요 주제를 묶는 결말을 지으며 로마 성도들이 이 목적을 위해 정진할 것을 격려하는 것이다. 5절에서 바울은 교회에 부어지는 두 가지 소망의 통로를 반복하여 말하고 있는데, 그것은 인내와 위로이다. 하나님은 인내와 위로의 근원이시다. 로마 성도들은 인내와 위로에 대한 필요에 초점을 두고 차이점을 극복하기 전까지는 교회를 위협하는 분열에서 한 발자국도 나서지 못할 것이다. 그들은 서로의 도움 없이는 현재 문제 속에서 어떤 위안도 찾지 못하고 견딜 수 없음을 깨달아야 한다한 가지 예외는 16:17-20에 있다.

바울은 하나님께서 "그리스도 예수를 본받아 서로 뜻이 같게 하여 주시기를" 기도한다. "서로 뜻이 같게" 한다는 것은 음식법과 절기 등 모든 것에 동의하라는 것이 아니라, 서로 의견을 달리할 수 있다는 사실을 수긍하라는 뜻이다. 서로 적대시하거나 싸우지 않도록 결단해야 한다. 이는 고린도후서 13:11"마음을 같이하며"이나 빌립보서 2:2"한마음을 품어"과 같은 지침이다. 종의 형체로 우리를 구원하러 오신 예수님 마음빌 2:7을 품어야 한다.

14:13-18과 15:1-2에서와 같이 로마 성도들은 서로의 차이점에 상관없이 살고 공통점에 집중하여 동의하지 않는 것들도 존중하며 마찰로 이어지는 것들을 의식적으로 거부해야 한다. 중요한 것은 "서로"알렐로이스, ἀλλήλοις; 바울이 로마서에서 성도 간의 교제를 묘사하기 위해 10번 사용한 단어; 1:12; 12:5, 10, 16; 13:8; 14:13; 15:5, 7, 14; 16:16를 위하는 생각을 발전시켜야 한다는 것이다. 이 연합의 기조는 강한 자와 약한 자가 함께 "그리스도 예수"를 따르고 그분의 희생 제사를 통해 가져오신 구원과 신앙의 삶에 있다. 함께 그리스도의 길을 걸을 때 이들은 약간의 차이점 때문에 서로 넘어뜨리지는 않을 것이다.

신학적으로 몇 부분이 일치하지 않아도 그들은 공통된 신앙에서 나오는 하나의 연합을 추구하며 차이점들을 올바른 관점에서 바라볼 것이다.

이 연합의 중심은 6절에 나오듯이 "한마음과 한 입"으로 움직이는 하나의 교회에 있다. "한마음"호모뒤마돈, ὁμοθυμαδὸν은 정치적 용어로서 정부가 '공동 의견과 동의'로 의결하는 것을 의미한다. 이 단어는 사도행전에서 자주 쓰여 교회가 연합한1:14; 2:46; 4:24; 5:12 모습을 묘사하고 만장일치로 결정하는행 15:25 모습에도 나온다. 바울은 로마 성도들이 초기에 의견을 공유했던 시기로 돌아가기를 권면하는 것이다.

"한 입"문자 그대로 '한 입'은 내부의 생각들이 외부의 논의를 결정짓는 것을 의미한다. 안팎으로 교회의 참 목적은 우리의 차이점을 드러내는 것이 아닌 "그리스도의 아버지께 영광을 돌리게 하려 함"이다. 목적은 신학적 승리가 아닌 연합하여 하나님께 영광을 돌리는 것이다. 이것이 로마서 전체를 아우르는 핵심이다. 하나님의 영광이 모든 것의 종착점이다. 하지만 로마 성도들은 신학적 차이를 싸움장으로 변모시켜 이 목적에 이르지 못하도록 위험에 빠뜨렸다.

"우리 주 예수 그리스도의 아버지"는 신약 서신의 서두에 자주 등장하는 문학적 표현이다고후 1:3; 엡 1:3; 골 1:3; 벧전 1:3. 하지만 다른 곳에서도 쓰인다고후 11:31; 엡 1:17; 롬 15:6. "예수 그리스도의 하나님"이 "아버지"로 표현되는 것은 예수 그리스도의 성육신을 가리키고 삼위일체 안에 성부와 성자를 이해하는 데 도움을 준다. "우리 주 예수 그리스도의 하나님"엡 1:17은 예수께서 경배하신 하나님이시고 예수를 죽은 자 가운데서 살리신 분이시다. 바울이 예수님을 "주"로 부른 것은 그분과 구약의 하나님을 연합하는 칭호다.

"영광을 돌리게"라는 말은 1:21에서 타락한 인간이 하나님을 영화롭게 하기를 거부한 것을 염두에 둔 것이다. 여기서 바울이 다루는 마찰은 강한 자와 약한 자가 마치 이교도처럼 행동하는 것이다. 우리가 모든 것을 함께하려는 마음을 갖는다면, 차이점과 동의하지 않는 것들을 올바른 관점에서 바라보고 우리가 어떤 진영에 속하든 성령 안에서 서로를 향한 존중과 사랑을 하게 될 것이다. 같은 주님을 섬기고 같은 핵심 교리를 믿기 때문에 조금 다른 신학적 의견을 뒤로하고 서로 연합을 찾는 데 집중할 것이다.

2) 목표는 서로 받아들이는 것 15:7-13

이 본문14:1-15:13은 바울의 "믿음이 연약한 자를 너희가 받되"라는 명령으로 시작했다. 이제 마지막 문단15:7-13에서 그는 그 명령을 일반적으로 적용한다. "서로 받으라." 그리스도인들은 중요하지 않은 것들로 싸워 왔고 그리스도의 이름에 먹칠을 해 왔다. 우리는 중요한 것과 그렇지 않은 주제들을 분리하는 법을 배워야 한다. 우리는 중요한 교리 외에 다른 것으로 교회를 분열시키는 일을 멈추어야 한다. 그리스도의 신성이나 십자가 희생의 죽음을 통한 구원과 같은 핵심 교리는 그리스도교 심장부에 있기 때문에 반드시 지켜야 한다. 하지만 다른 주제들에 있어서는 '서로를 받음으로' 그리스도 안에서 연합한 교회를 이루어야 한다.

이 단락은 강한 자와 약한 자 모두에게 해당하며 유대와 이방 관계를 중점으로 결론이 난다. 공동의 받아들임이 이 마지막 문단의 핵심이고, 이것이 약한 자와 강한 자를 가르는 문제를 끝내는 최후의 해결책이다.

받아들이라는 명령 15:7a

바울은 여기서 자신의 권고를 끝맺는다. "서로 받으라"는 권고가 본문 전체 구조를 이루는데, 이 권고로 시작해서14:1 끝나는15:7 것이다. 14:3에서 그의 권고의 이유는 "하나님이 그를 받으셨음"이다. 그러나 14장과 두 가지가 약간 다른데, 14장에서 바울은 강한 자들에게만 권고했지만 이 구절에서는 약한 자도 포함하고 있다. 14장에서는 하나님께서 그들을 받으신 것이고, 여기서는 그리스도께서 받으신 것이다.

서로 받아들이는 이유 15:7b

이 구절 후반에서 바울은 수평적 차원이 땅의 교회에서 수직적 차원하나님-인간 관계으로 초점을 옮기면서 하나님 백성의 내부적 단결이 하나님과의 동행에 전적으로 중요하다는 주제로 지속하고 있다. 이것은 신약성경에서 '성도의 교제' 교리의 핵심을 이루는데, 사도행전 2:44"믿는 사람이 다 함께 있어 모든 물건을 서로 통용하고"과 4:32"믿는 무리가 한마음과 한 뜻이 되어" 내용을 보면 알 수 있다. 이것이 이루어지기 위해서는 성도들이 자신들의 작은 차이점을 뒤로 하고 "그리스도께서 우리를 받아 … 너희도 서로 받아야" 하는 것이다. 그들은 함께 하나님 가족으로서 같은 몸의 지체들이다. 이 모든 것은 하나님께 영광이 되기 위해 이루어진 것인데 하나님 백성으로서 연합이 잘 이루어지지 않고 있는 것이 현실이다. 가족 됨 없이는 이 땅에서 하나님의 영광을 보기 힘들 것이다.

서로 받아들임의 두 가지 목표 15:8-9a

이 본문의 구성을 두 가지로 생각해 볼 수 있다. 1) 두 가지 평행적인 개념을 담고 있는 구성이다. 이방인이 하나님께 영광을 돌리는 가운데 그리스도는 유대인의 종이 되셨다. 혹은 2) 두 가지 목적을 가지고 그리스도께서 유대인의 종이 되셨다. 언약을 확인하기 위해, 그리고 이방인으로 하나님께 영광 돌리게 하기 위한 목적이다. 14:1-15:13의 문맥상 2)가 더 맞는 구성이다.

이 본문은 신약 성경의 주요 진리 가운데 하나와 연결되어 있다. 곧 그리스도께서 새로운 구원 역사를 시작하셨고, 이를 통해 그분이 구원과 교회 연합의 도구가 되신 사실이다. 이 구절들은 그가 오셔서 옛 언약 법을 이루신 것이 무슨 의미인지 설명하고 있다. 또한 아브라함 언약을 통해 믿음의 조상들에게 주어진 기본적 언약을 이루기 위해 이방인들이 교회에 속하게 된 것창 12:3을 보여 준다. 이는 이방인이 포함됨이 언약의 현실과 필요성을 보여 준다는 뜻이다.

서두의 "내가 말하노니"는 유대인과 이방인이 동일하게 그리스도 사역의 수신자가 된 새로운 현실을 지지하는 교리적 진실을 말하고자 하는 것이다. 이에는 기본 명제8절와 두 가지 목적문8b-9a절이 있고, 네 가지 구약 인용9b-12절이 뒤따르며 이 주장을 뒷받침한다. 바울이 먼저 선언한 것은 "그리스도께서 하나님의 진실하심을 위하여 할례의 추종자"가 되셨다는 사실이다. 이는 예수께서 직접 "이스라엘 집의 잃어버린 양에게 … 보내심"마 15:24; 갈 4:4-5참조이라고 말씀하신 데서 비롯한다. 마태복음에서 이는 예수님의 갈릴리 사역을 규정하고, 바울에게 있어서 이는 연속적인 사역이지만 유대인에게만 행해진 사역은 아니었다그분은 9a절에서 밝히듯 이방인을 위해서도 오셨다. 이 구절의 요점은 그리스도께서 자신이 속한 유대 전통을 포기하지 않으시고 유대인들을 '섬기는 자'디아코노스, διάκονος로 오신 것이다.

이는 로마서 1:16에 우선순위로 나오는 "먼저는 유대인에게요"를 드러내는 것이고 그리스도의 백성 가운데 사역이 아직 끝나지 않았음11:25-32 참조을 뜻한다. 하나님은 자기 언약에 신실하시고 자기 언약 백성을 내버려두지 않으실 것이다. 이 두 가지 목적 혹은 방향이 유대인을 향한 하나님의 신실하심이라는 주제를 정교하게 만든다.

하나님 계획의 첫 번째 목적은 "조상들에게 주신 약속들을 견고하게 하는 것"이다. 이는 조상들의 신빙성을 증명하는 것보다 더 큰 의미가 있다. 이는 그리스도께서 자신 안에서 약속들을 성취하시는 것을 의미한다.

약속의 확실성과 그리스도 안에서의 성취가 계획되어 있는 것이다. 하나님의 언약에 대한 신실하심은 그리스도 안에서 맺어짐으로 그분의 약속의 신빙성이 입증되고 이는 로마서 9-11장9:6, 14; 11:1, 11 참조의 가장 주요한 내용이었다. 바울이 전달하려는 내용은 이 약속들이 아직 유효하고 하나님은 자기 백성을 잊어버리지 않으셨다는 것이다.

두 번째 목적도 중요하다. “이방인들도 그 긍휼하심으로 말미암아 하나님께 영광을 돌리게 하려 하심”이다. 이는 1:16의 “먼저는 유대인에게요 그리고 헬라인에게로다”라는 말씀의 두 번째 부분이다. 10:19-11:32에서 바울은 하나님의 광대한 계획을 드러낸다. 먼저 유대인을 거부하시고 이방인에게 눈을 돌리사 유대인으로 질투가 나게 하고 이로써 그들도 하나님의 왕국으로 인도하시는 계획이다. “진노”의 대상이던 그들이 이제 “긍휼”의 대상9:22-23이 되었고, 감람나무에 접붙임 받게 되었다11:17. 그리하여 그들은 그 긍휼로 말미암아이 구절 하나님을 찬양하게 되었다.

유대인과 이방인 모두 하나님의 구원 계획에 포함되어 있고 그리스도 구속의 사역을 받는다. 그 둘 모두 하나님과 그리스도 안에서 하나이고 교회 속에서 마음과 정신으로 하나가 되어야 한다15:6. 하나 됨으로 교회가 진정으로 성장하고 삼위일체 하나 됨을 반영하게 된다. 하나 됨이 없이 교회는 그 목적을 잃는다. 오늘날 교회는 천지창조 기간에 관한 논쟁으로 분열하려 할 때마다 하나 됨의 중요성을 분명히 기억해야 한다.

함께 하나님을 경배하는 것에 관한 구약 인용 15:9b-12

바울은 네 가지 구약 본문을 인용하면서 이방인이 하나님의 계획 가운데 차지하는 위치와 하나님을 경배하는 데 있어 유대인과 이방인이 연합함에 초점을 맞추고 있다. 바울의 목적은 로마 교인들로 하여금 이 두 부류의 연합이 하나님의 언약 목적에 항상 필수적이었음을 깨닫도록 도와

주는 것이었다. 첫 세 인용구는 이방인들이 하나님을 찬양하고 즐거워하는 모습을 묘사하는 9절에서 나온다. 이 구절들은 "또 이르되"로 연결되어 모두 예배를 주제로 하고 있음을 보여 준다. 이 구절들은 구약의 모든 부분 곧 율법10절, 시가서9b, 11절, 선지서12절를 나타내기에 선택되었다. 따라서 구약 전체가 바울이 주장하는 내용을 뒷받침함을 보여 준다. 분명 하나님은 이방인들도 유대인과 함께 아브라함 언약이 이미 보여 준 것과 같이창 12:3; 18:18; 22:18; 26:4 예배에 참여하는 것을 계획하셨다.

이방인과 함께 하나님을 찬양 15:9b

바울의 첫 인용구는 시편 18:49로서 사무엘하 22:50에서도 인용되었고, 다윗이 원수를 이기면서 "하나님이 나를 위하여 보복해 주시고 … 포악한 자에게서 건지시나이다"시 18:47-48라고 하나님의 자비를 고백하는 내용을 포함한다. 다윗은 승리로 인해 하나님께 감사하며 동시에 "내가 이방 나라들 중에서 주께 감사하고 주의 이름을 찬송하리이다"라고 하나님께 약속한다. 바울은 로마에 있던 유대 그리스도인들이 다윗의 예를 따라 이방인과 함께 하나님 찬양하기를 권면하고 있는 것이다. 시편에서 패배한 나라들이 함께 전장의 승리자이신 여호와를 함께 찬양하는 것처럼, 로마서에서는 거듭난 이방인들이 유대 그리스도인들과 함께 하나님을 찬양하는 것을 그리고 있다.

여러 학자들이 바울이 시편을 예표론으로 보아 "내가"를 열방을 점복하시고현재는 구속적 의미로 하나님을 찬양하기 위해 유대 개종자들과 함께하는 다윗의 예배를 성취하신 그리스도를 의미한다고 주장한다. 하지만 이것은 확증하기가 힘든 주장이다. 바울은 단순히 태초부터 이방인들이 하나님의 계획에 포함되어 있음을 선언하고 있는 것이라 해석하는 것이 더 타당하다. "내가"는 시편에서 그리스도가 아닌 다윗이며, 공동체적으로는 이스라엘 민족을 의미하므로 로마 교회들의 유대 그리스도인들에게 하나의 본으로 적용될 수 있다. 이스라엘 민족이 다윗의 승리에 참여한 것과 같이, 이제 유대 그리스도인들은 이방인들과 함께 예배에 참여한다.

이스라엘의 경배에 참여하는 이방인 15:10

신명기 32:43은 모세의 노래 마지막 구절로서 하나님께서 자기 백성을 구원하심을 이스라엘과 함께 즐거워하기를 요청하는 내용이다. 바울은 이것을 열방이 언약 백성과 함께 그리스도 안에서 유대인과 이방인이 함께 경배하는 신약의 진리를 즐거워하는 것으로 본다. 이것은 하나님께서 열방을 이기시고 이스라엘의 적들을 무찌르시는 것에 중점을 두는 시편 18편 인용과 비슷하지만 이 구절은 이에서 더 나아간다. 시편 인용에서 하나님은 "이방인들 가운데" 찬양을 받고 계시지만, 로마서에서는 이방인들이 유대 그리스도인들 곧 "주의 백성과" 함께 예배에 참여하고 있다.

유대인과 이방인이 함께 찬양함 15:11

시편 117편은 짧은 본문으로 하나님의 사랑과 신실함을 노래한다. 9절에서 하나님의 자비를 노래하는 것을 여기서 반복하며, 언약 백성을 향하신 그의 신실하심을 감사하고 있다. 두 문구가 평행을 이룬다. "열방들아 주를 찬양하며아이네이테, αἰνεῖτε 모든 백성들아 그를 찬송하라에파이네사토산, ἐπαινέσατωσαν."[63] 이는 한걸음 더 나아간 것으로서, 첫 두 인용이 이방인들이 유대인과 함께 경배하는 것이라면, 이 구절은 자신들이 직접 하나님을 예배한 것을 말하고 있다. "모든" 사람을 강조두 문구 모두하고 있기에 아무도 빠짐없이 전체가 하나님을 경배하는 것을 선언하고 있는 것이다. 이

63 두 번째 동사는 '아이네오'(αἰνεω)를 포함하고 있어 첫 번째 동사와 어원이 같다.

는 요한계시록 7:9의 "능히 셀 수 없는 큰 무리"가 "각 나라와 족속과 백성과 방언에서" 와서 하나님을 찬양하는 것과 비슷하다. 요한계시록과 이 로마서 본문에서 역사의 종말론적 모습이 등장하며 하나님과 그리스도께서 악을 이기신 최종 승리를 향해 나아가고 있다.

이방인에게 소망을 가져다주는 그리스도의 통치 15:12

이 구절은 저자를 밝히는 유일한 인용문 중 하나인데, 이는 아마도 메시아에 대한 예언이 포함되어 있기 때문일 것이다. 이사야 11장은 "이새의 줄기"로 시작하며 앞으로 여기에는 도래할 다윗의 자손 메시아에 대한 예언이 담겨 있다. 이새의 뿌리라는 개념 자체가 메시아라는 지위를 가진다 렘 23:5; 33:15; 시락 47:22. "여호와의 영"으로 가득하고 지혜와 지식을 부여받은 분사 11:2; 눅 4:18-19에서 예수께서 인용하심을 나타낸다. 메시아가 하나님 백성을 구원하고사 11:1-9 바벨론 유수에서 남은 자들을 돌아오게사 11:11-16 하시는 모습을 담고 있다. 이는 9-12절에 나오는 하나님의 구원 계획을 강조하고 그것을 통합하여 메시아의 사역을 예언으로 보여 주고 있는 것이다.

이새의 뿌리이신 메시아는 '일어나심'으로 이 예언을 성취하실 것인데, 이것은 예수님의 부활을 암시하는 것일 수 있으나 문맥상으로는 맞지 않은 듯하다. 예언에 나타난 메시아는 열방을 다스리도록 되어 있다. 그리스도는 만유의 "주"6절이시기에 "열방이 그에게" 4절의 중심인 "소망"을 두게 된다. 이 소망은 로마 교회에 존재하던 마찰과 분리 가운데 연합과 평화를 창출할 것이고, 이 소망은 그들의 경배와 찬양의 소산이 될 것이다. 그들이 같은 소망을 가졌기에 차이도 극복할 수 있다. 이방인이 유대 성도들과 함께 하나님을 찬양할 수 있는 능력은 이새의 뿌리의 사역으로 말미암아 직접적으로 주어진 결과물이다.

성령을 통한 풍성한 소망을 향한 기도 15:13

바울이 첫 단락을 기도로 맺듯이15:6 이 단락에서도 "소망의 하나님"을 서두로하는 기도로 맺고 있다. 삼위일체 하나님은 우리의 정체성과 소유한 모든 것의 주인 되시고, 특별히 모든 것을 하나로 아우르는 소망의 주요 동력이 되신다. 이새의 뿌리는 이방인에게 소망12절을 주고, 소망의 하나님은 자기 백성에게 기쁨과 평강13a을 주신다. 아울러 성령의 능력이 그의 성도들로 하여금 소망이 넘치게 하신다. "소망의 하나님"은 '소망이신 하나님'보다는 '소망을 주시는 하나님'에 더 가깝다. 4절과 같이 소망은 우리 가운데 역사하시는 하나님 사역의 결과다.

바울은 하나님의 역사를 "모든 기쁨과 평강을 믿음 안에서 너희에게 충만하게 하시는" 것으로 정의내린다. 이 구절의 단어들이 이 장 전체 내용을 하나로 모은다. 기쁨과 평강은 8:14-17과 14:17에 묘사된 성령의 부으심의 결과로 모든 성도들에게 부어지는 내면의 연합과 즐거움이다. 이 기도는 공동체 속에서 역사하시는 하나님으로 인해 이미 열매가 맺히는 과정에 있고, 이제는 성령께서 특히 교회 안에 있는 대립하는 두 파당 때문에 생긴 마찰을 해소하시면서 그들에게 평강과 기쁨을 불러와서 힘주심으로 소위 말하는 은혜의 두 번째 사역이 필요하게 되었다.

이러한 은혜의 사역은 "믿음 안에서"오는 것이다. 이 믿음은 성령을 통해 주어지는 하나님의 능력을 온전히 의지하는 것을 뜻한다. 이 믿음만이 실패를 극복할 수 있게 해 준다. "믿음"원어 성경에는 '너희가 믿을 때'로 현세적 의미를 가지고 있음은 공동체의 지속적 믿음을 강조하고 있고3:21-4:25, 하나님 백성의 삶에 있어서 삼위일체 사역의 중점을 이루고 있다. 하나님 백성이 할 일은 생각과 실천의 모든 부분에서 하나님을 전적으로 신뢰하는 것이다.

14:1, 2, 22-23의 "믿음"은 하나님께서 언약을 우리가 이해하고 삶에 반영할 수 있게 해 주실 수 있다고 믿는 믿음이다. 이 관점에서 보면 약한 자

와 강한 자 사이에 믿음의 차이가 있는데, 바울은 그들 모두가 그리스도를 믿는 믿음으로 그리스도의 한 몸이 되어 평강과 기쁨을 가져오고 그들의 차이점을 극복하여 그리스도 안에서의 연합을 이루도록 이 믿음을 큰 틀에서 적용하기를 권한다. 여전히 차이는 있지만 더 이상 분열은 없다.

이것은 이들 모두가 "성령의 능력"으로 살고 그분의 능력으로 차이점을 극복하고 더 큰 연합을 이루어내지 않는 이상 불가능하다. 8장에서 바울은 성령의 능력을 교회 안에 현존하는 능력과 성도로 하여금 육신을 이길 수 있는 개별적 능력으로 규정한다. 약한 자와 강한 자 사이에 있는 충돌의 배후는 육신이기에 성령만이 육신의 성향을 극복할 수 있는 능력을 주시는 것이다.

성령의 지속적 임재와 능력 없이는 평강과 기쁨에 도달할 수 없다. 그들 가운데 계신 성령으로 인해 그들은 소망을 가질뿐 아니라 "소망이 넘치게" 되는, 즉 소망의 잔이 흘러 넘치는 경험을 하게 된다. 5:15에서 하나님 은혜와 구원의 선물이 '넘치고', 에베소서 3:20과 같이 하나님은 "우리 가운데서 역사하시는 능력대로 우리가 구하거나 생각하는 모든 것에 더 넘치도록 능히 하실 이"이시다. 그 결과 우리 안에 있는 구원의 소망이 모두에게 넘치고 '서로를 받아들일'15:7 영적인 힘이 공급된다.

로마 교회에 산적했던 여러 문제들 중에는 오늘날과 상관없는 것들도 있다. 신학적 의견 차이뿐 아니라 유대 그리스도인들이 새 언약의 현실에 적응해야 하는 문제들도 있었기 때문이다. 하지만 1세기에 있던 문제들은 크게 볼 때 중립적인 것들 즉 성경이 양측을 다 뒷받침하는 문제들이었다는 점에서 오늘날의 문제들에도 적용될 수 있다. 이것들은 우리가 동의할 수도, 동의하지 못할 수도 있는 문제들이다.

오늘날 상황에 성경의 문제들을 적용하는 데는 두 가지 방법이 있다. 구체적인 접근롬 14:1-15:13의 음식법, 포도주, 절기이나 보다 일반적인 차원에서 성경의 상황과 평행한 주제들에 원리적으로 접근하는 방식이다.[64] 15장에서 논의했듯이 일반적 상황에 해당하는 두 영역이 있다. 주요하지 않은 교리들14:3, 5, 9 참조과 실제 삶의 문제들14:13-14 참조이다. 이 두 영역에서는 그리스도인들이 서로를 받아들이고 차이점을 인식하고 수용하는 폭넓은 화합을 이루어가야 한다.

현재의 문제들에 대해 이 본문이 줄 수 있는 영향은 크다. 14:1-15:13의 진리가 교회 안의 주요 문제들 즉 칼빈주의, 은사주의, 세대주의, 근본주의 등으로 신학적 대립 구도를 만들어 하나님께서 싸우기를 원하지 않으시는 문제들로 싸우려는 우리 안의 성향을 잠재울 수 있다.

그리스도는 우리가 연합된 교회를 이루기를 원하시고요 17:21-23, 이 본문은 어떻게 이 불가능할 것 같은 일을 이룰 수 있을지 알려주신다. 15:1-6에서 강한 자에게 언급한 것처럼 우리도 생각이 다른 형제자매의 실수를 보듬고, 왜 그들이 그런 의견을 가지는지 공감하고 이해하면서 자신들의 신념대로 하나님을 섬기는 것을 존중해야 한다. 그리스도는 우리의 모범으로서 섬기러 오시고 자신에게 부어진 모욕을 기꺼이 감당하셨다. 우리의 목적은 다른 이들을 섬기는 것이 되어야 하며 그들의 잘못된 부분을 들추는 데 열정을 쏟아 무너뜨리는 것이 아니라 그리스도 안에서 그들을 세워 주어야 한다. 분리가 아닌 연합을 위해 애쓰고 우리를 반대하는 이들과 화합을 이루기 위해 최선을 다해야 한다. 5-6절 기도와 같이 우리 모두는 그리스도의 마음으로 연합을 추구하고 비본질적인 교리 차이에 있어 서로 동의하지 않아도 됨을 인정하면서 그리스도 안에서 "한마음"

64 본 주석 저자의 *The Hermeneutical Spiral: A Comprehensive Introduction to Biblical Interpretation*, 2nd ed.(Downers Grove, IL: InterVarsity Press, 2006), 321-22를 참고하라.

으로 "서로 뜻을 같게 하여" 연합해야 한다.

교회가 진정으로 하나님을 찬양하고 그분께 영광을 돌리면 불화가 있을 수 없다. 가까운 친구 중에는 성도의 견인, 은사의 존재와 특성, 휴거 등에 대해 나와 강하게 대립하는 이도 있다. 하지만 동의하지 않은 것이 불화로 이어지지 않았고 그럴 이유도 없었다. 그 친구들과 이런 주제들에 대한 논문들을 읽고는 했다. 나는 넓은 시각에서 다양한 주제들을 다루는 곳으로 잘 알려진트리니티 복음주의 신학교 곳에서 40년을 가르쳤다. 교수진들은 칼빈주의, 아르미니우스주의, 은사주의, 세대주의, 그리고 여러 다른 교회의 입장을 가진 이들로 구성되어 있다. 우리는 좋은 친구들이고 서로 입장을 존중하며 그리스도를 위해 연합하여 일한다. 한번은 웨인 그루뎀과 내가 "오늘의 기독교"Christianity Today라는 잡지에 포괄적 언어로 성경을 번역함에 대한 글을 의도적으로 공동 집필한 적이 있다.[65] 의견을 달리해도 원수가 아닌 친구가 될 수 있음을 보여 주기 위해서였다.

우리가 연합하는 것과 서로 불일치하는 것들을 주변에 두는 것을 강조하는 법을 알아 나갈 때 서로를 받아들일 수 있게 된다7-13절. 그리스도 안에서 하나님이 우리를 다 받으셨기에 우리는 서로 받아들여야 한다. 이것이 8-9절에 분명하게 선언되어 있다. 그리스도께서 유대인을 섬기러 오셨지만, 이것은 이방인을 언약 백성으로 불러 유대인들로 질투하게 하셔서 새로운 이스라엘로 돌아오도록 자극하시기 위함이다. 유대인과 이방인이 서로 받아들이지 않고는 결코 새 언약이 존재할 수 없다. 하나님은 이것을 항상 계획해 오셨고, 이는 아브라함 언약창 12:3에도 잘 나타나 있다. 이는 바울 시대뿐 아니라 오늘날에도 마찬가지다. 부차적인 문제들 때문에 작은 분열들이 생겨나는 이상, 교회는 결코 하나님께서 그리

65 Wayne Grudem and Grant Osborne, "Do Inclusive-Language Bibles Distort Scripture?," *Christianity Today*, October 27, 1997, 26–39 참조.

스도를 이 땅에서 드러내시려는 목적을 이루지 못할 것이다.

이는 9-12절에서 네 가지 구약 인용이 나타나는데, 먼저 유대인들의 예배에 이방인이 포함되고시 18:49, 유대인과 함께 예배하고신 32:43, 스스로 하나님을 예배하고시 117:1, 마지막으로 이새의 뿌리가 이방인에게 소망을 가져다 줌으로 연합된 예배를 드리는 것으로사 11:10 마무리 된다. 우리는 다양한 배경과 의견을 가진 성도들과 연합하여 예배하는 법을 배워야 한다. 이것이 교회에 널리 퍼지면 얼마나 좋을까!

VII

서신의 맺는말

1. 바울의 사역 계획 15:14-33

바울은 로마 교회에 복음을 증거하고 교회에 봉착한 문제들을 살펴볼 것을 권면하면서 새 언약 시대의 구원의 의미와 그리스도인 삶에서 율법이 차지하는 위치 등을 언급하며 서신을 마무리한다. 이제 남은 부분에서는 로마서 서두1:1-17에서 언급된 주제들로 돌아간다. 흥미로운 것은 바울이 자신의 여행 계획15:14-29=1:11-13, 기도 제목15:30-32=1:8-10, 광범위한 인사16:1-27=1:1-7를 순서를 거슬러 집필한 것이다. 그는 또한 평화의 기도15:33=14:17; 15:13와 거짓 교사에 대한 경고16:17-19와 같은 내용들을 첨부한다.

이곳이 바울 서신 중 가장 긴 맺음말인데, 아마도 바울이 처한 상황 때문인 것 같다.[66] 바울은 세 번째 선교 여행이 끝나고 가난한 이들을 위한 연보를 가지고 예루살렘으로 가는 길이었다15:25-27. 그는 사역에 있어 중

66 로마서 소개의 "목적" 부분을 참고하라.

요한 변화와 새로운 방향을 세우는 과정에 있었다. 혹자는 이를 중년의 갈등이라 부를 수 있겠으나 그보다는 하나님 나라 가치에 초점을 둔 변화의 과정이다. 그는 로마 제국 서쪽 반을 전도하기 위한 선교 계획의 일환으로 로마를 방문할 셈이었다. 그가 바란 것은 로마 교회가 자신의 다음 선교 여행을 후원하고15:24, 28 동방의 안디옥 같은 곳이 되는 것이었다.

이 단락에서 바울은 1:11-13 내용을 설명하며 자신의 과거 사역17-21절을 회상하고 예루살렘에서 로마로, 로마에서 서바나22-30절로 향하는 앞으로의 선교 여행을 그리면서 이방인을 향한 자신의 사역을 소개한다. 그의 계획과 실제로 실행된 것을 비교하면 흥미롭다. 사도행전 20:25에서 에베소 장로들에게 고별인사를 하는 대목에서 그는 "이제는 내 얼굴을 다시 보지 못할 줄 아노라"라고 말했다. 그의 목적은 아시아 이방 교회에서 연보한 것을 예루살렘에 있는 빈곤한 성도들에게 전달하며 로마와 서바나를 가로지르는 4차 선교 여행을 시작하는 것이었다. 그는 이방 그리스도인들의 연보가 팔레스타인 유대 그리스도인들에게 전해지면서 두 무리가 연합하고 교회의 새로운 평화의 시대가 열리기를 기도했다.

사도행전 나머지 부분은 무엇이 실제로 일어났는지 보여 준다. 예루살렘에서 폭동과 연행이 있었고 이후 바울은 가이사랴와 로마에서 4년 동안 감금되었다. 그는 로마에 갔지만 자신이 원하던 방식은 아니었다. 그러나 하나님께서 긴 안목으로 그 일들을 어떻게 쓰셨는지는 확실하다. 우리가 천국에 가면 모든 것의 이유를 알게 되겠지만, 한 가지 분명한 것은 하나님 뜻이 어떤 것보다 위대하고, 로마서 8:28 선언과 같이 교회와 하나님의 계획을 위해 "모든 것이 합력하여 선을 이룬다"는 사실이다.

1) 이방인들을 향한 과거 사역 설명 15:14-21

바울은 이 서신을 보내고 자신을 한 번도 만나지 못한 교회를 방문할 계획이었다. 그는 자신의 권위를 그들에게 과시하고 그들에게 명령하는 것처럼 보이기를 원하지 않았다. 앞으로 여러 해 동안 자신을 후원할 교회로서 그들과 오랫동안 관계를 유지하기를 원했기 때문에 한 발짝 내딛으며 좋은 사역의 관계를 맺으려 했다.

그들의 선행과 지식을 칭찬함 15:14

바울은 그들을 "내 형제들아"라고 부르면서 시작한다. 그리고 그들의 영적 지혜와 그리스도와의 깊은 동행을 칭찬한다. 어떤 이는 이것이 진심을 담은 말이 아니라고 주장하지만, 이 본문이 담고 있는 진실성과 로마서 전체 문맥상 그 주장은 맞지 않다. 오히려 바울은 그들에게 정중하고 이전 본문14:1-15:13에서 다룬 서로를 향한 존중함을 보인다. 그는 세 가지를 확신했다. **1)** 그들은 "선함이 가득"했는데, "선함"아가도쉬네스, ἀγαθωσύνης은 친절, 관대함, 서로를 향한 정직함을 강조하는 단어이다. **2)** 그들은 "모든 지식이 차서" 하나님과 복음의 진리이 로마서에 담긴 것을 포함를 전체적으로 알고 있는 지식이 있다. **3)** 그 결과 그들은 "서로 권하는 자"들이 되어 깊은 지식으로 "교사"라는 초대교회의 가르치는 위치에 서게 되었다. '권하다'는 복음을 일반적으로 가르치는 것뿐 아니라 일상에서 그 진리를 구체적으로 적용하도록 권고하는 것을 포함한다.

이들은 히브리서 5:12에 등장하는 신앙생활을 오래 해서 "마땅히 선생이 되었을 터인데" 실제로는 "다시 하나님 말씀의 초보에 대하여 누구에게서 가르침을 받아야 할 처지"가 된 로마 교회 몇몇 무리들과 반대되는 사람들이다. 이들의 지식의 수준과 신앙의 깊이는 이스라엘 선지자 시대부터 시작된 지혜의 스승의 모범을 계승하게 만들었다. 바울은 이들이 그의 서신에서 말한 모든 것을 받아들였을 뿐만 아니라 이해하고 실제로 행했노라고 확신하며 선언하고 있다. 다시 말해 그는 이들과 항상 함께 할 만큼 신뢰할 수 있다고 확신하는 것이다.

바울 편지의 담대함의 원천 15:15-16

로마 교회는 바울이 이토록 길고 굉장한 편지를 쓴 것을 보고 놀랐을 것이고, 그래서 바울은 자신도 그것을 알고 있음을 보여 주려 했다. 그는 "내가 너희로 다시 생각나게 하려고 … 더욱 담대히 대략 너희에게 썼노니"라고 말한다. 그는 자신이 어떤 이들을 기분 나쁘게 했을 수 있음을 알았지만 "하나님께서 내게 주신 은혜로" 그렇게 했음을 알리려 했다. 그의 목적은 "너희로 다시 생각나게 하려는 것"이었다. 이는 그들이 로마 교회 상황을 짚어 보며 복음의 진리를 새롭게 깨닫도록 돕는 것이다.

사람이 기억하고 싶은 것만 기억하는 것은 공통된 특성이고 14:1-15:13에 나타난 강한 자와 약한 자 사이의 갈등에서는 그 특징이 더 확실히 나타난다. 그들은 모두 교회 안에서의 관용과 화합의 필요성을 알고 있었지만 논쟁이 심화하면 그것을 까맣게 잊었다. 따라서 바울은 그들이 신앙 원리를 다시 기억하고 따르도록 "담대히" 권고한다. 우리 모두는 기본 진리와 삶의 연관성을 계속하여 상기할 필요가 있고, 이것이 매주 선포되는 설교의 목적 중 하나이다.

바울은 만나 본 적 없는 교회들에게 이토록 담대할 수 있었던 이유를 "하나님께서 내게 주신 은혜로 말미암아 … 이방인을 위하여 그리스도 예수의 일꾼이 되었기" 때문이라고 표현한다15-16절. 이것이 사실 로마서 이면에 드리운 그의 권위의 근거이다. 바울은 하나님의 무한한 은혜로 자신을 "이방인의 사도"로 부르셨기에 한 번도 방문해 보지 못한 교회에도 권위를 가지고 이 서신을 쓸 수 있었다행 22:21; 26:17-18; 롬 1:1, 5; 고전 3:10; 갈 2:9; 엡 3:2; 골 1:25.

하지만 여기서 바울이 자신을 "사도"로만 부르지 않고 이방인을 위한 "일꾼"이라고 표현한 점이 흥미롭다. 그는 '레이투르고스'λειτουργός라는 용어를 썼는데, 이 단어는 일꾼이나 종을 가리킬 수도 있지만 주로 "제사장"을 뜻한다사 61:6; 느 10:30; 시락 7:30. 어떤 번역가들은 이것을 '그리스도의 대제사장'으로 보고 바울이 그리스도 밑에서 레위 족속처럼 섬기는 것이라고 주장하지만 이것은 문맥을 벗어난 해석이다. 바울이 자신의 사도적 사역을 제사장적으로 보았다고 해석하는 것이 가장 적합하며 문맥상 꽤 잘 들어맞는다. 그의 제사장적 사역은 이방인들에게 "하나님의 복음"을 선포하고 그들을 하나님께서 "받으실 만하게" 제물로 드리는 것이다. 이것은 로마서의 구원론을 함축하는 것인데, 곧 바울이 복음을 전함으로 그들을 구원으로 인도하고3:21-26 그들을 하나님께 제물로 드리는 것이다.

이방인들은 이제 "받으실 만하게" 되어 하나님께 "기쁨"이 된다. 베드로전서 2:5의 표현처럼 하나님께 드려진 "신령한 제사"가 되는 것이다. 하나님은 이방인을 드리는 것을 기뻐하시지만, 이 제사가 "성화" 혹은 하나님 앞에서 거룩하게 "바쳐지"는 것이 필수다. 이는 성령께서만 중생하게 하시고 새 언약의 자녀이자 하나님의 후사8:14-17가 되어야만 가능하다. 베드로전서 2:9의 말씀처럼 그들이 "택하신 족속이요 왕 같은 제사장이요 거룩한 나라"가 되어야 한다.

그를 섬기는 영광 15:17

이 서신에 나타나는 바울의 대담한 자세는 그의 성과나 명성에서 나오는 것이 아닌 로마 교회를 포함한 이방인을 향한 하나님의 부르심에서 나온 것이다. 따라서 바울은 "하나님의 일에 대하여"문자 그대로 하나님과 관련한 일 그리스도 예수 안에서 "자랑"카우케시스, καύχησις; 영광할 수 있는 것이다. 개인의 성공을 자랑하는 것은 잘못된 것이지만, 그리스도 안에서 자랑하는 것은 잘못이 아니다. 바울은 "그리스도 예수 안에서" 하나님께서 이방인 선교를 통해 이루신 모든 일에 대해 감격하고 자랑하고 있다. 그리스도 안에서 하나님께 초점을 두고 있는 것은 5:11의 "우리 주 예수 그리스도로 말미암아 하나님 안에서"를 연상시킨다.

다른 신약 저자들보다도 바울은 '그리스도를 자랑하는 것'에 중점을 두고 묵상하는데 신약성경의 '그리스도를 자랑하라'는 63개 문구 중에 57개가 바울의 것이다. 로마서와 고린도전후서에만 48개가 등장한다. 그는 고린도 교인들과의 관계와고후 1:12-14; 7:4, 14; 8:24, 그들의 가난한 자들을 위한 구제의 마음고후 9:2, 그의 약함에도 불구하고고후 11:31 그들에게 선교할 수 있었던 점고후 10:13-17; 11:10-21에서 고린도 교인들을 놓고 "자랑"했다고전 15:31. 바울은 그리스도께서 자기에게, 자기 안에서 행하신 모든 일들이 자랑스러웠다. 로마서는 바울과 로마 교회 안에서 행하신 그리스도의 사역에 대한 자랑에서 비롯된 서신이다.

바울 사역의 범위 15:18-19

바울은 자신의 자랑과 기쁨이 그리스도 안에만 있다고 확실하게 밝혔다. 그는 "그리스도께서 이방인들을 순종하게 하기 위하여 나를 통하여 역사하신 것 외에는 내가 감히 말하지 아니하노라"고 말한다. "감히 말하지 않겠노라"에서 "감히"는 15절의 "담대히"와 어원이 같다. 따라서 '나는 담대히 말할 수 없노라'로 번역할 수도 있다. 그의 성공적 사역에 있어서 그리스도를 자랑하는 것 외에 다른 것을 자랑하는 것은 그에게 무의미할 것이다. 그리스도만이 엄청난 결실을 맺은 이방 선교를 이루신 장본인이시기 때문이다. 바울은 그저 도구로 사용된 것이고 그리스도만이 결과를 창출해 내는 원동력이시다.

그리스도의 사역의 결과는 엄청나다. 그 일은 "그리스도께서 이방인들을 순종하게 하기 위하여 … 말과 행위로" 하신 것이다. 이방인의 순종은 중생뿐 아니라 1:5의 "믿어 순종"하는, 평생 그리스도를 따르는 것을 가리킨다. 이것이 이방 선교의 목적이었다. 5:19; 6:16; 16:19, 26에서도 순종이 강조되는데 순종은 그리스도와 성령께 올바로 반응하는 자세이다. 복음은 전도만이 아니라 제자 양육까지 목표로 한다. 바울은 이방인들이 모든 면에서 그리스도께 자신의 삶을 확실히 드리기를 간구했다.

바울은 하나님의 임재와 간섭, 그리고 인도하심 없이는 사역이 결실을 맺을 수 없음을 인정하기에 자신이 수행한 사역에 대해 일절 자랑하지 않는다. 그는 선포했고 실천했지만 그의 모든 말과 행동 뒤에는 그리스도와 성령의 강권적 임재가 있었다. 16-17절과 18-19절에서 삼위일체 사역의 강조가 나타난다. 성삼위 하나님께서 그리스도인들의 사역 가운데 그들이 말하고 행함을 통해 영원한 결과들을 만들어 내신다.

바울은 19절에서 "표적과 기사의 능력으로"라고 표현하며 모든 것이 결국에는 "성령의 능력"으로 이루어졌음을 명확히 한다. "표적과 기사"는 기적을 표현하는 상용구로서 출애굽기에서 처음 등장한다출 7:3; 10:9-10; 신 4:3-4 외 다수. 또한 구약의 다른 부분시 78:43; 렘 32:20-21과 신약행 2:19; 4:30; 5:12; 6:8; 7:36; 살후 2:9; 히 2:4에서도 등장한다. 사도행전 14:3과 15:12에 등장한 바울의 기적도 가리킨다.

"표적"과 "기사"는 거의 유사한 단어인데, 표적이 모든 능력의 배후에 있는 하나님의 능력이라면, 기사는 하나님이 보내신 능력에 대한 인간의 반응이다. "능력"이라는 단어는 여기서 두 번 쓰이고 있는데, 첫째, 능력은 강력한 기적 그 자체이고, 둘째, 기적의 근원 곧 "성령의 능력"을 가리킨다. 성령은 기적을 포함한 바울이 한 모든 일들의 근원이 되시고 이방인들을 성화시키시는 하나님의 임재로 부르신다.

성령의 사역의 결과호스테, ὥστε; 그리하여로 바울은 "예루살렘으로부터 두루 행하여 일루리곤"까지 광대한 지역을 복음 선포의 사역으로 채운다. 원어를 문자 그대로 번역하면 바울이 '그리스도의 복음을 완수했다' 곧 '복음을 완전히 선포했다'이겠으나, '그의 복음 사역을 완수했다'가 문맥에 더 가깝다. 이는 그가 모든 도시와 마을을 다 전도했다는 것이 아니고, 로마 제국의 동쪽 반에서 복음의 선구자적 사역을 마쳤다는 것을 뜻한다. 바울의 전략 중심 도시들에 교회를 개척하여 나머지 지역을 다닐 교두보로 사용하는 것이었다. 그는 그런 작전을 모두 수행한 것이다.

예루살렘과 일루리곤의 지역적 경계가 조금 모호할 수 있다. 왜냐하면 사도행전에서 두 군데 모두 바울의 선교 여행에 기록되어 있지 않기 때문이다. 사도행전은 예루살렘을 남쪽 꼭짓점으로, 일루리곤을 북쪽 꼭짓점으로 지역적 범위를 정할 수도 있었다. 일루리곤은 마게도냐현재 유고슬라비아와 알바니아의 북서쪽에 위치했다. 신약에 일루리곤으로 간 기록은 없지만, 아마도 바울은 사도행전 20:1-3로마서를 쓰기 바로 전이었을 것이다에 기록하듯 마게도냐를 거쳐 그리스로 가는 길에 그곳을 들렀을 수도 있다. 에베소에서 고린도로 가는 로마의 길은 일루리곤의 일부에 걸쳤기에, 바울은 잠시라도 그 지방을 들렀을 것이다.

바울은 예루살렘이 자신의 선교 사역에 있어 중심이라 말한 적은 없지만, 이방 선교로마서의 중심의 일환으로 사도행전 9:29"주 예수의 이름으로 담대히 말하고"에서와 같이 그곳에서 사역했고, 사도행전 11:30; 15:1-21; 18:22에서와 같이 그곳을 방문했다. 따라서 "예루살렘으로부터 … 일루리곤까지"라는 문구는 예루살렘에서 일루리곤까지의 국경을 포함한 그의 선교 사역의 반경을 표현한 것이 분명하다.

이어서 논할 것은 "일루리곤까지"의 의미이다. 어떤 이들은 이것을 창세기 10장의 나라들 목록에 더하여 예루살렘으로 시작하여 열방으로 뻗어나가는 바울의 선교라고 표현한다. 다른 이들은 이것을 이방 선교의 일부라고 생각한다. 하지만 이 해석은 "~까지"라는 말을 너무 깊게 생각한 것이다. 이것은 단순히 바울이 이방인에게 복음을 전하기 위해 여러 나라들을 다녔음을 묘사하는 것이다. 학자들은 신학을 특정 단어에 지나치게 대입하여 과도한 해석을 이끌어 내는 실수를 저지르고는 한다.

바울은 두 가지 선언을 하고 있다. 첫째, 이 모든 엄청난 사역이 성령의 능력으로만 가능했다. 사도행전의 제목은 '사도들을 통한 성령행전'으로 불려야 한다. 둘째, 바울은 로마 제국 동쪽 반에서 사역을 마쳤고 이제 선교 사역의 초점이 서쪽으로 향할 때가 되었다는 것이다. 이것이 15:14-33의 목적인데, 로마 교회들을 다음 이방 선교의 대상으로 삼는 것이다.

사역 목표: 선구자적 선교 15:20-21

여기서 바울은 자신이 사역을 "마치고"라는 말로 자신의 말이 무슨 의미인지를 설명한다. 그는 이제 할 일이 아무것도 남지 않았다고 말하는 것이 아니었다. 그는 "내가 그리스도의 이름을 부르는 곳에는 복음을 전하지 않기를 힘썼노니"라고 고백한다. "힘썼노니"필로티메오마이, φιλοτιμέομαι는 '노력하다', '열정적이다'라는 뜻이다. 그의 주요 소망은 그가 방문하는 곳마다 처음으로 불신자들을 전도하고 그리스도를 퍼트리는 작전을 수행하는 것이었다. 세워진 교회는 다른 이들고린도의 아볼로 같은 자이 목회하고, 그는 다른 새로운 곳으로 가고자 했다. 고린도전서 3:6에서 말했듯이 "나는 심었고 아볼로는 물을 주었으되"라고 말한 것처럼 말이다.

"그리스도의 이름을 부르는 곳에는 … 않기를""그리스도의 이름이 … 알려지지 않은 곳에서", 새번역는 그리스도의 존재 자체를 전혀 모르거나 기독교 운동이 있었는지도 모르는 곳을 의미하지 않는다. 기독교 운동의 일환으로 그리스도를 '아는 것'은 그의 이름을 경배하거나 고백하는 것을 의미한다. 따라서 그리스도를 모르는 곳은 그리스도의 이름이 제대로 전파되지 않은 곳을 의미한다. 바울은 교회가 아직 없는 곳을 방문하기를 원했는데, 이는 "남의 터 위에" 건축하지 않기 위함이었다. 이는 고린도전서 3:10의 "내가 지혜로운 건축자와 같이 터를 닦아 두매 다른 이가 그 위에 세우나"와 같은 내용을 포함한다. 이미 세워진 교회에서 사역을 시작한다면 그 교회가 어떤 상황이든 수용해야 할 것이다. 부분적으로 바꿀 수도 있지만 말이다. 바울은 자기 방식으로 전략을 자유롭게 수행하기를 원했다.

21절에서 바울은 종의 기도사 52:13-53:12로 알려진 구절의 일부이자 상한 모습의 고난 받는 종14절과 관련하여 이사야 52:15를 인용하며 자신의 사역 철학을 밝히고 있다. 이 종은 "나라들을 놀라게 할 것"15절이고 그 결과 "아직 그들에게 전파되지 아니한 것을 볼 것이요 아직 듣지 못한 것을 깨달을" 일이 있을 것이다.

바울의 인용에서 "듣지 못한 자들"은 이방인들이고 여호와의 종은 메시아다. 같은 맥락에서 이사야 49:6은 이스라엘에게 "내가 또 너를 이방의 빛으로 삼아 나의 구원을 베풀어서 땅 끝까지 이르게 하리라"고 선포한다. 바울은 로마 독자들이 이방인 선교를 통해 이 고난의 종의 노래가 이루어지고 있음을 보기를 원했다. "주의 소식을 받지 못한", "듣지 못한" 이방인들이 마침내 바울의 선구자적 선교 사역을 통해 "볼 것이요" '깨닫게' 된 것이다. 로마 제국 동쪽 반 사역으로 교두보를 만들었고, 이제 동쪽의 이방 선교가 지역 목회자들을 통해서 바울이 심어 놓은 사역에 물을 주게 되었기에고전 3:6 바울은 이제 서쪽 지역으로 눈을 돌리게 되었다.

2) 바울의 미래 계획: 예루살렘, 로마, 서바나 15:22-29

바울은 동쪽 지역 사역이 끝나고 서쪽으로 방향을 돌려 아직 복음을 "듣지 못한" 곳으로 향하고 있다. 그의 사역 계획은 로마 교회를 방문하려는 그의 열망과 관련되어 있는데22-24, 28-29절 사실상 그의 바람은 로마가 서바나 사역에 후원자가 되어 주는 것이었다24, 28절. 그리고 그 동안 그는 예루살렘에서 고통 받는 성도들을 위한 구제 물품을 전달해야 했다24-28절.

방문이 방해 받음 15:22

바울은 먼저 독자들에게 로마에 왜 오랫동안 방문하지 못했는지 설명한다. "가려 하던 것이 여러 번 막혔더니"1:10, 13도 참조라고 고백한다. 이는 아마도 동쪽 지역 사역이 우선시되었기 때문이었을 것이다. '막혔다'라는 동사는 수동태로 쓰여 바울이 미리 서쪽으로 가는 것이 하나님 뜻이 아니었음을 피력하고 있는 것이다. 동쪽에서의 사역이 아직 끝나지 않았기에 그는 완수하기까지 떠날 수 없었다.

로마서는 바울의 3차 선교 여행 막바지에 에베소에서 2년 이상 사역한 후에 기록되었다. 세 차례 선교 여행을 다루고 있는 사도행전 13-19장을 자세히 읽어 보아도 그가 언제 로마로 떠났는지 정확하지 않다. 사람들처럼 그는 로마 제국을 동서로 나누고, 로마를 서방으로 향하는 관문으로 여겼다. 로마로의 여정은 긴 여행을 의미했고, 하나님께서 이번에는 동쪽 사역 때문에 바울의 길을 막으실 것이라 생각지 않았을 것이다.

동쪽 사역의 마무리 15:23

바울의 동쪽 사역이 로마로 향하지 못하게 해서 "여러 해" 동안 "바라고"만 있었다. 하지만 고대하던 로마 성도들을 향한 여행이 "이제는 이 지방에 일할 곳이 없기" 때문에 가능하게 되었다. 그는 동쪽에 있는 여러 전략적 도시들에 교회들을 세웠다. 더욱이 16:1-16에 나오는 친구들의 목록이 보여 주듯, 그는 로마에 살고 있는 많은 이들을 알게 되었다. 로마는 제국의 수도였고 로마 시대의 중심이었기에, 동방의 교회들도 주기적으로 로마에서 열린 행사들에 참여했었다. 바울은 이런 기회들을 통해 로마 교회와 간접적으로 알게 되었을 것이다.

"이제 일할 곳이 없고"라는 말은 억지로 그 지방을 떠난다거나 일거리가 없다는 의미가 아니다. 자신의 개척자 사역이 마치고 다른 곳으로 옮길 준비가 되었다는 뜻이다. 일할 곳이 없게 하는 것이 그의 선교 전략이다. 동쪽 지역에는 교회 성장을 위한 준비가 되어 있었다. 이제 서쪽 지역에 교회를 개척해야 하고 그곳이 이제 그가 발걸음을 내딛는 곳이다.

서바나로 가는 길에 방문할 계획 15:24

바울이 왜 서바나로 가고자 했는지 이유를 알 수는 없다. 성경 전체에서 24, 28절만 이것을 언급하고 있다. 이것은 아마도 이사야 66:19에 "그들 가운데에서 도피한 자를 여러 나라 곧 다시스와"라고 예언한 것을 성취하려는 바울의 움직임으로 볼 수 있다. 다시스는 서바나와 교역하는 무역 요충지 중 하나였기 때문이다. 하지만 이 구절에서 언급한 다른 지역보다"뿔과 활을 당기는 룻과 및 두발과 야완과 또 나의 명성을 듣지도 못하고 나의 영광을 보지도 못한 먼 섬" 왜 유독 서바나를 선택했는지는 불분명하다. 아마도 서바나가 로마 제국의 서쪽 변방이기 때문에 온 세상에 하나님의 복음을 전한다는 계획을 나타낸 것일 수도 있다. 서바나를 향한 바울의 선교 계획은 새로운 지역에 복음을 증거하는 그의 부르심과 상통한다.

신약에 기록되어 있지 않지만 사실상 바울은 96년경에 고린도 교회에 쓴 편지에서 추정되듯이 서바나에 도착했을 가능성이 있다. 그 편지는 바울이 "서방 끝으로 가서 지도자들 앞에서 증거했다"클레멘트1서 5:7고 기록한다. 하지만 바울은 옥고를 치른 후에 마게도냐와 아시아 교회들을 방문했기에빌 2:24, 디모데전후서, 디도서 참조 언제 서바나로 갈 수 있었는지 알기 쉽지 않다. 2년 후에 그는 아시아 지역에서 붙잡혔고딤후 1:15 그 일은 로마 감옥에 갇힌 이후였다. 구전에 의하면 오래 지나지 않아 그는 네로 황제 박해 기간 동안 로마인들에 의해 처형된 것으로 전해진다. 그가 서바나로 갈 수 있던 때는 네로 시대 이후 그가 붙잡히고 처형 받았을 때라야만 한다. 즉 그는 서바나로 갈 수도 있었으나 그것을 증명하기는 어렵다. 로마에 도착했을 때 바울의 계획은 서바나로 "지나가는 길"에 그저 들르려는 것이었다. 이는 1:11에서 "신령한 은사를 너희에게 나누어 주고"라고 말한 것이나 1:15에서 "로마에 있는 너희에게도 복음 전하기를" 원한다고 말한 것과 사뭇 달라 보인다. 하지만 지나가는 길이 잠시 머무는 것이었을 수도 있기에 그가 말한 것과 실제가 완전히 다른 것은 아닐 수 있다. 1장과 이 단원에서 바울은 단순히 자신의 계획을 말한 것 뿐임을 기억해야 한다. 그의 여행 계획은 절대불변의 것이 아니었기에, 상황에 따라 로마로의 왕래에 맞추어 그곳에 머무는 기간이 결정되었을 것이다.

바울의 목표는 "너희와 사귐" 즉 로마 교인들과의 교제를 즐기는 것과 그들이 "그리로 보내주기를 바람"이었다. 신약 저자들은 선교 후원을 위한 "보내주기"행 15:3; 20:38; 21:5; 고전 6:6; 고후 1:16라는 단어를 자주 사용했다. 이로써 바울은 기도 후원뿐 아니라 향후 선교 사역을 위해 금전적 후원도 요청한 것을 알 수 있다. 다시 말해 바울은 처음 두 선교 여행 때 안디옥 교회가 후원한 것과 같은 선교조를 꾸리기를 원했던 것이다.

즉각적인 계획: 예루살렘 구제 물품 전달 15:25-29

목적: 성도를 섬김 15:25

바울이 로마에 도착하기 전에 해야 할 매우 중요한 일이 있었다. 그것은 수개월 동안 이방 교회들이 모집한 구제물품들을 전달해 주는 것이었다. "성도를 섬기는 일"이 이 여행의 주요 목적이었을 것이다. 그는 헌금으로 성도를 섬기기를 원했다. 이것은 두 번째 연보다. 바울과 바나바는 아가보의 로마 제국 전역에 걸친 기근행 11:27-30; 갈 2:1-10에 대한 예언 사건 후에 주후 48년에 처음으로 구호 물자를 전달했다. 이는 바울의 두 번째 예루살렘 여행 때였다. 당시에 교회의 "기둥"-예수의 형제 야고보, 베드로, 요한-이 바울이 이방인들을 위한 사도인 것을 확증하고 "가난한 자들을 기억"갈 2:10하라고 부탁했다. 이것이 바울에게 큰 영향을 끼쳤을 것이고, 그는 예루살렘에 있던 가난한 성도들을 위해 이방 교회들로부터 구호 물품들을 걷는 데 상당한 시간을 쏟았을 것이다.

가난한 이들에게 나누어 줌 15:26

팔레스타인 지역 교회들에게 있어서 가난은 지속적 문제였다. 여러 번에 걸친 기근주전 100년과 주후 100년 사이에 10번의 기근이 있었던 것으로 추정이 유대 전역에 걸쳐 있었고, 기독교 탄압행 8:1-3; 약 2:5-8이 있었다. 바울은 가난한 이들을 향한 깊은 관심을 가지고 3차 선교 여행 때에도 구제 연보에 집중하였고, 이것이 2년 이상 에베소에서 머물 당시에 그의 사역의 초점이었다.

그는 고린도후서를 그가 머문 마지막 시기56년 경에 썼고 직후에 로마서를 썼다. 그는 고린도 교인들에게 이미 구제에 대해 언급했고초기 서신에서, 16:1-4에서 그들에게 매주 헌금을 걷어 예루살렘에 있는 가난한 성도들에게 줄 구호 물품으로 구분할 것을 강구했다. 고린도후서 8-9장에서는 여러 달이 지나도 그들이 연보를 하지 않았기에 바울은 경제적으로 더 심각한 상황에 있던 마게도냐 교회들고후 8:1-5을 위해서도 희생적 헌금을 해야 함을 상기시킨다. 아마도 그 서신 직후에 고린도 교회가 연보를 한 것으로 보이는데, 이는 바울이 여기서 "마게도냐와 아가야고린도가 속해 있는 지방 사람들이 예루살렘 성도 중 가난한 자들을 위하여 기쁘게 얼마를 연보하였다"고 밝혔기 때문이다.

고린도후서를 집필한 지 얼마 후에 그는 고린도를 방문해서고후 2:3; 9:5;

12:20-13:1 로마서를 썼다.[67] 사도행전 20:4에서 보듯이 갈라디아와 아시아에서 온 사람들이 바울과 함께 연보를 하였기에바울이 에베소에 있을 무렵에 주로 거두어진 연보들 연보 활동이 한참 동안 진행되었을 것이다. 이 연보는 바울의 선교 여행 중 주로 이방 교회들을 중심으로 펼쳐졌다. 갈라디아에서 온 이들도 1차 선교 여행을 대표하던 이들이다. 바울은 로마 교회에는 부탁을 하지 않는데, 그 이유는 예루살렘으로 가던 중 충분한 시간이 없었고 거리가 멀었기 때문이었을 것이다.

바울은 왜 연보를 하지 못할 로마 교회에게 연보에 대해 많은 시간을 할애하여 이야기했을까? 그것은 로마 교회가 기도로라도 연보에 동참하기를 원했기 때문이었을 것이다. 그는 이것이 유대인과 이방인에게 두 무리가 하나 되는 것을 상징적으로 보여 주는 계기가 되리라 믿은 것이다. 이러한 연합의 도구들이 유대인과 이방인 간의 긴장을 경험한 로마 교회에게는 하나의 중요한 본보기가 된다14:1-15:13 참조.

이방인들의 나눌 의무 15:27

바울과 교회는 연보에 있어서 다섯 가지 목표가 있었다.

첫째, 26절에서 바울이 "연보"를 '교제'코이노니아, κοινωνία로 부르고 있는데, 이것은 이방인이 유대인들을 위해 연보를 나눔으로 얻는 연합 혹은 하나 됨을 가리키는 것이다. 바울은 이를 통해 서로 다른 이들을 묶고 교회 안 유대인 형제들에게 이방인들이 사랑을 보여 주기를 원했다. 이는 재정과 삶의 질 모두를 포함한 삶의 모든 것을 서로 나누는 것을 뜻한다.

둘째, 유대인과 함께 나누는 연합이 이방인으로 하여금 재정적 필요에 보태야 하는 책임을 만들어 냈다"그들에게 빚진 자니" 27절. 새로운 연합과 가족

---

67 로마서 소개의 "저자와 연대"를 참고하라.

을 만들어 낼 필요성이 구제 사역에 우선권을 부여하고 바울이 연보하는 데 많은 시간을 할애하게 했다.

셋째, 27절에서 그는 나눔의 철학을 발전시키고 있다. "만일 이방인들이 그들의 영적인 것을 나눠 가졌으면 육적인 것으로 그들을 섬기는 것이 마땅하니라." 이러한 생각은 고린도후서 8:14에 "이제 너희의 넉넉한 물질적 것으로 그들의 부족한 것을 보충함은 후에 그들의 넉넉한 영적인 것으로 너희의 부족한 것을 보충하여 균등하게 하려 함이라"라는 구절에도 잘 나타나 있다. 유대인들은 그리스도와 복음의 새 시대의 축복을 나누었고, 이제 이방인들은 이 땅의 물질적 축복을 나눌 수 있게 된 것이다. 이러한 서로 간의 나눔은 두 무리 간의 긴장을 풀기 위해 끊임없이 지속되어야 한다. 이는 오늘날의 교회에도 필요한 본보기를 제시하며, 교회 안에서 서로가 자신의 장점을 살려 나누는 모습을 보여 준다.

넷째, 이는 이스라엘로 "시기"하게 하여롬 10:19; 11:11, 14 유대인의 구원으로 이끄는 단계가 될 수 있다. 구제 활동은 이방인이 시온에 선물을 가져오는사 2:2-4; 60:6-7, 11; 미 4:13 예언을 성취하는 것으로 볼 수 있다. 바울이 이것을 염두에 두고 말했는지는 알 수 없지만 성경 전체 맥락으로 볼 때 이 해석이 잘 들어맞는다.

마지막으로, 이는 기쁨의 활동으로서 바울이 마게도냐와 아가야인들이 진실로 모든 이가 참여하는 특권을 가지고 "기뻐서 하였다"는 것을 확고히 한다. 고린도후서 8:2에서 가난한 마게도냐 교인들에게 "환난의 많은 시련 가운데서 그들의 넘치는 기쁨과 극심한 가난이 그들의 풍성한 연보를 넘치도록 하게 하였느니라"고 아름답게 표현하고 있다. 이보다 더 좋은 표현은 없을 것이다.

이는 우리에게도 중요한 의미를 가진다. 모든 교회가 구제 사역을 해야 한다. 교회 지도자들은 그리스도의 몸으로서 힘들어하는 성도들을 위한 구제 사역이 얼마나 중요한지 계속 강조해야 한다. 우리 자신을 위해 새로운 것들을 계속 사는 것보다 남을 돕는 것에 더욱 큰 기쁨이 있다. 오늘 우리가 구매한 것은 내일 당장 쓰레기가 될 수 있지만, 다른 이의 삶을 윤택하게 한 기쁨은 결코 우리를 떠나지 않고 지속될 것이다.

로마로 올 계획 15:28

이제 바울은 서바나로 가기 위해 로마에 들를 계획을 다시 드러내고 있다. 여기서 그는 다시 로마에 잠시 머물 계획으로 "너희에게 들렀다가"라고 말한다. 그의 진정한 목표는 서바나를 종착점으로 하여 서방으로 향하는 4차 선교 여행이었다. 그는 마지막으로 "내가 이 일을 마치고 이 열매를 그들에게 확증한 후에" 갈 것이라고 선언하고 있다.

바울은 이 구절에서 세 가지를 강조한다. 1) 바울은 "이 일"을 완수해야 했다27절 "이 일"은 바울이 그것을 종교적 의무로 생각했다는 의미일 수도 있다. 그러나 그것보다는 단순히 그가 로마로 가기 전에 이 일을 끝내야 한다고 생각한 것 같다. 원어상 "이 열매를 그들에게 확증한 후"에는 '그들을 위한 열매에 도장을 찍음'이라는 뜻이 있다. 이는 그들이 구제 용품을 받은 것을 확실히 해야 한다는 의미다. 어떤 번역들은 이것을 지나치게 의역하여 의미를 희석하기 때문에 은유적 표현을 그대로 두는 것이 낫다. 2) 바울은 연보를 "확증"하기로습흐라기조, σφραγίζω 계획했는데, 이 단어는 바울이 성령의 인치심고후 1:22; 엡 1:13을 표현할 때 소유권을 인증하거나 부여하는 표식으로 설명한 바 있다. 로마서에서 그는 연보한 것을 가지고 가서 개인적으로 예루살렘 교인들에게 인증할 계획이었던 것 같다. 3) 연보는 "열매"카르포스, καρπός; 기부로서, 유대인들이 이방인에게 영적인 유산으로부터 '수확한 것'과 이방을 향한 바울의 선교의 "열매"로서의 시각적 증거를 의미한 것일 수 있다. 이방 선교의 성공적 수확은 이방인들이 자신들의 물질적 풍요를 자신들이 나누어 받은 유대인들의 영적 부요함과 맞바꿈으로 유대인들을 위한 열매를 생산해 냈다.

확신: 그리스도의 충만한 복 15:29

여러분은 하나님께서 모든 것을 이끌어 가시고 자신을 로마로 인도하실 것이라는 확신을 말로 표현하면서 바울이 안도의 숨을 내쉬는 것을 들을 수 있을 것이다. 하나님의 힘으로 붙드신다는 평화로운 보장은, 성령께서 유대인들이 로마에서 바울을 죽이려 한다는 음성을 듣고행 20:3, 23, 21:4 그의 동료들이 가지 말라고 만류함에도 바울이 예루살렘으로 향하도록 한다. 특별히 바울이 로마에 가서 사슬에 묶인다는행 21:10-12 아가보의 유명한 예언을 듣고 나서도 말이다. 이 예언에 대해 두 가지 해석이 있다. 하나는 성령께서 바울더러 로마에 가지 말라고 하는 경고하셨다는 것이고잘못된 의견, 다른 하나는 바울 자신이 "어찌하여 울어 내 마음을 상하게 하느냐 나는 주 예수의 이름을 위하여 결박 당할 뿐 아니라 예루살렘에서 죽을 것도 각오하였노라"행 21:13고 해석한 것이다.

로마서에서도 동일한 확신이 바울로 하여금 성령께서 아가보를 통해 예언하신 것을 바르게 해석하게 한다. 그는 사도행전 20:23에서 "오직 성령이 각 성에서 내게 증언하여 결박과 환난이 나를 기다린다"고 고백했다. 성령은 바울더러 가지 말라고 하신 것이 아니라 무엇이 기다리고 있는지 말씀하신 것이다. 이는 우리에게도 비슷한 상황에서 어떻게 대처해야 할지 알려주는 중요한 본보기가 된다. 성령의 음성에 귀를 기울여야 할 뿐만 아니라 성령의 음성을 올바로 이해할 수 있도록 기도해야 한다.

바울이 알고 있던 것은 그가 로마에 도착할 때 "그리스도의 충만한 복을 가지고 갈 것"이라는 점이다. 그는 어떻게 그곳에 도착할지 몰랐지만 하나님께서 먼저 가시고 그를 지켜주실 것은 알고 있었다. "충만한 복"은 그와 동행할 엄청난 하나님의 축복의 확신을 가리킨다. 사실 이것은 쌍방의 축복으로, 로마 교인들이 바울을 통해서 받을 뿐만 아니라 그도 그들을 통해 받는 것이다.

3) 기도를 부탁함 15:30-33

바울은 서신마다 기도를 부탁하는데, 주로 일반적 기도 제목들을 나눈다. 하지만 여기서는 구체적인 제목을 나누는데 특히 가난한 이들을 위한 구제와 관계된 것들이다. 여기서 우리는 바울에게 구호 물품을 전달하는 사명이 얼마나 중요했는지 알 수 있다. 이는 유대인과 이방인이 메시아 공동체로 함께 연합하는 것과 관련되어 있고, 그는 이것이 온전히 이루어지기까지는 자신의 사도적인 사명이 다음 단계로 나아갈 수 없다고 느끼고 있었다.

간구: 기도에 동참할 것 15:30

바울은 두 가지를 간구하고 있다. 유대인 적들로부터의 보호와 예루살렘 교인들이 물품을 기쁘게 받는 것이다. 그는 기도를 부드럽게 요청하는 것이 아니라 강하게 '권하고' 있다. 그의 요청은 두 가지를 기초로 하고 있다. "우리 주 예수 그리스도" 즉, 그리스도의 권위와 교회의 주권, 그리고 "성령의 사랑" 즉 우리를 향하신 성령의 사랑이지만 더욱 나아가서 성령을 통해 교회가 경험하는 사랑= 성령에게서 오는 사랑을 의미한다.

로마 성도들이 그리스도 안에서 하나가 되고 성령을 통해 가능하게 된 형제의 사랑을 받았기에 그들은 바울과 그의 사역을 위해 기도해야 한다. 그들이 바울을 위해 하나님께 기도를 쏟아 부을 때, 그들은 "나와 힘을 같이" 하게문자 그대로 '나와 함께 고통을 받아' 된다. 이는 기도에 힘쓸 때 씨름을 하듯골 4:12 몸을 다 바쳐 하는 것을 의미한다. 기도는 주님 앞에 필요한 것들을 내어 놓고 중보 기도로 참여할 때 동역이 되는 것이다.

두 가지 부탁 15:31

첫 번째 부탁은 자신의 개인적 안전이었다. 유대 적들에 의한 여러 공격 모의가 있었기에행 9:29; 13:45; 14:2-5, 19; 17:5-9, 13; 18:12-17; 19:9 그는 "유대에서 순종하지 아니하는 자들로부터 건짐을 받게" 해 달라고 기도 부탁을 했다. 그는 유대인 적들이 자신을 기다리고 있음을 알았다. 그는 수리아로 가는 배를 탈 즈음에행 20:3 자신에 대한 살해 계획과 여러 가지 발생할 문제들에 대해 알게 되었다. 우리는 사도행전 나머지 내용을 통해 실제로 예루살렘 폭동과 그곳에 도착한 직후 있던 살해 위협행 21:27-36을 보면서 그의 기도 제목이 실지 상황과 같음을 알 수 있다.

사실상 기도는 효과를 보았다. 로마인에 의해 연행된 것이 습격에서 그를 보호했다. 그 다음 계획이 수행되었을 때도행 23:12-15 바울의 조카가 그 사실을 알고거의 기적적으로 바울을 가이사랴로 보냈다행 23:16-24. 상상을 뛰어넘는 방법으로 기도가 응답되었다.

두 번째 기도 제목은 유대 성도들이 이방 교회에서 보내온 "예루살렘에 대하여 내가 섬기는 일"을 받아주는 것이었다. NIV가 "조력""섬기는 일", 개역개정으로 번역한 디아코니아διακονία는 여기서 "섬김" 혹은 "목회"를 의미한다. 이는 일반적으로 바울이 성전 제사를 포함하여 예루살렘에서 행한 모든 일들을 가리키는 것일 수도 있다. 하지만 특별히 모금 운동을 가리키는 것으로 보인다. 많은 유대 그리스도인들 특히 갈라디아서와 빌립보서 3장에 등장하는 유대주의자들에 의해 바울이 반대에 부딪힌 것을 볼 때 연보라는 것에 더 확신을 갖게 된다. 그들은 이방 교회에서 연보한 선물을 거부했을 것이다.

이 기도 제목은 사도행전 21:17, 20에서 누가가 바울과 사역조가 "기꺼이 영접"받았고 예루살렘 장로들이 이방 선교 보고를 듣고 "하나님께 영광을 돌리고"라고 기록된 것을 보아 이루어진 것으로 보인다. 누가는 모금에 대해 언급하고 있지 않지만 여기까지는 전반적으로 일이 잘 진행되었기에, 예루살렘 장로들은 모금을 기쁘게 받았을 것으로 보인다.

목적: 기쁨으로 로마에 입성 15:32

이 구절은 31절과 같이 '히나'ἵνα; 그러므로로 시작하기에 세 번째 기도 제목으로 볼 수 있다. 하지만 문맥상 이는 바울이 현재에 생각하는 것, 즉 "나로 하나님의 뜻을 따라 기쁨으로 너희에게 나아가 너희와 함께 편히 쉬게 하는" 목표를 염두에 두고 있는 것으로 보인다. 그가 적들에게서 구출되는 것과 이방 교회에서 온 선물을 잘 전달하는 것이 바울의 마음에는 로마에 장차 도착할 때 기쁨을 가져다 주는 것이다.

실제로 적들에게서 구출되었지만 이것이 바울이 상상한 것과는 다른 방법으로 일어났다는 사실이 역설적이다. 예루살렘에서 겪은 모든 어려움과 가이사랴에서의 2년 동안의 감옥 생활, 그리고 로마로 가는 항해라는 말할 수 없는 고난행 22-27들이 그로 하여금 하나님께서 그의 기도를 얼마나 많이 거절하셨는지 생각하게 했을 수도 있다. 하지만 여기서 중요한 문구는 "하나님의 뜻을 따라"로서 이것이 로마로 가는 역경의 길마다 분명하게 드러났음을 알 수 있다.

바울은 "기쁨으로" 도착했음이 분명하다. 사도행전 28:15은 그리스도인들이 어떻게 바울을 만나러 왔는지를 보여 주는데 "바울이 그들을 보고 하나님께 감사하고 담대한 마음을 얻으니라"고 표현한 것을 보면 알 수 있다. 그는 네로 앞에서 로마의 적으로 국가 재판에 선 죄수 신분이었지만, 하나님께서 모든 것을 주관하고 계시기에 그에게는 기쁨이 있었다.

이 모든 것이 일어난 후에 그는 하나님께서 원하시는 대로 모든 것이 이루어졌음을 확신하였다. 사실 인간적으로 볼 때 권리가 거의 없는 감옥수였음에도 바울은 그리스도를 로마에 선포하는 하나님의 승리의 군사로서 갔기 때문에 푸테올리Puteoli 항구에서 로마로 걸어가는 것은 '승리의 입성'과 다름없었다.

로마에서 보낸 2년은 거의 모든 면에서 승리의 시간이었다. 바울은 빌립보서 1:12-14에서 감옥 수감 기간 내내 법정 간수로마의 일등 군인들들을 전도하고 곳곳에 있는 그리스도인들이 자신들의 신앙을 더 용감하게 나눌 수 있게 되었다고 요약하고 있다. 그들은 하나님께서 2년 동안 로마의 죄수로 있던 한 사람을 사용하여 그 모든 일들을 이루셨다면 그들을 통해 이루지 못하실 일이 무엇인가라고 생각했을 것이다.

여기서 또한 바울은 로마에 있는 시기에 "너희와 함께 편히 쉬게 하기를" 소망했다. 그는 1:12에서 "너희와 나의 믿음으로 말미암아 피차 안위함을 얻으려 함이라"고 말했듯이 로마 교인들과의 아름다운 교제를 원했다. 이것이 실제로 이루어졌는지 입증할 수는 없지만, 사도행전 28장과 디모데전후서에서 바울이 로마에 있던 모습을 볼 때 영적으로 회복되었음을 알 수 있다. 그는 분명히 로마 교인들과 자주 교제의 시간을 가졌을 것이다. 곧 보게 될 로마서 16장의 목록을 보아도 알차고 보람된 시간들을 로마에서 보냈음을 확신할 수 있다.

마치는 기도 15:33

바울은 미래 계획15:14-33에 대해 또 다른 기도 제목을 나누며 마무리를 짓는다. 이 구절에서 그는 하나님을 "평강의 하나님"이라고 묘사하는데, 이는 하나님께서 자기 백성에게 평화를 주신다는 의미이다. "평강"에이레네, εἰρήνη에는 의미가 풍부하여 로마서에서는 수직적구원하시는 하나님과의 화목 관계와 수평적교회 안에서의 하나 됨과 평온함 구조를 의미하고 있다. 평강의 하나님은 구약 성경의 주요 주제이기도 하다레 26:6; 삿 6:24; 시 29:11; 사 26:12. 바울 서신에서도 마찬가지다고후 13:11; 빌 4:7, 9; 살전 5:23. 이 개념은 14:17, 19에 나온 로마 교회의 평화에 대한 바울의 기원과 밀접하다. 곧 평강의 하나님이 그를 경배하는 공동체 가운데 "모든 사람과 함께" 계시는 것이다.

우리는 이전 본문에서 다룬 영적인 내용들보다 이런 기도 제목들을 덜 중요시 여기는 경향이 있다. 하지만 이는 서신의 역사적 배경을 이해하는 데 있어 아주 중요하다. 여기서 우리는 바울의 생각 속에서 57-58년 경 즉 그의 3차 전도 여행의 끝 무렵에 있던 중요한 사건들이 빠르게 진행되고 있음을 볼 수 있다. 여기서 바울이 희망했던 일들과 실제로 일어난 일들을 볼 때, 위대한 성도 하나인 바울의 마음을 조금이나마 알 수 있다.

이 장을 마무리하면서 질문해 보자. "바울처럼 인생의 어려움을 겪는다면 어떻게 대처할 것인가?" 어려운 시기를 잘 극복한 진정으로 위대한 본보기를 우리는 바울을 통해 보게 된다.

바울은 미래 사역을 위하여 로마 교회를 동역자 삼으려 했다. 그는 그들이 이방인을 향한 자신의 담대한 사역과 그리스도께서 주신 사역15-19절에 대한 깊은 자긍심을 알아주기를 원했다. 그는 여전히 자신이 말하고 행한 모든 것, 곧 성령께서 그를 통해 베푸신 놀라운 기적과 기사들19a절 배후에 역사하신 그리스도의 능력과 성령의 임재에 감격스러워한다. 그는 성령님이 자신의 성공적 사역의 진정한 원인이심을 강조하고, 로마인들에게 동쪽 사역이 완수되었으므로 서쪽으로 이동함을 알리고 싶었다.

그는 로마 방문 시기 이면에 있는 하나님의 계획을 강조하고 있다. 하나님은 바울의 동쪽 사역이 끝나지 않았을 때 사역을 위해 그의 로마 방문을 막으셨다22절. 그는 로마에 잠깐 방문하여 서바나로 함께할 이들과 23-24절 선교 후원자를 모집하는 교제의 시간을 가지려 했다. 하지만 사도행전 22-23장의 사건들로 인해 이는 이루어지지 않았다.

구제를 위한 연보는 여러 구절에 나타날 정도로 중요했는데25-28a절, 이는 그리스도의 몸으로서 유대인과 이방인이 하나가 되는 것이 이 서신의 주요 핵심이기 때문이다. 이는 교회 전체의 주요한 목적, 즉 하나님의 자녀들 중에 도움을 필요로 하는 이들을 돌보기 위해 희생적으로 기부하는 것과도 일맥상통한다. 바울은 주는 것의 기쁨을 강조하고 있다.

30-33절의 하나님께서 기도에 어떻게 응하시고 기도 응답이 어떤 형태로 이루어지는지에 대한 분명한 예시를 보는 것은 흥미롭다. 바울은 두 가지 기도 제목이 있었는데 하나님이 모두 들어주셨다. 하지만 두 번째 기도 제목, 즉 예루살렘 성도들이 기부 물품을 기쁨으로 받는 것만 직접적으로 응답되었다. 첫째 기도 제목, 즉 유대인 적들에게서 안전하게 보호 받는 것은 하나님께서 거듭 아니라는 답으로 응답하신 것 같다. 하지만 사실상 그는 안전하게 보호를 받았다. 그에게 아무 해가 미치지 않았고 그의 옥고는 로마가 복음화하고 그리스도의 증인들이 바울의 사슬을 통해빌 1:12-14 크게 힘을 얻었으므로 큰 성공이었기 때문이다.

이는 우리에게 시사하는 바가 크다. 하나님은 우리 기도를 들으시고 항상 응답하신다. 하지만 그의 응답은 우리가 원하거나 기대하는 바와 다를 수 있다. 우리는 바울의 신앙을 가져야 한다. 하나님께서는 우리에게 최선의 것으로 응답하신다는 것을 항상 깨달아야 한다. 예루살렘에서 로마까지 가장 어려운 여정 가운데 모든 발걸음이 하나님에 의해 인도하신 바 되었고 성령님의 승리로 이어졌다. 우리가 감히 상상도 하지 못할 숱한 어려움이 있었지만 그 모든 것이 그리스도를 위한 승리였다. 이것이 우리에게 기도와 하나님의 응답에 있어서 얼마나 귀한 귀감이 되는가!

2. 끝맺는 인사 16:1-27

바울이 자신의 서신에서 교회 안의 지인들과 자신의 동료들을 향한 인사로 끝을 맺는 일은 흔하다. 하지만 로마서처럼 인사 목록이 방대한 서신은 없다. 많은 이들은 그런 이유로 로마서 마지막 부분은 바울이 쓴 것이 아니라고까지 추정한다. 나는 서두에서도 밝혔듯이 로마서 마지막 부분도 바울이 쓴 것이라고 본다.[68] 바울은 로마 교회를 아직 방문한 적이 없었지만, 가능한 모든 연락망들을 보여줌으로 그들과 개인적 관계를 맺고 싶어했다. 그들 모두는 바울이 사역으로 알게 된 이들로서, 이 목록은 바울이 이미 로마 교회에 꽤 깊이 관여하고 있음을 보여 준다.

그는 뵈뵈를 칭찬하고1-2절, 동역자들을 문안하고3-16절, 거짓 선지자들에 대한 경고를 하고17-19절, 종말론적 약속을 상기시킨다20a절. 그 뒤로 축도가 이어지고20b절, 다른 지도자들이 전하는 인사가 이어진다21-23절. 마지막으로 신약성경에서 가장 아름다운 송영 중 하나로 마무리를 짓는다25-27절.

1) 로마 지도자들과 동역자들에게 문안함 16:1-16

뵈뵈에 대한 칭찬 16:1-2

신약성경에서 이 구절들에서만 뵈뵈이방 이름라는 이름이 언급된다. 이 여인은 겐그레아고린도의 항구도시, 행 18:18의 지도자였고, 아마도 이 편지를 로마에 전달하는 사람이었을 것이다. 바울은 2차 선교 여행 때 고린도에서 18개월을 머무르면서 로마서를 썼다. 이 두 구절은 빌립보서 2:19-30과 비슷한데, 디모데와 에바브로디도를 빌립보서 전달자로 칭찬하는 장면

68 로마서 소개의 "일관성과 통일성"을 참고하라.

이 나온다. 바울 서신에서 이러한 칭찬을 통해 바울의 동역자들 중 알지 못했던 이름들을 종종 접하게 된다. 바울이 유대 밖에서 그리스도인들의 핍박을 주도했을 때는 반기독교 운동을 펼치기 위해 현재의 바울의 편지와 유사한 권력자들의 전령을 지참하고 여행길에 올랐다행 9:2.

바울은 뵈뵈를 "자매"로 부르는데, 이는 그가 헌신된 성도였고 단순한 교회 구성원 이상이었음을 보여 준다. 그는 또한 '디아코노스'διάκονος 즉 교회의 "일꾼" 혹은 '사역자'였다. 여자들이 교회에서 그런 직분을 가지기도 했는데딤전 3:11 뵈뵈는 그 중에서도 뛰어난 인물 중 하나였다. 이 단어가 하나님과 교회를 섬기는 성도의 모습을 일반적으로 표현한 것이라 볼 수 있으나, 이는 디모데전서 3:8-12에서 묘사하는 교회 안의 "집사" 혹은 '사역자' 직분을 가리킨다고 보는 것이 더 정확하다. 그들의 임무는 정확히 알 수 없지만 1) "더러운 이를 탐하지 아니하고"3:8 즉 재정적인 책임을 가지고, 2) "믿음의 비밀을 가진 자"3:9 즉 가르치고 선포하는 일을 하고, 3) "자녀와 자기 집을 잘 다스리는 자"3:12로서 교회 안에서 행정 임무를 수행하는 등의 일을 했을 것이라 추정할 수 있다. 어떤 이들은 뵈뵈가 목회자였을 것이라고 생각하지만 '디아코노스'διάκονος가 목회자 직분을 가리키는 데 사용되었다는 증거는 빈약하다. 그보다 이 단어는 교회 안의 여러 가지 실질적 필요를 충당하는 사역을 감당했음을 나타낸다.

바울은 로마 교인들에게 뵈뵈에 대하여 두 가지 요청을 한다. 첫째, "성도들의 합당한 예절로 그를 영접"하라고 부탁한다. 그에게 그리스도의 친절로 환영하고 적절한 숙식을 제공하기를 바라는 것이다. "성도들의 합당한 예절"은 영적인 차원을 더한 것으로서 그의 교제를 보이고 교회의 삶 가운데로 영접하는 것을 뜻한다. 이는 교회 직분자로서 그가 받아야 할 존중을 나타내며 그들 중에서 사역할 수 있도록 허락하는 것이다.

둘째, 그들은 "그에게 소용되는 바를 도와"줄 것을 부탁하고 있다. 이는 구체적인 일을 가리키는 것일 수도 있는데, 어떤 번역가들은 그에게 부과된 법적인 문제를 도와달라는 요청으로 생각하고 있다. '돕는다'프라그마, πρᾶγμα는 '용무' 혹은 '행동'을 의미한다. 고린도전서 6:1에서 이는 법적 고발로 쓰인다. 이 해석이 바르다면 뵈뵈는 소송 당사자로서 로마에 오고 있는 것이 된다. 하지만 이것은 문맥상 맞지 않는다. 사람들 대부분이 이를 일반적인 해석 곧 바울은 단순히 그가 필요한 것이 있으면 도와주라고 요청하고 있는 것으로 해석한다.

그는 뵈뵈를 칭찬하는 이유로 "그가 여러 사람과 나의 보호자가 되었음이라"고 고백하고 있다. "보호자"프로스타티스, προστάτις는 주로 '도와주는' 혹은 다른 이들에게 '도움을 주는' 사람을 가리키지만 부유한 사람이 후원하는 것을 의미하기도 한다. 또한 어떤 집단을 '지도하거나 이끄는 것'을 의미하기도 해서 어떤 이들은 빌립보 교회의 후원인 루디아와 같은 개념으로 보아 이 단어를 '지도자'로 해석하기도 한다. 그러나 뵈뵈를 바울의 지도자로 생각하기보다는 겐그리아에서 숙박, 재정, 일반적 후원에 있어 다방면으로 도와준 사람으로 보는 것이 더 좋을 듯하다.

겐그리아는 북새통인 항구였는데, 이곳 교회에 있던 누군가가 누가복음 8:1-3에 사도들을 '섬기던' 여인들처럼 실질적 사역에 많이 개입되어 있던 것은 주목할 만한 사실이다. 필요한 것은 엄청나게 많았다. 주민들뿐 아니라 방문객들도 뵈뵈와 같은 위치에 있는 부유한 여성의 도움을 절실히 필요로 했을 것이다. 이는 뵈뵈가 교회의 지도자였을 것이고루디아처럼 따라서 로마 교회에게도 그가 도움 받을 자격이 있음을 알려주는 것이다.

로마 교회 지도자들에게 문안 인사 16:3-16

바울은 각 개인들에게 문안을 하고는 하지만골 4:15; 딤후 4:19 16장에서처럼 수많은 사람들에게 문안을 한 적은 없다. 이 장에서는 26명의 개인,

두 가족 그리고 세 가정 교회들에게 문안하고 있다. 이들 중 9명이 여성이고, 2명이 여성 지도자들이다. 뵈뵈는 집사1절 참조였고, 유니아는 "사도들에게 존중히 여겨진"7절 사람이었다. 유니아나 뵈뵈가 오늘날 여성들이 직분을 가지는 데 시사하는 바가 있기는 하나 논쟁거리이기도 하다. 이 논점에 관해서는 이 주석에서 다루지 않겠지만, 예수님과 바울은 1세기 일반적 사회 분위기보다 교회 안에서 여성들에게 훨씬 높은 지위를 부여한 것은 사실이다.

바울은 로마인들이 그가 로마에 한 번도 방문해 본 적이 없었지만, 로마 교인들과 밀접한 관계를 맺고 있었고 가까운 친구들을 통해 그들 삶에 깊이 관여하고 있었음을 알기를 원했다. 바울의 친구들은 그를 믿었기에 그가 서방 선교를 위한 후원자를 모집할 때 그가 이미 교회의 적이 아닌 친구였음을 알고 있었다.

여기에 등장하는 이름들이 화려하다. 고대 사회의 이름들은 인종적 뿌리를 알려줌과 동시에 그들의 사회적 지위도 알려준다. 어떤 이름들은 부유하고 권세 있는 가문 것이고, 어떤 이름들은 노예 혹은 해방된 이들이전에 노예였던의 이름들이다. 이 목록에서 두 명만이 유대인 이름마리아와 헤로디온이다. 나머지는 모두 이방인들로서 로마 교회의 지도부 구성이 어떠했는지를 알려준다. 그리고 거의 모든 이름들이 노예와 해방된 이들의 이름들로서 교회 안에 다양한 사회적 구성원들이 있었지만 대부분은 하층 계급들이었음을 알 수 있다.

마지막으로, 바울이 우리가 생각하는 교회가 아닌 주로 가정 교회들에게 서신을 썼음을 분명히 알아야 한다. 가정집을 교회로 쓴 것은 4세기 콘스탄티누스 황제가 기독교를 국교로 하기 전까지 널리 쓰인 풍습이었다. 로마 교회는 50명에서 80명한 집이 수용할 수 있는 최대 인원으로 구성되어 있었고, 다른 교회들은 집 크기에 따라 더 적은 인원이 모이기도 했다.

바울의 선교 동역자들 16:3-7

처음에 등장하는 여섯 이름과 가정 교회 하나는 바울의 선교 조직과 직접적으로 연결되어 있다. 대부분이 글라우디오 황제가 주후 49년 폭동 때문에 유대인과 기독교인들을 추방하였기에 로마를 떠나야 했던 이들이었다. 하지만 글라우디오가 죽고 그의 명령이 효력을 잃자 54년 이후에 그들은 로마로 돌아왔다.[69] 이들은 바울 사역에 오랫동안 개입했었고 로마에 있던 다른 이들에게 바울에 관해 설명할 수 있었기에, 그의 요청에 언제든지 응할 수 있던 사람들이었다.

1) 브리스길라브리스가**와 아굴라**3-5a절**.** 바울은 이 부부를 "그리스도 예수 안에서 나의 동역자"라고 부른다. 이것은 바울 사역에 동참한 지도자들을 부르던 호칭인데, 이들은 존중과 순종고전 16:16, 18뿐 아니라 적절한 사례비고전 9:14도 받을 만큼의 위치에 있던 사람들이었다. 그들은 바울과 친밀했고 그의 사역에 있어 중요한 인물들이었다. 이 목록에서도 처음에 이들의 이름이 등장한 것은 로마 교회와 바울의 사역 조직에 있어서 그들의 위치를 보여 준다. 또한 브리스길라는 이들 부부의 이름이 여섯 번 거론되는 중에 네 번이나 먼저 거론되는 것으로 볼 때 그가 더 큰 사회적 지위가 있었든지 더 큰 사역을 하고 있었음을 보여 주는 것일 수 있다. 고대 문서에서는 이름 순서가 중요하기 때문이다.

바울이 그들을 글라우디오에 의한 로마 추방 후 2차 선교 여행 때 고린도에서 만났다행 18:2. 그들은 유대인들이었고 바울이 그곳에 머무는 동안 함께했던 부유한[70] 장막 짓는자들이었다. 바울과 함께 일했고 그들의 집을 가정 교회로 사용하며고전 16:19 18개월 동안행 18:3 동역했다.

69 로마서 소개의 "수신자"를 참고하라.

70 그들은 도시마다 큰 집을 사서 바울이 가정 교회로 사용할 수 있게 했다.

바울이 3차 선교 여행으로 에베소에 갈 때 그들도 동행했고 함께 사역을 지속했다. 그곳에서도 중요한 사역이 있었다. 한번은 아볼로를 따로 불러 침례세례에 대한 잘못된 이해를 수정해 주고 "하나님의 도를 더 정확하게 풀어"행 18:26 일러 주었다.

그들은 이제 여러 가지 이유로 로마로 돌아왔다. 다시 자신들의 사업을 재개하여 로마 교회 삶 속으로 들어가려자신들의 집을 가정 교회로 사용하고자 하는 것도 포함 했다. 그리고 바울의 방문을 준비하며 다음 선교를 위해 로마 교회가 그와 동역하는 것을 도와주려 했다. 그들을 칭찬하며 바울은 "내 목숨을 위하여 자기들의 목까지도 내놓았나니"4절라고 말했다. 이는 자신들의 지위와 영향력을 발휘하여 그를 돕고 자신들의 목숨까지도 내놓아 그를 구출하려 한 것이다. 일례로 일 년 전에 있던 에베소 폭동 사건 중에 일어났던 일들이 있다행 19:23-41.

그는 "나뿐 아니라 이방인의 모든 교회도 그들에게 감사하느니라"고 덧붙인다. 이는 바울을 구한 일을 의미할 수도 있지만 저자는 고린도, 에베소, 로마에서 수년간 있었던 그리스도를 위한 중대한 사역에 대한 감사라고 생각한다.

2) 가정 교회5a절**.** 바울은 "또 저의 집에 있는 교회에도 문안하라"고 말한다. 이는 그들이 로마에서 추방되기 전에 자신들의 집을 교회로 사용했고 이 구절에 나오는 집이 바로 그 집을 말하는 것으로 추정된다. 이 집은 로마에 있던 가정 교회 중 가장 특별한 교회 중 하나였을 것이다. 그는 로마에 도착해서 그 교회를 방문하려 했을 것이다.

3) 나의 사랑하는 에배네도5b절**.** 바울은 모두에게 긍정적 문구를 사용하고 있지만, 그 중에서도 에배네도와 각별한 사이였던 것 같다. 그는 아시아의 첫 개종자원어로는 '첫 열매'로서 브리스길라와 아굴라의 사역을 통해 주님을 영접했을 가능성이 크다. 바울은 2차 선교 여행을 마치고 예루살렘

을 통해 안디옥과 에베소로 다시 돌아오는 동안행 18:19-19:1 그들을 에베소에 두고 사역을 시작하도록 했다. 에베소에서 성공적 사역이 진행된 후, 그는 브리스길라와 아굴라와 함께 로마로 향했다.

4) 마리아6절. 당시 이방인들도 이 이름을 사용했지만 마리아는 아마도 유대 그리스도인이었을 것이다. 우리는 그가 신약 성경에 등장하는 마리아예를 들어, 예수의 어머니, 막달라 마리아, 나사로의 누이 마리아와 동일 인물이었는지는 모른다. 예수님을 개인적으로 알던 마리아라면 바울이 더 언급했을 것이다. 이는 예루살렘 교회의 초장기 가정교회 중 하나로 쓰인행 12:12 마가복음의 저자 마가의 어머니 마리아에게도 해당된다. 6절의 마리아는 이전에 알려지지 않은 마리아일 것이다. 바울은 그를 "너희를 위하여 많이 수고한 마리아"라며 로마 교회를 오랫동안 섬긴 주님께 충성된 일꾼이라고 말한다. "수고"는 어떤 특정한 사역이 아니라 그가 지치지 않고 일하는 일꾼임을 나타낸다. 그에게 수고했다는 수식어가 처음으로 붙은 것을 볼 때12절과 비교, 마리아는 로마 교회에서 중요한 역할을 하고 있었음을 알 수 있다.

5) 안드로니고와 유니아7절. 이 사람들은 바울의 "친척"동료 유대인으로서 이 구절에만 등장한다. 하지만 초대교회에서 중요한 위치를 차지했다. 헬라어로 '쉉게네스'συγγενής라고 하는데 이는 그의 '친척'을 의미하지만 '동족'이나 '동료 유대인'에 더 가깝게 쓰이고 있다. '안드로니고'는 헬라식 유대 이름이지만, '유니아'Ιουνιαν는 강세가 어떻게 붙느냐에 따라 남성Junias이나 여성Junia 불릴 수 있기에 논쟁의 여지가 있다. 12세기까지는 여성으로 간주되었으나 12세기에서 20세기 중반까지는 남성으로 여겨졌다. 하지만 근래에 와서는 '유니아'가 바울 시대에 흔히 쓰였기 때문에 다시 여성이라고 생각하는 이들이 많아졌다. 이것이 맞다면 이들도 브리스길라와 아굴라처럼 부부 사역조였음을 의미한다.

바울은 그들을 "나와 함께 갇혔던" 이들이라고 표현한다. 로마서가 쓰이기 전에 기록된 유일한 수감 사건은 빌립보행 16:24-34에 있을 때였는데, 고린도후서 11:23에서는 바울이 감옥에 "여러 번" 있었음을 말해 주고 있고 이는 로마서가 쓰일 때 즈음이었다. 많은 이들이 그가 에베소에서도 수감되었었다고 믿고 있다. 누가는 사도행전 19장에서 이에 대해 언급하고 있지 않지만 고린도전서 15:32과 고린도후서 1:8-9이 가능성을 시사하고 있다. 이것이 모두 사실이라면 그럴듯한 이유를 제공한다. 신약성경 후기 서신인 클레멘트1서를 보면 바울이 7번 수감되었다고 기록한다5:6. 하지만 로마서 16장에 나타난 수감이 그 중 무엇을 가리키는지는 알 수 없다. 다른 두 가지 가능성을 살펴볼 필요가 있다. 첫째, 수감은 은유적 표현으로 '주 안에서 갇힌 자'를 의미하는 것일 수 있다. 하지만 이는 정황상 맞지 않는다. 둘째, 그들도 바울처럼 수감되었었지만 바울과 함께 수감되지는 않았을 가능성이 있다. 하지만 이것도 확증할 길이 없다. 정황상 나는 그들이 바울과 함께 수감되었다고 본다. 여기에 등장하는 모든 문안이 문자 그대로의 상황을 반영하기 때문이다.

바로 이어 그는 이들이 "사도들에게 존중히 여겨지고"라고 표현하고 있는데 이도 많은 논쟁의 대상이다. 전치사 '엔'ἐν이 사도들에 '~의해' 존경받았다는 의미가 될 수 있고아낌 받는 주의 종들이었음을 의미 사도들 '~중에'그들도 사도들이었음을 의미 존중받았다는 것을 의미할 수도 있다. '~의해'가 문법적으로 가능성이 더 높지만, 학자들 대부분이 동의하는 것은 '사도들 중에'이다. 이들은 고린도전서 15:5, 7예수께서 열두 제자에게 나타나시고 "모든 사도에게" 나타나심에서 거론된 사도들에 속한 사람들이었을 가능성이 크다.

여전히 고린도전서 15:7과 이 구절에서 바울이 말하는 "사도"가 정확히 어떤 사도들을 의미하는지는 알 수 없다. 열두 제자가 있고, 바울과 바나바 그리고 그 외 몇 사도들이 있는데, 그 외에 순회하는 선교사들과 교회의 대표들이 "사도"로 불리기도 했다. 후자라면 고린도후서 8:23과 빌립보서 2:25에서 '대표' 혹은 "사자"로 불리는 이들이다.[71] 많은 학자들이 바울이 여기서 말하고 있는 사도들은 후자라고 추정한다. 이러한 견해가 맞다고 해도 이 "사도"들은 초대교회의 직위를 가지고 있었고, 유니아는 남편과 더불어 '뛰어난' 지도자의 예이다.

마지막으로, 그들은 "나바울보다 먼저 그리스도 안에 있는 자"들이다. 이는 그들이 바울보다 먼저 기독교로 개종한 사람들이었다는 뜻이다. 그들이 고린도전서 15:7의 "사도" 중에 있었다면 그들은 예수 그리스도를 직접 따르던 이들 중 하나였음을 의미한다. 그리고 사도행전 8:1-3의 박해로 예루살렘에서 추방된 헬라 유대 그리스도인들 중 하나였을 것이다. 이 모든 것들이 그들로 하여금 오랜 기간 교회 지도자였음을 가리킨다.

바울의 친구와 동료들 16:8-15

이 본문에서 바울은 로마 교회에서 그가 알고 지내던 지인 혹은 들었던 이들의 목록을 나열하고 있다. 9절의 우르바노를 제외하고는 이들은 교회 지도자로 소개되고 있지 않다.

1) 암블리아8절. 암블리아라는 이름은 노예 혹은 자유로워진 노예들에게 붙여지는 이름이다. 바울은 그를 "주 안에서 내 사랑하는"원어: '나의 사랑하는' 5b절 참조이라고 부르고 있다. 그는 아마도 도미티안 황제의 조카였던 도미틸라의 무덤에 기록된 암블리아였을 가능성이 있다. 만일 그렇다면 교회뿐 아니라 사회적으로도 명망이 있었을 것이다.

2) 우르바노9a절. 우르바노는 또 다른 노예 이름이다. 그는 암블리아처럼 황제 가속이었을 것이다. 바울의 "동역자"로서 그는 로마 교회의 지도자였을 가능성이 있다.

71 이는 2세기 문서인 디다케 11:3-6에도 나와 있다.

3) 스다구9b절. 그도 역시 황제 가속의 노예였을 가능성이 있지만 그에 대한 정보는 없다.

4) 아벨레10a절. 아벨레에 대해서도 알려진 바가 없지만 바울은 그를 "그리스도 안에서 인정함을 받은 자"라고 표현한다. 원어로는 '도키몬 엔 크리스토'δόκιμον ἐν χριστῷ인데 '도키몬'δόκιμον은 믿음의 시련을 통해 '검증된' 혹은 '인정된'이라는 뜻이다. 어떤 이유로 바울이 그를 이렇게 부르는지는 알 수 없지만, 이는 로마 교회에서도 잘 알려진 사실이었음에 틀림없다.

5) 아리스도불로의 권속10b절. 아리스도불로는 흔한 이름이었지만 많은 주석가들이 그가 헤롯 대왕의 손자였고 헤롯 아그립바 1세의 형이었던 아리스도불로였을 것이라 추정하고 있다. 그는 자기 형제인 아그립바와 함께 로마에서 인질로 잡혀 있었을 것이다. 아그립바는 주후 44년에 죽고 아리스도불로는 48-49년경에 죽었다. 그는 그리스도인은 아니었지만, 그의 권속들 중에 많은 이들이 그의 죽음 후에도 로마에 머물며 그리스도인들이 되었다. 바울은 여기서 그들에게 문안하고 있다.

6) 헤로디온11a절. 바울은 헤롯과 연관된 두 이름을 이어서 이 구절에서 연결한다. 헤로디온을 7절에서와 같이 '친척'이나 '동료 유대인'으로 부르며 문안하고 있다. 그는 헤롯의 권속에 속한 노예나 자유자였다. 노예들은 특히 외국인이었다면 종종 그들의 주인이나 후원자들의 이름을 땄다.

7) 나깃수의 가족11b절. 바울은 권속들 모두에게 문안하고 있지 않고 "주 안에 있는" 자들에게만 인사하고 있다. 해석가들 대부분은 이 권속들이 글라우디오 황제를 도울 정도로 부유하고 막강했던 나깃수의 권속이었을 것이라 추정하고 있다. 네로가 주후 54년에 황제가 되고 그의 모친 아그리비나가 숙청을 시행했을 때 나깃수는 자살을 강요받았다. 이 권속은 황제 가문이 될 수 있었으나 그러지 못하고 이름만 유지하게 되었다.

8) 드루배나와 드루보사12a절. 이들 이름에서 우리는 이들이 두 여인이고

노예나 노예 신분에서 풀려난 이들임을 알 수 있다. 이들은 자매나 쌍둥이였을 가능성이 있다. 고대 사회에서도 오늘날처럼 부모들이 형제자매들 특히 쌍둥이들에게 어원이 같은 이름을 붙여주었기 때문이다. 드루배나는 '맛 좋은'을 뜻하고 드루보사는 '섬세한'을 뜻한다. 바울은 이들을 6절과 비슷하게 "주 안에서 수고한" 사람들로서 특별히 섬김의 은사가 있던 이들로 그리고 있다.

9) 버시12b절. 이는 또 다른 노예 혹은 풀려난 여인으로서 '바사페르시안 여인'을 뜻하는데, 아마도 이 이름은 그의 출신지를 말해 주는 것 같다. 그에 대한 문안 인사는 좀 색다른데, 5, 8절의 "사랑하는"과 6, 12a절의 "주 안에서 수고한"을 합쳐서 두 가지 칭찬을 동시에 하고 있다. 더욱이 바울은 그가 "많이 수고한다"고 말하면서 그의 지칠 줄 모르는 섬김과 교회에서 특출한 지도자로서 활동했음을 말하고 있다6절의 마리아와 같이.

10) 루포13a절. 증명할 수는 없지만 마가복음 15:21에 "알렉산더와 루포의 아버지"였던 예수님의 십자가를 진 구레네 사람 시몬의 아들일 가능성이 크다. 마가가 시몬의 아들 이름을 언급한 것은 그가 독자들에게 잘 알려진 인물이었음을 뜻한다. 사람들 대부분이 마가복음이 로마에서 기록되었다고 믿고 있고, 이는 알렉산더와 루포가 로마의 명망 있는 기독교 지도자들이었음을 가리킨다. 바울은 여기서 그를 "주 안에서 택하심을 입은" 자로 표현한다. 이는 그가 상당히 존경 받는 인물이었음을 뜻할 수 있지만, 단순히 주께서 선택하신 이들 중 한 명임을 나타내는 것으로 보는 것이 더 좋을 듯하다. 어쨌든 그는 로마 교회에서 중요한 위치를 차지하고 있던 사람이었음에는 틀림없다.

11) 루포의 어머니13b절. 바울은 그를 "내 어머니"라고 말하고 있다. 이는 어느 시점에서 바울에게 보여 준 특별한 모성애를 가리키는 것일 수 있다. 그는 예루살렘에서 그의 가족과 함께 머물고 있었거나, 그가 여정 가

운데 바울을 자주 만났던 것일 수 있다. 여기서 자세히 알 수는 없지만 바울은 그들 사이에 있는 끈끈한 정을 강조하는 것이 분명하다.

12) 아순그리도, 블레곤, 허메, 바드로바, 허마, 그들과 함께 있는 형제들14절**.** 위에 열거된 이름들과 같이 이들은 노예 혹은 자유자들의 이름들로서 아마도 가정 교회 지도자들이었을 것이다. 바울은 "그들과 함께 있는 형제들"이라고 덧붙이면서 그가 강조하는 것이 개개인보다는 그들이 몸담고 있던 가정 교회였음을 보여 준다. 그가 이 교회와 어떤 관계를 맺고 있었는지는 알 수 없다. 바울의 사역 조직과 관계가 있었거나 바울과 개인적 관계가 있었거나 둘 중 하나일 것이다.

13) 빌롤로고, 율리아, 네레오와 그의 자매 15a절**.** 이들은 한 가족이었을 가능성이 크다. 빌롤로고가 아버지고, 율리아가 아내고, 네레오와 그의 자매바울이 이름을 몰랐을 것이다는 그들의 자녀들이었을 것이다. 하지만 이들 모두가 형제자매일 수도 있다. 이 구절만 보아서는 정확히 알 수 없다. 첫 번째 견해가 더 낫다. 이들은 가정 교회 후원자들로서 한 가족이었을 것이다.

14) 올름바와 그들과 함께 있는 모든 성도 15b절**.** 빌롤로고와 율리아가 가정 교회의 지도자들이었으면, 올름바와 함께 했던 성도들은 그들의 교회 구성원들이었을 것이다. 올름바는 이 교회 지도자였고, 함께 있던 이들은 '성도'들이었다.

서로에 대한 문안 권고 16:16

로마 교회에 바울이 알고 있던 사람들과 가정 교회들에 대한 문안이 끝나고, 이제 서로가 "거룩하게 입맞춤으로 서로 문안하라"고 권유하며 이 단락을 마무리하고 있다. 이러한 권고는 그의 서신에 자주 등장한다고전 16:20; 고후 13:12; 살전 5:26. 이런 문안 인사는 고대 사회에서 흔했는데, 특히 유대인들 사이에서 입맞춤은 깊은 사랑과 우정의 표현이었다.

많은 해석가들이 이 구절의 입맞춤이 기도와 성만찬 사이에 있던 "거룩한 입맞춤"으로 예배 순서 중 하나였던 것으로 생각한다. 이는 성도들 사이에 사랑, 존중, 존경을 표하는 것으로 장엄하고 영적인 의미를 가진 것이었다. 테르툴리아누스는 이를 "평화의 입맞춤"이라 불렀지만 이것은 그리스도인의 사랑의 인사이므로 '평화'로 해석하는 것은 잘못이다.

바울은 "모든 교회가 다 너희에게 문안하느니라"고 덧붙이는데, 이것은 과장법으로 자신의 선교 사역 중 세워진 모든 교회들을 의미했을 것이다. 그는 로마 교회가 자신의 사도 사역 범위에 있던 다른 교회들과 더욱 긴밀하게 연결되기를 원했다. 또한 모든 곳에 그의 사역과 연관된 교회들이 있는데, 그의 희망은 로마 교회가 그 중 하나가 되는 것이었을 수도 있다.

2) 거짓 교사들에 대한 경고 16:17-20a

이 경고는 사도행전 20:29-31의 경고와 많이 유사하다. 사도행전에서는 그가 에베소 교회 장로들에게 "사나운 이리가 여러분에게 들어와서 그 양 떼를 아끼지 아니하며"라고 경고한다. 로마서에서도 악한 교사들이 나타날 것을 예언 형식으로 선포한다. 이상한 것은 그가 로마서가 마무리되는 이 부분까지 이단적 운동이나 교사들에 대해 아무 언급도 하지 않았다는 점이다. 혹자는 이 부분이 원문에 없다가 후에 첨가된 것이라고 주장하지만 여기에는 근거가 없다. 바울의 이러한 경고는 여러 군데 등장하기 때문이다고전 16:13-14; 고후 13:11. 그는 몇몇 거짓 선지자들이 로마로 오고 있음을 들었거나 이미 교회 안에 그들이 있음을 알고 있었을 수도 있다고후 10:13. 그는 항시 교회들이 준비되어 있기를 원했다.

바울이 어떤 이단 집단을 염두에 두고 이 경고를 했는지는 정확히 알 수 없다. 그는 이단들의 일반적 특성 즉 갈라지게 하고, 자기중심적이고,

사람들을 미혹하고, 복음의 진리에 반대하는 등의 특징을 묘사하는 데 집중한다. 세 무리를 염두에 두었을 가능성이 있다.

1 영지주의 전 단계 사람들이다. 이들은 비밀의 지식으로 구원을 얻을 수 있다고 믿는 자들로요한일서에서 거론되는 이들과 유사, 2세기 영지주의 신학으로 아직 완전히 발전되지 않은 단계에 있던 사람들이다.
2 유대주의자이다. 이들은 율법을 지킴으로 구원을 얻는다고 믿던 사람들이다갈라디아서와 빌립보서 3장에서 다루는 이들과 흡사.
3 로마 교회에 있던 강한 자들과 약한 자들이다14:1-15:13 참조.

세 번째 무리는 이단은 아니지만, 첫 두 무리는 분명 이단이고 바울이 이들을 염두에 두고 말했을 가능성이 크다. 하지만 바울은 어떤 특정 무리를 따지지 않고 성도들에게 경각심을 일으켜서 거짓 선지자가 올 때를 대비하라는 일반적 메시지를 주고 싶었을 수도 있다.

분쟁을 일으키는 지도자를 멀리하라 16:17

바울은 그가 '형제와 자매'라고 부르는 이들과의 깊은 관계를 강조하기 위해 '권하고' 있다12:1 참조. 그는 그들에게 '살피라'고 명령하며, 영적인 각성을 불러일으켜서 그들이 거짓 선지자들을 알아보고 대처할 수 있기를 원했다. 거짓 선지자들은 기약 없이 올 수 있고 그들은 상당히 위험한 존재들이다. 이것은 "경고 - 방울뱀이 있으니 조심하시오!"라고 표지를 붙여 놓는 것과 같다.

바울의 이러한 묘사는 사람들로 깨어 있게 하여 거짓 선지자들의 특성을 분별하도록 하려는 것이다. 로마 교인들이 알아볼 수 있도록 그들의 특징에 대해 다음과 같이 말하고 있다. 1) 그들은 "분쟁을 일으킨다." 그들의 가르침은 어디에 가든지 교회 안에 분열을 일으키게 한다. 2) 그들은 "교훈을 거스르는" 자들로 성도들 앞에 거침돌을 놓고 주님에게서 멀어지게 한다. 9:33과 11:9에서 언급했듯이, 이들은 악의 세력에 속한 사람들로 성도들의 신앙을 무너뜨리고 배교로 이끌 수 있는 사람들이다.

이단은 그저 잘못된 신학을 가지고 있을 뿐 아니라 사람들의 신앙을 파괴하기도 한다. 바울은 여기서 이것을 강조하며 "너희가 배운 교훈을 거슬러 분쟁을 일으키거나"라고 말하고 있다. 그들의 가르침은 그리스도인의 중심 교리와 맞지 않는다. 이단은 성도의 견인설이나 교회의 휴거 시기 등의 논점을 보이는 것이 아니라 그리스도의 신성이나 구원의 근간이 되는 그리스도의 죽으심 등의 주요 신학을 공격하는 것이다.

이들을 향한 올바른 대처 방법은 '떠나는 것'이다. 이는 그저 그들을 피하는 것 이상이다. 14:1-15:13에서 다룬 약한 자와 강한 자들 간에 관용과 혼동될 수 있기에 완전히 떠나라고 명하고 있는 것이다. 이 명령은 직접적이고 단호한 반대, 곧 거부하는 훈련을 포함한 행위를 요구한다. 마태복음 18:17에서 "이방인과 세리와 같이 여기라"고 말한 것, 혹은 데살로니가후서 3:14에 "사귀지도 말고"라고 한 것처럼 단절을 가리킬 수도 있다. 이러한 훈련은 상대방을 회개로 이끌기 위해딤후 2:24-26 부드럽게 행해져야 하겠지만, 근본적으로 단호해야 한다. 이렇게 하는 목적은 교회에서 이들을 내보내려는 것이 아니라문제가 심각한 경우에는 고려해야 할 수도 있지만, 그들을 깨우치고 주님과의 관계와 바른 신학을 가질 수 있도록 돕기 위함이다.

자기 배만 섬기는 태도 16:18

교회 안에 있는 거짓 교사들에게 강하게 대처해야 하는 이유가르 γὰρ; 왜냐하면는 그들이 "주 그리스도를 섬기지 아니하고 다만 자기들의 배만 섬기기" 때문이다문자 그대로 '자기 자신의 배'. 이는 빌립보서 3:19에 "그들의 신은 배요"

라고 말한 것과 유사하다. 어떤 해석가들은 이것이 문자 그대로 '욕심 부리는 삶을 사는 이들'이나 '음식법에 집착하는 유대교 출신 사람들'14장 참조을 가리키는 것이라고 생각한다. 하지만 '주님보다 자기 이익을 추구하는 자기중심적이고 욕심 부리는 사역을 하는 이들'을 묘사하는 것이라고 생각하는 것이 바람직하다. "우리 주 그리스도"를 섬기지 않는 것은 다스리는 권위가 세상이나 가르치는 교사들에게서 오는 것이 아니라 전적으로 만유의 주이신 그리스도에게서 온다는 뜻한다. 하지만 거짓 교사들이 자신의 이익만 추구한다면 그들은 멸망으로 치달을 것이다.

거짓 교사에 대항해야 하는 다른 이유는 그들이 삶을 바꾸는 하나님의 진리를 가르치지 않고 "교활한 말과 아첨하는 말로 순진한 자들의 마음을 미혹"하기 때문이다. 사탄은 고도의 거짓말쟁이다계 12:9; 20:3. 바울은 20절에서 사탄에 대해 이 문제와 관련하여 언급할 것이다. 바울은 7:11에서 "죄가 기회를 타서 계명으로 말미암아 나를 속이고 그것으로 나를 죽였는지라"라고 속이는 것에 대해 언급했다.

이런 이단들은 어리석고 단순한 생각 속에 진리를 왜곡시켜 전달한다. 에베소서 4:14에서처럼 영적으로 어린아이들과 같은 사람들이 하나님의 깊은 것들을 이해하지 못하고 거짓 교사들의 수려하고 듣기 좋은 거짓말에 쉽게 이끌려 속는다. 그들은 진리와 왜곡을 구분하지 못한다. 어리석은 이들에게는 거짓 선지자들이 말하는 것이 흥미롭고 말이 되는 것 같으며, 이들은 반쪽짜리 진리에 더 확신을 갖게 된다. 이것이 데이비드 코레시텍사스 웨이코나 짐 존스가이아나 같은 이들에게 추종자들이 있었던 이유다.

나는 복음주의 교회에서 많은 이들이 이러한 이단 집단에 빠져든 이유에 대해 논지를 펼친 적이 있다.[72] 많은 이들이 이단에 빠지는 이유는 첫

72 Osborne, "Countering the Cultic Curse," *Christianity Today*, June 29, 1979, 22–23.

째, 많은 교회들이 참된 교제와 돌봄을 잃어버렸기 때문이고, 또한 성경이 무엇을 말하는지 신학적으로 정립하지 않고 지식이 없기 때문이다. 성숙하지 않은 사람은 거짓 교사가 성경을 왜곡하는 것을 들을 때 그것이 하나님의 진리를 왜곡하고 있는지 분별하지 못한다. 교회 지도자들은 교인들이 매일 성경을 읽고 이것이 그러한가 하여 성경을 상고하도록행 17:11 부지런히 훈련해야 한다. 성도들이 하나님 진리를 사모하고 그 진리를 왜곡시키는 가르침을 들을 때 분별할 수 있도록 도와주는 성경 공부가 교회들에 필요하다. 우리는 성경 공부가 재밌고 즐거울 수 있도록 만들어야 한다. 매주 하나님 말씀을 올바로 선포할 설교자들이 필요하고, 우리 삶에 의미 있고 적합한 메시지를 전할 수 있는 선포자들이 필요하다. 그럴 때 사람들이 복음이 잘못 선포되고 있는 것을 분별하고 "교활한 말과 아첨하는 말"을 허용하지 않을 것이다.

지혜와 순전함의 필요 16:19

악한 교사들에 반해 로마 성도들은 "순종함"으로 널리 알려져 있었다 "모든 사람에게 들리는지라". 이단들이 교회를 파괴하고 분열시키려 했지만 로마 성도들은 주님을 따랐고, 이에 바울은 그들에 대해 기뻐했다. 그는 성도들이 이단들의 위협을 충분히 이겨낼 것이라 확신했다. 요점은 그들이 진실로 하나님과 그분 말씀에 순종하고 거짓 교사들을 피할 것인지에 관한 것으로 보인다. 로마 성도들은 교리적으로 순수하다 알려졌고, 그렇기에 그들의 명성을 잘 지키며 더욱 경계심을 가지려 할 것이다.

그들이 교회를 지키는 방법은 "선한 데 지혜롭고 악한 데 미련한" 것이다. 이 구절에 언어 유희가 있는데, 18절의 "순진한"과 19절의 "미련하기"이다. 특히 악한 가르침에 있어 미련해야 하지만, 거짓 가르침에 지나치게 순진하거나 단순하게 속아서는 안 되는 것이다. 도덕적 행위뿐 아니라 신학적 진리에 있어서도 선과 악을 구별하는 법을 배워야 한다.

교회에서 가르치는 사역이 얼마나 중요한지 깨달아야 한다. 교회 안에서 중요하지 않은 것들을 추구한다면 치명적 위험을 초래할 것이다. 신학이 없는 것이 교회에 이를 위험의 첫걸음이기 때문이다. 성도들은 신학이 지루하기 때문에 신학에 전혀 근거를 두지 않은 창조적 프로그램 등에 초점을 두기도 한다. 신학이 지루하게 느껴질 수 있다. 하지만 그것은 신학을 가르치는 사람이 지루한 것이지 신학이 전달하는 진리 자체가 지루한 것은 아니다. 선한 것이 지혜와 잘 융합되면 그것은 삶을 바꾸는 힘이 된다. 마태복음 10:16에서 선언하듯 "뱀 같이 지혜롭고 비둘기 같이 순결"해야 한다.

종말론적 약속 16:20a

"평강의 하나님께서 속히 사탄을 너희 발 아래에서 상하게 하시리라"는 약속의 말씀이 일반적인 것인지모든 영역에서 악의 세력을 대항하여 교회가 승리할 것을 약속 특정한 것거짓 선지자들을 향한 승리의 약속인지 논쟁이 있다. 이것도 다른 논쟁들과 마찬가지로 무의미한 논쟁인데, 이는 거짓 선지자들을 이기는 것이 특정한 사건이기는 하지만 하나님 백성이 사탄을 이기는 전 우주적 승리이기 때문이다.

또한 이 구절은 14:1-15:13에서 논의된 강한 자와 약한 자의 문제와도 연관되어 있다. 이 두 무리 사이에 있던 내부 분쟁 때문에 빚어진 불일치에 강조점을 두고 바울은 "평강의 하나님" 즉 15:33의 송영에서 사용한 이름으로 부르면서 14:17, 19의 평화에 대한 기도와 밀접하게 연관시키고 있다. 사탄이 곧 상하게 될 것이라는 약속은 창세기 3:15의 원복음protevangelium 즉 "여자의 후손은 네 머리를 상하게 할 것이요 너는 그의 발꿈치를 상하게 할 것이니라"는 말씀에 기반을 두는 것이기도 하다. 바울은 거짓 선지자들을 사탄의 사자들로 보고 그들의 권세와 영향력이 한시적이며 곧 무너질 것이라고 선언하는 것이다. 이단들이 마귀들의 영향을 받고 있는 것은 바울 서신에 자주 등장하는 개념이다. 디모데전서 4:1은 "성령이 밝히 말씀하시기를 후일에 어떤 사람들이 믿음에서 떠나 미혹하는 영과 귀신의 가르침을 따르리라"고 기록하고 있다. 사도 요한도 마찬가지로 요한일서 2:18에서 "적그리스도가 오리라는 말을 너희가 들은 것과 같이 지금도 많은 적그리스도가 일어났으니"라고 말하고 있다.

동시에 로마서에 자주 등장하는8:18, 23, 30 참조 '이미 그러나 아직'already/not yet 개념이 나타난다. 사탄의 상함은 영적 전쟁에서 이미 시작되었지만 종말 혹은 모든 것의 끝이 이르기까지 영적 전쟁은 아직 끝나지 않았다. 종말에 사탄은 무저갱에 던져질 것이고계 20:3 불과 유황 못에 던져질 것이다계 20:10. 유대인들은 요한계시록 12:7-9에서 천사장 미가엘이 천사들과 함께 사탄과 타락한 천사들을 무찌르는 장면을 하나님과 천군 천사들이 옛뱀 혹은 용인 사탄시므온서 6:6; 레위서 18:12; 에녹1서 54:6 참조을 무찌르는 것으로 이해한다.

바울은 거짓 선지자들의 악독한 가르침이 드러나고 교회 치리 안에서 물러갈 때 사탄이 지금 패할 것이라고 말하고 있다. 사탄의 '상함'을 이단들의 무너짐이자 창세기 3:15 약속의 성취로 볼 수 있다. 이러한 현재적 승리는 역사의 끝에 사탄과 악의 세력에 대한 최후 승리를 보게 한다. 이 최후 승리는 13:12에서 말하듯 "낮이 가까웠으니" 곧 일어날 것이다.

3) 바울의 축도 16:20b

바울은 그의 모든 서신의 끝에 기도 제목을 나누고 "우리 주 예수의 은혜가 너희에게 있을지어다"라고 마무리짓는다. 은혜는 바울 서신에서 중심을 차지하고 있고, 우리 구원은 하나님 아들을 십자가에서 죽게 하사 우리 죄를 사하게 하신 은혜의 결과이다. 이 은혜는 로마서 서두에 등장하는 인사말1:7의 하나님과 그리스도의 은혜이고, 여기서 바울은 같은 은혜가 로마 성도들 삶 가운데 지속되기를 기도하고 있다. 로마서를 읽는 독자들이 그리스도 안에서만 평화를 누리고 사탄을 이기는 승리가 자신들의 것이 되는 경험을 할 수 있다.

4) 고린도에 있는 바울의 동역자들의 인사 16:21-23

3-16절에서 바울은 로마 교회 지도자들에게 문안했다. 21-23절에서는 고린도 교회 지도자들의 인사를 전달한다. 이는 그의 서신에서 자주 찾아볼 수 있다. 여기 등장하는 이름들은 고린도 교회 지도자들 중 몇 명과 더불어 사도행전 20:2-3에 기록된 바울의 3차 선교 여행 막바지에 고린도에서 함께 사역했던 동역자들이다.

1) 디모데는 루스드라에서 아직 청년행 16:1이었을 때 바울의 2차 선교 여행을 통해 동역자가 되었다. 그는 후에 바울이 가장 신뢰하는 지도자들 중 하나가 된다. 바울은 그를 에베소에서 고린도로 보냈고고전 4:17; 16:10-11 사도행전 19:22의 마게도냐로 향한 여정에도 동참하게 했다. 디모데는 고린도후서가 기록되기 전에 돌아왔지만고후 1:1 사도행전 20:1-3에서 보듯이 이곳으로 가기 위해 바울과 함께 고린도로 돌아왔다. 후에 그는 바울이 출옥한 후 처음으로 방문했던 빌립보로 보내지고빌 2:9-14, 바울이 마지막으로 붙잡혀 투옥되었던 에베소디모데전후서로 보내졌을 것이다.

2) 누기오, 야손, 그리고 소시바더는 친척동료 유대인들이었다7절 주석을 참조. 누기오는 바울의 동역자요 누가복음과 사도행전을 집필했던 누가였거나 수리아 안디옥 교회 선지자였던 "구레네 사람 루기오"행 13:1였을 것이다.

누구였는지 확증할 길은 없다. 야손은 바울이 데살로니가에서 머물렀던 집 주인이었던 것으로 추정되고행 17:5-9, 소시바더는 로마서가 기록된 직후 바울이 그리스를 떠나 가난한 자들을 위한 구호 물품을 전달하려 할 때 동행했던 뵈레아 교회의 대표 소바더와 동일 인물인 것으로 보인다행 20:4.

3) 더디오는 바울의 말을 받아 써서 "이 편지를 기록한" 서기였다. 바울은 시력이 좋지 않았기에 스스로 편지를 쓰기 힘들었고 누군가를 의지해서 써야 했다갈 6:11; 고전 16:21; 살후 3:17. 고대 사회에서 서기나 비서들은 세 가지 다른 차원에서 집필하였다. 서기가 자유롭게 쓸 수 있는 것, 원저자의 지도를 받지만 자유롭게 단어 선택을 할 수 있는 것, 그리고 온전한 받아쓰기였다. 갈라디아서, 로마서, 고린도전서 문체가 비슷한 것으로 볼 때 더디오가 이 모든 서신들을 받아 쓴 것으로 추정해 볼 수 있다. 이런 서기에게서 문안을 받는 것은 흔하지 않았으나 전혀 없던 일은 아니었다. 그는 로마의 성도들과 안면이 있었음이 분명하다.

4) 가이오는 고린도전서 1:14에 등장하는 고린도에서 침례세례 받은 두 개종자 중 하나인 가이오였다. 바울이 로마서를 고린도에서 썼기 때문에 그 사람이 맞다. 사도행전 19:29과 20:4 혹은 요한삼서 1:1에 나오는 가이오보다 더 확실하다. 아마도 사도행전 18:7에 나오는 고린도에서 회당을 나온 바울을 영접한 디도 유스도가이오 디도 유스도와 동일 인물일 것이다. 그는 교회 사역을 위해 고린도를 경유하는 방문자들에게 숙식을 제공하던 이였을 것이고, 바울도 이 서신을 쓸 때 그의 집에 머물렀던 것이다.

5) 에라스도는 요직에 있던 인물로 지역 도시 전체를 관할하는 '재무관'오이코노모스, οἰκονόμος 혹은 회계였다. 그는 교회 구성원이 전부 가난한 사람만 있는 것이 아니라 여러 높은 지위행 13: 6-12의 로마 총독 서기오 바울과 비교해 보라의 사람들도 있었음을 보여 주는 좋은 증거다. 그는 아마도 사도행전 19:22딤후 4:20 참조의 에베소에서 마게도냐로 보내진 사역조 중 한 명이었을

수 있으나 이런 높은 지위에 있는 사람이 그런 활동을 할 시간이 있었는지는 확인하기 어렵다. 많은 학자들이 그를 고린도에서 로마의 길을 닦는 비용을 댄 부자로서 로마 공화국 사무 집정관 혹은 공공 사무의원으로 일 년 동안 임명되었던 사람으로 본다. 이는 충분히 가능성이 있고 정황상으로도 잘 맞는 주장이다.

6) 구아도는 잘 알려지지 않은 인물이다. 그를 '형제'라고 부른 것은 에라스도나 더디오의 실제 형제라는 것이 아니라 주 안에서 한 형제가 된 것을 뜻한다.

몇몇 고대 사본들베자 사본같이 서방 교회에서 비롯된 "서방 사본"으로 분류된은 기도 제목을 나열한 후 킹 제임스 성경KJV 24절에 나오는 "주 예수 그리스도의 은혜가 너희에게 있을지어다 아멘"이라는 문구를 포함한다. 하지만 이 구절은 더 오래된 사본들시내 산 사본, 바티칸 사본 및 다수 등 거의 대부분의 사본에서 빠져 있다. 이 구절은 후에 첨가된 것이 거의 확실하고, 번역서 대부분에는 24절이 삭제되어 있고 바로 25절로 연결된다.

5) 끝맺는 송영 16:25-27

이는 다른 것보다 조금 더 긴 송영이다. 바울은 복음의 내용과 서신의 중심 내용을 요약하기 위해 이 송영을 사용한다. 1:1-7과 거의 비슷한 내용으로 로마서 전체가 그리스도 예수 안에 하나님의 구원을 드러낸 계시라는 주제로 짜여 있음을 보여 준다. 로마 성도들은 그들을 위해 하나님께서 행하신 모든 일들로 즐거워하고 구원하심 가운데 그들에게 주신 힘으로 그분을 섬기도록 헌신해야 한다.

이 송영이 로마서에 있었는지 어디에 있어야 할지 여러 가지 의견들이 있다. 어떤 이들은 바울이 쓴 것이 아니라 나중에 편집되어 첨가된 것이라 주장한다. 하지만 그렇게 보기에는 너무 많은 사본들이 이 송영을 포함하고 있다. 시내 산 사본, 바티칸 사본, 에브라임 사본, 심지어 베자 사본과 또 다른 파피루스 등 오래된 사본들에도 16:23 이하 구절들이 나온다. 바울이 쓴 것이 아니라고 주장하는 이들 대부분 "영세 전부터 감추어졌다가" 혹은 "영원하신 하나님"처럼 바울 문체가 아닌 문구들을 두고 주장한다. 하지만 이런 문구는 로마서 서두인 1:1-17에도 등장한다. 로마서의 주제로 서신을 이렇게 구성한 것도 로마서 문맥상 잘 맞는다.

하나님의 속성 16:25a

이 구절은 에베소서 3:20의 "넘치도록 능히 하실 이"가 하나님만 홀로 능력의 일을 행하실 능력을 갖추고 계심뒤나마이, δύναμαι; 할 수 있는, 할 능력이 있는을 나타내는 것과 같이 송영을 시작한다. "너희를 능히 견고하게 하실"[73]은 "능력을 주실 수 있는"스테릭사이, στηρίξαι; 세우는, 힘주시는을 뜻하는데, 성도의 힘은 온전히 하나님의 능력에서 비롯된다는 뜻이다. 이는 '힘 주시고 견고하게 하시고'로 번역할 수 있다. 두 가지 모두 이 구절의 의미를 반영한다. 우리는 강하게 하시는 그분의 임재로만 그리스도 안에 굳건히 설 영적 힘을 가지게 된다. 이는 성도의 삶을 살 수 있는 힘이고 하나님 말씀의 진리를 이해하고 적용할 수 있는 힘이다26a절.

이 힘의 근원은 "나의 복음과 예수 그리스도를 전파함"이다. 곧 복음은 그리스도를 선포구세주와 주님으로하는 것이다. 주님을 섬기는 힘의 원천은 바울 가르침의 핵심인 복음이고, 복음은 그리스도에 관한 말씀이다. 이것이 3:21-8:39의 주요 내용이고, 여기서 바울은 복음에 대해 깊이 파헤쳤다. "예수 그리스도를 전파함"은 원어로 볼 때 '예수의 가르침'보다는 '예수에

73 개역개정판에는 26절b에 있음.

관한 가르침'을 의미하고, 문맥상 바울은 그리스도의 가르치는 사역을 파헤치기 보다는 복음의 내용을 요약하고 있다.

감추어진 신비의 계시 16:25b-26a

바울은 더 나아가서 복음을 "영세 전부터 감추어졌던 것"이라고 정의내리고 있다. 복음 가운데 하나님은 그분의 감추어진 신비를 드러내신다. 11:25 주석에서 언급했듯이 신비는 이전에는 몰랐으나 이제 하나님 백성에게 나타난 구원 역사의 사건을 가리킨다. 이는 묵시적 언어로서 "계시"아포칼뤼프시스, ἀποκάλυψις는 계시된 것의 과정이고 "신비"뮈스테리온, μυστήριον는 그것의 내용이다.

이 신비는 예수 그리스도 자신으로서 다음 세 가지로 설명할 수 있다.

1) 그는 "영세 전부터 감추어졌다가" 나타나신 분으로서 그분을 온전히 이해하는 것은 과거 이스라엘에게는 불가능했다. 그들은 메시아가 오시는 것을 알고 있었지만 그 이상은 알지 못했다. 그들은 자세한 내용을 추측할 뿐이었다. 베드로전서 1:10-11에서 보듯이 선지자들이 "연구하고 부지런히 살펴서 자기 속에 계신 그리스도의 영이 그 받으실 고난과 후에 받으실 영광을 미리 증언하여 누구를 또는 어떠한 때를 지시하시는지 상고"하였다. 그들은 오는 것에 대해 부분적으로만 알고 있었고 완전한 실체를 알기를 고대했다.

2) 그리스도는 "이제는 나타내신 바 되었으며 영원하신 하나님의 명을 따라 선지자들의 글로 말미암아"26a절 이루셨다. 계시는 감추어져 있지만 예언을 통해 드러난다는 것이 서로 상충하는 것처럼 보인다. 이는 어느 정도 사실인 것이, 부분적으로 '계시되고 드러났지만' 그리스도가 실제로 나타나시기 전까지는 많이 감추어져 있었다. 예를 들어 유대인들은 이사야 52-53장에서 보여 주는 고난의 종보다는 승리의 왕을 고대하고 있었

다. 게다가 아브라함 언약은 모든 나라가 복을 받을 것이라고 말했는데, 유대인들은 이방인들이 언약 백성으로서 특별한 위치를 차지한다는 것을 이해하지도 받아들이지도 않았다.

3) 그리스도는 "영원하신 하나님의 명을 따라" 오셨다. 이것은 하나님의 뜻으로서 이 신비를 벗겨낼 때 드러나 있고, 하나님의 경륜에 따라 이루어지고 있다. 그분은 "영원하신 하나님"이시고, 이것은 이 중요한 구원의 진리가 세상이 시작하기도 전에 있던 하나님 계획의 부분이었음을 뜻한다엡 1:4; 히 4:3.

목적: 모든 민족이 믿는 것 16:26b

하나님은 "모든 민족이 믿어 순종하게 하시려고" 이 모든 것을 하신다. 이것이 곧 로마서를 관통하는 핵심 주제다. '에드네'ἔθνη는 '이방인' 그리고 '민족'을 의미하고 둘 다 문맥상 이 구절에 맞는다. 그리스도는 모든 민족과 백성을 위해 오셨고, 유대인과 이방인은 하나님 은혜와 자비가 필요한 죄인으로서 그분 앞에 서게 된다. 그리스도는 온 인류를 위해 죽으셨고, 그가 소개한 새 언약의 시대가 유대인과 이방인을 한 몸으로 묶어 새로운 이스라엘을 창조한다. 믿음으로 얻어진 칭의는 온 인류와 각 나라가 하나가 되게 한다. 이것이 1:5에서 말한 "그의 이름을 위하여 모든 이방인 중에서 믿어 순종하게" 하려는 바울의 목적이다.

그는 로마서를 통해 구원의 도덕적 측면을 강조하고 있다. 그리스도를 믿는 것은 그분을 위하여 산다는 것이다. 의를 말할 때 세 가지 상호 연관된 면들이 있다. 그리스도의 구속 사역을 통해 의롭다 칭해짐, 성령의 거룩하게 하시는 사역을 통해 의로워짐, 그리고 삼위일체 하나님께서 공급하시는 힘을 통해 의로운 삶을 살게 됨이다. 칭의와 함께 성화가 시작되고 그리스도와의 동행이 시작되는 것이다. 올바른 믿음이 하나님과의 올바른 관계로 이어져서 그분을 위한 올바른 삶을 만들어 내게 된다.

끝맺는 찬양 16:27

서신이 찬양으로 매듭지어지고 있다. "지혜로우신 하나님께 예수 그리스도로 말미암아 영광이 세세무궁하도록 있을지어다 아멘." 이는 하나님의 두 가지 속성을"홀로 지혜로우신 하나님" 가리키는 것으로 이해될 수 있다. 하지만 모든 성경 번역이 하나의 개념으로지혜로우신 하나님로 번역하여 하나님만 지혜로우시다고 표현하고 있다. 11:33에서 바울은 깊은 하나님의 지혜와 지식의 풍성함을 묵상하고 있다. 하나님의 지혜는 성경에서 가장 흔히 등장하는 주제 중 하나이고, 특별히 창조 사역과 구원 계획에 있어서의 그분의 지혜를 많이 설명한다.

바울 서신에서 지혜는 잠언의 지혜처럼 하나님 통치에 입각한 삶을 표현한다. 고린도전서 1:17-2:16과 3:18-20에서 그는 하나님의 지혜를 사실상 어리석은 소위 세상 지혜와 대조한다. 요점은 하나님만이 지혜로우시고 그의 백성은 하나님 안에서만 지혜를 찾을 수 있다는 것이다.

이 서신을 맺는 유일한 방법은 하나님께만 영광을 돌리고 영광이 영원토록 오직 그분에게만 속해 있음을 인정하는 것이다. 영원은 "하나님께 … 영광"이라고 부르짖는 찬양 안에 다 요약될 수 있다. 하나님만 영원히 찬양받으실 분이시다. 웨스트민스터 교리 문답은 하나님께서 우리를 창조하신 목적이 "하나님을 영화롭게 하는 것과 그를 영원토록 즐거워하는 것"이라고 말한다. 그분께 영광을 돌리고 영광이 영원히 그분께 있음을 찬양하는 것은 우리에게 성스러운 특권이다.

요한계시록 7:15은 이렇게 우리의 영원한 운명을 표현하고 있다. 우리가 "하나님의 보좌 앞에 있고 또 그의 성전에서 밤낮 하나님을" 섬길 것이다계 22:3 참조. 천국은 어떤 의미에서 영원한 경배와 찬양 예배가 될 것이다. 성부, 성자 그리고 성령 하나님이 함께하셔서 우리의 상상을 초월하는 예배를 드리게 될 것이다. 모세는 하나님을 보면 죽을 것이라고 말했지만출 33:20; 요 1:18 우리는 영원히 하나님의 얼굴을 보고 기뻐할 것이다!

이러한 찬양은 오직 "예수 그리스도로 말미암아" 가능하다. 구원은 십자가에서 죽으신 그리스도를 통해서만 가능하다는 사실에 맞추어 이 구절이 적절한 맺음을 짓고 있는 것이다. 하나님의 사랑과5:8 그리스도의 속죄 제사가3:25 이 모든 것들을 이루었고, 그분을 믿는 믿음이3:21-4:25 우리를 구원과 영생으로4:25; 6:23 인도하는 것이다.

옛말에 "친구를 조금만 사귀라는 법은 없다"라는 말이 있다. 바울은 16장이 보여 주듯 친구들이 많았다. 그가 친구와 동역자로 부르던 사람들이 이렇게 많은 것을 볼 때 바울은 외향적인 사람이었을 것이다. 방문하지도 않았는데 이토록 많은 사람들을 알고 있다는 것이 놀라울 따름이다.

바울이 문안 인사를 하는 목적은 그가 로마 교회를 아직 방문하지 않았어도 그의 지인들을 통해 이미 로마 교회에 깊게 관여하고 있음을 보여 주려 했기 때문이다. 16장의 목록을 보는 이들 중 많은 이들이 지루하고 이런 정보가 성경에 있을 가치가 있는지 의아해 할 수도 있다. 분명 가치가 있지만 바른 방식으로 정렬할 필요가 있다. 설교나 성경 공부를 할 때, 각각의 이름들을 나열하고 주석을 다는 방식보다는 일정한 주제 아래 이름들을 정렬하여 설명하는 것이 좋다. 예를 들어, 9명의 여성의 이름들을 여성들이 교회 안에서 중요한 역할을 감당하는 것을 주제로 하여 설명할 때 사용할 수 있다그들은 영아부나 부엌일을 위해서만 존재하는 이들이 아니다.

혹은 가난한 자들이 하나님의 일에 있어서 어떤 중요한 위치를 차지하고 있는지 로마에 있던 노예와 자유자들이 사역을 감당하고 있었던 사실을 예를 들어 설명할 수도 있다. 또한 교회에서 부유한 성도들이 어떤 위치를 가지고 사역할 수 있는지 16장에 나오는 이름들을 예시로 들어 설명할 수 있다. 끝으로 바울이 거론한 이름들 중에 자세한 설명이 함께 나오는 이들이 있는데, 뵈뵈, 브리스길라와 아굴라, 안드로니고, 유니아, 루포, 디모데와 같은 이들은 우리 삶의 모범이 된다.

문안 인사를 하는 중에 바울은 거짓 선지자들에 대해 경계하는 내용을 집어넣고 있다17-20절. 그때나 지금이나 수많은 성도들이 하나님보다 설교자를 앞세우는 가르침과 설교들 때문에 속고 잘못 이끌리는 경우가 많다. 이러한 파괴적 일들이 이전보다 오늘날 더 많이 일어나고 있기에 우리는 사람들을 큰 교회 설교자에게만 인도하는 설교보다는 하나님 말씀으로 인도하는 교사와 사역들이 절실히 필요하다. 성경 중심 그리고 성령의 영감을 받은 지혜가 바울 시대뿐 아니라 우리에게도 필요하다. 거짓 교사들이 판을 치지만 우리는 희망이 있다. 바울이 거짓 교사들과 마귀에 이끌림 받는 그들의 가르침에 대항하여 최종 승리를 얻을 것이라 약속하기 때문이다. 그들은 멸할 것이고 우리는 반드시 승리할 것이다.

마지막으로 송영25-27절은 이 서신에서 우리가 접한 진리들을 완벽하게 정리하며 마무리짓는다. 우리는 계시된 하나님의 진리에서 전쟁에 승리할 수 있는 힘을 얻는다. 그분의 감추어진 진리는 드러나게 되었고 그분의 능력은 교회 안에 있는 그의 백성에게 주어졌다. 이 모든 것의 목적은 하나님의 구원이 믿음을 불러일으키고 그리스도를 위해 전적으로 사는 연합된 교회로 함께 이끌기 위함이다. 이 모든 것의 최종 목적은 하나님을 경배하는 것이다. 우리는 하나님께 영광을 돌리고 우리 삶의 순간마다 그분의 구원을 즐기기 위해 존재한다.

GRANT R. OSBORNE

용어 해설

참고 자료

주제 및 저자 색인

성구와 고전 문헌 색인

용어 해설

교차 대구법, 교차 편집의 chiasm, chiastic 문단을 두 부분으로 나누어 두 번째 부분이 첫 부분을 교차로 나열하여 표현하는 방식 ABC:C'B'A'.

구원론적, 구원론 soteriological, soteriology 속죄, 칭의, 성화를 포함한 구원에 관한 교리 헬라어: σωτηρία.

기독론적, 기독론 Christological, Christology 신약성경에서 그리스도의 인성, 사역, 메시아로서의 정체성을 밝히는 이론.

동해보복법 lex talionis 라틴어로 복수나 앙갚음을 위한 법을 뜻함. '눈에는 눈, 이에는 이'라는 원칙에 입각하여 받은 대로 갚는다는 법.

서기 amanuensis 고대 사회에 편지를 대필하던 서기 혹은 비서.

세키나, 영광 Shekinah 히브리어 שְׁכִינָה 셰키나로 שָׁכַן 샤칸; 머물다이라는 동사에서 유래. 성막 혹은 성전에서 하나님의 임재가 구름과 같이 임하는 모습을 묘사할 때 쓰임예: 출 40:38; 민 9:15; 왕상 8:10-11.

수미상관 구조 inclusio 문장의 처음과 끝부분에 같은 단어나 문구를 사용하는 작문 스타일.

예표론 typology 구약 인물이나 사건들을 신약에서 성취될 유형으로 연결하는 문학적 장치.

재림 parousia 그리스도의 재림을 일컬음. 헬라어로 '파루시아παρουσία'로 '도래' 혹은 '임재'를 뜻함.

종말 eschaton종말 헬라어로 '에스카톤ἔσχατον'으로 '끝' 혹은 '마지막'이라는 뜻으로서 그리스도의 재림과 역사의 끝을 뜻함.

종말론적, 종말론 eschatological, eschatology 말세에 나타날 것들과 시기를 가리킴. 크게 볼 때 성서학자들과 신학자들은 특별한 관점으로 인식함. 예를 들어 "실현된 종말론"은 현 역사의 끝을 준비하시는 그리스도의 현재적 역할을 강조함. "시작된 종말론"은 말세가 이미 시작되었지만 그리스도의 재림이 아직 이루어지지 않았다고 말함.

칠십인역 Septuagint 초대교회에서 주로 사용했던 헬라어 구약성서 번역본.

헬레니즘, 그리스 문화의 Hellenism, Hellenistic 알렉산더 대왕의 정복 후B.C. 356-323 지중해 지역에 널리 퍼진 헬라 문화.

참고 자료

Achtemeier, Paul J. *Romans*. *Interpretation*. Atlanta: John Knox, 1985.

Barrett, C. K. *The Epistle to the Romans*. *Black's New Testament Commentary*. London: Continuum, 1991.

Black, Matthew. *Romans*. New Century Commentary. London: Oliphants, 1973.

Bruce, F. F. *The Epistle of Paul to the Romans*. *Tyndale New Testament Commentaries*. Grand Rapids: Eerdmans, 1985.

Calvin, John. *Commentary on the Epistle of Paul to the Romans*. Grand Rapids: Baker, 1979 (원본, 1540).

Fitzmyer, Joseph A. *Romans*. *Anchor Bible*. New York: Doubleday, 1993. 앵커 바이블 로마서. 김병모 역. 서울: 기독교문서선교회, 2015.

Hughes, R. Kent. *Romans: Righteousness from Heaven*. *Preaching the Word*. Wheaton, IL: Crossway, 1991.

Jewett, Robert. *Romans*. *Hermeneia*. Minneapolis: Fortress, 2007.

__________. *Romans: A Shorter Commentary*. Minneapolis: Fortress, 2013.

Longenecker, Richard. *The Epistle to the Romans*. *New International Greek Testament Commentary*. Grand Rapids: Eerdmans, 2016. NIGTC 로마서 상하. 오광만 역. 서울: 새물결플러스, 2020.

Moo, Douglas J. *The Epistle to the Romans*. *New International Commentary on the New Testament*. Grand Rapids: Eerdmans, 1996.

Morris, Leon. *The Epistle to the Romans*. *Pillar New Testament Commentary*. Grand Rapids: Eerdmans, 1988.

Murray, John. *The Epistle to the Romans*. *New International Commentary on the New Testament*. Grand Rapids: Eerdmans, 1968. 로마서 주석. 아바서원 번역팀 역. 서울: 아바서원, 2017.

Sanday, William, and Arthur C. Headlam. *A Critical and Exegetical Commentary on the Epistle of the Romans*. 3rd ed. *International Critical Commentary*. New York: Scribner's Sons, 1897.

Schreiner, Thomas R. *Romans*. *Baker Exegetical Commentary on the New Testament*. Grand Rapids: Baker Academic, 1998.

Stott, John R. W. *Romans: God's Good News for the World*. Downers Grove, IL: InterVarsity Press, 1994. 로마서: 온 세상을 향한 하나님의 복음. 정옥배 역. 서울: IVP, 2019.

주제 및 저자 색인

ㅇ

ㅊ

ㅋ

ㅌ

성구 및 고대 문헌 색인

잠언

전도서

이사야

예레미야

로마서

"우리가 천국에 가서도 다음 사실은 확실하리라 믿는다.
바로 주후 57년 고린도에서 사도 바울이 로마 교회를 향해
쓴 편지가 인류 역사상 가장 위대한 책이라는 사실이다."

- 본문 중 -